스티븐 코비의
마지막 습관

STEPHEN R. COVEY

7가지 습관 이후 20년, 스티븐 코비 성공학의 완성판

스티븐 코비·브렉 잉글랜드

스티븐 코비의
마지막 습관

안기순 옮김 | 김경섭 감수

김영사

The 3rd ALTERNATIVE

스티븐 코비의 마지막 습관

1판 1쇄 발행 2015. 10. 16.
1판 2쇄 발행 2015. 10. 17.

지은이 스티븐 코비
옮긴이 안기순
감수 김경섭

발행인 김강유
책임 편집 성화현 | 책임 디자인 이경희
해외기획실 차진희, 박은화 | 홍보 고우리, 박은경, 함근아
마케팅 김용환, 김재연, 백선미, 김새로미, 고은미, 이헌영, 정성준
제작 김주용, 박상현 | 제작처 재원프린팅, 금성엘앤에스, 국일문화사
발행처 김영사
등록 1979년 5월 17일(제406-2003-036호)
주소 경기도 파주시 문발로 197(문발동) 우편번호 10881
전화 마케팅부 031)955-3100, 편집부 031)955-3250 | 팩스 031)955-3111

값은 뒤표지에 있습니다. ISBN 978-89-349-7196-2 03320

독자 의견 전화 031)955-3200
홈페이지 www.gimmyoung.com 카페 cafe.naver.com/gimmyoung
페이스북 facebook.com/gybooks 이메일 bestbook@gimmyoung.com

좋은 독자가 좋은 책을 만듭니다.
김영사는 독자 여러분의 의견에 항상 귀 기울이고 있습니다.

이 도서의 국립중앙도서관 출판시도서목록(CIP)은 서지정보유통지원시스템 홈페이지
(http://seoji.nl.go.kr)와 국가자료공동목록시스템(http://www.nl.go.kr/kolisnet)에서
이용하실 수 있습니다.(CIP제어번호 : CIP2015026066)

|

몇 개의 부분으로 이뤄진 사물에서, 전체는 부분의 합 이상이다.

| 아리스토텔레스 |

시너지는 시스템을 이루는 각 부분이나 부분의 합이면서
예측할 수 없는 시스템 전체의 행태를 뜻하는, 영어의 유일한 단어이다.

| 벅민스터 풀러 |

시너지 — 전혀 다른 비즈니스 참여자나 요소를
서로 유리하게 결합하거나 양립시키는 작용.

| 웹스터 사전 |

새로움의 출현은, 그 구성요소들을 비교하는 범주에서나
구성요소들을 합침으로써 나오는 게 아니다.
그리고 절대 그 구성요소들의 합이나 차이점으로 축소될 수도 없다.

| G. H. 루이스 |

시너지에 도달하면 전체는 각 부문을 단순히 더한 것보다 훨씬 크다.

| 초등학교 4학년 학생, 노스캐롤라이나 주 롤리 시 소재 A. B. 콤즈 초등학교 |

|

STEPHEN R. COVEY

전환점

1

인생은 문제투성이다. 그중에는 도저히 풀 수 없을 것 같은 문제도 있다. 종류에 따라서는 개인·가정·이웃·직장에 얽힌 문제가 있고, 넓게는 세상 문제도 있다.

찬란한 희망을 품고 신혼생활을 시작한 부부가 지금은 서로 앙숙일 수 있다. 부모나 형제나 자녀와 관계가 소원해졌을 수 있다. 업무에 치여 숨이 막히거나, 능력에 넘치는 일을 하느라 사생활과 일의 균형이 깨져 비틀거릴 수 있다. 눈에 불을 켜고 소송거리를 찾는 사회에 많은 이들이 환멸을 느낀다. 범죄가 들끓는 사회를 보며 걱정한다. 사회 문제를 해결하겠다며 의욕적으로 달려들었던 정치가는 언제 그랬냐는 듯 흐지부지 꼬리를 감춘다. 저녁에 뉴스를 시청하다 보면 국민과 국가 사이의 끝없는 갈등이 언젠가 해소되리라는 희망을 잃게 되곤 한다.

그래서 우리는 희망을 잃고 문제 해결을 포기하거나 탐탁지 않은 방향으로 타협한다.

내가 이 책을 몹시 쓰고 싶었던 이유도 바로 이 때문이다.

이 책에 기술한 원칙은 매우 근본적이어서, 개인의 삶과 세상을 바꿀 수 있다. 진정으로 성공하는 삶을 살았던 사람들을 연구하며 내가 깨달은 가장 소중하고 중요한 통찰의 결과물이 바로 이 책에 담겨 있다.

여기에 기술한 원칙은 우리가 살아가며 부딪히는 매우 어려운 문제들을 해결할 수 있는 열쇠이다.

사람들은 대부분 말없이 불행을 감내하며 괴로워한다. 그러면서도 불행에 굴하지 않고 좀 더 나은 미래가 오리라는 희망에 의지해 용기를 낸다. 하지만 그 밑바닥에는 공포가 도사리고 있다. 신체적 공포도 있고 심리적 공포도 있으며 어떤 것이든 간에 생생한 공포를 안고 있다.

이 책에 소개한 원칙을 이해하고 실천하면 문제를 극복할 수 있을 뿐 아니라 상상했던 것보다 멋진 미래를 맞을 수 있다. 이러한 원칙들은 내가 처음 발견한 것이 아니라 항상 존재해왔다. 자신이 직면한 고난에 적용하면 이 원칙이 당신 삶에서 가장 위대한 발견일 수 있다고 말하더라도 절대 지나치지 않는다.

내가 저술한 《성공하는 사람들의 7가지 습관*The 7 Habits of Highly Effective People*》은 이 원칙을 알리는 서막이었다. 이 책에서 소개한 모든 원칙들을 나는 "가장 고무적이고 용기를 북돋워주며 가장 통합적이면서 가장 흥미진진"하다고 했다. 《성공하는 사람들의 7가지 습관》에서는 이 원칙들을 일반적으로만 다뤘다면, 지금 이 책에서는 훨씬 폭넓고 깊이 있게 탐구하고자 한다. 이 원칙들을 진정으로 이해하려 노력하다 보면 앞으로 다른 방식으로 생각할 수 있을 것이다. 살아가며 매우 어려운 문제에 부딪히더라도 완전히 새롭고 훨씬 효과적인 방식으로 문제에 접근할 수 있을 것이다.

이러한 원칙들을 제대로 이해하고 실천하며 살았던 사람들의 이야기를 여러분과 함께 공유할 수 있다고 생각하니 진심으로 가슴이 설렌다. 이 사람들은 문제를 해결하는 동시에 우리가 꿈꾸는 새로운 미래를 창조한다. 이 책에서 당신은 다음처럼 놀라운 사람들을 만날 것이다.

- 어느 날 저녁, 여러 해 동안 절망에 빠져 살던 딸을 자살의 문턱에서 끌어올린 아버지.
- 수백만 명에 이르는 빈곤층에게 실질적으로 무료로 전력을 제공하는 데 성공한 인도 청년.

- 캐나다 주요 도시에서 청소년 범죄율을 절반으로 줄인 경찰서장.
- 뉴욕의 오염된 한 항구를 거의 돈을 들이지 않고도 소생시킨 여성.
- 서로 마주 보거나 말조차 섞지 않았지만 이제 고통스러웠던 시절을 회상하며 함께 웃고 대화할 수 있는 부부.
- 미국 역사상 최대 환경 소송을 법정에 발을 들여놓지 않고 신속하면서도 평화롭게 매듭지은 판사.
- 외국인 노동자 자녀들이 다니는 학교를 맡아 암울했던 졸업률 30%를 90%까지 끌어올리고, 더 돈을 들이지 않고도 재학생의 기본 학력 수준을 3배 증가시킨 교장.
- 서로 모질게 대립하다가 새로이 서로를 이해하고 사랑을 회복한 미혼모와 십 대 자녀.
- 치명적 질병을 앓는 환자 거의 전원을, 다른 의사들이 받는 진료비의 일부 정도만 받고 치료하는 의사.
- 폭력과 쓰레기가 난무하던 타임스 스퀘어를 미국에서 가장 인기 있는 관광지로 만든 팀.

이 책에서 언급하는 사람들은 돈이 많거나 영향력이 막강한 유명 인사가 아니다. 대부분 어려운 문제에 직면해 최고의 원칙을 성공적으로 적용시킨 평범한 사람들이다. 따라서 우리도 충분히 그렇게 할 수 있다.

책을 읽다 보면 이런 생각이 떠오를지 모르겠다. "나는 그 사람들처럼 훌륭한 일을 하지는 못할 거야. 내 삶을 헤쳐나가기에도 벅차. 이제는 심신이 지쳐서 돌파구라도 찾고 싶을 뿐이야."

내 말을 믿어보기 바란다. 지금부터 얘기하려는 원칙들은 전 지구적이면서도 동시에 한 개인에게도 지극히 잘 적용될 수 있는 것이니. 한 나라의 대통령이 전쟁을 종식시키려 노력할 때도, 미혼모가 방황하는 십 대 자녀를 제대로 키우려고 노력할 때도 적용할 수 있다.

또한 이러한 경우에도 적용할 수 있다.

- 직장에서 상사나 동료와 심각한 갈등을 겪는 경우.
- 결혼한 부부 사이에 '타협할 수 없는 의견 차이'가 있는 경우.
- 자녀와 학교 문제로 의견 충돌이 일어나는 경우.
- 경제적 어려움에 놓였을 때.
- 직업에 대해 결정적으로 중요한 결심을 해야 하는 경우.
- 이웃이나 지역사회에서 특정 주제를 놓고 다툼을 벌일 때.
- 가족끼리 끊임없이 싸우거나 서로 말을 하지 않을 때.
- 체중 때문에 고민할 때.
- 직업에 만족하지 못하는 경우.
- 자녀가 새로운 일을 시도하려 하지 않는 경우.
- 고객이 앓고 있는 골치 아픈 문제를 풀어야 할 때.
- 문제가 생겨 법정에 가야 하는 상황.

나는 이 책의 밑바닥에 흐르는 원칙을 40년 이상 그야말로 수십만 명에게 가르쳤다. 어린 초등학생, 기업 CEO, 대학원생, 30여 개국의 수장들을 포함해 그야말로 다양한 사람들에게 말이다. 하지만 가르칠 때는 누구에게나 실제로 같은 방식을 사용했다. 아울러 운동장, 전쟁터, 중역 회의실, 입법기관, 가정의 부엌 등등 어디에서나 누구나 똑같이 이러한 원칙을 제대로 적용할 수 있게 할 목적으로 이 책을 쓰기로 결정했다.

나는 서구 사회와 이슬람 사회의 관계를 개선하기 위해 노력하는 세계 리더십 자문단에 속해 있다. 여기서는 전임 미국 국무장관, 이맘과 랍비, 세계 경제계 지도자, 분쟁 해결 전문가 등이 활동하고 있다. 첫 회의에 참석해 보니 구성원 각자가 확고한 생각을 가지고 참석한 것이 분명했다. 분위기가 공식적이고 냉랭해서 회의실에 흐르는 긴장감을 누구라도 느낄 수 있었다. 첫 회의가 열린 날은 일요일이었다.

회의를 진행하기에 앞서 한 가지 원칙을 소개해도 괜찮을지 묻자 참석자들은 정중하게 고개를 끄덕였다. 그래서 나는 참석자들에게 이 책에 실린 원칙을 가르쳤다.

화요일 밤이 되자 전체 분위기가 달라졌다. 개인의 의도를 제쳐놓고 처음 회의를 시작했을 때는 결코 기대하지 않았던 흥미진진한 결론에 도달했다. 참석자들은 타인을 향해 존중과 사랑의 마음을 품었다. 누구라도 그러한 분위기를 보고 느낄 수 있었다. 전임 국무장관 매들린 올브라이트Madelin Albright가 귓속말로 내게 이렇게 말했다. "이렇게 감동적인 장면은 처음 봅니다. 당신이 이곳에서 한 일은 국제 외교에서 대변혁을 불러올 수 있어요." 이 일화에 대해서는 뒤에 다시 자세히 더 소개하겠다.

앞서 말했듯, 국제를 무대로 활동하는 외교관 정도는 되어야 이러한 원칙들을 적용할 수 있는 게 아니다. 최근에 우리 기업이 전 세계 사람들이 전반적으로 개인 · 직업 · 세상에 대해 어떤 문제로 고민하는지 조사했다. 대표 표본을 대상으로 삼지는 않았지만 다만 서로 다른 사람들이 어떻게 대답하는지 파악하고 싶었다. 응답자 7,834명은 거주하는 대륙도 달랐고 소속 조직의 종류와 그곳에서의 지위도 달랐다.

- 개인의 삶에서: 응답자들이 개인적으로 가장 심각하게 느끼는 문제는 과로로 인한 압박과 직업에 대한 불만족이었다. 관계를 형성하는 데 문제가 있는 사람이 많았다. 유럽의 한 중간 관리자는 "스트레스가 쌓이고 지칠 대로 지쳤어요. 나 자신을 위해 무언가를 할 시간도 힘도 없습니

다"라고 답했다. 어떤 사람은 "내 가정이 삐걱거리고 있어요. 그러다 보니 되는 일이 하나도 없어요"라며 호소했다.

- 직업에서: 직업에 대해 품는 불만은 무엇보다 돈벌이가 시원치 않고 장점이 부족하다는 것이었다. 세계무대에서 경쟁력을 잃는 것을 우려하는 응답자도 많았다. "기업이 100년 전통에 지나치게 얽매여 있습니다. ……하루가 다르게 현실감각을 잃어가고 있습니다. ……창의성과 기업가 정신이 거의 사라지고 있어요." 아프리카에서 일하는 한 고위 중역은 이렇게 썼다. "다국적 기업에서 일하다가 작년에 퇴직했어요. 업무에서 더 이상 의미를 찾을 수 없었거든요."

- 세상에서: 응답자의 대답을 토대로 인류가 직면한 문제를 가장 많이 나온 순서대로 3개 꼽자면 전쟁과 테러리즘, 빈곤, 점진적 환경 파괴였다. 아시아계 기업의 중간층 관리자는 애원하듯 호소했다. "우리나라는 아시아 최빈국에 속합니다. 국민 대다수가 빈곤에서 헤어 나오지 못해 아우성치죠. 일자리가 부족하고, 교육이 제대로 보급되지 못하고, 사회기반 시설이 갖춰져 있지 않아요. 부채는 엄청나게 많고 국정 운영은 형편없으며 부패가 만연해 있습니다."[1]

이 답변들은 우리 친구와 이웃의 생각을 대변한 것이다. 응답자는 내일이면 다른 문제를 거론할 수 있겠지만, 우리는 같은 종류의 고통을 여러 다른 모습으로 목격할 뿐이다.

문제가 늘어날수록 사람은 서로 더 많이 싸운다. 20세기에는 특정 개인과 상관없이 전쟁이 발생했지만 21세기에는 개인의 적의가 겉으로 드러나는 것 같다. 개인의 분노 지수가 치솟는다. 가족끼리 싸우고, 동료와 경쟁하고, 악플러들이 앞다투어 서로 욕하고 헐뜯고, 법정은 북새통을 이루고, 광기에 휩싸여 무고한 사람을 살해한다. 오만한 '해설자'가 언론을 손아귀에 넣고 더욱 충격적이고 맹렬하게 공격할수록 유명하고 부유해진다.

우리는 점점 뜨거워지는 논쟁의 열풍에 휩쓸려 망가질 수 있다. 건강 전문가 엘리자베스 레서Elizabeth Lesser는 이렇게 말했다. "우리 문화가 다른 문화를 악마로 만드는 방식이 정말 우려된다. ……인간 역사에서 최악의 시대는 타인을 부정적으로 인식하고 공격하면서 시작한다. 그러면서 격렬한 극단주의로 치닫는다."[2] 이러한 현상의 끝이 어떠할지 우리는 너무나 잘 알고 있다.

그렇다면 분열을 초래하는 갈등과 자신이 직면한 어려운 문제를 어떻게 해결하고 있나?

- 갈등이나 문제를 더는 견뎌내지 못하고 '적'에게 화살을 돌려 계속 적의를 품는가?
- 피해자를 자처하며 누군가 자신을 구해주기를 무기력하게 기다리는가?
- 긍정적 사고를 극단으로 몰고 가서 유쾌한 거부의 단계로 빠져드는가?
- 상황이 결코 나아지리라 생각하지 않고 냉정하게 방관하는가? 마음 깊숙한 곳에서는 무슨 처방이든 눈가림에 불과하다고 믿는가?
- 선의를 품은 사람이 대부분 그렇듯 어쨌거나 상황이 좀 더 나아지리라는 희박한 희망에 기대어 자신이 해오던 일을 계속하는가?

어떤 접근 방법을 써서 문제를 해결하든지에 상관없이, 당연히 발생할 결과가 나타나게 된다. 다시 말해 전쟁은 전쟁을 부르고, 피해자는 의존하는 성향을 띠고, 사람들은 현실을 거부하고, 냉소적인 사람은 무엇에도 기여하지 못한다. 이번에는 결과가 다르기를 바라면서도 늘 해오던 대로 계속 일하는 태도는 현실을 외면하는 것이다. 아인슈타인Albert Einstein은 다음과 같이 말한 바 있다. "중대한 문제에 직면했을 때, 문제를 초래할 때와 같은 수준의 사고방식으로 생각해서는 문제를 해결할 수 없다."

따라서 어려운 문제를 해결하려면 사고를 극적으로 전환해야만 한다. 이것은 이 책에서 중점적으로 다루는 주제이다.

여러분은 책을 읽으면서, 어떤 모습이든 과거와 여태껏 한 번도 상상하지 못한 미래를 가르는 전환점transition point에 자신이 서 있다는 사실을 깨달을 것이다. 자기 안에서 변화를 추구할 수 있는 자질을 발견할 것이다. 완전히 혁신적인 방식으로 문제를 바라볼 것이다. 정신적 반사작용을 새롭게 발달시켜 남들이 생각하기에 극복할 수 없는 장애를 넘어 전진할 것이다.

과거와 미래의 전환점에 서면, 자신에게 펼쳐질 새 미래를 볼 수 있다. 그리고 그 앞날은 스스로 기대했던 것과 전혀 다를 수 있다. 자기 역량을 제대로 발휘하지 못한 채 문제투성이 미래를 하는 수 없이 마지못해 받아들이지 말고, 늘 새롭고 의미 있고 특별한 기여를 하며 점점 향상하는 삶을 향해 힘차게 발을 내디더라.

이 책에서 말하는 원칙을 가슴에 품고 당신의 삶을 재조정할 수 있다면, 미래를 향해 뻗어나가는 놀라운 경로를 발견할 것이다.

STEPHEN R. COVEY

제3의 대안:
원칙, 패러다임, 시너지 효과

2

우리가 맞닥뜨리는 모든 문제는 반드시 해결할 방도가 있다. 아무리 방도가 보이지 않는다고 해도 말이다. 살아가며 부딪히는 거의 모든 난관과 깊은 분열에도 그 틈새를 파고드는 길이 있게 마련이다. 이것이 앞으로 나아가는 길이다. 자신의 길도 상대방의 길도 아니다. 더욱 수준 높은 길이고, 여태껏 어느 누가 생각한 것보다 바람직한 길이다.

나는 그 길을 '제3의 대안'이라 부른다.

갈등에는 대개 두 가지 입장이 있다. 우리는 '내 팀'과 '네 팀'으로 갈라 생각하는 데 익숙하다. 내 팀은 좋은 반면 네 팀은 나쁘다거나 "덜 좋다." 내 팀은 옳고 공정하지만 네 팀은 잘못이고 심지어 불공정하다. 내 동기는 순수하지만 네 동기는 잘 봐주어야 복잡하다. 내 정당, 내 팀, 내 조국, 내 자녀, 내 회사, 내 의견은 네 것과 대립한다. 이렇듯 상황마다 대안 두 개가 존재한다.

거의 모든 사람의 머릿속에는 대안이 두 개까지만 존재한다. 그래서 자유주의자와 보수주의자, 공화당과 민주당, 노동자와 경영자, 변호사와 변호사, 자녀와 부모가 대립한다.

이뿐만 아니라 공화당 대 민주당, 토리당 대 노동당, 교사 대 행정가, 대학 대 도시, 지방 대 도시, 환경운동가 대 개발업자, 백인 대 흑인, 종교 대 과학, 구매자 대 판매자, 원고 대 피고, 개발도상국 대 선진국, 배우자 대 배우자, 사회주의자 대 자본주의자, 신자 대 불신자의 구도가 생겨난다. 사회에 인종차별주의 · 편견 · 전쟁 따위가 존재하는 것도 이 때문이다.

제3의 대안

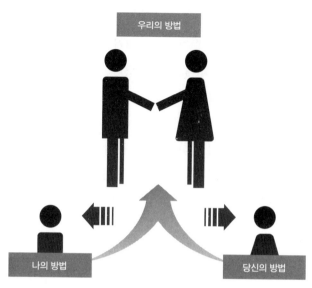

우리의 방법

나의 방법

당신의 방법

제3의 대안: 갈등에는 대개 두 가지 입장이 있다. 제1의 대안은 나의 방법이고, 제2의 대안은 당신의 방법이다. 시너지를 추구하면 제3의 대안으로 나아갈 수 있다. 즉, 갈등을 더욱 수준 높고 바람직한 방식으로 해결할 수 있는 우리의 방법을 찾을 수 있다.

두 가지 대안은 특정 사고방식에 깊이 뿌리내리고 있다. 예를 들어 환경운동가의 사고방식은 자연의 정교한 미와 균형을 이해하면서 형성된다. 개발업자의 사고방식은 지역사회를 성장시키고 경제적 기회를 확대하려는 욕구를 품으면서 형성된다. 두 가지 입장을 취하는 사람들은 자기 사고방식이 고결하고 합리적이라 생각하고 상대방은 미덕이나 상식이 부족하다고 생각한다.

사고방식이란, 자기 정체성에 깊은 뿌리를 내리고 형성되게 마련이다. 환경운동가라거나 보수주의자라거나 교사라고 자처하는 것은 자기 신념과 가치를 넘어서서 자신이 누구인지 서술하는 것이다. 그래서 상대방이 내 입장을 공격하면 곧 나를 공격하고 내 자아를 공격하는 셈이다. 극단적인 예로 이러한 정체성 갈등이 더 깊어지면 전쟁으로 번질 수 있다.

　그토록 많은 사람의 의식에 깊디깊게 새겨진 제2의 대안적 사고를 어떻게 뛰어넘을 수 있을까? 대개는 뛰어넘지 못한다. 그래서 우리는 계속 싸우거나 불안정하게 타협한다. 우리가 그토록 많은 좌절과 곤경을 겪는 까닭도 이 때문이다. 하지만 문제는 우리가 처한 '입장'으로 대변되는 가치가 아니라 사고방식에 있다. 진정한 문제는 정신적 패러다임에 있는 것이다. '패러다임'은 행동방식에 영향을 미치는 사고 유형을 뜻한다. 패러다임은 우리가 어느 방향으로 가야 할지 결정할 때 유용하게 쓰는

보는 시각-하는 행동-얻은 결과

보는 시각

하는 행동

얻은 결과

패러다임이 행동을 지배하고 행동은 결과를 결정한다. 우리는 주위 세상을 **보는** 방식에 근거해 **행동**하고, **행동**에 근거해 **결과를 얻는다.**

지도와도 같다. 우리는 지도를 보면서 어떻게 행동할지 결정하고 그에 따른 결과를 얻는다. 따라서 패러다임을 바꾸면 행동도 결과도 바뀐다.

예를 들어 토마토가 미국에서 유럽으로 처음 건너갔을 때, 어느 프랑스 식물학자는 고대 학자들이 사용한 용어대로 토마토를 무시무시한 '늑대복숭아'라고 칭했다. 토마토를 먹으면 경련이 일어나고 입에 거품을 물다가 결국 죽게 된다고 경고했다. 그래서 미국에 거주했던 초기 유럽 식민지 주민들은 토마토를 정원에 관상용 식물로 키우고 만지려고도 하지 않았다. 당시 나돌았던 가장 위험한 질병 중에 비타민 C가 결핍될 때 발생하는 괴혈병이 있었다. 그런데 토마토에는 비타민 C가 풍부했다. 괴혈병의 치료제가 버젓이 정원에 자라고 있는데도 주민들은 잘못된 패러다임 탓에 죽어갔다.

100여 년이 지나 진실이 밝혀지자 패러다임이 바뀌면서 이탈리아인과 스페인인이 토마토를 먹기 시작했다. 전해지는 이야기에 따르면 토머스 제퍼슨Thomas Jefferson은 토마토를 재배하고 이를 음식으로 사용하라고 독려했다고 한다. 오늘날 토마토는 가장 인기 있는 채소로 꼽힌다. 토마토를 건강에 좋은 음식이라 생각하고 토마토를 먹으며 건강을 얻는다. 이것이 바로 패러다임의 전환이 발휘하는 힘이다.

당신이 환경운동가라고 치자. 패러다임 혹은 정신적 지침이 사람의 손길이 닿지 않은 아름다운 숲만을 가리킨다면 당신은 자연을 보존하고 싶을 것이다. 이번에는 당신이 개발업자라고 치자. 패러다임에 지하에 매장된 원유만 존재한다면 땅에 구멍을 파고 원유를 채굴하고 싶을 것이다. 두 패러다임 모두 옳을 수 있다. 그렇다. 땅에는 원시림이 있고 원유도 매장되어 있다. 문제는 두 가지 정신적 지도 모두 완전하지 않을 뿐 아니라 결코 완전할 수 없다는 것이다. 나중에 밝혀졌듯 토마토 식물의 잎에는 독성이 있었다. 부분적으로 토마토에 대한 부정적 패러다임은 정확했던 것이다. 정신적 지도가 다른 지도보다 좀 더 온전할 수는 있을지 모르나 지도가 지형 자체는 아니므로 진정한 의미에서 완전할 수는 없다. 로런스D.H.Lawrence가 말했듯 "반쪽짜리 진실은 그 반대편의 반쪽짜리 진실에서 보면 모순이다."

제1의 대안을 그린 미완성 지도만 본다고 가정하자. 문제를 해결할 수 있는 유일한 방법은 상대방에게 패러다임을 전환하라고 설득하거나 우리 대안을 받아들이라고 강요하는 것이다. 우리가 자아상을 보존할 수 있는 유일한 방법은 자신이 승리하고 상대방이 패배하는 것이기 때문이다.

반면에 자신의 지도를 던져버리고 제2의 대안인 상대방의 지도를 따르더라도 같은 문제가 발생한다. 상대방의 정신적 지도가 완전하다고 보장할 수 없으므로 상대방의 지도를 따르다가 끔찍한 대가를 치를 수 있다. 상대방은 승리할지 모르나 나는 패배할 수 있다.

두 지도를 결합할 수 있다면 괜찮다. 두 관점을 수용하는 좀 더 포괄적인 지도가 생기기 때문이다. 내가 상대방의 관점을 이해하고, 상대방이 내 관점을 이해하는 것, 이것이 바로 발전이다. 그렇더라도 목표가 양립하지 못할 수 있다. 여전히 나는 숲에 인간의 손길이 닿지 않기를 바라고, 상대방은 숲에서 원유를 채굴하고 싶어 한다. 상대방의 지도를 철저하게 이해하고 나면 오히려 상대방과 훨씬 치열하게 싸울 수도 있다.

흥미진진한 상황은 지금부터이다. 상대방을 향해 이렇게 묻자. "아마도 우리는 각자 생각한 것보다 나은 해결책을 생각해낼 수 있을 겁니다. 우리가 아직 생각하지 못한 제3의 대안을 찾아볼 의향이 있나요?" 이렇게 묻는 사람은 거의 없지만, 이 질문은 갈등을 해소하는 동시에 미래를 변화시키는 열쇠이다.

시너지의 원리

제3의 대안은 시너지가 발현되면서 얻어진다. 시너지가 작용하는 경우, 1에 1을 더하면 10이나 100, 심지어 1000이 되기도 한다. 시너지는 두 명 이상이 심각한 난제를 해결하려고 각자 선입견을 초월해 함께 결정을 내릴 때 찾아온다. 이는 열정·에너지·독창성과 연관돼 있고, 낡은 현실보다 훨씬 나은 새로운 현실을 창조해낸다.

시너지는 타협과 다르다. 타협할 때는 1에 1을 더하면 기껏해야 1.5가 될 뿐이다. 어느 쪽이든 얼마간 잃기 마련이다. 시너지는 갈등을 해소하는 정도에 그치지 않는다. 갈등을 뛰어넘어 새 결론에 도달하고, 누구나 신선한 약속에 가슴 설레고 미래가 바뀌는 결론을 얻는다. 시너지는 '나의 방법'이나 '당신의 방법'보다 바람직한 '우리의 방법'이다.

시너지를 제대로 이해하는 사람은 거의 없다. 시너지라는 말이 너무 널리 남용되어 격이 떨어졌기 때문이기도 하다. 비즈니스 세계에서 '시너지'는 단지 주가를 끌어올리려고 합병이나 인수를 포장하는 냉소적 단어로 쓰인다. 다른 사람이 멈칫하며 놀라는 표정을 보고 싶다면 '시너지'라는 단어를 던져보라. 심지어 소소한 정도의 시너지라도 진정으로 체험해본 사람은 많지 않다. 혹여 단어를 들어보았더라도 시너지 개념을 왜곡하는 사람의 입을 통해 들었을 공산이 크다. 한 친구는 이렇게 말하기도 했다. "양복을 입은 사람이 '시너지'라는 단어를 입에 올리면 내 퇴직연금이 위태롭다는 생각이 든다네." 사람들은 '시너지'라는 단어를 신뢰하지 않는다. 리더들의 행태를 지켜보면서 방어적인 사고방식이 굳어졌기에 "창의적이고 협력적인 시너지" 운운하는 리더의 말을 "우리는 당신네들을 착취할 새로운 방법을 찾았다"는 뜻 정도로 받아들인다. 이렇게 방어적인 사고방식은 창의적이지도 않고 협력적이지도 않다.

그렇지만 시너지는 기적과 같다. 시너지는 자연계 전반에 작용하는 근본 원칙으로서 우리 주변에 널려 있다. 레드우드 나무는 동료 나무의 뿌리와 서로 엉켜 바람이 불어도 굳건히 버티고 엄청나게 높이 자란다. 녹조류와 곰팡이류는 이끼와 결합해 무엇 하나 자라지 못하는 바위에 둥지를 틀고 무성하게 자란다. V 자 대형을 형성한 새들은 날개를 펄럭이며 상승기류를 만들어내어 홀로 비행하는 새보다 2배나 멀리 난다. 나무 조각 두 개를 합하면 조각 한 개보다 훨씬 무거운 물건을 견딜 수 있다. 물방울에 들어 있는 작은 입자들이 서로 뭉쳐 만든 눈송이는 다른 눈송이와 전혀 다르다. 이처럼 전체는 부분의 합보다 크다.

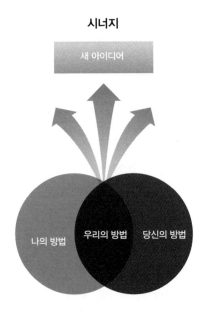

시너지: 전체는 부분의 합보다 크다는 자연적 원칙이다. 나의 방법이나 당신의 방법을 택하기보다 더욱 높은 차원의 생산적인 결과를 창출하는 시너지의 길을 선택하라. 나와 네 힘이 합해져, 각자 따로 행동할 때보다 훨씬 큰 힘을 발휘한다.

시너지가 작용하지 않는 경우 1에 1을 더하면 2가 된다. 예를 들어, 기계가 6만 PSI(가로세로 각 1인치인 면적에 6만 파운드의 무게가 가해질 때 압력—옮긴이)의 압력을 가할 때 철 덩어리가 부서진다 치자. 크기가 같은 크롬 덩어리는 약 7만 PSI에서 부서지고, 니켈 덩어리는 약 8만 PSI에서 부서진다. 그렇다면 철 · 크롬 · 니켈의 덩어리들을 합하면 21만 PSI까지 견뎌낼까?

아니다. 세 가지 금속을 특정 비율로 섞은 금속 덩어리는 무려 30만 PSI까지 견뎌낸다! 30만 PSI에서 21만 PSI를 빼보니 9만 파운드의 힘이 추가로 생기는 셈이다. 금속 세 덩어리를 합하면 따로 작용할 때보다 힘이 43% 증가한다. 이것이 바로 시너지이다.[1]

이 추가의 힘을 활용해 만든 것이 제트엔진이다. 제트기에서 엄청난 열과 압력이 발생하므로 약한 금속은 녹아내린다. 하지만 크로뮴니켈강은 일반 강철보다 훨씬 높은 온도도 견뎌낸다.

이와 같은 시너지 원칙은 인간에게도 적용된다. 인간이 힘을 합하면 각 개인의 힘으로는 누구도 예측하지 못한 일을 할 수 있다.

인간이 시너지 효과를 발휘하는 훌륭한 예로 음악을 들 수 있다. 리듬 · 멜로디 · 화음 · 개인의 스타일이 합쳐져 새로운 조화와 풍성함, 음악적 깊이를 만들어내기 때문이다. 음악학 연구가는 인류 역사에서 음악은 대부분 즉흥 예술이었다고 설명한다. 사람들은 가슴속에서 흥이 날 때 함께 모여 악기를 연주하거나 노래를 불렀다. 정해진 형식에 맞춰 작곡하는 것은 최근에 발달한 예술 형태이다. 심지어 재즈처럼 매우 매력적인 음악도 즉흥적으로 만들어진다.

음악 화음은 몇 가지 음을 한꺼번에 연주할 때 만들어진다. 각 음은 나름대로 특징을 지니지만 음들이 합쳐지면 분리해서 표현할 수 없는 시너지인 화음을 만들어낸다. 시너지를 형성하는 사람도 음과 마찬가지로 자기 정체성을 잃지 않는다. 타인의 힘과 자신의 힘을 결합하여 어느 한쪽이 발휘하는 힘보다 훨씬 좋은 결과를 이끌어낸다.

스포츠에서는 시너지를 화학 반응으로 설명한다. 시너지를 발휘하는 스포츠 팀은 기량이 더 뛰어난 스타플레이어가 포진해 있지만 시너지가 없는 팀을 이길 수 있다. 팀이 거두는 결과는 구성 선수가 보유한 기량만으로는 예측할 수 없다. 멋진 팀이 거두는 성과는 선수 각자의 기량을 합한 것 이상이다.

인간 시너지의 탁월한 예는 가족이다. 자녀는 '제3의 대안'으로 전에도 없었고 앞으로도 복제되지 않을 역량을 타고난, 독특한 존재이다. 자녀의 역량은 부모의 역량을 단순히 합해서는 예측할 수 없다. 아이가 지닌 재능을 결합하면 우주에서 유일할 뿐 아니라 그 창의적 잠재력은 엄청나게 크다. 스페인 출신의 20세기 첼로의 거장 파블로 카잘스Pablo Casals는 이렇게 말했다. "아이들은 존재 자체로 이미 기적이라는 사실을 알아야 한다. 세상이 시작한 이래로 똑같은 아이는 없었고 세상이 끝날 때까지도 없을 것이기 때문이다."

시너지는 가족의 핵심이다. 각 구성원은 가족에 서로 다른 멋을 덧입힌다. 아이가 엄마에게 미소 지을 때 일어나는 현상은 함께 생활하고 서로 혜택을 주고받는 수준 이상이다. 내 친구 콜린 홀Colin Hall이 말했듯, 시너지는 방식은 다를지언정 사랑을 뜻한다.

이렇듯 시너지가 세상을 바꾸는 사례는 수없이 많다. 시너지는 개인의 일과 삶도 바꾼다. 시너지가 없으면 일이 침체되고 만다. 개인은 성장하지 못하면 발전하지 못한다. 시장 경쟁과 기술 변화가 나날이 치열해지므로 긍정적 시너지를 추구하지 않으면 순식간에 시장에서 도태되고 말기 때문이다. 시너지를 발휘하지 못하면 개인적으로 성장하지 못할 뿐 아니라 사업도 하향곡선의 악순환에 빠지고 만다. 하지만 긍정적 시너지를 추구하는 사고방식을 개발하면 사업이 상승곡선을 타며 개인은 더욱 성장하고 강력해질 수 있다.

물론 부정적 시너지도 존재한다. 새로운 힘이 부상하며 악순환이 가속화할 때 부정적 시너지가 발생한다. 예를 들어 흡연은 폐암을 유발하고, 석면도 그렇다. 따라서 흡연하는 동시에 석면을 들이마시는 경우에 폐암에 걸릴 확률은 각 경우의 확률을 합할 때보다 훨씬 크다. 긍정적 시너지에 도달하려고 의도적으로 노력하지 않으면 부정적 시너지에 갇힐 수 있다.

긍정적 시너지는 꾸준히 조금씩 증가하는 게 아니다. 가령 제품은 지속적으로 개선하면 질이 향상될 수는 있지만 신제품을 발명할 가능성은 크지 않다. 시너지는 갈등을 해소하는 해답인 동시에 세상에서 진정으로 새것을 창조하게 해주는 원칙이다. 생산성을 도약시키는 열쇠이면서 진정한 창의성 뒤에 숨은 정신력이다.

국가 · 개인 · 조직 차원에서 시너지가 세상의 판도를 바꾼 몇 가지 사례를 살펴보자.

창의적 비폭력

전설적 인물인 마하트마 간디Mahatma Gandhi의 손자 아룬 간디Arun Gandhi는 할아버지의 삶에 대해 자신이 느낀 점을 이렇게 말했다.

얄궂은 일이지만 인종차별과 편견이 없었다면 간디 같은 영웅도 출현하지 않았을지 모른다. 영웅을 만드는 것은 곤경이고 갈등이기 때문이다. 간디는 보통 변호사와 다를 것 없는 변호사가 되어 돈을 많이 벌 수도 있었다. 하지만 인종 편견이 만연한 남아프리카공화국에 도착한 지 일주일도 지나지 않아 굴욕적인 사건을 겪었다. 피부색이 다르다는 이유로 기차에서 밖으로 내동댕이쳐졌던 것이다. 엄청난 굴욕감을 느낀 간디는 밤새 기차 승강장에 앉아 어떻게 해야 사회에 정의를 구현할 수 있을지 궁리했다. 그가 맨 처음 보인 반응은 분노였다. 너무 화가 난 나머지 자신에게 수치를 안긴 사람들에게 폭력으로 대응하고 싶었다. 하지만 이내 자제하면서 폭력은 옳지 않은 방법이라고 자신을 타일렀다. 폭력을 사용하는 순간에는 기분이 좋아질지 모르나, 그렇다고 정의가 구현되는 건 아니다. 오히려 갈등의 순환만 영속화될 뿐이다.

간디는 이러한 관점으로 남아프리카공화국에서 정의를 찾으려 노력하는 동시에 비폭력 철학을 발전시키고 평생 실천했다. 결국 남아프리카공화국에 22년 동안 체류하고 나서 인도로 돌아가 비폭력운동을 이끌었고, 그 덕택에 맞이한 인도의 독립은 어느 누구도 상상해보지 못했던 쾌거였다.[2]

나는 간디를 존경한다. 그는 완벽하지 않았고 자신이 세운 목표를 모두 달성하지도 못했다. 하지만 자기 안에서 시너지를 발휘하는 법을 배워서 비폭력이라는 제3의 대안을 독창적으로 만들어냈다. 제2의 사고방식을 초월해 도망치지도 않고 싸우지도 않았다. 도망치거나 싸우는 것은 동물이 보이는 행동이자 제2의 대안에 얽매인 사람들이 취하는 행동이다. 그들은 싸우든지 도망친다.

간디는 시너지를 사용해 3억이 넘는 인도인의 삶을 바꾸었다. 오늘날 인도 인구는 10억 이상이다. 인도는 그만큼 엄청난 곳으로 지금도 위대하고 독립적인 사람들에게서 뿜어져 나오는 에너지와 경제적이고 정신적인 활력을 느낄 수 있다.

음악 수업

나디아는 어린 딸이 바이올린 케이스를 들고 울면서 학교 정문을 걸어 나오는 광경을 보게 되었다. 여덟 살짜리 딸은 울먹이며 선생님이 수업시간에 연주를 하지 못하게 한다고 말했다. 자기 자신도 바이올린을 연주하는 나디아는, 딸아이의 실망한 얼굴 표정이 머릿속에 떠올라 밤새 잠을 이룰 수가 없었고 생각할수록 화가 치밀어 세심하게 교사에게 퍼부을 말을 준비했다.

하지만 아침이 되자 생각이 달라졌다. 교사에게 따지기 전에 학교에서 정확하게 무슨 일이 있었는지 알아봐야겠다고 판단했다. 그래서 수업이 시작되기 전에 교사를 찾아갔다. "딸아이가 바이올린 연주하는 것을 좋아합니다. 어째서 아이들이 학교에서 더 이상 악기를 연주할 수 없는지 알고 싶습니다." 뜻밖에도 교사는 침울한 목소리로 이렇게 설명했다. "이제 음악 수업을 할 수가 없습니다. 수업시간에는 읽기와 산수 같은 기본 과목만 가르쳐야 한답니다." 정부가 그렇게 하라고 지시를 내렸던 것이다.

순간적으로 나디아는 정부를 공격해야겠다는 생각이 떠올랐다. 하지만 이렇게 말했다. "아이들이 기본 교과를 공부하면서도 음악을 배울 수 있는 방법이 틀림없이 있을 겁니다." 교사는 눈을 깜빡이며 "물론 음악에 수학적 요소가 들어 있기는 하죠"라고 호응했다. 교사의 말에 나디아는 이런저런 궁리를 하기 시작했다. 음악을 활용해 기본 교과를 배우면 어떨까? 서로 눈이 마주친 나디아와 교사는 동시에 미소를 지었다. 마음이 통했던 것이다. 두 사람이 생각해낸 아이디어들은 정말 환상적이었다.

나디아는 교사를 도와서 수업시간에 음악을 사용해 모든 교과를 가르쳤다. 학생은 숫자뿐 아니라 음표(예를 들어 8분 음표 2개는 4분 음표)로도 분수를 배웠다. 아이들이 노래를 부르자 시를 읽기가 훨씬 쉬워졌다. 위대한 작곡가와 그 작곡가가 속한 시대를 공부하고 그 음악을 연주하자 역사 시간이 흥미진진해졌다. 심지어 다른 나라의 민속 노래를 배우면서 외국어도 약간 배울 수 있었다.

음악을 하는 부모와 교사가 형성한 시너지는, 음악과 기본 교과의 시너지만큼 중요했다. 학생은 두 분야를 한꺼번에, 그것도 더 빨리 배웠다. 이내 다른 교사들과 부모들도 같은 방법을 시도하고 싶어 했고 정부도 이 제3의 대안에 흥미를 보였다.

종합품질

1940년대 경영학 교수를 지낸 에드워즈 데밍Edwards Deming이 제품의 질을 높여야 한다고 주장했다. 그 당시 기업가들은 오히려 연구개발비를 삭감하고 단기이익에 눈이 어두워 미래를 저당 잡혔다. 제품의 고품질과 저비용이 양립할 수 없다는 주장은 제2의 대안적 사고이다. 누구나 그렇게 생각했다. 단기이익에 초점을 맞추면 제품의 품질을 무시해야 한다는 압박감을 느끼기 때문에 악순환이 시작된다. 이때 전개되는 사고방식은 이렇다. '어떻게 하면 압박감에서 벗어날 수 있을까? 어떻게 하면 겉만 번지르르하게 제품을 꾸며 소비자를 현혹해낼 수 있을까?'

데밍은 미국에서 자기 의견이 받아들여지지 않자 일본으로 건너가 모든 제조 공정에 불량이 스며들어가 결국 고객이 등을 돌리게 만든다고 가르쳤다. 그러므로 제조의 목표는 불량률을 지속적으로 감소시키는 것이어야 했다. 일본 기업가들은 데밍의 생각에 자신들의 칸반kanban 철학을 결합했다. 칸반은 '시장'이라는 뜻으로, 공장 일선에서 일하는 근로자가 식료품 가게에서 장을 보듯 부품을 선택하는 것이다. 근로자는 질이 좀 더 좋은 제품을 만들어야 한다는 압박감을 느낀다. 이렇게 아이디어 두 개가 통합되어 제3의 대안인 '종합품질 경영'이 탄생했다. 종합품질 경영의 목표는 지속적으로 비용을 줄이는 동시에 품질을 계속 향상시키는 것이다. 이때 다음과 같은 사고방식이 형성된다. '이 제품의 품질을 어떻게 향상시킬 수 있을까?'

제2의 대안적 사고방식에 얽매여 있던 미국 제조업체들은 두터운 신뢰와 합리적 가격을 제공하는 일본 자동차와 전자제품에 맞서 경쟁하느라 고전을 면치 못했다. 이러한 악순환은 시간이 흐를수록 미국 제조업에 타격을 가했다.

제2의 대안적 사고방식

이러한 예로도 알 수 있듯, 제3의 대안적 사고방식이 없으면 시너지에 도달하기 힘들다. 특정 주제에 관해 제2의 대안에서 벗어나지 못하는 사람은, 시너지가 발생할 수 있다는 사실을 인정하지 않으면 시너지에 이를 수 없다. 모든 문제를 협력 구조가 아니라 '우리 대 그들'의 경쟁 구도로만 생각하기 때문이다. 잘못된 딜레마만을 보기 때문에 "내 길을 따르고 아니면 떠나라"는 식으로 생각한다. 또한 일종의 색맹과도 같아서 녹색은 보지 못하고 파란색이나 노란색만 본다.

제2의 대안적 사고는 사방에 존재한다. 가장 극단적인 예는 전쟁이지만 그 축소판은 '대논쟁Great Debate'이다. 대논쟁에서 진보주의자는 보수주의자의 말에 귀를 닫고 반대 경우도 마찬가지였다. 비즈니스 세계의 리더들도 이러한 성향을 보여서 기업의 단기이익을 얻느라 장기이익을 희생한다. 게다가 단기이익에 급급하다가 회사가 붕괴하는 와중에도 스스로 '장기 비전을 실천하는 사람'이라 주장하기도 한다. 신앙인은 과학을 거부하고 과학자는 종교에서 가치를 보지 못한다.(한 런던대학교 소속 과학자는 신학자들이 교수식당에 있으면 그곳에서 점심도 먹지 않는다!)

제2의 대안적 사고를 하는 사람은 상대방을 인격체로 보지 않고 이념으로 간주할 때가 많다. 자신과 다른 관점을 높이 평가하지 않으므로 이

두 가지 대안

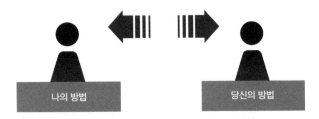

두 가지 대안: 갈등을 빚을 때 우리는 나의 방법과 당신의 방법을 분리해 생각하는 데 익숙하다. 시너지를 일으키는 사고방식의 소유자는 양쪽 입장을 함께 선택하거나 편협한 사고를 넘어서서 제3의 대안적 해결책을 모색한다.

해하려 하지 않는다. 다른 의견을 존중하는 척 가장할지 모르지만 경청할 의도는 애당초 없고 이야기를 조작하고 싶어 한다. 자기 영역, 자아상, 정체성이 위태로워져 불안을 느껴 방어적 태도를 취한다. 궁극적으로 곤경에 대처하기 위해 채택하는 전략은 '찾아서 파괴하는' 것이다. 이러한 사고방식으로는 1에서 1을 더하면 0이거나 그 미만이다. 이러한 환경에서 시너지는 결코 움틀 수 없다.

그렇다면 "누구나 시너지에 도달할 수는 있을까?" 인지나 정서가 제대로 기능하지 못해 충동을 조절할 수 없는 사람은 시너지에 도달하기가 매우 힘들다. 사이코패스도 시너지에 도달할 수 없다. 하지만 대부분의 사람들은 가능하다.

제2의 대안에 급급한 사고의 이면에는 양극단이라는 덫이 있으므로 완벽하게 평범하고 이성적인 사람들도 쉽게 걸려든다. 그들은 다음 표에 열거했듯 "내 입장에 있는 사람은 이렇고(A열) 상대방 입장에 있는 사람은 이렇다(B열)"고 생각한다.

A	B
착하다	못됐다
너그럽다	비정하다
지적이다	어리석다
똑똑하다	바보 같다
이성적이다	비이성적이다
도덕적이다	사악하다
융통성이 있다	거짓말쟁이이다
천재이다	천치이다
애국자이다	배신자이다
세상에서 가장 좋은 사람이다	세상에서 가장 나쁜 사람이다

　과거에 나는 성인들 대부분이 극단적 사고를 초월하여 자신들이 사는 세상이 얼마나 복잡한지 알고 있다고 생각했다. 하지만 요즈음 제2의 대안적 사고에 매달리는 사람과 언론을 지켜보면서 이러한 신념이 흔들리기 시작했다.

　게다가 제2의 대안적 사고를 하는 사람은 딜레마에 부딪혔을 때 안절부절못한다. 흡족한 해결책이 없어 보이는 문제로 딜레마를 규정하기 때문이다. 이러한 문제는 주변에 널려 있다. 교사는 "이 학생을 가르칠 수가 없어요. 그렇다고 포기할 수도 없어요"라고 말한다. 비즈니스 세계의 리더는 "사업을 키우려면 자본이 더 많아야 합니다. 하지만 사업을 키우지 않으면 자본을 끌어들일 수 없어요. 빼도 박도 못하는 전형적인 경우입니다"라고 호소한다. 정치가는 "국민 모두에게 양질의 의료 서비스를 제공할 처지가 못 됩니다. 그렇다고 의료비를 지불할 수 없는 사람들을 방치해서 고통받게 할 수도 없잖아요?"라고 반문한다. 세일즈 담당자는 "내 밑에서 일하는 일류 세일즈맨 두 사람이 서로 끊임없이 헐뜯습니다. 하지만 두 사람이 없으면 매출에 지장이 생깁니다"라고 탄식한다.

아내는 "남편과 같이 살 수 없어요. 그런데 남편이 없어도 살 수가 없어요"라고 호소한다.

딜레마의 뿔

어떻든 끔찍하기는 마찬가지인 대안이 두 가지밖에 없다고 생각하면 고통스러울 수 있다. 고대 그리스인은 이것이 황소가 자신에게 달려드는 상황 같다고 생각해서 '딜레마의 뿔'에 받쳤다고 표현했다.

제2의 대안적 사고를 하는 사람이 이러한 딜레마에 빠져 불안해하는 것은 이해할 만하다. 어떤 사람은 이때 두 손을 번쩍 들고 항복한다. 딜레마의 한쪽 '뿔'을 잡고 다른 사람을 끌어들이는 사람도 있다. 그들은 옳은 일을 해야 한다고 강박적으로 생각한 나머지 상처가 나서 피를 흘리는데도 자신의 정의를 보호하려는 몸짓을 보인다. 그래야 한다고 느끼기 때문에 한쪽 뿔을 선택했다가 죽는 사람도 있다. 이런 일들은 모두 제3의 대안을 보지 못했기에 일어나는 것들이다.

자신이 가짜 딜레마에 맞닥뜨려 있다는 사실을 깨닫지 못할 때가 너무나 많다. 실제로 딜레마는 대부분 가짜이므로 이 또한 좋지 않은 현상이다. 가짜 딜레마는 사방에 널려 있다. 우리는 다음과 같은 질문을 자주 받는다. "공화당의 주장을 지지하나요, 민주당의 주장을 지지하나요? 마약의 합법화에 찬성하나요, 반대하나요? 연구 실험에 동물을 사용하는 방법은 옳은가요, 잘못되었나요? 우리 의견에 찬성하나요, 반대하나요?" 이러한 질문은 제2의 대안 너머를 생각할 여지를 주지 않는다. 딜레마에 속한 두 가지 극단적 사고 너머에는 거의 예외 없이 다른 방법이 있게 마련이다. 그런데도 우리는 더욱 바람직한 방법, 즉 제3의 대안이 있는지 거의 자문하지 않는다. 여론 조사자 누구도 이렇게 질문하는 걸 보지 못했다.

대중도파

제2의 대안적 사고를 대할 때 사람들이 의도적으로 보이는 반응은 희망을 포기하는 것이다. 어떤 '대논쟁'에서든 어느 한쪽에도 서지 않는 '대중도파'가 있기 마련이다. 그들은 제2의 대안적 사고가 보이는 양극단을 대부분 차단한다. 팀워크와 협동의 가치를 믿고 상대방의 관점을 보지만, 제3의 대안이 있다고도 생각하지 못한다. 상사와 불거진 갈등, 원만하지 않은 결혼생활, 소송, 이스라엘과 파키스탄의 분쟁 등을 진정으로 해결할 수 있는 방법은 없다고 믿는다. "우리는 사람들과 잘 어울리지 못해. 절대 화합할 수 없어. 해결책은 전혀 없어"라고 한다.

중도파는 타협의 가치를 믿고 타협이 자신이 바랄 수 있는 최고 방법이라 생각한다. 타협은 문제가 더욱 악화되지 않도록 막아주기도 하므로 타협하면 좋은 평판을 유지할 수 있다. 사전에 따르면, 타협하는 두 이해 당사자는 합의점을 도출할 목적으로 자신의 관심 일부를 "허용하거나 희생하거나 굴복한다." 이는 '패-패'의 상황으로, '승-승'의 반대 개념이다. 사람들은 흡족해하며 타협하지만 결코 기뻐하지는 않는다. 종국에 가서는 관계가 악화되고 다시 논쟁이 불붙을 때도 많다.

패-패의 세계에 살고 있는 대중도파는 많은 것에 희망을 걸지 않는다. 직장에서 열심히 일하기는 하지만 잠재력과 능력을 쏟아붓지 않는다. 구태의연한 산업 사회의 렌즈를 통해 삶을 보는 경향이 있다. 직장에 제때 출근하여 직무 기술서에 적힌 대로 기계적으로 일할 뿐 세상을 바꾸거나 새 미래를 창조하지 않는다. 판을 굴러가게 하는 좋은 선수지만, 판을 바꾸지는 않는다. 누구도 그들에게 별도의 일을 하라고 요청하지 않는다. 물론 중도파가 보이는 회의주의는 제2의 대안적 사고에 대항하는 방어기제로 납득할 만하다. 직장에서 영역 싸움이 일어나거나 가족끼리 갈등이 불거졌을 때 그들의 침묵은 '양측 모두에 미치는 재앙'이다. 리더가 바뀌거나 새로운 전략이 수립되면 그들의 보호본능은 즉시 꿈틀댄다. "옛날 방식은 버리고 새 방식을 도입하라. 이제 낭비와 손실을 없애고 높은 성과를 추구하는 조직이 돼야 한다!" 이러한 구호에 숨은 속뜻은 '당신의 혜택을 포기하거나 급여를 삭감당하거나 한 사람이 두 사람 몫의 일을 해야 하지 않을까? 그래야 기업에 돌아오는 수익이 개선되지 않을까?'이다. 물론 대중도파는 이와 같은 주장에 동의한다. 의논 상대가 되어본 적도 없고, 자신을 언제든 교체할 수 있는 부품으로 여기며, 희망을 품지 말라고 오래전부터 배워왔기 때문이다.

그러므로 대중도파가 맞이할 슬픈 결과는 냉소주의라는 암적 존재의 전이이다. 열정을 품은 사람은 누구라도 요주의 대상으로 주목 받는다. 새 아이디어를 내면 경멸의 대상이 된다. '시너지'라는 단어를 들으면 과민 반응을 일으킨다. 한 번도 진정한 시너지를 경험해보지 못했기 때문이다.

시너지의 패러다임

앞에서 살펴보았듯, 간디, 데밍, 바이올리니스트 엄마 나디아처럼, 제2의 대안적 사고를 뛰어넘어 시너지에 도달하는 사람은 드물기는 하지만 사회에 상당한 영향력을 주고, 창의성과 생산성을 발휘한다. 그들은

제3의 대안적 사고

상대방과 함께 시너지를 발휘한다

상대방을 탐구한다

자신을 본다   상대방을 본다

제3의 대안적 사고: 제3의 대안에 도달하려면 먼저 자아를 인식해야 하고 상대방의 다른 관점을 높이 평가해야 한다. 그러고 나서 상대방의 관점을 철저히 이해해야 한다. 그래야만 시너지 단계로 옮겨갈 수 있다.

모든 딜레마가 가짜라고 자동적으로 추측한다. 그들은 패러다임의 전환가이고 혁신가로서 판도를 바꾼다.

그들처럼 제3의 대안을 찾으려면 우선 네 가지 중요한 방식으로 패러다임을 바꿔야 한다.(다음 도표를 참조하라) 직관에 거스르기 때문에 실행하기가 결코 쉽지 않지만 패러다임을 전환하면 이기주의에서 탈피해 타인을 진정으로 존중할 수 있다. 항상 '옳은' 대답을 찾으려는 태도에서 벗어나 '더욱 나은' 대답을 찾을 수 있다. 무엇이 제3의 대안인지 누구도

	제2의 대안적 사고	제3의 대안적 사고
1	내 '입장'만을 본다.	내 '입장'에서 독립한 자신을 본다.
2	상대방을 정형화한다.	'입장'을 대표하는 존재가 아니라 한 인간으로 상대방을 본다.
3	상대방이 틀렸으므로 그에 대항해 나를 보호한다.	상대방이 상황을 달리 보므로 상대방을 탐구한다.
4	상대방을 공격한다. 우리가 서로 싸운다.	상대방과 함께 시너지를 발휘한다. 아무도 예측할 수 없었던 놀라운 미래를 함께 형성한다.

미리 알지 못하므로 예측할 수 없는 길로 이끌릴 수 있다.

이 도표에서는 주변에 흔한 제2의 대안적 사고와 제3의 대안적 사고를 비교했다. 제2의 대안적 사고는 단계를 밟을수록 창의적 해결책에서 멀어진다. 제3의 대안적 사고라는 패러다임이 없으면 창의적 해결책을 찾을 수 없다. 그만큼 한 패러다임은 다음 패러다임의 토대가 되므로 패러다임의 순서가 중요하다. 왜 그럴까?

심리학자들은 우리가 스스로 상처를 치유하고 성장하려면 무엇보다 '진실성genuineness, 현실성realness, 일치성congruence'을 갖춰야 한다고 주장한다. 자신을 포장하지 않을수록 시너지에 도달할 가능성이 크다. 따라서 첫 번째 패러다임은 '자신을 본다'이다. 이는 자신을 인식한다는 뜻으로, 자신의 동기·불확실성·편견을 발견하려고 자기 마음을 살피는 것이다. 이 단계에서는 자신이 세운 가정을 검토하고 상대방을 진솔하게 대할 준비를 갖춘다.

두 번째 패러다임은 상대방을 인정하고 배려하고 소중하게 여기는 것이다. 내가 좋아하고 존경하는 저자 칼 로저스Carl Rogers는 이러한 태도를 가리켜 '무조건적 긍정적 존중unconditional positive regard'이라 불렀다. 이는 상대방을 태도나 행동이나 신념이 아닌 온전한 인간 존재로 소중하게 여기는 외향적이고 긍정적 감정이다. 이때 우리는 상대방을 물건이 아닌 사람으로 본다. 형제자매이자 신의 자녀로 본다.

세 번째 패러다임은 공감적 이해로서 처음 두 가지 패러다임을 수용하고 나서야 갖출 수 있다. 공감은 그 마음에 들어가 상대방을 진정으로 이해하려는 태도이다. 공감은 드물게 일어나서 상대방도 나도 그다지 자주 공감을 주고받지는 않는다. 대신 로저스가 주장했듯 "우리는 매우 다른 형태의 이해에 도달한다. 즉, '무엇이 상대방에게 잘못인지 이해한다.'" 하지만 효과적인 패러다임에서는 상대방에게 잣대를 들이대지 않고 그의 감정·정신·영혼을 온전히 파악하려고 '상대방을 탐구한다.'

네 번째 패러다임에 도달하려면 우선 처음 세 가지 조건을 충족해야 한다. 그러면 새롭고 진솔한 '승-승' 해결책을 바라보며 함께 배우고 성장할 수 있다. 자신과 상대방을 진솔하게 긍정적으로 존중하고, 상대방의 감정과 정신에 일어나는 현상을 명쾌하게 이해해야만 '상대방과 함께 시너지를 발휘'할 수 있다. 이때 '결핍의 사고방식', 즉 자신이 취할 수 있는 대안은 두 가지뿐이고 그중 하나는 틀렸다고 생각하는 태도를 넘어서야만 상대방과 함께 시너지를 발휘할 수 있다." '풍요의 사고방식'을 지녀야만, 즉 우리가 아직 생각해본 적조차 없는 무한히 보람 있고 흥미진진하고 창의적인 대안이 있다고 생각해야만 '상대방과 함께 시너지를 발휘'할 수 있다.[3]

네 가지 패러다임에 대해 차례로 좀 더 면밀하게 살펴보겠다.

패러다임 1. 자신을 본다

첫 번째 패러다임은, 자신이 독립적으로 판단하고 행동할 수 있는 고유한 인간 존재라고 생각하는 것이다.

거울을 들여다보면 누가 보이는가? 사려 깊고, 정중하고, 원칙을 준수하고, 개방적인 사람이 보이는가? 아니면 대답을 전부 정해놓고, '반대편'에 서서 자신과 갈등을 빚는 자를 경멸하는 사람이 보이는가? 스스로 생각하는가 아니면 자신을 위한다고 말하는 타인의 생각을 반영하는 사람이 보이는가?

논쟁에서 우리는 단순히 '내 입장' 이상의 존재이다. 우리는 자신의 편

제3의 대안적 사고

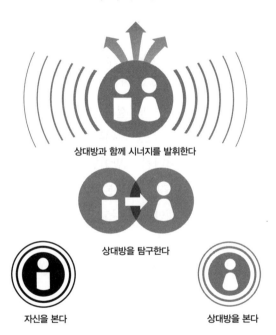

상대방과 함께 시너지를 발휘한다

상대방을 탐구한다

자신을 본다   상대방을 본다

자신을 본다: 나는 갈등을 빚을 때 자신이 선호하는 '입장'을 뛰어넘어 창의적이고 자의식 강한 존재로 자신을 본다. 나는 특정 신념을 공유하거나, 특정 집단에 속할 수 있지만 그렇다고 그것이 나를 정의하지는 않는다. 나는 내 '이야기'를 스스로 선택한다.

견 · 파벌 · 예측을 모두 합한 것 이상이다. 우리 생각은 가족 · 문화 · 회사에 의해 미리 정해져 있지 않다. 조지 버나드 쇼George Bernard Shaw의 말을 풀어 인용하자면, 우리는 세상이 자기 사고방식과 일치하지 않는다고 투덜대는 이기적인 불만덩어리가 아니다. 우리는 정신적으로 자신을 분리시켜 자기 패러다임이 행동에 어떤 영향을 미치는지 평가할 수 있다.

두 가지 패러다임을 대조한 표로 알 수 있듯 '자신을 본다' 패러다임은 전형적인 "내 '입장'을 본다" 패러다임과 뚜렷이 다르다. 어떤 갈등이라도 자신이 상황을 어떻게 보느냐에 따라 행동이 결정되고 그 행동대로 결과가 도출된다.

비효과적인 패러다임에서는 외부에서 정의하는 대로 자신을 본다. 결과적으로 자신이 가치를 두는 것은 모두 외부에 있다. 외부가 정의한 것은 무엇이든 고정되고 제한된다. 하지만 인간은 어떤 사람이 되고 어떤 일을 할지 자유롭게 선택해야 하고, 이것이야말로 인간이 갖춰야 하는 근본 조건이다. 자신이 환경운동가라 자처한다면 그것은 환경에 대한 신념을 타인과 공유하는 것이다. 그렇지만 그 사람은 그저 환경운동가만이 아니라 여성이기도 하고, 누군가의 딸이기도 하고, 아내이거나 여

	나 자신을 본다	내 '입장'을 본다
관점	자신이 선호하는 '입장'을 뛰어넘어 창의적이고 자의식 강한 존재로 자신을 본다. 나는 특정 신념을 공유하거나, 특정 집단에 속할 수 있지만 그렇다고 그것이 나를 정의하지는 않는다. 사고가 내면에서 외부로 뻗어나간다.	내가 속한 집단, 즉 내 당파 · 회사 · 나라 · 성별 · 인종을 기준으로 나를 본다. 자신을 개인이 아닌 보수주의자 · 근로자 · 페미니스트 · 폭력단원 등으로 정의한다. 사고가 외부에서 내면으로 뻗어 들어간다.
행동	나는 내 생각에 대해 사고한다. 다른 사람의 가정뿐 아니라 내 가정에 도전한다.	나는 내 집단의 생각대로 사고한다. 내가 옳은데, 어째서 내 가정에 토를 달아야 하는가?
결과	다른 사람과 창의적으로 교류한다.	타인과 파괴적 갈등을 빚는다.

자친구이기도 하다. 아울러 음악가나 변호사일 수도 있고 요리사나 운동선수일 수도 있다.

그런데 이러한 여러 역할이 자신을 온전히 정의하는 게 아니다. 똑똑한 사람이라면 거울을 들여다보며 자기 역할을 초월하는 존재를 볼 것이다. 자신에 대한 정의를 뛰어넘어 사려 깊고 독립적이고 창의적인 존재를 볼 것이다.

리더가 합리적이고 실용적이며 빈틈없는 사업가로 자신을 정의할 때는 파멸을 향해 치달을 수 있다. 자신이 속한 MBA 문화의 전제에 따라 이른바 '옳은' 결정을 내리고도 파산할 가능성이 있다. 이는 주변에서 흔하게 발생하는 현상으로 전혀 새로울 것이 없다. 1950년대 이후 〈포춘〉 선정 500대 기업에 진입할 만큼 성공한 기업은 2,000군데 이상에 달했지만, 대다수가 거품처럼 사라져갔다. 지난 몇 년 동안 경제적 재앙을 겪으면서 완고한 사고방식이 얼마나 취약할 수 있는지 두 눈으로 똑똑히 목격했다. 저명한 경제학 교수 헨리 민츠버그Henry Mintzberg는 오만한 MBA 문화가 경제적 붕괴의 순환을 유발하는 원인이라고 우려했다.[4]

물론 우리는 대체로 소속 문화를 기준으로 정의된다. 그래서 우리가 자신과 같은 부류라고 생각하는 사람들처럼 옷 입고 말하고 생각한다. 기업 중역 · 발레 무용수 · 성직자 · 정치가 · 경찰관 등, 우리는 직업에 맞춰 유니폼을 입고, 상사의 말을 경청하고, 영화를 보고, 그럴싸하게 흉내 내며 말한다.

철학자 오언 플래너건Owen Flanagan은 이렇게 표현했다. "우리는 이미 이미지가 확립된 상태로 가족과 지역사회에서 태어난다. 따라서 우리에게는 태어날 장소를 결정할 수 있는 권한이 전혀 없다. 이미지는 우리보다 앞서 존재했다. ……자신이 이미지를 어느 정도 통제할 권한을 쥐는 나이에 도달해도 이미지에 따라 행동하고, 이미지가 이미 의식 깊이 흡수되어 자아상의 일부로 동화한 대로 행동한다."[5] 우리는 자아상을 완강하게 보호하는 동시에 진정한 자기 이미지를 점차 잃어버리고 바깥에서 부과한 이미지를 차츰 견고히 구축해간다.

실질적 정체성 박탈

요즈음은 누군가 타인의 지갑을 훔쳐가 주인인 척하고 신용카드를 사용하는 신원 도용 사고가 빈번하게 터진다. 하지만 이보다 심각한 것은 외부인이 우리에 대해 내린 정의를 그대로 흡수하는 태도이다. 우리는 외부의 주장과 문화, 정치 압력과 사회 압력에 갇혀 있어 자기 자신이 누구인지, 앞으로 살아가며 무엇을 할 수 있는지 알지 못한다. 이것은 '실질적 정체성 박탈' 상태인데 자신의 마음과 문화의 마음을 구별하지 않기 때문에 매 순간 발생한다.

오늘날 정치인은 정체성 박탈에 마비되어가고 있다. 좋은 의도를 품고 인습에 얽매이지 않고 고결한 정신으로 정치 활동을 시작한 정치가도 종국에는 정체성을 빼앗긴다. 독립적으로 판단해 행동하기보다는, 제2의 대안에 얽매여 생각하고 움직이기 때문이다. 과거 어느 국회의원이 말했듯 "정치인은 무기력하게 자기 당파 뒤에 몰려 있다. 빠져나갈 구멍이 없어 보이기 시작했다."[6]

사람들은 거울을 만들면서 영혼을 잃어갔다. 자아보다는 자기 이미지에 더욱 관심을 쏟기 때문이다. 그래서 사회적 이미지에 맞추어 이렇게 말한다.

"난 이런 정치 모임을 싫어하지만 성실한 당원이므로 참석해야 합니다."
"저 사람은 다른 당 출신입니다. 이제 그가 발언할 차례네요. 어째서 저런 식으로 시간을 낭비하는지 모르겠어요."

"사람들은 어떻게 저런 말을 믿죠? 좀 더 상식을 발휘해 말할 수 없나요? 나는 솔직하고 상식에서 벗어나지 않습니다. 그런데 저 사람들은 어째서 나처럼 생각할 수 없을까요? 눈과 귀를 막고 있는 걸까요?"

"저 사람은 말이 좀 되는 소리를 하는군요. 잠깐만요, 합리적이지가 않네요. 가능한 이야기가 아니에요. 반대편 사람이거든요."

"상당히 분별 있는 사람인데 어째서 그토록 잘못 생각할 수 있는지 모르겠네요."

소속 문화를 거스르는 이미지의 가치를 인정하면 자신의 문화적 자아상에 타격을 가할 수 있다. ("그렇다면 우리 입장이 전부 옳고 진실인 것은 아니라는 뜻인가? 반대편 입장도 옳고 진실일 수 있다는 의미인가?") 우리에게는 여전히 자신이 속한 문화적 이미지를 뛰어넘을 힘이 있다. 다시 말해, 자신에게 친숙한 유니폼, 인습적 견해, 기타 동일성의 상징을 초월할 수 있다.

무엇보다 우리는 사전에 프로그래밍되어 있는 기계가 아니다. 자동차나 시계나 컴퓨터와 달리 문화적 프로그래밍을 초월할 수 있는 인간적 자질이 있기 때문이다. 우리는 자신을 인식한다. 정신적으로 외부 관점에서 자기 신념과 행동을 평가할 수 있다는 뜻이다. 기계는 그렇게 할 수 없지만 우리는 자신의 생각을 고찰할 수 있고, 자신이 내린 가정에 의문을 제기할 수 있다. 자의식을 갖추었으므로 스스로 자유롭게 선택할 수 있고 창의적이며 양심이 있다. 자신의 모습을 이렇게 인식하면 자신감이 생긴다.

다른 한편으로 우리는 자기 모습을 결코 온전히 보지 못한다. 거울을 들여다보더라도 사각지대가 있어 일부만 볼 뿐이다. 제2의 대안에 얽매인 사람들은 갈등을 겪을 때 자신에 대한 기존 프로그래밍에 거의 의문을 제기하지 않는다. 자신에게는 철저하게 이성적으로 보이지만 사실이미 결함을 내포하고 있는 문화적 전제에 기반해 있다. 그러나 이때 시너지를 발휘하면 타인에 대해 배울 뿐 아니라 자신에 대해서도 배울 수 있다. 시너지를 이해하면 겸손해진다.

진정으로 자신을 보면 자신의 문화적 성향도 알 수 있다. 자신의 고유한 관점이 무엇에 기여할 수 있을지 보인다. 자신이 발휘할 수 있는 영향력이 보인다. 환경의 피해자가 아니라 미래를 창조하는 사람이 보인다.

이렇듯 자신을 진정으로 보는 사람은 자신이 제한된 존재인 동시에 무제한적 존재라는 창의적 역설을 이해한다. 자신의 머릿속에 있는 정신적 지도와 실제 영역을 혼동하지 않는다. 자신에게 무한한 잠재력이 있는 동시에 사각지대가 있다는 사실도 안다. 그래서 겸손한 동시에 자신감이 넘칠 수 있다.

대부분 갈등이 생겨나는 까닭은, 이러한 역설을 제대로 이해하지 못하기 때문이다. 자신을 과신하는 사람은 자의식이 부족하다. 자기 관점에 항상 한계가 있다는 사실을 깨닫지 못하는 사람은 자기 방식을 고집한다.("이 바닥에서 워낙 오래 활동해서 내가 언제 옳은지 알 수 있어.") 그들은 필연적으로 만족스럽지 못한 결과를 얻을 뿐 아니라 그 과정에서 타인의 마음을 다치게 한다. 다른 한편으로 자기 한계를 곱씹는 사람은 의존성이 커진다. 자신을 희생자라고 보기 때문에 능력을 발휘해 사회에 기여할 기회를 놓친다.

이러한 역설은 창의적이다. 자신이 답을 모른다는 사실을 깨달은 사람만이 답을 찾아 나서고, 자신의 잠재력을 깨달은 사람에게만 그럴 만한 용기와 자신감이 얻어지기 때문이다. 인공지능을 연구하는 엘리에젤 유드콥스키Eliezer Yudkowsky는 "제3의 대안을 찾는 첫 단계는, 그러겠다고 결심하는 것이다"라고 했다.

나의 아들 데이비드David는 평생 제3의 대안을 찾아왔다. 데이비드의 말을 들어보자.

제3의 대안은 모든 상호작용의 토대이다. 모두들 이 방식으로 생각해야 한다. 이것은 내가 아버지에게 배운 가장 위대한 교훈이었다.

대학에 다닐 때였다. 졸업을 하려면 반드시 들어야 했던 특정 수업에 등록하려는데 "안타깝게도 정원이 차서 등록할 수 없습니다"라는 판에 박힌 거절을 들었다. 그래서 아버지에게 사정을 말하고 내가 어떻게 해야 할지 조언을 구했다. 아버지는 "끈기를 발휘해야지! 제3의 대안을 생각하렴. 자리가 없다고 말하면 수업시간에 의자를 가져가거나 내내 서서라도 수업을 듣겠다고 해라. 어쨌거나 그 수업에 참석하겠다고 말하렴. 어차피 등록을 포기하는 학생들이 생길 테니까, 수업을 듣고 싶은 열의가 그 학생들보다 훨씬 강하고 성실하게 수업에 임하겠다고 말해라." 그렇게 해서 나는 해당 수업을 들을 수 있었다.

어렸을 때는 제3의 대안이라는 개념이 완전히 엉뚱하고 상당히 대담하다고 생각했다. 하지만 일단 직접 사용해보니 내가 해야 하는 임무를 달성할 수 있는 방법을 찾을 수 있어 깜짝 놀랐다.

한 번은 체육 과목의 성적이 정말 형편없이 낮게 나왔다. 선생님이 학기말 시험 문제를 믿지 않을 정도로 어렵게 출제하는 바람에 모든 학생이 혼비백산했다. 그래서 나는 아버지에게 이렇게 조언을 구했다. "어떡하죠? 이 점수를 제 기록에 남기면 안 되는데요." 아버지는 선생님과 이야기해서 A를 맞을 수 있는 방법이 있는지 알아보라고 했다. 그래서 선생님께 가서 이렇게 말했다. "저는 다른 학생들과 마찬가지로 학기말 시험을 정말 형편없이 봤습니다. 하지만 이 점수보다 좀 더 높은 점수를 받을 수 있는 길이 분명 있으리라 믿습니다." 선생님은 내가 예상했던 이유를 열거하며 안 된다고 했지만 나는 포기하지 않았다. 그러자 선생님은 "평소에 하는 운동이 뭐지?"라고 내게 물으셨다. 나는 육상 팀에서 달리기를 한다고 대답했다. 그러자 선생님은 "400미터를 55초 안에 뛰면 A 마이너스를 주마"라고 말했다. 당시 나는 400미터를 52초에 뛰었는데, 이 체육 선생님은 빠른 기록에 대한 감이 별로 없었던 것이다. 나는 친구에게 시간을 재달라고 부탁하고 52초 만에 거뜬하게 결승선을 들어와 A 마이너스를 받았다. 끈기를 발휘하여 제3의 대안을 찾은 사례였다.

나는 늘 제3의 대안을 찾겠다는 생각을 하면서 성장했으므로 그 생각은 내 일부가 되었다. 그렇다고 무리하게 밀어붙이지도, 무례하거나 불쾌하게 행동하지도 않지만 타인의 거절을 쉽게 받아들이지 않는다. 언제나 제3의 대안은 존재하기 때문이다.

데이비드의 경험은 우리 안에 있는 제3의 대안의 씨를 어떻게 볼 수 있는지를 설명해주는 간단한 예로서, 자신에 대한 이야기를 바꾸어서 자신을 재정의하는 것이다.

우리가 소유한 가장 중요한 힘

자신이 지닌 패러다임과 문화적 조건이 삶의 이야기를 결정한다. 누구에게나 자신만의 시작과 줄거리와 등장인물이 있다. 심지어 영웅도 악당도 있을 수 있다. 부차적 줄거리들이 모여 주요 줄거리를 형성한다. 이야기에는 결정적으로 중요한 우여곡절이 있다. 가장 중요하게는 갈등이 도사리고 있다. 갈등이 등장하지 않는 이야기는 없다. 위대한 이야기에는 악당에 맞서는 영웅이 있고, 시간을 거스르려는 몸부림이 있고, 양심에 등을 돌린 인물이 있으며, 자신의 한계를 넘어서려는 인간이 있다. 은밀하게 우리는 자기 이야기의 주인공이 자신이라 생각한다.(음울하고 심오한 이야기에서는 자신을 자주 적으로 여기기도 한다.) 제2의 대안에 얽매이는 사람은 적과의 싸움에 말려들어 이용당하는 주인공 역할을 맡는다.

하지만 영웅도 악당도 아닌 제3의 목소리가 이야기를 들려주기도 한다. 우리가 자신을 진정으로 인식하면 자기 이야기의 등장인물로 그치지 않고 내레이터가 된다. 우리는 이야기에 등장하기도 하지만 그 자신이 작가이기도 하다.

자신의 이야기는 범위가 훨씬 커다란 이야기, 즉 가족·지역사회·문화 전체의 일부일 뿐이다. 이야기 전개방식에 미치는 영향력에는 한계가 있을 수 있지만 우리는 자기 이야기를 전개하는 방식을 상당히 통제하고 있다. 우리는 자유롭게 자기 이야기를 전할 수 있다. 언론인 데이비드 브룩스David Brooks는 이렇게 말한다.

우리는 모든 상황을 통제하지는 못하더라도 자기 이야기만큼은 어느 정도 통제한다. 세상을 살아가는 이야기를 선택할 때 의식적인 결정권을 갖는다. 개인적으로 자신에 대한 '거대 서사master narrative'를 선택하고 계속 수정하는 작업에 대한 책임을 진다.

우리가 선택한 이야기는 세상을 해석하는 데 유용하다. 이 이야기를 매개로 우리는 특정 상황에 주의를 기울이고 일부 상황은 무시한다. 특정 상황을 신성하다 생각하고 일부 상황은 불쾌하다 여긴다. 이 이야기는 자신의 욕구와 목표를 형성하는 틀이다. 그래서 이야기의 선택이 모호하거나 지적이라 생각할지 모르지만 어떤 이야기를 선택할지는 실제로 매우 강력한 영향력을 발휘한다. 우리가 구사할 수 있는 가장 중요한 힘은 현실을 들여다보는 렌즈를 선택하도록 도와주는 힘이다.[7]

내 아들 데이비드는 대학교 강의실에 의자를 가져가는 방법을 사용해서 등록에 성공한 사례를 자주 인용하면서, 제3의 대안적 사고가 얼마나 간단하고 강력할 수 있는지 설명한다. 하지만 그 내용을 더욱 깊이 고찰해보면, 자신에 대해 말해주는 좀 더 커다란 이야기, 즉 자신은 희생자가 아닐뿐더러 제2의 대안적 사고에 제한받지 않으며, 브룩스가 일컫는 '거대 서사'를 책임짐을 알리는 중요한 줄거리를 알 수 있다.

삶에 일어나는 갈등에서 자신은 '등장인물'에 그치는 게 아니라 이야기의 전개방식을 선택하는 내레이터이다. 하지만 이렇듯 간단한 통찰이 부족해서 악몽 같은 갈등에 속박당한 나머지 자신은 무기력해서 이야기를 바꿀 수 없다고 느끼는 사람이 매우 많다. 서로 다투는 아내와 남편은 악당과 싸우느라 힘들다고 주장하지만 그 이야기에 자신이 등장할 뿐 아니라 애당초 이야기를 만들어낸 것도 자신이라는 사실은 무시한다! 자신이 배우자에게 더는 사랑 받지 않는다고 항변하지만 부부가 그러겠다고 선택하면 완벽하게 자유 의지로 서로 사랑할 수 있다. '사랑받는 것'은 온전히 수동적이지만 '사랑하는 것'은 능동적이다. 사랑이라는 '감정'은 사랑하는 '동사'의 열매이다. 서로 불쾌하게 행동할 힘이 있는 만큼 사랑스럽게 행동할 힘도 자신에게 있다. 이렇듯 자기 삶의 대본을 쓰는 것은 바로 자기 자신이다.

앞서 말했듯 삶은 모두 시작이 있는 이야기이다. 게다가 이야기에는 중간과 끝이 있다. 우리들은 대부분은 이야기의 중간 지점에 서 있으므로 이제 이야기를 어떻게 마무리할지 결정해야 한다.

제3의 대안은 늘 자신에게서 시작한다. 자신감과 겸손을 토대로 자신의 가장 깊은 내면에서 나온다. 또한 자의식의 패러다임에서 나오므로 자기 밖에 서서 자신을 관찰하고 자신의 편견을 평가할 수 있게 한다. 제3의 대안은 우리가 자신의 이야기를 쓰고 있고, 마무리를 잘하기 위해 필요하다면 기꺼이 이야기를 다시 쓸 의향이 있을 때 도출된다.

다음 질문을 깊이 생각해보라. 당신이 갈등을 빚는 상황에 빠져 있다면 이렇게 자문하라.

- 내 이야기는 무엇인가? 나는 각본을 바꿔야 하는가?
- 내 사각지대는 어디인가?
- 내 문화적 프로그래밍은 내 사고에 어떤 영향을 미치는가?
- 내 진짜 동기는 무엇인가?
- 내 전제는 정확한가?
- 내 전제는 어떤 면에서 불완전한가?
- 나는 스스로 정말 원하는 결과나 이야기의 결말에 기여하는가?

패러다임 2. 상대방을 본다

두 번째 패러다임에서, 우리는 타인을 물건이 아닌 사람으로 본다.

타인을 볼 때 무엇을 보는가? 개인을 보는가? 나이, 성별, 인종, 정치적 견해, 종교, 장애, 국적, 성적 성향을 보는가? '외부 집단'의 구성원을 보는가, 아니면 '내부 집단'의 구성원을 보는가? 개인의 독특성을 보는가, 영향력을 보는가, 재능을 보는가?

아마도 자기 생각과 선입관, 심지어 타인에 대한 편견을 보는 만큼 그 사람 자체를 보지 못할 것이다.

우리는 상대방이 태도를 '가장하는지', 자신을 드러내는지, 가면을 쓰고 있는지를 눈치챌 수 있다. 그러므로 문제는 '나는 그런 종류의 사람인가? 나는 타인을 진정으로 존중하며 상대하는가?'이다.

두 가지 패러다임을 비교한 도표에서 볼 수 있듯 '상대방을 본다' 패러다임은 '상대방을 정형화한다'는 일반적 패러다임과 날카롭게 대조된다. 우리가 보는 것이 행동을 결정하고, 행동이 결과를 결정한다.

'상대방을 본다' 패러다임은 근본적으로 성품의 문제로서, 인간의 사랑 · 관용 · 포용 · 정직한 의도와 관계가 있다. '상대방을 정형화한다' 패러다임으로는 상대방의 관심을 끌 만큼 온전히 신뢰를 받을 수 없을 뿐 아니라 제3의 대안도 찾을 수 없다. 상대방에게서 입장을 볼 뿐이다. 상대방에게 적절하게 행동할 수는 있지만, 이때 상대방을 존중하는 것처럼 보이는 행동은 거짓이다.

제3의 대안적 사고

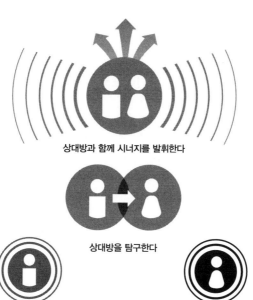

상대방과 함께 시너지를 발휘한다

상대방을 탐구한다

자신을 본다   상대방을 본다

상대방을 본다: 나는 상대방에게서 인간성 전체를 보고 가치를 내재한 인간을 보고, 상대방을 무엇으로도 대체할 수 없는 재능과 열정과 힘을 부여받은 사람으로 본다. 상대방은 나와 갈등을 빚는 '입장' 이상이다. 상대방은 자존감을 지키고 존중을 받을 자격이 있다.

	상대방을 본다	상대방을 정형화한다
관점	나는 상대방에게서 인간성 전체를 보고, 가치를 내재한 인간을 보고, 상대방을 무엇으로도 대체할 수 없는 재능과 열정과 힘을 부여받은 사람으로 본다. 상대방은 나와 갈등을 빚는 '입장' 이상이다. 상대방은 자존감을 지키고 존중을 받을 자격이 있다.	상대방이 속한 집단을 본다. 상대방의 '입장'·당파·성별·국적·회사·인종을 본다. 상대방은 특유한 존재가 아니라 상징·물건·진보주의자·상사·히스패닉·이슬람 교도 등이다.
행동	상대방을 진정으로 존중하고 이를 표현한다.	상대방을 무시하거나 가짜로 존중하는 척한다.
결과	우리가 따로 있을 때보다 함께 있을 때 훨씬 강한 시너지를 발휘한다.	적대감이 형성된다. 서로 분리되어 약해지고 적대시한다.

아프리카 반투Bantu족의 지혜를 경험하면서 나는 '상대방을 본다' 패러다임이 효과적이라는 사실을 깨달았다. 반투족은 '나는 당신을 봅니다'라고 말하며 인사를 나눈다. '나는 당신의 특유한 개성을 인정한다.' 또는 '나와 당신의 인간성은 불가분으로 묶여 있다'는 뜻이다. 이 모두 '우분투Ubuntu'의 정신이다.

우분투라는 단어는 번역하기가 매우 어렵다. 뜻은 '인간성'과 비슷하지만, 그 이상이어서 '다른 사람이 있기에 그러므로 내가 있다'는 의미이다. 웰니스(wellness, 웰빙·행복·건강의 합성어로 신체와 정신은 물론 사회적으로 건강한 상태—옮긴이) 전문가 엘리자베스 레서는 '내가 나이려면 상대방이 필요하고, 상대방이 상대방이려면 내가 필요하다'고 설명했다. 아프리카에서 사용하는 특유한 개념을 이해하기 위해 예를 들어보자. "메리에게는 우분투가 있다"는 말은, 메리는 모든 사회적 의무를 성실하게 준수하는 배려심이 깊은 사람이라는 뜻이다. 이뿐이 아니다. "우분투가 없으면 메리는 자신이 아름답다거나 지적이라거나 유머가 있다는 사실을 알지 못한다. 메리는 타인과 맺는 관계 안에서 자기 정체성을 이해한다."[8]

정반대로 정형화 개념을 통해 우분투를 이해할 수도 있다. 정형화는 우리를 특유한 인간으로 만드는 요소를 제거한다. 우리는 이렇게 말한다. "그 사람은 타고난 세일즈맨이야. 적극적이고 무엇이든 밀어붙이거든." "그 여자는 자기밖에 몰라. 세상이 자기중심으로 돌아간다고 생각하지." "그 사람의 성격은 A 유형이야." "그 사람은 개망나니야." "그 사람은 금융맨이야." "자네는 대체 그 남자에게 무엇을 기대했어? 그는 중간에 여차하면 포기하고 말아." "그 여자는 CEO가 되려고 혈안이지." 이렇게 생각해서는 타인을 유형이 아닌 개인으로 보지 못한다.

우분투 정신으로 타인의 진정한 모습을 보는 것은 그의 재능 · 지성 · 경험 · 지혜 · 관점을 환영하는 것이다. 우분투 사회를 찾는 여행자들은 식량을 가져가지 않아도 된다. 길에서 만나는 사람들에게 거저 얻을 수 있기 때문이다. 이러한 선물은 자아라는 훨씬 커다란 선물을 상징한다. 이때 자아라는 선물을 거절하거나 선물의 가치를 평가절하하면 타인에게 더 이상 혜택을 받을 수 없다.

캘리포니아 주 와츠에 있는 '그늘나무 다문화 재단Shade Tree Multicultural Foundation'의 이사인 올랜드 비숍Orland Bishop은 우분투의 의미를 설명하면서, 우리가 상대방을 진정으로 보지 못할 때 잃어버리는 것에 대해 언급했다. "현재 문명은 인간에게서 자유를 빼앗는다. 한 문화가 다른 문화를 억압해서가 아니라, 인간이 자기 안의 능력이 무엇인지 상상하는 능력을 잃었기 때문이다."[9]

우분투 정신은 제3의 대안을 생각해낼 때 반드시 있어야 한다. 갈등을 빚는 상황에서 상대방을 반대의 상징으로만 본다면, 결코 상대방과 함께 시너지를 발휘할 수 없다. 우분투 정신은 상대방에게 정중하게 행동해야 한다는 개념을 넘어선다. 우리의 인간성이 상대방의 인간성과 묶여 있다는 뜻이고, 우리가 상대방을 존중하지 않으면 자신도 존중하지 않는다는 뜻이다. 왜 그럴까? 우리가 상대방을 물건으로 전락시키면서 자기 자신도 물건으로 전락시키기 때문이다.

최근에 내 친구가 운전을 하고 있는데 뒤따르던 운전자가 경적을 울리며 손을 흔들었다. 친구는 자기 자동차에 문제가 생겼다고 생각하고 속력을 늦췄다. 그 운전자는 속력을 내서 친구의 자동차 옆으로 오더니 특정 정치인에 대해 무자비한 욕설을 퍼붓고는 부리나케 차선을 바꾸어 가버렸다. 그때 친구는 자기 자동차 범퍼에 해당 정치인을 지지하는 내용의 스티커가 붙어 있다는 사실을 상기해냈다. 분노한 운전자에게 내 친구는 더 이상 인간이 아니라 물건이었고, 범퍼 스티커였고, 증오의 상징이었다.

분노한 운전자는 내 친구의 인간성을 말살했다. 하지만 그 과정에서 자신의 인간성도 말살한 것이다. 아마 그에게는 집이 있고 직업이 있고 가족이 있을 것이다. 그를 사랑하는 사람도 있을 것이다. 하지만 내 친구의 인간성을 말살하기로 선택한 순간, 그는 인간 이하의 존재가 되었고 이념의 도구가 되었다.

이처럼 타인의 인간성을 말살하는 태도, 즉 타인을 정형화하는 태도는 자아에 도사리고 있는 깊은 불안에서 싹튼다. 갈등이 비롯되는 곳도 여기다. 심리학자들은 우리 대부분이 타인에 대해 긍정적인 사실보다 부정적인 사실을 기억하는 경향이 있다고 주장한다. 저명한 심리학자 오스카 이바라Oscar Ybarra는 이렇게 설명했다. "우리는 나쁜 행동을 한 사람에게는 책임을 물으면서도 좋은 행동을 한 사람에게는 상을 주지 않는다." 그러면서 타인의 태도를 부정적으로 보면 상대적으로 자신이 우월하다고 느낄 수 있기 때문이라고 덧붙였다. 이바라는 스스로 현실적이고 건전하게 생각하기 시작하면 부정적 기억이 희미해진다는 사실을 밝혀냈다.[10] 따라서 '자신을 본다' 패러다임이 '상대방을 본다' 패러다임보다 앞선다.

사람은 물건이 아니다

위대한 철학자 마르틴 부버Martin Buber는 자신의 유명한 저서《나와 그대I and Thou》에서 타인을 사람이 아닌 물건으로 생각할 때가 지나치게 많다고 주장했다. 물건은 '그것'이고 사람은 '그대'이다. 목적을 달성하기 위해 사용하는 물건으로 타인을 다루면 우리 역시 물건이 되어 더 이상 살아 있는 사람이 아닌 기계가 되고 만다. '나와 그것'의 관계는 '나와 그대'의 관계와 다르다. 부버는 이렇게 설명했다. "인간이 물건이라면 살아 있는 인류와 전혀 공통점이 없다. 따라서 인간이 물건이 되면 계속 성장하는 물건의 세계에 짓밟히고 결국 자신의 실체까지 빼앗긴다."

우리는 타인을 물건의 지위까지 격하시키면 더욱 쉽게 통제할 수 있으리라 생각한다. 그래서 기업은 직원을 부를 때 마치 대차대조표의 부

너/그대

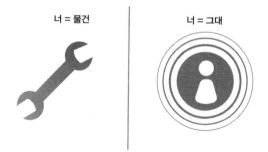

너/그대: 내게 상대방은 '물건'이 아니다. 즉, 내 목적을 위해 사용할 수 있는 망치나 렌치 같은 도구가 아니다. 마르틴 부버가 말했듯 상대방은 '그대', 즉 목적이고, 강점과 약점이 있고, 개성과 놀라운 재능을 갖춘 진짜 사람이다.

2. 제3의 대안: 원칙, 패러다임, 시너지 효과

채 · 외상매입금 · 세금처럼 '인적 자원'이라는 역설적 단어를 사용한다. 대부분의 조직은 창의성 · 역량 · 지성 · 재능이 훨씬 많은데도 직원을 기능으로만 본다. 사람을 물건으로 보기 때문에 치러야 하는 기회비용은 매우 높다. 대차대조표로는 직원의 놀라운 잠재력과 역량을 확인할 수 없기 때문이다.

이와 대조적으로 부버는 "인간을 '그대'로 대하면 ······인간은 더 이상 물건이 아니다"[11]라고 주장했다.

부버가 '그대'라는 용어를 사용한 이유는 표면적으로 존중하는 것을 넘어서서 타인에 대한 존경심을 불러일으키기 때문이다. '그대'는 친밀감 · 개방성 · 신뢰를 나타낸다. 하지만 타인을 물건으로 보는 관점은 타인과 거리를 두고 타인에게 무관심하며 타인을 착취한다.

나는 타인에게 존경심을 느끼지 못하는 사람에게 진정으로 연민을 느낀다. 타인을 통제하거나 조작하려 하지 않고 이해하는 것은 신성한 영역으로 들어가는 매우 풍부한 경험이기 때문이다. 칼 로저스는 이러한 경험의 의미를 다음과 같이 열정적으로 서술했다.

나는 석양을 바라볼 때처럼 개인을 감상할 때 가장 크게 만족한다. 있는 그대로 바라보면 사람은 석양만큼이나 멋지다. 사실상 우리가 석양의 진가를 인정할 수 있는 까닭은 석양을 통제할 수 없기 때문이다. 나는 석양을 바라보며 이렇게 말하지 않는다. "오른쪽 구석에 있는 오렌지색을 약간 옅게 만들고, 밑바닥에는 자주색을 조금 더 칠하고, 구름에는 분홍색을 약간 더 가미하자." 나는 석양을 조작하지도 통제하려 하지도 않는다. 그저 눈앞에 펼쳐진 대로, 외경심을 품고 석양을 바라본다.[12]

석양을 바라볼 때처럼 외경심을 품고 타인을 바라보지 못하는 것은,

인간 최대 비극일 수 있다.

자유 투사인 넬슨 만델라Nelson Mandela는 남아프리카공화국의 황폐한 로벤 섬 교도소에 1964년부터 27년 동안 수감되었다. 젊은 시절 변호사 만델라는 자신과 같은 흑인 아프리카인을 억압하는 아파르트헤이트 정책에 대항했었다. 그는 이렇게 설명했다. "천 번의 모욕, 천 번의 수모, 천 번의 기억나지 않는 순간들 때문에 분노가 일었고 반항심이 불타올랐으며 나를 가둔 제도에 대항하려는 욕망이 치솟았다."[13] 교도소에서 만델라는 그러한 경험을 수없이 겪었고 처음에는 분노가 더욱 드세게 끓었지만 점차 마음이 바뀌었다. 나는 만델라가 수감생활에서 벗어나고 몇 년 후 그를 찾아갔다. "고문한 사람과 교도관처럼, 당신에게 깊은 모욕을 안긴 사람을 향한 분노를 다스리는 데 시간이 얼마나 걸렸습니까?"라고 내가 묻자 만델라는, 4년 정도 걸렸다고 대답했다. 어떻게 마음을 바꾸게 되었냐는 물음에는 이렇게 대답했다. "그들이 상호 관계와 가족에 대해 말하는 것을 들으면서 그들도 아파르트헤이트 정책의 희생자라는 사실을 깨달았기 때문입니다."

젊은 교도관 크리스토 브랜드Christo Brand는 이렇게 증언했다. "로벤 섬 교도소에 부임했을 때 앞으로 감시할 죄수들은 동물과 다름없다는 말을 들었다. 일부 교도관들은 죄수들을 증오해 매우 잔인하게 굴었다."[14] 당시 브랜드는 넬슨 만델라를 감시하는 임무를 맡았다. "내가 처음 만났을 때 넬슨 만델라는 이미 예순 살이었다. 만델라는 현실적이었고 태도가 정중했다. 만델라를 향한 내 존경심은 점차 커졌다. 얼마 지나 죄수인 만델라와 나 사이에 우정이 싹트기 시작했다."

만델라와 우정을 맺으면서 크리스토 브랜드의 삶이 바뀌었다. 브랜드는 빵을 몰래 가져다주고 외부의 소식을 전해주는 등 만델라에게 호의를 베풀기 시작했다. 심지어 규정을 어기면서까지 만델라가 갓 태어난 손자를 만나고 안아볼 수 있도록 주선해주었다. "만델라는 내가 발각되어 처벌을 받을까 봐 걱정했다. 그리고 내가 공부를 계속해야 한다고 내 아내에게 편지를 쓰기도 했다. 죄수였던 만델라가 교도관에게 공부하라고 부추겼던 것이다."

만델라는 브랜드의 어린 아들인 리안Riaan을 예뻐해서 자주 만났고 리안은 만델라를 친할아버지처럼 따랐다. 나중에 남아프리카공화국의 대통령이 된 만델라는 교육 펀드를 통해 리안에게 장학금을 수여했다.[15]

넬슨 만델라와 크리스토 브랜드의 관계는 '나와 그것'에서 '나와 그대'로 옮겨갔다. 흑인 아프리카인을 동물로 보았던 청년은 늙은 죄수를 사랑하면서 아파르트헤이트에 반대했다. 백인을 적으로 보았던 노인은 젊은 교도관을 좋아하게 되었다. 이는 만델라의 말대로 편견에서 벗어나 '자유를 향한 머나먼 여정'을 밟는 한 단계였다.

만델라는 이렇게 썼다. "이토록 길고 외로운 세월을 보내면서, 민족의 자유를 갈구하던 갈증이 백인과 흑인을 가리지 않고 모든 국민의 자유를 갈구하는 갈증으로 바뀌었다. 억압하는 사람도 억압당하는 사람처럼 해방되어야 한다는 사실을 깨달았다. ……억압하는 사람과 억압당하는 사람 모두 인간상을 박탈당했기 때문이다."[16] 이러한 종류의 통찰에 도달한 만델라에게 국민들은 우분투가 있다고 말할 것이다.

두 사람의 관계가 진정으로 개인적인 모습을 띠면서 변화가 일어났다. 만델라와 브랜드는 상대방을 증오해야 하는 적이 아니라 개인으로 보기 시작한 것이다. 데스몬드 투투Desmond Tutu 대주교에 따르면 마침내 상대방의 진정한 모습을 볼 때 "우리는 더 나은 세계를 본다. ……세계가 연민의 정신으로 무장하고 관용의 놀라운 세례를 받을 때, 인류가 서로 보살피며 유대관계를 형성할 때 더 나은 세계를 본다."[17] 이것이 바로 '상대방을 본다' 패러다임이 발휘하는 힘이다.

'상대방을 본다' 패러다임을 수용할 때, 상대방을 존중하는 태도는 거짓이 아니라 진실이다. 우리는 갈등 관계에서 상대방의 입장을 보지 않고 상대방 자체를 본다. 그러면 상대방의 이야기가 풍부하고 복잡하며 경이롭고 놀라운 통찰로 가득하다는 사실을 깨닫는다. '상대방을 본다' 패러다임에서 상대방과 자신은 서로 강점을 나누며 보완하므로 함께 강력한 힘을 행사한다. 이는 어디에서도 찾아볼 수 없는 특유한 결합이다. 이제 우리는 함께 제3의 대안으로 옮겨갈 수 있다. 정형화의 패러다임으로는 절대 이 과정을 밟을 수 없다.

　'상대방을 본다' 패러다임을 갖추면 우리에게 우분투가 생긴다. 우리는 폭넓게 공감한다. 진정으로 상대방을 보면 상대방의 생각을 이해하고 상대방의 감정을 느끼므로 갈등을 최소화하는 동시에 상대방과 최대로 시너지를 발휘한다. 이와 대조적으로 상대방에게 공감하지 못하면 상대방의 감정을 느끼지 못하므로, 상대방도 나도 강력한 영향력을 행사하지 못하고 통찰도 혁신도 이루지 못한다.

　그러므로 '상대방을 본다' 패러다임을 진지하게 개인 생활에 도입하기를 바란다. 동료이든 친구이든 가족이든 자신이 봐야 하는 사람들을 생각해보라. 그들은 당신이 가치를 평가절하하거나, 무시하거나, 가짜로 존중한다고 생각할까? 당신은 그들이 보이지 않는 곳에서 그들에 대해 말하는가? 그들을 상징으로 보는가? 아니면 강점과 약점, 개성과 모순, 놀라운 재능과 사각지대가 있는 진짜 인간으로 보는가?

패러다임 3. 상대방을 탐구한다

　'상대방을 탐구한다' 패러다임에서는 자신을 방어하려고 대항하거나 피하지 않고 적극적으로 상충되는 의견을 탐구한다.

우리 방식대로 상황을 보지 않는 사람에게 보일 수 있는 최선의 반응은 "내 의견에 동의하지 않나요? 당신 말을 들어봐야겠네요"일 것이다. 그리고 실제로 귀를 기울여라.

최고의 지도자들은 갈등을 부정하지도 억누르지도 않는다. 갈등을 전진하는 기회로 생각한다. 도발적인 질문을 공개적으로 던지고 솔직하게 다루어야 성장과 발견도 이룰 수 있고 혁신과 평화도 이룰 수 있다.

유능한 지도자는 자기 의견에 동의하지 않는 사람을 무시하지도 않고 좌천시키거나 해고하지도 않고 이렇게 말한다. "당신처럼 지성을 갖추고 유능하고 헌신적인 사람이 내 의견에 동의하지 않는다면 틀림없이 그럴 만한 이유가 있을 테니 그 이유를 알아야겠습니다. 당신 나름대로 관점과 기준이 있을 테니까요."

이 '상대방을 탐구한다' 패러다임은 제3의 대안을 도출하는 데 필요한 강력한 사고전환을 뜻한다. 우리는 의견이 다른 사람을 대할 때 자동적으로 방어적인 태도를 취한다. 따라서 제3의 대안적 사고는 직관에 거스른다. 그러므로 '상대방을 탐구한다' 패러다임은 자신과 의견이 다른 사람을 향해 방어벽을 쌓지 말고 그 의견을 존중하라고 촉구한다.

두 가지 패러다임을 비교한 도표로 알 수 있듯 '상대방을 탐구한다' 패러다임은 '상대방에 대항해 자신을 방어한다' 패러다임과 날카롭게 대조된다. 앞에서도 강조했듯, 자신이 보는 것이 행동을 결정하고, 행동이 결과를 결정하게 된다.

우리 정체성은 자신의 의견·아이디어·본능·편견과 떼려야 뗄 수 없다. 따라서 '자신을 본다' 패러다임과 '상대방을 본다' 패러다임이 선행되어야 한다. 제3의 대안적 사고를 하려면 자신의 실체를 파악하고 상대방의 탁월한 재능과 관점을 인정하면서 깊은 내적 안정감을 느껴야

제3의 대안적 사고

상대방과 함께 시너지를 발휘한다

상대방을 탐구한다

자신을 본다   상대방을 본다

상대방을 탐구한다: 상대방의 다른 관점을 위협으로 보지 않고 상대방에게 배울 수 있는 기회라고 생각한다. "당신처럼 지성을 갖추고 유능한 사람이 내 의견에 동의하지 않는다면 나는 그 이유를 알아야겠습니다. 내가 진정으로 이해할 수 있을 때까지 공감하며 당신의 말을 경청하겠습니다."

한다. 이와 달리 방어적 사고방식은 불안과 자기기만에서 자라나고 자신과 타인의 인간성을 박탈한다.

'상대방을 탐구한다' 패러다임은, 진실은 복잡하며 누구에게나 진리의 작은 조각이 있다는 원칙에서 출발한다. 오스카 와일드는 "진실은 결코 순수하지 않고 단순하지 않다"고 말했다. 누구도 진실을 온전하게 나타내지 못한다. 제3의 대안을 생각하는 사람은 진실의 조각이 많을수록 상황을 있는 그대로 본다는 사실을 안다. 그래서 진리의 다른 조각을 의도

	상대방을 탐구한다	상대방에 대항해 자신을 방어한다
관점	다른 관점, 즉 다른 '진실 조각'은 바람직하기도 하고 필요하다.	다른 관점은 틀렸거나 기껏해야 그다지 유용하지 않다.
행동	나는 이렇게 말한다. "당신은 상황을 달리 보는군요. 당신 말을 들어봐야겠어요!" 그리고 상대방이 상황을 보는 방식을 진정으로 이해할 때까지 공감하며 경청한다.	나는 이렇게 말한다. "당신은 상황을 달리 보므로 위협적인 존재입니다." 상대방을 설득할 수 없는 경우에는 상대방을 무시하거나 피하거나 적극적으로 반대한다.
결과	문제에 대해 더욱 폭넓고 포괄적인 견해가 생겨 더욱 바람직한 해결책이 생긴다.	문제에 대해 편협하고 배타적인 견해를 보이므로 해결책에 결함이 있다.

적으로 탐구한다. 자신에게 없는 진리가 상대방에게 있으면 상대방에게서 배워야 한다.

이는 사고의 근원적 전환이다. 이렇게 사고를 전환하면 갈등은 문제가 아니라 기회이다. 강력한 반대는 장벽이 아니라 교훈을 얻을 수 있는 통로이다. 많은 협상 관련 서적에서 언제나 상대방이 동의할 수 있는 지점인 공동 관심 영역을 발견하라고 강조한다. 물론 이 점이 중요하기는 하지만 차이를 탐구하고 활용하는 것이 훨씬 더 중요하다.

사람들의 의견이 다른 것은 당연할 뿐 아니라 필요하다. 나는 두 사람의 의견이 같으면 둘 중 한 사람은 필요 없다고 누누이 강조했다. 차이가 없는 세상은 발전할 수 없는 동일함의 세상이다. 하지만 우리는 차이를 존중하지 않을뿐더러 자기 정체성이 위협받기 때문에 차이에 거슬러 자신을 방어한다. 방어적 사고방식에 따라 생각하고 행동하는 사람은 전진하지 못하고 주변에 장벽을 쌓아 자기 위치를 지키려 한다.

장벽

갈등을 다루는 가장 실망스러운 방법은 의견의 장벽을 쌓는 것이다. 역사적으로 우리는 사람 사이에 쌓은 비유적 장벽이 실제 벽으로 바뀌는 현상을 목격해왔다. 자본주의 세계와 공산주의 세계 사이에 베를린 장벽이 있었다. 이스라엘과 팔레스타인 사이에 장벽이 있다. 장벽이 높이 세워져 있는 한 우리는 전진할 수 없다. 양쪽 중 최소한 하나라도 기꺼이 상대방을 탐구하고 진정으로 이해해야 한다.

이러한 장벽은 경솔한 상투적 문구로 표현된다. 물론 정치판에서 오가는 상투적 문구는 누가 봐도 조작이지만 직장에서도 가정에서도 진부한 논쟁이 늘상 벌어지곤 한다. 해마다 똑같은 비난이 되풀이되면서 제2의 대안에 얽매이는 사람들은 열띤 논쟁을 벌이지만 그 와중에 점점 상대방은 잊혀져간다.

"세금을 올려 재정지출을 늘리는 진보주의자!"
"비정한 보수주의자!"
"범죄에 관대한 자!"
"민족주의 전쟁 도발자!"
"나약하고 우유부단한 박쥐!"
"군사 산업 단지에 정치자금을 바치는 부자!"
"당신이 당선되면 테러리스트들이 이기는 것이다!"
"당신이 당선되면 부자는 더욱 부유해지고 빈자는 버스 밑으로 던져진다!"
"사회주의자!"
"파시스트!"

조너선 스위프트Jonathan Swift의 《걸리버 여행기》에는 라퓨타인들이라는 이상한 지배 계층 집단이 등장한다. 그들은 대화하는 데 지나칠 정도로 노력해야 한다고 생각해서 자루에 상징을 잔뜩 넣고 다니다가 사람을 만나면 꺼내 보인다. 걸리버는 이렇게 설명한다. "나는 두 현인이 자루를 열어 한 시간 동안 상징으로 대화하고 도구를 챙겨 떠나는 장면을 자주 보았다."[18] 물론 작가인 스위프트는 진솔한 대화를 하지 않고 진부한 말만 앵무새처럼 똑같이 반복하는 정부 지도자와 재계 지도자를 풍자한 것이었다.

오늘날, 표독한 어조가 의사소통에 점점 더 침투하고 있다. 의사소통이 어느 때보다 저속해 보이고 분노·분열·좌절·대립이 존재한다. 서로 존중했던 정부 고위층에서도 대화 대신 감정이 폭발하는 경우가 잦다. 제2의 대안적 사고가 악의를 띠며 유독해지고 있다.

선동가들은 인터넷, 케이블 TV 뉴스, 라디오에서 아무렇지도 않게 같은 편에 아부하고 반대편에 독설을 퍼붓는다. 일부 선동가는 누가 보더라도 자기 잇속만 차리는 장사치에 불과하지만 자신이 다수를 위해 희생한다 생각하고 자신과 생각이 다른 사람에게는 가리지 않고 증오의 감정을 품는다. 로널드 아넷Ronald Arnett 교수가 말했듯, 선동가들은 단순하게 '우리 대 그들'의 대립구조로 사고하여 "현실에서는 타인의 관점을 경청하여 새 통찰을 얻기를 거부하면서도 자신은 날카롭게 인식한다는 환상을 심어준다."[19]

기업가인 세스 고딘Seth Godin이 지적했듯, 우리는 인터넷을 활용해 부족을 형성하는 힘을 장악한다.[20] 이는 놀라운 이야기이다. 스토아 철학자부터 우크라이나 민속 무용가에 이르기까지, 인터넷을 사용하면 누구나 관계를 맺고 공통 관심사를 탐구할 수 있기 때문이다. 하지만 인터넷을 매개로 새 부족을 형성하면 생각이 비슷한 사람끼리 모이는 위험성이 도사리고 있다. 두 사람이 구글에 같은 질문을 던지더라도 정교한 검색 엔진은 질문자가 어떤 종류의 대답을 듣고 싶어 하는지 이미 파악하고 있으므로 서로 다른 대답을 제시한다. 인터넷을 이용하면 다양한 목소리를 들을 기회가 풍부한데도 사람들은 디지털 장벽 뒤에 꼼짝하지 않고 숨어 있을 뿐 다른 관점을 탐구하거나 고려하지 않는다. 마치 라퓨타인처럼 서로 따분하고 시시한 말에 고개를 끄덕이며 어떠한 말도 전혀 '경청'하지는 않는다.

토킹 스틱Talking Stick

여러 해 동안 나는 적대감과 분열이 대화를 망치는 세태 때문에 고민하면서 '상대방을 탐구한다' 패러다임을 널리 알려 이러한 세태에 맞서려고 노력해왔다. 그 일환으로 30명 이상의 국가원수, 기업이나 정부에서 활동하는 많은 지도자, 싱가포르부터, 미국 사우스캐롤라이나 주에

토킹 스틱

발언자   청취자

토킹 스틱: 고대 아메리카 인디언의 전통인 토킹 스틱은 평화로운 대화의 상징이다. 발언자가 토킹 스틱을 손에 쥐고 있는 동안에는 그가 자신의 말이 충분히 전달되었다고 느낄 때까지 어느 누구도 끼어들지 않는다.

이르기까지 여러 지역의 학생들을 만났고, 이때마다 예외 없이 '토킹 스틱 대화법'을 가르쳤다.

수백 년에 걸쳐 아메리카 인디언은 회의할 때 토킹 스틱을 사용해 참석자에게 발언권을 준다. 스틱을 쥐고 있는 동안에는 발언자가 자기 말이 충분히 전달되었다고 느낄 때까지 어느 누구도 끼어들지 않는다. 나는 언젠가 한 아메리카 인디언 지도자 집단에서 전통적인 토킹 스틱을 선물로 받아 지금껏 소중하게 간직하고 있다. 덧붙여 '대머리독수리Bald Eagle'라는 이름도 받았다. 토킹 스틱이 무엇을 상징하는지 살펴보자.

토킹 스틱을 들고 있는 사람은 언어의 신성한 힘을 손아귀에 쥐고 있는 셈이다. 회의할 때는 토킹 스틱을 쥐고 있는 사람만 발언할 수 있고 나머지 참석자는 침묵해야 한다. 토킹 스틱에 달린 독수리 깃털이 발언자에게 진실하고 현명하게 말할 수 있는 용기와 지혜를 준다. 토킹 스틱 끝에 있는 토끼 가죽은 발언자의 말이 심장에서 나와야 하고 부드럽고 따뜻해야 한다고 상기시킨다. 푸른 돌은 발언자의 말뿐 아니라 심장에서 나오는 메시지를 위대한 영혼이 듣는다는 것을 상징한다. 보는 각도에 따라 색깔이 수시로 변하는 조개껍데기는 모든 창조물이 바뀌고 사람도 상황도 바뀐다는 사실을 강조한다. 각기 다른 색 구슬 네 개, 즉 노란색은 일출(동쪽)을, 빨간색은 일몰(서쪽)을, 흰색은 눈(북쪽)을, 초록색은 대지(남쪽)를 가리켜서, 발언자는 심장에서 우러나 말하는 순간 우주의 힘을 손아귀로 쥔다. 또한 토킹 스틱에는 거대한 물소의 털이 묶여 있어서 발언자는 위대한 물소처럼 힘차게 말할 수 있다.[21]

토킹 스틱에 대한 체로키 인디언의 묘사는 내가 사람들에게 가르치려 노력했던 교훈을 아름답게 정리하고 있다. 토킹 스틱은 논쟁에서 이기는 것이 아니라 이야기를 듣고 사람의 마음을 이해하는 용도로 쓰인다. 이를 쥔 사람은 용기와 지혜가 있어야 하고 연민의 마음을 품고 진실을 다루어야 한다. 21세기 세계 문화에서 가장 중요한 태도는 타인을 지배하려는 것이 아니라 이해하려는 것이다. 따라서 토킹 스틱 대화는 현대에 갖춰야 할 윤리적 필수 요소이다.

토킹 스틱은 연장자들이 모여 중요한 문제를 의논하고 결정을 내리는 회의 집단의 핵심 요소이다. 관습에 따르면 이는 토론 집단이 아니다. 캐럴 로커스트Carol Locust 박사는 이렇게 설명했다. "이 회의 집단은 각자 자신만만하고 안전하게 진실을 말할 수 있다. ⋯⋯모든 참석자가 동등해서 어느 누구도 다른 사람보다 중요하지 않고, 회의의 시작도 끝도 없으며, 모든 발언이 동등하게 수용되고 존중을 받는다."

토킹 스틱의 기원은 정확히 알 수 없지만 이로쿼 연맹(Iroquois Confederation, 미국 식민지 시대의 인디언 연맹—옮긴이)의 창설 신화로 추적해볼 수 있다. 아메리카 북부의 위대한 호수 지역에 거주하는 다섯 부족은 각자 지배적인 자리를 차지하려고 수백 년 동안 서로 피비린내 나는 싸움을 벌였다. 그러다가 12세기 무렵, 데가나위다Deganawidah라는 젊은 이방인 중재자가 나타나 상황을 반전시켰다. 이 중재자는 피에 굶주린 전사를 찾아 나섰다. 폭력을 휘두르고 너무 무시무시해서 다른 사람들이 기피하며 이름조차 붙여주지 않는 전사였다. 어느 날 밤 중재자는 이름 없는 전사의 거처에 몰래 다가가 지붕 꼭대기에 올라갔다. 장작을 땔 때 생기는 연기가 굴뚝으로 모락모락 올라왔다. 집 안에 있는 이름 없는 전사는 끓는 주전자를 내려다보며 생각에 잠겼다. 그때 주전자 물에 비친 이방인의 얼굴을 보고 그 아름다움에 감명을 받아 자신이 여태껏 걸어온 사악한 길에 대해 깊이 돌아보기 시작했다.

지붕에서 내려와 오두막으로 들어온 이방인을 포옹하면서 전사는 이렇게 말했다. "주전자 바닥에서 나를 올려다보는 사람이 있어서 놀랐습니다. 그 아름다운 모습에 깊이 감동했어요. ……이내 바닥에서 올려다본 것은 바로 나 자신이라는 생각이 들었습니다. 그러자 인간을 죽이는 내 행동이 옳지 않다고 깨달았어요."

이름 없는 전사는 이방인에게 자신의 고뇌를 털어놓았다. 이방인은 정중한 태도로 전사의 말에 귀를 기울였다. 마침내 전사가 말했다. "이제 내 말은 끝났습니다. 이제는 당신 차례입니다. 당신이 무엇을 말하든 이번에는 내가 듣겠습니다."

중재자는 전사에게 "이제 당신의 삶은 달라졌습니다. 정의와 평화를 나타내는 새로운 마음의 틀이 생겼기 때문입니다"라고 말했다. 두 사람은 다시 주전자 물을 들여다보면서 자신들이 비슷하게 생겼다는 것을 깨달았다. 중재자는 전사에게 히아와타Hiawatha라는 이름을 지어주었고, 두 사람은 '몇 년 동안 지적이고 영적인 전투를 벌인 끝에' 모호족, 오나이다족, 오논다가족, 카유가족, 세네카족 등을 연합하여 오늘날 이로쿼이 연맹이라 불리는 조직을 결성했다.[22]

일부에게 '세계에서 가장 유서 깊은 살아 있는 참여민주주의'라는 평가를 받는 이로쿼이 연맹은, 전쟁을 중단하는 동시에 다른 부족이 가장 강한 부족의 노예로 전락하는 것을 막기 위한 제3의 대안이었다. 연맹을 결성한 후에 다섯 부족은 서로 전쟁을 벌이지 않았다. '위대한 평화법 Great Law of Peace'이라고 불리는 이로쿼이 입헌 제도는 오늘날까지 존속하며 각 부족 대표가 동일한 표결권을 행사하고 합의를 거쳐 대부분의 안건을 결정한다.[23] 중요한 기구이기는 하지만 이로쿼이 연맹 회의에서는 주요 안건만을 처리하고, 지역 관련 안건은 특유한 연방 정부 제도에 따라 대부분 부족 회의에서 다룬다. 남성 지도자의 결정에 대해 여성 회의가 거부권을 행사할 수 있는 것도 흥미롭다.

영향력 정도에 대해서는 역사학자마다 의견이 분분하지만 이로쿼 연맹은 미국 건국의 모델로 보인다. 미국 독립혁명이 발발하기 수십 년 전 벤저민 프랭클린Benjamin Franklin은 미국에 이로쿼 연맹과 비슷하게 영국 식민지 연맹을 만들자고 최초로 제안했다. 이로쿼 연맹의 독창적 '연맹 개념'에 깊은 감명을 받은 프랭클린은 "연맹 개념은 여러 세대 동안 존속해왔고 결코 사라지지 않을 것 같다"라고 강조하면서 아메리카 인디언이 했다면 영국 식민지도 못할 이유가 없다고 주장했다.[24]

앞서 살펴보았듯 히아와타가 물속에 비친 자신과 형제의 모습을 보는 순간, 이로쿼 연맹의 전신이 탄생했다. 중재자가 말했듯, 이때 생겨난 것은 히아와타의 '삶의 형태'를 바꾼 '새로운 마음의 틀'로서 '자신을 본다' 패러다임과 '상대방을 본다' 패러다임이었다. 중재자와 히아와타는 각 부족에게 새로운 마음의 틀을 전파할 목적으로 한 발 더 나아가 '상대방을 탐구한다' 패러다임을 실천했고 가는 곳마다 회의 집단을 소집해 다섯 부족 연맹을 만들어 '위대한 평화법'의 초석을 다졌다. 이러한 과정을 거쳐 토킹 스틱은 위대한 평화법의 상징으로 떠올랐다.

천 년 가까이 다섯 부족 연맹은 평화를 유지하며 살았지만 이른바 문명화했다는 서구가 전쟁을 일으켜 그들의 과학적 방식을 대량학살하고 있다.

공감하라

심리학자라면 토킹 스틱 대화법의 정수를 '공감적 경청'이라고 정의할 것이다. 나는 공감적 경청법을 가르치는 데 생의 많은 시간을 쏟았다. 이것이야말로 평화를 이루고 시너지를 발휘하는 열쇠이기 때문이다. 공감적 경청은 타인을 조작하는 기술이 아니다. 중재자가 기꺼이 상대방을 탐구하고 그 말과 마음에 귀를 기울였으므로 히아와타는 자신의 고독·분노·죄책감을 모두 털어놓을 수 있었다. 마음을 무겁게 짓누르던 부담을 덜고 나서야 마음의 문을 열고 중재자가 전하는 메시지를 들을 수 있었다. "이제 내 말은 끝났습니다. 이제는 당신 차례입니다. 당신이 무엇을 말하든 이번에는 내가 듣겠습니다."

공감이란 과연 무엇일까? 나는 이스라엘 철학자 켄 램퍼트Khen Lampert가 내린 정의가 마음에 든다. "공감은 우리가 타인의 마음에서 자기 자신을 발견할 때 생긴다. 우리는 상대방의 눈을 통해 실체를 보고 상대방의 감정을 느끼고 그 고통을 공유한다."[25] 공감능력은 우리 안에 내장되어 있어서 신생아조차도 다른 아기들이 우는 소리를 듣고 울음을 터뜨린다.

공감은 갈등을 빚는 상대방의 입장에 동의하거나 합류하는 연민과 다르다. 공감하며 경청한다고 해서 상대방의 관점에 동의할 필요는 없다. 상대방이 표현하는 내용이나 감정을 경청해서 그 입장을 고려할 수 있고 상대방이 어떻게 느낄지 알 수 있으면 된다.

공감적 경청은 상대방에게 '심리적 공기'를 불어넣어주는 행동과 같다. 당장 질식할 것 같은 상황에 처했을 때 우리가 원하는 것은 공기뿐이다. 하지만 일단 숨을 쉬고 나면 필요가 충족된다. 인간에게 공기가 필요한 것과 마찬가지로 인간의 최대 심리적 욕구는 타인에게 이해받고 가치를 인정받고 싶어 하는 것이다.

공감하면서 경청하면 상대방에게 심리적 공기를 불어넣을 수 있다. 이렇게 주요한 필요를 일단 충족하고 나서 문제 해결에 초점을 맞춘다. 갈등을 빚는 상황에서 상대방의 말을 듣지 않고 무시하거나 오해해서 상대방에게 좌절을 안기는 사람이 매우 많다. 경청하려고 한 발 앞서 나아가는 사람은 숨 막히는 정신적 감옥의 문을 여는 열쇠를 쥐고 있는 셈이다. 칼 로저스는 상대방이 진정으로 자기 말을 들어준다고 느낄 때 사람들의 반응을 이렇게 묘사했다.

자기 말을 들어주는 사람이 있다고 느끼면 거의 예외 없이 눈가에 눈물이 고인다. 나는 그 사람이 기뻐서 운다고 생각한다. 그러면서 이렇게 말하는 것 같다. "세상에 이렇게 고마울 수가 있을까요? 누군가 내 말을 들어주었습니다. 내 기분을 알아주는 사람이 있다니까요." 이 장면에서 나는 지하 감옥에 갇힌 죄수가 모스 부호로 매일 벽을 이렇게 두드린다고 상상한다.

공감적 경청

청취자   발언자

청취자   발언자

공감적 경청: 갈등을 빚는 상황에 처하면 우리는 상대방이 말하는 동안 어떻게 반박하고 어떻게 반응할지 생각한다. 그렇게 '장벽'을 쌓고 있으면 상대방의 이야기를 경청할 수 없다. 하지만 공감하며 경청하는 사람은 상대방의 생각과 감정을 이해하려 한다.

         2. 제3의 대안: 원칙, 패러다임, 시너지 효과

"거기 누구 없어요? 이 소리가 들려요?" 그러다 어느 날 기적처럼 "예"라고 대답하는 소리를 어렴풋이 듣는다. 그 짧은 대답을 듣자마자 죄수는 고독에서 벗어나 다시 인간 존재가 된다.[26]

우리가 상대방을 탐구하고 그 말에 귀를 기울일 때 장벽이 무너진다. 마침내 우리가 "세상에 이렇게 고마울 수가 있을까요? 누군가가 내 말을 들어주었습니다"라고 말할 수 있을 때, 삐걱거리는 결혼생활, 법적 다툼, 정치 싸움, 견디기 힘든 갈등에 어떤 변화가 생길지 생각해보라. 정신적 긴장이 사그라들면서 제3의 대안으로 옮겨갈 수 있다.

우리는 타인의 감정을 느낄 수 있는 능력을 타고났다. 1990년대 초 연구자들은 '거울신경mirror neuron'이라는 뇌세포 유형을 발견하고는 자신이 행동하거나 타인의 행동을 볼 때 이 세포가 작용한다고 설명했다. 이탈리아 과학자들은 이러한 현상을 원숭이에서 최초로 목격했다. 원숭이가 음식 조각에 손을 뻗을 때 어떤 뇌세포가 활성화하는지 관찰하다가, 다른 원숭이가 음식에 손을 뻗는 광경을 보기만 해도 동일한 뇌세포가 활성화한다는 사실을 확인했던 것이다.

거울신경은 적대적인 동작과 악의 없는 동작을 확실히 구별한다. 빗으로 머리를 빗으려는지 골프채를 휘둘러 공격하려는지 미리 알 길이 없더라도, 상대방이 팔을 들어 올리는 장면을 보면 거울신경은 다르게 반응한다. 우리가 미소 짓거나 상대방이 우리를 향해 미소 지을 때는 동일한 거울신경이 활성화한다. 상대방의 미소를 보면 우리도 미소를 짓는다. 상대방이 고통스러워하는 장면을 보면 우리도 고통을 느낀다. 이처럼 거울신경은 상대방의 감정을 느낄 수 있다.[27]

공감능력이 우리에게 자연스러운 것이고 영향력이 크다면 어째서 그토록 드물까? 강한 패러다임끼리 부딪히기 때문이다. 수잰 킨Suzann Keen

은 직접 실시해서 얻은 정교한 연구 결과를 《공감과 소설*Empathy and the Novel*》에 발표하면서 '지배·분리·위계질서'를 향한 욕구가 공감을 약화시킨다고 주장했다. 사회의 관점에서 볼 때, 공감하는 사람은 '지나치게 동정심이 많기' 때문에 이해해주기만 해도 타인을 변화시킬 수 있다고 순진하게 믿는다.[28] 따라서 냉정한 현실주의자는 타인에게 공감하지 않는다.

하지만 인간 존재에 '지배·분리·위계질서'를 부과해 자연스럽게 나타나는 결과를 생각할 때는 진정한 현실주의자가 누구인지 자문해야 한다. 우리가 타인을 지배하고 분리시키고 특정 범주에 가두려 한다면 불가피하게 타인의 저항을 촉발할 것이다. 그러면 '나와 그대'는 없고 '나와 그것'이 있을 뿐이다. 이때는 창의성이 아니라 갈등이 생겨난다.

로저스는 공감을 가로막는 요소가 '상대방의 말을 판단하거나 평가하거나 찬성하거나 반대하려는 자연스러운 경향'이라고 주장하면서 한 가지 예를 들었다. "강연을 다 듣고 자리를 뜰 때 주변에서 가장 많이 듣는 소리는 '그 사람의 강연은 별로야'라는 수군거림이다. 이때 우리는 어떻게 반응하는가? 대개는 별로라는 의견에 수긍해서 '나도 별로라고 생각해'라고 맞장구를 치거나, '나는 꽤 괜찮았다고 생각하는데'라고 받아친다. 달리 표현하자면, 방금 들은 내용을 자기 관점에서 판단하는 것이다."[29] 이런 종류의 대화는 대부분 해가 없지만 갈등이 첨예하게 대립할수록 우리는 더욱 판단하려 드는 동시에 공감하는 정도는 떨어진다. 반대 의견이 깊은 신념이나 정체성 문제를 건드리면 공감은 완전히 사라진다. 따라서 공감하는 태도를 습관으로 고정시키지 않으면 공감능력은 직관에 거스르기 마련이다. 따라서 "먼저 상대방을 이해한 후에 자신을 이해시켜야 한다." 이 명제의 반대방향은 성립하지 않는다. 공감적 경청을 습관으로 정착시키려면 의도적으로 노력해야 한다. 자신의 의견에 동의하지 않는 사람에게 다가가 "당신은 상황을 나와 다르게 보는군요. 당신의 의견을 듣고 싶습니다"라고 말한다. 이렇게 행동할수록 더욱 편안하게 훨씬 많이 배울 수 있다. 그래서 나는 타인과 의견을 주고받는 것이 즐겁다.

"그 사람의 강연은 별로예요"라는 말을 들었다면, 공감적 경청자는 "좀 더 자세히 말해보세요"라고 말할 것이다. 문제가 사소하더라도 이러한 과정을 통해 얼마간 통찰을 얻을 수 있다. 우리가 문제에 정말 관심이 많고 상대방의 관점을 우선적으로 이해하려 노력한다면 상대방도 내 관점에 기꺼이 귀를 기울일 것이다.

"나는 남의 이야기를 잘 들어줘요. 나는 공정하고 마음이 트였어요"라고 자처하는 사람은 공감을 품고 상대방의 말을 경청하지 않을 가능성이 다분하다. 대부분 그렇듯 상대방이 말하는 동안 머릿속으로는 어떻게 대답할지 궁리하고 있을 것이다. 상대방이 하는 말에 무턱대고 반대하면서 과연 자신이 진정으로 공정하고 개방적인 사람이라고 말할 수 있을까? 대화할 때 엄마가 딸의 말을 판단하거나 반박하거나 비웃는다면 딸이 엄마에게 마음을 열 수 있을까? 밑에서 일하는 직원들이 그러한 상사에게 마음을 털어놓고 이해받기를 기대할까?

토론에 참여할 때 다음과 같은 실험을 해보자. 토론 참석자는 앞에서 의견을 발표한 사람의 생각과 감정을 그 사람이 흡족할 정도로 반복하고 나서야 비로소 발언할 수 있다. 이 실험을 거치면서 가장 먼저 깨닫는 사실은, 생각만큼 쉽지 않다는 것이다. 타인의 생각을 반복하는 것도 쉽지 않지만 감정을 포착하기는 더욱 어렵다. 하지만 꾸준히 노력하면 공감을 얻을 수 있어서 상대방의 입장에 서는 것이 어떤지, 상대방이 세상을 어떻게 보는지 알 수 있다.

감정을 반영하고, 생각을 반복하고, 상대방의 의견을 판단하지 않고 거기에 토를 달지 않는 적극적 경청 기술은 널리 알려져 있는 유용한 방법이다. 공감하며 경청하려면 느긋하게 묵묵히 앉아 주의를 기울여야 한다. 물론 타인의 말을 들어 기분이 상했을 때 얼굴이 빨개지는 사람이라면 넘기 힘든 과제가 될 수 있다.

공감하는 사고방식을 갖추기는 더 힘들다. 자신이 상대방과 다르기 때문에 상대방을 탐구해서 상대방의 생각, 그렇게 생각하는 이유, 그에 대한 감정을 진심으로 이해하려 애쓴다면 상대방이 정말 신속하게 마음의 문을 여는 것을 깨닫고 깜짝 놀랄 것이다. 적극적으로 경청하는 기술은 공감적 경청을 방해할 수도 있다. 상대방이 우리 관점에 흥미가 있는 척 가정한다는 사실을 알아챘다면 우리는 상대방이 조작하려 시도했을 때만큼이나 적극적으로 경청하는 기술을 사용한 것에 깊이 실망할 것이다.

결국 공감은 자신의 사고를 확장시킨다. 배우자나 동료, 친구가, 우리에게 진정으로 마음을 열고 투명하게 자신을 내보이면서 자기 의견을 전달한다. 그러면 그들의 진실이 우리에게도 진실이 된다. 정치 철학자 한나 아렌트Hannah Arendt는 진실에 높은 가치를 부여하고 자신이 매우 제한된 존재라는 사실을 깨달은 덕택에 그 한계를 극복하고 타인의 마음을 이해하는 법을 스스로 터득했다. "확장한 사고방식을 가동하는 것은 상상력을 팽창시키도록 훈련한다는 뜻이다."[30] 달라이 라마는 자신과 갈등을 빚는 사람이 가장 중요한 스승이라고 강조했다.[31]

이 글을 읽다 보면 이런 생각이 들지 모르겠다. '하지만 공감하며 경청하다 보면 오히려 갈등을 유발하지 않을까? 상대방의 말을 정말 다 들어야 할까? 도리어 상황을 악화시키지 않을까? 내게는 그럴 만한 시간이 없잖아!' 이러한 질문에는 우리의 패러다임이 녹아 있다. 자신이 예전에 상대방의 말을 전부 들어주었다고 생각한다면 착각이다. 상대방에게 비유적으로 토킹 스틱을 주지 않았다면, 상대방 편에 서서 주장을 펼칠 수 있을 정도로 그 생각과 감정을 잘 이해하지 못한다면, 실제로 상대방의 말을 전혀 듣지 않은 것이다.

공감하며 경청하다 보면 오히려 갈등을 유발할 수 있다고 우려하는 사람들이 있다. 하지만 공감적 경청은 가장 손쉽게 해결책에 도달하는 방법이다. 상대방의 마음과 감정을 이해하느라 쏟는 시간은, 상대방과 싸우느라 허비하는 시간과 전혀 별개이다. 미국의 예만 보더라도, 변호사 120만 명이 서비스 제공 명목으로 고객에게 연간 약 710억 달러를 청구하는데, 법정에서 승소한 금융 판결은 포함하지도 않은 금액이다. 그러니 사람들이 열린 마음으로 솔직하게 서로 이해하는 방법을 찾으면 얼마나 많은 시간과 돈을 절약할 수 있겠는가?

개인의 생활을 보더라도 공감이 부족할 때 삐걱거리는 결혼생활과 기타 여러 관계로 얼마나 많은 세월을 낭비하는가? 공감하며 경청하려면 시간이 걸리지만, 위태롭거나 단절된 유대관계를 회복하는 데 걸리는 시간이나 억눌린 미해결 문제를 안고 살아가는 세월에 비교한다면 약과이다.

2010년, 의료보험 제도 개혁을 놓고 미 전역이 찬반으로 나뉘어 논쟁을 벌이는 와중에 미국 대통령과 의회 지도자들은 텔레비전 프로그램에서 상반되는 의견을 타진하기로 결정했다. 대개 정부 최고위 관리들이 비밀리에 진행하는 토론 장면을 텔레비전으로 지켜보는 것은 드물고도 놀라운 경험이었다. 게다가 믿기지 않을 정도로 흥미로운 사실을 깨달을 수 있었다.

물론 개입하는 사람이 많을수록 시너지에 도달하기가 더욱 어려울 수 있다. 시너지는 소수의 사람이 정신을 차리고 더욱 바람직한 방법을 찾겠다고 마음먹을 때 주로 발생한다. 하지만 이번에 그런 상황은 벌어지지 않았다. 양쪽은 지성과 설득 기술을 발휘해 각자 주장을 펼쳤다. 의료 서비스의 혜택을 받을 수 없었던 사람들의 끔찍한 사례를 거론했고, 엄청난 액수의 의료비와 충격적인 비리를 폭로했다. 의료 서비스의 총체적 비효율성과 불공평을 비웃고 큰 소리로 비판했다. 상대편의 철학에 내포된 단점을 날카롭게 지적했다. 각자 인상적인 정보를 쏟아내는 것으로 미루어 논쟁에 참여하려고 열심히 연구한 흔적이 보였다.

하지만 결국 시청자는 양쪽의 좌절감을 느낄 수 있었다. 논리적으로 주장을 펴고 자료로 뒷받침하고 감정에 능숙하게 호소했는데도 갈등은 조금도 해소하지 못했다. 참석자들은 자신의 모습이 카메라 렌즈에 잡히고 있고 논쟁 자체가 정치 쇼라는 사실을 이미 알고 있었지만, 막상 양쪽을 가로막은 장벽이 전혀 허물어질 기세가 없다는 사실을 깨닫자 실망하고 허탈해했다.

대체 무엇이 잘못된 것인가? 그들의 정치적 패러다임에 대해서는 언급하지 않겠지만 패러다임이 잘못되었기 때문이다. 양쪽은 자신과 상대방을 단지 각자 입장을 주장하는 대표로만 생각했을 뿐, 독립적으로 사고하고 판단하고 추론하는 창의적 개인으로 보지 않았다. 결과적으로 공감적 경청을 시도조차 하지 않았다. 양쪽은 서로 입장을 이해하는 데 조금도 관심이 없었으므로 상대방에게 배워 제3의 대안에 도달할 수 없었다.

그렇다고 논쟁 자체를 하지 말아야 한다는 말이 아니다.

우리가 사는 사회처럼 양극화 패러다임이 지배적인 환경에서는 자신이 승리하거나 상대방을 패배시킬 목적으로 논쟁을 벌일 때가 많다. 그러한 패러다임을 친구와 가족에게 적용해보고 사랑하고 창의적인 관계를 어느 정도까지 형성할 수 있을지 알아보아라. 제3의 대안을 생각하는 사람에게 논쟁의 목표는 승리하는 것이 아니라 모든 입장에 속한 사람들을 변화시키는 것이다. 우리는 서로 배우는 과정을 거치면서 자연적으로 자기 견해를 때로 급격하게 바꾼다.

'상대방을 탐구한다' 패러다임에서는, 논쟁하면서 아이디어를 상대방에게 강요하지 말고 시험해야 한다. 논쟁은 무기가 아니라 학습하기 위한 매개체이다. 이때 목표는 상대보다 한 발 앞서려고 피곤하고 낡은 게임을 하면서 점수를 올리는 것이 아니라 게임 자체를 바꾸는 것이다.

'상대방을 탐구한다' 패러다임에서는 상대방의 주장에서 허점을 발견하는 것이 아니라 상대방의 말을 경청해서 진리의 조각을 이해해야 한다. 로저스는 이렇게 설명했다. "내가 알 수 있는 유일한 실체는 내가 지각하는 세상이다. ……상대방이 알 수 있는 유일한 실체는 상대방이 지각하는 세상이다. ……한 가지 확실한 점은 실체를 지각하는 사람이 다르다는 사실이다. 사람들이 많은 만큼이나 '진짜 세상'도 많다!"[32] 우리가 온전하게 진실을 알지 못하면(애석하지만 결단코 그럴 가능성이 크다) 상대방에게 진실을 들어야 한다. 상대방의 말을 듣지 않고 자기 말만 하면 그다지 많이 배우지 못한다. 철학자 존 스튜어트 밀John Stuart Mill의 설명을 들어보자.

가공할 어마어마한 악은 진실의 일부끼리 부딪히는 격렬한 갈등이 아니라, 진실의 절반을 소리 없이 억압하는 것이다. 양쪽의 주장을 경청하라고 강요당할 때는 언제나 희망이 있다. 하지만 어느 한쪽의 주장에 귀를 기울이기 시작하면 실수가 편견으로 굳어지고, 진실 자체는 더 이상 진실로서 유효하지 않다.[33]

'상대방을 탐구한다' 패러다임에서는 끔찍하면서도 즐거운 위험을 감수한다. 상대방의 감정을 이해하고 상대방의 관점으로 상황을 보면 자신의 관점을 바꾸어야 할 위험에 빠지기 때문이다! 우리가 솔직하다면 예전 방식으로 상황을 보지 않을 것이고, 그렇게 하는 것이 바람직하지도 않다. 상대방의 의견에 영향을 받지 않는다면 자기 마음이 폐쇄적인지 따져봐야 한다. 따라서 자신을 위해서라도 상대방이 말하는 진실에 귀를 기울여야 한다. 칼 로저스가 말했듯 우리가 갖춰야 하는 패러다임은 '내 의견과 같기 때문에 당신의 의견을 좋아해요'가 아니라 '내 의견과 다르기 때문에 당신의 의견을 소중하게 생각해요'여야 한다.[34]

바람직한 결정을 내린다

지금쯤이면 이런 생각이 들지 모르겠다. '공감하는 것은 성격이 무를 뿐 아니라 비판 능력이 없다는 뜻일 수 있다. 그러므로 기꺼이 경청하기는 하겠지만 무시당하고 싶지는 않다. 나는 내 생각이 무엇인지 안다. 따라서 어떻게 생각하라고 타인이 내게 말해줄 필요는 없다.'

공감적 경청은 무른 성격과 아무 관계가 없고 실제로 매우 실용적인 태도로서 오히려 공감하며 경청하지 않을 때 문제가 생긴다. 타인의 말을 제대로 듣지 않는 직장인은 이미지가 실추되기 십상이다. 경제계는 바람직한 결정을 내리지 않는 지도자를 처벌하며, 바람직한 결정은 고객·공급업체·다른 부서·혁신가·투자가를 포함한 모든 이해관계자의 관점을 철저하게 이해해야 내릴 수 있다. 바람직한 결정은 '가능한 한 모든 불확실성을 제거하고 내린 최고의 선택'으로 정의할 수 있다.[35] 그리고 불확실성을 최소화하는 유일한 방법은 사람들의 의견에 귀를 기울이는 것이다.

예를 들어보자. 몇 년 전 다국적 식품 기업의 리더들이 공급가를 더욱 낮게 제시한 공급업체에서 사과 주스 농축액을 구매해 생산 원가를 낮추기로 결정했다. 이때 제품개발을 담당하는 연구개발 이사를 제외하고 재정 담당자들만 의사결정에 포함시켰다. 몹시 놀란 연구개발 이사는 신제품이 설탕물에 불과하고 사과 주스가 조금도 들어 있지 않다고 경고했다. 하지만 상사들은 연간 25만 달러를 절약할 수 있다는 사실에 매우 기뻐하며 오히려 연구개발 이사가 '사업을 제대로 모르고 비현실적'이라고 비웃었다. 결국 중역들은 수감되었고 2,500만 달러의 벌금을 냈다. 이는 제품으로 사기를 쳐서 연간 절약한 돈을 100년 동안 모아야 하는 액수였다.[36]

그렇다면 대체 누가 '사업을 제대로 모르고 비현실적'일까? 이해할 마음을 품고 다른 관점을 탐구하는 사람일까, 그렇지 않은 사람일까?

경제계에서는 공감하면서 경청하지 못하거나 일부러 그렇게 하지 않으려는 사람들이 이처럼 매일 잘못된 결정을 내린다. 우리가 매일 일상생활에서, 즉 가정에서, 지역사회에서, 정부 기관에서, 부모와 자녀 사이에서 잘못된 결정을 내리는 까닭도 마찬가지이다. 경청하기를 거부하면 창의성이 아니라 갈등을 낳고, 바람직한 결정이 아니라 결함 있는 결정을 내리기 마련이다. 정말 뜻밖이지 않은가? 공감하면서 경청하면 약해 보일까 봐 걱정하는 사람들이 정작 가장 취약한 결정을 내리는 사람이니까 말이다.

슬하에 성장한 자녀가 셋 있는 부부가 있다. 그 부부가 꾸민 가정은 모든 면에서 평범하고 활기가 넘쳤다. 아버지는 딸과 두 아들이 성장할 때 출장을 상당히 많이 다녔다. 아버지가 자녀와 맺은 관계는 좋았지만 여하튼 아이들 곁을 떠나 있을 때가 많았다. 십 대 딸이 학교에서 행동 문제를 일으키기 시작하더니 급기야 법을 어기기 전까지는 모든 것이 순탄했다.

딸이 문제를 일으킬 때마다 불안했던 아버지는 딸과 마주 앉아 약간은 조급한 심정으로 문제에 대해 이야기해보려 했다. 부녀의 대화는 매번 같은 문제를 맴돌았다.

"나는 너무 뚱뚱하고 못생겼어요.""아니야, 그렇지 않아. 내 눈에는 정말 예쁘단다.""아빠의 딸이니 당연히 그렇게 말씀하시겠죠.""사실이 아니면 그렇게 말하지 않을 거다.""아뇨, 그럴 거예요.""내가 너에게 거짓말한다고 생각하니?"

대화가 여기까지 도달하면 주제는 아버지의 정직성에 대한 것으로 옮겨갔다. 또는 아버지가 자신의 십 대 시절 이야기를 딸에게 들려줬다. 하도 팔과 어깨에 살이 없어서 보는 사람의 비웃음을 샀다는 이야기도 어김없이 포함됐다. 그럴 때마다 딸은 "내 기분을 북돋워주려고 하는 말씀 맞아요?"라고 받아쳤다.

상황이 조금 잠잠해지다가 아버지가 다시 출장을 떠나면서 똑같은 상황이 반복되었다. 출장에 가 있는 동안 아내에게서 딸이 사라졌다는 연락을 받았다. 혼비백산한 아버지는 급히 비행기를 타고 집으로 돌아왔고 가족들은 며칠 동안 안절부절못했다. 마침내 다른 도시의 가출 청소년 임시 숙소에서 딸을 찾아 데려왔다. 집에 도착한 딸은 한마디도 하지 않았다. 마음씨 좋은 아버지는 몹시 당황하여 딸이 얼마나 보고 싶었는지, 어디에 있는지 몰라 얼마나 걱정하고 두려웠는지 등등 그동안 숨겨왔던 감정을 쏟아냈다. 그러면서 성장기에 말썽을 피우다가 지금은 건실하게 살고 있는 친구들의 이야기를 딸에게 해주었다.

그날 밤 부부는 머리를 맞대고 딸 문제를 의논했다. 남편이 "딸을 위해 무엇을 해주어야 할지 모르겠어"라고 털어놓자 아내가 대답했다. "딸의 말을 그냥 들어줘봐요.""무슨 말이야? 나는 언제나 그 아이 말을 들어줬어. 내가 집에 있을 때면 내내 그 아이의 말을 들어주었잖아."

2. 제3의 대안: 원칙, 패러다임, 시너지 효과

아내는 남편에게 조용히 웃어 보였다. "가서 딸의 말을 들어줘요. 당신은 아무 말도 하지 말고요. 한마디도요. 그냥 듣고만 있어요."

아버지는 딸과 마주 앉았다. 딸은 여전히 말문을 열지 않았다. 아버지가 "나에게 하고 싶은 말이 있니?"라고 묻자 딸은 고개를 가로저었다. 아버지는 그대로 앉아 아무 말도 하지 않았다. 날이 어둑어둑해지자 딸이 이윽고 입을 열었다. "더는 살고 싶지 않아요."

깜짝 놀란 아버지는 딸의 말에 대꾸하고 싶은 충동을 애써 누르면서 부드럽게 말했다. "더는 살고 싶지 않다고?" 5분가량 침묵이 흘렀다. 훗날 아버지는 이 순간이 살아오면서 가장 긴 5분이었다고 고백했다.

"나는 행복하지 않아요, 아빠. 내 모습이 한 군데도 마음에 들지 않아요. 더 이상 살고 싶지 않아요."

"우리 딸이 전혀 행복하지 않구나." 아버지가 한숨을 쉬었다.

딸은 울먹이기 시작했다. 딸은 점점 격하게 흐느끼다가 말을 홍수처럼 쏟아냈다. 마치 댐이 터진 것 같았다. 딸은 새벽까지 쉬지 않고 말했고 아버지는 열 마디도 하지 않았다. 다음날이 되자 상황이 나아졌다. 전에 아버지는 딸을 연민했지만 이젠 드디어 딸에게 공감할 수 있었다.

이것은 사춘기를 맞은 딸에게 그 후 몇 년에 걸쳐 '심리적 공기'를 불어넣어준 첫 경우였고 딸은 차분하고 자신만만하고 아버지의 사랑을 확신하는 여성으로 성장했다. 아버지는 딸의 생각과 감정을 탐구하고, 자신이 생각하는 실체를 강요하지 않고 딸의 마음을 소중하게 생각해 딸의 삶에 바람직하고 탄탄한 토대를 형성하는 데 기여했다.

따라서 '상대방을 탐구한다' 패러다임을 마음에 새기기 바란다. 타인과 맺은 관계에서 스스로 불안하고 정신이 고갈되었던 순간을 생각해보라. 긴장이 고조되고 자신감이 떨어질 때, 다음에 무엇을 해야 할지 눈앞이 캄캄할 때, 장벽이 높이 가려져 있을 때, 다음과 같이 공감을 시도해보라.

- 상대방에게 "당신은 상황을 다르게 보는군요. 당신 입장을 이야기해주세요"라고 말한다.
- 이해하기 위해 공을 들인다. 상대방의 말을 듣는 동안 다른 일을 하지 않고 온전히 정신을 집중한다. 상대방의 말을 판단하지도, 평가하지도, 분석하지도 않는다. 아울러 조언하지도, 위로하지도, 비판하지도, 싸우지도 않는다. 말하는 사람의 편을 들어줄 필요도 없다. 그저 말하는 사람에 대해 긍정적인 마음만 품는다.
- 말없이 듣는다. 대답을 하거나, 판단을 내리거나, 해결책을 제시하거나, 상황을 바로잡을 필요가 없다. 반응을 보여야 한다는 압박감을 모두 내려놓고 그냥 느긋하게 앉아 경청한다.
- 말의 흐름이 끊길 때만 말한다. "더 이야기해봐요" "계속해요" "으음" 등의 말만 한다.
- 감정에 신경 써서 집중한다. 상대방이 느끼는 감정을 지지해준다. "그래서 화가 났겠군요."(안타깝다, 마음이 상하다, 심신이 지친다, 불안하다, 낙심하다, 당황하다, 혼란스럽다, 배신감이 든다, 불확실하다, 의심스럽다, 회의적이다, 걱정된다, 좌절하다 등)
- 유용하다면 실제로나 비유적으로 토킹 스틱을 사용한다.
- 자신이 상대방의 이야기를 듣고 있다는 사실을 기억한다. 영화관에 갔을 때 어떻게 하는가? 줄거리의 흐름을 방해하지 않고 꼬투리도 잡지 않고 화면에 대고 대답도 하지 않는다. 그렇게 하면 당장 쫓겨나고 말 테니까 말이다. 일단 상대방의 이야기에 귀를 기울이기 시작하면 자신의 현실감이 정지되어 거의 자신을 잊는 경지에 다다른다.

- 배울 마음의 준비를 한다. 마음의 문을 열면 정신을 밝히고 관점을 보완해줄 통찰을 얻을 수 있다. 자료가 더 쌓여 관점을 바꾸는 것은 약점이 아니라 자연스러운 현상이다.
- 상대방을 진정으로 이해해야 한다. 필요하다면 상대방에게 들은 이야기를 다시 말해준다. 자신이 들었다고 생각하는 이야기를 다시 해보며 느낀 감정을 말한다. 상대방의 말을 제대로 이해했다고 생각하는지 물어본다. 상대방이 아니라고 대답하면 상대방이 만족할 때까지 다시 시도한다.
- 감사의 마음을 표현한다. 상대방이 자신에게 생각과 감정을 털어놓는 것은 감사한 일이다. 예전에는 이해하지 못했던 진실의 한 조각을 이해할 수 있으므로 우리에게 정말 이롭다. 존 스튜어트 밀이 말했듯 "타인의 의견을 구하는 사람에게 감사하고, 우리의 마음을 열어 그들의 말을 경청하고, 우리가 해야 할 일을 대신 해주는 사람이 있다는 사실에 기뻐하라."[37]

갈등을 빚는 상황에서 어떻게 '심리적 공기'를 불어넣을 수 있을까? 실험을 하는 도중에 타인이 태도를 바꾸어 우리의 의견을 듣고 싶어 하더라도 놀라지 마라. 타인의 말을 진심으로 경청하면 타인도 우리의 이야기에 귀를 기울일 준비를 할 것이다. 그러면 우리는 제3의 대안을 추구하는 궤도에 들어서는 것이다.

패러다임 4. 상대방과 함께 시너지를 발휘한다

이 마지막 패러다임은 서로 공격하는 악순환에 휩쓸리지 않고, 예전에

제3의 대안적 사고

상대방과 함께 시너지를 발휘한다

상대방을 탐구한다

자신을 본다   상대방을 본다

상대방과 함께 시너지를 발휘한다: 우리가 서로 온전히 이해하고 나면 시너지를 발휘해서 각자 생각해낸 것보다 바람직한 해결책을 찾을 수 있다. 시너지는 신속하고 창의적이고 협조적인 문제해결 방법이다.

어느 누가 생각해낸 것보다 바람직한 해결책을 찾는 방법이다.

나는 이 패러다임에 '상대방과 함께 시너지를 발휘한다'는 명칭을 붙였다. 앞에서 살펴보았듯 시너지는 실제로 제3의 대안을 창조하는 과정이다. 해당 패러다임은 열정 · 에너지 · 창의성을 불러일으키고, 오랜 실체보다 훨씬 바람직한 실체를 새로 만들어낸다. 그래서 '창조의 패러다임'으로도 불린다.

표에서 시너지 패러다임과 공격 패러다임을 대조했다. '상대방을 공격

	상대방과 함께 시너지를 발휘한다	상대방을 공격한다
관점	1에 1을 더하면 100이나 1000이나 1,000이다!	1에 1을 더하면 0이거나 그 미만이다!
행동	제3의 대안을 찾는다. "우리 중 어느 누가 생각하는 것보다 바람직한 해결책을 찾을 의향이 있나요?"라고 묻는다.	싸움거리를 찾는다. 자신의 편협한 해결책을 고집한다. 끝에 가서 결국 타협해야 할지 모르지만 일단 상대방의 패배를 굳힌다.
결과	제3의 대안을 찾으면 어떤 이익이 따르는가?	타인을 경멸했을 때 어떤 대가를 치르는가? 사업에는? 가족에는? 나라에는?

한다' 패러다임은 '상대방을 정형화한다'와 '상대방에 대항해 자신을 방어한다'는 사고방식에 따른 논리적 귀결이다. 관계·동반자·기업·가족·조직·나라를 파괴하고 미래를 망가뜨리는 패러다임이다. 상대방에게 공격 패러다임을 적용하면 상대방을 사람으로 보지 않고 정형으로 보는 것이다. 이때 상대방은 생각이 완전히 틀리므로 우리가 도저히 용납할 수 있는 이념을 대표한다. 상대방은 우리의 정체성과 가치를 위협하는 아내·남편·동반자·가족일 수도 있다. 상대방을 그런 관점으로 본다면 우리는 어떻게 말할까? "당한 만큼 갚아주겠어." "우리 둘이 함께 차지할 만한 공간은 없어. 둘 중 하나만 살아야 해."

상대방을 연민할 수 있고, 상대방의 관점을 자기 관점으로 바꾸려 할 수는 있겠지만 궁극적으로 상대방은 더불어 살 수 없는 존재일 뿐이다. 따라서 우리는 상대방을 무시하거나 조롱하거나 약화시키고 상대방에 거슬러 자신을 방어한다. 마지막 단계는 직접적인 공격이다. 결국 우리는 상대방을 무너뜨려야 한다. 게다가 자신이 승리하는 것만으로 충분하지 않아서 상대방을 패배시켜야 한다. 상대방과 우리는 제로섬 게임을 하고 있으므로 1에 1을 더하면 0이다. 그렇다면 우리는 어떤 결과를 얻을까? 상대방과 우리를 합하더라도 전쟁 외에는 무엇도 달성할 수 없다.

공격의 사고방식에서 가능한 최선의 결말은 타협이다. 이는 정의상 양쪽 모두 무언가를 잃는다는 뜻이다. 타협은 1에 1을 더하면 1.5이다. 그러므로 타협은 시너지가 아니다. 평판이 좋으므로 사람들은 타협하면 좋다고 생각하지만 시너지가 아니다.

공격의 사고방식에 반대인 '상대방과 함께 시너지를 발휘한다' 패러다임은 '자신을 본다' '상대방을 본다' '상대방을 탐구한다'는 사고방식에 따른 논리적 결론이다. 우리 자신과 상대방을 진심으로 존중하는 데부터 모든 것이 시작한다는 사실을 기억하라. 마르틴 부버는 이를 가리켜 '상대방을 만난다' '상대방을 이용하지 않는다'고 표현했다. 다음 단계에서는 진실의 모든 조각을 찾고 이해하려는 진정한 결의와 열정적 공감을 갖춰야 한다. 자신의 이야기와 감정을 타인에게 완전히 이해시켰다고 느껴야 시너지에 도달할 수 있다. 유럽 경영대학원의 호레이시오 팔카오Horacio Falcao 교수는 이렇게 설명했다. "상대방에게 나를 두려워할 필요 없다는 사실을 행동으로 보여줘야 한다. 내가 상대방을 공격하지 않으므로 상대방은 자신을 방어하지 않아도 된다. 따라서 상대방은 저항할 필요가 없고, 내가 그러지 않을 것이므로 상대방도 힘을 과시하지 않는다."[38]

이제 이렇게 자문해보자. 사업에 공격 패러다임을 적용할 때 치러야 하는 대가는 무엇인가? 가족에는? 나라에는? 이와는 대조적으로 제3의 대안을 찾는 시너지 패러다임을 사업에 적용해서 얻는 혜택은 무엇인가? 가족에는? 나라에는?

앞선 질문에 스스로 대답해보라. 마하트마 간디가 운명의 그날 밤, 남아프리카공화국의 기차 정거장에서 공격의 사고방식에 무릎을 꿇었다면 훗날 상황이 어떻게 전개되었을지 생각해보자. 간디 자신과 궁극적으로 인도의 미래에 어떤 결과가 초래됐을까? 딸의 학교에서 음악 수업을 중단했을 때, 나디아가 교사와 머리를 맞대고 시너지를 발휘하지 않고 너무 화가 난 나머지 앞뒤 가리지 않고 교사를 맹렬하게 공격했다면 어떤 상황이 벌어졌을까? 일본 제조업체들이 경제학자 에드워즈 데밍을 외국인 침입자로 생각하고 문화적으로 공격했다면 어떤 일이 벌어졌을까?

공격 패러다임은 일본어로 키아이kiai이다. 무술에서 키아이는 적을 차단거나 파괴하는 데 온전하고 강렬하게 힘을 집중시킨다는 뜻으로, 폭발적으로 내지르는 소리로 표현된다. 여기에 반대되는 시너지 패러다임은 아이키aiki이다. 여기서는 자신의 힘과 적의 힘을 대치시키지 않고 마음을 연다. 시너지가 토대인 혁신적 무술에는 아이키도(합기도)나 '평화의 길'이라는 명칭이 붙는다. 아이키도에서는 자신의 힘과 적의 힘을 통합해 역설적으로 훨씬 강한 힘을 만들어냄으로써 갈등을 완화한다. 다행히도 일본 산업은 아이키도 사고방식을 지닌 미국인 데밍을 만나 역사적 결과를 창출했다.

저명한 아이키도 고수인 리처드 문Richard Moon에 따르면, "아이키도에서 가장 중요한 것은 자신이 다른 누구의 힘에도 대립하지 않는다는 사실이다. 이를 갈등해결에 적용해보면 우리는 결코 타인의 신념이나 아이디어에 대립하지 않는다. ……우리는 타인의 생각을 더욱 많이 배우고 싶어 한다. 타인의 에너지와 정신을 더욱 많이 습득하고자 한다. 그렇게 할 때 우리는 즐거울 수 있고 상황을 변화시킬 수 있다."[39]

진정한 시너지에 도달하려면 키아이보다 아이키가 있어야 하고, 차단하고 공격하는 사고방식을 버리고 진정으로 존중하고 공감하는 사고방식을 갖춰야 한다.

시너지 과정

앞에서 살펴보았듯 시너지에 도달하지 못하도록 방해하는 첫째 장애물은 적절한 사고방식의 결여이다. 둘째 장애물로는 기술의 결여를 들수 있다. 시너지는 제3의 대안에 도달하는 과정이므로 그 과정이 어떻게 작용하는지 알아야 한다. 지금까지 이 책에서는 시너지를 발휘하는 사람의 중요한 특징을 설명했고, 제3의 대안적 사고를 형성하는 패러다임을 조사했다. 이제 시너지를 발휘하는 사람이 구사하는 기술을 살펴보도록 하자.

아이들은 자연스럽게 시너지를 발휘한다. 인간은 창조 패러다임을 타고나기 때문이다. 한 친구는 어린 두 아들과 그 친구들이 식료품 상자두 개, 바람에 떨어진 체리(사람으로 사용했다), 돌 한 무더기, 바나나 껍질(왕의 궁전으로 사용했다)로 도시 하나를 만드는 광경을 지켜본 적이 있다고 말했다. 그리고 아이들은 자신들이 창조한 위대한 문명에 대해 이야기를 정교하게 꾸며 주고받으면서 정치·전쟁·경제·사랑·질투·열정을 이야기에 주입했다.

아이들은 자연스럽게 세상을 만들어간다. 나이를 먹어가고 학교와 직장에 다니면서 전문성을 구축하지만 한때 세상을 창조하느라 사용했던 기술은 자주 망각한다. 하지만 그 기술은 사라지지 않았다. 이따금 사람들은 필요해서 제3의 대안에 도달하고 나서 의외의 결과에 깜짝 놀란다. 1970년 4월, 달에 착륙하는 임무를 맡은 아폴로 13호가 임무 수행에 실패했을 때처럼, 우리는 위기에 빠졌을 때 제3의 대안을 생각해낼 수 있다. 우주선 안에서 산소 탱크가 폭발해 산소가 계속 분출되는 바람에 세우주비행사는 보호벽이 날아간 사령선 안에서 폐에 이산화탄소가 쌓여 서서히 질식해가고 있었다. 전력이 없어져서 옮겨간 달 착륙선은 원래

2인용이므로 3명이 호흡하도록 설계되어 있지 않았다. 이산화탄소 필터가 점차 닳아 우주비행사들은 서서히 죽음을 맞을 수밖에 없었다. 사령선에는 정육면체 모양의 필터가 쌓여 있었지만 원통형 필터를 써야 하는 달 착륙선에는 맞지 않았다. 정사각형 나뭇조각을 동그란 구멍에 끼워야 하는 전형적인 제2차 대안적 문제였다.

비행 관제센터의 진 크란츠Gene Kranz 관제본부장은 "실패는 있을 수 없다!"고 단언했다. 제3의 대안을 찾아야 했다. 지상에 있는 기술자들은 맞지 않는 필터에 연결할 수 있게끔 플라스틱 랩·테이프·판지·고무호스 등 우주선에서 구할 수 있는 재료를 이용해 우편함처럼 생긴 장치를 만들었다. 우주비행사들은 임시변통으로 장치를 만드는 방법을 지구로부터 무선으로 전달 받아 장치를 제작하고 작동시키는 데 성공했다.

이 경우에 제3의 대안은 생사의 기로에서 엄청난 심적 중압감을 느낄 때 떠올랐다. 아폴로 13호 팀이 발휘한 시너지에서 무엇을 배울 수 있을까? 제3의 대안은 순식간에 출현할 수 있다. 또한 우리가 이미 가지고 있는 자원으로 만들 수 있다. 언제나 더 많은 자원이 필요하거나 다른 자원이 필요한 것은 아니다. 따라서 딜레마는 대부분 잘못된 딜레마이다. 무엇보다 서로 깊이 헌신하는 사람들은 기적 같은 시너지를 달성할 수 있다.

앞에서 살펴보았듯 위기가 시너지를 창조할 때가 있지만 시너지에 도달하려고 위기를 자초할 필요는 없다. 올바른 사고방식을 갖추면 다음 네 단계를 밟으면서 시너지를 발휘할 수 있다.

시너지에 도달하는 4단계

1. 상대방에게 이렇게 질문한다. "우리가 지금껏 생각해낸 것보다 좋은 해결책을 찾을 의향이 있는가?" 이 혁신적 질문은 상대방에게

시너지에 도달하는 4단계

시너지에 도달하는 4단계: 이 과정은 시너지 원칙을 가동하는 데 유용하다. (1) 제3의 대안을 찾으려는 의욕을 보인다. (2) 모두가 생각하는 성공의 모습을 정의한다. (3) 해결책을 실험한다. (4) 시너지에 도달한다.

아이디어를 포기하라고 하는 것이 아니므로 방어적 태도를 무장해제시킬 수 있다. 그저 어느 누구의 아이디어보다 더 나은 제3의 대안을 찾을 수 있는지 물어볼 뿐이다. 이 단계의 출발은 생각 실험이다.

2. 다음에는 이렇게 묻는다. "더 나은 아이디어는 어떤 모습인가?" 나타날 결과의 명쾌한 이미지를 생각하고, 우리의 틀에 박힌 요구를 넘어서서 양쪽이 모두 만족할 성공적 결과의 기준과 임무에 대한 명쾌한 비전을 생각한다.

3. 성공 기준을 정했다면 이 기준을 충족할 수 있는 해결책을 시험하기 시작한다. 아이디어를 생각해내고, 생각의 틀을 이것저것 떠올리고, 사고의 관점을 전환한다. 이때는 자신의 판단을 유보한다. 나중에 몇 가지 방법을 소개하겠지만 시너지에 도달하려면 급진적 가능성을 타진할 수 있어야 한다.

4. 시너지에 도달하면 주변 분위기가 고조된다. 망설임과 갈등이 사라진다. 따라서 성공적인 제3의 대안을 나타내는 창의적 활력을 경험할 때까지 계속 노력해야 한다. 제3의 대안을 찾았는지는 주변 분위기로 알 수 있다.

사회에는 갈등해결의 전문가가 많다. 하지만 대부분의 전문가에게 갈등해결은 비약적 진보를 거쳐 놀랍고 새로운 결과를 창출하는 것이 아니라 투쟁을 중단하는 낮은 수준의 협상을 뜻한다. 하지만 제3의 대안은 휴전협정을 뛰어넘고 타협보다 우위에 선다. 또한 어느 한쪽에 서는 것보다 바람직한 새로운 실체를 만들어내는 것이다. 제1과 제2의 입장이 아니라 제3의 입장을 발견하는 것이다.

시너지에 도달하는 4단계를 실제로 어떻게 적용할 수 있는지 좀 더 깊이 고찰해보자.

1단계: 제3의 대안을 찾는 질문을 던진다

시너지에 도달하는 과정의 첫 단계로 제3의 대안을 찾는 질문을 던진다. '우리가 지금껏 생각해낸 것보다 좋은 해결책을 찾을 의향이 있는가?'

이 질문은 상황을 확연히 바꾼다. 상대방이 '예'라고 대답하면 타협 가능성을 모색하기 위해 협상해야 할 가능성이 즉시 사라진다. 갈등할 때 빚어지는 팽팽한 긴장이 사라진다. 상호신뢰가 낮으면 '예'라고 대답하는 것을 주저하거나 심지어 싫어할 수도 있다. 하지만 해당 질문을 던지는 것은 경직된 입장에서 벗어나 유망한 해결책을 찾아나가는 첫 단계이다.

제3의 대안을 찾기 위해 질문할 때는 자기 생각을 말하지 말아야 한다. 자기 생각만이 객관적이고 올바르다고 고집해서는 안 된다. 서로 존중하고 차이에 가치를 부여하는 패러다임을 적용해야 한다. 양쪽의 의견이 일치하지 않을 수 있고, 둘 다 옳을 수도 있다는 역설적 원칙을 이해해야 한다.

더욱이 자신이 한 가지 입장만을 대표한다고 생각해서는 안 된다. 우리는 자신의 불만·위치·이념·팀·회사·당파를 넘어서는 존재이다. 우리는 과거의 희생자가 아니라 온전한 인간이고 특유한 개인이며 자기 운명을 형성할 수 있다. 다른 미래를 선택할 수 있다. 또한 스스로 예상한 해결책을 기꺼이 유예시킬 수 있어야 한다. 한 번도 생각해본 적 없는 가능성에 마음을 열어야 한다. 어디에 도달하든 과정을 따라갈 마음을 품어야 한다. 본질적으로 시너지는 예측할 수 없기 때문이다.

"더 바람직한 해결책을 찾을 의향이 있습니까?"
"예, 하지만 그것이 무엇인지 모릅니다. 그리고 타협하지는 않을 겁니다."
"타협하라는 말이 아닙니다. 우리가 생각해낸 것보다 좋은 아이디어를 나와 함께 생각해볼 의향이 있는지 물었을 뿐이에요. 그런 해결책은 아직 없습니다. 우리가 함께 만들어나갑시다."

이러한 패러다임이 자리 잡혀야 비로소 제3의 대안을 추구하는 질문을 던질 수 있다. 그렇지 않으면 자기 정신의 한계를 결코 넘어설 수 없기 때문이다.

하지만 갈등을 빚는 상대방이 그렇게 생각하지 않으면 어떡할까? 상대방의 패러다임이 불신감에 싸여 있고, 타인을 존중하지 않고, 맹목적이라면 어떡할까?

우리가 제3의 대안을 추구하는 질문을 먼저 하면 아마도 상대방은 무장해제될 것이다. 우리가 기꺼이 마음을 열어 새 가능성을 찾으려 하는데 놀랄 것이다. 마음이 동하고 호기심이 일며 심지어 우리가 무엇을 생각하는지 궁금해할 것이다. 우리가 항상 상대방을 존중하겠다는 동기에따라 행동하고, 상대방의 관심과 입장을 진정으로 이해하려 한다면, 상대방은 좀 주저할 수는 있어도 대부분 긍정적인 반응을 보일 것이다. 이때 기억해야 할 사항이 있다. 우리가 상대방을 깊이 이해해서 상대방을법정에 세우지 않더라도, 새로운 해결책을 찾아가자는 우리 제안을 상대방이 거절하는 것도 무리는 아니다. 그들은 나름대로 타당한 이유를대며 거절할 것이다.

내 경험으로 미루어 거의 모든 경우에 도출되는 결과는 믿기 힘들정도로 놀랍다. 나는 여러 해 동안 고통을 유발했던 갈등이 몇 시간만에 해결되는 광경을 목격했다. 문제가 해결될 뿐 아니라 관계가 돈독해졌다. 법정에서 격렬하게 다투다가 상대방을 진정으로 이해하면서 서로 공격하는 것보다 나은 방법을 찾으며 순식간에 화해하기도했다.

제3의 대안을 찾는 질문을 하는 것은 상대방에게 자신의 아이디어와입장을 포기하라고 말하는 것이 아니다. 양쪽의 입장을 유보하고 함께사고 실험을 시도하자는 것이다.

승리하면 뛸 듯이 기쁘다. 하지만 승리하는 방법은 단 한 가지가 아니다. 삶은 한 선수만 공을 네트 너머로 넘기는 테니스 경기가 아니다. 양쪽이 모두 승리하고 모두 기쁨을 누리게 하는 실체를 새로 만드는 일이훨씬 흥미진진하다. 따라서 시너지에 도달하는 과정은 "정말 기분 좋은승-승 해결책을 함께 찾고 싶으신가요?"라는 질문으로 시작한다.

2단계: 성공 기준을 정의한다

사람들이 다투는 이유를 알고 놀란 적이 있지 않은가? 사소한 이유로 갈등이 생길 때가 많다. 국가들은 작고 쓸모없는 땅을 서로 차지하겠다고 전쟁을 벌인다. 부부는 저녁식사와 설거지 당번을 놓고 싸우다가 이혼한다. 기업은 사소한 문제로 씨름하다가 파산한다.

하지만 갈등을 유발하는 점은 표면적인 문제에 불과하다. 일반적으로 파괴적인 갈등에는 훨씬 뿌리 깊은 문제가 도사리고 있다. 내 친구 클레이튼 크리스텐슨Clayton M. Christensen의 말을 풀어 인용하면, 갈등을 유발하는 문제를 해결할 것이 아니라 갈등을 유발하는 패러다임을 바꿔야 한다. 새 이스라엘 정착촌 건설에 일제히 반대하는 팔레스타인에게 문제는 정착촌 자체가 아니다. 이러한 갈등 상황에서는 서로 마음을 주고받아야 한다. 수백 년 또는 수십 년 전부터 계속되어와 중동에 뿌리 깊게 박혀 있는 갈등은 공정성과 정의처럼 사람들이 단단하게 유지하고 있는 원칙과 관계가 있다. 마음의 갈등은 가장 강경하고 다루기 힘들 수 있다.

일본인에게 시너지에 도달하는 사고방식은 아이키로서, 서로 힘을 합해 조화로운 결과를 이루어낸다는 사실을 기억하라. 아이키 사고방식에서는 원칙이 충돌할 때 상대방의 원칙을 대번에 거부하지 않고 대부분 공유한다. 이스라엘인과 팔레스타인인, 키프로스 섬의 터키인과 그리스인, 아일랜드 북부의 구교도와 신교도는 자기 입장을 정당화하는 기본적인 공정성 원칙에 호소할 수 있고 실제로 그렇게 한다. 갈등을 해결하려면 공유하는 원칙을 새롭고 좀 더 바람직하게 적용해야 한다. 다시 말해, 아이키 사고방식을 가동해야 한다. 양쪽은 공통 원칙에 전념하여 완전히 새로운 수준으로 끌어올려야 한다.

서로 자신의 이야기와 진리의 조각을 깊이 이해할 때라야 비로소 양쪽에 승리를 안겨줄 완전히 새로운 비전을 만들어낼 수 있다. 우리는 성공의 기준을 정의하는 과정을 거치면서 시너지에 도달하는 사고방식을 가동시킨다. 기준이라는 단어 Criteriond의 어원은 그리스어로 '원칙이나 표준을 지키는 수단'이라는 뜻이다. 갈등을 빚는 경우에 우리는 누구나 대단한 결과가 도출되기를 원한다. 그렇다면 대단한 결과란 대체 어떤 모습일까?

이 단계를 설명하는 간단한 사례가 있다. 한 공립공원의 책임자는 예산이 삭감되어 작은 도시에 있는 공원이 폐쇄될 위기에 처해 좌절했다. 게다가 애완견을 산책시키려는 사람과 그 때문에 생기는 소음과 쓰레기가 싫다며 애완견 출입에 반대하는 사람 사이에 갈등이 빚어졌다. 물론 공원이 폐쇄되는 것은 누구도 원하지 않았다. 따라서 모두가 기꺼이 제3의 대안을 찾고 싶었으므로 함께 모여 성공 기준을 작성했다.

- 공원은 적절하게 자금을 책정 받아 계속 운영되어야 한다.
- 공원에서 사람과 애완견은 안전해야 한다.
- 공원을 깨끗하게 유지해야 한다.
- 공원이 지나치게 시끄러워서는 안 된다.

시민들은 이 간단한 원칙에 동의했고, 공원 관리 · 대중 · 납세자 · 애완견을 포함해서 모두 승리할 수 있는 제3의 대안을 찾으려 노력했다. 그 과정은 이 책의 뒷부분에서 살펴보려 한다. 이러한 시너지 발휘 과정은 국가를 건립할 때도 사용되었다. 본래의 연방정부 제도가 실행 불가능한 것으로 밝혀지자 미국 국민 대표가 한데 모여 1787년 새 성공 기준인 헌법을 제정했다. 모리셔스 공화국Republic of Mauritius의 흔하지 않은 사례도 생각해보자. 인도양에 있는 이 작은 섬은 조상이 아프리카인 · 유럽인 · 인도인 · 동남아시아인 들로서 인구 100만 명이 넘는 국가이다. 모리셔스 공화국은 온갖 주요 종교와 수십 개 언어가 밀집한 온상지여서 다양하고 많은 민족 전통을 계승하면서 세계 어느 나라에서도 볼 수 없는 풍부하고 조화로운 문화를 통합해내 시너지의 놀라운 사례를 보여주었다. 1968년 영국에서 독립했지만 자원이 부족하고 인종 간 차이가 심한 까닭에 생존과 평화를 위협당했다. 인도인이 인구의 과반수를 차지하고 있으므로 비인도인은 수적으로 열세를 면하지 못하고 따돌림을 당할까 봐 두려워했다. 일부 전문가는 많은 다른 사회가 그랬듯 모리셔스가 정치 · 종교 · 인종의 갈등으로 부글부글 끓어올라 결국 자멸하리라 예측했다. 하지만 모리셔스인은 서로 차이를 인정하고 시너지를 발휘할 수 있는 길을 모색하면서 전 국민에게 발언권이 돌아가는 헌법을 제정했다. 이것은 성공에 반드시 필요한 기준이었다. 선거를 치르면 국회의원 의석의 대부분은 당선자에게 돌아가지만 여덟 석만큼은 '최고 패배자'에게 배정된다. 이러한 제도를 통해서 소수집단을 균형 있게 대표하고 발언권을 보장해줄 수 있다. 정말 참신한 제3의 대안이 아닌가!

모리셔스에는 여러 종교와 문화가 공존하므로 1년 내내 축제가 열리는 것이 문제로 부각되었다. 축하 행사가 워낙 많다 보니 실제로 업무를 처리하기가 힘들었지만 어떤 집단도 축제를 포기하고 싶어 하지 않았다. 그래서 모리셔스에서는 한 사람이 축하하면 다 함께 축하하자는 기준을 정하고, 요즘은 매년 며칠 동안을 종교 축제일로 정해서 온 국민이 축하한다. 이때는 국민 전체가 기독교의 부활절, 이슬람교의 이드Eid, 힌두교의 디왈리Diwali를 지킨다. 다른 종교의 축제를 축하하고, 각자와 지역사회의 가치를 풍부하게 인정하고 그들에게 존중과 사랑을 보낸다.

새롭고 공통된 성공 기준을 정의하는 방식으로 승리하는 사회를 지향하면서, 모리셔스는 다종다양한 인종으로 구성된 국가가 헤어 나오지 못하는 깊은 갈등의 수렁에서 벗어났다. 물론 모리셔스는 완벽한 나라가 아니므로 여전히 심각한 사회 문제도 안고 있지만, 시너지를 성공적으로 구축한 사례라 할 수 있다. 모리셔스가 그럴 수 있었던 것은 공정성 원칙을 버렸기 때문도 아니고, 편협하고 자기중심적인 사고 틀로 공정성 원칙을 제한했기 때문도 아니며, 단지 새롭고 바람직한 방식으로 공정성 원칙을 활용했기 때문이다. 그들은 그저 공존하는 데 그치지 않고 함께 번성했다. 모리셔스의 지도자인 나빈 람굴람Navin Ramgoolam이 말했듯 "우리는 모두 다른 대륙에서 다른 배를 타고 왔지만 이제 전부 같은 배를 타고 있다."[40]

시너지에 도달하려면, 최대한 많은 이해관계자에게 성공을 안길 수 있는 바람직한 성공 기준을 가능한 한 일찍 마련해야 한다. 한쪽에게만 쓸모 있는 기준을 배제해야 진정한 시너지에 도달할 수 있으므로 기존의 해결책을 파기하고 다시 세워야 한다. 이때 포괄적인 성공 기준을 세우고 시작하면 고민과 걱정을 많이 덜 수 있다. 성공 기준의 형태는 여러 가지이다. 우선 강렬한 열망을 담은 강력한 내용의 사명 선언문을 작성할 수 있다. 그렇더라도 사명을 달성하는 데 실패한다면 무용지물이다. 성공 기준이 반드시 거창할 필요는 없다. 집을 짓는다면 청사진을 마련하라. 컴퓨터 앱을 프로그래밍한다면 설명서와 와이어프레임wireframe 목록을 작성하라. 기업을 운영한다면 전략 계획을 세워라. 세상을 살아가려면 가치관을 결정하라. 어떤 경우이든 시너지로 옮겨가기 전에 마음속에 목적을 뚜렷하게 세워야 한다. 그렇지 않은 혼란을 불러올 뿐이다.

시너지를 불러오는 주문은 이렇다. "되도록 일찍, 되도록 많은 사람에게, 되도록 많은 아이디어를 모아라."

소비자 제품 기업으로 세계에서 가장 성공한 프록터 앤드 갬블(Procter

& Gamble, P&G)의 혁신 철학을 예로 들어보자. 크레스트Crest 치약, 타이드Tide, 질레트Gilette, 허벌 에센스Herbal Essences 샴푸, 팸퍼스Pampers, 바운스Bounce 등 세계 일류 브랜드 수십 종을 출시한 프록터 앤드 갬블의 혁신 팀은 항상 목표와 성공 기준을 명확하게 세우고 사업을 시작한다. 예를 들어 몇 년 전 소비자 연구 결과에 따르면 소비자는 치아 미백을 원하지만 그렇다고 치과를 일부러 찾아가 비싼 비용을 지불하고 싶어 하지는 않았다. 따라서 P&G 팀은 성공적인 해결책을 마련하기 위해 성공 기준을 정의하는 작업에 착수했다. 크레스트의 치아 전문가, 타이드의 표백제 전문가, 열가소성 수지를 장기간 연구해온 접착제 전문가 등을 영입했다. 이렇게 다양한 팀원으로 구성된 팀은 성공 기준을 벽에 내걸었다. "제품은 가격이 합리적이어야 한다. 사용하기 간편해야 한다. 신속하게 결과가 나타나야 한다. 빠른 속도로 제조될 수 있어야 한다. 상온에서 오래 보존할 수 있어야 한다." 그 외에 많은 기술 기준이 목록에 추가되었다. 이러한 성공 기준을 마음에 새기고 P&G 팀은 화이트스트립스Whitestrips를 출시해 크게 유행시켰다.[41]

P&G의 이러한 노력은 몇 년 전 고혈압 약을 출시하려고 노력했던 한 유럽 제약회사의 경험과 극명하게 대조된다. 해당 유럽 제약회사가 자사 약을 미국에 판매할 수 있도록 승인해달라고 요청하자 식품 의약국 FDA은 거절했다. 약을 하루에 두 번 복용하면 소비자가 과다 복용하거나 과소 복용할 위험성이 두 배로 증가한다는 이유에서였다.

이 결정은 회사에 치명적인 타격이었다. 이 뉴스가 유럽 본사에 닿자 판매 이사는 이렇게 항의했다. "어째서 계획을 수립하는 과정에 우리를 배제시켰소? 그렇지 않았다면 그 약이 FDA 규정에 맞지 않는다는 사실을 알려주었을 텐데 말이오." 미국 시장에서 성공하는 기준은 하루 한 번 복용하는 것이었지만 개발팀은 그 사실을 몰랐던 것이다. 성공 기준을 결정할 때 중요한 이해당사자를 포함시키지 않았기 때문에 해당 기업이 만든 약은 시장에서 살아남지 못했다.

시너지에 도달하는 과정을 쫓아가다 보면 전혀 예상하지 못했던 곳에 발길이 닿을 수 있지만 그렇다고 마음속에 목적지를 정하지 않고 출발하라는 뜻은 아니다. 시너지에 도달하는 과정은 모두가 가고 싶어 하는 목적지에 닿는 방법을 알려준다. 성공 기준을 설정하면 목적지를 정의하는 데 유용하다. 또한 자신이 지금 어디 있는지, 올바른 방향으로 나아가고 있는지 더욱 잘 파악할 수 있다. 성공 기준이 없는 경우에는 함께 사다리를 오르기 시작했다가 한참 후에야 자신이 잘못된 벽을 오르고 있으며 한 발씩 내디딜 때마다 잘못된 장소에 다가가고 있다는 사실을 깨닫는다.

지금쯤이면 마음속에 이런 의문이 생길 것이다. '누군가가 타인이 받아들일 수 없는 기준을 고집하면 어떡할까?' 상대방을 진정으로 이해하려 한다면 그럴 가능성은 희박하다. 제3의 대안을 생각해내면 각자에게 무엇이 '승리'이고 패배인지 알 수 있다. 진짜 문제를 정리하면 이렇다. "우리는 모두가 승리할 수 있는 기준을 기꺼이 모색하고 있는가? 아직 생각해보지 못한 기준을 기꺼이 모색하는가?" 이때 그렇다고 대답한다면 더욱 깊이 성공 기준에 파고들 수 있다.

공정성 너머

협상 불가능한 기준의 문제는 거의 예외 없이 공정성이나 정의이다. "그것은 공정하지 않아. 공평하지 않아. 정당하지 않아. 정중하지 않아." 학교에서든 시장에서든 법정에서든 유엔에서든 이것보다 인본적인 외침은 없다. 하지만 제3의 대안을 생각하는 사람이 직면한 과제는 공정성 너머의 기준, 즉 공정성 원칙을 뛰어넘는 기준을 생각해내는 것이다. 그렇다면 어떻게 해야 할까?

　대부분은 아니더라도 많은 갈등이 공정성을 둘러싸고 생겨난다. 사람들은 자신이 공정하게 대우를 받는지 아닌지를 인식한다. 경제학자들은 공정성 개념을 이해할 목적으로 여러 해에 걸쳐 최후통첩 게임Ultimatum Game을 실험하고 있다. 이 게임에서는, 한 사람이 제안자Proposer이고 나머지 사람이 응답자Responder이다. 제안자는 1달러짜리 지폐를 10장 받고, 응답자에게 임의로 몇 장을 주겠다고 제안한다. 응답자는 제안을 받아들일 수도 있고 거절할 수도 있다. 게임의 함정은 두 사람 모두 돈을 손에 쥔 채 게임을 마쳐야 한다는 것이다. 만약 그렇지 않으면 돈을 가진 사람이 돈을 돌려주어야 한다.

　양쪽이 로봇이라면 추론이 통하므로 극도로 이성적인 제안자는 1달러만 제공하고, 응답자는 이성을 발휘해 그 돈을 받으므로 둘 다 돈을 가질 수 있다. 하지만 인간은 그런 방식으로 사고하지 않는다. 대개는 제안자가 5달러를 제시하고 응답자가 받아서 둘 다 같은 금액을 소유한다. 상당히 공정하다. 하지만 흥미롭게도 제안자가 지나치게 적은 돈을 제시하면 응답자는 불공정하다고 생각해 돈을 받지 않겠다고 버티므로 두 사람 모두 돈을 잃는다. 비이성적인 결과처럼 들리지만 공정성의 원칙이 그만큼 강력하다는 반증이기도 하다.

　이 게임은 런던 은행가부터 페루의 산맥에 있는 양치기에 이르기까지 전 세계 수백 집단을 상대로 실시됐다. 문화 내부에서는 결과가 다양했지만 문화 사이에는 변수가 거의 없었다. 어느 문화이든 공정성 의식이 내재해 있었기 때문이다.

　하지만 최후통첩 게임에서도 알 수 있듯, 공정성은 주로 보는 사람의 관점에 따라 달라질 수 있다. 우리 눈에 공정하지만 상대방의 눈에는 불공정할 수 있다. 따라서 제3의 대안적 사고는 공정성 원칙을 뛰어넘어야 한다. 최후통첩 게임의 문제는 참가자에게 결핍 요소를 인위적으로 부가하는 것이다. 게임에서 두 사람이 나눠 가져야 하는 돈은 1달러짜리 지폐 10장뿐이다. 규칙을 생각해보면 게임을 어떻게 풀어가든지 제안자가 패배하기 마련이다. 제안자가 돈을 얼마간 포기해야 하기 때문이다. 이와 대조적으로 현실에서는 10달러를 활용할 수 있으므로 어느 쪽도 잃을 필요가 없다. 현실에서 작용하는 원칙은 결핍이 아니라 풍요이기 때문이다. 창출할 수 있는 부에는 제한이 없고 그 방법도 많다. 참가자들은 제3의 대안으로 동업관계를 형성하고 현금을 투자해 건전한 수익을 거두거나, 두 사람에게 훨씬 많은 현금을 안겨줄 수 있는 사업에 투자할 수도 있다. 제3의 대안은 공정성이 주요 쟁점인 주도권 싸움으로 모는 제1의 대안과 제2의 대안의 인위적 한계를 벗어난다.

솔직히 말하면 제3의 대안을 생각하는 사람은 공정성보다는 시너지에 훨씬 큰 관심을 쏟는다. 단순히 공정하거나 정당하거나 공평한 해결책만으로는 충분하지 않다. 그 이상을 원한다. 공정한 해결책만을 원한다면 제3의 대안적 사고방식에 도달할 수 없기 때문이다.

'신뢰받는 자문협회Trusted Advisor Associates'의 설립자이자 CEO인 찰스 그린Charles H. Green은 이런 훌륭한 관점을 내놓았다. "'공정성' 요구는 신뢰의 적이 될 수 있다. 상호 신뢰는 상호성에 기초하므로 상대방에게 가치를 두어야 한다. ……100개 중 누가 49개를 갖고 누가 51개를 가질지 협상하느라 에너지를 소모한다면 '공정성'을 좇느라 신뢰를 죽이는 셈이다."[42] 그러므로 성공 기준 목록을 작성하는 것은 갈등을 악화시키는 억지가 될 수 있다. 비유를 사용해서 말하면 눈에 띄는 못마다 망치질할 필요는 없다. 최선은 단순히 "성공은 어떤 모습인가요?"라고 묻는 것이다. 그리고 나서 대답을 빠르고 분명하게 받아쓴다.

제3의 대안을 추구할 때마다 성공 기준의 목록을 작성하라. 기준이 떠오르려면 이렇게 자문한다.

- 기준을 정하는 데 모두 관여했는가? 가능한 한 많은 사람에게 많은 아이디어를 구했는가?
- 진정으로 원하는 결과는 무엇인가? 진정으로 어떤 일을 해야 하는가?
- 모두 '승리'하는 결과는 무엇인가?
- 우리의 단호한 요구를 넘어 좀 더 바람직한 방법을 찾고 있는가?

모든 사람이 대답에 만족하면 제3의 대안을 생각해낼 준비가 된 것이다. 행동 계획을 수립할 때는 다시 앞으로 돌아가 어떤 대안이 성공 기준에 가장 잘 부합하는지 묻는다.

3단계: 제3의 대안을 창조한다

여러 해 동안 전 세계 사람들과 일한 경험을 돌아볼 때 내게 가장 중요한 점은 언제나 시너지를 발휘하는 것이다. 시너지는 누군가 용기를 내서 그 자리에서 정말 필요한 진실을 말할 때 시작된다. 그러면 다른 사람들도 자신 역시 진실해질 수 있다고 느끼고 결국 그렇게 형성된 공감이 시너지를 이끌어낸다. 이로쿼 연맹에서도 이러한 교훈을 얻을 수 있다. 중재가가 용감하게 나서서 상대방에게 다가가 그들의 말을 경청하는 것이 전쟁에서 평화로 문화를 바꾸는 출발점이 되었다.

시너지를 순환시키기 위해서는 단 한 사람이 필요하다. 상대방에게 "당신은 상황을 다르게 생각하는군요. 당신의 말을 들어야겠습니다"라고 자진해서 말할 때 시작된다. 서로 이해했다고 느끼면 우리는 이렇게 묻는다. "기꺼이 제3의 대안을 찾아볼 의향이 있나요?" 이때 그렇다는 대답이 돌아오면 성공 기준에 부합하는 해결책들을 실험해볼 수 있다.

'해결책들'이라고 복수형으로 말한 것에 주목해주기 바란다. 제3의 대안을 찾을 때는 거의 예외 없이 많은 대안이 떠오른다. 우리는 모델을 만들고, 옛것을 새 방식에 적용하고, 사고의 관점을 전환한다. 자유분방한 분위기에서 대화하고 해결책이 풍성하리라 확신한다. 모두 시너지에 도달했다는 사실을 깨닫는 흥미진진한 순간을 맞이할 때까지 판단을 보류한다.

이 책에서 제3의 대안을 창조하는 많은 길을 살펴보겠지만 시너지에 도달할 수 있는지는 거의 무제한으로 자유롭고 풍성하게 실험할 수 있느냐의 여부에 달려 있다. 하지만 누구나 원칙에는 동의하면서도 대부분 그렇게 행동하지는 않는다. 새 아이디어를 숭배하고 기술이 빛의 속도로 발전하는 현대에는 모순으로 들릴지 모르겠다. 그러나 팀과 조직의 문화는 대개 여전히 경직되어 있으며 이는 세계적인 현상이다. 시너지에 도달하려는 사람은 누구든 엄청나고 놀라운 위험을 무릅쓰고 있는 것이다.

우리는 완전히 새 해결책을 모색하고 있으므로 제3의 길이라는 창의적 개념이 들어설 수 있도록 자기 입장을 기꺼이 철저하게 버려야 한다. 이렇게 하기는 매우 힘들 수 있다. 반대에 직면했을 때 우리는 본능적으로 투쟁하거나 도피하려 한다. 따라서 잠시 반응을 멈추고 의도적으로 제3의 대안을 찾는 태도가 중요하다. 시너지의 법칙에 따르면 더욱 바람직한 방법은 항상 있다.

제3의 대안은 어디서 오는가?

제3의 대안은 어떻게 찾을 수 있을까? 시너지의 원천은 무엇일까? 작가 에이미 탠Amy Tan은 시너지의 원천이 '우주, 행운, 할머니의 유령, 생각이 보내는 암시'라고 썼다.[43] 다른 표현을 사용하면 제3의 대안을 창조하는 통찰은 우주적일 수도 개인적일 수도 있다. 무작위일 수도 있고 심경에 거슬릴 수도 있다. 하지만 예외 없이 새롭고 흥미진진하고 특이하게 생산적이다.

제3의 대안을 가리키는 개념의 역사는 고대로 거슬러 올라간다. 힌두교 성인과 그리스 철학자는 진정으로 혁신적인 아이디어가 논쟁에서 나오지 않고 다른 관점을 지닌 사람들의 대화에서 비롯한다는 사실을 깨달았다. 플라톤의 《대화편》은 기존의 진실을 타인에게 설득하려 하지 않고 새로운 진실을 추구한다. 부처는 분노하거나 악의를 품거나 권력을 갈구해서는 결코 깨달음을 얻지 못한다고 가르쳤다. 또한 '나는 옳고 상대방은 그르다'는 편협한 공식을 뛰어넘는 '완벽한 관점'을 지녀야 한다고 언급했다. 독일 철학가 헤겔은 '지양aufhebung'이라는 단어를 사용해 기존 전제를 모두 초월하는 순간적 통찰을 강조했다. 헤겔은 제1의 대안(정립)과 제2의 대안(반정립)이 어떤 방식으로 결합하여 제3의 대안(종합)을 창조하는지 설명했다. 선 수행자들은 인간의 모든 사소한 논쟁을 부적절하게 만드는 이해의 순간인 켄쇼Kensho의 순간을 추구했다.

위대한 철학자 이마누엘 칸트Immanuel Kant는 제3의 대안 개념에 매료되었다. 당시 제2의 대안에 얽매인 사람들은 오늘날 그렇듯 종교와 과학중에 무엇을 선택할지 옥신각신했지만 칸트는 다툼을 뛰어넘어 두 가지를 통합해 좀 더 고양된 인식을 얻고자 했다. 칸트는 이렇게 설명했다.

나는 단순히 반박하려는 의도로 합리적 반대에 접근하지 않고, 그 말을 곰곰이 깊이 생각하여 내 판단에 엮어 넣고, 내가 가장 소중하게 간직하고 있는 신념을 모조리 뒤엎을 기회를 상대방에게 제공한다. 이렇듯 타인의 관점에서 내 판단을 편견 없이 바라봄으로써 내 과거 통찰을 향상시킬 제3의 견해를 얻을 수 있다는 희망을 품고 있다.[44]

역사상 가장 위대한 사상가들은 제3의 대안을 향해 나아가도록 세상을 발전시켰다. 그들은 이해의 씨앗을 새로 뿌려 완전히 새로운 세계관을 꽃피웠으므로 '씨앗' 사상가로 불린다. 이러한 의미에서 대학교는 제3의 대안이 싹트는 온상이어야 한다. 하지만 시너지는 '위대한 사상가'의 전유물이 아니다. 누구나 힘을 통합하기만 하면 시너지를 이루어 혜택을 입을 수 있다. 신발 끈을 한 손으로 묶어보면 시너지가 얼마나 유용한지 깨달을 것이다. 아이 한 명은 나무에 달려 있는 사과를 하나도 딸 수 없지만 다른 아이가 목말을 태워주면 둘이 원하는 만큼 사과를 딸 수 있다. 둘이 힘을 합하면 모두 얻지만 분리되면 모두 잃는다.

때로 상반되는 두 주장의 요소를 결합해서 제3의 대안을 얻는다. 일부 경우에는 상충하는 입장을 이용해 완전히 새로운 해결책을 생각해낼 수 있다. 예를 들어 항복surrender과 저항resistance은 반대 개념이다. 대체로 저항은 폭력적이고 항복은 비폭력적이다. 하지만 간디와 그 뒤를 이은 마틴 루터 킹 주니어는 국민 전체에게 자유를 안기기 위해 두 개념을 결합하여 비폭력 저항이라는 제3의 대안을 창조해냈다.

마틴 루터 킹을 가르쳤던 교수들은 대학교 재학 시절에도 킹은 시너지를 찾아내는 능력을 발휘했다고 증언했다. "주제가 무엇이든 킹은 지칠 줄 모르는 열정을 발휘해 한쪽 입장의 정립에서 반대쪽 입장의 반정립으로 옮겨가고 최종적으로는 두 가지를 뛰어넘어 훨씬 응집력 있는 종합에 도달했다." 킹은 갈등을 빚는 상황에서 특출하게 효과적으로 제3의 대안을 찾아냈다. 사람들이 "싸우다 못해 거의 테이블을 기어와 상대의 목을 벨 것 같은 흉흉한 상황에서도 킹은 제자리에 차분히 앉아 싸움이 끝나기를 기다렸다." 킹의 이러한 수동적 태도를 결함으로 생각하는 사람도 있었지만, 침묵하며 상대방의 말을 경청하는 습관은 킹의 창의적 사고 과정의 일부로 볼 수 있었다. 그의 친구는 이렇게 말했다. "킹은 오랫동안 논쟁이 뜨겁게 오가는 회의에 끝까지 앉아 있다가 모든 참석자의 발언을 정리한 후에 누구나 공감하는 결론으로 종합해내는 놀라운 능력을 발휘했다." 킹은 사람에 따라 "가능한 한 급진적인 견해를 발표하라고" 부추기기도 하고 "가능한 한 보수적인 견해를 말해보라고" 밀어붙이기도 했다. 이것은 거의 정교한 게임 같았다.[45] 마틴 루터 킹 주니어는 공감적 경청을 통해 시너지에 도달하는 해결책을 생각해내는 대가였다.

의도적으로 세력을 결합하거나 반대 세력을 이용해서도 시너지에 도달할 수 있다. 하지만 가장 흥미로운 종류의 시너지는 특이하고 기대하지 못했던 요소를 연결할 때 발생한다.

앞에서 인용했던 공립 공원의 예를 들어보자. 공원은 규모가 작고 예산이 부족해서 폐쇄될 위기에 처했고 애완견 주인들과 애완견 출입에 반대하는 시민들이 다투는 대상이었다. 애완견 주인도 이웃도 공원이 아름답고 청결할 뿐 아니라 자유롭게 드나들 수 있으면 좋겠다는 결과에는 동의했지만 그 결과를 달성할 수 있는 방법은 몰랐다. 그래서 시민은 제3의 대안을 찾기 시작했다. 누군가가 애완견 공동묘지를 만들자는 특이한 아이디어를 생각해냈고 이를 계기로 공원을 살릴 뿐 아니라 새로 단장할 수 있었다. 애완견 공동묘지는 공간을 많이 차지 않고, 공원을 좋아했던 애완견을 추모하는 공간을 마련하면서도 공원을 계속 운영하는 데 필요한 자금을 충당할 수 있었다. 애완견 주인들은 바닥을 포장하고 정원을 만들고 나무를 심는 데 필요한 돈을 기부했다. 줄을 풀어놓을 수 있는 지역을 따로 만들어 애완견들이 자유롭게 돌아다니고 주인들은 그 지역을 청결하게 유지하려고 노력했다. 결과적으로 애완견이 공원을 살렸고 모두들 제3의 대안에 기뻐했다.

때로 간단한 제3의 대안이 매우 복잡한 수수께끼를 풀기도 한다.

1992년 무시무시한 유형의 콜레라가 인도를 덮쳤다. 정치인과 의료인은 서로 비난하면서 인도에서 콜레라가 가장 크게 강타한 지역의 물을 정화하는 비용과 어려움을 둘러싸고 싸웠다. 양쪽이 논쟁을 벌이는 동안 인도인 과학자 아쇼크 가드길Ashok Gadgil은 값비싼 화학 물질이나 엄청난 양의 연료가 필요한 끓이는 방법을 사용하지 않고서도 물에서 오염을 제거하는 방법을 궁리했다. 자외선을 방사하면 박테리아를 파괴할 수 있다는 사실을 깨달은 가드길은 일반 형광등의 덮개를 벗겨 오염된 우물 위에 매달았다. 그러자 자외선이 물의 오염을 순식간에 완전히 제거했다.

사람들이 정치와 연구 자금, 사회 기반 시설 투자 등의 문제로 싸우는 동안 가드길은 자동차 배터리로 작동할 수 있는 자외선 정수기를 도입했다. 현재 전 세계적으로 널리 사용되는 가드길의 방법은 0.5센트로 물 1톤을 정화할 수 있다.

아쇼크 가드길은 매일 볼 수 있는 평범하고 흔한 요소를 특이하게 결합하면 제3의 대안을 얻을 수 있다는 점을 증명해 보였다. 이때 필요한 것은 천재성이나 방대한 연구가 아니라 색다른 사고였다. 노벨상 수상자 알베르트Albert Szent-Györgyi는 이렇게 말했다. "발견은 모든 사람이 보았던 것을 보면서 아무도 생각하지 않았던 것을 생각할 때 이루어진다."

기존 요소를 특이한 방식으로 연결한 좋은 사례로 컴퓨터를 꼽을 수 있다. 18세기 프랑스 리옹의 비단 제조자들은 실수가 발생해 비단의 무늬를 망치는 바람에 큰 손실을 입고 있었다. 젊은 비단 기술자 바실 부숑Basile Bouchon은 직조기를 들어 올릴 때마다 무늬를 새로 맞춰야 하므로 실수가 발생한다는 사실에 착안했다. 무늬를 맞추는 공정은 지루하고 실수가 일어나기 쉬웠다.

부숑은 오르간 제작자였던 아버지가 오르간 파이프에 구멍을 뚫을 때 사용하는 종이 틀을 보면서 비단 짜는 패턴을 떠올리고, 판지에 구멍을 뚫어 패턴이 일정하게 찍히도록 직조기의 바늘을 유도했다. 부숑이 펀치 카드를 발명하면서 최초로 직조 산업의 자동화가 이루어졌고 뒤이어 산업혁명이 발생했다.

한 세기가 지나, 미국 통계국에 근무하던 21세의 엔지니어 허먼 홀러리스Herman Hollerith는 펀치 카드를 혁신했다. 직조기 바늘처럼 전선으로 펀치 카드의 구멍을 연결할 수 있겠다고 착안한 홀러리스는 카드 기계를 만들어 인구 통계자료를 표로 작성했다. 그때까지 인구 통계를 손으로 완성하려면 8년이 걸렸었다. 하지만 1890년 실시한 인구 조사에서 홀러리스가 만든 기계를 처음으로 도입하자 그 기간은 몇 개월로 단축되었다. 홀러리스가 표 작성 기계를 대량생산하려고 창업한 소기업이 바로 오늘날 IBM의 전신이다. 그 후 50년 동안 홀러리스가 착안한 기본 개념에서 전자 컴퓨터가 진화했다. 오늘날 컴퓨터를 보고 있으면 오르간 파이프, 비단 직조기, 미국 통계국의 연결을 쉽게 생각해낼 수 없다. 하지만 이처럼 낯선 요소들을 우연히 연결할 때 시너지가 발생한다.

"그렇다고 칩시다. 하지만 그러한 연결은 수세기에 걸쳐 이루어지죠. 우리는 지금 당장 해결책이 필요하다고요!"라고 말할지 모르겠다.

당연히 그러한 연결을 강제로 일으킬 수는 없지만 연결이 일어날 가능성이 높은 환경을 조성할 수 있다. 연결 과정을 가속화할 수 있고 특이하고 예상하지 못했던 연결을 부추겨 거칠고 놀라운 아이디어를 떠올릴 수 있다.

하나만 예를 들어보자. 20세기 들어 말라리아를 퇴치하기 위한 노력을 둘러싸고 정치적·환경적·인도주의적 갈등이 불거졌다. 말라리아는 적도 국가에 만연한 치명적 질병으로 연간 2억 5,000만 명이 고통을 겪고 대부분이 아이와 노인인 100만 명이 목숨을 잃는다. 말라리아는 아노펠레스anopheles 모기에 물리면 치명적인 기생충이 혈류로 들어가 발병한다.

20세기 중반 DDT 같은 살충제로 모기를 박멸하면서 말라리아로 인한 사망자 수가 감소했다. 그때 과학자들은 DDT가 해충을 죽이지만 새와 다른 야생생물을 죽이고 인간에게 암을 유발할 수 있다는 사실을 깨닫고 경각심을 불러일으켰다. 1962년 레이철 카슨Rachel Carson이 《침묵의 봄 Silent Spring》을 발표하면서 화학 살충제가 생물이 서식하는 환경을 오염시킨다고 경고했다. 결국 DDT의 사용이 실질적으로 금지되면서 말라리아가 다시 살아났다.

정치인과 과학자가 편이 갈렸다. 한쪽에서는 DDT 사용 금지로 불필요한 사망이 발생하고 DDT를 사용할 때 얻는 이익이 위험보다 훨씬 크다고 주장했다. 반대쪽에서는 DDT가 위험할 뿐 아니라 어쨌거나 모기에게 살충제에 대한 내성이 생긴다고 주장했다. 제2의 대안에 얽매이는 사람들이 논쟁하는 동안 '빌 앤드 멜린다 게이츠 재단Bill and Melinda Gates Foundation'은 다른 배경을 지닌 전문가들에게 힘을 합해 말라리아를 근절할 수 있는 새 대안을 찾아보라고 요청했다. 해당 집단에는 의학 연구자, 곤충 생리학자, 소프트웨어 엔지니어, 천체 물리학자가 있었고 심지어 로켓 과학자도 포함되었다. 참석자들은 시너지의 정신을 발휘하면서 속속 대안을 내놨다.

로켓 과학자는 레이저로 모기를 쏘자고 제안했다. 참석자 전원이 신기해하면서 웃음을 터뜨렸지만 그 아이디어에 힘이 실리기 시작했다. 광학 엔지니어는 일반 DVD 플레이어의 블루 레이저로 실험했다. 프로그래머들은 레이저를 유도하는 소프트웨어를 만들었다. 발명가 스리릭 요한슨(3ric Johanson, 맞는 이름이다)이 이베이에서 부품을 구입해 조립했다. 결과는 어땠을까? 공중에서 레이저로 아노펠레스를 요격하는 '모기박멸

무기(Weapon of Mosquito Destruction, WMD)'가 완성되었다. 레이저는 인간과 야생물에 무해하면서도 매우 예민해서 날개 진동으로 모기를 포착하고 빛을 쏘아 죽일 수 있었다. 마을 경계에 레이저를 장착한 울타리를 설치하면 마을 전체를 말라리아에서 구할 수 있다.

모기를 요격하는 레이저 울타리는 집단에서 도출한 많은 아이디어 중 하나였을 뿐이다. 또한 게이츠 재단 팀은 모기를 돌연변이로 만들어 말라리아 기생충을 쫓아내거나, 가짜 표적으로 모기를 속이거나, 기생충 자체를 유전적으로 변화시키는 방법 등도 제안했다. 이것은 시작에 불과했다.[46] 제3의 대안을 찾거나 앞서 살펴본 것처럼 여러 대안을 찾기로 결정했던 게이츠 재단 팀의 창의적인 힘과 비교한다면 DDT 사용을 놓고 찬반 논쟁을 벌였던 사람들의 방법은 상상력이 부족해도 한참 부족하다.

그렇다면 시너지의 원천에 대해 어떤 교훈을 얻었는가? 제2의 대안에 얽매이는 융통성 없는 분위기에서는 시너지의 원천을 발견할 수 없다. 시너지는 매일의 일상에서 정신을 분리시켜내는 데 유용하다. 그러려면 완전히 새로운 아이디어를 기꺼이 찾아내려는 태도를 갖춰야 한다. 일탈한 아이디어를 개방적으로 받아들이고 공감하며 경청해야 한다.

인간 두뇌에는 깊이를 헤아릴 수 없으면서 우리가 활용할 수 있는 요소가 더 있다. 수없이 많은 신경 접속의 놀라운 실체에 그 비밀이 들어 있다. 인간의 정신은 특이하고, 예상하지 못하고, 심지어 이상하게 연결해서 거의 마법적인 통찰을 이끌어내도록 설계되어 있다. 자신이 소유한 이 방대한 능력을 활용할수록 우리는 더욱 온전하게 시간과 현재 환경을 시각화하고 합성하고 뛰어넘어 시너지의 원천에 도달할 수 있다.

이러한 종류의 경험을 하기 위해서는 어떻게 환경을 조성할 수 있을지 알아보자.

마법극장

헤르만 헤세가 남긴 유명한 소설《황야의 이리*Steppenwolf*》에서 주인공 해리는 숨 막힐 듯 답답한 제2의 대안적 세계에 갇힌 것처럼 느낀다. 해리는 자신이 살아야 하는 삶, 모든 사고가 고정되어 있고 더욱 많은 것을 원하는 인습적인 삶을 사는 데 진력이 났다. 그러던 어느 날 신비스러운 음악가에 이끌려 '마법극장'이라는 비밀의 방에 간다. 문 앞에는 "미친 사람만 들어오세요. 입장료는 당신의 정신입니다"라고 적혀 있다.

마법극장에 들어서자 '문과 마법 거울의 무궁무진한 세계'에서 해리는 무한히 굴절되는 형상을 본다. 즐거운 형상도 있고 과장되고 어두운 형상도 있다. 해리는 자신이 살 수 있는 많은 삶을 그려보고 아주 신나는 자유를 만끽한다. "공기 자체에 매력이 있다. 온기가 내게 스며들어와 퍼졌다." 해리는 '시간 감각을 잃는다.' 인간은 누구나 "여러 겹 세상이고, 별이 쏟아지는 하늘이고, 형태와 상태의 혼돈이며, 유전과 잠재성의 혼돈"이라는 사실을 배운다. 무엇보다도 자신을 있는 그대로 투영한 환영과 타인의 환영을 향해 웃는 법을 배운다.[47]

제3의 대안을 찾기에 최적의 환경은 모든 가능성이 열려 있고, 모두가 의미 있는 일에 기여할 수 있고, 어떤 의견에도 제한이 없는 '마법극장'이다. 이곳은 무질서가 만연한다. 아이디어는 무엇이든 일시적이므로 사람들은 이기주의를 버리고 자기 생각에 대한 자부심을 내려놓는다. 한순간 해결책을 제안했다가도 뒤돌아서자마자 정반대의 해결책을 제안할 수 있다. 그렇다고 일관성이 없다고 신경 쓰는 사람도 없다.

랠프 월도 에머슨Ralph Waldo Emerson은 "어리석은 일관성은 편협한 정신의 헛된 망상"이라고 말했다. 자신의 아이디어에 속박당한다고 느껴서는 안 된다는 뜻이다. 더 나은 아이디어가 생각났다면 이전 아이디어를 버리지 못할 이유가 없지 않을까? 마법극장에서는 일관성을 떤다고 해서 점수를 따지 않는다. 어떤 아이디어도 최종적이지 않다. 아이디어는 무엇이든, 심지어 특히 정신 나간 아이디어가 환영을 받는다. 정말 많은 위대한 발명이 누군가의 미친 아이디어에서 출발하지 않았는가? 따라서 마법극장에서 사람들은 서로 보면서 또한 자신을 보면서 많이 웃는다.

마법극장에 들어가려면 일시적으로 패러다임을 바꿔야 한다. 판단을 보류해야 한다. 마법극장에서는 논쟁을 하거나 비판하거나 최종적인 결정을 내리지 않는다. 일하기보다는 놀고, 끝을 맺기보다는 시작하고, 해결하기보다는 제안한다. 모델을 세웠다가 무너뜨리고 다시 시작한다. 헤세가 말했듯, 마법극장에서는 "천 개의 가능성이 우리를 기다린다."

창의성을 높이 평가하는 일부 팀과 조직이 장소를 지정할 때도 있지만 어떤 곳도 마법극장이 될 수 있다. 어디에서든 모두를 불러 모으고 다음 규칙을 따르게 한다.

- 마법극장에서는 논다. 마법극장은 진짜가 아니다. 누구나 놀이라는 것을 안다.
- 폐쇄를 피한다. 동의나 합의를 피한다. 해결책을 결정하려는 유혹을 피한다.
- 타인이나 자신의 아이디어를 판단하지 않는다. 마음에 떠오르는 아이디어는 무엇이든 제안한다. 아무에게도 말한 것을 지키라고 강요하지 않는다. 상자 밖으로 나오는 정도에 그치는 것이 아니라 뛰쳐나온다.
- 모델을 만든다. 화이트보드에 그림을 그리고, 도표를 스케치하고, 실물 크기의 모형을 세우고, 초안을 작성한다. 아이디어를 말하는 게 아니고 모델로 보여준다. 자신의 아이디어를 모두 볼 수 있도록 펼쳐 보인다.
- 머릿속으로 아이디어를 돌린다. 인습적인 지혜를 뒤집어본다. '길을 고

무로 만들고 타이어를 시멘트로 만들면 어떻게 될까?' (실제로 이렇게 질문하는 방법을 사용해서 고무 아스팔트를 개발했다. 낡은 타이어 고무를 아스팔트에 섞으면 고속도로에서 발생하는 도로 소음을 상당히 줄일 수 있다.)

- 빠른 속도로 일한다. 시간 제한을 두어서 방의 에너지를 높은 수준으로 유지하고 창의적인 사고가 급속히 흐르게 한다.
- 많은 아이디어를 생각해낸다. 중요한 것은 풍요이다. 사고는 번성하고 꽃피우고 급성장해야 한다. 스케치로 벽을 덮어야 한다. 어떤 즉흥적인 통찰이 발생해 제3의 대안을 이끌어낼지 예측할 수 없다. 끝에 가서 마법극장이 아이디어 정글 같아 보이지 않으면 시너지에 도달하지 못한 것이다.

마법극장은 많은 사람이 익히 알고 있는 브레인스토밍과 비슷하다. 하지만 대부분의 브레인스토밍 시간은 새 아이디어를 생각해내기에는 지나치게 활기가 떨어진다. 몇 가지 아이디어를 뜨문뜨문 떠올리고, 그중 하나를 선택하고는 자신들이 창의성을 발휘했다고 생각한다. 하지만 타인을 판단하고 속도가 늦으며 자기방어적인 잘못된 패러다임으로는 새 아이디어를 생각해낼 수 없다. 중요한 것은 패러다임이다. 그러려면 '미친 사람 전용' 방에서 기꺼이 한참 동안 지낼 수 있어야 한다.

처음에는 마법극장 과정을 거치는 것이 불편할 수 있다. 하지만 많이 경험할수록 어떤 결과가 발생할지 더욱 알고 싶을 것이다. 제3의 대안은 놀랍도록 독창적이고 독특하므로 자신이 마치 창의적 예술가가 된 것 같을 것이다. 예술가들은 대부분 실제로 만들 때까지 자기 작품이 어떤 형태를 띨지 모른다고 말한다. 현대 회화의 선구자 막스 베버Max Weber는 이렇게 말했다. "겸허한 창의적 노력을 수행할 때는 내가 아직 모르는 것, 내가 아직 하지 않은 것에 크게 의존한다."[48]

물론 현대는 전 세계가 마법극장이다. 제3의 대안을 찾기 위해 공식 회의는 물론이고 마법극장에서 얼굴을 맞대고 있을 필요는 없다. 태블릿과 휴대전화 같은 장치나 소셜네트워크를 사용하고, 맨해튼에서 시드니까지나 머나먼 페루 마을에서 에베레스트 산 베이스캠프까지 무선으로 연결되어 전 세계인과 시너지를 발휘하는 힘이 폭발하고 있다. 세계인은 해결하기 힘든 과제를 둘러싸고 서로 정신을 연결하고, 개인적이고 전문적인 경험에서 얻은 통찰을 공유하고, 실제 연구에서 얻은 자료와 자신의 혁신적 아이디어를 나눈다. 온라인 현상은 우주적 규모로 일어나는 시너지이다.

이제 우리는 중요한 질문을 던지고 전 세계가 시너지에 도달하게 할 수 있다. 온라인 시너지의 묘미는 우리가 반드시 참여하지 않아도 돌아간다는 것이다. 문제가 실재하고 올바른 지역사회가 존재한다면, 우리가 던지는 질문이 바이러스처럼 움직여 새 아이디어를 낳고 예상치 못한 통찰을 불러오고 제3의 대안을 이끌어낸다. 질문에 대해 우리가 좋은 대답을 찾더라도 다른 사람이 꾸준히 대답을 탐구하므로 대답은 모든 사람의 대답을 훨씬 넘어서서 뻗어나간다.

마법극장의 존재를 비웃을 회의론자가 있을지 모르겠다. 그들은 마법극장에 관대하지 않다. 마법극장 방법을 제안한 사람을 바보처럼 여긴다. 하지만 마음속으로는 마법극장을 두려워한다. 자신들의 권위가 위험에 처했다고 생각한다. 그러나 그들은 잘못 생각하고 있다. 시너지를 자극하는 최적의 장소는 현실이든 가상이든 앞에 열거한 규칙이 지배하는 일종의 실험실이다. 이러한 실험실에서만 게이츠 재단의 말라리아 박멸팀은 레이저로 모기를 요격해 떨어뜨리는 아이디어를 생각해낸다. 이들의 활약 덕택에 얼마나 많은 아이들의 생명을 건질 수 있을지 누가 아는가? 알베르트 아인슈타인은 진지하게 "딱 보아서 아이디어가 이치에 맞으면 별 희망이 없다"라고 했다.

대부분의 비즈니스 리더는 창의성을 높이 평가한다. 2010년 IBM이 실시한 획기적 조사에서 60개 국가와 33개 기업에서 활동하는 CEO 1,500명은 창의성을 '미래의 리더가 갖추어야 할 제1의 능력'이라고 보고했다.[49] 리더는 누구나 부하 직원이 창의성을 발휘하기를 원한다. 하지만 창의성 분야의 전문가 에드워드 드 보노Edward de Bono는 창의성이 "모호하게 장려한다고 해서 생기는 것이 아니"[50]라고 강조했다. 지금쯤이면 확실히 파악했겠지만 제3의 대안을 찾는 과정은 단순하고 자유분방해 보이지만 그렇다고 규칙이 없는 것은 아니다. 비즈니스 세계에서 최고의 관행은 제3의 대안적 사고이다.

하지만 비즈니스 세계에서만 그렇지는 않다. 마법극장 패러다임을 사용하는 집단에서는 어디든 창의성이 폭발할 수 있다. 이곳에서는 방어적 에너지가 감소하고 창의적 에너지가 증가한다. 칼 로저스는 이렇게 강조했다.

스스로 진정성과 가치부여와 이해가 돋보이는 환경을 만들어내는 데 기여할 수 있다면 흥미진진한 상황이 벌어진다. 이러한 환경에서 개인과 집단은 경직성에서 벗어나 유연성을 지향한다. ……예측 가능한 행동에서 벗어나 예측 불가능한 창의성으로 뻗어간다.[51]

4단계: 시너지에 도달한다

제3의 대안에 도달했다는 사실을 어떻게 알 수 있을까?

방에 흥분이 흘러넘치면 제3의 대안을 찾은 것이다. 시무룩하거나, 방어적 태도를 취하거나, 과묵한 태도가 눈 녹듯 사라진다. 제3의 대안에는 창의적 역동성이 동반되는데, 이는 느낌으로 알 수 있다. 이해가 증가하고 절정을 경험하고 흥분의 흐름을 탄다. 발견에 따르는 전율이 사방을 에워싸고, 소중한 아이디어를 보면서 어린아이처럼 즐거워한다. 스스로 발견한 아이디어를 사람들에게 널리 알리고 싶어 안달이 난다. 작가인 볼리바르 부에노Bolivar J. Bueno는 시너지에 도달하는 모험을 이렇게 설명했다. "어린아이들은 숨바꼭질 놀이를 좋아한다. 숨겨진 것을 찾는 즐거움이 있기 때문이다. 어른이 되어가면서도 뜻밖의 놀람을 갈구하는 마음은 결코 사라지지 않는다. 우리는 숨겨진 보물을 찾으며 좋아한다. 그리고 그것을 타인과 함께 나누고 싶어 한다."[52]

기존의 싸움과 기존의 전제에 더 이상 흥미를 느끼지 않으면 제3의 대안을 찾은 것이다. 새로운 대안의 단순성과 우아함에 압도당한다. 자기 생각을 근본적으로 바꾼다. 새 대안은 누구나 분노의 앙금을 품은 상태로 합의에 도달하려고 무언가를 포기하는 타협이 아니다. 제3의 대안은 적수와 맺은 오랜 관계를 변화시킨다. 불현듯 적수는 전쟁터의 적이 아니라 동반자로 바뀐다.

영감을 느끼면 제3의 대안을 찾은 것이다. 대안이 불현듯 명쾌하게 보인다. 어째서 전에는 볼 수 없었는지 의아하다. 적절하게 이해한다면 시너지는 살아가며 실천하는 최고 활동이다. 개인·가족·팀·조직의 잠재성을 진정으로 실험하고 드러낸다. 시너지가 결핍되면 많은 잠재성이 개발되지도 사용되지도 못하므로 삶의 커다란 비극이다. 성공하지 못하는 사람은 잠재성을 활용하지 못한 채 하루하루 살아간다. 살아가며 자지레하게 지엽적으로만 시너지를 경험할 뿐이다. 이와는 대조적으로 시너지는 개인의 특유한 재능, 통찰, 다양한 관점을 가장 해결하기 힘든 과제에 집중시키고 그 결과는 기적에 가깝다. 개인은 전에 한 번도 생각해보지 못했지만 최대 필요를 충족시켜주는 새 대안을 창조한다.

정말 잘 작용하면 제3의 대안을 찾은 것이다. 제3의 대안은 점차 향상하지 않고 근본적인 돌파구로서 도약을 통해 전진한다. 전체 제품, 서비스, 기업, 심지어 산업도 제3의 대안에서 터져 나온다. 새 과학과 기술, 심지어 문화가 부상하기 시작한다. 제3의 대안은 관계를 크게 변화시킨다. 세상을 즐겁게 만듦으로써 개인에게는 제3의 대안이 믿기지 않을 정도로 소중할 수 있다.

그렇다면 제3의 대안을 어떻게 인식할까? 제3의 대안은 우리가 세운 성공 기준을 충족한다. 진정한 임무를 수행한다. 모든 사람이 원하는 결과를 구현한다. 모두 이길 수 있도록 게임을 바꾼다. 이처럼 '상대방과 함께 시너지를 발휘한다' 패러다임을 사용하면 전쟁을 뛰어넘어 평화를 성취한다. 갈등을 제거하는 데 그치지 않고 가능성을 새로 꽃피운다. 차이를 거부하지 않고 활용한다. 풍요의 사고방식을 포함하며 해결책·위신·이익·인정·가능성을 발견하고 공유할 대상이 많다는 확신을 이끌어낸다. 이는 창의성 패러다임으로 공격 패러다임의 정반대이다.

시너지를 발휘하는 순간을 제3의 대안에 도달하는 과정의 한 '단계'로 부르는 것은 약간 부적절하고 오히려 '도약'으로 불러야 한다. 시너지의 순간은 놀랍고 예측할 수 없다. 게다가 도달했다고 보장할 수도 없다. 하지만 그에 따른 보상이 매우 크기 때문에 우리는 시너지에 도달할 때까지 계속 노력한다. 그보다 작은 것에는 결코 만족할 수 없기 때문이다.

우리가 사는 세상에서 제3의 대안을 추구한다

이 책에서는 경제계·교육계·정부의 지도자뿐 아니라 보통 사람·근로자·의사·경찰관·판매원·예술가·교사·부모를 포함해 많은 사람을 만날 것이다. 그들은 제3의 대안에 미치지 못하는 대안에는 정착하지 않겠다고 선택했다. 희망이 보이지 않는 갈등을 뛰어넘어 새 미래를 만들어냈다. 이 모든 사례는 각자 문제와 기회에 직면해 제3의 대안을 찾는 본보기이다.

이때 주의할 사항이 있다. 앞으로 등장할 이야기들은 상당히 유용할 수 있고 개인이나 조직이 제3의 대안을 나타내는 훌륭한 본보기가 될 수 있지만, 다른 한편으로는 방향을 잃고 궤도에서 벗어나 확실한 사례가 되기에 부적절할 가능성도 있다. 사람은 으레 약점이 있고 원칙을 일관성 있게 지키지 못한다. 예지력을 갖추고 시너지를 발휘하는 지도자가 사라지고 매우 다른 패러다임의 소유자가 그 자리를 메울 수 있다. 따라서 이 책에서 이야기를 소개할 때 요점은 특정 개인이나 조직을 지지하는 것이 아니라 시너지의 원칙과 과정을 보여주려는 것이다. 성공 사례와 실패 사례 모두에서 교훈을 얻어야 한다. 원칙에 초점을 맞추면 삶의 주요 영역에서 제3의 대안이 발휘하는 변화의 힘을 체험할 수 있다.

'직장에서 추구하는 제3의 대안'은 직장에서 제3의 대안적 해결책을 모색하는 방법을 다룬다. 직장과 사업체에서 타인과 시너지를 발휘할 때 어떻게 번성할 수 있는지 설명한다.

'가정에서 추구하는 제3의 대안'에서는 가정에서 발생한 갈등으로 소중한 관계가 위태로워질 때 긍정적으로 서로 지지하고 창의적인 가정을 꾸리는 방법을 다룬다.

'학교에서 추구하는 제3의 대안'은 단지 교육을 둘러싼 논쟁에서 벗어나 아이들의 삶을 바꾸고 아이들이 제3의 대안을 생각해 인류를 위해 미래를 변화시키도록 도울 것이다.

'법에서 추구하는 제3의 대안'은 우리가 속한 소송 문화를 이해·공감·시너지를 지향하는 문화로 바꾸어 법정에서 서로 싸우느라 소모하는 에너지와 자원을 더욱 바람직하게 활용하는 방법을 다룬다.

'사회에서 추구하는 제3의 대안'은 사회를 해체시키는 세력을 극복하는 방법을 다룬다. 범죄·질병·환경파괴·빈곤 등 냉혹한 문제에 대해 제3의 대안을 찾는다.

'세계에서 추구하는 제3의 대안'은 세상을 분열시키겠다고 위협하며 악화일로를 걷는 싸움을 이겨내는 방법을 다룬다. 가장 고귀한 형태의 시너지인 평화 중재를 탁월하게 수행하는 훌륭한 인물들도 만날 것이다.

마지막 장인 '삶에서 추구하는 제3의 대안'에서는 '점차 상승하는 삶'을 사는 방법을 다룬다. 가장 흥미진진한 시너지 경험이 우리를 기다리고 있으며, 우리가 가장 중요하게 기여할 수 있는 일이 항상 눈앞에 놓여 있다. 이 장에서는 상당히 개인적인 내 이야기를 털어놓으며 여러분에게 다가갈 것이다. 이제 나는 80세를 코앞에 두고 있으며 은퇴할 날이 멀지 않았지만, 한가한 생활로 물러설 생각이 없다. 오히려 내 삶이 더욱 의미 있어지리라 확신한다.

끝으로 제3의 대안을 추구하는 것은 사고방식을 바꾸고, 전혀 유익하지 않은 비생산적 논쟁을 중지하고, 마음을 열어 상대방의 말을 경청하고, 새 삶을 스스로 창조하고 기뻐할 수 있는 최대 기회이다. 버티기 힘든 문제에 직면해 그토록 놀라운 해결방법을 찾을 수 있는 경로가 제3의 대안 말고 무엇이 있겠는가? 고도로 정치화한 갈등 중심의 사고방식은 빈곤·질병·속박에서 세상을 해방시키는 데 실패했다. 제3의 대안은 '최고의 관행'일 뿐 아니라 윤리적 명령이기도 하다.

가르치며 배워라

이 책에서 교훈을 얻는 최상의 방법은 타인에게 가르치는 것이다. 교사가 학생보다 훨씬 많이 배운다는 사실은 누구나 안다. 그러므로 동료나 친구나 가족을 골라 이 책에서 배운 통찰을 가르쳐라. 다음에 열거한 도발적인 질문을 하거나 스스로 질문을 만든다.

- 시너지의 원칙을 정의한다. 시너지의 힘에 대해 자연에서 어떤 교훈을 얻었는가? 개인적으로 성장하고 직장에서 발전하는 데 시너지가 근본적으로 중요한 이유는 무엇인가?
- 제2의 대안적 사고가 안고 있는 한계는 무엇인가? 어떤 방식으로 사고하기에 냉혹한 문제를 해결할 방법을 여전히 찾지 못하는가?
- 제3의 대안적 개념을 설명한다. 자기 삶과 진정으로 제3의 대안에 도달한 사람의 삶을 예로 든다.
- 자신의 정신적 패러다임이 어떤 방식으로 행동과 결과를 지배하는지 서술한다.
- 어째서 사람들은 '위대한 중도'에 이르는 길을 찾는가? 어떻게 제2의 대안적 사고가 회의주의와 냉소주의를 낳는가?
- 제3의 대안적 사고라는 패러다임을 설명한다. 자신을 본다, 상대방을 본다, 상대방을 탐구한다, 그리고 상대방과 함께 시너지를 발휘한다. 이렇게 순서가 정해진 이유는 무엇인가?
- '실질적 정체성 박탈'이란 무엇인가?
- 우분투의 정신을 정의한다. 정형화와는 어떻게 다른가? 넬슨 만델라와 교도관의 이야기에서는 시너지를 도달하지 못하게 방해하는 장애를 극복하는 문제에 관해 어떤 교훈을 얻었는가?

- 토킹 스틱을 사용한 대화의 규칙을 설명한다. 이 방법을 사용해 어떻게 시너지에 도달하는가?
- 우리가 더욱 잘 이해해야 하는 사람과 토킹 스틱 대화법을 사용해 대화한다. 이 방법이 자신에게는 어떻게 작용하는가?
- 제3의 대안을 추구하는 질문은 무엇인가? 제3의 대안을 찾는 단계를 설명한다.
- 마법극장은 무엇인가? 마법극장이 시너지에 도달하는 데 유용하려면 어떤 규칙을 지켜야 하는가?

시도하라

다음에는 '시너지에 도달하는 4단계'를 계획하는 도구와 그 사용법을 나열했다. 해당 도구를 사용하고 다음 각본에 맞추거나 자기 스스로 각본을 만들어 제3의 대안을 창조하는 실험을 하자.

- 이웃이 자기 소유 땅에 야외 오두막을 짓고 싶어 한다. 그렇게 되면 당신 집에서 보이는 경치를 가려 아름다운 소나무 숲을 볼 수 없다.
- 급속도로 성장하는 회사가 누구나 부러워할 만한 자리를 배우자에게 제의했는데 이를 받아들이면 다른 도시로 이사를 가야 한다. 당신은 집을 옮기기가 정말 싫고 직업을 그만두기도 친구를 떠나기도 싫다.
- 방법에 동의할 수가 없기 때문에 학교나 교사와 계속 심각하게 불화를 빚고 있다.
- 일에 만족하며 작은 회사를 다니고 있다. 하지만 회사의 사업이 시원하지 않아서 당신과 동료가 그만두어야 할지 모른다.

❶ 제3의 대안을 찾는 질문을 한다.

"우리가 지금껏 생각해낸 것보다 좋은 해결책을 찾을 의향이 있는가?" 그렇다고 대답하면 2단계로 넘어간다.

❷ 성공 기준을 정의한다.

다음 칸에 모두가 반가워할 해결책의 특징을 나열한다. 성공은 어떤 모습일까? 어떤 일을 해야 할까? 이해당사자 모두 '승—승'하는 방법은 무엇일까?

❸ 제3의 대안을 창조한다.

다음 칸에 모델을 만들거나 그림을 그리거나 아이디어를 빌려오거나 사고의 관점을 전환한다. 신속하고 창의적으로 움직인다. 시너지에 도달했다는 사실을 알고 흥분하는 순간이 찾아올 때까지 모든 판단을 미룬다.

시너지에 도달하는 4단계

((((4)))) **시너지에 도달한다.**

다음 칸에는 제3의 대안을 서술하고 원한다면 어떻게 실천할지 쓴다.

시너지에 도달하기 위한 4단계 도구의 사용지침

시너지에 도달하는 4단계: 이 과정은 시너지 원칙을 적용하는 데 유용하다. (1) 제3의 대안을 기꺼이 찾겠다는 의향을 보인다. (2) 모두에게 성공이 어떤 모습인지 정의한다. (3) 해결책을 실험한다. (4) 시너지에 도달한다. 과정 내내 타인의 말을 공감하며 경청한다.

시너지에 도달하는 방법

① 제3의 대안을 찾는 질문을 한다.

갈등을 빚거나 창의적인 상황에서 제3의 대안을 찾는 질문을 하는 것은 자신의 확고한 입장이나 선입견을 넘어서서 제3의 입장을 발달시키기에 유용하다.

② 성공 기준을 정의한다.

모두에게 성공적인 결과가 어떤 모습일지 묘사하는 문단을 쓰거나 그 특징을 나열한다. 다음 질문에 대답한다.

- 기준을 정하는 작업에 전원이 참여했는가? 가능한 한 많은 사람에게 많은 아이디어를 얻고 있는가?
- 자신이 정말 원하는 결과는 무엇인가? 어떤 일을 해야 하는가?
- 모두가 승─승하는 결과는 무엇인가?
- 기존의 요구를 초월해 좀 더 바람직한 요구로 바꾸려 하는가?

③ 제3의 대안을 창조한다.

다음 지침을 따른다.

- 그냥 논다. 진짜가 아니라 놀이이다.
- 폐쇄를 피한다. 어설프게 동의하거나 합의하지 않는다.
- 타인이나 자신의 아이디어를 판단하지 않는다.
- 모델을 만든다. 화이트보드에 그림을 그리고, 도표를 스케치하고, 실물 크기의 모형을 세우고, 초안을 작성한다.
- 머릿속으로 아이디어를 돌린다. 인습적인 지혜를 뒤집어본다.
- 빠른 속도로 일한다. 시간 제한을 두어서 에너지와 아이디어가 급속하게 흐르게 한다.
- 많은 아이디어를 생각해낸다. 어떤 즉흥적 통찰이 제3의 대안을 이끌어낼지 예측할 수 없다.

④ 시너지에 도달한다.

흥분과 영감이 방을 가득 채우면 제3의 대안을 찾은 것이다. 오랜 갈등이 사라진다. 새 대안이 성공 기준을 충족한다. 이때 주의할 점이 있다. 타협을 시너지로 착각해서는 안 된다. 타협은 만족을 낳지만 기쁨을 안기지는 않는다. 타협하면 모두 무언가를 잃지만 시너지에 도달하면 모두 승리한다.

STEPHEN R. COVEY

직장에서 추구하는
제3의 대안

3
—

밀어야 문이 열린다는 생각을 버리지 않는 한,
잠겨 있지 않으나 안으로 당겨야 문을 열 수 있는 방에 갇힐 것이다.

— 루트비히 비트겐슈타인

우리는 벽이 무너지는 시대를 살고 있다. 경계 없는 경제가 부상한다. 기술이 발달하면서 인간의 정신을 가두는 인위적인 벽이 사라지고 있다. 하지만 가장 무너지기 힘든 벽인 사람 사이에 놓인 벽은 꿈쩍도 하지 않는다. 이 벽은 대개 눈에 띄지 않지만 신뢰·대화·창의성의 흐름을 방해한다. 오늘날 직장에 이러한 벽을 남겨서는 안 된다. 판매와 마케팅이 순조롭지 않을 때, 근로자와 경영진이 서로 불신할 때, 솔직하게 마음을 털어놓을 수 없다고 느껴서 사무실에 속된 정치와 험담이 판치고 상사가 세세한 사항까지 간섭할 때, 개인과 조직이 치러야 하는 엄청나게 커다란 대가를 생각해보라.

이러한 벽을 허무는 비결은 내면의 힘을 키워서 '내 관점'이 아닌 '우리 관점'으로 생각하는 것이다. 상대방을 이해하려 귀를 기울이는 동시에 제3의 대안이 존재한다고 굳게 믿을 때 놀라운 현상이 벌어질 수 있다. 제3의 대안은 어떤 조직과의 관계에서도 생겨날 수 있다.

직장에 벽이 많다는 사실은 누구나 안다. 팀·부서·기능 사이에도 벽이 존재한다. 창의적 유형의 직원과 회계 유형의 직원 사이에 벽이 있다. 중역과 말단 직원 사이에 벽이 있다. 조직과 고객 사이에도 벽이 있다. 누구든 자기 벽을 보호하고 싶은 것은 인지상정이다. 우리가 직장에서 갈등을 느끼는 것도 이 때문이다. 따라서 자기 방어적인 제2의 대안적 사고방식이 문제이다.

좀 더 긍정적으로 생각하면 조직에는 수행해야 하는 업무가 있고, 창의적이고 사려 깊고 재능 있는 탁월한 직원은 업무 수행 방식에 대해 서로 다른 통찰을 지니고 있으므로 그 사이에 갈등이 빚어질 수밖에 없다. 이러한 통찰은 서로 반대되고 당혹스러우며 우여곡절이 많고 일관성이 떨어지지만 그러면서도 유용하고 심지어 훌륭하기까지 하다.

조직에 따라 갈등에 대한 내성이 큰 곳도 있다. 갈등을 싫어하는 조직이 있는가 하면 드러내놓고 갈등을 조장하는 조직도 있다. 하지만 대부분은 갈등을 '조정'하려 한다. 관리자들은 갈등을 피하고 통제하고 해결하는 방법을 배운다. 갈등은 가능한 한 피해야 하고, 피할 수 없으면 통제해야 하며, 다시 조화를 찾을 수 있도록 빨리 해결해야 한다고 생각하기 때문이다. 갈등해결을 다룬 책은 갈등을 지나가는 폭풍쯤으로 여겨서 최대한 피해를 줄이고 넘겨야 한다고 주장한다.

하지만 직장에서 갈등을 일으키는 문제는 그냥 존재하기보다는 패러다임이 잘못되었기 때문에 존재한다. 갈등에 대한 제2의 대안적 반응은 '투쟁하거나 피하라'인 반면에 시너지를 추구하는 반응은 갈등을 환영하고 기뻐하고 참여하고 발견한다. 예를 들어보자.

- 한 직원이 상사에게 자사의 '어리석은 업무'에 대해 말한다. 전형적인 상사는 '불평'을 듣지만, 시너지를 추구하는 상사는 '아이디어'를 듣는다.
- 팀원이 프로젝트 관리자에게 "이 업무를 조금 다르게 진행하면 어떨까요?"라고 묻는다. 전형적인 관리자는 '내가 하는 일에 이래라 저래라 참견한다'고 생각하지만, 시너지를 추구하는 관리자는 '그 말을 들어봐야겠군' 하고 생각한다.
- 직원이 팀 리더에게 "누구와 함께 일할 수 없습니다"라고 말한다. 전형적인 팀 리더는 '또 성격 때문에 갈등을 빚는군' 하고 생각하지만, 시너지를 추구하는 리더는 '도와달라고 요청하는군' 하고 생각한다.

- 기업 본사에서 사람이 파견 나와 "업무를 지원하러 나왔습니다"라고 말한다. 전형적인 사고방식의 소유자는 '본사에서는 내가 이 업무를 처리할 능력이 있다고 생각하지 않는군. 이 사람에게 뜨거운 맛을 보여줘야겠어'라고 생각하지만, 시너지를 추구하는 사고방식의 소유자는 '잘됐군, 그렇다면 이 사람에게 무엇을 배울 수 있을까?'라고 생각한다.

이러한 전형적인 반응의 뿌리는 차이를 위협으로 생각하는 패러다임이다. 불안에서 비롯된 방어적 패러다임의 소유자들은 차이점을 놓고 투쟁하거나 도망친다. 어느 CEO는 회의에 참석해 참석자들의 반대를 부드럽게 넘기려고만 한다. 프로젝트 팀은 자신들이 세운 계획에 의문을 제기하는 사람이 있으면 화를 내며 회의실을 뛰쳐나간다. 심술궂은 판매 담당자는 자기 방식대로만 담당 지역을 운영하려 한다.

이러한 사람들은 갈등이 생명력의 신호라는 사실을 모른다. 갈등이 발생하는 것은 대부분 사람들이 실제로 자기 업무에 대해 생각하기 때문이다. '갈등은 선물'이라는 말을 들으면 사람들은 의아한 표정을 짓지만, 그 말은 생각이 깊은 사람들은 언제나 다른 의견을 갖고 있다는 뜻인 동시에 타인이 열정을 품고 제시하는 다른 의견은 기꺼이 받아들여야 한다는 뜻이다.

내가 아는 매우 성공한 비즈니스 리더는 다음과 같은 도발적인 질문을 던지면서 회의를 시작한다. "우리가 내일 당장 생산 라인을 바꿔야 한다면 어떡하겠습니까?" "모든 과정을 더욱 바람직하게 바꿀 수 있는 한 가지가 무엇일까요?" "내가 어떤 의견을 거부하고 있습니까?" 그 리더가 이렇게 묻는 이유는 갈등을 일으키고, 팀원의 정신에 활력을 불어넣어 논쟁을 촉발시키기 위해서이다. 따라서 그가 이끄는 회의는 마법 극장으로 바뀐다. 팀원은 이러한 분위기에 익숙하므로 갈등을 생산적으로 능숙하게 다룬다. 그 리더는 이렇게 말했다. "직원들이 빙 둘러앉아 내 말에 고개를 끄덕이는 모습을 보고 싶지 않습니다. 고개를 가로젓는 모습을 보고 싶어요. 직원들의 생각을 듣고 싶고, 그들의 두 눈에서 불꽃이 이는 장면을 보고 싶습니다."

제2의 대안: 투쟁하거나 피한다

앞에서 언급한 제3의 대안을 추구하는 리더와 비교해볼 때 제2의 대안에 매달리는 리더는 투쟁하거나 피한다.

투쟁하는 리더의 예를 들어보자. 한 중역이 능력을 인정받아 세계 최대 미디어 기업의 CEO로 취임했다. 여러 경로로 이야기를 들어보면 그 CEO는 상대방의 말을 경청하지 않고 자기 말에 동의하지 않는 사람을 무시했다. 자사 직원들은 CEO에게 어리석다는 핀잔을 끊임없이 들으면서 자존심이 상했다. 그는 싸움을 거는 데 대가였고 늘 공격적인 입장을 견지했다. 하지만 6개월 후 해고당했다. 그가 똑똑하다는 사실은 누구나 알았지만 지력으로 존중과 공감의 부족을 메울 수는 없었기 때문이다.

이제 도피하는 리더의 예를 들어보자. 이 리더는 유명한 가정용품 기업을 이끄는 사장이다. 한동안 그 리더와 가까이 일했던 내 동료는 이렇게 언급했다.

사장으로 취임할 당시 그는 기업을 성장시키겠다는 원대한 포부를 밝혔지만 10년이 지난 지금도 주가는 꿈쩍도 하지 않는다. 그는 여전히 미래에 대한 포부를 거창하게 늘어놓는다. 하지만 그의 말에 귀를 기울이는 사람은 없다. 성과가 부족하기 때문이 아니라 그가 다른 사람의 말을 들으려 하지 않기 때문이다. 직원들에 따르면 그 리더는 '갈등을 혐오한다.' 의견 충돌이 생기면 눈살을 찌푸린다. 대립을 싫어해 "그건 내 방식이 아니군"이라고 말하며 일축해버린다. 멋진 사람이고 훌륭한 친구이기는 하지만 그 사람 앞에서는 꺼내기 힘든 질문을 누구도 던지지 않는다. 그가 회의 시간에 회사를 성장시키겠다는 원대한 비전을 거듭 강조하고 특히 얼마 전에 읽은 비즈니스 관련 책에서 훌륭한 전략을 큰 소리로 인용하는 동안에 직원들은 아무 말도 하지 않고 그의 연설을 들었다. 직원의 눈동자에서 불꽃이 튀지 않는다. 그동안 나는 감히 입 밖으로 말하지는 못하고 속으로 이렇게 생각했다. '그냥 좀 더 질 좋은 제품을 만드는 게 어때요?'

갈등해결을 연구하는 일부 이론가는 갈등을 빚는 문제에서 갈등으로 생겨난 감정을 분리시키라고 조언한다. 하지만 나는 분리할 수 있다고 생각하지 않는다. 식품기업에서는 제품 품질에 관한 문제를 사장의 감정에서 분리시킬 수 없다. 사장은 사업 방식에 의문을 제기하는 것을 자신의 정체성과 가치를 의심하는 처사로 여기기 때문이다. 그는 팀원의 말에 공감하면서 귀를 기울일 만큼 자의식이 강하지 못하다.

문제로 불거진 갈등은 거의 예외 없이 감정적 갈등을 일으킨다. 불행하게도 대부분의 기업은 산업화 시대의 사고방식에 얽매여 있으므로 부하 직원이 상사에게 의문을 제기하려면 여전히 많은 용기를 내야 한다고 생각한다. 직원은 겁을 낸다. 괜히 말했다가 무시당하지 않을까? 어리석어 보이지 않을까? 의도하지 않게 상사를 난처하게 만들지 않을까? 비유적으로든 실제로든 한 방 맞지 않을까? 상사의 눈 밖에 나지 않을까? 직장에서 쫓겨나지 않을까? 이때 감정적 투자가 지나치게 위험하다고 생각하면 겁에 질려 침묵하기 마련이다. 비즈니스 리더들은 직원들

두 가지 대안

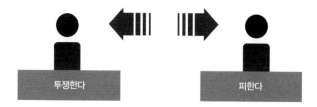

투쟁한다　　　　　　피한다

이 미소 짓고 고개를 끄덕이면 합의와 조화를 이루었다고 종종 착각한다. 이것은 치명적인 오류일 수 있다.

　모든 갈등에는 감정이 실려 있다. 예를 들어 급여를 둘러싼 갈등이 있다 치자. 단순한 갈등처럼 보이더라도 내막을 들여다보면 깊은 두려움과 열망이 숨겨져 있다. 남성 직원이 급여에 불만을 품고 여성 상사를 찾아왔다고 생각해보자. 그의 마음속은 갈등으로 부글거린다. 급여는 자신이 생각하는 자기 가치의 상징이고, 가족과 친구에게 드러내는 자기 위치이기 때문이다. 상사 앞에 서는 것 자체도 직원에게는 용기를 내야 한다. 상사의 눈에 나약한 사람으로 비치기 싫고 문제를 일으키고 싶지도 않다. 다른 한편으로는 약간 무시당한다고 느끼거나 심지어 화가 나 있을 수도 있다. 남성적 자아가 개입되어 심경이 더욱 복잡할 수도 있다. 여성 상사는 직원의 얼굴 표정과 말에서 모든 상황을 파악하지는 못하지만 막연히 나름대로 무슨 사연이 있으리라 짐작한다.

　이때 제2의 대안에 얽매이는 상사는 투쟁하든지 피한다. 도피하겠다고 선택하면 항복하고 직원의 요구를 들어준다. 갈등 이론가들이 '순응 accommodation'이라 부르는 이 반응은 대개 더욱 많은 문제를 불러들인다. 도피하기로 결정하는 순간 다른 직원에게 부당하게 처신하는 것이고, 나쁜 선례를 남기며, 다음 급여 협상에서 해당 직원의 기대 수준을 높이기 때문이다.

투쟁하기로 할 수도 있다. 투쟁하는 방법은 다음처럼 다양하다.

- 직원의 가치를 최소화할 수 있다. "당신은 다른 직원과 같은 급여를 받고 있어요." 이렇게 대답하면 해당 직원을 기계로 만드는 셈이다. 직원은 다른 직원 단위와 마찬가지로 근로자 단위에 불과하다.
- 직원에게 아부할 수 있다. "당신은 귀중한 직원이고 회사 입장에서는 더 많은 특전을 베풀어주고 싶어요." 이렇게 대답하면 긴장을 약간 늦출 수 있을지 몰라도 대부분 헛된 소리로 들린다.
- 직원에게 맞설 수 있다. "나는 한 번도 급여 인상을 요청한 적이 없어요. 팀을 이끄는 사람은 나이므로 내 방침에 따라야 합니다." 이렇게 거들먹거리는 태도를 취하면 직원을 누를 수 있더라도 그것은 상사의 말이 설득력이 있어서가 아니라 상사에게 힘이 더 많기 때문이다.
- 직원과 타협할 수 있다. "당신의 급여를 인상해줄 수는 없어요. 하지만 금요일마다 30분 일찍 퇴근할 수 있게 조처할게요." 이러한 종류의 투쟁은 두 사람 모두 패배하는 것이다. 고용주는 30분에 해당하는 직원의 서비스를 잃고, 직원은 필요한 것을 얻지 못한다. 타협은 언제나 초라하고 편협하다. 테이블에 놓인 파이의 양은 한정되어 있어서 한 사람의 몫이 커지면 상대방의 몫은 작아지기 마련이다. 타협은 결핍의 사고방식에 따른 결과를 점잖게 표현했을 뿐이다.

직원의 감정이 격해지면 상사는 전형적인 조언으로 "문제에만 초점을 맞춥시다"라고 말한다. 감정을 해결하려는 시도는 배제하겠다는 뜻이다. 그렇다고 '문제에만 초점을 맞출' 수는 없다. 조건을 타협할 수는 있지만 여기에 개입된 감정은 소통하지 못한다.

제3의 대안: 시너지

　제3의 대안을 추구하는 상사는 투쟁하지도 피하지도 않는다. 직원의 격한 감정을 위로하면서 새롭고 의미 있는 가치를 창출하는 좀 더 바람직한 해결책을 찾는다.

　정확하게 이러한 상황에 처해 봤던 내 친구가 있다. 그는 제3의 대안을 추구하는 리더가 대처한 방식에 대해 이렇게 말해주었다.

　나는 기대에 미치지 못하는 급여를 받고 직장 생활을 시작했다. 당장 취직하는 것이 급했으므로 급여는 희망했던 수준보다 많이 적었다. 두 달이 지나자 가족들이 고통을 겪기 시작했다. 의료비를 지출하는 바람에 생활비가 늘 적자였던 것이다. 내가 하는 업무량에 비해 급여가 지나치게 적다는 생각이 강하게 들었다. 그래서 급여를 인상해달라고 말할 요량으로 용기를 내서 상사를 찾아갔다. 나는 그 상사를 잘 몰랐고 상사는 나를 전혀 몰랐다. 게다가 내가 회사에서 번듯한 실적을 거둔 기록도 아직 없었다.

　사무실에 들어가서는 상사를 찾아온 이유를 설명했다. 그때 "좀 더 이야기해보세요"라는 말을 듣고 조금 놀랐다. 나는 가족이 처한 상황을 설명했다. 상사는 잠자코 내 말을 듣고만 있었다. 회사에서 내가 수행하는 업무에 대해 꽤나 많이 말했다. 상사는 내가 회사와 고객과 제품에 대해 어떻게 생각하는지 물었다. 나는 이상한 질문이라고 생각했다. 상사와 오래 대화하고 나자 원래는 급여에 관해 대화했다고 생각했지만 실제로는 나에 대해 대화했다는 생각이 들었다. 내가 회사에서 어떻게 일하고 있는지, 어떤 생각을 하는지, 지난 몇 달 동안 무엇을 배웠는지에 대해 말했던 것이다.

　그러고 나서 상사는 내가 담당하는 특정 고객에 대해 물었다. 그 고객과 벌이는 사업을 확장할 아이디어가 있는지 알고 싶어 했으므로 나는 몇 가지 아이디어를 제안했다. 이틀 후 상사는 나를 다시 사무실로 불렀다. 3~4명이 합석했고 상사는 해당 고객을 위해 제시한 내 아이디어를 화이트보드에 적었다. 우리는 상당히 많이 토론했고 그 후에도 많은 토론이 오갔다. 일할 의욕이 솟았다. 결국 나는 이 중요한 고객에게 새로운 차원의 서비스를 제공하기 위해 더 많은 급여와 책임이 따르는 자리를 제의 받았다.

내 친구에게 그날 토론은 자사에서 급속도로 승진하는 서막에 불과했다. 친구는 결국 그 상사의 사업 파트너가 되었기 때문이다.

앞에서 인용한 상사는 내가 들어본 가운데 가장 현명한 리더였다. 그녀는 제3의 대안을 생각해낼 수 있는 훌륭한 역량을 지녔다. 부하 직원과 투쟁하거나 그의 요구를 그대로 들어주었다면 상황을 처리하기가 훨씬 쉬웠을 것이다. 하지만 상사는 극적인 승-승 가능성을 감지했다. 기존의 파이를 놓고 실랑이를 벌이기보다는 훨씬 커다란 파이를 머릿속에 그렸던 것이다. 내 친구의 필요와 에너지를 고객의 필요와 결합시키면 모두에게 성장 기회가 돌아가리라 예상했다. 그 덕택에 완전히 새로운 사업 라인이 생겼고, 내 친구는 매년 회사에서 차지하는 비중이 높아져 결국 파트너가 되었다. 게다가 친구의 공로로 기업의 규모는 두 배로 성장했다.

상사가 자기 팀을 제3의 대안으로 어떻게 이끌었는지 생각해보자.

- 먼저 상사는 시간을 들여 공감하면서 직원의 말을 경청했다. 젊은 직원의 문제와 감정을 이해하려 했다. 표면적으로는 급여 문제로 고민하는 이유가 알고 싶어 했다. 하지만 좀 더 깊이 파고들어 직원의 능력을 파악하고 싶었고, 직원뿐 아니라 모두에게 이익이 돌아가는 일을 추진할 수 있을지 가늠해보고 싶었다.

- 그리고 상사는 직원을 탐구했다. 직원을 사무실로 거듭 불러들여 그의 생각을 탐구하고 다른 사람들을 그 과정에 개입시켰다. 상사는 직원의 독특한 재능과 영감을 크게 평가했다.
- 마침내 집단은 시너지에 도달했다. 새로운 서비스와 제품을 창출했고 중요한 고객의 필요를 충족시키는 새로운 방법을 생각해냈으며, 새로운 부문에 대한 고객의 필요를 창출했다.

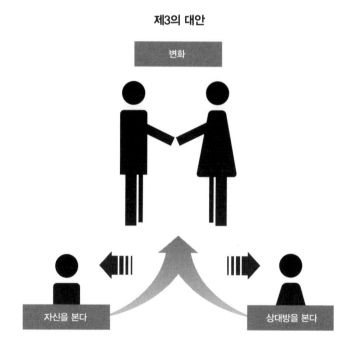

제3의 대안

제3의 대안적 사고: 제3의 대안에 도달하려면 먼저 자아를 인식해야 하고 상대방의 다른 관점을 높이 평가해야 한다. 그리고 나서 상대방의 관점을 철저하게 이해해야 한다. 그래야만 시너지 단계로 옮겨갈 수 있다.

이 모든 성과를 이룩할 수 있었던 것은 상사가 기회를 볼 때마다 제 3의 대안에 도달하려는 성향을 지녔기 때문이다. 직원이 불평하러 오더라도 상사는 사업을 확장할 기회를 보았다. 갈등에서 싸움터가 아니라 비옥한 사업 토양으로 보았던 것이다.

갈등해결을 연구하는 많은 사상가는 갈등을 거래transaction로 해결한다. 거래는 파이를 나누는 것이다. 거래할 때는 상대방의 의견을 수용하거나 여기에 맞설 수 있다. 파이를 줘버리거나 파이를 놓고 싸울 수 있다. 여기에는 이익을 획득하는 기술과 속임수가 개입한다. 하지만 자기 뜻대로 나누더라도 결국 같은 파이일 뿐이다.

이와는 대조적으로 제3의 대안은 상황을 바꾼다. 훨씬 크고 좋은 파이를 새로 만드는 것이다. 사람들은 대부분 거래로 갈등을 해결하지만 제3의 대안은 변화로 갈등을 해결한다.

직장에서 갈등에 휩싸일 때 자동적으로 방어적인 사고방식을 취하면 안 된다. 이는 매우 중요하면서 직관에 거스르는 문제이기도 하다. 어려운 문제에 직면해 사람들이 자연적으로 보이는 반응은 투쟁하거나 도피하는 것이기 때문이다. 하지만 이는 동물이 본능적으로 보이는 행동이다. 동물에게는 두 가지 대안밖에 없지만, 성숙한 인간은 제3의 대안을 선택할 수 있다.

시너지에 도달하는 첫 번째 패러다임은 '자신을 본다'이다. 우리는 자기 밖에 서서 자기 생각과 감정에 대해 생각할 수 있다. 자신의 동기를 조사할 수 있다. '나는 왜 이 생각에 집착할까? 나는 자기중심적인가? 내게 필요한 것은 관심인가, 확답인가? 내 위치가 위협당하고 있다고 느끼는가? 아니면 이 문제에 진정으로 관심을 쏟고 있는가?' 자신의 가치를 이미 확신한다면, 자신의 기여도와 능력에 자신이 있다면, 상대방에 거슬러 자신을 방어할 이유가 없다. 자기 의견을 상대방에게 솔직하게 표현할 수 있기 때문이다.

시너지의 두 번째 패러다임 '상대방을 본다'도 기억해야 한다. 이는 상대방을 깊이 존중하고 그 아이디어 · 경험 · 관점 · 감정을 높이 평가한다는 뜻이다.

그리고 시너지의 세 번째 패러다임 '상대방을 탐구한다'를 실천한다. 우리는 자신과 상대방 사이에 벌어진 틈을 보면서 위협이 아닌 매력을 느낀다. 부정적 에너지를 가장 효과적으로 발산시킬 수 있는 말은 무엇일까? "당신은 상황을 달리 생각하는군요. 당신의 말을 들어봐야겠습니다." 그렇게 말하고는 진심으로 귀를 기울인다.

이러한 패러다임들을 실천하면 갈등을 부적절하게 만드는 제3의 대안에 도달할 것이다. "우리가 생각해낸 것보다 좋은 아이디어를 찾아봅시다." 그러면 모두 승리하고 활력을 얻는다. 우리가 무엇 때문에 싸웠는지조차 기억나지 않을 때가 많다.

교만: 시너지를 방해하는 커다란 장애물

시너지 사고방식은 직장에서 발생하는 갈등을 해소하고 그 결과 천재성의 불꽃이 눈부시게 피어날 수 있다. 하지만 시너지는 쉽게 찾아오지 않고 시너지를 거스르는 힘도 만만하지 않다. 시너지를 가장 거칠게 방해하는 것은 자만이다. 자만은 인간의 에너지를 창의적으로 결합하지 못하도록 차단한다. 우리에게 익숙한 'NIH 증후군(If it's Not Invented Here, it can't be worth anything, 여기에서 발명되지 않았다면 가치가 있을 리 만무하다)'을 시작으로 사람 · 조직 · 국가의 추락을 초래하는 교만의 이면에는 자만심이 도사리고 있다.

고대 그리스인은 자신 과잉이나 극도의 오만은 최악의 범죄라고 가르쳤다. 당시에 힘을 자랑하고 적을 능멸했던 군인이 교만으로 유죄를 선고 받았다. 개인의 이익을 누리려고 신하를 괴롭힌 왕도 같은 처벌을 받았다. 그리스인은 교만이 천벌을 부른다고 믿었다. 교만이 결국 비극을 낳는다고 강조했는데, 이 말은 옳다. 오늘날 가장 신뢰를 받았던 일부 기관이 극도로 오만했던 탓에 붕괴하는 광경을 목격할 수 있었다. 2008년 금융 대실패로 많은 주요 리더들이 맹목적인 자신감이나 노골적인 사기 행각으로 유죄를 선고 받았다.

교만의 주요 증상은 갈등의 결여이다. 아무도 당신에게 도전하지 않는다면 당신은 추락을 향해 나아가고 있는 것이다. 타인의 의견을 거의 받아들이지 않을 때, 듣는 양보다 말하는 양이 많을 때, 자기 의견에 동조하지 않는 사람들을 시간이 없다는 이유로 무시할 때도 마찬가지다. 한 가지 예를 들어보자. 여러 보고에 따르면 스코틀랜드 왕립은행의 과거 수장은 "어떤 비판도 허용하지 않았다. ……아침마다 직속 그룹이 출석한 자리에서 중역들을 심하게 질책했다." 그 수장은 자신이 실시한 비우호적 인수를 '안락사'라고 불렀다. 〈런던 타임스〉는 그의 리더십이 '오만하다'고 꼬집었다. 결과적으로 그는 다가오는 은행 위기에 대한 진실에서 고립되었고, 사람들은 그가 공격적이고 위험천만하게 사업을 진행시킨 까닭도 부분적으로는 그 때문이었다고 말했다. 그가 경영하는 은행의 가치는 2007년 750억 파운드였지만 2009년 들어 45억 파운드로 급감했고 '영국 은행 역사상 최대 손실'을 기록했다.[1]

다른 예로 시너지를 거스르는 사고방식 탓에 무너진 엔론Enron을 들 수 있다. 외부인들은 엔론 사태에서 오만한 문화의 전형적 모델을 지적했다. "엔론은 자사의 상태를 보호할 목적으로 대안을 거스르는 견해를 의도적으로 차단했다. 성공을 유지하고 위대성을 냉철하게 추구한다는 명목으로 경직되고 관용 없는 문화가 자라나면서 새 아이디어가 무시되었고 모든 염려를 일축했으며 비판적 사고를 하는 직원을 해고했다."[2]

GET(Gain이익 · Emotion감정 · Territory영역)

물론 시너지를 방해하는 교만은 고위 기업 리더에게만 있는 것은 아니다. 누구든 교만할 가능성은 있다. 직장에서 펼쳐지는 비생산적인 논쟁의 대부분은 어느 정도 교만에서 기인한다. 다국적 제약 산업의 고위 판매담당 중역이자 날카로운 시각의 소유자인 그레그 닐Greg Neal은 이러한 오만의 병을 'GET(다음 도표 참조)'로 불리는 세 요소로 나누었다. GET는 누구나 지닌 인간적 본능으로 제3의 대안을 추구하지 못하도록 자주 방해한다. 우리는 투쟁에서 패배할까 봐, 정체성을 잃을까 봐('나는 패배자인가?'), 영역을 빼앗길까 봐('누가 공을 받을 것인가?') 걱정한다. 닐은 "우리가 시너지를 추구하려 하면 GET가 방해할 것이다"라고 언급했다. 우리가 힘을 합쳐 시너지에 도달하려고 전진하면 이익이 증가하고, 안정감이 늘어나고, 영향력이 커진다. 하지만 GET를 넘어서기는 물론 쉽지 않다.

직장에 전형적으로 나타나는 갈등의 주요 원인은 판매 부서와 마케팅 부서 간의 끊임없는 불화이다. 이런 현상을 두고 '보편적이고 영속적'이면서 '자연스러운 현상'이라고 주장하는 사람도 있다. 〈비즈니스 위크Business Week〉는 "마케터는 일상적으로 판매직원이 탐욕스럽고 이기적이라고 일축한다. 반면에 판매직원은 마케터가 어리석은 애송이라고 말한다"고 썼다.[3] 하지만 판매 부서도 마케팅 부서도 근본적으로는 고객에

	GET
G	G는 이익Gain을 가리킨다. 개인적 이익, 내가 획득한 이익, 내게 주어질 이익.
E	E는 감정Emotion을 가리킨다. 내 느낌 · 불안정 · 두려움 · 정체성 등.
T	T는 영역Territory을 가리킨다. 내 세력권 · 인원수 · 예산 · 프로젝트 · 전문 기술 등.

다가서고 고객을 이해하고 만족시킨다는 동일한 사명을 수행한다. 기업은 공통된 정보 체계와 과정을 거쳐 판매 기능과 마케팅 기능을 통합하려 노력한다. 〈비즈니스 위크〉가 보도했듯 "진짜 문제는 문화와 성격, 태도이다." 하버드 대학교 경영학과 교수 벤슨 샤피로Benson Shapiro는 이렇게 일반화시켰다. "현장 근무자는 '전투기 조종사'의 사고방식을 이상적으로 생각하는 좀 더 독립적이고 자유분방한 성향을 띤다. 마케팅 근무자는 좀 더 보편적인 성향을 띠면서 더욱 정교하고 중앙 집중적인 접근 방법을 사용한다." 그리고 양쪽은 서로 경시한다.[4]

이것은 그레그 닐이 거대 제약회사의 중역으로 일하면서 직면한 문제였다. "우리 회사에는 막강한 마케팅 조직과 매우 효과적이고 양심적인 판매 팀이 구축되어 있었습니다. 하지만 두 조직 사이에는 기본 의사소통부터 브랜드의 주체를 둘러싼 세력 다툼까지 틈이 크게 벌어졌어요. 마케팅 부서는 꾸준히 연구를 실시한 결과 고객에 관한 한 자신들이 전문가라고 생각하는 반면, 판매 부서는 밤낮으로 고객과 함께 생활하니까요." 두 조직 사이에 틈이 벌어진 탓에 실제로 회사가 시장 점유율을 잃었다.

닐에게 그 틈을 메우라는 임무가 맡겨졌다. 기업 리더들은 두 부서를 '하나로 통합해' 새 부서를 만들라고 요청했으므로 닐은 통합 팀을 결성하고 비전을 세우고 패기 있게 업무를 시작했다. 하지만 그 틈이 정말 크고 복잡하다는 사실을 이내 깨달았다. "심장혈관 담당 마케팅 팀은 호흡 기관 팀이나 신경학 팀, 골다공증 팀과 대화하지 않았습니다." 게다가 닐은 자신이 직원들에게 환영받지 못한다는 사실을 알았다. "나는 앞뒤 가리지 않고 무턱대고 GET에 개입했어요. 하지만 GET는 매우 감정적인 영역인 데다가 세력권이 분명히 존재했습니다. 내가 그들 사무실 문턱에 불쑥 모습을 드러내며 말끔하게 정리한 파워포인트 슬라이드를 들이 밀었더니 쥐 죽은 듯 정막이 흘렀죠. 그것은 내 의도를 제대로 이해하려는 침묵이 아니었어요."

업무에 거의 진전이 없는 상태로 몇 달을 지내자 닐은 자신의 출발이 잘못되었다는 사실을 서서히 깨닫기 시작했다. 함께 일했던 사람들은 감정적으로 시너지에 도달할 준비가 되어 있지 않았던 것이다. "처음에 어떻게 했어야 할까요? 판매 담당 중역이 마케팅 담당 중역과 함께 일해야 했습니다. 그들이 함께 나가 지역 담당자와 대화하면서 문제를 파악하고 의견을 정립해야 했어요. '두 부서의 틈을 메우고, 좀 더 쉽게 업무를 수행하고, 의사소통을 더욱 원활하게 하려면 어떻게 했어야 할까요?' 모두의 의견을 모아야 합니다. 하지만 회사는 의견을 모으는 대신 통합 팀을 해결책으로 제시했죠."

하지만 사태를 바로잡기에 시기가 너무 늦은 것은 아니었다. 닐은 발표를 중단하고 직원들의 말에 귀를 기울이기 시작했다. "기회가 닿고 조직이 인내할 수 있는 범위까지 각 부서에서 의견을 수렴해야 했습니다. 그 과정을 거치면서 그들에게 의견을 발표하게 하고 어떤 의견이 넘쳐 나오는지 보기로 했습니다. 그러느라 많은 시간을 보냈죠." 닐은 이러한 실험을 하느라 9개월을 썼다.

호흡 기관 팀에서 중요한 제품을 출시하는 시기가 다가왔다. 닐의 회사가 해당 시장에 제품을 출시하는 것은 처음이었다. 과거에 지질脂質 시장에 제품을 출시했지만 판매 부서와 마케팅 부서 사이의 '큰 틈' 때문에 실적이 형편없었다. 당시 마케팅 팀은 마케팅 계획을 영업 지역 전반에 걸쳐 불규칙하게 수행했다. "마케팅 전략을 탁월하게 수행한 지역도 있었지만 그저 그런 곳도 있었고 실적이 좋지 않았던 곳도 있었습니다." 마케팅 팀으로서는 사기가 꺾인 사례였다.

신제품 출시를 준비하면서 닐이 이끄는 통합 팀은 모든 영업 지역의 이야기에 주의 깊게 귀를 기울였다. "각 영업 지역에서 의견이 도출되었고, 그곳에는 분명 시너지가 존재했습니다. 우리는 성공이 어떤 모습일지 함께 논의해서 결정하고, 활동 범위, 자원 활용, 시장점유율 등을 예측했습니다. 이렇듯 예전보다 훨씬 많이 준비하고 통합하면서 출시가 순탄하도록 행운을 빌었습니다."

결국 회사는 역사상 가장 성공적인 제품 출시 기록을 세웠다. 수십 년 동안 경험을 쌓은 타 기업들에 대항하여 그들의 시장 점유율을 잠식했다. "우리는 목표를 30% 초과 달성했습니다. 지역 간 격차가 예전보다 훨씬 줄어들었고요. 제품 채택률이 과거 어느 때보다 컸습니다." 현재 해당 회사에서 생산하는 호흡기 제품군의 가치는 수억 달러에 달한다.

그레그 닐이 성공할 수 있었던 것은 방어적인 사고방식이 자리 잡은 GET에 앞뒤 살피지 않고 뛰어들어갔기 때문이다. 닐은 상대방을 존중하고 공감하는 태도를 취하면서 '업무를 더욱 쉽게 수행할 수 있으려면 함께 무엇을 할 수 있을까?'라는 질문을 끊임없이 던져서 기업의 세력권을 공략했다. 제3의 대안을 추구하는 닐은 마음에 편견을 없애고 GET를 극복하고 시너지에 도달하겠다는 단호한 태도를 취했다.[5]

갈등이 개인적 성격을 띠는 경우

오늘날 직장은 살아남기가 정말 만만하지 않다. 줄어든 인원으로 더욱 많은 업무를 처리 해야 하고, 세계를 무대로 경쟁하고, 업무 처리 기간은 줄어드는 반면 계속 증가하는 기대에 부응하라는 압력을 받는다. 빨리 움직이는 환경 탓에 마찰이 생겨나고 때로 마찰은 사적인 성격을 띤다. 이렇듯 긴장이 팽팽한 분위기에서 직원들은 서로 얼굴을 붉히고 빈정대고 언성을 높이며 이따금 폭력도 발생한다.

직장에서 개인적인 갈등을 해결하는 방법을 알려주는 책과 웹사이트도 수십 가지에 이르지만 하나같이 같은 주장을 펼친다. 관리자는 적을 떼어놓거나 그 사이를 중재하거나 갈등 해소 관련 강의를 듣게 한다. 갈등을 빚는 상황에 처하면 마음을 가라앉히고 문제와 사람을 분리시키고 그 상황에서 한 발짝 물러선다. 어떤 조언도 나쁘지는 않지만 거래일 뿐 관점의 변화가 아니다. 진짜 문제는 관계에 있는데도 바깥으로 보이는 문제만 처리하려는 것이다.

하지만 시너지 사고방식의 소유자는 관계를 변화시키는 방법을 찾을 것이다. 자신의 가치를 알고 타인의 가치를 깊이 들여다본다. 사적인 장소를 찾아 상대방과 함께 앉아 이렇게 말한다. "당신은 상황을 달리 생각하는군요. 당신의 말을 들어봐야겠어요." 그러고 나서 상대방의 의견을 경청한다.

상대방의 터무니없는 말을 들어야 할 수도 있다. 상대방이 감정을 쏟아내는 바람에 얼굴이 붉힐 수도 있다. 그래도 그 말을 경청하라. 자신을 방어하려는 유혹에 넘어가지 마라. 그럴 기회가 나중에 올 것이다. 싸우기 위해서가 아니라 상대방을 이해하기 위해 그 자리에 있는 것이다.

진짜 문제가 따로 있다는 사실을 발견할 공산이 크다. 갈등은 깊이 숨겨져 있는 문제의 겉모습에 불과하다. 직원의 정체성이나 영역, 감정적 안정 문제가 걸려 있다. 자기 마음을 비우고 타인의 마음에 들어가고, 상대방의 입장이 무엇일지 헤아리는 일은 정말 어려울 수 있고 시너지를 발휘하는 능력의 최대 시험대일지 모른다.

우리가 상대방에게 듣는 말의 전부나 일부가 무용지물일 수도 있다. 아니면 자신에 대해 얼마간 배울 수도 있다. 반면에 눈이 번쩍 뜨이는 경험을 할 수도 있다. 그러면 예전에는 보지 못했던 관점을 더욱 분명하게 볼 것이다. 진정으로 시너지를 추구하는 사람은, 어떤 경우에도 해를 입지 않고 자기 가치에 손상을 입지 않는다. 오히려 자기 견해를 확장시키므로 유용할 수 있다.

성공한 비즈니스 컨설턴트인 내 친구가 이런 이야기를 들려줬다.

나는 몇 년 동안 컨설턴트로 상당히 유능하게 일했다. 동료(여기서는 그를 시드Sid라 부르기로 한다)는 나보다 연상이고 키가 작고 머리가 벗겨졌으며 다른 사람들이 모두 정장을 입는데도 혼자 야외용 복장을 즐겨 입었다.

시드는 내가 회사에서 승진하는 것에 불만을 품은 것 같았다. 회의 시간에 내가 발언할 때면 그는 키득거렸다. 직접적으로 말한 적은 없지만 내가 어리고 어리숙해서 여전히 '많이 배워야 한다'는 뜻을 은연중에 내비쳤다. 하지만 시드의 업무에 대해 고객에게 들은 평가는 썩 좋지 않았다.

그러던 어느 날, 나는 시드와 대판 다퉜다. 나는 화를 내면서 그에게 무능하고 바싹 바른 노인이라고 퍼부었다. 다음날 시드는 내가 했던 말을 반박하는 퉁명스러운 내용의 편지를 보냈다. 나는 그냥 편지를 무시했고, 시드와 나는 거의 2년 동안 서로 마주치지 않으려고 피해 다녔다.

그러던 어느 날, 우리는 워싱턴 D.C.로 가서 같은 고객을 상대로 함께 업무를 처리하라는 지시를 받았다. 마음이 불편했지만 어쨌거나 나와 시드는 해당 업무에 대한 전문적 지식을 갖춘 유일한 사람들이었다. 비행기 안에서 네 시간 동안 그의 옆에 앉아 있어야 했다. 시드는 나를 차가운 시선으로 쳐다보았다. 둘의 문제를 어떻게 해결해야 할지 알 수 없었던 나는 그냥 이렇게 말했다. "우리가 오랫동안 서로 대화를 하지 않았네요. 먼저 당신의 이야기를 들려주시죠." 그러자 시드가 조심스럽게 말문을 열기 시작했다.

그렇게 몇 시간이 지나면서 내 관점은 송두리째 바뀌었다. 시드에 대해서만이 아니라 컨설팅 사업 전체에 대한 관점이 바뀌었다. 시드는 사업 문제의 근본 원인을 발견하고 수정하는 '근본 원인 분석'을 여러 해 동안 공부했다. 따라서 해당 영역에 대한 지식을 광범위하게 보유했는데 동료 중 어느 누구도 자기 의견을 진지하게 들어주지 않아 좌절했다고 말했다.

몇 년 전, 내가 배울 것이 많다고 지적했던 시드의 말은 옳았다. 정말 배울 것이 많았다. 그 후 사흘 동안 시드는 고객을 가르치는 동시에 내가 거의 알지 못했던 분야에 대해 알려주었다. 이 과정을 거치면서 업무 처리 방식에 대한 내 생각은 급격하게 바뀌었다.

근무를 끝내고 저녁마다 우리는 호텔 주변을 산책했고, 시드는 회사에서 자신의 전문 지식이 제대로 인정받지 못해 실망스럽다고 속마음을 털어놓았다. 그러면서 자신이 고객을 쫓아낸 경위를 설명했다. 시드는 진실을 곧이곧대로 말해 고객을 곤혹스럽게 만드는 습성이 있었던 것이다. 내가 감정적으로 나오는 바람에 자기 마음이 많이 상했다는 말을 들을 때는 내 마음이 괴로웠다.

불우했던 어린 시절과 골치 아팠던 이혼 등 시드의 사생활에 대해서도 들었다. 시드가 학식을 갖춘 사람이 되려고 비즈니스뿐 아니라 예술과 문학을 얼마나 치열하게 공부했는지도 들었다. 게다가 골프와 스키, 제물낚시를 포함해 자신이 하는 모든 일에 어떤 원칙을 적용하는지도 들었다.

사흘 동안 워싱턴에 머물면서 시드의 말에 귀를 기울이기만 했는데도 그 경험이 내 삶을 전환하는 계기가 되었다. 문제를 해결하는 과정에서 습득한 통찰을 활용하면서 내 컨설팅 업무의 질이 바뀌었고, 그 후 훨씬 효과적으로 일할 수 있었다. 물론 시드가 가르쳐준 원칙을 그대로 적용하지는 않았다. 시드가 고객에게 지나치게 무뚝뚝하다고 생각했기 때문이다. 하지만 그 점조차도 내게는 꽤 유익하게 작용했다. 가장 중요하게는 내 삶에 깊이 영향을 끼치는 소중한 친구이자 조언자를 얻었다.

시드와 내 친구 사이를 가로막았던 엄청난 벽은 어느 한 사람이 먼저 상대방의 말에 기꺼이 귀를 기울이면서 무너졌다. 며칠이 지나 그러한 노력에 대한 보상으로 업무 수행 방식이 바뀌었고 소중한 우정이 싹텄다. 후에 두 사람은 힘을 합해 고객의 복잡하고 까다로운 문제에 대해 창의적인 해결책을 내놓았다.

자신이 부당한 대우를 받고 있다고 생각하면 불공정성 여부에 집착하기 쉽다. 상대방이 잘못해서 갈등이 빚어진다고 생각해 스스로 책임지기를 거부하고 방어적 태도를 취하며 상대방을 미워한다. 그러면 갈등은 악순환을 겪고 결국 업무에도 지장이 생긴다.

하지만 우리는 이와 다른 길을 선택할 수 있다. 우리와 갈등을 빚는 사람의 필요와 관심에 진정으로 귀를 기울일 수 있다. 위선과 죄책감 없이 상대방을 이해하는 방법을 찾는다면, 내 친구가 경험했듯 상대방의 흘러넘치는 순수한 지식과 이해를 경험하고 깜짝 놀랄 것이다. 심지어 내 친구는 말로 공감을 표현해야 한다고도 생각하지 않았다. 공감하는 데는 실제로 말이 방해가 되기도 한다.

타인의 공감을 받아들이지 않으려는 사람도 있다. 그들은 감정적으로

나 심지어는 육체적으로 폭력을 행사할 수도 있다. 물론 어떤 경우이든 폭력을 용인해서는 안 된다. 하지만 직장에서 발생하는 성격 갈등의 대부분은 그 정도 수준에 도달하지 않는다. 대개는 인지된 모욕, 영역 문제, 성격 충돌 등, GET 요소를 둘러싸고 벽이 높아진다.

직장에서 빚어지는 갈등에 관한 최근 책들을 조사해보면 명상·협상·타협을 다룬 참고 서적은 수백 권에 달하지만 시너지를 다룬 책은 단 한 권도 없다. 시중에 나와 있는 책들은 모두 거래의 측면에서 문제에 접근하고, 균형을 회복하는 피상적 기술을 다루되 관계를 변화시키는 방법은 거의 언급하지 않는다. 거래의 측면에서 갈등을 다루면 감정적 상처가 남을 위험성이 있다. 사람들은 상황을 마무리하고 악수하고 업무로 복귀하지만 관계가 구조적으로 바뀌지 않는다면 감정의 앙금은 그대로 남아 마음을 괴롭히기 때문이다.

거래의 측면에서 갈등에 접근하는 방식은 '나'가 중심이다. '최대한 피해를 줄이면서 내가 원하는 것을 어떻게 차지할까?' 변화의 측면에서 갈등에 접근하는 방식은 '우리'가 중심이다. '어떻게 해야 우리가 놀라운 결과를 함께 달성할까?'

당신도 이 과정을 겪을 수 있다. 현재 직장에서 벌이는 논쟁을 멈추고 상대방의 말을 경청하라. 상대방의 말을 듣다가 바로잡아야 할 점이 있다는 생각이 도중에 들더라도 그 생각을 잠시 접고 그저 귀를 기울여라. 제2의 대안이라는 덫에 걸려 있으면 상대방에게 "우리 둘의 생각보다 더 나은 아이디어를 나와 함께 생각해볼 의향이 있나요?"라고 묻자.

'승—승' 패러다임을 넘어서: 판매와 협상에서 발휘하는 시너지

전통적인 세일즈맨들이 점차 사라지고 있다. 그 원인은 한둘이 아니다. 주요 원인의 하나는 인터넷으로, 과거에는 얼굴을 맞대고 처리했던 수많은 거래를 이제는 중재자 없이 처리하는 것이다.[6] 판매자와 구매자가 개인적으로 접촉하는 것이 정상인 기업과 기업 간의 거래에서도 세일즈맨은 사라지고 있다. 주요 원인은 오래된 '판매자' 개념이 퇴행하기 때문이다.

왜 그럴까? 판매자 개념이 제2의 대안인 '우리 대 그들' 사고방식을 뛰어넘지 못해서이다. 물론 예외가 많기는 하지만 전문적 판매의 이면에는 '숫자'가 결정적 동기로 작용한다. 수익이 무엇보다 우선하는 것이다. 내 말을 오해하지 말기 바란다. 수익을 내는 것은 중요하다. 수익이 없으면 사명도 달성할 수 없기 때문이다. 하지만 세일즈맨의 정신이 고객이 아니라 숫자에 고정되어 있어 결국 둘 다 잃고 만다. 이에 관한 원칙은 확고부동하다. 삶에서 중요한 것은 수익의 축적이 아니라 기여이고, 물질적 재화를 쌓는 것이 아니라 타인에 대한 봉사이다.

판매나 협상의 가장 원시적 형태는 흥정이고 이는 승—패나 패—승을 가리키는 제로섬 게임이다. 여기서는 한쪽이 상대방을 이용하려 하므로 세일즈맨은 '사냥꾼'이 사냥감을 쫓듯 판매를 성사시킨다고 자랑한다. 그런가 하면 다양한 형태의 '자문형 판매consultative selling'가 많다. 여기서 세일즈맨은 양쪽을 만족시키는 승—승의 결과를 도출하려 한다. 승—승을 꾀하는 판매는 단연코 흥정보다 향상된 개념이다.

나는 승—승의 사고방식이 비즈니스뿐 아니라 삶의 모든 관계의 근본이라 믿는다. 이는 인간의 마음에 진입하기 위한 수단이다. 승—승의 사고방식이 없으면 신뢰도 자신감도 없고 함께 전진할 수도 없다. 나는 비

승-승

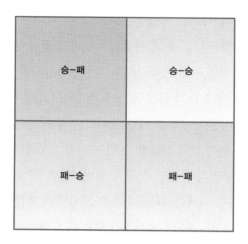

승-승의 사고방식: 승-패는 내가 원하는 것을 얻는다는 뜻이다. 패-승은 상대방이 자신이 원하는 것을 얻는다는 뜻이다. 패-패는 나와 상대방 모두 원하는 것을 얻지 못한다는 뜻이다. 이는 타협의 사고방식이다. 승-승은 제3의 대안을 추구한다는 뜻이다. 이것은 내 방식도 상대방의 방식도 아닌 좀 더 바람직한 방식이다.

즈니스에 종사하는 사람들 대부분 이 점을 알고 있다고 믿으며, 여러 해에 걸쳐 전 세계에 승-승의 사고방식이 널리 확산되고 있는 현상을 목격할 수 있어 기쁘다.[7]

판매 직종이 하향세에 접어든 원인의 하나는 승-승의 사고가 널리 확산되어 있지 않거나 뿌리를 깊이 내리지 못했기 때문이다. 호레이시오 팔카오 교수는 승-패 패러다임이 여전히 세상을 지배한다고 믿는다. "승-승 패러다임이 말랑하다고들 생각하지만 그것은 큰 오해이다. '말랑한' 방법으로 잘못 생각하고 있는 사람이 있기 때문에 승-승 패러다임이 어리숙한 방법으로 느껴질 수 있다. 하지만 승-승은 어리숙한 방법이 아니라 긍정적 방법으로 받아들여져야 한다. 이것은 매우 중요한 차이이다."[8]

동시에 승-승의 사고는 생산적 관계의 끝이 아니라 시작이다. 따라서 비즈니스 세계에서 승-승의 사고도 시너지의 끝이 아니라 시작이다. 승-승의 거래가 반드시 최고의 거래인 것은 아니다. 승-승 패러다임에서 양쪽은 무엇 하나 잃지 않고 결과에 만족하며 잘못된 것도 전혀 없다. 하지만 시너지를 추구하는 사람은 이보다 훨씬 바람직한 결과를 창출할 수 있다. 그들이 함께 창출할 수 있는 가치는 무제한이다.

과거에 흥정을 벌여야 했던 시절에 소비자들은 거의 신뢰하지 않는 딜러에게 자동차를 구매하면서 마음속으로 제발 속지 않기를 바랄 뿐이었다. 저급한 자동차 딜러의 전형적인 모습은 오랫동안 농담거리로 사람들 입에 오르내렸다. 하지만 시간이 지나면서 자동차 딜러들의 판매 방법은 과거보다 훨씬 세련되어졌고 더욱 투명한 영업 태도를 보이면서 고객이 좋은 조건으로 자동차를 구매할 수 있게 하려고 진정으로 노력한다.

하지만 고객에게 가치를 제공하려고 끊임없이 제3의 대안을 추구하는 딜러는 드물다. 그러다 보니 대부분의 자동차 소유주는 돈을 손해 볼 수밖에 없다. 구입하고 난 후 자동차 가치는 가파르게 떨어져 결국 몇 년이 지나면 초기 투자액은 사라지고 만다. 자동차 소유주에게는 크게 실망스러운 점이다. 이 점을 인식한 한 자동차 딜러가 자기에게 자동차를 구매한 고객의 투자액을 보존할 수 있는 놀라운 방법을 생각해냈다. 대부분의 고객은 매년 몇백 달러 정도만 지불하고 그에게 신차를 구입한다. 그러면 딜러는 다음 해에 신차가 출시되었을 때 고객이 전해에 지불했던 금액 정도에 자동차를 되팔 수 있도록 돕는다. 결과적으로 고객은 항상 신차를 탈 뿐 아니라 매년 진행되는 거래에서 손해 보는 금액이 거의 없거나 전혀 없다. 딜러는 나름대로 연구해서 중고 가격이 가장 높은 자동차만 고객에게 추천한다. 자동차 한 대당 판매수익이 적기는 하지만 판매량이 워낙 많으므로 딜러의 판매실적도 상당히 좋다. "매달 1,800달러에 25대를 팔기보다는 500달러에 150대를 팔 겁니다." 해당 딜러가 판매하는 자동차는 모두 신제품이어서 거의 수리할 필요가 없으므로 서비스 부서도 운영할 필요가 없다. 따라서 작은 전시장을 운영하는 것을 제외하고는 간접비가 들어가지 않는다. 게다가 완전히 충성스러운 고객군을 보유하고 있다.

이 자동차 딜러가 생각해낸 제3의 대안을 활용하면 시간이 많이 걸리는 판매와 협상의 과정을 거치지 않아도 된다. 그는 판매와 협상의 과정을 거치지 않고도 매우 인기가 높아서 일부 주문은 소화하지 못하고 거절해야 할 정도이다. 고객이 돈을 손해 보지 않게 해주려고 결심하면서 자신은 엄청난 양의 시간과 스트레스를 덜 수 있었고 결과적으로 사업은 물 흐르듯 순탄하게 돌아갔다.

과거에 구매자는 주로 세일즈맨과 직접 거래해야 했다. 세일즈맨을 통해야만 제품이나 서비스를 구매하는 동시에 원하는 정보를 얻을 수 있었기 때문이다. 구매자는 세일즈맨을 싫어했고 그들이 쓰는 심리 작전을 경계했다. 하지만 요즘 구매자는 원하는 제품을 인터넷에서 구매하는 경우가 많으므로 설사 승-승 사고방식을 지닌 세일즈맨이라도 불필요하다. 그러나 시너지만큼은 인터넷에서 얻을 수 없다. 시너지는 앞에서 예로 들었던 자동차 딜러처럼 진심으로 고객에게 관심을 쏟는 창의적인 사람이 발휘하기 때문이다.

협상에 발군의 실력을 발휘하는 내 친구 마한 칼사Mahan Khalsa는 이렇게 말했다. "판매하는 행위는 누군가를 위하거나 누군가와 더불어 하는 것이 아니라 누군가에게 무엇을 해준다는 뜻이다. 판매는 두려움을 토대로 형성되는 관계가 되어가고 있다. 고객은 사기를 당할까 봐 두려워하고 세일즈맨은 판매에 실패할까 봐 두려워한다." 사기당하는 것을 원하는 사람은 아무도 없다.

이러한 판매 개념은 사장되고 있으며, 시너지를 발휘하는 파트너 개념으로 바뀌어야 한다. 우리 기업은 '고객 파트너'를 두어 고객과 시너지를 발휘하고, 제3의 대안을 창조해 경쟁우위를 확보하도록 돕는다.

마한은 이렇게 말했다. "고객이 성공하도록 도와주어야 한다. 이것이야말로 사고의 대전환이다." 시너지를 발휘하는 파트너 관계는 대부분의 경우에 패러다임의 전환이다. 이제 구매할 만한 고객을 충분히 확보하는 것만으로는 부족하다. 고객의 비용을 낮춰주고, 수입을 늘려주고, 자본을 활용하게 하고, 생산적인 품질을 구축하도록 도와주어야 하며 고객의 성과를 촉진시켜야 한다. 고객이 자신의 원대한 목표를 달성하도록 도와주어야 한다.

제3의 대안을 추구하는 협상가가 되자

자신을 본다

제3의 대안을 추구하는 사고방식으로 옮겨가려면 먼저 자신을 다른 관점에서 봐야 한다. 이제 우리는 더 이상 제품을 강매하는 흥정꾼이 아니다. 고객에게 물건을 판매하면서 더 이상 "새롭고 품질이 향상된 제품이 있습니다. 살펴보시겠어요?"라고 말해서는 안 된다. 시너지를 추구해야 한다. 고객이 성공하도록 돕는 방법을 끊임없이 새로 찾아야 한다.

사람들은 우월한 입장에서 협상하는 것이 중요하다고 자주 조언한다. 대부분 그 말뜻은 상대방과 비교해서 우월해야 한다는 것이다. 하지만 내가 생각하는 뜻은 매우 다르다. 상대방과 비교해서 자신의 힘이 어떠한지 상관없이 스스로 진실하고 정직하고 승-승하는 사고방식을 지녀야만 강자의 위치에서 협상할 수 있다. 상대방을 무찌를 의도로 몽둥이를 휘두르며 협상하는 사람은 일시적으로는 승리할지 모르지만 시장의 신뢰를 받을 가치가 없다. 제3의 대안을 추구하는 협상가가 되려면 우선 자신을 승-승하는 사람으로 보아야 한다. 나는 상대방과 내가 모두 승-승하는 경우가 아니라면 어떤 조건도 받아들이지 말아야 한다. 나와 상대방 중 누구도 패배하기를 원하지 않기 때문이다.

내 아들 데이비드는 내 회사에서 판매 이사로 일했었다. 어느 날 대기업에서 연락해와 우리와 거래하고 싶다고 했다. 데이비드가 이끄는 판

제3의 대안적 사고

상대방과 함께 시너지를 발휘한다

상대방을 탐구한다

자신을 본다

상대방을 본다

매 팀은 믿기지 않는다며 흥분했다. 해당 기업은 세계 최대 기업으로 우리 서비스를 구매하는 대가로 엄청난 금액을 제시했기 때문이다.

하지만 거래 조건을 찬찬히 검토한 데이비드는 할인율이 너무 커서 우리 회사에 돌아오는 수익이 전혀 없다는 사실을 파악했다. 데이비드는 거래를 거절하고 싶었지만 판매 팀은 거래를 성사시키자고 압력을 가했다. "그런 거대기업이 고객이 된다고 생각해봐요! 유인책으로 활용하자고요. 우리에게 더욱 많은 사업거리를 안겨줄 것이고, 거래 조건은 앞으로 점차 개선하면 됩니다."

오래전부터 데이비드는 승-승하는 사고방식을 마음에 새겨왔다. 사업의 규모나 앞으로 개선되리라는 막연한 기대와 상관없이 우리 회사가 손해를 보아서 고객에게 이익이 돌아가는 것은 좋은 거래가 아니었다. 그래서 데이비드는 해당 기업의 본사를 찾아가 제3의 대안을 모색하려 했지만 허사였다.

데이비드는 당시 상황을 이렇게 회상했다. "누구나 뻔히 이해할 만한 상황이었습니다. 그들은 대기업이에요. 협상자의 역할은 판매사를 윽박질러 복종하게 만드는 것이었고, 자기 방식대로 업무를 처리하는 데 익숙했습니다. 그들은 상사에게 돌아가 자신이 회사를 위해 어떻게 행동했는지 과시할 생각에 젖어 있었죠. 하지만 나는 그들의 게임에 놀아날 생각이 전혀 없었습니다. 승-승하는 것이 아니라면, 거래는 성사될 수 없습니다."

결국 해당 대기업은 우리의 단호한 태도에 감동했는지, 아니면 우리 서비스를 정말 원했는지 우리가 제시한 조건을 받아들였다. 양쪽이 승-승하는 조건에 합의한 두 기업은 지금껏 멋있고 창의적인 관계를 맺고 있다.

시너지를 발휘하는 협상의 토대는 승-승 사고방식으로서 자기 자신에서 출발해야 한다. 하지만 사고방식을 갖추는 것은 시작에 불과하며, 양쪽이 예측하지 못했던 제3의 대안을 기꺼이 찾아나가야 한다.

몇 년 후 우리는 기업이 가장 중요한 목표를 달성하지 못하는 까닭을 조사하고 싶었다. 그래서 업계 최고의 조사 기업에 연락해 견적을 요청했다. 해당 기업이 매우 정중하게 제시한 가격에 우리는 소스라치게 놀랐다. 세일즈맨들이 자주 사용하는 표현대로 '움찔했다.' "뭐라고요? 얼마라고요?" 우리는 소리를 질렀다. 조사 비용이 그렇게 비싸리라고는 꿈에도 몰랐기 때문이다.

그때 피트Pete를 알게 되었다. 피트는 매우 전도유망한 조사 기업의 대표였다. 그는 우리에게 가격을 제시하는 대신 간단한 질문을 했다. "이 조사를 하려는 이유가 무엇인가요? 무슨 일을 할 생각인가요?" 우리는 앞으로 진행하려는 프로젝트를 설명했다. 우리 기업은 더욱 효과적으로 사고하고 행동하는 방법을 개인에게 가르치는 사업을 여러 해 동안 벌여왔는데, 그 개인 고객이 자기 조직을 더욱 효과적으로 경영하는 방법을 지도해달라고 요청해왔다고 설명했다. 그리고 정보를 수집할 필요가 있다고 덧붙이면서 우리 고객이 느끼는 좌절에 대해 언급했으며, 고객을 도와주고 싶다는 비전에 대해 말했다.

피트는 우리 이야기를 빠짐없이 듣더니 큰 비용을 들이지 않아도 되는 방법 10여 가지를 제안했다. 해당 주제에 관해 인터뷰할 수 있는 사람을 우리에게 소개해주는 등, 그에게는 금전적으로 전혀 도움이 되지 않는 제안도 있었다. 이 밖에도 피트는 우리가 보유한 자료를 효과적으로 활용해 조사 비용을 절약할 수 있는 방법도 알려주었다. 자신의 회사가 전략을 수행할 때 부딪히는 문제도 흔쾌히 귀띔해주었다.

피트가 해준 일 중에는 전문 협상가들이 금지하는 일이 많았다. 자기 회사에 의뢰하지 않고 손수 조사하는 방법을 알려주어, 회사로 굴러들어올 돈을 차버리는 꼴이었기 때문이다. 그의 제안은 대단한 가치가 있었지만 정작 그에게 돌아가는 이익은 전혀 없었다. 피트는 손에 든 패를 우리에게 전부 보여주면서 자사의 비용과 이윤 폭을 투명하게 공개했다. 이러한 과정을 거치고 난 후에야 피트는 조사 가격을 제시했다.

그렇다면 피트가 말랑하고 비생산적인 사람이었을까? 나는 전혀 그렇지 않다고 생각한다. 피트는 단지 판매하는 데 그치지 않고 문제 자체에 관심이 컸으므로 우리 프로젝트의 믿을 만한 동업자가 되었다. 그는 새롭고 독창적으로 문제에 접근하는 방법을 제안했다. 또한 최근에 발달한 과학적 조사 설계 방법을 훈련시켜줄 전문가를 소개해주었다. 해당 전문가는 조사 이유, 조사 방법, 조사 한계 등을 탐구하는 연구 개념에 적응하도록 우리를 도와주었다. 그러고 나자 우리 회사에서 피트에게 돈이 흘러들어가기 시작했다. 우리는 피트의 회사에 주요 조사를 의뢰했지만 그것은 한 번뿐이었다. 우리 기업이 조사 제공자가 되면서 피트와 그의 동료들은 우리가 제품을 설계할 때 귀중한 전문적 도움을 주었다. 여러 해 동안 함께 일해오면서 피트는 우리에게 무수한 서비스를 제공했고, 우리는 피트를 주요 자원으로 생각한다.

피트 같은 파트너들은 시간이 흐를수록 더욱 진가를 발휘한다. 그들은 자신이 제품을 강매하는 사람이 아니라 시너지를 창출하는 사람이라 생각한다. 하지만 대부분의 전문 세일즈맨은 시너지에 도달하지 못하므로 자신의 가치를 떨어뜨린다. 구매자는 승-승하려는 의향이 있든 없든 시너지를 추구하지 않는 판매자를 용인하지 않는다.

상대방을 본다

제3의 대안적 협상을 하려면 상대방을 전쟁이나 게임의 적수로 보는 것이 아니라 한 인간으로 봐야 한다. 그렇지 않으면 자칫 '우리 대 그들'

사고방식에 빠지기 십상이다. 그랑데 럼Grande Lum 교수는 이렇게 경고했다. "우리가 상대하기 어려운 협상자라고 인식한 사람을 비난하지 말아야 한다. ……아마도 그들은 당신의 조직을 신뢰하지 않을 것이다. 아마도 지난 협상 과정에서 속임수를 당했을 것이다. 아니면 달리 협상하는 방법을 모를 것이다. 결국 우리는 자신의 이익을 채우고, 자기가 하는 일이 최고의 결과를 산출하리라 믿는다."[9]

구식의 틀에 매달리는 세일즈맨은 자신들이 무자비한 적과 싸워 결국 승리를 쟁취했다는 내용의 영웅담을 만들어냈다. 그 덕택에 그들은 자부심을 느끼고 바깥에서 보기에 유능해 보였다. 하지만 그것은 망상이었다. 이러한 제2의 대안적 사고('이것은 '우리 대 그들'의 싸움이다')에 빠져 잠재고객을 인간으로 보지 못했기 때문이다. 통상적인 판매 및 협상 훈련에서는 이러한 종류의 대결에서 우세할 수 있는 기술과 속임수를 배웠다. '머리부터 들여놓기door-in-the-face(단계적 설득법)' 기술은 상대방이 수락하기 어려운 조건을 먼저 제시해 일단 거부하게 한 후에 협상을 진행하면서 조건을 낮춘다. '발부터 들여놓기foot-in-the-door(양보적 설득법)' 기술은 처음에 상대방에게 간단한 요청을 해서 심리적 부담을 무디게 한 후에 요청의 수위를 점차 높인다. '낮은 견적lowball(추가적 설득법)' 기술은 최초의 가격이 좋아 보였기 때문에 마지막 순간에 조건을 덧붙여 가격을 올려도 좀처럼 거절하기 어렵게 만든다. 이 기술은 잠재고객에게 거래에 많은 시간을 투자하게 만들고 협상을 타결하기 직전에 새로운 요구사항을 제시해 수락하게 만드는 '니블nibble'과 비슷하다. 고객이 이미 노력을 투입했으므로 마지막 순간에 비용이 추가된다 해서 뒷걸음치지는 않을 것이기 때문이다.

이러한 종류의 게임에 영향을 받는 구매자들은 나름대로 방어적 기술을 생각해낸다. 마한 칼사가 말했듯 '역기능 판매 관행에 대항하기 위해

제3의 대안적 사고

상대방과 함께 시너지를 발휘한다

상대방을 탐구한다

자신을 본다

상대방을 본다

역기능 구매 관행이 생겨난다.'[10] '크런치krunch' 기술은 구매자가 '우리 가 원하는 가격에 근접했어요. ……가격을 조금만 더 내리면 될 것 같아 요. ……아주 조금만 더요'라고 말하면서 판매자가 제시한 가격을 조금 씩 내린다. 또한 '플린치flinch' 기술이 있다. '대체 무슨 생각으로 그렇게 말하는 겁니까? 제정신이에요? 그 돈을 주고 살 사람이 있겠어요?' 구매 자도 판매자와 마찬가지로 '니블' 기술을 사용할 수 있다. 그러면 판매자 는 구매자에 대항해 '역逆 플린치'나 '역역逆逆 플린치'를 구사한다.

 좀 더 세련된 협상가들은 이렇게 어수룩한 방법을 넘어선 높은 수준 의 방법을 사용한다. 그들은 상대방이 느끼는 압박감, 위험 감내 성향, 기한의 심리, 양보안 사이의 기간 등을 분석하다. 면밀하게 계산하여 더욱 작은 규모의 양보안을 제시하고 각 양보안을 연결시킨다. 이때 지켜야 할 규칙을 나열하면 이렇다. 결코 곧이곧대로 말하지 않고 불투명하게 언급한다. 질문에는 에둘러 대답한다. 상대방 입장을 교묘하게 이용하면 거래에서 그들의 판돈을 늘릴 수 있다.

앞에서 설명한 인습적 수단은 하나같이 신뢰에 흠집을 낸다. 모두 자신이 받은 대우를 약간이라도 되갚아주려 하고, 어째서 판매 과정이 그토록 어렵고 좌절감을 안기며 시간이 오래 걸리는지 의구심을 갖는다. 하지만 이것이 최악은 아니다.

협상할 때 늘 거짓말을 하는 사람도 있다. 얼마 전에 내 친구가 최근에 참석했던 협상 세미나에서 겪은 경험담을 들려주었다. 상대방에 대해 제한된 양의 정보만 듣고 역할극을 했다고 했다. 자신에게 있는 정보를 활용해 거래하고 최고의 조건으로 협상한 팀이 상을 받기로 했다. 내 친구가 자기 팀이 지고 나서 승리한 팀 리더에게 승리의 비결을 묻자 그는 "우리의 원가가 실제보다 높다고 거짓말을 했어요"라고 털어놓았다.

그래서 내 친구는 세미나 리더에게 상대팀이 거짓말을 해서 경쟁에서 이겼다고 말했다. 하지만 수십 년 동안 협상 기술을 가르쳐온 노련한 사업가인 리더는 "진실이 없는 곳에는 거짓도 없는 법이죠"라고 일축했다.

나는 이 말에 "진실이 없는 곳에는 시너지에 도달할 희망이 전혀 없다"라고 덧붙이고 싶다. 이러한 속임수는 인터넷 시대를 맞아 점점 힘을 잃고 있다. 인터넷을 사용하면 가격 · 품질 · 서비스 등에 관한 비교 정보를 손쉽게 얻을 수 있기 때문이다. '크런치'와 '플린치' 등의 기술은 정보의 정확성을 확인하기 힘들었던 과거의 유물이다. 당장 선 자리에서 스마트폰으로 가격을 알아볼 수 있으므로 고객에게는 최상의 가격을 제시해야 한다. 인터넷을 이용하면 판매자의 회사 · 경쟁사 · 제품 · 서비스 수준, 심지어 세일즈맨 개인에 대해서도 낱낱이 알아낼 수 있다. 요즘은 이처럼 정보가 모두 공개되어 있으므로 결코 숨길 수 없다.

부정직하게 협상하던 시대는 끝났다. 요즘은 어느 누구도 부정직한 협상을 용납하지 않는다. 고객의 마음을 조종하려 시도할수록 고객을 존중하지 않는 태도를 드러낼 뿐이다. 평생 그렇게 협상하며 일했다고 말하는 사람은 결핍의 사고방식에 젖어 있는 것이다. 제3의 대안을 추구하는 사람이라면 풍요의 사고방식을 지녀야 한다. 그래야 아직까지 생각해보지 못한 무한하고 흥미진진한 대안을 생각해낼 수 있다. 상대방을 신용사기의 대상이 아니라 한 인간으로 보고 신뢰와 가치를 존중해야 한다.

솔직히 말하고 상대방을 이해하려고 그 말에 귀를 기울이기만 해도 협상할 필요성을 우회할 수 있는 경우가 많다. 내 아들 데이비드는 다음과 같은 이야기를 들려주었다.

내 딸 마들렌은 전국적으로 보급되어 있는 창의적 글쓰기 프로그램에 신청했지만 인원이 찼다는 이유로 거절당했다. 내게 즉각적으로 떠오른 제3의 대안적 반응은 "아니, 그렇지 않아"였다. 나는 책임자에게 전화를 걸어 마들렌이 어떤 아이인지 짧게 설명하고 그 강의를 얼마나 듣고 싶어 하는지 전했다. 그리고 이렇게 덧붙였다. "지금 강의 신청 상황이 어떤지 말해주시겠어요? 어떤 방식으로든 강요하거나 달리 손을 쓰려는 것이 아니라 그저 상황을 파악하고 싶을 뿐입니다." 그래서 나는 담당자의 말을 경청했고, 그 과정에서 담당자와 관계를 구축할 수 있었다. 통화를 끝내고 20분 후에 딸은 강의에 등록할 수 있었다.

오늘날 통용되는 규칙은 토킹 스틱 대화법이다. 우리는 상대방의 주장을 이해하기 위해 경청하고 솔직하게 말하고 완전한 투명성을 유지해야 한다.

상대방을 탐구한다

제3의 대안적 협상을 달성하려면 '상대방을 탐구한다' 패러다임이 필요하다. 이는 상대방에게 깊이 공감해야 한다는 뜻이다.

판매훈련 프로그램에서는 거의 예외 없이 경청 기술을 다룬다. 하지만 초점은 대개 상대방을 이해하는 것이 아니라 '구매 신호'를 포착하는 데 맞춰져 있다. 한때 협상의 기술을 다루어 베스트셀러가 되었던 책은 경청을 단 한 번만 언급하면서 판매자에게 '손해 볼 것이 없으면서' 구매자에게 '양보'하는 행위라고 설명했다. 이러한 종류의 경청에는 공감이 전혀 포함되어 있지 않다.

협상에서 상대방과 맺은 관계를 소중히 여기는 사람은 상대방의 말을

제3의 대안적 사고

상대방과 함께 시너지를 발휘한다

상대방을 탐구한다

자신을 본다

상대방을 본다

사고하고 이에 공감하며 능동적으로 귀를 기울일 것이다. 판매 기회만 노리면서 건성으로 듣지 않는다. 자신에게 이익이 되기 때문만이 아니라 자신의 성품이 그렇기 때문에 공감하며 경청한다.

그냥 판매자가 아니라 시너지를 추구하는 협력자가 되려고 노력하는 사람은 공감적 경청을 통해 고객의 입장을 이해한다. 고객의 관점에서 상황을 판단하고, 고객의 불확실성을 함께 풀어나가고, 고객의 고통을 느끼고 비전을 공유한다. 물론 판매자가 제품이나 해결책을 정신적으로 분리하기는 결코 쉽지 않지만 현명한 사람은 자신의 정신 영역에서 벗어나 고객의 정신 영역으로 들어간다. 마한 칼사는 이렇게 조언했다. "고객과 대화하는 것을 미지의 세계를 발견하는 활동으로 생각하라. ……고객을 위해 해결책을 찾는 것이 아니라, 상호 발견의 과정에 참여하고 있는 것이다."[11] 이것은 해결책을 제공하기보다 해결책을 함께 발견해나가는 방법을 설명하는 강력한 통찰이다. 판매자가 생각하는 어떤 해결책도 고객의 필요에 꼭 맞지는 않는다. 하지만 함께 노력하면 꼭 맞는 창의적 해결책을 생각해낼 수 있다.

고객의 말에 공감하며 귀를 기울이면 "가혹한 조건인데요" "지출이 심해요" "문제는 ……" 등의 말을 들을 때 고객의 좌절을 느낄 수 있다. "조건만 맞으면……" "우리가 추구하는 궁극적 목표는……" "……하는 날이 오면" 같은 말을 들을 때 고객의 비전을 감지할 수 있다. 시너지를 추구하는 판매자라면 이러한 순간을 포착해야 한다. 고객의 좌절과 희망이 담긴 표현을 깊이 생각하고 다시 표현해보라. 그리고 고객에게 우회하지 말고 확실하게 표현하도록 요청하라. 의사가 하듯 고객의 출혈량을 파악하라. 수입이 얼마나 증가할지, 시장 점유율은 얼마나 커질지, 목표를 달성하면 정확히 어떤 혜택이 따를지 등 고객의 비전을 숫자로 파악하라. 마한 칼사가 고객에 대해 파악했듯 "고객은 문제의 결과와 기회가 무엇인지 파악하기 위해 지적으로나 감정적으로 노력하지 않는 경우가 많다. 문제의 핵심에 도달하면 고객에게 가치를 안길 수 있다."[12] 고객이 어떤 생각을 하고 있는지, 우리가 어떻게 고객에게 기여할 수 있는지 파악하면 이에 따라 서비스를 제공할 수 있다. 이때 서비스의 가치는 우리가 제시하는 통상적 가격표를 훨씬 넘어설 수도 있다. 우리는 이윤의 일정 비율을 요구할 수도 있다. 마한 칼사는 "고정 가격표를 태워버리라"고 조언했다.

물론 고객의 말에 귀를 기울이는 세일즈맨은 틀에 박힌 말을 하는 사람과 정반대로 행동한다. 세일즈맨은 대부분 지나치게 말을 많이 해서 고객과 불화하거나 의견 차이를 보이거나 과장하는 문제를 일으킨다. 그들은 겉으로 경청하는 것처럼 보여도 머릿속으로 말을 하고 있다.

제약 산업에 종사하는 노련한 판매 담당 중역 짐 유즈리Jim Usry는 몇 년 전만 해도 약품 판매자와 의사의 의사소통이 일방적이었다고 설명했다. "고객이 흥미가 있든 없든 우리는 같은 메시지를 반복해서 전달했습니다. 당시 제약 기업의 전략에서는 '도달도reach와 도달 횟수frequency'가 중요했기 때문에 더욱 많은 의사에게 더욱 많은 세일즈맨이 더욱 자주 전화를 거는 방법에 의존했어요. 한 기업에서 많게는 여덟 명의 세일즈맨이 같은 의사를 찾아가 같은 제품을 권하고 같은 메시지를 전달하고 같은 샘플을 주는 지경까지 이르렀죠." 미국에서만도 의사를 찾아가는 제약 회사 세일즈맨이 9만 5,000명에 달했다. "정말 계속 유지될 수 없는 비효율적이고 정신 나간 방식이었습니다."

유즈리는 의사들이 이러한 광고 폭격을 싫어한다는 사실을 알고 있다. "안타깝게도 의사들은 점점 시간이 부족했어요. 관리 의료 조직, 환자, 사무실 직원, 서류작업 등에도 시간을 써야 했거든요. 여기에 제약 회사의 세일즈맨까지 합세하니 정말 죽을 맛이었죠." 의사들이 반감을 드러내기 시작했다. "신제품을 선전하는 것이라면 듣겠어요. 하지만 허구한 날 똑같은 이야기라면 들을 시간이 없어요."13 미국 남부에서 저명한 의사이자 병원 임원으로 활동하는 조던 애셔Jordan Asher 박사는 많은 의사의 생각을 이렇게 대변했다. "제약 기업은 패스트푸드 기업과 다를 것이 없습니다. 제품을 공개적으로 거래하는 동시에 주주에게 이윤이 돌아가게 하는 것이 목표죠. 유일한 차이라면 어쩌다 보니 제약 산업을 하고 있다는 것뿐입니다. 따라서 그들의 전제는 우리와 달라요. 제품을 팔 수 있다면 무엇이든 할 수 있다고 말할 겁니다."14

유즈리는 "그것은 역기능을 보이는 관계입니다. 아무도 환자의 입장을 고려하지 않습니다"라고 언급했다. 두 세계를 가로지르는 벽은 여전히 놀랄 정도로 높다. 제약 회사는 특별 지원금, 상금, 강연료, 점심 식대 등을 지급해 의사에게 영향력을 행사한다는 비난을 줄기차게 받았지만 지금은 이러한 종류의 접촉에서 한 발짝 물러서고 있다.

하지만 시너지를 추구하는 사람들은 상대방의 말을 경청해 제3의 대안을 찾아내고 있다. 주요 미국 제약 회사의 대표로 풍부한 경험을 쌓은 짐 푸쿠아Jim Fuqua가 그 예이다. "우리는 평생 제약 제품에 대해 말하고 이를 판매해왔습니다. 하지만 지금까지의 태도를 바꿔서 상업적으로 성공하는 동시에 고객과 맺는 관계를 개선해야 했습니다. 우리는 자사 가치를 제대로 내세우지 못하고 오히려 돈을 많이 버는 방법만 터득한 것처럼 보였죠. 그래서 사업 모델을 수정하는 데 시간을 많이 투자했습니다."

상대방과 함께 시너지를 발휘한다

경청은 직장에서 강력한 관계를 구축하는 기본 요소이다. 공감을 발휘하는 습관을 개발하면 시너지에 도달할 수 있다.

얄궂게도 제약 기업은 '도달도와 도달 횟수'를 중시하는 판매 모델을 채택하면서 자사와 고객 사이에 벽을 쌓았다. 따라서 세일즈맨이 문을 두드릴수록 고객은 저항하기 마련이었다. 실제로 일부 병원은 제약 기업 세일즈맨의 출입을 막았다. 하지만 짐 푸쿠아 같은 사람들이 일방적으로 말하지 않고 의사들의 말을 경청하자 시너지가 발생하기 시작했다. 토킹 스틱 대화법을 활용해 의사와 의사소통하기 시작하면서 푸쿠아와 동료들은 의사들이 제약 회사에서 어떤 가치를 끌어내고 싶어 하는지 깨달았다.

"의사들은 과학을 중요하게 생각했습니다. 우리 회사 제품을 사용할 때 따르는 과학적 문제를 알고 싶었던 거죠." 이러한 사실을 깨달으면서 푸쿠아와 동료들은 고객의 관점에 서서 제3의 대안을 생각해냈다. 상위 1~24위 제약 회사의 대표들로 독특한 건강과학 집단을 결성해 전국적

제3의 대안적 사고

상대방과 함께 시너지를 발휘한다

상대방을 탐구한다

자신을 본다   상대방을 본다

으로 영향력이 막강한 의사들을 만났다. 해당 팀을 주도했던 푸쿠아는 이렇게 언급했다. "우리 집단의 임무는 일류 리더들의 관심사를 이해하고 무엇도 숨기지 않고 의약 과학에 대해 최고 정보를 제공하는 것이었습니다."

회사 내부에서 저항이 일어났다. 일부 판매 담당 리더들은 건강과학 집단의 활동이 부질없다고 비판했다. "그들이 대체 무엇을 팔고 있나요? 수입을 거두나요?" 푸쿠아는 거친 반발에 대항해 자신의 접근법을 변호했다. "의사를 상대하는 가장 효과적인 방법은 제품을 광고하는 것보다 의사가 가장 필요하다고 생각하는 정보를 제공하는 것입니다. 의사에게 샘플이나 책자를 더 많이 줄 필요도 없고, 싸구려 사은품을 안기지 않아도 됩니다. 최고의 사고를 하는 리더들을 움직이면 그들이 의사들의 인맥을 움직여 판매를 성장시킬 수 있습니다."

푸쿠아와 동료는 의사들의 말에 귀를 기울이면서 의사들이 깊이 우려하는 다른 문제점도 파악할 수 있었다. 유즈리는 이렇게 말했다. "환자들의 순응이 큰 문제입니다. 의사가 지시하는 주의사항을 환자가 지키지 않는 거죠. 환자들은 과식하고 지나치게 흡연하면서 운동하길 싫어합니다. 그냥 증상이 나아지는 약이나 처방해달라는 식이죠." 제약 회사는 환자의 순응 문제를 개선하는 데 집중하기 시작했다. "당뇨병을 예로 들어보죠. 이 병은 치료에 비용이 많이 들어가므로 병 때문에 생기는 경제적 부담이 큽니다. 하지만 환자가 의사의 지시를 잘 따르기만 해도 부담이 줄어들죠. 그래서 우리는 환자가 치료 계획을 잘 지키게 만드는 공동 관심사를 놓고 의논했습니다. 나는 제약 회사 사람이므로 의사가 처방한 대로 환자가 약을 복용하면 혜택을 입습니다. 환자의 상태는 나아지고 의사는 만족합니다. 의료비용이 낮아지면서 혜택은 의료제도 전체로 확산됩니다."

세일즈맨은 훌륭한 판매 기술을 구사하여 환자가 의사의 치료 계획을 따르도록 격려할 수 있다. 환자가 지시에 따르지 않는 이유를 조사하고 환자의 말에 공감하며 귀를 기울이면 그 이면에 숨겨진 원인을 파악할 수 있다. ("운동할 시간이 없나요? 시간이 문제인 것처럼 들리네요. 시간을 많이 걸리지 않는 운동법을 알려주면 시도해볼 의향이 있나요?") 세일즈맨과 마찬가지로 의사도 좀 더 주의 깊게 환자를 관찰할 수 있다. 여기서 제3의 대안이 생겨난다. 의사에게 판매 기술을 교육시켜 치료법을 '판매'하게 하는 것이다.

또한 주요 의료진은 치료의 불균형을 깊이 우려했다. 푸쿠아는 이렇게 말했다. "미국 동남부가 완벽한 예입니다. 앨라배마 주 4개 도시는 환자 1명당 의사의 수가 적절합니다. 하지만 앨라배마 주 서부는 유병률이 75%에 이르는 등 비만과 심장질환 같은 심각한 문제로 골치를 앓는데도 의사가 턱없이 부족합니다. 문제가 최악인 지역에서는 치료를 전혀 받을 수가 없어요." 그래서 푸쿠아와 의사들은 의료 불균형을 감소시키는 데 주력하기 시작했다. "우리 회사는 비만과 심장질환 등에 복용하는 제품을 생산하고 있으므로 이들 지역에 좀 더 나은 의료 서비스를 도입하려는 인물들과 협력하여 전략을 펼칠 기회를 엿보았습니다. 대표들은 의사들을 찾아다니지 않고 한 발짝 뒤로 물러나 의사회, 정부 보건 분야 관리, 대학교의 의견을 들으면서 우리 회사 정도의 규모를 갖춘 제약 기업이 도울 수 있는 방법을 모색했습니다."[15]

유즈리와 푸쿠아 등은 약품 광고에 전념하던 것에서 벗어나 주요 의료 서비스 문제를 해결하는 방향으로 전략을 전환하면서 환자·의사·기업에 이익을 안기는 제3의 대안을 발견하고 이를 실천하는 과정에서 흥분과 만족을 느끼고 있다.

전형적인 협상 위주의 사고방식을 지닌 사람은 제2의 대안만을 본다.

이 대안에서는 자신이 승리하든지 상대방이 승리한다. 모든 삶은 양보와 이익으로 나뉘는 제로섬 세계이다. 제로섬 거래는 타협이나 승-패, 패-승으로 끝난다. 이와는 대조적으로 제3의 대안은 세계를 변화시킨다. 사람이 바뀌고 마음을 더욱 열어 상대방의 말을 경청하고 배우며 상황을 새롭고 더욱 넓은 관점으로 파악한다. 이렇듯 제3의 대안은 사람을 변화시키는 기적을 일으킨다.

하버드 대학교 교수인 디팍 말호트라Deepak Malhotra와 맥스 베이저만 Max Bazerman이 설명하듯 함께 시너지를 발휘하는 목적은 "양쪽이 승-승이라 생각하는 합의점에 도달하도록 돕는 데 그치지 않고 가치를 최대화하도록 돕는 것이다."[16] 비즈니스 세계에서 활동하는 인물은 누구나 시장에서 자기 존재를 돋보이게 해줄 '훌륭한 차별성'을 찾는다. 그중에서 최고는 시너지에 도달하는 방법을 배우는 것이다.

시너지 대 전통적인 협상

시너지의 패러다임을 추구하는 사람은 협상 과정에서 제3의 대안을 발견할 준비가 되어 있다. 제3의 대안에 도달하는 4단계는 전통적인 협상 단계와 현저하게 대조된다. 구매자이건 판매자이건 전통적인 협상의 시작은 스스로 얻을 수 있다고 생각하는 대상 이상을 요구하는 것이다. 이러한 태도를 잘 포장해서 표현한 것이 바로 '목표를 높게 세워라'이다. 구매자는 최대 가치를 얻고 싶어 하고, 판매자는 최고 가격을 받고 싶어 한다. 그래서 첫 행보는 상대방의 불합리성을 밝혀내는 것이라 생각하고 상대방을 견제한다.

시너지를 추구하는 사람에게 이러한 단계는 유치할 뿐 아니라 시간 낭비이다. 그래서 곧장 제3의 대안을 찾는 질문을 던진다. "지금껏 어느 누가 생각해낸 것보다 좋은 해결책을 찾을 의향이 있는가?" 상황에 따라서는 상대방과 신뢰를 구축하고 나서 이러한 질문을 던져야 할 때도 있다. 하지만 좋은 평판을 구축해놓았다면 이렇게 묻더라도 잃을 것은 전혀 없다.

전통적인 협상에서 다음 단계는 첫 행보를 정당화하는 것이다. 지나치게 빨리 너무 많은 조건을 양보할 사람은 없으므로 자기 입장을 합리화하고, 사실과 수치를 밝혀 '목표를 높게 세운' 이유를 설명한다. 하지만 상대방이 기꺼이 제3의 대안을 찾고 싶어 한다면 함께 성공 기준을 정의하고 제3의 대안을 추구한다. 모두가 승-승하는 결과는 무엇일까? 이제 그러한 결과를 창출하는 협력관계에 대해 알아보자.

시너지 대 전통적인 협상

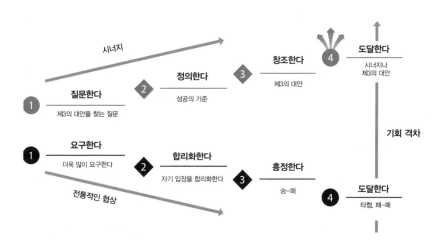

시너지 대 전통적인 협상: 전통적인 협상은 상대방의 마음을 읽고 흥정하고 자신을 합리화하는 게임이다. 대개는 타협을 이끈다. 타협은 관계를 약화시키고 정의상 양쪽에 패배를 뜻한다. 반면에 시너지는 관계를 강화하고 승-승을 이끌어낸다. 경쟁 사회에서 두 가지 접근 방법 사이의 기회 격차는 크다.

3. 직장에서 추구하는 제3의 대안

전통적인 협상가는 자기주장의 정당성을 입증하려고 노력하면서 다음 단계를 밟는다. 다음 단계는 포장해서 표현하면 '한계를 발견'하는 것이지만 실제로는 흥정하는 것이다. 양쪽은 최소로 투자하면서 최대를 얻어내려 하고, 서로 어느 정도까지 주장을 밀어붙일 수 있는지 살핀다. 하지만 시너지를 추구하는 사람은 흥정할 필요가 없다. 양쪽은 해결책을 찾기 위한 모델인 제3의 대안을 생각해내는 데 깊이 관여한다. 부분적으로는 어느 누구도 결과를 예측할 수 없으므로 이 과정은 흥미진진하고 창의적이고 에너지가 넘친다.

지루하고 전통적인 협상 과정의 마지막 단계는 누구나 승인하고 소이른바 '최선이자 최종 제안'인 타협에 도달하는 것이다. 양쪽은 악수하면서 결과에 얼마간 만족스러워하지만 누구도 기뻐하지는 않는다. 결국 타협할 때는 양쪽 모두 무언가를 잃기 때문이다. 하지만 시너지를 추구하는 사람들은 제3의 대안에 도달한다. 제3의 대안은 예상하지 못했던 활기차고 멋진 해결책을 안긴다. 이때는 모두가 승리하고 스스로 생각했던 것보다 많은 결과를 얻고, 서로 관계가 더욱 굳건해지며 함께 미래를 창조해갈 수 있다.

앞서 설명한 두 접근법 사이에 존재하는 방대한 기회 격차는 시간이 지나면서 계속 벌어진다. 경쟁 세계에서는 이러한 격차를 감당할 수 없다. 전통적인 협상가는 어쨌거나 타협으로 상황을 마무리하려고 상대방의 마음을 읽고 조작하는 데 에너지를 허비하지만, 제3의 대안을 찾는 사람은 마음속에 미래의 계획을 꿈꾸면서 관계를 변화시키는 데 에너지를 쏟는다.

시너지가 발휘하는 혁신적인 힘

성공하는 기업에 대한 가장 광범위한 연구인 에버그린 프로젝트Evergreen Project는 기업의 성공을 유지하는 중요한 비결은 혁신적인 힘이라고 지적했다. 에버그린 프로젝트는 10년에 걸쳐 하버드 · 콜롬비아 · MIT · 다트머스 · 와튼 스쿨 등을 포함한 여러 대학교의 학자들을 동원해 위대하고 생명력 있는 기업이 평범한 기업과 다른 점을 알아냈다.

예측 가능한 결과였지만 학자들은 위대한 기업이 여러 중요한 방식에서 혁신을 따랐다는 사실을 밝혀냈다. "위대한 기업은 자사가 속한 산업계를 변화시키는 잠재력이 있는 주요 기회, 신제품 아이디어, 기술적 돌파구에 초점을 맞추었다. ……기업은 대부분 성장과 소득의 가파른 증가에만 만족할 뿐 수수한 향상에는 기뻐하지 않는다. 하지만 이 기업들은 경쟁사를 크게 당황하게 만들 획기적인 아이디어에 더욱 초점을 맞춘다."[17]

새로운 아이디어나 돌파구는 어디서 나올까? 혁신 전문가들은 시너지가 원천이라고 말한다. 내 친구이자 혁신 분야의 세계 최고 사상가인 클레이튼 크리스텐슨 교수는 크게 성공하는 아이디어는 언제나 파괴적이라고 주장한다.[18] 이는 다양한 관점과 색다른 연결이 풍성하게 상호작용하는 '가장자리'에서 출현하는 경향이 있다. 대부분의 기업 사무실에서 볼 수 있는 주류의 균질한 사고에서는 발생하지 않는다.

역설적으로 위대한 기업은 매우 혁신적일 수 있지만 고도의 혁신은 시장이 예상하지 못하고 변덕스러운 파괴에서 생겨난다. 그렇다면 상대적으로 활발하지 못한 '기업 세계'에 속한 성공적인 조직은 어떻게 위대한 혁신을 이룰까?

탐구를 통해 가능하다! 이 기업들은 시너지가 작용하는 방식을 파악하고 시너지를 능동적으로 증진한다. 제3의 대안을 지속적으로 육성한다. 하지만 평범한 기업은 새로운 사고를 깊이 불신하고 파괴를 싫어한다. '우리 대 그들'이라는 제2의 대안적 우주에 속해 있기 때문이다. 그들은 자신들이 진보하지 못하는 것 때문에 외부 세력을 탓하고, 파괴적인 기술을 위협으로 생각한다. 창의성 전문가 에드워드 드 보노는 이 특이한 심리를 이렇게 묘사했다. "심각한 문제에 직면하고 새 아이디어가 절대적으로 필요한 조직일수록 이를 찾지 않는다. 이 조직들은 자신의 사고에는 전혀 문제가 없고 '주위 세상'이 문제라고 생각하므로 바람직한 사고를 하지 못한다. ······언젠가 매우 유명한 기업은 창의성을 발휘할 시간이 전혀 없다는 심각한 문제에 부딪혔다고 말했다! 아마도 그러한 태도를 지니고 있기 때문에 그러한 문제가 발생했을 것이다."[19]

하지만 제3의 대안을 추구하는 사람은 파괴를 사랑한다. 기존의 사업을 성공적으로 유지하는 동시에 다양하고 다르면서 새로운 통찰을 환영한다. 또한 현재와 미래를 향상시키는 이중성격을 발달시킨다.

제3의 대안을 추구하는 조직의 문화는 창의적이지 못한 기업의 문화와 다르다. 과학자들은 콘크리트 아래나 포장도로의 틈처럼 조건이 최악인 곳에서 개미 집락이 번성하는 조건으로 '창발創發 세력'을 지적한다. 과학자들이 뜻하는 '창발'이라는 용어는 일개미들이 함께 모여 생존 문제를 해결해나가는 섬세한 속성을 가리킨다. 나는 제3의 대안을 찾는 문화를 산호초에 즐겨 비유한다. 카리브해나 오스트레일리아 바다에 들어가 보면 물고기, 연체동물, 온갖 종류와 색깔의 해초로 풍성하고 화려하게 장식된 산호초를 볼 수 있다. 표면은 살아 있는 것처럼 보여 정원의 꽃이 바람에 살랑이듯 물결 따라 흔들리는데 더욱 깊은 곳은 석회암으로 바뀐다. 생물학자들은 더욱 다양한 생물이 훨씬 활발하게 상호작용하는 '가장자리 구역'에서 새로운 산호 종이 생겨난다고 설명한다.[20] 조직도 마찬가지이다. 차이를 높이 평가하고 다양한 사고가 출몰하는 활기찬 지점을 모색하는 조직은 번성하지만, 방어적인 사고방식을 채택하는 조직은 석회로 바뀌며 죽어간다. 시너지를 발견하는 최적의 장소는 확산력과 관점을 소유한 사람들이 모이는 '가장자리'이다.

제3의 대안을 추구하는 팀

진정한 혁신은 시너지를 기반으로 발생하고 시너지에 도달하려면 다양성을 갖춰야 한다. 상황을 거의 같은 방식으로 보는 사람들은 시너지에 도달할 수 없다. 이들에게는 1에 1을 더하면 2가 될 뿐이다. 하지만 상황을 다르게 보는 사람들은 시너지를 발휘할 수 있고 그들에게는 1에 1을 더하면 3이 될 수도 10이 될 수도 1,000이 될 수도 있다. 그러므로 혁신적인 기업은 광범위한 확산력을 소유한 인물로 팀을 구성한다. 상호보완적 팀에서는 강점이 생산성을 발휘하고 약점은 적이 되고 부적절해진다. 팀원끼리 서로 보완하거나 완성하는 팀만이 제3의 대안을 도출할 수 있다.

내가 속해서 일하는 상호보완적 팀에서는 팀원의 강점이 내 약점을 보완해준다. 현대 기술에 취약한 것이 내 약점의 하나지만 동료들은 이 분야에 강점을 지니고 있으므로 내 약점을 부적절하게 만들어준다.

상호보완적 팀의 규모나 구성에는 아무 제한이 없어서 팀원이 두 명일 수도 세상 전체일 수도 있다. 하지만 팀은 차이를 배척하지 않고 존중해야 하며 시너지의 커다란 적인 교만과 세력권이 없어야 한다.

수렴적 확산Converging Divergence

상호보완적 팀은 확산성 통찰을 보인다. 그들은 산호초가 자라는 환경을 연결이 활발하게 일어나고 시너지를 발생시킬 수 있도록 재생산한다. 저자 스티븐 존슨Steven Johnson은 이렇게 말했다. "자신과 타인의 직감을 연결하라. 자신에게 아이디어의 반이 있고 타인에게 나머지 반이 있으므로 환경만 적절하다면 최종 아이디어는 부분의 합보다 크다."[21]

놀라운 상호보완적 팀의 예로는 마이크로소프트에서 최고기술경영자를 역임한 네이선 미어볼드Nathan Myhrvold가 설립한 인텔렉추얼 벤처스 Intellectual Ventures를 들 수 있다. 미어볼드는 '재미와 이익을 추구하려고' 중요한 문제를 해결할 목적을 세우고 다양한 배경의 소유자들을 한데 모았다. 하나의 예로 그 팀은 개발도상국 국민에게 예방백신을 접종시켜 인구 수백만 명의 생명을 구하는 방법을 연구한다.

예방백신은 항상 차갑게 보관하지 않으면 오염되어 무용지물이 된다. 따뜻한 기온에 몇 분만 노출되어도 다량의 백신이 파괴될 수 있다. 그러면 사람들의 생명을 구하지도 못하고 수백만 달러를 낭비하는 것이다. 냉장 시스템을 구비하고 전력을 충분히 공급하는 선진국에서는 쉽게 해결할 수 있는 문제이지만 개발도상국에서는 큰 문제이다. 이 문제를 해결하려고 미어볼드는 워싱턴 소재 연구실에 자동판매기, 커피 자판기, 자동화기 등을 다루는 전문가를 소집하여 매우 특이한 팀을 결성했다. 전문가들이 발명한 기구는 커다란 보온병처럼 생겼다. 그 안에 백신을 보관하는 병을 넣고, 기구와 병 사이에는 차가운 액체 질소를 주입했다. 백신을 차갑게 보관해야 하므로 병이 열리지 않도록 자동판매기가 음료수 캔을 튕겨내듯 버튼을 누르면 백신 병 하나가 튕겨 나온다. 밀봉 상태를 유지하면서 따뜻한 공기를 빼내기 위해 기구는 AK-47 돌격소총의 탄창처럼 작동한다. 이 기구는 제작비용이 저렴할 뿐 아니라 전력이 전혀 공급되지 않더라도 백신을 6개월 동안 저온으로 보관할 수 있으므로 무서운 질병에서 수백만 명의 생명을 구한다.

그러는 동안 일각에서는 제2의 대안을 모색한다. 정치인, 재계 인물, 경제학자, 엔지니어들이 함께 모여 개발도상국에 전력과 냉장 시스템을 안정적으로 공급하는 방법을 놓고 논쟁을 벌인다. 그들은 사회주의 대 자본주의, 기업 대 포퓰리즘 추종자, 재생가능 에너지 대 화석 연료로 입장을 나누어 싸운다. 이러한 영역 싸움이 벌어질 수는 있지만 그러는 동안 힘없는 사람들은 생존 가능성을 늘려주는 백신이 부족한 탓에 병을 앓다가 죽어간다. 미어볼드는 이렇게 말했다. "백신 용기를 개선하는 작업은 빈곤과 저개발이라는 진짜 문제를 가리는 미봉책에 불과할 수 있다. 그러나 사람들이 질병에 걸릴 가능성을 경감시키고 사회가 발달해 문제가 해결되기만을 기다리다가 결국 질병에 걸려 생명을 잃을 수도 있는 어린아이 수백만 명을 구할 수 있다."[22] 미어볼드가 도출한 제3의 대안은 상호보완적 팀이 긴박한 문제를 둘러싸고 시너지를 발휘한 결과이다. 음료수 자동판매기, 커피포트, AK-47 돌격소총 등의 전문가들이 회의실을 가득 메운 장면을 상상해보면 네이선 미어볼드의 마법극장을 보고 있는 것 같다. 어떤 개인이라도 탁월한 팀 리더조차도 그러한 해결책을 홀로 생각해낼 수 없었다.

소설가 에이미 탠이 이런 좋은 말을 남겼다. "창의성은 중요한 의미가 덧붙여진 시너지이다."[23] 인텔렉추얼 벤처스에서 활동하는 팀에게 확실히 해당하는 말이다.

경계에 얽매이지 않는 팀의 결성

최첨단 기술 시대가 지닌 장점 중 하나는 상호보완적 팀이 경계에 얽매이지 않고 활동할 수 있다는 사실이다. 집단은 몇 년 전만 해도 꿈도 꾸지 못했던 방식으로 시너지를 발휘할 수 있다. 우리는 어디에 있는 누구든 원하는 시간에 만나고 대화할 수 있다. 우리 사이를 가르는 유일한 벽은 문화적 벽으로서 일부 위대한 조직은 이 벽조차 허물기 위해 노력하고 있다.

훌륭한 예로 세계에서 가장 신뢰도가 높다고 알려진 덴마크 장난감 제조사 레고를 꼽을 수 있다. 레고는 수백만 명에 이르는 고객을 상호보완적 팀의 능동적 일부로 생각한다.

고객이 당신 기업의 컴퓨터를 해킹한다면 어떻게 반응하겠는가? 경찰에 신고하지 않겠는가? 레고도 처음에는 다른 기업처럼 크게 동요했지만 '고객들이 왜 그랬을까?'라고 자문했다. 레고는 그 해답을 간절히 알고 싶어서 해커들과 토킹 스틱 대화법을 시도했다.

그러자 해커들이 자신만의 창작품을 만들고 싶어 하는 레고 팬이라는 사실을 알게 되었다. 레고의 재고 시스템을 살펴보고, 대부분 다른 부품과 묶어 판매하는 개별 부품을 주문하려는 의도로 해킹을 시도했던 것이다. 지역사회 개발 담당 책임자 토르모드 아스킬드센Tormod Askildsen은 이렇게 회상했다.

자사 고문 변호사들은 이러한 소비자를 추적해 "당장 그만두시오"라고 경고할 만반의 준비를 갖추었다. 하지만 우리는 정말 재능 있고 훌륭한 기술을 소유한 인재가 지역 사회에 많다는 사실을 깨달았다. 그들은 우리 기업에 장난을 쳤지만 제품의 품질을 향상시킨 것도 사실이다. 그래서 고객이 해킹하도록 내버려두자 놀라운 현상이 벌어졌다. 신뢰를 받은 소비자는 실제로 기업에 이익을 안길 수 있다. 레고 브랜드의 소유자는 우리가 아니라 소비자이다. 물론 상표권은 기업에 있지만 브랜드는 소비자의 마음에 살아 있다.[24]

그래서 레고는 소프트웨어를 개발해 고객이 새 레고 디자인을 만들고 자기 디자인을 다른 고객에게 공개하도록 격려했다. 그 결과 레고가 개발해본 적이 없는 신제품 아이디어가 수없이 쏟아졌다. 아스킬드센은 이렇게 언급했다. "이것이 21세기 레고의 플랫폼이고, 레고가 적절한 기업으로 성장하는 길이다. 우리는 소비자들이 디자인한 제품만으로 제품군을 만들어 전시할 수도 있을 것이다."

레고의 사례에서 제2의 대안에 얽매이는 사람이 생각할 수 있는 조치는 자사의 내부 시스템에 불법으로 손을 댄 행위를 차단하거나 결과를 감내하는 것이었다. 2차원적이고 법률에 따르는 사고방식으로 움직였다면 거대한 사업 기회를 죽였을 것이다. 하지만 레고는 제3의 대안을 추구했기에 완전히 새로운 사업수행 방식을 발견했다. 기업이 원자재를 공급하고 고객이 제품을 디자인하게 만든 것이다. 레고에 제3의 대안을 추구하는 문화가 없었다면 이렇듯 순수한 시너지에 도달할 수 없었을 것이다. 전통적인 기업적 사고방식은 이러한 종류의 행보를 금기시한다. 하지만 영국 언론인 찰스 리드비터Charles Leadbeater는 이렇게 말했다. "지적 조직은 교묘하게 '폐쇄'와 '개방'을 섞으며 새 모델로 옮겨갈 것이다." 그는 중국에서 만난 한 지적 조직을 이렇게 묘사했다.

지난 10년 동안 상하이에 건설된 초고층 건물 2,500개 중 한 곳에서 정기구독자가 2억 5,000만 명에 이르는 샨다 게임스Shanda Games Ltd.의 리더를 만났다. 해당 기업이 고용한 직원은 정작 500명에 불과했다. 그 기업 리더는 직원에게 플랫폼·규칙·도구를 제공하고 나서 활동을 조율한다. 하지만 실제로 콘텐츠를 만드는 것은 사용자이고, 이러한 과정을 거쳐 사용자와 기업 사이에 유대감이 싹튼다. 게임 기업이 100만 명의 사용자를 보유하고 있고 그중 1%만 공동 개발자로 활용하더라도 1만 명의 개발인력을 보유한 셈이다.

레고와 샨다처럼 위대한 기업들은 혁신적 사고를 하도록 자사 고객을
부추겨 시너지를 일으킬 방법을 모색한다. 세계 전체가 그들의 마법극
장인 셈이다. 리드비터는 다음과 같은 도발적 질문을 던졌다. "전체 학
생의 1%가 공동 교육개발자라면 어떨까? 환자의 1%가 병원 서비스의
공동 개발자라면 어떨까? 사용자를 생산자로, 소비자를 디자이너로 전
환하면 어떨까?"[25]

제3의 대안으로 수렴하기

기업이 합병하는 이유는 규모의 경제, 새 시장 진출, 다각화 등 여럿이
다. 나는 시너지를 발휘하고 상호보완적 팀을 형성하는 것이 가장 중요
한 이유라 생각한다. 제3의 대안을 추구하여 전체가 부분의 합보다 큰
기업을 만드는 것은 대단히 소중한 기회이다.

하지만 실제로 합병이 시너지를 발휘하는 경우는 거의 없다. KPMG
가 실시한 획기적 연구 결과를 살펴보면 "기업 합병과 인수의 83%는 주
식 가치를 향상시키는 데 실패한다."[26] 이른바 대형 거래의 60%는 주식
가치를 실질적으로 파괴한다.[27] 바이럴 마케팅의 창시자 제프리 레이포
트Jeffrey Ratport는 "전략적 시너지를 이루겠다는 그릇된 약속이 월스트리
트에 눈물의 행로를 만들고 있다"[28]고 설명했다.

왜 그럴까? 시너지를 이루기 위해서가 아니라 교만이 동기가 되어 합
병을 추진하는 경우가 많기 때문이다. 다른 주요 연구 결과에 따르면
"언론의 찬사와 보상을 추구하는 CEO의 교만이 대다수의 합병에 개입
한다." 다시 말해 합병에 성공한 최정상 리더들에게 지위와 돈이 돌아간
다는 뜻이다.[29] 고전적인 사례로 1980년대 '세계를 주도하는 전문 서비

스 기업'이 되려 했던 전설적 광고대행사 사치 앤드 사치Saatchi & Saatchi 의 팽창 전략을 들 수 있다. 해당 기업의 목표는 "그럴 능력도 열정도 없으면서 사업체 수십 군데를 합병하는 것이었다. ……모리스 사치Maurice Saatchi가 입버릇처럼 말했듯 '성공하는 것만으로는 만족할 수 없다. 다른 기업들이 실패해야 한다.'" 하지만 사치 앤드 사치가 일으킨 합병 열기로 한때 위대했던 기업이 붕괴되고 말았다. 나중에 모리스 사치는 이렇게 고백했다. "교만이요? 맞아요, 그게 원인이었을 겁니다."[30]

합병이 발생할 때 리더들은 시너지를 발휘해야 한다고 말한다. 하지만 이것은 말뿐으로, 교만을 살짝 가린 눈속임일 뿐이다. 비즈니스 세계에서 활동하는 많은 사람이 '시너지'라는 단어를 몹시 싫어하는 것도 이 때문이다. 합병에 성공한 고위 리더들이 "정말로 거대하게 깜짝 놀랄 정도로 부유해질 수" 있다는 사실을 아는 순간, 시너지를 둘러싼 모든 흥분은 물거품처럼 사라진다. 특히나 "중역들은 거대한 일회성 보상을 받지만" 합병된 회사의 가치 상승이 대부분 예상보다 저조할 때 그렇다.[31] 합병은 시너지를 발휘할 수 있어야 진정으로 성공할 수 있다. 서로 다른 문화에 속했던 직원들의 사기가 꺾이고 일자리가 위협을 받는 상황에서는 결코 시너지에 도달할 수 없다. 두 기업을 합병하여 제3의 대안적 기업을 만드는 것은 궁극적으로 직원들이다. 앞에서 인용한 KPMG 의 연구 결과에서는 합병 여부를 결정할 때 고려해야 하는 가장 중요하고 까다로운 기준으로 시너지를 꼽았다. 상호보완적 팀을 결성할 수 있고, 상호 강점이 상호 기회가 된다고 확신할 수 있을 때만 합병해야 한다.

피터 코닝Peter Corning 박사는 "시너지는 실재한다. 그 효과는 규모 경제, 효율성 증가, 비용 절감, 생산량 증가 등으로 측정할 수 있고 정량화할 수 있다"[32]라고 강조했다. 제프리 레이포트가 지적했듯 "시너지는 비즈니스를 변화시키는 전략이다. 그래야 완전히 새로운 사업과 산업을 만들어낼 수 있다."[33]

100여 년 전 영국 맨체스터 시 소재 미들랜드 호텔 로비에서 헨리 로이스Henry Royce와 찰스 롤스Charles Rolls가 처음 만났다. 두 사람은 더할 나위 없이 달랐다. 방앗간 주인의 아들로 수염이 나고 머리카락이 반백인 로이스는 노련한 기술자로 증기 기중기를 완벽하게 제조해 영국 군대에 납품하고 있었다. 롤스는 198센티미터인 신장만큼이나 지위에서도 로이스를 앞섰다. 27세에 불과한 롤스는 남작의 아들로 특권 계층에 속한 멋쟁이 청년이었고 영국에서 최초로 자가용을 소유한 대학생이었다. 당시 영국에서 두 사람의 사회적 격차는 엄청나게 컸지만 그들은 모두 자동차를 좋아했다. 초기 자동차는 상당히 고가이면서 신기한 물건이었다. 로이스는 자신이 공작소에서 3년 동안 프랑스 제 자동차를 이리저리 뜯어보고 자신이 더 좋은 자동차를 만들 수 있겠다고 확신했다. 로이스의 철학은 이랬다. "무슨 일이든 완벽하게 하려고 노력한다. 기존의 제품 가운데 최고를 골라 이를 개선한다. 최고의 제품이 없다면 직접 설계한다."

그 무렵, 런던 상류층이 드나드는 웨스트엔드West End에 자동차 전시장을 열고 사업을 시작했던 롤스는 로이스가 직접 제작한 자동차를 보고 감탄했다. 게다가 자신의 전시장에 있는 프랑스제 자동차에 불만을 품고 있었다. 이를 계기로 부유하고 젊은 사업가와 기술 분야에서 잔뼈가 굵은 나이 지긋한 기술자가 손을 잡고 롤스로이스 자동차 회사를 설립했다.

해당 기업은 제3의 대안을 추구하는 기업으로 고품질의 기술과 화려한 사업 감각을 결합한 좋은 사례였다. 로이스는 세계 최고의 자동차를 제작하고 롤스는 은색 차체 디자인에 영감을 불어넣으면서 부유한 영국 상류층을 고객으로 끌어들이는 광고 전략을 펼쳤다. 1907년 번쩍이는 외관과 조용한 엔진 소리를 상징하는 명칭으로 1호 실버 고스트Silver Ghost가 출시되었다.

롤스는 신차의 전국 횡단 내구성 실험에 언론을 초청해 동행시키는 엄청난 모험을 감행했다. 기자들은 자동차의 성능에 깜짝 놀랐다. 어떤 기자는 "자동차 후드 밑에서 엔진이 돌아가는 소리가 조용한 재봉틀 같았다"라고 보도했다. 매일 기자들은 실버 고스트가 영국 시골길을 달리다가 고장이 나기를 기다렸지만 허사였다. 거의 1만 5,000마일을 달리고 나자 기자들은 시험을 포기하고 실버 고스트는 '세계 최고의 자동차'라고 인정했다. 롤스로이스는 이렇게 명성을 구축했고, 오늘날까지도 자동차 산업에서 고급 유명 상표로 자리 잡고 있다.

영국 자동차 기업이 200개 이상 생겼다가 사라지는 격동 속에서도 롤스로이스는 명맥을 유지하면서 여전히 고스트Ghost를 생산한다. 2011년 2월 들어서는 자사 최초의 전기 자동차로서 무선 충전이 가능한 102EX를 출시했다. 1907년에 제작한 실버 고스트 원제품은 5,700만 달러 상당의 보험에 가입되어 있어 세계 최고가 자동차이다.

롤스의 현란한 판매 기술과 로이스의 기름 때 묻은 기중기 작업의 합병으로 제3의 대안적 기업이 탄생했다. 서로에 대한 두 사람의 애정과 존중은 커졌다. 롤스가 비행기 추락사고로 사망하자 로이스는 크게 상심하여 더 이상 공장에 나가지 못했다. 하지만 두 사람이 달성한 유산은 유지되었다. 두 사람이 이룩한 합병의 토대는 개인적인 애정이었고, 서로 보완할 수 있는 강점에 대한 깊은 존중이었으며, 탁월한 기술을 추구하는 공통된 비전이었다.

이러한 요소를 갖추지 못한 합병은 진정한 성공을 거둘 수 없으며 또한 시너지도 기대할 수 없다. 합병은 단순히 자산을 결합하는 정도가 아니다. 합병을 제안하는 것은 많은 사람의 생계를 책임지고 정체성과 꿈의 터전인 신성한 영역에 발을 디디는 것이다. 따라서 합병 과정에는 토킹 스틱 대화가 반드시 필요하다. 합병 대상 기업의 직원들을 존중한다면, 그들을 직장인 이상의 존재로 보고 강점을 이해하려 노력한다면, 원래 생각했던 것보다 훨씬 귀한 보물을 발견할 것이고 예전에 상상하지 못했던 시너지에 도달할 것이다.

제3의 대안을 찾는 기술

상호보완적 팀은 시너지가 일어날 수 있는 환경에서 진가를 발휘한다. 칼 로저스는 이렇게 이해했다. "진정성, 가치 인정, 이해가 특징인 분위기를 형성하는 데 기여할 수 있다면 흥미진진한 상황이 펼쳐질 것이다. 이러한 분위기에서 개인과 집단은 경직성에서 벗어나 융통성으로 향한다. ……예측할 수 있는 상황에서 벗어나 예측할 수 없는 창의성으로 향한다."[34]

그렇다면 그러한 환경은 어떻게 조성할까? 제3의 대안을 찾으려면 "지금껏 어느 누가 생각해낸 것보다 좋은 해결책을 찾을 의향이 있는가?"라고 질문해야 한다. 그 대답이 긍정이면 단순히 옛 아이디어를 유지하는 데 그치지 않고 새 아이디어를 창조해낼 수 있다. 하지만 창의성을 발휘하겠다고 결심하는 정도에 머물러서는 안 된다. 드 보노가 주장했듯 "강제성이 개입한 창의성은 거의 무용지물이기 때문이다. 어떤 분야든 특정 기법과 기술을 적용할 때 창의성이 발휘되어 새 아이디어를 창출할 수 있다." 이러한 특정 기법과 기술은 마법극장에서 찾아볼 수 있다. 마법극장을 지배하는 원칙이 결핍이 아니라 풍요라는 사실을 기억하라. 생각이 번성하고 싹트고 꽃피어야 한다. 시너지에 도달하면 마법극장이 아이디어의 정글처럼 보일 것이다. 그렇듯 풍요를 이끌어내는 활동은 무엇이든 제3의 대안을 찾아낼 수 있다.

발상Prototyping과 역발상Countertyping

마법극장의 두 가지 주요 활동에 대해 생각해보자.

- 모델을 만든다. 화이트보드에 그림을 그리고, 도표를 스케치하고, 실물 크기의 모형을 세우고, 초안을 작성한다. 생각을 말하지 않고 보여준다. 머리로 생각하는 것을 누구나 볼 수 있도록 펼쳐 보인다. 이를 '발상'이라 부른다.
- 머릿속으로 아이디어를 돌린다. 인습적인 지혜를 뒤집어본다. 이를 '역발상'이라 부른다.

발상은 아이디어를 실험하려고 구축한 모델이다. 화이트보드에 간단하게 스케치를 하는 것부터 제품이 완전하게 작동하는 견본을 제작하는 것까지를 포함한다. 최종 제품을 모의 시험할 목적으로 전자 엔지니어는 '브레드보드breadboard'를 만들고, 소프트웨어 엔지니어는 '와이어프레임wireframe'을 만든다. 작가는 본격적으로 글을 쓰기 오래전에 스케치한 그래프와 도표로 자세한 개요를 만들고 다른 사람에게 검토를 부탁하기도 한다. 사업주는 개념을 입증하려고 다른 매장 디자인으로 시험할 때도 있다.

상호보완적 팀이 발상 작업을 추진할 때 얻는 이득은 모든 문제를 매우 일찍 파악해서 시기적으로 늦는 사태가 발생하지 않는 것이다. 신속한 발상은 수많은 발상을 거쳐 신속하게 이루어지므로 논쟁이 시작하기 전에 이미 전원이 타인에게 자기 의견을 전달하고 이해시켰다고 느낀다. 그러려면 토킹 스틱 대화가 필요하다. 상대방이 자신의 발상을 설명할 때 우리는 그 논리에 귀를 기울이고, 상대방이 보는 대로 그림을 그리고, 문제에 대한 상대방의 통찰을 파악해야 한다. 그 반대로 팀에게 우리의 발상을 설명할 때도 상대방은 같은 과정을 거쳐야 한다.

다양한 사고 집단을 갖춰야 하는 이유가 있다. 발상에는 자신이 믿는 세계관과 진실의 조각이 반영된다. 현명한 사람은 진실의 다른 조각을 반영하는 다양한 발상을 추구한다. 그래야만 모두 협력하여 문제에 대한 바람직한 해결책을 이끌어낼 수 있기 때문이다. 예를 들어 컴퓨터프

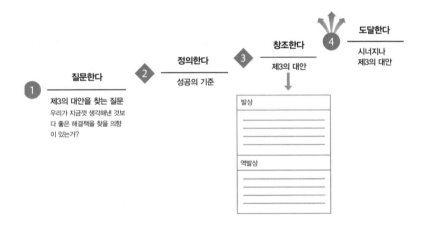

발상/역발상

발상/역발상: 제3의 대안을 생각해내는 두 가지 방식이다. 발상은 신속한 스케치, 모델, 실물 크기의 모형, 해결책의 초안을 뜻한다. 역발상은 상황을 뒤집고, 전제에 의문을 제기하고, 인습적인 접근법을 뒤집는다. 두 가지 방식을 모두 사용하여 다른 사람과 함께 대안을 실험한다.

로그래머는 신속하게 프로그램 원형을 만든 후에 이를 신속하게 검토하고 문제점을 파악하기 위해 다양한 이해관계자 집단을 소집한다. 고객이 소프트웨어가 사용하기 어렵다고 생각할 수도 있고, 다른 엔지니어가 결함을 감지할 수도 있기 때문이다. 그런가 하면 마케팅 담당자가 소프트웨어의 적용성에 의문을 제기할 수 있다. 이러한 문제는 일찍 발견할수록 좋다.

역발상은, 예상을 뒤집는 모델로 가장 창의적인 해결책을 이끌어낼 때가 많다. 역발상 모델에서는 머릿속으로 가정을 이리저리 응용하여 완전히 새로운 문제 해결방식을 발견한다. 그 목표는 팀 정신을 자극해서 북돋우는 것이다. 가장 단순한 역발상 형태는 일상적 행동방식을 뒤집는 것이다. 예를 들어, 역발상을 구사하는 렌터카 업체는 가만히 앉아 고객을 기다리지 않고 렌터카를 몰고 고객을 찾아간다. 역발상 전력 회사는 발전 용량의 감소를 고객에게 요금 인상의 형태로 전가하지 않고 오히려 고객에게 지원금을 지불하여 가정에서 전기를 절약하게 한다. 햇볕이 쨍쨍 내리쬐는 바다에서 서핑하는 것에 진력이 났다면 보드를 산으로 가져가 스노보드를 타듯 눈 위를 서핑할 수 있다.

나는 에드워드 드 보노의 우호적 역발상 모델이 마음에 들었다. 예를 들어 보노는 아이들이 '긍정적 갱'을 결성하여 주위에서 흔하게 볼 수 있는 부정적 갱에 소속했을 때의 만족감을 느끼는 동시에 사회에도 이익을 안길 수 있다고 주장했다. 주택 가격 하락에 대처하는 보노의 역발상을 살펴보자.

부동산 시장이 하강하는 상황에서 매수자는 가격이 더 떨어질 때까지 주택 구매를 미룬다. 몇 달 있으면 가격이 더 떨어질 텐데 굳이 당장 구매할 이유가 없기 때문이다. 하지만 물건을 팔아야 하는 사람은 가격을 낮추므로 주택 가격은 더욱 하락하기 마련이다.

이때 새로운 계약 유형을 개발할 수 있다. 현재 가격으로 거래하되 매수자와 계약을 맺어 1년 또는 2년 안에 주택 가격 지수가 추가로 12% 이상 떨어지면 그만큼 매수자에게 변상하는 것이다. 그러면 구매를 미룰 이유가 사라지므로 주택 시장도 후퇴하지 않고 매도자가 변상하는 일은 발생하지 않을 수도 있다.[35]

21세기 경제에 역발상 아이디어가 급속히 팽창하고 있다. 예를 들어 나이키는 신발을 판매할 뿐 아니라 구입도 한다. 사들인 낡은 신발을 분쇄해서 밑창은 러닝트랙 표면으로, 천은 실내 농구 코트에 들어가는 완충재로, 발포 고무는 테니스 코트 표면에 탄성을 주는 용도로 재활용한다. 영국의 감자칩 제조사인 워커스는 감자를 세척하는 데 물을 사용하지 않고, 감자가 자체 수분을 빼내는 과정을 활용해 자가 세척한다. 모두 역발상 규칙을 적용한 사례이다.

역발상 모델에서는 팀원의 사고가 지나치게 유사할 수 있으므로 '집단사고'를 피한다. 팀원이 같은 관점을 공유할수록 역발상이 더욱 필요하다. 검증을 거치지 않은 취약한 아이디어를 채택해 합의에 도달할 가능성을 차단해야 하기 때문이다. 역발상을 발휘한 유명한 사례로 조지 롬니George Romney가 있다. 1950년대 생존하려 몸부림치던 아메리칸 모터스 컴퍼니(American Motors Company, AMC)의 수장으로 취임한 롬니는 소비자의 동향을 진단하고 나서 매년 미국 자동차의 크기가 커지고 연료 소모량이 많아진다는 사실을 파악했다. 그래서 고객이 '연료를 많이 소비하는 대형차'를 몰고 싶어 한다고 추정한 미국 자동차 제조사들의 집단사고를 탈피하고 역발상을 발휘해 '소형차'를 생산하자는 아이디어를 생각해냈다. 롬니가 이끄는 AMC는 소형 램블러Rambler를 생산하면서 1958년 자동차 판매 기록을 깼다. 이러한 역발상의 영향력을 경험한 자동차 산업계는, 많은 고객이 자동차로 이동하는 것을 원할 뿐, 크기에는 그다지 신경을 쓰지 않는다는 사실을 깨달았다. 그래서 앞다투어 소형차 생산에 뛰어들었으므로 1977년 미국에서 생산하는 대부분의 자동차는 램블러 크기이거나 심지어 그보다 작았다.

팀원 모두가 자유롭게 역발상을 제안할 수 있어야 한다. 이때 제안은 아이디어에 도전하고 이의를 제기하는 수준을 넘어서서 집단적 사고를 뒤집고, 발상을 이리저리 돌려보고, 반대 아이디어를 내세운다. "신발을 파는 데만 급급할 것이 아니라 구입해봅시다." "자동차에서 '소형'이 새로운 '대형'일 수 있어요."

발상과 역발상은 상호보완적 팀이 제3의 대안에 신속하고 효율적으로 도달하는 방법이다. 이때 목표는 모든 발상을 초월하는 흥미진진한 방법을 생각해내 획기적인 방식으로 문제를 해결하는 것이다. 그러면 모기를 요격하는 레이저 총을 만들어 말라리아를 예방할 수 있다. AK-47 돌격소총처럼 약병을 발사하는 이중 듀워Dewar 플라스크를 만들어 백신을 냉장 보관할 수 있다.

발상의 통합

제3의 대안은 많은 발상의 요소를 결합하는 방식으로 출현할 때가 많다. 발상 과정을 거치면 타인의 모델에서 자신이 생각해보지 못한 멋진 아이디어를 떠올릴 수 있다. 예를 들어 1990년대 소비자 전자제품 기업 다수가 디지털 비디오를 작동시키는 광디스크를 생산해 시장을 점유하려고 경쟁했다. 그들은 VHS와 베타맥스Betamax의 비디오테이프 포맷을 놓고 벌였던 값비싼 전쟁을 잊지 않았다. 전자 산업계는 거의 10년 동안 포맷의 기준을 어디에 두어야 할지 갈피를 잡지 못해 소비자의 분노를

3. 직장에서 추구하는 제3의 대안

샀기 때문이다. 그때와 같은 성격의 주도권 싸움을 벌이는 것이 두려웠던 업계 리더들은 함께 모여 디지털 비디오의 표준 포맷을 생각해내기로 합의하고 상호보완적 팀인 기술 실무 그룹(Technical Working Group, TWIG)을 결성했다. IBM 연구소의 앨런 벨Alan Bell이 의장을 맡았던 TWIG는 수많은 개념을 검토했다. 도시바 · 소니 · 필립스 · 애플 · IBM 같은 기업에서 활동하는 경쟁심 강한 엔지니어들이 자신의 발상을 발표하고 토론을 통해 서로 배울 기회를 얻었다. 결국 TWIG는 도시바가 제안한 거대 10기가바이트 용량의 양면 초밀도 디스크의 손을 들어주었다. 하지만 소니와 필립스가 제안한 'EF 변조' 포맷도 먼지 · 긁힘 · 지문 등으로 표면이 끈적거리거나 소리가 튀는 현상을 줄일 수 있어 인상적이었다.

1996년 기업 협력단에서 최종 제품이 출시되었다. DVD로 불리는 '디지털 다기능 디스크'는 많은 발상에서 최상의 조건을 결합하면서 각 회사가 자체적으로 제작할 수 있었던 것보다 훨씬 좋은 제품을 만들어냈다. 그 후 DVD는 선풍적인 인기를 끌어 2007년 판매가 절정에 이르면서 17억 개로 240억 달러의 수입을 창출했다.[36]

가장 바람직한 해결책은 최대한 일찍, 되도록 많은 아이디어를 결합했을 때 주로 도출된다. 발상 과정을 거치면 가능한 결과이다.

자연에서 추구하는 발상

산호초, 열대 다우림, 사막 등 사람의 눈이 닿는 곳은 어디든 자연계가 시너지의 기적을 만들어낸다. 작가 윌리엄 파워스William Powers가 아름답게 묘사했듯 이를 나타내는 사례는 무궁무진하다.

인간이 산업화 공정을 통해 케블라(Kevlar, 미국 듀폰 사가 개발한 고강력 섬유인데 강도와 탄성과 진동 흡수력이 뛰어나다—옮긴이)를 생산해내려면 황산용액에서 방사해야 하고 온도를 수천 도까지 올려야 한다. 하지만 거미는 실온에서 거미줄을 만들어내는 데다가 그램당 강도는 강철보다 몇 배 크다. 인간은 비슷하게 높은 온도에서 도자기를 구워내지만, 전복은 작은 단백질 층을 저장하고 주변에 있는 해수에서 칼슘을 침전시켜 껍데기를 만든다. 전복 껍데기는 자가 치유가 가능하므로 균열이 생기면 자동차 앞창 유리와 다르게 조직이 양 끝을 막아 더 이상 커지지 않게 한다.[37]

내가 케블라 조끼를 생산한다면 거미 전문가를 채용하고, 건축업에 종사한다면 해양 생물학자를 영입하고 싶을 것 같다. 거미줄로 만든 방탄 조끼나 전복 껍데기처럼 자가 복구되는 창문을 상상해보라. 자연은 무한한 가능성을 내보이며 인간이 그 가능성을 연결해내기를 기다리고 있다.

예를 들어보자. 1941년 어느 날 스위스인 전기 엔지니어 조르주 드 메스트랄George de Mestral은 개를 데리고 사냥 휴가를 떠났다가 귀가했다. 그와 개의 몸에는 도꼬마리 가시가 잔뜩 붙어 있었다. 드 메스트랄은 개의 털에서 도꼬마리 가시를 일일이 손으로 떼다가 문득 가시가 잘 떨어지지 않는 까닭이 궁금해졌다. 그래서 가시를 현미경으로 관찰해보니 끝에 미세한 갈고리가 있었고 그 순간 단추와 지퍼를 대체할 수 있는 잠금장치를 생각해냈다. 숲속을 뛰어다니다가 벨크로Velcro를 발명했던 것이다. 몇 년 후 벨크로가 엄청나게 성공하자 드 메스트랄은 제조업자에게 이렇게 농담했다. "직원이 2주 동안 사냥 휴가를 다녀오겠다고 하면, 얼른 보내주세요."

아이비 로스Ivy Ross가 제품 디자인 책임자로 취임할 때 로스앤젤레스 소재 마텔Mattel은 몇 년 동안 매출 저조로 곤란을 겪고 있었다. 당시 마텔이 창의성을 상실했다고 생각하는 사람들이 많았다. 마텔에 독창성을 새롭게 불어넣을 방법을 궁리하던 로스는 우연히 오스트레일리아에 서식하는 오리너구리를 다룬 기사를 읽게 되었다. 오리너구리는 자연계에서 가장 별난 동물로 생김새는 비버 같지만 발과 주둥이에는 물갈퀴가 있고 오리를 닮았다. 게다가 파충류처럼 독이 있고 새처럼 알을 낳는다. 로스는 오리너구리를 본뜬 제품을 만들면 좋겠다고 생각하고 다양한 배경을 지니고 여러 기능을 수행하는 인재들로 제품개발 팀을 구성했다. 자신이 만든 마법극장에 디즈니 출신 배우, 회계 및 포장 분야 전문가, 심리학자, 뇌 과학자, 음악 연구가, 건축가를 불러 모았다. 그리고 팀원들을 놀이터에 파견해 아이들이 노는 광경을 지켜보라고 지시했다. 자칭 오리너구리 팀은 분주하게 움직였다. 한 달 안에 팀은 새로운 장난감의 시제품 33개를 만들어 벽에 전시했다. 그리고 몇 주가 지나자 기발한 건물 세트인 엘로를 출시함으로써 여아용 장난감 분야에서 완전히 새로운 부문을 만들어냈다. 오리너구리 상호보완적 팀은 마텔에서 전설적인 팀이 되었고 비슷한 성격의 팀이 많이 생겨나는 계기를 마련했다. 아이비 로스는 오리너구리 팀을 결성할 때 상황을 이렇게 서술했다.

처음 일을 시작할 때는 모두가 기한이 언제인지, 어떤 과정을 거쳐야 하는지 알고 싶어 한다. 나는 팀원들에게 12주 안에 마텔을 위해 아직까지 존재하지 않았던 정말 새로운 기회를 만들어내야 하고, 사업 계획서·제품·포장까지 완성해야 한다고 말한다. 어떻게 그러한 목표를 달성할 수 있을까? 나도 아직 방법을 모른다. 이것은 일종의 모험이다. 여기서 내 임무는 상황을 유기적으로 발전시키는 것이다. 자체적으로 체계를 잡아가려면 시간이 걸린다. "이 프로젝트에 매달린 지 8주가 지났는데 여전히 제품을 만들어내지 못하고 있어요"라고 말하는 팀원에게 나는 당황하지 말고 냉정을 되찾으라고 말한다. 혼란도 과정의 일부이기 때문이다. 대신에 화려한 번화가나 동물원에 가서 바람을 쐬고 신선한 관점을 얻어 돌아오라고 말한다. 그러면 불현듯 "아하!" 하며 좋은 아이디어가 떠오르는 순간이 찾아올 수 있기 때문이다. 누군가가 자신의 아이디어를 신명나게 꺼내면 아이디어가 꼬리에 꼬리를 물고 생겨날 수 있다. 이내 팀원들은 자신들이 정말 멋진 아이디어를 생각해냈다는 사실을 깨닫는다. 한 사람만이 아니라 모두가 그렇게 느낀다. 이러한 분위기가 형성되면 설사 기한이 촉박하더라도 팀원은 사기가 솟구쳐서 열심히 뛰기 시작한다. 아이디어를 실현시키려고 젖 먹던 힘까지 낸다. 예전에는 모두 조용히 자기 업무에만 매달려서 서로 경쟁했지만, 이제부터는 진심으로 협력하면서 아이디어를 함께 구축해나간다. 이것이 진정한 공동 작업이다.[38]

로스는 앞에서 시너지 과정을 서술하고 있다. 그녀는 오리너구리의 다양한 강점을 보유한 팀을 결성했고 그 결과로 창의성이 폭발했다.

발상 도발하기

도발적인 질문을 던지면 상상력을 자극해 새 대안을 도출할 수 있다. "우리가 현재 생산하는 제품만을 사용해 문제를 해결해야 한다면 어떻게 해야 할까요?" "자원이 전혀 없이 이 문제를 해결해야 한다면 어떨까요?" "자원을 무제한으로 쓸 수 있다면 어떨까요?" 예를 들어 예일 대학교 경영대학원 소속 전략가 베리 네일버프Barry Nalebuff는 개념을 세울 의도로 "크로이소스Croesus라면 어떻게 했을까요?"라는 질문을 던진다. 크로이소스는 그리스 신화에 등장하는 왕인데, 재산이 헤아릴 수 없을 만큼 많았다. 네일버프는 이렇게 질문하면서 창의적일 뿐 아니라 감당할 만한 해결책이 떠오를지 모른다고 주장했다. 자신이 원하는 시간에 원하는 영화를 보고 싶다고 가정하자. 엄청난 부자는 이 문제를 어떻게 해결할까? 네일버프는 이렇게 대답했다.

한창 시절 하워드 휴즈Howard Hughes는 크로이소스처럼 돈을 쓰는 재주를 활용해서 문제를 해결했다. 때가 1966년이고 자신이 휴즈라고 상상하자. 험프리 보가트Humphrey Bogart가 출연하는 옛날 영화가 몹시 보고 싶을 때가 있다. 하지만 안타깝게도 당시는 비디오 녹화기가 발명되기 전이었다. 그러면 어떻게 할까?

휴즈는 라스베이거스 텔레비전 방송국 하나를 사서 개인 VCR로 만들고, 보고 싶은 영화가 생길 때마다 방송국 총괄 관리자에게 연락해 그날 밤 방송할 영화를 지목했다. 해당 방송국에서 〈카사블랑카Casablanca〉와 〈말타의 매The Maltese Falcon〉 등을 많이 내보낸 것도 바로 이 때문이었다.[39]

크로이소스 질문을 던질 때는 실질적인 해결책부터 내놓지 않는다. 상상할 수 있는 범위에서 최고의 해결책에서 출발한다. 텔레비전 방송국을 자기 소유로 구입한다. 이 해결책에서 조금씩 시선을 낮추면서, 같은 결과를 얻을 수 있는 기계나 온라인 서비스를 구비하는 등 좀 더 실제적인 발상을 생각해낼 수 있다.

역발상 사업 모델

제3의 대안을 추구하는 것은 모든 기업의 희망이다. 아니 희망해야 마땅하다. 여러 연구 결과를 보더라도 성공하는 기업에는 여느 기업과 다른 독특한 특징이 있다. 그 기업들은 고객과 직원과 더불어 강력한 시너지를 형성해 두각을 나타낸다. 고객과 직원의 충성을 다룬 글을 읽어보면 이 위대한 기업들은 비범한 수준의 신뢰와 신념을 사는 예외적 공식을 발견한다.

의식적이든 무의식적이든 제3의 대안을 찾는 기업은 표준에서 벗어난 역발상 단계를 밟는다. 사업 모델이 겉으로 상식에 거스르고, 매혹적인 방식으로 인습적 지혜를 뒤집을 때가 많다.

디즈니를 생각해보라. 디즈니는 세계 최상급 놀이공원에 배치할 적임자를 찾아내고 교육시키고 개발하는 데 아낌없이 투자한다. 디즈니처럼 직원의 질에 집중하는 기업이 또 있는가? 코스트코를 생각해보라. 다른 슈퍼마켓이 취급하는 제품의 일부만 판매하는 데도 고객이 마치 보물찾기에 열중하는 어린아이처럼 몰려든다. 싱가포르 항공사를 생각해보라. 보통석 승객들에게도 샴페인을 무한정 제공하고 발판과 개인전화를 구비하는 등 다른 항공사들이 따라갈 수 없는 서비스를 베푼다. 고객의 요청을 받아 기내식을 고급 레스토랑에서 먹는 것처럼 뜨거운 상태로 대접한다. 대부분의 항공사들이 고객 서비스를 완전히 내동댕이치고도 어쨌거나 적자를 보는 시기에도 싱가포르 항공사는 흑자를 기록했다.[40]

앞에서 살펴보았듯 제3의 대안을 찾는 기업은 역발상 사업 모델을 내세워 다른 기업이 엄두도 내지 못할 일을 벌인다. 이 기업들의 공통점은 고객을 예약 건수나 단위가 아닌 인간으로 보고 진정성 있는 서비스를 제공하기 위해서라면 인습도 거스른다. 싱가포르 항공사 CEO 추춘셍 Chew Choon Seng은 이렇게 설명했다. "항공 산업은 여전히 고객 집약적이다. 판매 직원과 대화하는 순간부터 비행기에 탑승하고 수화물을 찾을 때까지, 모든 서비스가 사람과 관계된다."[41] 싱가포르 항공사도 약간 변형된 형태이기는 하지만 제3의 대안을 찾는 질문을 매일 던진다. "지금껏 어느 누가 생각해낸 것보다 좋은 해결책을 찾을 수 있는가?"

캐나다에서 일하는 컨설턴트인 내 친한 친구가 토론토 근처 지역에서 시너지에 관해 세미나를 이끌었다. 세미나 참석자는 제조업자, 상점 주인, 변호사, 정부 근로자, 회계사, 간호사 등 40여 명으로, 연령층과 인종이 다양했고 반 이상은 여성이었다. 세미나가 진행되는 중간에 내 친구는 시너지에 관한 실험을 하려는데 실험 대상이 되어줄 자원자가 있는지 물었다.

옷을 잘 차려입고 말소리가 나긋한 남성이 앞줄에서 손을 들었다. 지금부터 그를 리날도Rinaldo라고 부르기로 하자. 내 친구는 리날도에게 현재 어떤 상황에 처해 있는지 물었다.

그는 이렇게 말문을 열었다. "나는 대형 철물점을 운영하고 있습니다." 목소리에 라틴어 억양이 살짝 배어 있었다. "여러 해 동안 가게를 일으키려고 노력했어요. 고객도 많이 확보했습니다. 사업은 그럭저럭 순탄하게 돌아가서 지금이라도 사업이 커졌으면 좋겠어요. 하지만 이제 전부 틀렸어요. 대형 매장 두 군데가 같은 도시에 들어선답니다. 하나도 아니고 둘씩이나요! 게다가 내 매장은 두 매장의 사이에 끼어 있어요. 새로 들어설 매장들은 크기도 크고 힘도 막강해 가격 면에서 상대할 수가 없습니다. 고객들이 결국 그쪽으로 옮겨가지 않을까요?"

내 친구는 아무 말 하지 않고 쥐 죽은 듯 조용해진 참석자들에게로 시선을 돌렸다. 모두 이 남자에게 동정심을 느끼고 있는 것이 분명했다.

내 친구가 입을 열었다. "자 이제, 리날도를 구해봅시다. 역발상을 시도해볼까요? 어떻게 해야 리날도가 고객을 놓치지 않을까요? 누구도 여태껏 생각해내지 못한 아이디어를 생각해낼 수 있을까요?" 세미나 참석자들은 아이디어를 궁리하기 시작했다. 우선 펜과 종이를 꺼내고는 발상을 전환하여 리날도의 소매매장을 번성시킬 새 사업 모델을 열심히 그렸다. 분위기는 소란하고 혼란스러웠지만 사람들이 흥분했을 때 나타나는 즐거운 종류의 혼돈이었다.

내 친구가 시간이 다 되었다고 말하기가 무섭게 참석자들은 자신이 생각해낸 아이디어를 앞다투어 발표했다. 아이디어들이 만발하면서 다음과 같은 제안 수백 가지가 쏟아졌다.

- 어째서 고객이 찾아오기를 기다리는가? 고객을 찾아가라! 트럭에 제품을 잔뜩 싣고 건설 현장을 찾아다녀라.
- 노련한 직원을 활용하라. 매장을 학습 센터로 만들어 건설 작업에 대한 제안을 고객이 진짜 기술자들에게 직접 듣게 하라.
- 시의적절하고 신속한 서비스를 시작하라. 고객이 전화하거나 문자하거나 도구가 필요하다고 말하면 당장 제품을 배달하라.
- 못 하나를 사고 싶어 하는 고객에게는 한 묶음을 팔지 말고 낱개로 하나만 살 수 있게끔 하라.

가장 효과적인 제안은 여성 참석자들에게서 나왔다. 철물점에 가면 주눅이 드는 경향이 있는데, 편안하게 자신의 필요와 관심을 충족시켜줄 수 있는 매장이 있었으면 좋겠다고 말하는 여성이 많았다. 리날도는 여성 직원을 채용하고, 여성이 대상인 수업을 개발하고, 가정에서 수리할 때 여성에게 필요한 제품이 무엇인지 찾아내야 했다. 한 여성이 이렇게 외쳤다. "역발상이지요! 여성용 철물점은 어때요?"

내 친구는 당시 수업이 자신이 그때까지 이끌었던 중에 가장 생산적인 역발상 수업이었다고 언급했다. 다양한 직업과 관점을 소유한 참석자들에게서 훌륭한 아이디어들이 풍부하게 쏟아져 나왔고 리날도는 기뻐서 얼굴이 상기되었다. "이제 희망이 생겼습니다." 다음 몇 달 동안 리날도는 대형 소매 철물점에 대항할 수 있는 역발상 사업 모델을 구축했다. 일반 철물점에서는 대부분 일용 잡화를 판매하고 훈련받지 않은 점원들이 무덤덤한 표정으로 고객을 맞는 반면에, 리날도는 훌륭한 전문 기술과 개인적인 관심으로 무장하고 특별히 여성 고객을 겨냥했다. 대형 소매 매장이 무엇을 하든 리날도는 반대 전략을 펼쳤다.

마침내 도시의 양 끝에 대형 매장 두 군데가 각각 들어섰다. 두 매장은 별 차이가 없는데도 고전적인 제2의 대안적 관점에서 시장을 차지하려고 다퉜다. 그사이 제3의 대안을 생각해낸 리날도는 두 대형 매장의 틈새에서 차별화를 꾀하고 서비스와 기술을 탁월하게 통합하여 고객층을 확보하는 혜택을 누렸다.

이렇듯 제3의 대안을 추구하는 조직은 직원과 고객을 깊이 존중하고 그들에게 공감하는 특징을 보인다. 그리고 자신에게 늘 역발상 질문을 던진다. "인습적 방법을 뒤집고, 상황을 반전시켜 시장에서 자신을 차별화할 뿐 아니라 고객에게 근본적으로 탁월한 가치를 제공하려면 어떻게 해야 할까?"

손님이 음식 가격을 결정하는 레스토랑이 있다면 어떨까? 어떤 기준으로 판단하더라도 파네라 브레드Panera Bread는 성공 사례이다. 미국 40개 주에 카페 형식의 빵집 매장 수천 곳을 보유한 파네라 브레드의 사명은 "모두의 손에 빵 한 덩어리씩 들리자!"이다. 미국 캐주얼 레스토랑 가운데 고객 충성도가 가장 높은 곳으로 꼽히는 이곳은 고객에게 보답하기를 원한다.

"파네라 케어Panera Cares는 공동으로 책임지는 새로운 종류의 지역사회 카페이다." 파네라 브레드는 이처럼 역발상 레스토랑을 몇 군데 개업하여 고객이 지불하고 싶은 만큼 음식 값을 내게 한다. 사장인 론 세이치Ron Shaich는 해당 전략이 추구하는 목표를 이렇게 설명했다. "식사를 해야 하는 사람이 반드시 식사할 수 있게 하기 위해서이다. 자신이 필요한 것을 얻고 그에 합당한 값을 자진해 내도록 고객을 독려한다. 가격표도 계산원도 없으며 기부 액수를 제안하기만 하고 기부금을 넣을 수 있는 상자만 비치한다." 고객에 따라 음식 값을 많이 내기도 하고 거의 내지 않기도 한다. 음식 값을 기부하는 대신 일하겠다고 자원하는 사람도 있다. 고객의 3분의 1은 레스토랑에서 제안한 금액보다 많이 낸다. 카페는 비용을 충당하고 자급자족할 수 있다.[42]

나는 파네라 브레드가 시작한 역발상 카페가 앞으로 투자액의 몇 배에 해당하는 수익을 거두리라 믿는다. 파네라는 좋은 평판을 쌓고 있다. 때로 삶에 폭풍우가 쳐들어와 피신할 장소가 필요한 이웃을 변화시키고 있다. 사람들에게 자신과 타인을 도울 기회를 제공하고 있으며, 기업체가 수익을 거두는 방법이 하나가 아니라는 사실을 우리에게 가르친다.

개발도상국에서 역발상 찾기

신흥국가가 발휘하는 창의성이 세계를 바꾸고 있다. 개발도상국의 민첩하고 저렴한 에너지 절감 기술은 놀랍도록 혁신적이어서 앞으로 세계 경제를 극적으로 바꿀지 모른다.

몽고를 방문한 내 친구 클레이튼 크리스텐슨은 시장 한복판을 걸어가다가 우연히 저렴한 태양광 텔레비전을 발견했다. 텔레비전은 잘 작동했고 가격이 낮았다. 크리스텐슨은 이러한 종류의 제품이 전통적인 전력 산업의 사회기반 시설과 대규모 투자를 혼란에 빠뜨리지 않을까 걱정했다. "그 텔레비전은 사람들이 원하는 제품에 가깝다. 사람들은 거대한 전력망이 아니라 작동하는 텔레비전을 원할 뿐이다."

인도 가정의 절반 가까운 수가 전기 없이 생활한다. 인구 수백만 명이 전력이 없어 일자리와 교육 기회를 제대로 누리지 못한다. 게다가 전력이 부족하면 실내에서 장작을 때서 조리하는 탓에 화재가 빈발해 대기를 오염시키므로 실제로 환경을 해친다. 그래서 사람들에게 전기를 제공하는 문제를 둘러싸고 여러 해 동안 논쟁이 뜨겁게 벌어지고 있다. 기업과 환경운동가가 다투고, 도시와 지방이 다투고, 정치인은 서로 다툰다. 세계 여러 지역에서 그렇듯 제2의 대안적 사고는 의미 있는 발전을 방해할 수 있다.

반면에 방글라데시 출신의 젊은 엔지니어로 제3의 대안을 찾는 하리시 한데Harish Hande는 스스로에게 역발상 질문을 던졌다. "어떻게 하면 사람들에게 전기를 거의 무료로 공급하는 동시에 환경도 구할 수 있을까? 지금껏 어느 누가 생각해낸 것보다 좋은 방법이 있을까?"

오늘날 한데는 완전히 청정한 전력을 자국인에게 거의 무료로 공급하는 방법을 찾았다. 셀코 인디아Selco India를 설립하여 11만 5,000개에 달하는 저가 태양광 발전 시스템을 설치한 것이다. 가난한 일용직 근로자든 소사업체든 셀코 인디아의 고객은 작은 집 한 채를 밝히기 위해 40와트 시스템을 갖추고 몇백 달러를 지불한다. 돈이 많은 고객이 거의 없으므로 한데는 맞춤형 대출 시스템을 마련했다. 그 결과 아이들은 등유 등불이 아닌 밝고 깨끗한 불빛 아래에서 숙제를 할 수 있게 되었다. 정전으로 고충을 겪던 소형 직물 가게는 하루 종일 재봉틀을 돌릴 수 있다. 가정에서는 연기 나는 장작을 때지 않고 전기난로로 음식을 조리할 수 있다. 택시 운전수는 세 바퀴짜리 택시에 추가 배터리를 충전하여 수입을 늘릴 수 있다. 게다가 가로등을 달아 도심에서 멀리 떨어진 마을을 안전하게 지킬 수 있다.

하리시 한데가 생각해낸 제3의 대안은 인도 남부에 거주하는 수천 가구의 생활을 변화시키고 있다. 중국에서도 같은 현상이 일어났다. 치 세이지Chi Sage라는 기업은 가역성 열펌프를 개발하여 우물·시내·호수를 포함한 수원水源을 사용하여 비용을 거의 들이지 않고 환경에도 악영향을 전혀 미치지 않으면서 가정에 냉난방 시설을 공급한다.[43]

다트머스 대학교 소속 비제이 고빈다라얀Vijay Govindarajan 교수는 이렇듯 환경적으로 중립적이면서 비용이 저렴한 혁신이 좀 더 발전한 나라의 경제를 쉽게 뒤흔들 수 있다고 생각했다. "우리는 획기적인 혁신이 개발도상국에서 먼저 일어나는 새로운 시대를 살고 있는지 모른다. ……국제화라는 케이크에 더해지는 장식이 있다면, 이러한 혁신이 다른 신흥국가뿐 아니라 좀 더 중요하게는 선진국에도 확대될 수 있다는 사실이다."[44]

우리는 제3의 대안을 찾는 사람들이 전 세계적으로 서로 연결되는 시대를 살고 있다. 예를 들어 인도의 태양광 엔지니어, 미국의 기획자, 중국의 제조 팀이 서로 협력하는 현상을 요즈음 흔하게 볼 수 있다. 비즈니스 세계에서 역사상 유례없이 시너지가 사방에서 끓어오르고 있다. 하지만 이러한 혁신의 바람에 합류하려면 패러다임을 전환해야 한다. 하룻밤 사이에 역발상을 떠올려 인습을 무너뜨리는 세상에 익숙해져야 한다. 단순히 제3의 대안을 높이 평가하고 이를 생각해내는 데 그치지 말고 능숙하게 제3의 대안을 구상해야 한다.

시너지 시대

어떤 면에서 비즈니스는 더 이상 존재하지 않는다. 비즈니스 안팎에 존재했던 옛 경계는 고객과 직원의 구분이 사라질 때 허물어졌다. 모든 사람이 고객이다. 기술의 조류가 몰려오면서 시간과 거리의 오랜 장벽이 무너졌다. 상업화 시대를 대변하는 요새 기업 모델은 투명성과 유동적 변화의 시대에 들어서면서 약화되었다. 고객은 더 이상 조직도에 표시된 단위가 아니다. 고객은 더도 덜도 아닌, 인간 자체이다.

하지만 나는 산업화 시대라는 감옥의 벽에 여전히 갇혀 있는 사람이 많다고 생각한다. 우리가 실시한 조사의 응답자들은 자신이 직면한 '심각한 문제'를 이렇게 호소했다.

- 업무를 잘 수행하려고 더욱 많은 노력을 기울이지만 돌아오는 보상은 매우 작다는 생각을 떨칠 수 없다.
- 내가 하는 일에서 좀 더 많은 의미를 찾고 있다. 의미가 없다면 일하기 힘들고 금세 지치고 우울해진다.
- 이따금 내가 어디를 향해 가고 있는지, 무엇 때문에 일하는지 모르겠다.
- 즐겁게 일하기는 하지만 그렇다고 일을 좋아하지도 않고 내 영혼이 살찌지도 않는다. 내가 지금 하고 있는 일을 하지 않는다면 어떤 일을 할지조차 알지 못하는 상태로 많은 세월을 일했다.
- 내가 하고 있는 금융 분야의 가치와 내 가치가 맞지 않는 것이 문제이다.
- 목적의식이 부족하다고 느끼다 보니 내가 세상에 유익한 일을 하고 있지 않다는 생각을 떨칠 수 없다.
- 주인들은 자기 사업의 세세한 점까지 시시콜콜 신경 쓴다.
- 사람들은 대립하여 갈등을 극복하려 할 때가 많다. 하지만 그러면 문제가 악화될 뿐이다.
- 조직에 갈등이 생기면 이탈이 증가하고 일관성을 유지할 수 없다.
- 일부 경영자는 실패에 따른 책임을 지지 않고 다른 사람의 공을 상습적으로 가로챈다. 자기 스스로 일하기보다는 타인에게 더욱 많은 일을 떠넘긴다.

목적의식이 없고 고립되어 있고 부당한 처사를 당한다고 느낀다면 조심하라. 자신이 더 커다란 시너지의 일부라고 느끼지 못하는 사람은 자기 회의에 휩싸이기 쉽다.

우리 안에 남아 있는 유일한 장벽은 문화적 장벽과 정신적 장벽이다. "나는 외톨이야. 내게는 목적의식이 없고 소속감도 없어. 이 사람들이 말하는 가치에 절대 동의할 수 없어. 어쩌다가 이런 감옥에서 삶을 허비하게 되었지?"

이렇듯 사람 사이에 장벽을 세우면 자신이 속한 좁은 영역과 타인을 원망하고 자신을 방어하기에 급급한 사고방식에 갇히고 만다. "당신이 다르다면 내게는 위협이야. 내 방식대로 상황을 보지 않는다면 당신하고는 끝장이야."

제2의 대안적 사고를 떨쳐버리고 자신에게 집착하는 교만의 가면을 벗어버리면 얼마나 홀가분할까? 전 세계가 시너지를 추구하는 시대에 제2의 대안적 사고는 얼마나 구태의연해 보일까?

진정으로 시너지를 추구하는 팀에서 일해본 적이 있는가? 언제 팀원 한 사람도 잃을 수 없다는 생각이 들었는가? 언제 개인으로 빛을 발하면서도 팀원과 마치 하나 인양 서로 깊은 유대감을 느낄 수 있었는가? 언제 팀원과 관계가 더욱 가까워지고 팀의 결속력이 더욱 강해졌는가? 언제 자신이 생각해낸 제3의 대안에 따른 결과에 감탄했는가? 언제 살아 있다는 자체와 팀과 함께한다는 자체에 재미와 흥미를 느꼈는가? 나는 이러한 경험을 여러 번 겪었으므로 그 경험을 해보지 못한 사람에게 안타까움을 느낀다. 내게는 함께 일하는 친구와 쌓은 애정 깊은 유대감이 개인적인 이익보다 훨씬 강력하다.

남아프리카공화국에서 활동하는 전설적 비즈니스 리더인 콜린 홀은 이렇게 말했다. "힘도 돈도 행복에 지속적으로 영향을 미치지 못한다.

행복의 차원이 개인이든 조직이든 관계이든 마찬가지이다." 사람들은 "시너지가 넘쳐나고 전체가 부분의 합보다 클 때만" 일에 몰입하고 행복을 느낀다.[45]

가르치며 배워라

이 책에서 교훈을 얻는 최상의 방법은 타인에게 가르치는 것이다. 교사가 학생보다 훨씬 많이 배운다는 사실은 누구나 안다. 그러므로 동료나 친구나 가족을 골라 이 책에서 배운 통찰을 가르쳐라. 다음에 열거한 도발적인 질문을 하거나 스스로 질문을 만든다.

- 대부분의 조직에서 리더들이 주로 사용하는 패러다임이 '투쟁'과 '도피'인 까닭은 무엇일까? 리더가 투쟁하고 싶어 하면 무슨 일이 벌어질까? 반면에 도피하고 싶어 하면 어떨까?

- 제3의 대안을 찾는 리더를 묘사한다. 제3의 대안은 '투쟁'이나 '도피'와 어떻게 다른가? 제3의 대안을 찾는 리더의 장점은 무엇인가?

- 시너지 패러다임은 직장에서 갈등을 해소하는 데 어떻게 유용한가?

- 교만은 리더나 조직이 시너지에 도달하는 데 어떤 식으로 방해되는가?

- 갈등을 거래로 해결하려는 방식의 위험성은 무엇인가? 갈등을 변화로 해결하려는 방식의 이점은 무엇인가?

- 전통적인 협상과 제3의 대안을 추구하는 협상의 차이를 설명한다. 제3의 대안을 찾는 협상가의 패러다임은 무엇인가? 협상할 때 상대방과 함께 시너지에 도달하는 방법은 무엇인가?

- '시너지는 가장자리에서 시작한다'는 무슨 뜻인가? 이 통찰을 어떻게 활용할 수 있는가?

- 시너지를 추구하는 팀이나 상호보완적 팀을 서술한다. 일반 팀과 어떻게 다른가? 이러한 팀에 다양성이 매우 중요한 까닭은 무엇인가? 시너지를 추구하는 팀의 사고방식에 관해 레고 사례에서 무엇을 배울 수 있는가?

- 발상 과정과 역발상 과정이 어떻게 작용하는지 설명한다. 시너지를 추구하는 팀에 이 두 가지 과정이 매우 유용한 까닭은 무엇인가? 두 과정을 다루는 장에서 인용한 리날도의 사례와 기타 사례에서 어떤 교훈을 얻었는가?
- 나는 파네라 브레드 같은 역발상 카페가 앞으로 투자액의 몇 배에 해당하는 수익을 거두리라 믿는다. 당신도 그렇게 생각하는가? 파네라 카페가 좋은 역발상 사례인 까닭은 무엇인가?
- 진정으로 시너지를 추구하는 팀에서 일해본 적이 있는가? 분위기가 어땠는가? 일하는 집단을 시너지를 추구하는 집단으로 바꾸려면 무엇을 할 수 있는가?

시도하라

직장에 중요한 문제나 기회가 있는가? 어려운 결정을 내려야 하는가? 제3의 대안을 구상해보라. 다른 사람에게 이 과정에 기여해달라고 요청하라. '시너지에 도달하는 4단계' 도구를 사용하라.

시너지에 도달하는 4단계

❶ 제3의 대안을 찾는 질문을 한다.

"우리가 지금껏 생각해낸 것보다 좋은 해결책을 찾을 의향이 있는가?" 그렇다고 대답하면 2단계로 넘어간다.

❷ 성공 기준을 정의한다.

다음 칸에 모두가 반가워할 해결책의 특징을 나열한다. 성공은 어떤 모습일까? 어떤 일을 해야 할까? 이해당사자 모두 '승-승'하는 방법은 무엇일까?

❸ 제3의 대안을 창조한다.

다음 칸에 모델을 만들거나 그림을 그리거나 아이디어를 빌려오거나 사고의 관점을 전환한다. 신속하고 창의적으로 움직인다. 시너지에 도달했다는 사실을 알고 흥분하는 순간이 찾아올 때까지 모든 판단을 미룬다.

((④)) 시너지에 도달한다.

다음 칸에는 제3의 대안을 서술하고 원한다면 어떻게 실천할지 쓴다.

시너지에 도달하기 위한 4단계 도구의 사용지침

① 질문한다
제3의 대안을 찾는 질문

② 정의한다
성공 기준

③ 창조한다
제3의 대안

④ 도달한다
시너지나 제3의 대안

시너지에 도달하는 4단계: 이 과정은 시너지 원칙을 적용하는 데 유용하다. (1) 제3의 대안을 기꺼이 찾겠다는 의향을 보인다. (2) 모두에게 성공이 어떤 모습인지 정의한다. (3) 해결책을 실험한다. (4) 시너지에 도달한다. 과정 내내 타인의 말을 공감하며 경청한다.

시너지에 도달하는 방법

❶ 제3의 대안을 찾는 질문을 한다.

갈등을 빚거나 창의적인 상황에서 제3의 대안을 찾는 질문을 하는 것은 자신의 확고한 입장이나 선입견을 넘어서서 제3의 입장을 발달시키기에 유용하다.

❷ 성공 기준을 정의한다.

모두에게 성공적인 결과가 어떤 모습일지 묘사하는 문단을 쓰거나 그 특징을 나열한다. 다음 질문에 대답한다.

• 기준을 정하는 작업에 전원이 참여했는가? 가능한 한 많은 사람에게 많은 아이디어를 얻고 있는가?
• 자신이 정말 원하는 결과는 무엇인가? 어떤 일을 해야 하는가?
• 모두가 승—승하는 결과는 무엇인가?
• 기존의 요구를 초월해 좀 더 바람직한 요구로 바꾸려 하는가?

❸ 제3의 대안을 창조한다.

다음 지침을 따른다.

• 그냥 논다. 진짜가 아니라 놀이이다.
• 폐쇄를 피한다. 어설프게 동의하거나 합의하지 않는다.
• 타인이나 자신의 아이디어를 판단하지 않는다.
• 모델을 만든다. 화이트보드에 그림을 그리고, 도표를 스케치하고, 실물 크기의 모형을 세우고, 초안을 작성한다.
• 머릿속으로 아이디어를 돌린다. 인습적인 지혜를 뒤집어본다.
• 빠른 속도로 일한다. 시간 제한을 두어서 에너지와 아이디어가 급속하게 흐르게 한다.
• 많은 아이디어를 생각해낸다. 어떤 즉흥적 통찰이 제3의 대안을 이끌어낼지 예측할 수 없다.

❹ 시너지에 도달한다.

흥분과 영감이 방을 가득 채우면 제3의 대안을 찾은 것이다. 오랜 갈등이 사라진다. 새 대안이 성공 기준을 충족한다. 이때 주의할 점이 있다. 타협을 시너지로 착각해서는 안 된다. 타협은 만족을 낳지만 기쁨을 안기지는 않는다. 타협하면 모두 무언가를 잃지만 시너지에 도달하면 모두 승리한다.

STEPHEN R. COVEY

가정에서 추구하는
제3의 대안

4

기쁨이 있는 곳에 창조가 있다.
— 《우파니샤드》

가족은 시너지의 궁극적 표현일 수 있다. 결혼생활에서는 변화와 친밀한 관계가 형성되는 기적이 일어난다. 세상에 태어나는 자녀는 누구에게나 제3의 대안인 동시에 가장 위대한 시너지를 나타내는 경이로운 존재이다.

　내 할아버지 스티븐 리처즈Stephen Richards는 지역적 · 국내적 · 국제적 차원이든 정치적 · 교육적 · 조직적 차원이든 언제나 가정의 관점에서 문제를 분석하라고 가르쳤다. 가정에서 통한다면 어떤 곳에서도 통한다는 것이다. 채무에 시달리는 가정과 국가는 그리 다르지 않다. 가정과 마찬가지로 비즈니스에서도 신뢰와 충성을 쌓으려면 여러 해가 걸리지만 무너지는 것은 한순간이다. 사회 문제는 가정에서 시작하고 해결책 또한 그렇다.

　남편이자 아버지이고 할아버지이기도 한 나는 가족 때문에 행복하다. 가족은 내게 최대의 축복인 동시에 기쁨이다. 가족 중 어느 하나와 친근한 유대를 맺지 못하고 존중을 느끼지 못하면 크나큰 비극이자 슬픔일 것이다.

　사람에게는 안전하고 가치를 인정받고 존중과 격려를 받으며 사랑의 대상이 되어야 하는 보편적 필요가 있다. 이러한 필요는 어머니와 아들, 아버지와 딸, 남편과 아내의 유대 관계에서 가장 충만하게 충족할 수 있다. 가족이 이러한 필요를 채워주지 못하면 비극이다.

　우리가 실시한 조사에서 응답자들은 살아가며 다음 같은 심각한 문제에 직면한다고 대답했다.

- 우리 사이가 점점 더 갈라지고 있다. 삶에서 중요한 것에 대해 생각이 다르다.
- 자기중심적인 사람과 마음을 터놓고 대화하기는 결코 쉽지 않다.
- 아내는 내가 살아가며 느끼는 행복을 공유하지 않는다.
- 나는 미혼모이고, 가족이 만족하며 행복하게 살아갈 수 있도록 늘 애쓴다.
- 결혼한 지 31년째이고 대학교에 다니는 자식이 둘 있다. 나는 지금 끔찍한 빈 둥지 증후군을 겪고 있으며 이 때문에 결혼생활과 가정생활이 많이 힘들다. 어머니 역할이 그립고 가족에게 필요한 존재가 되고 싶다. ……하지만 이제 끝장이다.
- 가정은 내게 매우 중요하다. 가정이 잘못되면 모든 것이 흔들린다.

가족과 겪는 갈등은 살아가며 부딪히는 가장 마음 아픈 문제이다. 가정에서는 가장 숭고한 시너지를 경험할 수 있는 반면에 가장 깊은 고통에 시달릴 수도 있다. 삶에서 어떤 성공을 거두더라도 가정에서 겪는 실패를 보상할 수는 없다.

어떤 상실도 가족을 잃는 것만큼 고통스럽지 않다. 시장처럼 사람들이 많은 곳에서 자녀가 단 몇 분 동안이라도 사라졌다고 생각해보라. 아이가 다시 나타날 때까지 숨도 제대로 쉬지 못하고 미친 듯이 찾아다닐 때의 하늘이 무너질 것 같은 기분을 대부분 부모라면 이해한다.

그렇게 강렬한 고통을 가슴에 영원히 묻고 살아가는 부모도 있다. 비영리 단체인 '위민 포 위민 인터내셔널Women for Women International'을 설립한 자이나브 살비Zainab Salbi는 바그다드에서 성장했던 어린 시절에 미사일이 점점 다가오는 소리에 잠을 깨서 공포에 벌벌 떨었다. 다행히 미사일은 집 근처에서 터졌고 살비는 두 손을 모으고 떨리는 목소리로 가족을 무사하게 지켜주어 감사하다고 기도했다. 하지만 폭발 때문에 이웃의 집이 파괴된 것을 알고 나서 자신이 그렇게 기도한 것이 부끄러웠다. 이웃은 어머니만 겨우 목숨을 구했고 남동생의 친구인 어린 아들과 아버지가 죽었다. "다음 주에 그 어머니는 내 동생이 공부하는 교실을 찾아와 폭발로 모두 잃었다면서 자기 아들의 사진을 갖고 있으면 달라고 꼬마들에게 애원했다."[1]

현대인들은 삶에서 가장 소중한 선물인 가족을 아무렇지도 않게 내동댕이친다. 한때 서로 애정을 품었던 부부는 상대에게 점점 냉담해진다. 미국의 이혼율은 세계 최고 수준으로 전체 첫 결혼의 40~50%에 달한다. 그 뒤를 러시아와 북부 유럽이 잇는다. 심지어 실질적인 이혼율이 낮은 국가라도(주로 이혼을 인정하지 않는 문화 때문에) '감정적 분리'는 널리 만연해 있다.

미국만도 매년 부모가 이혼하는 아이들의 수가 100만 명이 넘는다. 자료를 조사해보면 이혼 가정의 아이들은 훈육 문제, 심리 장애, 낮은 학습 성취도, 건강 문제 등을 경험할 확률이 높다.[2]

차이를 소중하게 생각한다

많은 경우 이혼은 신체적 학대나 부정不貞 등에서 비롯하지만 제2의 대안적 사고라는 소용돌이의 결과일 때가 많다.

아내는 이렇게 말할지 모른다. "남편은 스포츠 경기를 시청하고 비디오 게임을 하고 골프를 치는 데 지나치게 많은 시간을 쓰고, 정작 집에 돌아오면 손 하나 까딱하지 않고 내가 아이들을 돌보고 집안일을 해야 한다고 생각합니다. 나도 하루 종일 일했다는 것을 신경도 쓰지 않는 거

두 가지 대안

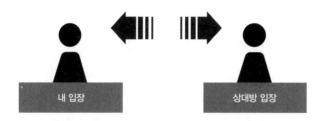

내 입장　　　　　　　상대방 입장

죠. 남편이 이제는 게으른 아버지 같아요. 친절하게 행동하거나 하루를 어떻게 보냈느냐고 묻는 등 애당초 내 환심을 사려고 보여주었던 자그마한 호의도 사라진 지 오래이고 내게 원하는 것이라고는 섹스뿐이에요. 그러면서 내가 어째서 결혼생활에 시큰둥해졌는지 모르겠다고 말합니다."

남편은 이렇게 말할지 모른다. "아내는 내게 돈만 바랄 뿐 내가 얼마나 힘들게 일하는지 이해하려 하지 않습니다. 게다가 아이들 뒤치다꺼리 하느라 지나치게 바빠서 내게는 시간을 내주지 않죠. 아내가 독서 모임에 가느라 집을 비운 동안 집안은 잡동사니로 어질러져 있어서 엉망이에요. 게다가 나는 무엇 하나 제대로 할 수가 없습니다. 아내는 냉담하고 내게 거리를 두어서 내가 집에 돌아와도 예전처럼 살갑게 맞아주지 않아요. 사실 내가 귀가해도 알은체도 하지 않습니다. 장모님도 우리 둘을 내버려두었으면 좋겠어요. 아내는 옛날만큼 예쁘지도 않고 더 이상 외모도 꾸미지 않습니다. 사무실에 있는 여직원들이 훨씬 보기 좋아요."

서로 이렇게 생각하면 상대를 향한 사랑과 존경이 사라진다. 일부 결혼생활은 악의적인 대논쟁의 장으로 바뀐다. 가족은 자기 입장과 상대방 입장으로 갈려 대립한다. 심리학자들은 이 현상을 '분열splitting'이라 부른다. 결혼 치료사 마크 시켈Mark Sichel은 이렇게 주장했다. "가장자리에 놓인 가정에서는 분열이 빈번하게 일어나고 치명적인 분할 정복 게임이 벌어진다. ……아이들은 '착한 아이'와 '나쁜 아이'라는 경쟁적 입장에 휘말린다."[3] 결과적으로 가정은 아이들이 마땅히 누려야 하는 안전하고 사랑 가득한 피난처가 아니라 전쟁터로 바뀌고 만다.

일부 가정에서는 천박한 말다툼, 사소한 트집, 서로 상대방을 비참하게 만들려고 경쟁하듯 늘어놓는 험담 등 겉으로 분명하게 드러나지는 않으면서 미묘한 형태의 감정적 학대가 벌어진다. "당신이 나를 사랑한다면 그 쓰레기를 치워요.""밖에 나가서 하루 종일 힘들게 일하는 내게 돌아오는 대가가 대체 뭐야?""걔들은 당신 자식이기도 하잖아!" 부부 사이에 놓인 벽은 거의 눈에 띄지 않게 차츰 높아져 결국 냉담한 침묵이 지배한다. 터키 소설가 엘리프 샤팍Elif Shafak은 이렇게 언급했다. "이 생에서 파괴하고 싶은 것이 있다면 두꺼운 벽으로 둘러싸면 그만이다. 그러면 안에서 말라버릴 테니까."[4]

여러 해 동안 가정 문제를 주로 다뤘던 변호사가 한 가지 사례를 들었다. 어떤 아내가 사무실로 찾아와 더 이상 참을 수가 없다고 말하면서 이혼소송을 청구하고 싶다고 말했다. 그 여성의 남편은 훌륭한 가장이었고 지역사회 지도자였지만 아내의 말에 무조건 반박하고 반대로 행동했다. 아내가 벽에 그림을 걸면 남편은 뗐다. 아내가 외식하고 싶어 하면 남편은 집에서 식사하자고 했다. 아내가 친구에게 무슨 말을 하면 남편은 그 친구에게 아내의 말이 틀렸다고 꼭 집어 반박했다. 이렇게 해서 곪은 아내의 상처는 친정 부모님을 초대한 저녁식사 자리에서 결국 터졌다. 저녁식사를 하는데 햇빛이 창문으로 들어와 아버지 얼굴에 비추자 아내가 블라인드를 닫았다. 그러자 남편은 즉시 벌떡 일어나 블라인드를 열었다. 몇 년 동안 자신을 짜증나게 만드는 남편과 살아왔던 아내는 더 이상 참을 수가 없었다. 남편이 아내의 세계를 축소시켰으므로 아내는 감정적 밀실 공포증에 걸리고 말았다. 이러한 종류의 감정적 학대는 신체적 학대만큼이나 나쁠 수 있다.

이러한 결혼생활은 납득할 만한 이유로 끝나기도 하지만 남편과 아내가 차이를 극복하지 못하고 낙담한 나머지 끝나는 경우가 훨씬 많다. 앞에서 인용한 사례에서 남편은 부부의 차이를 견디지 못한 극단적인 경우에 속했지만 모든 비참한 결혼생활을 들여다보면 얼마간 이런 증상이 나타난다. 이렇듯 '불화합성incompatibility'은 가장 흔한 이혼 사유의 하나이다. 불화합성은 경제적 · 감정적 · 사회적 · 성적인 문제 등 광범위한 문제를 포함할 수 있지만 배우자의 가치를 소중하게 여기지 않고 배우자를 증오하기 때문에 생겨난다. "우리는 서로 눈을 쳐다보지 않아요." "아내의 사고방식을 이해할 수 없어요." "남편은 완전히 비이성적이에요." 그러다 보면 시간이 지나며 절망이 자리 잡고 이혼만이 유일한 탈출구처럼 보인다.

반면에 훌륭한 결혼생활은 부부가 서로 차이를 소중하게 생각할 때 유지된다. 배우자의 문화 · 습관 · 재능 · 강점 · 반응 · 본능은 기쁨과 창의성의 원천이다. 남편은 성질이 급해 가계부 정리에는 미숙하기 짝이 없지만 즉흥적으로 보이는 반응이 재미있다. 아내는 이따금 지나치게 조심스러워 남편을 답답하게 만들지만 우아한 태도가 남편에게 경외심과 매력을 느끼게 한다. 부부는 서로 소중하게 생각하므로 기쁨과 자존감이 우러나온다.

결혼과 더불어 두 사람은 제3의 대안, 즉 예전에 한 번도 없었고 앞으로도 없을 독특한 가정 문화를 창조할 기회를 잡는다. 개인의 타고난 특징을 뛰어넘어 각 배우자는 온전하게 틀이 잡힌 사회 문화와 일련의 신념 · 규범 · 가치 · 전통 · 언어까지를 대표한다. 예를 들어 남편은 관계가 깊지만 어느 정도 거리를 두면서 갈등을 억누르거나 은밀히 조용하게 다루는 가정 문화에서 성장했다. 아내는 관계가 요란하고 사랑으로 얽혀 있으며 갈등이 마치 작은 화산처럼 끓어오르다가 잠잠해지고 기억에서 잊히는 가정 문화에서 성장했다. 이렇게 다른 두 사람의 결합으로 새로운 가정 문화가 탄생한다. 기존의 두 문화의 관계에서 시너지가 생겨나는 것이다. 시너지는 부부의 사고방식에 따라 긍정적 시너지가 될 수도 부정적 시너지가 될 수도 있다. 이때 부부가 차이를 위협적 요소로 보면 문제는 심각하다. 반면에 차이를 인정하고 상대방에 대해 배우고 색다른 점을 탐구하면 결혼생활은 더욱 풍성해진다. 누군가가 이렇게 말했다. "아내와 결혼하니 마치 외국으로 이주한 것만 같았습니다. 이상한 습관에 익숙해지는 것이 처음에는 흥미로웠어요. 아내도 마찬가지였죠. 물론 그 발견은 결코 끝나지 않을 겁니다. 무엇보다 가장 위대한 탐험이라 생각합니다."

교사로 재직하다가 은퇴했던 내 친구가 사망하자 그의 아내는 이렇게 털어놓았다. "나는 쓰레기통을 비우는 것을 깜짝 잊었거나 설거지를 하지 않는다고 남편을 나무라느라 45년을 허송세월했어요. 하지만 지금은 밤에 귀가할 때 남편이 미소 지으며 맞아주는 모습을 볼 수만 있다면 소원이 없겠어요. 남편이 정원에서 기분 좋게 불어대는 휘파람 소리를 들었으면 좋겠어요. 단 하루만이라도 남편과 시간을 보내며 제자 수천 명과 딸에게 좋은 선생이었던 남편의 재능을 내가 얼마나 존경했는지 말해주고 싶어요. 남편은 정말 재능이 많은 사람이었어요." 우리는 무엇이든 잃고 나서가 진정한 가치를 깨달을 때가 너무 많다.

하지만 주의해야 할 점이 있다. 차이를 소중하게 생각하라고 해서 불법이거나 불쾌한 차이까지 참으라는 뜻은 아니다. 배우자의 알코올·마약·외설물 중독을 눈감아주거나 참고 견디기만 해서는 안 되고, 유능한 전문가의 도움을 받지 않은 상태로 배우자에게 감정적이나 신체적으로 학대를 당하고 있어도 안 된다. 배우자의 학대 행동에는 지체 없이 과감하게 맞서야 한다.

불법 행동을 제외하면 결혼생활의 갈등은 주로 가치·신념·기대에서 두 문화가 충돌하기 때문에 불거진다. 싸우거나 서로 고통을 안기려고 결혼하는 사람은 없지만 전체 결혼의 절반은 두 문화를 뛰어넘는 제3의 대안을 찾지 못하기 때문에 무너진다.

한 친구에게서 자신의 여동생 부부에 대한 이야기를 들었다. 여동생 부부는 서로 사랑해서 결혼했고 상대방에게 충실했다. 두 사람은 먼 도시로 이사해 곧 그곳을 천국처럼 생각하며 살았다. 딸 둘과 아들 하나를 낳았고 모든 상황이 평화로웠다. 하지만 남편은 어머니에게 빈정대는 말투를 물려받았고, 아내는 서로 때리는 것이 예사인 가정에서 성장해서 툭하면 남편의 뺨을 때렸다. 그러다 보니 부부에게는 상대방의 말을 비꼬고 뺨을 때리는 일이 다반사로 일어났다. 그러한 변화는 매우 천천히 진행했으므로 부부는 가정이 실제로 파탄에 이를 때까지 이 점을 제대로 깨닫지 못했다. 냉담하고 고통스러운 이혼 과정이 뒤따랐고 어린 세 자녀는 상처를 입었다.

이러한 부정적 시너지와 대조적으로 성공하는 가정에는 긍정적 시너지가 충만하다. 이러한 가정은 갈등에 대항하는 제3의 대안적 정신으로 무장하고 제3의 대안을 만들어낸다. 시너지는 구성원 전원을 향한 깊은 존중과 개인의 무한한 다양성이 차고 넘치면서 아름답고 창의적이고 재미있는 가정 문화를 나타내는 궁극적 표현이다.[5]

제3의 대안을 추구하는 가정

제3의 대안을 추구하는 결혼생활과 가정을 어떻게 꾸릴 수 있을까? 어떻게 해야 활력이 없거나 갈등을 빚는 관계를 뛰어넘어 자신이 진정으로 원하는 놀랍고 친근한 관계로 발전시킬 수 있을까?

자신을 본다

물론 변화의 출발점은 자신이다. 가족 상담사인 내 친구 브렌트 발로우Brent Barlow는 "자신의 결혼생활을 향상시키고 싶다면 거울을 들여다보라"고 강조했다. 배우자나 자녀가 문제라고 생각하는 것이 문제이다. 그렇다고 반드시 자기 자신이 갈등의 원인이라는 뜻은 아니다. 더욱 깊은 문제의 뿌리는 자신을 어떻게 생각하느냐이다. 시인 루미Rumi는 "세상 사람은 자신을 들여다보지 않기 때문에 서로 비난한다"고 주장했다. 비이성적이거나 둔감하거나 화를 돋우는 가족 구성원에게 자기가 무력하게 희생당한다고 생각하는가? 그렇다면 "인간은 자극에 어떤 반응을 보일지 스스로 자유롭게 선택할 수 있다"는 단순한 진리를 깨닫지 못한 것이다. 스스로 동의하지 않고서는 누구도 우리에게 어떻게 느끼거나 행동하라고 강요할 수 없다. 자신에게 어떤 일이 발생할지는 우리의 영향권을 넘어설 수 있지만 그 일에 대해 어떻게 생각하거나 느끼거나 행동할지는 우리 스스로 결정하기 때문이다.

하지만 이러한 기본 원칙을 이해하지 못하는 사람이 너무 많다. 주위에서 다음과 같은 불평을 흔하게 듣지 않는가? "남편 때문에 미치도록 화가 나요." "아내 때문에 짜증이 나서 돌아버리겠어요." "저렇게 행동할 때는 남편이 정말 싫어요." "나는 잘못한 것이 없어요. 아내는 함께 살기 힘든 사람이에요." 타인이 부당하게 괴롭힐 수도 있지만 궁극적으

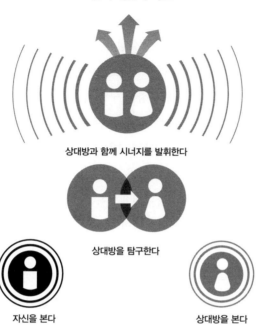

제3의 대안적 사고

상대방과 함께 시너지를 발휘한다

상대방을 탐구한다

자신을 본다　　　　　　　　　　상대방을 본다

로는 자기 스스로 피해자 역할을 자초한 것이다. "나는 좋은데 배우자는 나쁘다"는 패러다임에 갇혀 생각하는 사람은 제2의 대안적 사고를 하는 것이다. 스티븐 스토스니Steven Stosny 박사는 붕괴하는 결혼을 다뤄온 노련한 경험을 통해 이렇게 말한다. "자신을 피해자로 생각하면 상황을 주도적으로 이끌어나가지 못하고 분노하거나 자신을 학대하는 배우자에게 계속 끌려다닌다." 자신을 피해자로 생각하는 사람은 부당하게 대우받는다며 무기력하게 신음할 뿐이다. 그들은 제3의 대안이 있다는 사실을 믿지 않는다.

하지만 자아를 제대로 들여다보고 독립적으로 판단할 수 있는 사람은 상대방에게 어떤 반응을 보일지 선택할 것이다. 타인에게 불친절한 말을 듣더라도 친절하게 대응하겠다고 선택할 수 있다. 기분 나빠하지 않고 미소를 짓겠다고 선택할 수 있다. 배우자가 일진이 좋지 않다며 짜증을 내면 누가 더 일진이 나빴는지 경쟁하듯 불평을 늘어놓지 않고 배우자의 심정을 배려하고 도닥거려주겠다고 선택할 수 있다.

이러한 근본적 통찰이 문제 가정을 구할 수 있으리라 믿는다. 스스로 분노의 고리를 끊겠다고 선택할 수 있다. 우리는 결혼생활에 문화뿐 아니라 자신을 반영한다. 따라서 갈등을 빚으며 단순히 '내 입장'을 내세우지 말고 늘 제3의 대안을 찾아야 한다.

실제로 대부분의 가족 갈등은 정체성을 둘러싸고 벌어진다. 자신의 가치가 위협을 받는 경우에는 타인의 가치를 공격하는 방식으로 자신의 깊은 취약성을 보상 받으려 한다. 감정적으로나 신체적으로 학대를 하는 사람은 대부분 자의식이 약하다. 가족이 공격적 태도를 보일 때는 "무시당하거나, 하찮은 존재로 취급당하거나, 비난 받거나, 죄책감에 부대끼거나, 존중 받지 못하거나, 거부당하거나, 무기력하거나, 부적절한 사람으로 대우 받거나, 사랑 받지 못한다고 느낄 때"이다.

스토스니는 가족의 갈등이 한순간에 폭발할 수 있다고 설명했다. 아내가 "실내가 춥네요"라고 말한다 치자. 남편이 불현듯 화를 내며 "무슨 말을 그렇게 해? 온도가 20도인데 춥다니"라고 퉁명스럽게 내뱉는다. 남편은 춥다는 아내의 말을 듣고 자신의 성격을 공격하고 자신을 무능하다고 책망하는 말로 해석한다. "아내가 춥다면 그것은 틀림없이 내 잘못이야. 아내를 행복하고 편안하게 해주지 못했기 때문이지." 남편은 자신을 보호하기 위해 아내가 절대 추울 리 없다고 우기면서 아내의 감정을 깎아내린다. "두 사람은 애초에 상대방을 평가 절하할 생각이 조금도 없었는데도 이제는 상대방에게 무시당했다고 느낀다."[6] 부부가 상대방을 계속 감정적으로 공격하면서 상황은 더욱 악화한다. "아뇨, 추워요!

춥지 않다니 당신이 이상하군요!" "나는 아무렇지도 않아! 당신이 제정신이 아닌 게지!"라며 서로 공격한다.

이렇게 잔인한 악순환이 발생하는 까닭은 '실질적 정체성 박탈' 때문이다. 남편은 내재적으로 가치 있으면서 강력한 개인으로서 고유의 정체성을 빼앗겼다. 많은 사람이 그렇듯 남편은 자기 가치가 타인의 평가로 결정된다고 믿는다. 이것은 서로 비교하는 가정 문화가 초래한 결과일 수 있다. "너는 어째서 형처럼 똑똑하지 못하니? 너는 어째서 동생만큼도 운동을 못하니? 너는 어째서 사촌인 레오만큼 열심히 공부하지 않니?" 아니면 왜곡된 기존의 고정관념에 자신을 끼워 맞추는 경쟁 문화의 결과일 수도 있다. "당신은 텔레비전 드라마에 흔하게 나오는 평범하고 감각이 둔한 남편일 뿐이에요. 몸이 따뜻한 것이 무엇인지조차 모르는 무지몽매한 사람이죠." 남편은 사회의 거울에 비친 자신의 왜곡된 모습만을 본다. 그래서 상상에만 존재하는 모욕에도 과민반응을 보이기 때문에 주위 사람들은 그 심기를 건드릴까 봐 조심하기 시작한다.

이러한 상태를 적절하게 표현하는 은유가 있다. 속 빈 정체성의 소유자가 느끼는 자존감은 달걀껍질만큼이나 약하다는 것이다. 남편은 타인의 평가에 의존해 자기 가치를 가늠한다. 결과적으로 부부는 관계를 구축하기보다 관계를 파괴하는 부정적 시너지의 노예로 전락한다. 붕괴하는 결혼 생활을 다룬 강렬한 심리극으로 에드워드 올비Edward Albee가 쓴 《누가 버지니아 울프를 두려워하랴?》에서 주인공 아내는 진정한 자기 정체성이 결여된 남편의 모습을 이렇게 묘사했다. "내가 거기 앉아서 봤는데 당신은 그곳에 없었어요. ……정말이에요. 이혼을 걸고 맹세해요."

정체성을 박탈당했다가 다시 찾기는 어렵지만 가능하다. 게다가 순식간에 찾을 수 있다. 자신이 반응을 선택할 수 있는 절대적 자유를 소유한 독립적 존재라는 말을 듣는 순간 진실을 깨닫고 의자에서 벌떡 일어나며 이렇게 고백할지 모른다. "그동안 남편이 나를 비참하게 만든다고 줄곧 생각해왔어요. 하지만 나를 비참하게 만들 수 있는 것은 나 자신뿐이에요!" 이렇게 말하는 사람도 있을 것이다. "나는 더 이상 화내지 않고 당혹해하지 않기로 선택했어요!" 타인이 우리 마음을 심지어 의도적으로 상하게 할 수 있지만 엘리너 루스벨트Eleanor Roosevelt가 주장했듯 "어느 누구도 자신의 동의 없이 열등감을 느끼게 할 수는 없다." 자극과 반응 사이에는 공간이 있어서, 스스로 어떤 반응을 보일지 완전히 자유롭게 선택할 수 있다. 그 공간에서 마침내 자기 자신을 보고 자신의 가장 심오한 가치를 발견한다. 이때 깊이 생각하면 다시 한 번 자신의 양심, 가족을 향한 사랑, 삶의 원칙을 떠올리고 그 맥락에서 마음을 결정한다.

불행하게도 사람들은 대개 마음의 공간을 인지하지 못한다. 자신에게 주어진 자유가 무엇인지 모르기 때문에 두 가지 반응에서 하나를 선택한다. 무시하면 문제가 사라지리라 잘못 생각해서 분노를 억누르거나 분노를 겉으로 드러내는 것이다. 감정을 억누를 때는 입술을 굳게 다물고 상대방을 없는 사람 취급하면서 살얼음을 걷듯 긴장한다. 분노를 표현하는 것도 억누르는 것도 이롭지 않다. 제2의 대안에 갇혀 있는 사람은 앞으로 어떻게 해야 할까?

분노의 감정을 초월해 제3의 대안을 선택해야 한다. 기분이 상하는 까닭은 스스로 그러겠다고 선택했기 때문이다. 선택은 피동적이 아니라 능동적이다. 기분 상하지 않겠다고 선택할 힘이 자신에게 있다. 누구도 우리에게 자신을 부끄럽게 느끼도록 강요할 수 없다. 우리는 타인의 행동을 통제할 수는 없지만 그 행동에 대한 반응을 통제할 수는 있다. 전문가들은 다음과 같은 말에 동의한다. "감정을 억누르거나 발산하는 것보다 훨씬 건전한 대안은 감정을 바꾸는 것이다. ……우리에게는 깊이

자극 반응

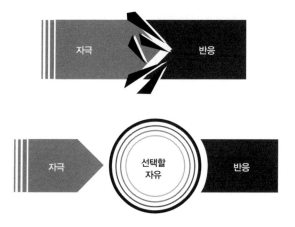

자극/반응: 자극과 반응 사이에는 공간이 있다. 스스로 어떤 반응을 보일지 그 공간에서 완전히 자유롭게 선택할 수 있다. 분노를 분노로 되갚아주라고 아무도 우리에게 강요할 수 없다. 우리는 상대방에게 공감하며 반응하겠다고 스스로 선택할 수 있다.

있는 자기 가치에 충실하고 스스로 느끼는 대부분의 공포와 수치를 그 가치에 맞게 변화시킬 능력이 있다."[7] "감정을 억누르거나 발산하는 것보다 훨씬 바람직한 대안이 있다. 감정을 변화시키는 것이다. 분노하고 증오하고 학대하고 싶은 충동을 공감으로 바꿔라."[8]

앞에서 살펴보았듯 노예 상태에서 자유 상태로 사고방식을 전환할 수 있다. 하지만 새 사고방식으로 영원히 전환하려면 그만큼 노력해야 한다. 인식을 새로 새기기 전까지는 옛날 사고방식이 불쑥 튀어나와 귓전을 계속 맴돌 것이다. 자극과 반응 사이의 공간에서 잠시 멈춰 서서 깊이 사고하고 공감하기로 선택할 수 있으려면 의도적이고 반복적으로 연습해야 한다.

4. 가정에서 추구하는 제3의 대안

스티븐 스토스니는 가정폭력 가해자들이 충동을 변화시키도록 전문적으로 돕고 있다. 첫째, 가정폭력 가해자에게 충동과 반응 사이의 공간에 대해 설명하고 핵심 가치를 되새기라고 가르친다. "당신은 사랑 받고 싶은 거죠?" 물론 그렇다. 그리고 그 공간 안에서 다음 질문을 던져 상대방이 논리적으로 생각할 수 있게 유도한다. "인류의 역사를 돌아보세요. 자신이 사랑하는 사람을 다치게 해서 사랑 받는 존재가 될 수 있다고 생각한 사람이 있었나요?" 스토스니가 돕고 있는 환자들은 자부심을 느낄 수 있는 유일한 길은 폭행이 아니라 공감이라는 사실을 이런 과정을 거치며 깨닫는다.

스토스니는 환자들이 강도 높은 훈련과 연습을 통해서 학대의 순환고리를 끊도록 돕는다. 환자들은 한 달가량 인식 전환을 거쳐 공감을 형

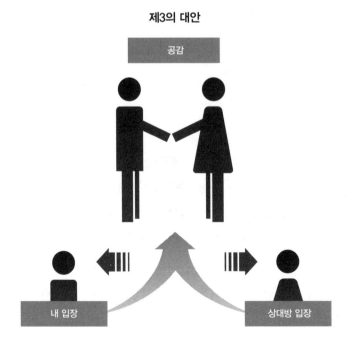

제3의 대안

성할 목적으로 설계된 750가지 훈련을 받는다. 갈등을 빚는 상황에 처할 때마다 환자들은 자신이 실제로 원하는 결과를 머릿속에 그리며 온화하게 반응한다. 그래서 과거에 보였던 학습된 반사작용을 억제하고 새 '정신적 근육'을 발달시켜 공감하는 습관을 키운다.

이제 실내가 춥다는 아내의 말에 남편은 이성적으로 반응한다. 그 말을 자신에 대한 언급으로 듣지 않고 단순히 아내가 느끼는 감각이라 생각한다. 남편이 아내를 꾸준히 배려하면, 남편을 향한 아내의 신뢰와 감사가 커지면서 부부의 관계가 바뀔 것이다. 이제 부부는 긍정적 시너지를 발휘하기 시작한다.

긍정적 반응에 유머도 있을 수 있다. 가령 남편이 "당신이 이렇게 뜨겁게 매력적인데 어떻게 추울 수가 있소?"라고 농담하며 아내를 따뜻하게 안아줄 수도 있다. 유머는 두말할 필요조차 없는 제3의 대안이다. 상황을 약간 비틀어 예상하지 못한 순간에 유머를 터뜨리면 듣는 사람을 웃게 만들기 때문이다. 사람들은 정말 효과가 있는 제3의 대안을 발견할 때 "정말 좋은 생각이네요"라고 말하며 유쾌하게 웃는다. 전문가들의 주장에 따르면 유머는 긴장을 가장 수월하게 변화시켜 '위협적 반응'을 누그러뜨리고 사라지게 한다.[9]

갈등의 순환 고리를 깨려면 한 달에 걸친 재활치료는 받지 않더라도 사고방식을 바꾸고 실천하는 훈련을 해야 한다. 스토스티는 궁극적으로 "분노는 힘의 문제가 아니라 가치의 문제"라고 강조했다.[10] 사람 사이의 관계에서 누가 주도권을 쥐는지는 어차피 의미 없는 다툼이므로 문제가 되지 않는다. 문제는, 자기 정체성으로 도발과 분노를 느꼈을 때 자신이 누구이고 앞으로 어떤 종류의 사람이 되고 싶은지 결정하는 것이다.

내가 알고 지내는 한 부부는 아내가 운전하는 동안 자동차 사고가 나는 바람에 자녀를 잃었다. 아내가 겪는 슬픔과 죄책감이 매우 깊었으므로 남편은 오랫동안 아내에게 거리를 느꼈다. 남편도 자녀를 잃은 슬픔을 뼈저리게 느꼈지만 남자들이 대개 그렇듯 감정을 억누르며 예전보다 더욱 일에 몰두했다. 아내는 남편의 이러한 반응을 비정한 태도로 해석했다. 부부는 같은 공간에서 생활하면서도 서로 미워했고 두 사람 사이는 자연스럽게 점점 벌어지고 오해도 깊어져만 갔다.

그러다가 두 사람 사이가 바뀌는 계기가 찾아왔다. 오랫동안 대화하지 않으며 생활하던 어느 날 저녁, 남편은 방 앞을 지나가다가 우연히 미동도 하지 않고 침대에 멍하게 앉아 있는 아내를 보았다. 옛날에 자신이 사랑했던 여성의 모습을 떠올리고, 당시 그 여성이 자신에게 어떤 의미였는지 새삼 떠올리자 아내가 느끼는 슬픔을 온몸으로 느낄 수 있었다. 아내를 어떻게 위로해야 할지 막막하기만 했던 남편은 그냥 아내에게로 다가가 옆에 우두커니 앉아 있었다. 아내가 남편 쪽으로 몸을 약간 돌렸을 때도 남편은 꿈쩍도 하지 않았다. 그렇게 한 시간가량 두 사람은 아무 말 없이 나란히 앉아 있었다. 결국 아내가 "자야겠어요"라고 말했고, 두 사람은 잠자리에 들었다. 이러한 일이 밤마다 반복되었다. 그러자 부부는 아무 말 하지 않아도 둘 사이에 공감이 싹트는 것을 느끼기 시작했고, 어느 날 밤 아내는 남편의 손을 잡았다.

여러 해가 지난 요사이, 두 사람의 관계는 어느 부부 못지않게 가깝다. 그날 밤 아내의 심정에 공감했던 남편은 설사 아내가 등을 돌리더라도 자신은 그러지 않겠다고 결심했고, 이것이 부부의 관계가 변하는 계기가 되었다. 남편이 아내가 느끼는 슬픔에 대해 제3의 대안을 찾는 아주 자그마한 시도를 했을 뿐인데도 결혼생활에는 더욱 나아질 여지가 생겼다. 흥미롭게도 부부는 시련을 겪는 동안 서로 배운 것을 솔직히 털어놓는다. 남편이 슬픔을 가슴에 묻자 아내는 당황하고 분노했다. 만성적으로 우울했던 남편은 자신이 슬프다는 사실을 인정하고 감정을 표현해야 했다. 아내는 일을 다시 시작하는 것이 문제를 해결하고 사회의 일원이라는 소속감을 느끼는 데 유용하다고 깨달았다. 부부가 슬픔을 겪을 때 보였던 차이가 서로에게 선물이 되면서, 두 사람은 더욱 강한 가족으로 다시 태어날 수 있었다.

자극과 반응 사이의 공간에서 각자 어떤 선택을 하느냐에 따라 자신·배우자·부모·자녀·친구의 관계가 바뀐다.

우리는 그 공간에서 삶을 전환하는 결정을 내린다. 내면에 양방향 스위치가 있는 부모가 많아서 자신을 통제하는 것처럼 보이다가도 순식간에 얼굴이 시뻘게지며 소리를 질러 자녀들을 두려움과 불안에 떨게 만든다. 나는 제3의 대안으로 아이들을 즐겁게 훈육해야 한다는 교육철학을 믿는다. 아이들이 으레 그렇듯 내 자녀들도 공부하는 것을 싫어했고, 실천하기 어려운 과제나 집안일을 시키면 몹시 투덜댔다. 그럴 때마다 나는 아이들을 호되게 야단치지 않고 항상 '2분 불평 시간'을 실시해 아이들이 원하는 만큼 푸념하고 투정 부리게 하고 나서 그 시간이 끝나면 할 일을 시작하게 했다.

어느 해 휴가철, 아내와 나는 산에 있는 아름다운 호수로 아이들을 데리고 하이킹을 떠났다. 해가 뜨거운 데다가 장시간 가파른 길을 올라야 했으므로 호수까지 가는 일은 결코 쉽지 않았다. 딸 신시아Cynthia는 당시를 이렇게 기억했다.

코핀 호수까지 걸어 올라가다 보니 꼭 죽을 것만 같았다. 부모님은 우리가 무던히 노력해서 그 아름다운 장소에 이를 수 있기를 원했다. 우리들은 그냥 바닷가에 누워 쉬고 싶었으므로 산을 오르는 것은 어리석은 생각이라며 아버지에게 대들었다. "이것은 정말 바보짓이에요. 먹을 것이라고는 고작 맛없는 샌드위치뿐인 데다가 날씨가 너무 더워요. 온몸이 땀으로 범벅이 되었다니까요." 이 상황에서 보통 아버지 같으면 "그만 징징거리고 입 다물어!"라고 소리를 질렀을 것이다. 하지만 아버지는 "2분 불평 시간 실시!"라고 말했다. 우리는 기다렸다는 듯이 그동안 억눌렀던 감정을 2분간 쏟아냈다. 아버지는 "이제 그만. 불평 시간 끝"이라고 말했고 우리는 계속 걸었다. 그냥 감정을 쏟아내도록 놔두었을 뿐인데 그 방법은 효과 만점이었다. 우리가 온갖 심술궂은 말을 퍼부어대는 동안 아버지는 내내 미소를 지으며 가만히 서 있기만 했는데 그 방법이 희한하게 효과가 있어서 우리의 관점을 바꾸었다! 마침내 목적지에 도착했을 때 코핀 호수는 아름다웠고, 무엇보다 그곳에 도달하려고 노력을 기울였던 것에 더욱 감사했다.

행복한 결혼생활을 누리고 싶다면 자신부터 긍정적 시너지를 발휘해야 한다. 십 대 자녀가 더욱 유쾌하고 협조적이기를 바란다면 부모가 먼저 아이들을 더욱 깊이 이해하고 사랑하며, 아이들에게 공감하고 일관성을 지키며 훈육해야 한다. 부모는 자신의 정체성을 형성하는 동시에 가족의 운명도 결정한다.

상대방을 본다

'상대방을 본다'는 '상대방의 고유한 개성을 인정한다'는 뜻이다. 가정의 울타리 안에서는 이 패러다임을 실천하기 힘들 때가 많다. 우리는 자신이 바라는 모습을 머릿속에 그리며 결혼생활이나 부모 노릇을 시작하면서 나름대로 가족을 향해 기대를 품는다. 하지만 자신의 생각과 기대를 가족에게 적용하는 것은 큰 잘못이다. 가족을 사랑한다면 무엇보다 가족을 개개인으로 보고 고유한 차이를 이해하려고 노력해야 한다. 사랑하는 사람을 자기 기대에 맞추어 재단하는 것은 그들을 물건으로 바꾸는 행태이다. 하지만 사람은 물건이 아니다. 도스토옙스키는 이렇게

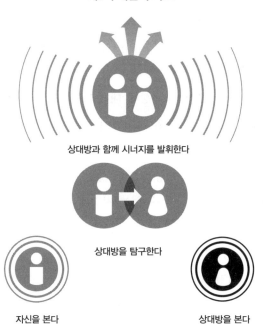

제3의 대안적 사고

상대방과 함께 시너지를 발휘한다

상대방을 탐구한다

자신을 본다　　　　　　　　상대방을 본다

말했다. "'누군가를 사랑하는 것'은 자기가 의도한 대로 그 사람을 보지 않고 '신이 의도한 대로 본다'는 뜻이다."

사랑은 누군가를 향한 감정인 동시에 그 사람을 있는 그대로 받아들이는 태도이다. 아이리스 머독Iris Murdoch의 말을 인용하자면 "사랑은 자기 이외에 누군가가 실재한다는 인정하기 힘든 깨달음이다." 이 말은 상대방의 차이를 높이 평가한다는 뜻이고, 차이를 단순히 용인하는 데 그치지 않고 축하한다는 뜻이다. 차이를 축하한다는 말은 서로 다르다는 사실에 기뻐하면서 각자에게 고유한 재능을 활용한다는 의미이다. 아들이 컴퓨터 앞에서 시간을 많이 보낸다고 과민 반응을 보이는 어머니는 오히려 비디오 게임하는 방법을 배우고 파티에 참석해서 아들과 친해질 수 있다. 예술적 감각이 있는 여동생을 바보 같다고 생각하는 실용적이고 완고한 오빠는 여동생과 전위 예술 쇼를 보며 창의적인 사업 아이디어를 생각해볼 수 있다. 딸이 항상 이어폰을 끼고 사는 것을 못마땅해하는 아버지는 딸과 함께 이어폰을 끼고 딸이 어떤 음악을 좋아하는지 이해하고 그 경험을 통해 딸의 세상에 대해 배울 수 있다. 우리가 타인의 가치를 축하하면 타인도 반응을 보이면서 우리의 가치도 축하해줄 공산이 크다.

물론 해롭거나 낭비하는 행동을 하지 않도록 가족을 지켜보아야 한다. 이러한 행동이 부모가 감당할 수 없는 지경에 다다른 가정도 있다. 불법적이거나 모욕적인 행동은 결코 용인해서는 안 된다. 나는 특히 아동 학대나 마약 거래 행동을 전혀 용인하지 못한다. 주위를 돌아보면 개인의 특유한 자질을 인정하지 않아서 서로 등을 돌리는 가족이 너무나 많다. 남편이나 아내가 서로의 차이를 위협으로 생각하면 서로의 강점을 살리고 약점을 보완하는 데 에너지를 사용하지 못한다. 부모나 형제가 서로의 차이를 높이 평가하지 않으면 부정적 시너지가 발생해 크게 해를 입을 수 있다.

위대한 정신과 의사 스텔라 체스Stella Chess는 한 집단을 유아기부터 성인기까지 40년 동안 꾸준히 연구했다. 1956년에 연구를 시작한 체스는 배경이 다른 신생아 238명의 삶을 추적하여 부모들의 서로 다른 양육법이 자녀의 발달에 어떤 영향을 미쳤는지 조사했다. 연구를 시작하고 10년 후 체스는《자식도 사람이다 Your Child Is a Person》라는 도발적 내용의 책을 발표하면서 자녀는 부모가 명령하는 대로 수동적으로 움직이는 로봇이 아니라고 강조했다.

체스의 주장에 따르면, 아이들은 모두 독특하고 그 점을 인정해주는 부모 밑에서 빛을 발한다. 그녀가 실시한 연구의 결과를 보더라도 양육에 성공한 부모는 자녀의 차이를 존중하고 "각각의 차이에 맞게 대우함으로써 평등하게 키운다." 또한 일부 부모와 자녀는 서로 기질 · 목적 · 가치가 맞지 않아 "어울리지 않는다."

그러면서 연구 대상 중에 '노먼Norman'을 예로 들었다. 노먼이 초등학교에 입학하자 부모는 진심으로 걱정하며 체스를 찾아왔다. 노먼은 쾌활하고 붙임성이 좋았지만 한 가지 활동을 꾸준히 하지 못하고 다른 활동으로 자주 바꿨다. 체스는 노먼의 집중 시간이 짧기 때문이지만 문제가 그다지 심각하지는 않다고 진단하고 '짧은 시간에 집중해서' 잘 배울 수 있다고 부모를 설득했다. 하지만 노먼의 아버지는 이렇게 불평했다. "어림도 없어요. 아들은 무책임하고 과단성도 의지도 없어요. 그 아이는 정신을 차려야 해요."

체스는 노먼 사례를 이렇게 정리했다. "우리가 할 수 있는 일이라고는 낙심해서 무기력하게 노먼을 지켜보는 것뿐이었다. 노먼의 증상은 해가 갈수록 악화했고 학업 성적은 계속 떨어져갔다. 전문직 종사자로 끈질긴 열정을 발휘해 성공한 그의 아버지는 점점 심하게 아들을 꾸짖고 경멸했다." 아버지는 아들이 무책임하고 실패하는 삶을 향해 나아가고 있다고 확신함으로써 "그러한 결과를 자초했다." 22세가 되자 노먼은 "근본적으로 아무 기능도 하지 못하고, 낮 내내 잠을 자고, 음악가가 되겠다는 허황된 계획을 늘어놓았다." 40년 만에 연구를 마감하면서 체스는 노먼이 "누가 보기에도 비극적인 삶"을 살았다고 기록했다.[11]

오늘날에는 노먼처럼 경미한 주의력 결핍 장애를 앓는 아이들도 부모가 든든하게 뒷받침해주면 잘 성장할 수 있다고 알려져 있다. 이 아이들이 보이는 에너지와 호기심은 좀 더 생각이 깊거나 수동적인 집단에 큰 가치를 안겨줄 수 있다. 창의성이 높게 평가 받는 마법극장에서, 노먼 같은 아이들은 훌륭한 자산이다. 노먼의 아버지가 아들의 빠르고 창의성이 풍부한 정신을 높이 샀다면 아들은 잘 성장했을 것이고 아버지는 자발성이 발휘하는 힘이 어떤지 깨달았을 것이다. 그랬다면 노먼은 아버지의 가르침을 받아서 자신과 과제에 집중하고 더욱 주의를 기울였을지도 모를 일이다. 과학자들은 신경화학이 주의력 결핍 장애를 일으킬 수 있다고 믿지만 '가족 기능장애'도 원인을 제공한다고 주장한다.[12]

나는 장성한 세 자녀를 둔 어느 여성을 알고 있다. 큰아들은 삶의 방향을 잃고 방황하는 마약 중독자이고, 딸은 거식증에 걸릴 정도로 체중에 집착하며, 막내아들은 비디오 게임에 미쳐 현실을 외면한다. 세 자녀 모두 태어날 때는 똑똑하고 건강하고 재능이 있었다. 하지만 농부인 아버지 밑에서 자란 어머니는 자녀의 성격이 잘못되었다고 생각해서 잔소리를 늘어놓으며 자녀들에게 고통을 주었다. 게으르다며 자녀들을 쉬지 않고 꾸짖었다. "나는 매일 새벽 5시면 일어나 건초 더미를 옮기고 소의 젖을 짰다. 대체 너희들은 왜 이 모양이니?" 자녀들이 늦게 귀가하면 들어오지 못하게 집 문을 잠가버리거나 음식을 주지 않으면서 자기 뜻대로 자녀를 조종하려 했다. 자신이 생각하는 좋은 자녀의 모습에 맞추라고 요구하면서 그렇지 않으면 집에서 내쫓겠다고 위협했다. 다시 말해 그 어머니는 자녀들이 자기처럼 되기를 바랐다. 요즘 자녀들이 어머니 곁을 떠나려 하고 있는데, 내가 생각하기에는 뒤도 돌아보지 않고 단호하게 미련 없이 떠날 것 같다.

내 지인 중에는 클래식 음악 교육을 받은 음악가 아버지가 있다. 부자는 아니지만 세련되게 세상을 살고 있다. 집 안에서 교향곡이 흐르고 좋은 책을 읽고 아이디어에 대해 많이 대화하는 분위기 속에서 딸을 키웠다. 하지만 정작 딸은 낚시를 좋아하고 록 음악을 좋아했다. 아버지는 어떻게 딸과 잘 지낼 수 있을까? 아버지는 이렇게 말했다. "나는 낚시만큼 지루한 취미가 없다고 생각합니다. 하지만 딸과 함께 지내는 일

만큼 흥미진진한 것도 없어요." 아버지는 딸과 함께 낚시하러 간다. 그래서 온몸에서 냄새가 나고, 햇볕에 피부가 타고, 모기에 여기저기 물린 자국이 나더라도 딸과 농담을 주고받고 유쾌한 기분으로 돌아온다. 딸은 아버지에게 들려주려고 록 음악을 믹스한다. 그 음악을 들은 아버지는 순간 움찔하지만 이내 새로운 박자와 음악적 아이디어에 눈을 뜬다. 그러던 어느 날 딸이 고전 음악도 좋아한다고 친구에게 하는 말을 우연히 듣고 아버지는 남몰래 흐뭇해했다. 딸은 친구에게 이렇게 말했다. "시벨리우스를 처음 들어봤어?" "아니, 록 밴드가 아니라 작곡가야." 이렇듯 보기 드문 가정 문화는 가족 구성원의 차이로 인해 분열되는 게 아니라 오히려 통합된다.

모든 자녀는 각자 재능을 지닌 제3의 대안이다. 부모가 자녀에게 부정적 꼬리표를 붙이거나 다른 아이들과 비교하면, 자녀는 자존감이 꺾이고 그 꼬리표를 그대로 수용하기 시작한다. 어떤 부모는 자녀에서 이렇게 말한다. "피터는 게을러요." "킴은 음치예요." "이 아이가 우리 똑똑한 아들이에요." 자녀는 부모가 붙이는 꼬리표에 따라 대부분 행동하기 마련이다. 내 아내와 나는 아이들에게 꼬리표를 붙이거나 아이들을 서로 비교하지 않고 각자의 고유한 성격과 특징을 인정하고 여기에 가치를 부여하려고 의식적으로 노력했다. 부모가 이렇게 행동하면 자녀들은 자신의 독특성에 편안함을 느끼고 자신만만해지리라 믿었기 때문이다. 부모가 자녀들을 서로 비교하지 않고 어느 한편을 들지 않는다면 형제 사이의 경쟁의식은 상당히 사라질 수 있다. 내게는 자녀 각자가 똑같이 소중하다.

내 외손자 코비Covey는 몇 년 전 외국에 거주할 때, 부모에게 편지를 써서 자가 평가를 하는 중인데 자신의 강점과 약점을 적어 보내달라고 부탁했다. 키워준 부모가 자기를 가장 잘 알 것이므로 개선해야 할 영역을 찾는 데 도움이 되리라 생각한다는 설명을 덧붙였다. 내 딸 부부는 아들의 장점만을 적어서 답장을 보냈다. "약점이 있다면 그것은 신과 너만 알고 있으면 된다. 네가 이상적인 모습을 갖춰나가도록 신이 인도할 것이다." 개인적으로 나는 사람들이 자신의 약점은 온전히 인식하지만 강점은 그러지 못한다고 생각한다. 조너선 스위프트도 그렇게 믿었다. "때로 주인도 모르는 금맥이 흙에 묻혀 있듯 인간도 그렇다."[13] 편협한 특징이 아니라 잠재력으로 평가를 받는 자녀는 구태의연한 고정관념에 따라 행동하지 않고 용기를 내어 분발한다.

나는 오랜 세월 많은 아이들에게 음악을 가르쳤던 위대한 첼로 연주자 파블로 카잘스가 남긴 온화한 지혜의 말을 듣고 감명을 받았다.

우리는 자녀에게 무엇을 가르치는가? 둘에 둘을 더하면 넷이고, 파리는 프랑스의 수도라고 가르친다. 그렇다면 자녀들이 어떤 사람인지는 언제 가르칠 것인가?

자녀에게 이렇게 말해야 한다. "너희가 누구인지 아느냐? 너희는 경이로운 존재이다. 너희는 독특하다. 지나간 세월 내내 너희 같은 존재는 없었다. 너희 다리, 팔, 영리한 손가락, 움직임 모두 특유하다.

너희는 셰익스피어, 미켈란젤로, 베토벤이 될지 모른다. 너희에게는 무엇이든 될 수 있는 능력이 있다. 그렇다. 너희는 경이로운 존재이다. 그러니 너희가 성장했을 때 너희와 마찬가지로 경이로운 존재인 다른 사람을 해칠 수 있겠는가?"

우리는 경이로운 존재인 아이들에게 어울릴 만한 세상을 만들기 위해 노력해야 한다.[14]

"우리는 전혀 비슷하지 않다." "우리는 매우 다르다." "우리에게는 공통점이 없다." 오명을 쓰고 있는 '불화합성'의 이면에는 이러한 불평이 숨어 있을 때가 많다. 사이가 소원한 부모와 자녀도 서로 불평하기는 마찬가지이다. 하지만 관심사, 뛰어난 재능, 기발한 개성이 서로 다를 때 삶과 사랑을 매력적이고 흥미진진하게 만든다. 앞에서 소개한 내 음악가 친구가 그랬듯 사랑하는 사람을 다른 누구와 비교할 수 없는 보물로 여기고 그 사람의 차이를 재능으로 생각해야 한다.

'불화합성'의 정반대는 '공감'이다. 두 단어 모두 '함께 느낀다'는 개념에 뿌리를 내리고 있다. 스티븐 스토스니가 정의했듯, 공감은 "사랑하는 사람의 개성과 취약성을 민감하게 느끼는 감정이다. 공감하면 아내가 자신과 다르고, 별개의 경험을 했고, 기질과 취약성이 다르며, 몇 가지 측면에서 가치가 다르다고 생각한다."[15]

배우자에게 자기 이미지를 부각시키고 싶어 하는 아내와 남편이 너무 많다. 자녀가 아니라 자기 복제품을 원하는 부모가 너무 많다. 자녀를 부모 모습대로 복제하면 부모는 자신이 사회에서 쓸모 있는 존재라고 생각하며 잘못된 안정감을 갖는다. 자녀가 부모처럼 생각하고 행동하고 말하고 심지어 부모처럼 외모를 가꾸면 부모의 정체성이 유효해진다고 느낀다.

하지만 '동일성sameness'은 '일체oneness'가 아니고, '균일성uniformity'은 '통합unity'이 아니다. 가족은 이상적인 상호보완적 팀이다. 각자 가진 재능이 다르고 사랑으로 결합하며 서로 다른 역할과 인식과 능력을 깊이 이해하는 구성원이 모여 통합해야 한다.

내가 결혼한 자녀들에게 해줄 수 있는 최고의 조언은 "배우자를 더욱 나은 존재로 바꾸려 하지 말고 행복하게 해주려고 노력하라"이다. 우리는 마치 자신의 방법이 더 낫기라도 한 것처럼 배우자를 좀 더 자신처럼 만들고 싶어 한다. 내가 결혼생활을 하며 몸소 깨달았듯 그 방법은 결코 통하지 않을 뿐 아니라 부부가 각자 독특한 재능으로 결혼생활에 기여하지 못하게 방해한다. 그러므로 자신이 생각하는 이미지대로 배우자를 만들려고 애쓰지 말고 배우자의 차이를 인정하고 배우자와 함께 뛰고 배우자를 행복하게 해주려고 노력해야 한다.

상대방을 탐구한다

소설가 스콧 피츠제럴드F. Scott Fitzgerald는 "가족 다툼은 쓰디써서 결코 치유되지 않을 피부 파열 같다"고 묘사했다. 분열된 가족을 치유하려면 사랑하는 사람을 탐구하고 토킹 스틱 대화를 시도해야 한다. 다투는 것은 한 사람 이상이지만 치유 과정을 시작하기 위해서는 단 한 사람이 필요하다. 이는 제3의 대안으로 문제 해결에 절대적으로 필요한 전제조건이다.

우선 상대방에게 다가가 "당신에게 토킹 스틱이 있습니다"라고 말한다. 상대방의 입장을 확인하는 의도 외에는 아무 말도 하지 않겠다는 뜻이다. 이때 상대방이 말하는 요지를 확실히 이해하기 위해 질문할 수는 있지만 자신의 입장을 밝힐 수 없을 뿐 아니라 동의하거나 반대할 수 없다. 이때 할 수 있는 일이라고는 상대방의 말을 이해했다는 사실을 알릴 목적으로 그 요지를 전달하는 것뿐이다. 그러고 나서 상대방에게 토킹 스틱을 넘겨받는다. 이제 우리가 말할 차례가 되었으므로 상대방은 침묵을 지키고 우리가 하는 말을 이해할 때까지 공감하며 경청한다. 그다음에는 토킹 스틱을 다시 상대방에게 건넨다.

토킹 스틱 대화는 방어적이고 부정적인 에너지를 창의적이고 긍정적인 에너지로 바꾼다. 상대방이 이해받았다고 느낄 때까지 그 말을 진심으로 들어주면 우리가 상대방을 얼마나 중요한 존재로 여기는지 알리는 동시에 상대방에게 확신을 줄 수 있다. 이 과정은 긴장을 완화하고 마음

제3의 대안적 사고

상대방과 함께 시너지를 발휘한다

상대방을 탐구한다

자신을 본다   상대방을 본다

을 치유하는 효과가 있어서 상대방은 점차 마음을 연다.

토킹 스틱 대화는 시간이 걸리지만 종국에는 가정생활에서 느끼는 스트레스를 덜어주고 무한히 시간을 아껴준다. 여러 해 동안 완고하게 등을 지고 있던 사람들이 서로 마음을 연다. 가족이 다시 서로 포용하고 눈물이 흘러내리며 적대감이 녹아내린다. 그러나 불행하게도 현실에서는 토킹 스틱 대화가 제대로 이루어지지 않는다.

아내를 '반대하는 기계'로 부르는 남편을 만난 적이 있다. 그는 아내가 참을성이 없고 상대방의 말을 무시하면서 언제든 반대로 토를 단다고 덧붙였다. "딸이 자기를 좋아하는 사람이 하나도 없다고 말하면 아내는 '실없는 소리 하지 마. 모두 너를 좋아해'라고 일축합니다." 이러한 반

토킹 스틱

발언자   청취자

응은 악의 없게 들리지만 진정한 대화를 억누른다. 딸은 자신의 감정이 '실없는 소리'이고, 아무도 자기 말에 관심이 없다고 생각하기에 이른다. 딸이 "학교를 그만둘래요"라고 말하면 어머니는 "너 제정신이니? 학교에 가야 해"라고 맞설 것이다. 이렇게 반응하면 딸의 심리적 공기를 차단하므로 딸은 궁극적으로 세차게 반격할 것이다.

앞에서 예로 들은 어머니처럼 딸이 말하는 동안 자신이 어떻게 반응할지 생각하고 있다면 딸의 말을 듣고 있는 것이 아니다. 말할 때마다 사사건건 반대하는데 딸이 어머니에게 편안하게 마음을 터놓고 말할 수 있을까? 어머니는 학교 가기 싫어하는 딸의 진짜 상처가 무엇인지, 어째서 그렇게 괴로워하는지 알아볼까?

부모는 자녀의 문제를 바로잡는 것이 부모의 의무라고 좋은 의도에서 생각할 때가 많다. 이는 부모의 본능적 사고이다. 앞선 사례에서 어머니는 문제가 존재한다는 사실을 거부하고, 좀 더 민감한 부모는 조언을 제시한다. 자녀가 "내게 문제가 있어요"라고 털어놓으면 그들은 "이 점을 반드시 고려해야 한다"며 대꾸한다. 하지만 부모의 진정한 임무는 자녀가 제3의 대안을 스스로 생각해낼 수 있도록 키우는 것이다. 자녀가 "내게 문제가 있어요"라고 말한다면 아마도 이건 제2의 대안에 갇혀 있다는 신호이다. 남자 친구에게 심리적으로 압박을 받고 있을 수 있고 학교 성적이 좋지 않을 수도 있다. 이때 현명한 부모는 이렇게 반응한다. "더 얘기해보렴." "정말 이 문제로 괴로워하고 있구나." "어떻게 생각해야 할지 몰라서 그러지?"

아무리 좋은 조언이라도 던져주기만 해서는 문제가 생긴다. 문제를 둘러싼 복잡한 감정을 털어놓고 스스로 해결책을 찾고 성장할 수 있는 기회를 자녀에게서 뺏는다. 주도권을 쥐고 지혜를 발휘할 기회를 가로막는다. 자녀가 제3의 대안을 생각해낼 기회를 박탈한다. 자녀를 부모에게 더욱 의존하게 만들고, 의존은 곧 무기력과 분노를 낳는다.

부모는 자녀에게 "그 마약 중독자들과 가까이 지내지 말거라. 그들과 엮이지 않았으면 좋겠다"라고 말할 수는 있다. 좋은 조언이기는 하지만 문제를 그렇게 단순하게 축소해 말해버리면 자녀가 느끼는 혼란이 줄어들까? 그들은 자녀가 가까이 다가서고 싶어 하고 애정을 구하는 대상이다. 과연 자녀가 그들에게 등을 돌릴 수 있을까? 자녀가 그들을 도와주어야 할까 아니면 그들과 절교해야 할까? 조언을 하기 전에 시도해야 할 일이 있다. 자녀가 나름대로 해답을 찾아나가리라 믿으면서 공감하는 심정으로 자녀의 말에 귀를 기울여야 한다. 그러면 자녀를 안전하게 지킬 뿐 아니라 친구들도 도울 수 있는 제3의 대안을 부모와 자녀가 함께 생각해낼 수 있다. 위대한 아동 심리학자 헤임 기노트Haim Ginott는 이렇게 썼다.

지혜의 시작은 경청이다. 공감하며 경청하는 부모는 말에 실린 감정을 들을 수 있고, 자녀의 감정과 경험을 이해할 수 있다. ……부모는 마음과 가슴을 열어 유쾌한 소리든 불쾌한 소리든 온갖 종류의 진실에 귀를 기울여야 한다. 하지만 많은 부모가 자기 마음에 들지 않는 소리를 들을까 봐 두려워 자녀의 이야기에 귀를 기울이지 못한다.[16]

부모가 자녀의 문제를 대신 해결해주고 싶을 수 있고 자녀도 부모가 그렇게 해주기를 원할 수 있다. 하지만 부모가 문제를 대신 해결해주면 부모와 자녀는 함께 시너지를 발휘할 기회를 놓치고 만다. 자녀의 문제가 신속하게 다뤄야 하는 성가시고 짜증나는 부정적인 일이라 생각하지 말고 자녀와 유대 관계를 맺을 수 있는 기회라 생각한다면, 부모와 자녀 사이에 발생하는 상호작용의 본질이 완전히 바뀔 수 있다. 부모는 자녀를 깊이 이해하고 도와주려는 의욕을 불태운다. 자녀가 문제를 털어놓을 때 부모가 '세상에! 나는 이 문제로 씨름할 시간이 없단다'라고 생각하지 말고 '내 아이를 도와주고 우리 관계를 돈독하게 다질 멋진 기회가 생겼어'라고 생각한다. 부모가 자신의 고민을 듣고 나서 전달하는 가치를 깨달은 자녀는 부모를 향해 뜨거운 사랑과 신뢰를 느낀다. 그동안 실수도 많이 했지만 나는 성장하는 자녀들의 말에 귀를 기울이고 그들이 직면한 문제를 이해하려 노력해왔다. 이렇게 노력한 덕택에 나는 많은 결실을 거뒀다. 내 딸 제니Jenny는 이렇게 회상했다.

성장하면서 나는 한 번도 반항할 이유가 없었다. 부모님이 나를 이해하고 있다는 사실을 항상 알았기 때문이다. 부모님은 진심으로 내 말을 들어주었다. 친구들은 부모님이 "이것은 규칙이야. 토 달지 마"라고 말하기 때문에, 귀가 시간 같은 간단한 문제를 놓고도 많이 괴로워했다. 하지만 내 부모님은 내 의견을 물으면서 귀를 기울이고 나와 의논했다. 그래서 부모님에게 내 의견을 관철시키겠다는 생각이 들지 않았고, 부모님이 내 심정을 이해한다고 느꼈으므로 반격하고 싶다는 충동도 사라졌다. 이제 자녀를 키우는 입장에서 생각하면 우리 부모님이 그랬듯 시간을 들여 아이들 말을 진정으로 경청하고 이해하려 노력할 때, 아이들도 훨씬 적극적으로 내 말에 귀를 기울일 것이다.

내가 십 대였을 때였다. 주말에 가족이 선댄스 휴양지로 여행을 떠나기로 했다. 나는 친구들과 놀기로 했으므로 가고 싶지 않았다. 그러자 아버지는 "아니, 오늘 밤 가족 모두 선댄스로 출발할 거다. 내가 그러기로 결정했으니 따라라"라고 딱 잘라 말했다. 십 대들이 으레 그렇듯 나는 정말 심술이 나서 방으로 들어가 앞으로 아버지를 절대 용서하지 않겠다고 다짐했다. 아버지는 내 말을 조금도 들어주지 않았고 내가 어떻게 느끼든 아랑곳하지 않았다. 그런데 잠시 후 방문을 두드리는 소리가 들렸다. 아버지였다. "네 말을 들어주지 않아 미안하구나. 어째서 집에 있고 싶어 하는지 말해보렴." 내 말을 듣고 나서 아버지는 내 심정을 충분히 이해한다고 대답했다. 그래서 우리는 내가 집에 머물렀다가 주말 후반부에 친구들을 선댄스에 데려오는 방법을 궁리해냈다.

진심으로 사과하고 상대방의 말에 귀를 기울이면 문제를 해결할 수 있다. 지금껏 내게는 부모가 내 말을 경청해주었다고 느끼는 행운이 따랐다. 나는 "내가 하자는 대로 하든지 아니면 집을 나가!"라는 부모님의 고함을 뒤로하고 문을 쾅 닫고 방으로 들어가 씩씩거려 본 적이 없다. 부모님이 내 말을 변함없이 존중해주었으므로 나도 부모님의 말에 마음을 열 수 있었다.

부모가 되고 나서 나는 속으로 이렇게 되뇐다. '자신이 생각하는 대답을 내놓지 마라. 그냥 말을 멈추고, 자녀의 말에 귀를 기울여라.'

사랑하는 사람과 다툴 때는 상대방의 입장을 이해하고 공감하겠다고 선택할 수 있다. 한 전문가는 이렇게 말했다. "가족의 감정을 상하게 하거나 한창 갈등이 불거진 순간에 가족이 내뱉은 말 때문에 화가 났다면, 의사소통이 잘못되었기 때문이라 생각하고 의견이 어긋난 이유에 대해 더 많이 배울 수 있는 기회라 생각하라."[17] 나는 이러한 접근 방법이 좋다. 우리에게는 화를 낼 것인지 사랑하는 사람의 말을 이해할 것인지 결정할 힘이 있다. 시너지에 도달하는 기회로 사용한다면, 긴장의 순간은 둘 사이를 갈라놓기보다는 더욱 강력하게 결합하는 계기가 된다.

부모와 딸 사이에 갈등이 불같이 끓어오를 때가 있다. 예를 들어 어머니가 "마약 중독자 친구들을 만나지 말았으면 좋겠다"라고 말하면 딸은 "아뇨. 그 아이들은 내 친구예요. 나를 걱정해주는 유일한 사람이라고요"라고 대꾸할지 모른다. 그러면 어머니는 본능적으로 딸과 싸우려 든다. "너에게 마약을 하라고 권하는 것은 친구가 할 짓이 아니다. 그 아이들보다 내가 너를 훨씬 더 아낀다!" 하지만 현명한 어머니는 딸에게 충고하거나 해결책을 강요하지 않고 뒤로 물러선다. 자식을 사랑하는 부모라는 자신의 정체성을 딸이 부당하게 공격했다고 느낀 어머니는 마음이 아플 것이다. 하지만 제3의 대안을 추구하는 어머니는 예전에 어느 누가 생각했던 것보다 나은 방법을 끌어낼 기회를 잡는다. 첫째, 이야기를 하라고 딸을 격려하고 딸의 말을 진심으로 공감하며 경청한다. 마음을 가라앉히며 "그래, 네가 처한 상황을 내가 이해할 수 있도록 말해주렴"이라고 말한다. 이는 감정을 자제하는 중립적인 말이다.

딸이 "엄마의 머릿속에는 엄마뿐이죠. 마약 중독자 딸은 싫은 거잖아요. 내가 창피하겠죠"라고 말했다 치자.

물론 이 말을 들은 어머니는 억울할 수 있다. 하지만 공정성에 신경을 쓰지 말고 딸의 행복에만 집중해야 한다. 딸의 입장을 헤아리고 자신의 상처와 불안은 잠시 접어두자. 지금 당장 관심을 쏟아야 하는 대상은 자신이 아니라 딸이기 때문이다. 따라서 "네가 견디기 힘들었겠구나"라고 말하며 딸을 위로한다.

얼마 후 딸이 대답한다. "나는 늘 외톨이에요. 엄마는 일로 바쁘고, 학교에서도 모두 자기 일을 하느라 바빠요. 내가 할 일은 어디에도 없어요. 말할 수 있는 상대도 리아Ria와 매트Matt뿐이에요."

어머니의 머릿속은 수천 가지 대답이 얽혀 복잡하다. "너는 혼자가 아니야. 곁에 내가 늘 있잖니? 내게는 일보다 네가 훨씬 중요하단다. 네가 할 수 있는 일은 많아. 너는 똑똑하고, 예쁘고, 재능이 있어. 리아와 매트는 네게 나쁜 영향을 준단다"는 등 대답이 꼬리에 꼬리를 물고 떠오른다. 하지만 현명한 어머니는 아무 말도 하지 않는다. 지금은 토킹 스틱이 없기 때문이다. 그 대신 자기 생각이 아닌 딸의 생각을 표현한다. "그래서 리아와 매트에게 의지하고 있구나."

딸은 이렇게 대답한다. "학교생활에 적응하려고 노력하고 있어요. 친구를 사귀려 해봤지만 그 아이들 말고는 나와 가까이 지내려 하지 않았어요. 리아와 매트는 나를 좋아하고 내게 잘해줘요. 우리는 대화도 많이 해요. 그 아이들에게 마약 문제 등이 있는 것은 알고 있어요."

어머니는 말한다. "네가 그 아이들을 많이 걱정하는구나."

딸은 말한다. "어젯밤에 내게도 마약을 하라고 줬어요. 마약을 하면 기분이 얼마나 좋아지는지 내게 계속 말해요. 하지만 마약 기운이 떨어져 갈 때 그 아이들의 모습을 본 적이 있어요. 정말 끔찍한 광경이었어요."

어머니는 말한다. "친구들이 고통을 겪는 것을 보니 견디기 힘들었지?"

딸이 말한다. "네, 내가 그 아이들 같은 과정을 겪는 것은 상상도 할 수 없어요."

공감하며 귀를 기울이는 어머니는 딸과 관련된 매우 중요한 사실을 깨닫는다. 딸이 외로워하고, 학교생활에 적응하느라 허우적거리고, 자신을 받아주지만 스스로 고통을 겪고 있는 친구들 때문에 괴로워한다는 사실을 알게 된다. 또한 딸이 마약을 둘러싸고 마음에 갈등을 겪고 있다는 사실도 듣는다. 딸은 마약 복용에 따른 위험성도 알고, 친구들이 위기에 빠져 있다는 사실도 인식하고 있다. 따라서 어머니의 생각과 달리 딸은 마약 중독의 길로 접어들지 않았다. 딸은 어머니의 뜻에 거스르지 않았다. 딸의 빈정대는 말투는 방어적인 수단이었을 뿐 어머니와 아무 관계가 없다.

딸의 머릿속과 마음에 어떤 일이 벌어지고 있는지 생각해보자. 딸의 말에 선선히 귀를 기울이면 딸과 교감할 수 있다. 어머니는 마치 적이 그렇듯 '우리 대 그들' 패러다임에 붙들려 마음의 장벽을 쌓지 않고 점차 딸에게 친구가 되어간다. 그러면 딸의 이야기는 점차 바뀌어 어머니는 '우리 중 하나'가 된다.

앞에서 인용한 사례에서 어머니가 딸의 말에 동의하지도 그렇다고 반대하지도 않았다는 점에 주목하라. 딸의 친구들이 마약을 복용하는 행위는 물론 딸에게 마약을 권하는 행위도 용납하지 않았다. 딸에게 부모가 원하지 않고 사랑하지 않는 딸이라는 인식도 심어주지 않았다. 그저 이해하고 싶은 심정으로 딸의 말에 귀를 기울였을 뿐이다. 이 시점에서 부모가 맡아야 하는 역할은 딸이 보는 대로 보고 딸이 느끼는 대로 느끼는 것이다. "너는 상황을 달리 보고 있구나. 네 말을 들어봐야겠어."

이제 어머니는 제3의 대안으로 나아갈 준비가 되었다. 제3의 대안이 무엇일지 아직 모른다. 제3의 대안을 추구하려면 늘 위험이 도사리고 있다. 좀 더 나은 해결책에 도달하리라는 보장 같은 건 전혀 없다. 어머니와 딸이 결국 어떤 감정을 느낄지 아무도 모른다. 하지만 공감하며 경청하지 못하면 모녀 사이에는 오해와 고통의 벽이 두껍게 쌓인다. 이 벽을 허물기는 결코 쉽지 않다.

이와 대조적으로 어머니가 딸의 말에 귀를 기울일수록 어머니와 딸 사이에 놓인 감정적 장벽은 점차 낮아진다. 엘리프 샤팍은 이렇게 말했다. "이야기를 경청하면 이러한 벽을 넘을 수 있다." 단단한 돌로 만들어진 벽에 "이야기가 물을 흐르게 하여" 벽을 침식시킨다.[18] 이야기는 시냇물처럼 자기 길을 찾아가면서 우리를 예상하지 못했던 목적지로 데려간다. 이야기의 흐름을 따라갈수록 제3의 대안에 도달할 가능성은 커진다.

우리가 사는 문화는 문제를 근시안적으로 처리하고 오류를 바로잡고 곧장 본론으로 들어가는 탓에 타인의 관점을 제대로 보지 못한다. 각자 독특한 투쟁과 고통, 상실과 승리를 전달하는 이야기를 경청할 만한 인내심이 없기 때문이다. 자신이 이미 모두 알고 있다고 생각한다. 전문가들은 이렇게 말했다. "관계를 형성할 때 최대 난관의 하나는 타인의 마음과 생각과 경험을 늘 분명하고 완전하게 파악할 수 없다는 것이다. 몇 년, 때로 몇 달 경험한 것만으로 배우자를 완전히 안다고 생각하는 결혼생활이 특히 문제일 수 있다."[19] 결과적으로 우리는 상대방의 이야기를 무시하고 회피하며 귀를 닫아버린다. 서로에게 귀를 기울이지 않고 갈등을 빚으며 자신과 자녀를 고립시킨다. '공감 결핍empathy deficit'이 생겨나는 것이다.

좀 더 바람직한 문화도 있다. 남아프리카공화국의 호사족은 오랜 역사 동안 누구나 조틀라xotla라는 공개회의에서 자신의 이야기를 할 수 있게 하여 갈등을 해소해왔다. 며칠 동안 열리기도 하는 조틀라의 목적은 "부정적인 감정이 사라질 때까지" 참석자 전원에게 발언 기회를 허용하는 것이다. 그래서 호사족은 전쟁을 하지 않는다.[20] 이와 비슷한 예로 캐나다 원주민은 이야기를 사용하여 긴장을 진정시키고 갈등을 해소하는 방법을 아이들에게 가르친다. 다툼이 발생하면 가족이나 지역사회가 '토킹 서클talking circle'을 소집해 공감이 흐르게 한다. 캐나다 원주민 공동체First Nations의 가족 워크숍에 참가한 한 사람은 그 과정을 이렇게 설명했다.

우리는 어른이 원하는 대로 행동하지 않았다는 이유로는 아이들에게 '타임아웃' 방법을 사용하지 않는다. 아이들을 공동체에서 분리시키려고 하는 것은 아이들이 우리가 가르치고 싶은 교훈을 거스른다고 생각하기 때문이다. 오히려 아이들을 공동체 집단에 더욱 가깝게 끌어들여 앞으로 달성하고 싶은 성취에 관한 친구들의 이야기를 듣게 해야 한다. 그러면서 아이들은 공동체를 돕기 위해 스스로 어떻게 행동할지 깨닫는다.

타인이 문제를 해결한 이야기를 들으면서 아이들은 공감하는 법을 익히고 "공동체가 중요하게 생각하는 윤리적 가치와 자신에게 기대하는 행동"이 무엇인지 배운다. 직접적으로 가르치거나 행동을 지적하는 것보다 이야기를 사용하면 "아이들의 영혼에 대고 직접 말할 수 있다."[21]
내 아들 숀Sean은 자기 아들을 탐구함으로써 부자 관계를 바꾼 경험을 들려주었다.

대학 시절 나는 평생 소원이었던 대학 미식축구 팀의 쿼터백이 되었다. 하지만 2년 동안 팀을 이끌며 활약하다가 무릎 인대가 찢어지는 바람에 일찍 꿈을 접어야 했다. 몇 년이 흘러 결혼하고 직장에 다니면서 첫 아들을 낳았을 때 얼마나 감격했을지, 부모라면 누구나 상상할 수 있을 것이다. 아들을 훌륭한 쿼터백으로 키운다면 얼마나 멋질까! 그래서 초등학교 1학년부터 8학년까지 아들에게 미식축구를 가르쳤고, 드디어 아들은 탁월한 기량을 갖춘 쿼터백이 되었다. 누구나 쉽게 상상할 수 있듯 나는 아들이 경기하는 모습을 지켜보며 마음속으로 '역시, 내 아들이군'이라고 말하며 무척 뿌듯해했다.

그러던 어느 여름날, 아들이 9학년에 올라가서는 미식축구를 하지 않겠다고 말했다. 나는 깜짝 놀랐다. "너 제정신이니? 네가 얼마나 잘하는지 몰라? 너를 훈련시키느라 내가 얼마나 시간과 정성을 쏟았는지 알아?" 하지만 아들은 미식축구를 하고 싶지 않다고만 거듭 말할 뿐이었다. 아들의 말이 내게는 뼛속까지 충격이었다. 나는 아들을 훌륭한 미식축구 선수로 키웠다고 생각해서 마음이 편안하고 흡족했었다. 며칠 동안 끈질기게 설득했지만 아들은 뜻을 굽히지 않았다.

공교롭게도 당시에 제품 개발자로 일했던 나는 좀 더 바람직하게 경청하는 방법을 가르치는 세미나를 기획하는 중이었다. 어느 날 아들의 말을 진지하게 들어봐야겠다는 생각이 들었다. 지금 생각해보면 당시 나는 아들이 선수 생활을 영영 그만둘까 봐 두려웠던 것이다. 아들의 말을 듣겠다고 마음먹자 우선 내 동기부터 제대로 파악해야 했다. 내가 키우려 했던 것은 미식축구 선수였을까, 아들이었을까? 아들을 미식축구 선수로 키우는 동기가 아들을 위해서일까, 나를 위해서일까? 곰곰이 따져보니 아들을 제대로 키우는 일에 비한다면 미식축구는 그다지 중요하지 않다는 생각이 들었다.

곧 아들과 대화할 기회를 잡았다. "아들아, 내년에는 미식축구를 하고 싶지 않단 말이지?"

"네, 그래요." 아들이 대답했다.

나는 아무 대꾸도 하지 않았다.

"작년에 축구하는 것이 별로 재미없었어요." 아들이 대답했다.

"그래서 작년에 성적이 그다지 좋지 않았던 거구나?"

"전혀 좋지 않았죠."

나는 아들 말에 수긍하며 고개를 끄덕이기만 했다.

"작년에 운동하기가 정말 싫었어요, 아버지. 경기장에서 처절하게 실패를 맛보았거든요. 저를 한번 보세요. 덩치가 다른 선수들의 절반밖에 안 돼요."

"작년에 패배감이 심하게 들었겠구나." 이 시점에 이르자 아들은 내가 진심으로 염려하고 있으며 자신을 이해하고 싶은 것 외에는 다른 의도가 없다고 느꼈다. 그래서 진심으로 마음을 털어놓기 시작했다.

"예, 선수들을 통틀어 제 덩치가 가장 작아요. 제 몸은 아직 다 크지 않았어요. 이번 여름에도 별로 크지 않았어요. 아빠는 제 나이 때 덩치가 컸으니 제 심정을 이해하지 못할 거예요."

"내가 네 심정을 이해하지 못하리라 생각하는구나."

우리 둘은 계속 대화했다. 귀를 기울이자 아들에 대해 몰랐던 사실을 많이 알 수 있었다. 아들은 자신의 덩치가 작다고 생각해서 불안했고 마음이 약해졌다. 게다가 낯선 지역으로 이사하면서 주위에 아는 사람도 많지 않았다. 엎친 데 덮친 격으로 작년에 경기 성적이 좋지 않았고 아빠의 기대를 만족시켜야 한다는 부담도 컸다.

내가 진심으로 아들을 이해하려고 노력하는 모습을 보인 지 얼마 지나지 않아 아들은 "아빠, 내가 어떻게 해야 할까요?"라고 물어왔다.

나는 이렇게 대답했다. "어떤 결정을 내리든 나는 괜찮다. 진심이야. 네가 미식축구를 계속해도 좋고, 그만두어도 좋단다. 어떤 결정을 내리든 너를 응원하마."

며칠이 지나 아들은 이렇게 말했다. "아빠, 내년에도 미식축구를 하고 싶어요." 그 말을 듣고 기쁘기는 했지만 아들이 미식축구를 계속하는 것이 내게는 더 이상 중요하지 않았다. 설사 아들이 미식축구를 그만두겠다고 결정했더라도 나는 괜찮았을 것이다. 그날부터 우리 부자 사이가 더욱 가까워진 것이 중요했다. 관계 형성에서는 빠른 것이 느리고 느린 것이 빠르기 마련이다. 진심으로 이해하고 싶은 마음으로 30분을 들여 상대방의 말에 귀를 기울이면 몇 달을 끌기도 하고 많은 갈등을 빚을 수도 있는 문제가 눈 녹듯 해결될 수 있다. 그만큼 공감은 가장 신속한 의사소통 수단이다.

타인의 이야기를 깊이 이해하면 자연스럽게 공감하기 마련이다. 눈물을 흘리며 진심으로 공감하거나 사랑하는 사람의 마음을 헤아릴 때 우리는 변한다. 패러다임이 급격하게 바뀐다. 버릇없는 십 대가 외롭게 분투하는 청년으로 보인다. 조용하고 뚱한 남편은 늘 내적 무능·우울·비통으로 몸부림치는 사람으로 보인다. 연로하고 괴팍한 부모의 마음을 들여다보면서, 오래전에 기회를 놓쳐 마음을 다치고 지나간 세월을 생각하며 절망하는 모습을 목격한다. 개인의 약한 마음을 건드리면서 우리는 신성한 영역에 도달한다.

체코 작가인 카렐 차페크Karel Čapek가 쓴 《최후의 심판 the Last Judgment》에서는 잔인한 살인자의 영혼이 하늘의 심판대로 소환된다. 무료해하는 세 심판관이 살인자의 죄를 추궁하며 "수염이 덥수룩하고 위풍당당하며 황금별이 흩뿌려진 푸른색 가운을 걸친 비범한 증인"을 부른다. 알고 보니 그는 "전지한 신"으로 유일한 증인이다. 심판관은 증인이 "모든 사실을 알고 있어 무엇도 부정할 수 없으므로" 증인의 말을 끊지 말라고 피고에게 경고한다. 증인은 피고가 잔혹한 행위를 저질렀다고 증언하고는 이렇게 덧붙였다. 피고는 어렸을 때 어머니를 극진히 사랑했지만 감정을 내보이지 못했다. 여섯 살 때 자신이 소중하게 여기는 유일한 장난감인 색유리 구슬을 잃어버리고 울었다. 일곱 살 때 꼬마 여자아이를 좋아해 장미를 훔쳐서 주었지만 그 여자아이는 나중에 피고의 청혼을 거절하고 부자와 결혼했다. 젊은 시절 집도 절도 없이 떠돌던 피고는 다른 부랑자들에게 자기 음식을 나누어주기도 했다. "피고는 너그럽고 때로 유용한 사람이었습니다. 여자에게 친절했고 동물을 사랑했으며 자기가 한 약속을 지켰습니다."

하지만 예상대로 심판관들은 피고에게 영원한 처벌을 선고한다. 한 시점에서 피고는 신에게 "어째서 신께서 직접 심판하지 않나요?"라고 묻는다. 신은 이렇게 대답한다. "내가 모든 진실을 알고 있기 때문이란다. 진실을 하나도 빠짐없이 속속들이 알면 심판관들도 심판할 수 없겠지. 그렇게 되면 처벌을 내리기가 마음 아플 테니 말이다. ……나는 너에 관한 진실을 낱낱이 알고 있다. 그래서 너를 심판할 수 없단다."[22]

상대방을 이해할수록 상대방에게 애정을 느끼고 상대방의 가치를 저울질할 가능성이 줄어든다. 하지만 이해하지 못할수록 상대방을 판단하고, 조작하고 묵살할 수 있는 '물건'으로 생각할 가능성이 커진다.

우리는 자녀나 연로한 부모나 배우자들이 견디기 힘든 상황에 처했을 때, 특히 자기 이야기를 하도록 격려만 하더라도 서로 공감하는 가족 문화를 조성할 수 있다. 각자 공감 근육을 튼튼하게 키우라. 가족이 현재 어떤 갈등에 직면했는지, 어떤 오해를 해서 괴로워하는지 묻고 그 대답에 귀를 기울여라. 서로 공감하며 관계를 형성한다면 타인도 같은 태도로 반응할 것이다. 공감은 상대방에게 전염되기 때문이다.

가족을 상담하고 훈련시킨 경험이 많은 내 동생 존은 겉으로는 이상적으로 보이지만 공감 결핍으로 심각하게 고통을 겪고 있는 한 가족의 이야기를 들려주었다.

이 가족은 부모가 똑똑하고 자녀는 훌륭해서 매우 생산적으로 보였다. 하지만 십 대 자녀들의 삶이 엉망진창으로 꼬이자 부모가 우리에게 도움을 요청했다.

우리는 부모를 분리시키고 자녀들과 함께 앉아 대화하기 시작했다. 자녀들은 처음에는 좀처럼 말을 꺼내지 않았지만 똑똑하고 자기 생각을 표현하는 성향이 있었으므로 이내 마음을 열고 부모가 자신들의 말을 도통 들으려하지 않는다고 털어놓았다. 자신들의 말을 존중하지도 공감하지도 않는다고 했다. 토킹 스틱 대화는 그저 경청하는 수준에 그치지 않는다. 상대방을 깊이 존중하는 태도를 보여주어야 한다. 자녀들은 부모에게 세상을 어떻게 살아야 한다는 훈계를 일방적으로 들었을 뿐, 한 번도 자유롭게 자기 뜻을 표현하지 못했다. 들끓는 분노를 마음에 묻었던 것이다. 그래서 자신의 생각을 부모에게 말할 수도 시너지에 도달할 수도 없었다.

우리는 하루 종일 자녀들의 말에 귀를 기울였다. 그런 다음에 부모를 방으로 불러 경청하는 연습을 시켰다. "친구, 하면 머릿속에 떠오르는 단어를 종이에 적으세요."

그리고 부모와 자녀가 기록한 목록을 비교했다. 같은 단어가 하나도 없었다. 결국 훈련의 핵심이 무엇인지 깨달은 어머니는 서랍에서 자를 꺼내 자녀들에게 주면서 "지금부터 할 말이 있으면 이 자를 집으렴. 그러면 '나는 지금 하고 싶은 말이 있어요'라는 뜻으로 알아들으마"라고 말했다. 그러면서 어머니는 자녀들의 이야기를 경청했고 이를 계기로 가족 문화가 바뀌었다. 가족은 일요일 오후마다 자전거를 함께 타면서 서로 알아가기로 했다.[23]

이슬람교 현자들은 "자신을 뛰어넘지 못하게 하는 지식은 무지보다 훨씬 나쁘다"[24]고 가르쳤다. 기꺼이 상대방의 마음을 알려고 할수록 자신에게 더욱 힘이 생겨 둘 사이의 격차를 넘어서서 현재 입장보다 훨씬 바람직한 제3의 영역으로 전진할 수 있다.

상대방과 함께 시너지를 발휘한다

가정은 그 자체로 제3의 대안이다. 독특한 두 사람과 두 문화가 결합하는 것에서 시작하기 때문이다. 자신과 배우자를 존중하고 이에 공감하는 패러다임이 가정을 지배한다면 결과적으로 제3의 문화가 형성되어 새롭고 무한하게 열매를 맺고 깊은 기쁨과 심오한 만족을 얻을 수 있다.

가정이 시너지를 추구하는 사고방식을 채택하면 내 방식도 네 방식도 아닌 우리의 방식, 즉 훨씬 수준 높고 바람직한 제3의 대안에 도달할 수 있다. 따라서 이러한 사고방식으로 선택할수록 자신을 훈련해서 지속적으로 제3의 대안을 추구해야 한다. 자녀를 양육하고, 돈을 관리하고, 경력의 균형을 맞추고, 종교를 선택하고, 친밀한 관계를 형성하는 중요한 문제는 시너지를 발휘하는 방향으로 다뤄야 한다.

하지만 다음에 인용한 사례처럼 시너지를 발휘하지 못할 뿐 아니라 상대방을 존중하지도 공감하지도 않는 자세로 문제를 다루는 경우가 너무 많다.

- "우리는 돈을 많이 버는데도 어째서 늘 빚에 허덕이는지 모르겠어요." "잔소리 하지 말고 나 좀 내버려둬."
- "아이들에게 그렇게 엄격하지 않았으면 좋겠어요." "엄하게 교육을 받지 않으면 아이들이 대체 어떻게 배울 수 있겠어?"
- "대체 집을 왜 이렇게 자주 비우는 거죠?" "나는 가족을 먹여 살리려고 뼈 빠지게 일하는데 당신은 고작 불평만 해대는군."

우리가 일상생활에서 겪는 갈등은 대부분 이보다 경미하다. 가족이 휴가를 갔다 치자. 아내는 모래사장에 누워 일광욕을 즐기고 싶은데 남편은 골프를 치고 싶어 한다. 이러한 갈등을 해소하는 데는 굳이 시너지를 발휘할 필요도 없다. 오후에 각자 하고 싶은 활동을 하든지 어느 한 가지 활동을 선택하면 되므로 그다지 심각한 문제가 아니다.

아들 조시가 열세 살 때였다. 어느 날 토요일 오후에 조시를 데리고 골프를 치러 나갔다. 나는 아들과 함께 아홉 홀을 돌고 집으로 돌아와 중요한 라디오 방송을 들을 참이었다. 아들이 열여덟 홀을 돌고 싶어 한다는 것을 까마득히 모르고 이제 그만 집으로 돌아가자고 하니 아들은 무척 낙심했다. 아들이 골프를 좋아하는 데다가 부자가 함께 골프를 쳤던 기회는 거의 없었기 때문이다. 나는 어찌해야 할지 난감했다. 골프를 끝내고 집에 가면 아들을 실망시키는 동시에 아들과 보내는 시간을 포기해야 했고, 골프를 계속 치면 내 일에 중요한 라디오 방송을 들을 수 없

제3의 대안을 추구하는 사고

상대방과 함께 시너지를 발휘한다

상대방을 탐구한다

자신을 본다   상대방을 본다

었다. 하지만 제3의 대안은 항상 있기 마련이다. 나는 자동차에 소형 라디오가 있다는 사실을 기억해냈고, 이어폰을 연결해 라디오 방송을 들으며 골프를 칠 수 있었다. 나는 아들과 함께 좋은 시간을 보냈고 방송도 놓치지 않았다.

이렇듯 제3의 대안은 언제나 찾을 수 있다. 사소한 갈등을 풀고 싶으면 약간의 창의성과 직관을 발휘해 제3의 대안을 생각해내면 된다. 좀더 심각한 문제를 놓고 만성적으로 갈등을 빚고 있는 경우에는 자그마한 충돌도 큰 싸움으로 번질 수 있다. 이럴 때는 모래사장에서 일광욕을 할지 골프를 칠지의 문제가 아니라 관계의 본질이 관건이다. 우리는 긍정적 시너지와 부정적 시너지 중 무엇을 선택하고 있는가?

긍정적 시너지를 발휘하려면 무엇보다 '자신을 본다' '상대방을 본다' '상대방을 탐구한다' 패러다임이 중요하다. 상대방을 존중하지 않고 감정에 공감하지 못하면 상대방과 제3의 대안을 모색할 수 없다. 그런데도 시너지에 도달하려는 시도는 심리 작전에 불과하다. 심리 작전을 구사하면 상대방도 알아차릴 것이므로 시너지는 내면에서 우러나와야 한다.

공감하는 것이 반드시 필요하기는 하지만 그렇다고 냉혹한 문제를 해결할 수 있는 것은 아니다. 철학자 트라우트J. D. Trout는 "공감은 출발점이다. 불행하게도 결승점에 도달하기도 전에 온몸이 굳어버리는 사람이 많다"고 말했다.[25] 공감은 변화를 일으킬 수 있지만 제3의 대안을 추구하지 않는 한 문제는 그대로 남는다. 가정에서 싸우느라 지칠 대로 지친 사람도 있고, 제3의 대안이 있다고 생각하지 않는 사람도 있다. 그들은 아내·남편·자녀·부모가 지금처럼 행동하는 이유를 깊이 이해하고 심지어 공감할 수는 있지만 현재 상황을 바꿀 수 있으리라는 희망은 포기한다. 시너지의 존재를 믿는 사람도 다른 가정은 시너지를 발휘할지 몰라도 정작 자기 가정은 그럴 기술도 능력도 없다고 생각한다. 그만큼 자신을 불신한다.

부부는 이처럼 '감정적 이혼' 상태로 수십 년 동안 함께 살면서 같은 문제를 놓고 반복해 싸우기도 한다. 상대방에게 "우리가 지금껏 생각해 낸 것보다 좋은 해결책을 찾을 의향이 있는가?"라고 물을 용기가 없기 때문이다.

하지만 그렇게 질문할 수 있으면 일부 전문가가 '제3의 공간'이라 부르는 영역에 진입할 수 있다. 상대방에게 자신의 의견을 강요하거나 상대방의 의견에 힘없이 무릎 꿇지 말고 최고의 통찰을 발휘하여 새 공간을 찾아야 한다. 제3의 공간에서는 "이원적이고 배타적인 현실 인식에서 근본적으로 벗어나고, 다양한 가치·행동·신념의 상호보완적 측면을 새로운 전체로 통합하는 사고방식을 채택한다." 좀 더 간단하게 풀어 보자면 더 이상 '내 방식 대 네 방식'의 틀로 생각하지 말고, 서로 특별한 점을 활용하여 '우리 방식'으로 생각해야 한다. 제3의 공간에서 "우리는 과거의 우리가 아니다."[26]

앞에서 마약 문제를 놓고 어머니와 딸이 서로 공감하며 대화하는 사례로 살펴보았듯 사연은 공감하는 정도로 끝나지 않는다. 딸이 자기 심정을 털어놓으면서 모녀는 점차 제3의 공간, 즉 대안이 등장할 수 있는 마법극장으로 이동한다. 친구가 마약 남용으로 괴로워하는 모습을 지켜보는 것이 정말 끔찍하다는 딸의 호소를 상기해보라.

어머니는 이렇게 말할 수 있다. "친구들이 고통을 겪는 모습을 보기가 정말 힘들지?"

딸은 이렇게 대답한다. "친구들은 두려워하면서도 어떻게 멈춰야 할지 모르는 것 같아요. 친구들에게는 마음을 터놓고 말할 사람이 전혀 없어요. 저와 달리 부모님에게도 말할 수가 없어요."

이제 어머니는 마음속으로 '상황이 조금 나아졌군. 공감하면 보상이 따르는 법이야'라고 생각하지만, 토킹 스틱은 여전히 딸에게 있으므로 이렇게 말한다. "리아와 매트가 도움을 받을 수 있다면 좋겠구나."

딸은 말을 잇는다. "그 아이들의 부모님이 마약 복용 사실을 알면 가만두지 않을 거예요. 학교 선생님들도 마약에 손대지 말라고 누누이 강조하지만 아무도 말을 듣지 않아요. 생활지도 상담 선생님들은 좋은 분들이지만 지나치게 바쁘고요. 친구들이 대체 누구에게 고민을 털어놓을 수 있겠어요?"

"네 생각은 어떠니?" 어머니가 묻는다.

지금까지 어머니는 딸의 내면에 일고 있는 혼란을 반영했을 뿐이다. 딸은 어머니의 도움을 받아 마음 편하게 마법극장으로 들어간다. 이제는 많은 대안을 생각해낼 수 있고, 어떤 대안을 선택하더라도 딸이 마약에 손대는 사태는 발생하지 않는다. 오히려 딸은 스스로 결정을 내리고, 곤란한 상황에서 빠져나오도록 친구를 도울 방법을 찾고 싶어 한다.

몇 년 전 헤라르도 곤살레스Gerardo González도 같은 문제에 부딪혔다. 쿠바에서 플로리다로 이주한 부모를 따라온 곤살레스는, 어린 시절부터 무미건조한 피난민 문화에서 성장해야 했고 대학교 진학은 꿈도 꿀 수 없었다. 그러다가 가게에서 일하면서 친구와 함께 커뮤니티 칼리지에서 강의를 듣다가 학문 세계에 빠져들었다. 그는 훌륭한 책들을 읽고 토론에 참여했으며 나중에 이렇게 말했다. "교육을 받으면서 세계관이 완전히 바뀌었고, 끝도 없이 지식을 향한 갈증을 느꼈어요!"[27]

공부를 계속하고 싶었던 곤살레스의 꿈은 플로리다 대학교에서 입학허가를 받으면서 실현되었다. 하지만 입학하고 나자 조금도 예상하지 못했던 악몽이 찾아왔다. 다른 학생들, 친구들, 같은 과 학생들이 주말마다 정신없이 술독에 빠졌던 것이다. 자동차 사고, 알코올 중독, 공격성 등 술 때문에 생겨난 무시무시한 결과가 끊임없이 머릿속에 떠올라 괴로웠다. 물론 대학교는 폭음 방지 운동을 벌였고 경찰들도 폭음을 막으려고 애썼지만 무엇 하나 효과가 없어 보였다. 친구를 버리고 싶지 않았고 그렇다고 친구들의 자기 파괴적 행동에 가담하고 싶지도 않았던 곤살레스는 제3의 대안을 생각하기 시작했다.

자기 또래의 청소년은 윗사람 보다 또래의 말을 잘 듣는 경향이 있다는 사실을 간파한 곤살레스는 학생 집단을 결성해 친구들을 교육시키고 폭음을 중단하게 도왔다. 회원들은 자기 집단에 바커스(BACCUS, Boosting Alcohol Consciousness Concerning the Health of University Students, 대학생들이 알코올의 위험을 자각하고 중독에서 헤어나오도록 돕는 모임—옮긴이)라는 명칭을 붙였다. 곤살레스와 그의 친구들은 완전히 새 접근법을 사용하여 청소년을 도와서 위험천만한 행동을 피하게 했고 현재 이 방법은 '또래 교육'이나 '또래 지원' 운동으로 불린다. 많은 형태로 보급되고 있는 또래 교육은 마약과 알코올 남용에 맞서는 투쟁의 일환으로 대부분의 학교가 기본 도구로 채택하고 있다.[28] 이 방법은 강력한 제3의 대안으로 여느 접근법보다 효과가 클 뿐 아니라 억압과 방치라는 양극단의 수단을 넘어선다.[29] 부연하자면 훗날 곤살레스는 대학교 교수가 되었고 현재 미국 유수의 대학교에서 교육학과 학장으로 재직하고 있다.

앞에서 인용한 사례로 볼 때 딸의 친구를 돕기 위한 방편으로 어머니와 딸이 협력하여 또래 지원 프로그램을 생각해낼 수 있다. 딸에게 이 프로그램은 친구들과 의절하지 않으면서도 친구들의 파괴적 행동에 합세하지 않을 수 있는 진정한 제3의 대안이다. 딸이 처한 잘못된 딜레마에 대처해 제3의 대안을 여럿 생각해낼 수 있다. 개중에는 효과가 없는 대안도 있겠지만 시너지를 추구하는 과정을 거치기만 해도 많은 성과를 거둘 수 있다. 부모와 자녀의 유대관계는 상호 존중과 공감으로 더욱 견고해지고, 마법극장에서 문제를 창의적으로 해결하려고 함께 노력하면서 획기적으로 변화한다. 어머니가 선택할 수 있는 정반대 방법을 생각해보자. 딸에게 명령하고, 조언하고, 간청하고, 충고하고, 설교하고, 금품으로회유하거나 방에 가두고, 딸과 대화하지 않고 오히려 회초리를 들거나 욕을 한다면 어떨까? 어머니의 이러한 행동이 상황을 바꿀 수 있는가?

가정의 위기와 제3의 대안

이처럼 가정이 위기에 빠진 순간에 무엇보다 필요한 것이 바로 시너지이다. 곤란한 문제에 직면했을 때 가족의 관계를 발전시킬 기회를 잡을 수 있다. 자녀의 출생, 실직, 약물남용, 사고, 질병 등 삶을 변화시키는상황은 어떤 사고방식을 가동하느냐에 따라 가족을 파괴할 수도 있고되살릴 수도 있다. 긍정적인 태도에 대해 말하는 것이 아니다. 파괴가 아닌 창조의 패러다임을 채택하라는 뜻이다.

예를 들어 실직하면 정체성의 위기뿐 아니라 경제적 스트레스까지 겹친다. 갑자기 사회가 원하지 않는 사람이 되므로 자존감에 타격을 입는다. 실업률이 증가하면 가정 폭력이 늘어난다. 실직해서 거의 하루 종일집에 박혀 있는 사람은 우울해지고 "이미 감정이 폭발할 것 같은 상황에마약과 알코올이 기폭제로 작용한다."[30] 이렇듯 휘발성 강한 시너지는가정을 파괴할 수 있다.

하지만 창조의 패러다임을 채택하면 자신의 모습을 볼 수 있고, 예전 직장이 요구하거나 그곳에서 발휘한 것보다 많은 재능·지력·능력·창의성이 자신에게 있다는 사실을 깨닫는다. 따라서 실직을 계기로자신이 지닌 최상의 자질을 발휘할 기회를 잡을 수 있다. '상대방을 보면' 상대방의 필요가 무엇인지, 자신의 독창성을 어떻게 사용해야 그 필요를 채울 수 있을지 파악하기 시작한다. '상대방을 탐구하고' 공감하는 심정으로 그 말에 귀를 기울이면 상대방에게 훨씬 바람직한 삶을 형성해줄 방법을 깨닫는다. 세상에서 해야 할 일이 부족한 법은 없다. 제3의 대안을 추구하는 사고가 부족할 뿐이다.

나이가 지긋한 한 남성이 하필 아내가 만성질환을 앓기 시작한 시기에 실직했다. 수입이 끊기자 부부가 처한 상황은 더욱 암울해졌다. 가구 업계에서 일했던 남성은 손님들이 매장에 들어와 진열 상품만 둘러볼 뿐 아무것도 구매하지 않는 현상에 주목하고는 대형 소매 가구점 체인의 사장을 만나 이렇게 말했다. "날마다 4,000여 명의 손님이 매장을 찾지만 정작 제품을 구매하지는 않습니다. 평균 매출을 근거로 산출할 때 어느 정도의 수입을 놓치고 있는 셈인가요?" 사장이 계산해보고 연간 수백만 달러라고 대답했다. "빈손으로 나가는 손님의 20%만이라도 제품을 사게 만들 수 있다면요?" 말뜻을 알아차린 사장은 당장 그 남자를 채용했다. 이제 그는 사장에게 한 약속을 지킬 좋은 방법을 강구해야 했다. 이때 아내가 한몫했다. 아내는 관습적 직업에 종사하지는 않았지만 탄탄한 사업경영 지식을 갖추고 있었기 때문이다. 부부는 제3의 대안을 찾는 사고 과정을 거치면서 사장에게 약속한 것보다 매출을 훨씬 증가시키는 창의적인 아이디어를 많이 생각해냈다.

가정은 강점의 보고이다. 경제적 난관에 직면했을 때 가족은 시너지를 발휘하는 가장 귀중한 자원이 될 수 있다. 수천 년에 걸쳐 인류 역사가 진행하는 동안 가족은 협력하여 성공을 거둬왔다. 하지만 전문화 시대에 접어들면서 사정이 더욱 어려워진 것은 사실이다. 남편과 아내가 모두 실직한 경우를 살펴보자. 아내는 세무사였고 남편은 간이식품 판매자였다. 부부에게는 십 대 아들이 셋 있었다. 가족은 실직급여를 타거나 절망에 빠지지 않고 힘을 합해 일할 계획을 세우기로 마음먹었다. 아들들은 날렵하고 힘이 셌고, 아내는 재정 분야에 밝았으며, 남편은 타고 난 세일즈맨이었다. 자신들이 거주하는 지역에 새로 들어선 주택 단지 가 많았으므로 가족은 울타리 사업을 시작하기로 했다. 남편은 제품을 판매하고, 아내는 경영을 담당하고, 아들들은 울타리를 설치했다. 사업 은 크게 성공했다.

반드시 가족을 끌어들여 사업을 하라는 뜻은 아니다. 어려운 지경에 이르면 주저하지 말고 외부에 도움을 청해야 한다. 특히 가족이 난관에 직면했다면 그 위기는 구성원의 유대를 강화하고 능력을 발달시키고 새 로운 미래를 설계할 수 있는 엄청난 기회가 될 수 있다. 제1의 대안을 추 구해 역시 불안정한 다른 직업을 구하고 거기에 자신을 끼워 맞추느라 지칠 대로 지치는 사람이 매우 많다. 제2의 대안을 선택하는 사람도 상 당히 많아서 구직 활동을 포기하고 자신이 희생자라고 생각하는 덫에 걸려 영원히 빠져나오지 못한다. 제3의 대안은 자신이 좋아하고 세상의 진정한 필요에 부응하는 일을 설계하는 것이다. 이렇듯 제3의 대안을 찾 는 사고방식을 지닌 가족의 회복탄력성을 생각해보라.

가정이 직면한 주요 과제로 자녀의 출생이 있다. 대화 · 경제 문제 · 우 선순위 · 친밀성 등 결혼생활의 모든 측면이 자녀의 출생을 계기로 바뀐 다. 가족이 해야 할 일이 여섯 배로 늘어난다. 부모가 자신에게 투자하는 시간이 현격히 줄어들고 배우자에게 쏟을 수 있는 시간도 많지 않다.[31] 안타깝게도 자녀가 출생하면서 부부는 감정적으로 소원해져서 심하면 이혼에도 이를 수 있다.

하지만 자녀는 부부를 변화시키는 기적인 동시에 놀라운 제3의 대안 이다. 부부 중 한 사람만이라도 기꺼이 제3의 대안을 찾는 사고방식을 채택한다면 자녀의 출생으로 결혼생활의 유대가 강화될 수 있다. 많은 여성이 어머니와 아내와 직장인의 역할을 동시에 감당하느라 녹초가 된다. 이때 제3의 대안은 역할에 압도당하지 않고 중요한 역할을 감당할 수 있는 창의적 방법을 계획하는 것이다. 아내는 "내가 이번 주에 아내로서 할 수 있는 가장 중요한 역할은 무엇일까?"라고 자문한다. 두 시간만이라도 남편과 단둘이 보낼 수 있다. 소외감을 느끼는 남편을 위해 두 시간을 투자하면 아내는 그 이상의 이익을 얻을 수 있고, 남편과 함께할 수 없는 시간을 보충할 것이다. 아버지도 자녀에게 이렇게 할 수 있다. 한 시간 정도 자녀와 단둘이 함께 있으면 어떨까? 아내에게도 자녀에게도 심지어 자신에게도 값을 매길 수 없을 정도로 소중한 순간이 될 것이다. 자녀와 단둘이 있을 때는 그저 '아빠'가 된다. 내 아들이 즐겨 하는 말이 있다. "아버지가 되는 것과 아빠가 되는 것은 천지 차이예요."

한 부모에게 삶은 냉혹한 딜레마의 연속일 수 있다. 어머니와 직장인의 역할 사이에 갇혀 옴짝달싹 못할 수 있다. 직장에 가야 해서 집에 있을 수 없는데 자녀가 아프다. 자녀가 다니는 학교가 폭설로 휴업했는데 베이비시터를 구할 수 없다. 자녀의 학예발표회에 가고 싶은데 직장 상사가 하필 그날 일을 시킨다. 요즘은 근무 시간이 탄력적인 직장이 많기는 하지만 그렇다고 업무를 계속 미룰 수는 없다. 이때는 어떻게 해야 할까?

제3의 대안을 찾는 것이 해답이 될 수 있다. 앞으로 이러한 갈등이 생기리라는 사실을 알고 있으므로 자녀의 학예발표회에 갈 수 없거나 결근을 해야 하는 상황에 대비해 제3의 대안을 강구한다. 상사를 찾아가 자신이 처한 역할 갈등을 설명한다. 상사의 답변을 공감하는 마음으로 경청한다. 상사는 이 상황을 어떻게 생각할까? 우리의 입장을 이해하고 기꺼이 함께 해결방안을 찾으려 할 가능성이 있다. 설사 그러지 않더라도 방어적인 태도를 취해서는 안 된다. 상사의 말에 귀를 기울일수록 상사도 우리의 말을 경청할 가능성이 크기 때문이다.

그러고 나서 마법극장 방식을 채택한다. 문제뿐 아니라 해결책을 생각해낸다. 급할 때 업무를 대신 처리해줄 사람이 있는가? 자녀를 직장에 데려올 수 있는가? 이렇게 빤한 아이디어 외에도 창의성을 발휘하고 기회를 포착하는 방식으로 직장에서 자기 역할을 재정의할 수 있다. 재택근무를 할 수 있다면 어떤 사업상 문제를 해결할 수 있을까? 간접비 지출이 줄어들므로 회사에 이익을 안길 수 있을 것이다. 젊은 어느 미혼모가 은행 말단직에 취직했다. 근무 시간이 탄력적이지 않아 심각하게 고민하던 미혼모는 새 아이디어를 제안했다. 은행에 관리해야 할 담보물이 많다는 사실을 감지하고 전문 기관보다 저렴한 비용에 담보 주택을 청소하고 관리해주겠다고 말한 것이다. 은행이 이 아이디어를 채택하자 미혼모는 자기 일정에 맞춰 일할 뿐 아니라 일하는 곳에 자녀를 데려갈 수도 있었다.(이것이 바로 승-승하는 경우이다.) 나중에 이 미혼모는 자신이 생각해낸 제3의 대안을 발전시켜 자기 사업을 시작해 경제적으로 넉넉해졌다!

위기에 처하려고 위기를 불러들일 필요는 없다. 가정은 깨지기 쉽고 가족을 분열시키는 힘은 끈질기고 강력하다. 서로 차이를 존중하지 않으면 차이 때문에 가족이 갈라질 수 있다.

서로 워낙 달라서 쉽게 분열할 수 있었던 가족을 예로 들어보자. 남편은 스포츠에 소질이 있어서 지역 소속 팀에서 눈부시게 활약했다. 그의 경기력은 가히 전설적이었다. 또한 수학에도 재능을 보였고 사업 수완도 겸비했다. 하지만 이러한 분야에 전혀 관심이 없는 여성과 결혼했다. 아내는 무용, 극장, 예술적인 삶을 동경했다. 남편은 뼛속까지 노동자 계급이었지만 아내는 부유한 가정에서 성장했다. 남편은 키가 크고 혈기왕성하고 촌스러웠지만, 아내는 몸집이 자그맣고 감정이 풍부하고 우아했다. 더 이상 차이가 큰 부부를 상상할 수 없을 만큼 두 사람은 달랐다.

이쯤 되면 이 가정에 정말 갈등이 많으리라 상상할 것이다. 관심사가 전혀 다르기 때문에 부부는 시간이 흐를수록 관계가 소원해져서 아내는 혼자 오페라를 관람하고 남편은 집에서 텔레비전으로 스포츠 경기를 시청하리라 생각할 것이다. 하지만 이 가족은 전혀 그렇지 않고 진정으로 제3의 대안을 추구했다. 부부는 서로 차이를 축하할 만큼 현명했다.

아내는 자녀들을 지역 공동체 극단에서 활동하게 했다. 극단은 우중충한 쇼핑센터에 있는 오래된 음식점에 무대를 꾸며 공연하면서 가까스로 명맥을 유지했다. 수천 달러의 빚을 지고 있어 당장 내일이라도 공중 분해될 수 있었다. 신나게 공연하는 아이들의 모습을 보러 오라고 아내가 설득하는 바람에 극단을 찾은 남편은 마음이 약해졌다. 아내와 아이들이 다 허물어져가는 장소를 좋아했기 때문이다. 주위를 돌아보니 손봐야 할 곳이 한둘이 아니었다. 남편은 손으로 무언가를 만드는 일을 좋아했으므로 세트 짓는 일을 자원했다. 또한 사업 수완을 발휘해 기금 모금에 참여하면서 극단의 이사가 되었고 결국 총책임자로 취임했다.

남편은 직접 무대에 서서 공연하지는 않았지만 매일 밤 자녀들과 이웃이 공연하며 행복해하는 모습을 지켜보면서 극단에 속속들이 매료되었다. 아내는 제작 감독이 되었다. 부부는 의상·무대장치·음악연주·연기 등을 담당할 친구들을 영입했다. 남편에게는 품질이 최우선이었다. 극단 활동에 참여한 사람들은 누구나 남편이 젊은 시절 경기장에서 뛸 때와 마찬가지로 극단 일에도 완벽을 기한다는 사실을 이내 깨달았다.

이 가족은 극단과 함께 성장했다. 자녀들도 각자 극단에 기여했다. 큰아들은 훌륭한 배우였고, 작은아들은 프로처럼 춤추는 법을 배웠다. 수의사가 되겠다던 십 대 딸은 사업을 분석하는 데 남다른 재능을 보이면서 마음을 바꿨다. 딸은 계산기를 두드려보고 시즌 티켓의 판매를 늘리는 방법을 강구해서 운영비를 아꼈다. 이렇게 경험을 쌓은 딸은 연출과 극단 운영 전문가가 되었다.

작은 극단은 세간의 관심을 받기 시작해 자그마한 쇼핑센터를 벗어날 만큼 성장해서 멋진 시설을 새로 건축할 계획을 세웠다. 남편은 사업 수완을 십분 발휘해 공동체를 중심으로 기금을 거둘 수 있도록 도왔다. 가족이 15년 동안 함께 일한 노력이 결실을 거두면서 극장은 훌륭한 모습으로 준공되었다. 극장은 이 가정의 헌신과 시너지를 나타내는 영원한 금자탑이었다.

이 가정은 구성원 각자의 차이를 간직한 채로 단합하여 제3의 대안에 도달했다. 가족 전원이 중요했고 함께 기여했으며 누구도 낙오하지 않았다. 남편과 아내가 대표하는 두 문화가 결합해 이례적인 제3의 문화를 형성하면서 분명히 부분의 합보다 커졌다.

시너지를 구축하려는 노력이 허사로 돌아가면

하지만 현실에서는 많은 가정이 분열을 선택한다. 함께 시너지를 구축하려는 노력이 허사로 돌아가면 어떻게 해야 할까?

이혼했다고 해서 가정에서 시너지를 발휘할 수 없는 것은 아니다. 부부는 여러 이유로 이혼하지만 제2의 대안에 갇혀 서로 등지고 비난할 필요는 없다. 존중하고 공감하는 사고방식을 선택하면 이혼한 부부라도 자녀의 삶과 지속적인 관계의 본질을 변화시킬 수 있다. 상대방이 꿈쩍하지 않더라도 한 사람이 먼저 분노의 고리를 끊으면 된다. 누구라도 타인 때문에 분노하지 않겠다고 먼저 선택할 수 있다.

어느 날 연방법원 판사인 내 친구 래리 보일Larry Boyle은 한 판사가 주재한 재판을 보게 되었다. 그 판사는 자녀 양육권을 둘러싼 소송을 맡아 제3의 대안을 생각해내기로 유명했다. 가정 법원에서 자녀 양육권을 차지하려는 공방은 공공연하게 알려진 살인 사건의 재판보다 훨씬 뜨거울 수 있다. 해당 재판에서 일곱 살짜리 딸과 다섯 살짜리 아들의 운명이 결정될 터였다. "부모는 서로 쳐다보지 않은 채 따로 앉았다. 변호사가 말하는 동안 아내는 똘똘 뭉쳐진 휴지로 눈물을 훔쳤고, 남편은 팔짱을 끼고 뚫어져라 정면을 쳐다보았다." 판사가 들어와 자리에 앉았다.

아내의 변호사는 변론을 시작하면서 남편이 친구들과 낚시하고 사냥하고 볼링을 치며 시간을 보내느라 밤늦게까지 집을 비운 증거를 제시하겠다고 말했다. 남편의 변호사는 아내가 직장 동료와 바람을 피운 증거를 보이겠다고 주장했다. 두 사람 모두 자녀의 양육권을 독점하고 싶어 했다.

판사는 돋보기를 벗고 잠시 침묵을 지켰다가 조용한 목소리로 말했다.

오늘 나는 몇 시간 동안 여러분이 제시할 증거를 검토하고 누구의 말을 믿을지 결정할 것입니다. 종국에는 아버지가 파티를 즐기는 한량이라고 결론을 내릴 수도 있습니다. 아니면 어머니가 사회 통념을 거슬러 바람을 피웠다고 결정할 수도 있습니다. 어쨌거나 나는 판결을 내릴 것이고, 두 분은 부모가 이기적 이익에 휘둘리지 않고 자녀만을 위해 내려야 하는 결정을 판사에게 맡겼으므로 거기에 상응되는 위험을 감수해야 합니다.

두 분이 알고 있듯, 나는 두 분의 자녀들을 사랑하지 않습니다. 물론 자녀들의 행복을 염려하지만 부모가 사랑하는 만큼 애정을 느끼지는 않습니다. 그런데도 나는 두 어린 자녀의 삶에 영향을 미칠 결정을 내릴 것입니다. 자칫 옳지 않은 결정을 내릴 가능성도 배제할 수 없습니다.

그러므로 성숙하게 생각하여 부모 자신의 이익보다 자녀의 이익을 우선적으로 생각하기를 제안합니다. 이 법정을 30분 동안 휴정하겠습니다. 그동안 두 분은 각자 변호사와 함께 자녀들에게 무엇이 최선인지 대화하기 바랍니다. 자녀들의 미래를 설계하는 계획을 세우십시오. 두 분의 자존심과 이기심을 접어놓고 자녀에게 최선인 계획을 세워야 합니다.

부모가 그렇게 하지 않으면 자녀를 알지도 못하는 완전히 낯선 내게 자녀의 미래를 내맡겨야 합니다. 30분 후에 이곳에서 다시 만나겠습니다.

몇 주 후 래리는 사건의 전말을 들었다. 부부는 그날 아침 몇 시간에 걸쳐 대부분 비공식적으로 만나서 상대방의 말에 귀를 기울이고 상대방에게 사과했다. 이 과정을 거치면서 부부는 서로 싸우기 시작했을 당시의 진실을 직시할 수 있었다. 공격형 사고방식을 지닌 사람들에게서 비롯된 저속하고 유치한 비난이었을 뿐, 남편은 흥청망청 놀지 않았고 아내는 바람을 피우지 않았다. 낙담한 심정에 휩싸인 아내가 상사에게 자기 문제를 털어놓고 한동안 이야기를 나눴을 뿐이었다. 남편은 미숙하기는 했지만 나쁜 아버지는 아니었다.

두 사람은 이미 사이가 멀어질 대로 멀어져서 헤어지기로 결정했지만 자녀들의 입장을 고려해 양육권은 공동 소유하기로 했다. 두 사람은 아내가 자녀를 양육하고 남편은 언제라도 만날 수 있다는 조건에 합의했다. 그들은 앞으로도 최선을 다해 가족의 관계를 유지할 것이다.[32]

래리 보일은 "나는 진정한 중재자의 활약을 보았다"고 전했다. 해당 가정법원 판사는 하루 종일 양쪽의 치졸한 비난을 들은 후에 제2의 대안적 사고를 근거로 결정을 내리지 않고 제3의 대안을 찾았다. 자신이 해야 할 일은 부부의 불화에 관해 토론하는 장을 만들어주는 것이 아니라 어린아이들에게 최선의 미래를 마련해주는 것이라고 생각했다. 다행히 부모도 그것이 자신들의 의무라는 사실을 깨달았다.

물론 이혼하려는 남녀가 법정까지 가서 판사의 조언을 들어야 파괴적인 관계를 청산하고 시너지를 발휘할 수 있는 것은 아니다. 자신이 어떤 관계를 선택할지는 전적으로 개인의 문제이다. 부부는 서로 피해자로 남지 말아야 한다. 시너지의 법칙은 부부에게도 진실이어서 자신과 배우자를 존중하고 상대방에 공감하며 가족문제이든 재산문제이든 관계문제이든 단호하게 제3의 대안을 추구해야 한다.

배우자가 꿈쩍도 하지 않는데 제3의 대안을 추구하려면 큰 용기와 의지가 있어야 한다. 하지만 제3의 대안을 실행할 수 있고 그 결과 느끼는 내면의 평화는 소중하다.

나는 전문가들을 모아놓고 강연하는 자리에서 놀라운 경험을 했다. 자신의 삶을 책임지라는 원칙에 대해 강연하는데 청중석에서 한 신사가 일어나 이렇게 말했다. "지난주 아내가 내 곁을 떠났습니다. 조금도 예상하지 못했던 일이었어요. 마음이 아팠고 화가 났고 배신감도 들고 당황스러웠죠. 한마디로 심경이 복잡했습니다. 하지만 오늘 강연을 듣고 나서 분노를 거둬야겠다고 생각했습니다. 앞으로 행복할 것이고 더 이상 마음을 다치거나 당황하지 않겠다고 결심했습니다."

자신이 처한 환경이나 아내와 형성한 관계의 피해자가 되지 않고 자기 삶을 창의적으로 살아가려는 그의 욕구와 겸손, 용기에 나는 깊은 인상을 받았다. 분명히 그는 세상이 무너져 내리는 것처럼 혼란스러웠을 것이다. 하지만 비참한 개인적 난관에 직면해 어떻게 반응할지는 스스로 선택할 수 있다고 자각했다. 그래서 감정에 휘둘리지 않고 자유 의지로 행동할 수 있다고 깨달았다.

나는 그의 결정에 박수를 보냈고 그가 분노를 떠나보내고 아내를 용서하고 새로운 삶을 창조하도록 선택할 수 있다고 강조했다. 매우 고통스러운 상황에서 그 신사처럼 행동하기는 매우 힘들다. 청중도 그의 용기에 힘차게 박수를 쳤다. 나는 그 후 신사와 아내에게 어떤 일이 벌어졌는지 모른다. 하지만 신사가 창조의 패러다임을 채택하고 자신에게 삶을 주도하는 창의적 힘이 있다고 생각하기 시작한다면 삶의 의미와 성취감을 발견하고 종국에는 마음의 평화를 얻을 것이다.

"가정은 사회의 최전선에 서 있는 가장 근본적이고 중요한 기구이다. 헌신·사랑·성품 그리고 개인적·사회적 책임을 배양하는 온상이다."[33] 나는 미국 대통령이 발표한 가족 헌장Commission on Families에 포함된 이 선언에 온전히 동의한다. 가정에서 추구하는 시너지는 잘못 이해하는 사람이 많지만 절대적으로 필요하다.

내가 아는 한 사람은 퇴근해서 집으로 들어가기 전에 잠시 발길을 멈추고 가족을 머릿속에 떠올린다. 자신이 가족과 이루고 싶은 세상을 시각화한다. 그런 다음에 현관문을 열고 들어가 머릿속에 그렸던 세상을 실현하려고 노력한다.

가르치며 배워라

이 책에서 교훈을 얻는 최상의 방법은 타인에게 가르치는 것이다. 교사가 학생보다 훨씬 많이 배운다는 사실은 누구나 안다. 그러므로 동료나 친구나 가족을 골라 이 책에서 배운 통찰을 가르쳐라. 다음에 열거한 도발적인 질문을 하거나 스스로 질문을 만든다.

- 제2의 대안에 얽매인 사고는 현재 사회의 높은 이혼율을 어떻게 부추기는가?
- '불화합성'의 가장 적절한 정의는 무엇인가? 불화합성의 반대가 공감인 이유는 무엇인가?
- "성공적인 가정에는 긍정적 시너지가 스며들어 있다." 시너지가 성공적 가정에 결정적으로 중요한 이유는 무엇인가?
- "이면을 들여다보면 가정의 갈등은 대개 정체성의 갈등이다." 외부 사람이 보기에는 사소할 수 있는 문제를 놓고 가족이 격렬하게 싸우는 이유는 무엇인가? '실질적 정체성 박탈'은 어떻게 가정의 기반을 약화시키는가?
- 가족끼리 차이를 존중하고 부추기는 이유는 무엇인가? 어떻게 차이를 존중할 수 있는가?
- 분노와 증오를 시너지로 변화시키는 단계는 무엇인가?
- 가족이 제2의 대안을 찾는 문제에 사로잡혔다는 사실은 어떻게 알 수 있는가? 가족이 제3의 대안에 도달하도록 어떻게 도울 수 있는가?
- 불쾌한 발언이나 행동을 공감적 경청을 일으키는 계기로 삼는 행동에는 어떤 가치가 있는가?
- 가족이 갈등을 빚을 때 공감적 태도의 장점은 무엇인가?

- 공감을 중요시하는 가정 문화를 창조하려면 어떤 단계를 밟아야 하는가?
- 제3의 대안을 추구하는 사고를 하면 가정에서 어떤 종류의 난관을 해결할 수 있는가?
- 시너지를 행동으로 옮기는 가족에게 어떤 칭찬을 할 수 있는가?

시도하라

가정에서 또는 친구와 갈등을 빚고 있는가? 가족과 얽힌 문제에 대해 창의적인 해결책이 필요한가? 제3의 대안을 구상해보라. 다른 사람에게 이 과정에 기여해달라고 요청하라. '시너지에 도달하는 4단계' 도구를 사용하라.

시너지에 도달하는 4단계

❶ 제3의 대안을 찾는 질문을 한다.

"우리가 지금껏 생각해낸 것보다 좋은 해결책을 찾을 의향이 있는가?" 그렇다고 대답하면 2단계로 넘어간다.

❷ 성공 기준을 정의한다.

다음 칸에 모두가 반가워할 해결책의 특징을 나열한다. 성공은 어떤 모습일까? 어떤 일을 해야 할까? 이해당사자 모두 '승-승'하는 방법은 무엇일까?

❸ 제3의 대안을 창조한다.

다음 칸에 모델을 만들거나 그림을 그리거나 아이디어를 빌려오거나 사고의 관점을 전환한다. 신속하고 창의적으로 움직인다. 시너지에 도달했다는 사실을 알고 흥분하는 순간이 찾아올 때까지 모든 판단을 미룬다.

((④)) 시너지에 도달한다.

다음 칸에는 제3의 대안을 서술하고 원한다면 어떻게 실천할지 쓴다.

시너지에 도달하기 위한 4단계 도구의 사용지침

① 질문한다
제3의 대안을 찾는 질문

② 정의한다
성공 기준

③ 창조한다
제3의 대안

④ 도달한다
시너지나 제3의 대안

시너지에 도달하는 4단계: 이 과정은 시너지 원칙을 적용하는 데 유용하다. (1) 제3의 대안을 기꺼이 찾겠다는 의향을 보인다. (2) 모두에게 성공이 어떤 모습인지 정의한다. (3) 해결책을 실험한다. (4) 시너지에 도달한다. 과정 내내 타인의 말을 공감하며 경청한다.

시너지에 도달하는 방법

❶ 제3의 대안을 찾는 질문을 한다.

갈등을 빚거나 창의적인 상황에서 제3의 대안을 찾는 질문을 하는 것은 자신의 확고한 입장이나 선입견을 넘어서서 제3의 입장을 발달시키기에 유용하다.

---

❷ 성공 기준을 정의한다.

모두에게 성공적인 결과가 어떤 모습일지 묘사하는 문단을 쓰거나 그 특징을 나열한다. 다음 질문에 대답한다.

• 기준을 정하는 작업에 전원이 참여했는가? 가능한 한 많은 사람에게 많은 아이디어를 얻고 있는가?
• 자신이 정말 원하는 결과는 무엇인가? 어떤 일을 해야 하는가?
• 모두가 승─승하는 결과는 무엇인가?
• 기존의 요구를 초월해 좀 더 바람직한 요구로 바꾸려 하는가?

❸ 제3의 대안을 창조한다.

다음 지침을 따른다.

• 그냥 논다. 진짜가 아니라 놀이이다.
• 폐쇄를 피한다. 어설프게 동의하거나 합의하지 않는다.
• 타인이나 자신의 아이디어를 판단하지 않는다.
• 모델을 만든다. 화이트보드에 그림을 그리고, 도표를 스케치하고, 실물 크기의 모형을 세우고, 초안을 작성한다.
• 머릿속으로 아이디어를 돌린다. 인습적인 지혜를 뒤집어본다.
• 빠른 속도로 일한다. 시간 제한을 두어서 에너지와 아이디어가 급속하게 흐르게 한다.
• 많은 아이디어를 생각해낸다. 어떤 즉흥적 통찰이 제3의 대안을 이끌어낼지 예측할 수 없다.

---

❹ 시너지에 도달한다.

흥분과 영감이 방을 가득 채우면 제3의 대안을 찾은 것이다. 오랜 갈등이 사라진다. 새 대안이 성공 기준을 충족한다. 이때 주의할 점이 있다. 타협을 시너지로 착각해서는 안 된다. 타협은 만족을 낳지만 기쁨을 안기지는 않는다. 타협하면 모두 무언가를 잃지만 시너지에 도달하면 모두 승리한다.

STEPHEN R. COVEY

학교에서 추구하는
제3의 대안

5
—

아이의 잠재성을 자유롭게 풀어놓아라.
그러면 온 세계가 아이를 변화시켜줄 것이다.
— 마리아 몬테소리

어느 나라를 가든, 아이들의 눈빛은 반짝이고 얼굴에는 미소가 담겨 있다. 아이들 각자의 고유한 얼굴에 무한한 가능성이 담겨 있다. 이러한 가능성을 실현하지 못하는 것은 사회의 엄청난 손실일 것이다.

우리는 아이들이 지닌 가능성을 실현하는 책임을 상당 부분 학교에 의지한다. 전 세계 부모들과 교사들은 때로 커다란 장애에 맞서 힘을 합해 싸우면서 아이들에게 최상의 기회를 주려고 노력한다. 아이들을 교육시키는 일이야말로 신체적이든 정신적이든 영적이든, 온갖 종류의 지속적 빈곤을 해결하는 방법일 뿐 아니라 이 세상에서 맞이할 우리의 미래를 여는 열쇠라는 데 사람들은 대체로 동의한다.

내게 교육은 세계적인 문제인 동시에 개인적인 문제이다. 거미줄처럼 얽히고설킨 불빛으로 휘황찬란하게 빛나는 지구의 밤 위성사진을 본 적이 있다. 그 불빛은 자신의 가능성을 펼치는 꿈을 꾸는 무수히 많은 아이들과 가족들을 상징하지만, 나는 꿈을 실현시키는 사람과 그러지 못해 좌절하는 사람이 얼마나 될지 생각해본다. 그리고 나의 손주들이 기쁘게 미래를 살아가는 것이 내게는 무척 중요한 일이다.

세상 사람들도 대부분 나와 같은 염려를 한다. 심각한 문제에 관해 조사를 실시하면서 전 세계 응답자들에게 조국이 직면한 최대 문제점을 꼽으라고 요청했다. '실업 문제의 해결'과 함께 '좋은 교육의 실시'가 최상위를 차지했다. 응답자들은 그 이유를 이렇게 설명했다.

• "교육은 우리가 직면한 모든 어려움에 대해 해답을 찾는 기본적인 도구

이다."

- "좋은 교육은 더욱 바람직하고 혁신적인 미래를 구축할 수 있는 토대이다. 세계는 우리 자신보다 빨리 발전하고 있으며, 교육에 쏟는 돈은 다른 거대 국가들에 비교해 심각하게 부족하다."

- "과거에는 교육을 통해 다른 문제들을 해결할 수 있었다. 하지만 우리나라의 교육 제도는 제대로 작동하지 않고 있다. 교사들은 나태하고 부패했으며 제대로 교육할 준비를 갖추지 못하고 있다."

- "학생에게 학습 의욕을 고취시키고 기회를 제공하는 교육 모델이 필요하다."

- "좋은 교육은 모든 것의 기반이다. 교육 받은 사람은 나름대로 사고방식을 구축하므로 잘못된 길로 빠지지 않는다. 교육을 제대로 바로잡으면 나머지는 자동적으로 따라온다."

- "가난한 신흥 국가에 거주하는 많은 아이들, 특히 여자아이들이 제대로 교육을 받지 못한다. 세계가 안고 있는 많은 문제를 교육으로 해결할 수 있다."

- "좋은 교육은 나라를 번영시키거나 일자리를 창출하거나 경제적 성장을 일구는 기반이다."

- "학교가 오늘날 궁지에 몰린 것은 교육을 제대로 실시하지 못했기 때문이다. 나는 10년 동안 공립학교에서 가르쳤다. 너무 늦기 전에 교육 구조를 바꿔야 한다."

- "교육은 대단히 중요하다. 먼저 교육을 제대로 실시해야 다른 노력이 빛을 발할 수 있다."

우리가 직면한 최대 과제는 아이들이 학습하고 미래를 향한 꿈을 실현할 수 있도록 가장 바람직한 방향에서 돕는 것이다. 중국과 인도를 보더라도 주요 도시에서는 훌륭한 교육을 실시하지만 오지에서 실시하는 교육은 훨씬 뒤처진다. 핀란드와 한국은 동질감이 형성되어 있고 교육을 뒷받침하는 문화에 힘입어 양질의 교육을 실시한다. 하지만 캐나다·영국·미국 등에서 보도되는 신문기사의 헤드라인을 읽으면 충격적이다.

- 토론토: "대학생이 글자를 읽지 못한다!"
- 런던: "영국 학교 졸업생들은 글자를 읽지도 쓰지도 못하는 데다가 태도에도 문제가 있다."
- 워싱턴: "미국 학교의 82%가 곤두박질치다!"[1]

국가마다 직면한 난제는 다르지만 전 세계가 같은 문제로 고민한다. "모든 아이들에게 탁월하거나 최소한 온당한 교육을 제공할 수 있는가?"

대논쟁

이 질문은 다양한 차이를 내포한 대논쟁을 일으키지만 대개 두 가지 입장으로 나뉜다. 한 가지 입장에서는 공정성이 부족하기 때문에 아이들의 성취도가 떨어진다고 생각하고 그 예로 빈곤·인종차별·역기능 가정을 꼽으며 모든 학교에 적절한 자원을 주기를 꺼려 하는 정치적 이해관계도 지적한다. 이것은 대부분 교육계에서 나오는 목소리이다. 반대편 입장에서는 변화하는 세계에 교육계 자체가 보조를 맞추지 못하고 완고하고 열악하다고 주장한다. 이 입장에 서는 사람은 대부분 경제계 인사들이다.

두 가지 대안

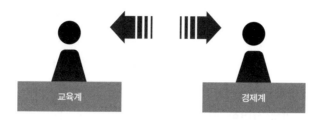

경제계 지도자들은 교육계가 자신들의 말에 귀를 기울이지 않으려는 이유를 납득하지 못한다. 교육이 아이들을 평범하게 만드는 늪처럼 보이는 사실에 낙담한 경제계 인사들은 학교가 성공하려면 "역동성과 창의성, 효율과 결과에 끈질기게 집중하는 등 미국 민간 부문이 세계적 번영을 추진하는 동력으로 부상하는 데 기여했던 특징"을 도입해야 한다고 주장한다. 그들이 보기에 미국 교육계는 번영하겠다는 시장 논리가 부족한 상태로 생존하려고 몸부림치는 공룡이다. 따라서 혁신과 품질 향상을 이끌 경쟁이 학교에 필요하다고 강조한다. "학교와 주정부의 분리"를 주장하는 많은 사람은 교육 제도 전체를 민영화해야 한다고 말한다.

경제계 지도자들은 교육자들이 다음 취지로 말한다고 생각하여 분노한다. "우리에게 지원금을 늘려주지 않으면 당신 자녀들이 고통을 겪을 것이다. 교육 성과가 점점 떨어지는 것은 당신이 인색하기 때문이다. 교육계에 적절하게 자금을 투입하지 않는 것을 보면 자녀를 소중하게 생각하지 않는 것이 분명하다. 그냥 우리가 짧은 근무 시간을 유지하고 몇 달 동안 방학을 누리든 말든 신경을 껐으면 좋겠다." 이러한 주장에 거슬러서 경제계 인물들은 교육계가 돈을 계속 잡아먹으면서도 산출해내는 이익은 점점 줄어든다고 분노한다.

물론 교육자들의 패러다임은 완전히 다르다. 그들은 비즈니스와 교육은 근본적으로 다르므로 경제계 지도자들이 학교 일에 상관하지 말아야 한다고 주장한다. 교육은 이익이 동기가 되어서는 안 되고 교육자는 직업이 아니라 소명을 따른다. 교육을 민영화하면 전반적인 불평등이 급증하여 부유한 가정은 자녀를 최고의 학교에 보내는 반면에 가난한 가정은 자녀에게 그러한 혜택을 줄 수 없다. 특권층 자녀와 살려고 발버둥치는 소수 집단 자녀의 '학업 성취도 격차'는 크다. 사립학교는 원하는 시기에 원하는 학생을 선발할 수 있지만, 공립학교는 지원하는 학생이면 누구든 받아야 한다. 입학생이 학습 장애를 보일 수도 있고 외국어만 말할 수 있을지도 모른다. 역기능 가정에서 왔거나 전과자일 가능성도 있다. 여하튼 공립학교는 누구든 교육해야 할 윤리적 책임을 진다. "기업과 달리, 우리에게는 연말결산 결과를 양호하게 만들려고 학업 성취도가 낮은 학생을 해고할 권리가 없다."

교사들은 경제계 지도자들이 다음 취지로 말한다고 생각하여 깊이 우려한다. "우리는 기계를 생산하거나 트럭을 몰거나 스프레드시트를 돌릴 직원을 학교가 국민의 세금으로 훈련시켜주기를 바란다. 그런데 교육계는 그 임무조차 제대로 수행하지 못한다. 우리는 지시 받은 대로 따라줄 대량 생산 근로자들을 확보하는 데만 관심이 있다. 조금 더 욕심을 내자면 이렇듯 '교체 가능한 근로자'가 글자를 읽고 약간의 산수를 할 수 있으면 좋겠다. 학교 건물을 거창하게 짓거나 미술 교육을 시키거나 그럴듯한 교과 과정을 실행하는 것은 비용만 많이 들 뿐 불필요하다." 상황이 이렇다 보니 다수의 교육자가 경제계를 영혼이 없고 교육을 억압하는 조직으로 치부하는 것도 무리가 아니다.

미국 상공회의소의 말을 인용해보자.

단도직입적으로 말해서 교육 제도를 다시 만들어야 한다. 수십 년 동안 정치적으로 무기력하고 비효율적인 개혁을 실시한 탓에 학교는 가혹한 현대 직장 환경에 대비할 준비를 갖추지 못한 학생들을 계속 배출해왔다. 이러한 현상은 가히 충격적이다. 글자를 능숙하게 읽을 수 있는 8학년 학생은 3명 중 1명 정도이다. 제때 고등학교를 졸업하는 학생은 전교생의 3분의 2 수준을 약간 상회할 뿐이다.[2]

교육계는 이러한 현실을 맞아 어찌할 바를 모르고 괴로워하며 자원에 굶주려 있는 반면에 경제계는 그 결과에 화를 내며 흥분한다. 그래서 양쪽은 서로 상대방에게 비난의 화살을 돌린다.

물론 양쪽 입장 모두 불공정하기는 마찬가지이고 어느 쪽도 상대방의 말을 경청하지 않는다. 교육계도 경제계도 제2의 대안적 사고에서 벗어나지 못한다. 상대방을 적으로 규정하고 '우리 대 그들'이라는 잘못된 딜레마에 빠진다. 양쪽이 논쟁하며 드러내는 진실의 조각만으로는 결코 이러한 상황을 바꿀 수 없다.

두 문화가 충돌하는 와중에 아동과 청소년은 살아남으려고 허우적거린다. 다수의 학생이 절망에 빠지기도 하고, 학교에서 멋진 경험을 하는 학생도 상당히 많지만 하지만 대개 진창에서 허우적거리다가 그럭저럭 학교를 빠져나온다. 물론 학생의 탁월성을 키워주는 제도가 있기는 하지만 공립 교육 제도가 모든 학생을 꾸준히 지원해 잠재력을 실현시켜 준다고 믿는 사람은 없다.

산업화 시대의 교육

내가 생각하기에 교육을 둘러싸고 대논쟁을 벌이는 교육계도 경제계도 모두 교육 제도의 비인간화에 대한 책임이 있다. 100여 년 전 점차 세력이 커진 산업계는 공립학교가 산업에 유용한 '제품'을 생산해내야 한다고 요구했다. 이러한 취지는 1927년 발표된 글에 잘 드러나 있다. "교육 제도가 생산하는 제품을 냉정하게 연구해보면 현대 산업이 요구하는 자질이 상당히 부족하다고 결론을 내릴 수밖에 없다."[3] 하지만 지나치게 많은 학교가 공장이 되어가고 학생은 사람이 아닌 '제품'이 되어갔다.

'교사'라는 단어 자체가 내포한 가장 차원이 높고 숭고한 의미에서, 교사들은 자신이 가르치는 학생들의 잠재력을 실현시키는 데 헌신하고 있으며 앞으로도 그럴 것이다. 그런 맥락에서 사회는 교사들에게 깊은 감사의 빚을 지고 있다. 하지만 많은 교사들이 산업화 시대의 사고방식을 마음 불편한 채로 묵인하다가 지금은 영원히 고착시키는 데 일조한다. 산업화 모델은 학생 자체를 무시하고 지나치게 시험 결과에 의존한다. 공립학교가 많은 방식에서 공장 모델과 비즈니스 중심 사고방식을 채택했지만 얄궂게도 경제계는 여느 때보다 공공교육에 불만을 품고 있으며 그들의 불평은 1927년 이래로 전혀 달라지지 않았다.

학생을 제품으로 간주하는 산업화 시대의 사고방식은 우리 사회가 안고 있는 교육 문제의 뿌리이다.

산업화 시대는 사람들을 물건으로, 다시 말해서 필요하지만 교체 가능한 대상으로 취급했다. 사람은 '근로자 단위'에 불과해서 일하다가 지치면 그저 다른 사람으로 교체하면 그만이었다. 일할 수 있는 육체만 갖추면 될 뿐 마음이나 감정이나 영혼은 개의치 않는다. 산업화 시대의 통제된 교육 모델은 잠재력을 실현하지 못하도록 억누르므로 지식 시대의 경제에 맞지 않는다.

내가 아는 어느 여성은 성인기의 많은 시간을 교도소에서 보내고 있다. 한때 장래가 촉망되는 대학생이면서 고위 교육 관리의 딸이었던 여성은 알코올과 마약 중독을 극복하려고 여러 해 동안 애쓰고 있다. 어느 날 그 여성은 교도소도 수업·일정표·조직화·통제·줄서기 등이 있어 학교와 별반 다르지 않다고 털어놓았다. 그러면서 학교생활에서 기억나는 것은 항상 누군가의 감시를 받았다는 사실이었다고 말했다.

1785년 철학자 제러미 벤담Jeremy Bentham은 새로운 종류의 감옥으로 소수의 감독자가 수용자 전원을 동시에 감시할 수 있도록 만든 독창적인 '팬옵티콘panopticon'을 고안했다. 현대 철학자 미셸 푸코Michel Foucault는 팬옵티콘이 현대 '감시사회'의 상징이라고 주장했다. 학교 교실이나 대기업의 '칸막이 사무실'을 보면 푸코가 무슨 뜻으로 그렇게 말했는지 짐작할 수 있다. 학교도 기업도 팬옵티콘을 닮았다. 푸코는 감시가 증가하면 인간의 개성을 존중하는 태도가 감소한다고 강조했다. 개인이 보상이나 처벌을 받는 기준은 특유한 재능을 자발적으로 발휘하여 어떻게 사회에 기여하느냐가 아니라 얼마나 능숙하게 입을 다물고 지시에 따르느냐이다. 상황을 주도하지 않고 주도당하도록 구성원을 유도할수록 사회는 병들고 개인이 발전할 기회는 사라진다.

산업화 시대를 대표하는 감옥 같은 사고방식은 학창 시절 동안 개인을 장악하지만 그 영향은 삶 전체와 사회에 미친다. 따라서 개인은 자신이 방대한 집단에 속해 수동적으로 일하는 일개미 같다고 자기 삶을 근본적으로 잘못 해석할 수 있다. 매우 많은 사람이 어릴 때는 어른이 시키는 대로 행동하고, 커서는 직업에 맞추어 처신하고, 연로해서는 은퇴해 무의미하게 시간을 보낸다. 우리는 미묘하게 피해의식을 느끼도록 교육 받는다. 학교에 적응하지 못하면 하찮은 존재로 취급 받는다. 일자리를 잃으면 정체성도 따라서 잃는다. 결국 우리는 종속하도록 조종당할 수 있고, 결과에 따라 자신을 보살펴주거나 책임을 전가할 사람을 찾는다.

부모는 산업화 시대의 교육이라는 틀 안에서 나름대로 분투한다. 현행 교육 제도를 적극적으로 지지하기도 하고, 그 틀을 벗어나기도 하고, 씩씩하게 맞서 싸우기도 한다. 아이들은 지나치게 틀이 정해진 삶을 사느라 어떻게 살아갈지 스스로 결정하는 법을 배우지 못한다. 부모들은 아이들이 경쟁에서 이기는 삶과 의미 있는 삶을 구별하도록 돕지 않고 무조건 성취하도록 밀어붙인다. 다른 한편으로 부모의 주의력 결핍 장애로 괴로움을 겪는 아이들은 부모를 닮아 덩달아 자신도 의미 있는 삶을 사는 데 관심을 기울이지 않는다. 그래서 쉽게 학교를 그만둔다. 이러한 집단은 전체 학생의 약 3분의 1에 해당한다. 대중도는 그저 최선의 상황이 일어나기를 바라며 버티고 있다. 자녀가 의존적인 삶을 살리라는 사실을 알아차릴 만큼 통찰력 있는 부모는 거의 없다.

교육이 아이들을 의존적으로 생활하고 온순한 추종자가 되도록 훈련시킨다면 아이들이 세상에 밝은 미래를 안겨주리라 기대할 수 없다. 교육이라는 병든 나무에서 계속 가지를 잘라내면서 산업화 모델을 유지하는 최선의 방법을 놓고 치열하게 논쟁을 벌이는 동안 불치의 병에 걸린 뿌리는 우리가 눈치 못 채는 사이에 계속 뻗어 내려간다.

학교의 진정한 임무

몇 년 전 대통령을 만난 자리에서 미국에 가장 급박한 교육 문제가 무엇이라 생각하느냐는 질문을 받았다. 나는 "모든 학생이 잠재력을 발휘해 수동적이 아니라 능동적으로 삶을 이끌어갈 수 있도록 교사·부모·지역사회가 협력 관계를 형성하는 것"이라고 대답했다.

이것은 교육의 거래적 변화가 아니라 변혁적 변화이다. 대논쟁에 참여하는 사람들은 제2의 대안에 얽매인 틀에서 "좋은 제품을 생산하는 방법"을 놓고 끊임없이 논쟁한다. 공공 교육 제도를 재구축해야 할까 아니면 시장 효율성을 도입해야 할까? 기술적 교육 과정을 따라야 할까 아니면 인도주의적 교육 과정을 따라야 할까? 온라인 교육을 활용할까 아니면 전통적인 교실을 활용할까? 시험 횟수를 늘려야 할까 아니면 줄여야 할까?

하지만 교육의 핵심은 결코 "제품 생산"이 아니다. 아이들은 시장에 내놓기 위해 제품으로 포장되는 원재료가 아니다. 아이마다 독특한 재능을 타고났고, 이 재능의 사용방법을 선택할 능력이 있다. 교육의 임무는 아이들이 잠재력을 최대한 활용할 수 있도록 돕는 것이다.

내 친한 친구인 하버드 경영대학원 클레이튼 크리스텐슨 교수는 학교가 너무 오랫동안 학생을 잘못 교육해왔다고 믿는다. 학생은 자신 편에 서서 특정 임무를 수행하도록 학교를 채용한 독립 계약자라는 것이 그의 생각이다. 그렇다면 학교가 맡은 임무는 무엇일까?

우리는 사람들이 학교를 채용해 수행하기를 기대하는 임무가 무엇인지 이해해야 한다. 학생에게 학습 의욕이 없는 까닭은 무엇일까? 무단결석, 높은 중퇴율, 반항하거나 무료한 표정으로 거리를 배회하는 학생 무리 등 우리는 그 표시를 목격하고 있다. 그렇다면 그 학생들은 학교가 어떤 임무를 수행하기를 바랄까?

학생과 교사는 매일 성취감을 느끼고 싶어 한다! 학교에 바라는 점도 바로 그것이다. 이제 학생과 교사는 성취감을 느끼게 해주도록 학교를 채용할 수도 갱을 채용할 수도 있다. 아니면 자동차를 사서 학교 주위를 돌아다니며 성공한 사람처럼 보일 수도 있다. 학교가 앞다투어 벌이는 일은 학생들에게 성취감을 느끼게 해주는 것과 거리가 멀다.

미국의 학교는 학생이 자신을 대부분 실패자로 느끼도록 설계되었다. 이

점을 이해한다면 학생이 성취감을 느끼도록 도와줄 매우 다른 방법을 생각해낼 수 있다.[4]

매일 성취감을 느끼도록 학교가 도와주지 않으면 학생은 다른 대상으로 눈을 돌릴 것이다. 그리고 학교에 순응하라고 강요당하는 학생은 불만투성이 고객처럼 분노를 마음에 품은 채 할 수 없이 복종하거나 교육제도를 우롱할 방법을 찾을 것이다. 그러면서 다른 형태의 성공으로 대체하면서 십 대들이 흔히 말하듯 "상관없어, 알 게 뭐야, 다를 게 없잖아"라는 반응을 보인다. 그들은 그러면서 조각난 정체성과 실패에 대항하는 마지막 방어수단을 필사적으로 붙잡을 것이다.

제3의 대안을 추구하는 교육

교육에서 제3의 대안은 리더가 되는 법을 배우는 것이다.

여기서 '리더'는 대단한 자리에서 다수를 이끄는 소수가 아니다. 우리는 CEO나 사장 등 직함이 있는 사람을 리더로 생각하는 데 지나치게 익숙해 있다. 이러한 리더십은 계층적 사고에 따른 산업화 시대의 산물로서 이미 오래전에 구식이 되었다. 내가 말하는 리더십은 자기 삶을 영위하고, 친구와 가족에게 리더가 되어 자기 세상을 적극적이고 창의적인 힘으로 이끄는 능력을 가리킨다.

진정한 리더는 성품과 능력을 계발하고 원칙에 따라 행동하여 지속적으로 성공을 정의하고 달성하는 동시에 자기 성공에 대한 정의를 타인에게 맡기지 않는다. 자신이 독특한 재능을 지녔다고 생각하므로 타인이 아니라 자신과 경쟁한다. 경제적 용어로 풀어쓰면 자신이 필요한 것

제3의 대안

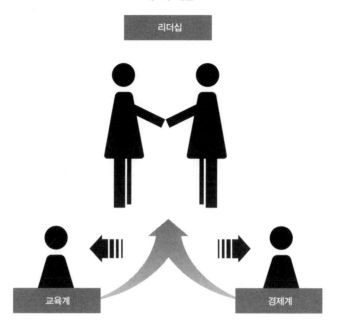

을 스스로 조달하고 자기 재능에 최고가를 매겨 활용한다. 자신이 맞이할 미래를 스스로 창조한다. 시간과 상황의 제약 때문에 특정 목표에 도달하지 못할 수는 있지만, 결코 실패하는 법은 없다.

진정한 리더가 되도록 교육을 받은 아이에게 성공은 외부가 아니라 내면에서 비롯한다. 외부에서 오는 성공은 좋은 성적, 단기간의 학문적 명예, 금전적 보상, 인상적인 지위 등 중요성이 떨어지고 부차적이다. 사람들은 대부분 이처럼 발생 빈도가 낮은 성공을 이루려고 다툰다. 하지만 내면에서 비롯하는 성공은 자신의 장점을 발견하고, 자부심을 느끼고, 타인과 자신을 존중하고, 독특하고 창의적으로 사회에 기여함으로써 깊이 만족감을 느끼는 것이다. 이처럼 더욱 풍부한 보상은 누구나 누릴 수 있다. 부차적인 성공은 자연적으로 따라올 수 있으므로 서로 경쟁하지 않는다.

일부 아이들은 내면의 힘을 타고났으므로 제3의 대안에 도달하는 자신만의 길을 발견한다. 구글의 중역이자 변호사인 오리 오콜로Ory Okolloh는 케냐에서 문제가 많은 어린 시절을 보내고 하버드 법과대학교를 거쳐 아프리카의 정치개혁을 이끄는 데 기여했다. 그녀는 자신이 속했던 문화의 교육 패러다임이라는 정신적 감옥을 탈출하기로 결정했고 그 계기를 이렇게 설명했다.

부모님은 부모·형제·사촌의 생계를 책임져야 했으므로 저축은 꿈도 꾸지 못했다. 그러니 늘 형편이 불안정할 수밖에 없었다. 케냐에서 고등학교에 입학하려면 시험을 치러야 한다. 나는 1점 차이로 합격을 놓치고 크게 낙심했다.

그러자 아버지께서 이렇게 말씀하셨다. "가서 교장 선생님께 말해보자. 겨우 1점이잖니. 아직 빈자리가 있으면 너를 넣어주실 거다." 나는 아버지와 학교에 갔다. 하지만 우리는 아무 특권도 없는 하찮은 존재였고 아버지는 그럴듯한 성씨조차 아니어서 업신여김당했다. 나는 자리에 앉아 교장이 아버지에게 하는 말을 들었다. "당신은 주제파악을 못 하나요? 입학허가를 얻을 수 있다고 생각하다니 제정신이 아니군요."

나와 같이 학교를 다녔던 다른 아이는 나보다 성적이 훨씬 밑돌았는데도 아버지가 정치가인 덕택에 입학허가를 받았다. 게다가 자기 부모가 눈앞에서 모욕당하는 광경을 지켜보는 것은 최악의 상황이었다. 교장실을 나오며 나는 마음속으로 '앞으로 살아가면서 두 번 다시 빌지 않겠어'라고 다짐했다. 학교에 다녀도 좋다는 연락을 2주 후에 받았지만 나는 그러고 싶지 않다고 딱 잘라 대답했다.[5]

오콜로는 기성 제도에 굴복할 수도 있었다. 하지만 오히려 기성 제도에 맞서서 자신을 위해 움직이게 만들었다. 그녀는 결핍의 사고방식이 주도하는 사회가 자신의 성공을 정의하도록 허용치 않은 진정한 리더였다. 오콜로는 마음의 감옥에서 벗어날 수 있도록 전 세계인을 돕기 위해 아프리카와 중동 지역 신생국가들이 벌이는 민주주의 운동에 뛰어들었고 대중이 참여하는 뉴스의 취재를 이끌었다. 분쟁 지역에 관한 정보를 소셜 네트워크와 언론에 보도해 부상이나 고문을 당한 사람이 신속하게 도움을 받을 수 있게 했다.

내가 생각하는 교육의 목적은 오리 오콜로처럼 주변 세상을 변화시키는 역량을 지닌 리더를 키워내는 것이다. 세상이 얼마나 크든, 한 부모 가정이든, 이웃이든, 도시이든, 나라이든, 세상 전체이든 상관없다.

캐나다 앨버타 주 레드 디어 지역에 자리한 조지프 웰시 초등학교의 교장 마이크 프리츠Mike Fritz는 자기 삶의 리더가 되는 방법을 학생에게 가르쳤던 이야기를 들려주었다. 학교에 '리더 인 미The Leader in Me'라는 명칭의 리더십 모델(아래 참조)을 도입한 프리츠는, 학생들에게 자기 삶의 리더가 되라고 역설하면서 리더 역할을 맡기고 공통된 리더십 언어를 가르치고 리더십 관련 행사를 열었다. 해당 교육구 교육감이 2년마다 교장들에게 각자 학교에서 어떤 활동을 벌이고 있는지 교육 위원회와 고위 행정직 관리에게 발표하라고 요청했다. 예년에는 프리츠가 다른 직원들과 함께 직접 발표했지만 리더십 학교를 운영한 후에는 학생들에게 발표 기회를 돌렸다.

자폐증을 앓는 3학년 학생 라일리Riley를 포함해 몇 명이 자원했다. 성공하는 사람의 8번째 습관인 '내면의 목소리를 찾아라'를 방금 습득한 라일리는 이번 발표를 계기로 내면의 목소리를 찾고 싶다고 말했다. 학교 직원들은 아이들이 발표할 수 있도록 힘껏 도왔고 라일리가 참여하고 싶어 하는 사실을 자랑스러워했다.

발표 날 프리츠는 라일리를 비롯해 발표할 아이들을 데리고 교육감 사무실에 도착했다. 라일리는 뇌 부위를 파랑·빨강·검정으로 칠한 대형 포스터를 치켜 들고 자신이 자폐증을 앓고 있어 뇌가 다른 사람과 다르다고 설명했다. 빨강은 분노, 검정은 좌절, 파랑은 차분함을 뜻했다. 라일리는 자기가 속한 교육구에도 자폐증 학생이 많다고 언급하면서, 교육청이 자신들의 특징과 요구를 알아야 한다고 지적했다. 발표가 끝나자 참석자들은 기립 박수를 쳤고 이사진 중에는 눈물을 글썽이는 사람이 많았다.

다음날, 흥미롭게도 라일리는 깃이 달린 셔츠를 입고 넥타이를 매고 등교했으며, 그 후 몇 주 동안 학교에 매일 넥타이를 매고 왔다. 라일리의 어머니와 마주친 프리츠는 호기심이 생겨 "라일리에게 무슨 일이 있나요? 몇 주 동안 매일 넥타이를 매고 있어서요"라고 물었다. 그러자 그의 어머니는 이렇게 대답했다. "아들이 이곳으로 전학 오기 전에는 아침에 눈을 뜨고 '엄마, 오늘 학교 가기 싫어요. 나는 바보인데 학교에서도 바보라고 느끼고 싶지 않아요'라고 말했어요. 하지만 이 학교를 다니고 나서 표정이 밝아졌습니다. 게다가 자기가 재능이 있는 리더라고 말해요. 교육청에서 발표를 한 뒤부터는 자신을 무척 자랑스러워하면서 '엄마, 나는 이제부터 넥타이를 맬 거예요. 중요한 사람은 넥타이를 매잖아요'라고 하더군요."

그 후 1년이 넘었는데도 라일리는 여전히 리더의 임무를 많이 수행하고 대학에 진학할 계획을 세우고 며칠마다 한 번씩 넥타이를 매고 등교한다.

라일리가 리더의 자질을 갖추게 하려는 교육 목표는 차근차근 달성되고 있다.[6] 물론 교육에는 생각하는 힘과 정보에 밝은 시민을 양성하고, 경제를 번영시키는 데 필요한 기술을 시민에게 전수하는 등의 부차적 목표도 있다. 나는 클레이튼 크리스텐슨이 제안한 교육 목표가 특히 마음에 든다. "사람마다 상황을 보는 관점이 다르다는 사실과 개인 차를 억누르지 말고 존중해야 한다는 사실을 이해시켜야 한다."[7] 가장 고무적이고 강력한 교육 목표는 아이들이 리더가 될 수 있도록 돕는 것이다. 이는 주요 목표로서 부차적 목표의 달성 여부를 결정한다. 고도의 기술을 보유하고 있지만 성품이 부족한 사람은 주위에 파괴적 영향력을 미칠 수 있다.

내 사업 동료는 학사 학위를 몇 개나 취득한, 재능 있고 외모가 출중한 사람이었다. 그에게는 다복한 가정도 있었다. 한때 대학교 교수이자 주정부의 인성교육 담당자였다가 자기 사업을 시작했고 머리를 잘 써서 큰돈을 벌었다. 하지만 이렇게 부차적 성공을 거두었지만 중요한 성공이 받쳐주지 않았다. 자만심과 알코올로 삶이 파멸에 이르면서 결혼도 사업도 살아남을 수 없다.

내 친구가 겪은 비극적 경험으로 알 수 있듯, 중요한 성공이 목표라면 하나하나의 아이들이 지닌 정신과 감정과 영혼을 교육시켜야 한다. 사람들은 이 점을 누구나 마음 깊숙이 인식하고 있으며 대부분의 부모도 그러하다. 이렇듯 비슷한 인식을 하는 사람들이 앞장서야 한다.

우리는 할 수 있어!

교육을 둘러싼 대논쟁을 들여다보면 역기능 사회에서는 탁월한 학교가 생겨날 수 없다는 넋두리가 반복해 등장한다. 물론 많은 학교가 범죄와 질병이 들끓는 동네에서 가까스로 명맥을 유지하고 있다. 그 밖에도 외부에서는 상황이 좋아 보이지만 실제로 학생들이 곤란한 문제에 직면해 허우적대고 있는 학교도 있다. 많은 학생이 사회의 진부한 틀에서 도망가기 위해 마약, 컴퓨터, 비디오 게임 등의 수단에 점차 중독되어간다. 따라서 대논쟁에서 대두되는 핑계는 모두 사실이지만 여전히 핑계에 지나지 않는다.

훌륭한 학교는 척박한 환경도 감당하는 능력을 발휘한다. 훌륭하게 제3의 대안을 찾아낸 웬디 콥Wendy Kopp의 말을 들어보자. 콥이 설립한 '티치 포 아메리카Teach for America'는 우수한 대학생들을 선발해 일정 기간 동안 빈민 지역 공립학교 교사로 근무하게 한다. 해당 조직이 설립된 계기는 이랬다. "사회나 심지어 가족을 먼저 바로잡아야만 교육을 바로잡을 수 있는 것은 아니다. 순서는 바뀌어도 된다. ……저소득층 부모는 교육 기회를 잡아 빈곤의 고리를 부술 수 있다. 환경이 척박한 학교에서 성공적으로 학생을 가르치는 것이 교육에 열정을 품은 사람의 리더십 행동이다."[8]

리처드 에스파르사Richard Esparza가 좋은 본보기이다. 그가 워싱턴 주 야키마 밸리에 있는 그레인저 고등학교Granger High School에 교장으로 취임했을 당시에 학교 상황은 희망적이지 않았다. 대부분 교육을 전혀 받지 못한 농사꾼 부모 밑에서 자라는 아이들은 빈곤에서 헤어 나올 희망을 거의 품지 못했다. 통계자료로 나타난 현실은 암울했다.

- 해당 주의 독해 기준을 충족하는 학생은 전교생의 20%였다.
- 해당 주의 작문 기준을 충족하는 학생은 전교생의 11%였다.
- 해당 주의 산수 기준을 충족하는 학생은 전교생의 4%였다.

에스파르사도 재학생 대부분과 출신 배경이 같았지만, 외부에서 자신을 포함한 전교생에 대해 말하듯 자신이 '돌머리'라거나 학습이 불가능하다고 생각하지 않았다. 대학교를 졸업하여 자신이 어리석지 않다는 것을 입증해 보였고, "자신의 진정한 모습을 확실히 볼 수 있도록 학생들을 돕겠다"는 사명을 품고 교사가 되어 모교로 돌아왔다. 새 교장은 스스로 기대를 변화시키는 역할을 담당해야 한다고 생각했다. 그가 설정한 성공 기준은 명확했고 측정이 가능했다. "나는 전교생이 성공하기를 기대하고 또 그럴 수 있으리라 믿는다. 교사들도 똑같이 그렇게 믿어주리라 기대한다. 내 목표는 정규분포 곡선을 없애는 것이다. 학생은 누구나 능력을 갖추고 있으므로 정규분포 곡선이 존재할 하등의 이유가 없다."

물론 에스파르사가 세운 목표를 방해하는 요소는 수두룩해서 2년 동안 그야말로 "싸우기만 했다." 전교생의 10분의 9가 소수집단의 자녀였다. 부모와 학생뿐 아니라 교사도 학생에게 희망이 없다고 생각했다. 갱이 활개를 쳤고 낙서가 벽을 뒤덮었고 농구 경기를 보러 온 관중을 경찰이 호위해야 할 정도였다. 에스파르사는 성공 기준에 대해 생각을 바꾸고 자기 내면에서 리더십을 발견할 수 있도록 학생을 도와야 했다.

하지만 방법을 몰랐고 참고할 모델도 없었다. 어떻게 하면 성취도가 바닥인 고등학교를 탁월한 성과를 내도록 변화시킬 수 있을까? 그는 "따라할 수 있는 본보기가 있었다면 변화 과정이 훨씬 순탄했을 것이다"라고 당시를 상기했다. 어떻든 혼자 힘으로 난관을 헤쳐나가야 했던 에스파르사는 그레인저 고등학교를 질문과 실험의 산실인 마법극장으로 바꾸었다.

우선 낙서를 없애기로 했다. 갱의 힘을 상징하는 꼬리표인 낙서는, 사라져야 마땅했다. 낙서가 생기면 관리인을 시키지 않고 승용차에 스프레이용 페인트를 싣고 다니면서 눈에 띄는 즉시 그 자리에서 지웠다. 2년 정도 꾸준히 노력하자 낙서가 주춤하면서 학교가 청결해졌다. 이와 아울러 갱을 나타내는 복장과 표시를 학교에서 금지시켰다.

어떤 학교든 개선하려는 시도가 성공하려면 부모의 지원과 참여가 중요하다. 하지만 그레인저 고등학교에서는 학부모 회의에 참석하는 부모가 10% 정도에 불과했다. 에스파르사는 "학부모가 학교에 오지 않으면 우리가 찾아가겠다"고 선언하고, 교사들을 시켜 일일이 학부모를 방문해 자녀에 대해 허심탄회하게 대화하게 했다. 가족을 설득해 학교의 일원으로 회의에 참석시키기 위해서였다. 가정 방문을 꺼리는 일부 교사에게 에스파르사는 이렇게 말했다. "당신은 훌륭한 교사지만 우리 학교와 교육관이 다릅니다. 그러니 다른 학교로 이직할 수 있도록 기쁜 마음으로 추천서를 써드리겠습니다." 그러자 일부 교사는 학교를 떠났다. (에스파르사는 자전거를 타고 다니며 학생들의 가정을 방문하는 일본인 교사들이 기억난다고 말했다. 그들은 때로 밤늦게까지 학생의 가정을 방문했고, 학교의 힘과 가정의 힘을 통합하면서 모델의 우수성을 입증했다.)

그레인저 고등학교는 이렇게 노력한 결실을 거두었다. 결국 학부모 전원이 회의에 참석했던 것이다. 학부모 회의를 운영하는 주체는 교사가 아니라 학생으로, 자신들의 학습 성취도, 졸업자격, 점수, 독해 수준, 고등학교 졸업 이후 계획 등을 검토했다. 회의가 추구하는 목표는 학생·부모·교사가 같은 정보를 공유하고 협력하는 것이다. 에스파르사는 이렇게 설명했다. "외부에서는 어떻게 학부모의 회의 참석률이 100%일 수 있느냐고 반문합니다. 한 번에 한 부모씩 참석하면 가능합니다."[9]

에스파르사는 '개인화 교육'을 실시해 전교생이 개별적으로 성공 계획을 세우고 멘토를 정하게 한다. 각 학생은 개인적 발달 상황을 교사에게 매일 보고한다. 해당 교사가 하루에 학생 150명을 개별적으로 만날 수 없으므로 20명씩 몇 집단으로 나누고 집단마다 지도교사를 배정한다. 이때 한 교사가 자신은 "사회복지사가 아니다"라면서 항의하자 에스파르사는 가정방문을 거절했던 교사에게 했던 말을 해주었다.

에스파르사의 뒤를 이어 부임한 폴 차트랜드Paul Chartrand는 지도교사가 이끄는 집단에 큰 변화가 발생했다고 말했다.

각 학생에게는 발언권이 있고 자기 뒤를 받쳐줄 어른이 있었다. 학생들은 자신이 다가가고 믿을 수 있는 어른이 뒤에 있다는 사실을 줄곧 인지하고 있었다. 그 어른이 학생들의 얼굴을 알아보고 인사하고 친근하게 말을 걸어줄 것이다. ……이처럼 개인화가 중요하다. 학생들은 교사가 자신들을 개인적으로 책임져주리라고 믿는다. 학생들이 결석하면 지도교사가 전화하거나 심지어 집으로 찾아가 학생에게 무슨 일이 있는지, 학생을 도울 방법이 있는지 살핀다.[10]

에스파르사는 학생의 학습동기를 북돋우려고 온갖 방법을 강구했다. 돈이 유일한 동기 유발 방법이 아니라는 사실은 알지만 복사한 20달러짜리 위조지폐로 42만 달러를 서류가방 가득 채웠다. 이 돈은 학생들이 고등학교를 졸업하지 못할 경우에 미래 수입에서 손해 보는 액수를 상징했다. 에스파르사는 우등생에게 상을 주려고 자주 소집하는 조회에서 강단 앞에 상징적인 돈을 놓았다. 그 옆에 "인생의 세 갈래 길"이라는 제목을 붙이고 학교 성적 상중하와 성공의 상관 관계를 기록한 포스터를 세워놓은 후에 학생들에게 현실을 일깨워줬다. "요트 클럽에 가입한 사람을 아는 게 아니라면, 너희가 쥘 수 있는 기회는 교육뿐이다." 그러면서 우등생에게 증서를 나누어주고 "좋은 점수 없는 영광은 없다"는 표어가 인쇄된 티셔츠를 부상으로 주면서 아이스크림을 먹으라며 카페테리아로 보냈다.[11]

무단결석 문제도 급박하게 해결해야 했다. 그레인저 고등학교 학생들은 대수롭지 않게 수업시간을 빼먹었다. 에스페르사는 학교 본관에 점수표를 걸어놓고 결석생이 학교에 빚진 시간을 표시했다. 결석생은 학교 수업시간 전후에 튜터에게 보충수업을 받아서 학교에 빚진 시간을 "갚아야" 했다. 이 방법을 실시하고 나서 2년 동안 무단결석이 3분의 1로 줄어들었다. 무엇보다도 에스페르사는 학생 개인의 성적을 향상시키기로 마음먹고 낙제 제도를 없앴다. 지도교사들은 성적 때문에 허우적거리는 학생들을 매일 만나 취약 과목에 대해 상담했다. 그래서 학생들이 C 이상의 점수를 받을 때까지 시험과 재시험을 치르고 쪽지시험을 보게 해서 한 명도 낙제하지 않도록 관리했다.

리처드 에스파르사가 그레인저 고등학교에 교장으로 취임할 당시 졸업률은 30% 정도에 불과했지만 5년 후 그 비율은 90%까지 상승했다. 학생들의 독해 점수는 해당 주 기준의 20%에서 60%로 올랐다. 수학과 작문 점수도 비슷한 비율로 증가했다. 글자를 읽지 못하는 상태로 그레인저에 입학한 학생도 대학교에 진학할 준비를 갖추고 졸업했다. 그레인저 고등학교에서 9학년을 시작할 당시 페드로Pedro의 독해능력은 초등학교 5학년 수준이었다. 하지만 페드로는 이렇게 말했다. "학교가 내게 계속 압력을 넣었다. 마지막 학년에 역사 심화과목을 들었고 학장 장학금을 받아 센트럴 워싱턴 대학교에 진학할 수 있었다." 그레인저 고등학교에는 페드로처럼 성공한 사례가 많다.

웬디 콥이 깨달았듯 설령 부모는 가난하더라도 자녀의 장래를 위해 악순환의 고리를 끊을 수 있다. 현재까지도 그레인저 고등학교에서 학생과 교사와 함께 만나는 회의에 학부모들이 한 집도 빠짐없이 참석한다. 교장 차트랜드는 인근 지역에 거주하는 주로 저임금 저학력 부모가 자녀를 그레인저 고등학교에 입학시켜달라고 보낸 편지가 책상에 수북이 쌓여 있다고 말했다. 그레인저 고등학교가 변화하면서 범죄율 급감이라는 흥미진진한 효과까지 생겨났으므로 학교는 주위 지역사회의 자랑거리가 되고 있다.

에스페르사는 그레인저 고등학교가 달성한 성과를 자랑스러워하지만 결코 만족해하지는 않았다. "나는 학생 전체가 성공해야 실제로 성공하는 것이라 생각합니다. 그러려면 시간이 좀 더 걸리겠죠. 나는 가슴으로는 이상주의자지만 이성으로는 현실주의자입니다." 그가 모는 자동차의 번호판에는 "우리는 할 수 있어!It can be done"라는 문구가 새겨져 있다.[12]

리처드 에스파르사는 제3의 대안을 추구하는 교육자의 멋진 사례이다. 그는 여느 관료처럼 부정적 사고방식으로 무장하고 사무실에 앉아 사회나 학부모, 교원 노조, 입법부 때문에 교육 현실을 바꾸지 못한다고 불평할 수도 있었다. 아니면 사표를 쓰고 교육 제도 전체를 폐기해야 한다고 주장하는 비판가들 대열에 합류할 수도 있었다.

하지만 에스파르사는 의도적으로 제3의 대안을 선택했다. 사회경제적이고 정치적인 논쟁을 벌여 교육 문제를 해결는 방법 대신에 자기가 속한 곳을 바꾸기로 마음먹었다. 학생 개개인을 통계상의 실패자로 보지 않고 세상에 기여할 수 있는 특유한 재능의 소유자로 보려고 했다. 갱들의 머릿속에 심어진 왜곡된 성공관을 지우고 성공은 열심히 일하고 끈기 있게 노력해서 얻는 보상이라는 생각을 심어주었다. 결과적으로 희망을 잃은 가정에 희망을 안김으로써 그레인저 고등학교 졸업생의 90%가 졸업하고 대학교나 직업학교로 진학하는 쾌거를 이루었다.

에스파르사와 그가 이끄는 팀은 제도권 안에서도 탁월한 성과를 거둘 수 있다는 사실을 입증했다. 사회 구성원의 패러다임이 잘못되면 어떤 제도도 제대로 효과를 낼 수 없다. 진짜 문제는 우리에게 시너지를 추구하는 패러다임이 있는지 여부가 아니라, "지금껏 어느 누가 생각해낸 것보다 좋은 해결책을 찾을 의향이 있나요? 우리는 할 수 있어요!"라는 정신이 있느냐이다.

리더 인 미

1999년 노스캐롤라이나 주 롤리 주 소재 A.B. 콤즈 초등학교Combs Elementary School는 웨이크 카운티 공립학교 교육구에서 마그넷 스쿨magnet school로 명맥을 유지하고 있었다. (마그넷 스쿨은 특정 주제나 기술을 집중적으로 교육하기 위해 정규 통학 구역 밖에 거주하는 지역 학생까지 유치한다.) 학교가 수용할 수 있는 인원은 800명이 넘었지만 재학생은 350명뿐이었다. 콤즈 초등학교 학생의 시험성적은 해당 교육구에서 가장 낮아서, 학년 말 시험을 통과한 학생이 전체의 3분의 2에 불과했다. 교사의 사기는 낮았고 학교에는 공통 사명과 비전이 없었으며 시설은 불결했다. 부모의 불만은 당연히 컸다. 게다가 학교의 사회경제적 양상도 복잡했다. 학생들이 사용하는 언어는 29개에 달했고, 학생의 50% 이상은 점심을 무상으로 먹거나 감액을 받았다. 교장인 뮤리엘 서머스Muriel Summers는 거대한 난관에 부딪혔다.

그해 서머스는 워싱턴 D.C.에서 '성공하는 사람들의 7가지 습관'에 관한 내 강연을 듣게 됐다. '성공하는 사람들의 7가지 습관'은 지속적으로 성공을 거두는 사회·조직·가족·개인에게 공통적으로 나타나는 현상으로, 보편적이고 무한하며 자명한 원칙을 가리킨다. 강연 휴식 시간에 서머스가 내게 와서 자기소개를 하고 내 눈을 똑바로 들여다보며 "코비 박사님, 이 습관을 어린아이들에게도 가르칠 수 있을까요?"라고 물었다. 나는 연령대를 묻고는 이렇게 대답했다. "가르치지 못할 이유가 없습니다. 당신이 학교에서 시도를 하게 되면 제게도 알려주시죠."

서머스는 한동안 시도할 생각을 하지 못했다. 그러던 중 호출을 받고 교육청에 들어갔다가 콤즈 초등학교의 마그넷 프로그램을 중단하겠다는 통보를 받았다. 서머스는 시간과 기회를 달라고 탄원했다. "그 정도 위치에 있는 사람이나 차지할 법한 가죽의자에 교육감이 등을 기대고 앉아 약간의 동정심을 베풀며, 일주일 후에 해당프로그램에 지원하는 학생들의 수를 늘릴 제안서를 작성해 가져오라고 말하더군요." 서머스는 귀가하는 내내 마음이 무거웠지만 직원을 만나고 나서 이번 위기가 사실상 멋진 기회가 될 수 있다는 사실을 깨달았다. "우리는 미국에서 찾아볼 수 없는 이상적인 학교를 만들 제안서를 마감 기한인 일주일 안에 작성하기로 결정했습니다."

서머스는 학생 · 부모 · 교사 · 지역사회 · 비즈니스 리더 등 학교에 이해관계가 있는 사람들을 모두 만나 제3의 대안을 찾는 질문을 던졌다. "이상적인 학교를 만든다면 어떤 모습일까요?" 그러면서 모든 선입견을 배제하고 "지금껏 어느 누가 생각해낸 것보다 좋은 해결책을 찾을 의향이 있나요?"라고 물었다.

한 주 동안 많은 아이디어가 쏟아져 나왔다. 시간이 촉박하면 온갖 방향에서 아이디어가 솟아나는 데 유용할 수 있다. 학생들은 "학생 개개인을 파악하고 사랑하고, 학생에게 친절하고, 학생의 실수를 용서하고, 학생의 희망과 꿈을 인정하는" 교사를 원했다. 교사들은 스스로 삶을 바로잡으려고 노력하면서 교사를 존중하고, 열심히 배우며 서로 친절한 것을 학생의 이상적 모습으로 꼽았다. 학부모는 책임감, 문제해결, 목표설정, 방향설정 등을 높이 평가했다.

비즈니스 리더들의 견해는 예상과 조금 달랐다. 학생에게 구체적인 직업 기술을 원하리라 예상했지만 실제로는 "정직성, 진실성, 팀워크, 대인관계 기술, 강력한 근로윤리" 등을 요구했다. 기술 항목은 순위에서 한참 밀렸다.

흥미롭게도 탁월한 기본 기술과 높은 시험 점수를 언급한 응답자는 전혀 없었지만 서머스는 이 영역을 향상시키는 데도 전념했다. 토론 과정에서 무엇보다 끊임없이 거론된 분야는 리더십이었다. 이해당사자는 효과적인 리더의 특징으로 방향설정, 책임감, 문제해결 기술, 팀워크, 진실성 등을 중요하게 꼽았다. 여러 의견에서 서머스는 문제를 바로잡고 학생에게 희망과 약속을 되찾아달라는 외침을 들었다. 그것은 리더를 요구하는 외침이었다. 그래서 서머스는 리더십을 주제로 삼아야겠다고 깨달았다.

서머스는 나중에 이렇게 회상했다. "인터넷을 검색해봤더니 리더십을 기본으로 결정한 학교는 한 군데도 없었습니다. 우리 학교가 유일했죠. 다음 월요일 오후 3시, 학교 이사회 앞에 서서 국내 최초로 교육의 초점을 리더십에 맞춘 초등학교를 만들겠다고 선언했습니다. 그때 교육감의 얼굴에 나타난 표정을 결코 잊을 수 없습니다. 교육감은 내게 자금이나 인적 자원을 추가로 제공해주지는 못하지만 계속 계획을 추진해 변화를 일구어보라고 '축복'하며 자리를 떴습니다."

새로 활기를 찾은 A.B. 콤즈 초등학교는 다음과 같은 사명을 채택했다. "한 번에 한 학생씩, 세계 리더로서 커나간다." 서머스는 물론 이것이 거창한 사명이어서 쉽게 달성할 수 없다는 사실을 알고 있었다. 매달 수업시간을 할애해 몇 분 동안 리더십에 대해 이야기하는 것만으로는 충분하지 않을 터였다. 학교 전체에 사명이 스며들어야 했다.

사명을 결정하는 것과 사명을 달성하기 위해 매일 어떤 활동을 실천할지 파악하는 것은 별개의 문제였다. 서머스와 팀은 리더십 관련 자료를 최대한 많이 수집해 읽고 연구했다. 그들은 품질 관리를 다룬 글을 인상적으로 읽으며 '지속적 개선continuous improvement' 접근법을 채택해 각 학생의 발전 정도를 측정하기로 했다. 각 학생은 측정 가능한 학습

시너지에 도달하는 4단계

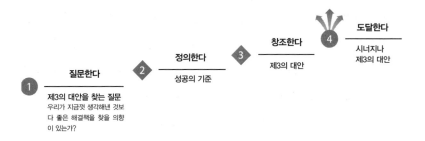

시너지에 도달하는 4단계: A.B. 콤즈 초등학교는 제3의 대안을 찾지 못하면 학교 문을 닫아야 했다. 전원이 성공 기준을 결정하고 새로운 사명을 생각해내는 데 기여했고, 제3의 대안인 '리더십 학교'를 축하했다.

목표를 설정하고 이를 달성하기 위해 '식스 시그마Six Sigma'의 정신으로 노력하면 되었다. 식스 시그마는 기업이 자사 운영의 질을 개선하려고 사용하는 경영혁신 전략이다.

하지만 주도권, 비전, 의사결정, 문제해결, 관계구축처럼, 훌륭한 리더가 갖춰야 할 매우 중요한 리더십 속성은 어떨까? 교사에게는 이러한 속성을 학생의 생활에 적용할 틀이 필요했다. 이때 서머스는 예전에 내가 발표한 7가지 습관에 관한 내용을 떠올렸다. 이 습관들이 학생이 효과적인 리더의 자질을 내면화할 수 있는 기본 틀로 적당하다고 생각하고 교육 과정에 도입했다. 우선 외부에서 내면으로 향하는 접근법을 사용하기로 하고 교사와 행정가가 먼저 습관을 학습하고 생활에 실천한 후에 날마다 교수법에 통합했다. 그렇지만 교육 과정을 아예 새로 만드는 게 아닌, 독해·산수·미술·역사·과학·사회를 포함한 전 과목에 효과 원칙을 창의적으로 짜 넣었다. 등교해서 수업을 마칠 때까지 학생은 자기 삶에서 리더가 될 수 있고, 자신에게는 다시없이 소중한 재능이 있으며, 스스로 사회를 변화시킬 수 있다는 신념을 다졌다. 전교생은 "내 안에 리더가 살아 있다There's a leader in me"는 주문을 배운다. 주도권을 쥐고 목표를 세우고 우선순위를 결정하는("숙제하고 놀아야지") 리더의 규율을 배운다. 매일 승-승하는 법("모두가 승리할 수 있다. 패배를 선택하지 마라!"), 공감하는 법("상대방의 말을 우선 경청하고 나서 말하라"), 시너지("상대방과 다투지 말고 좀 더 나은 방법을 생각하라")를 배운다. 아울러 '톱날을 가는 법', 즉 일과 놀이, 운동과 공부, 친구와 가족의 균형을 맞추는 법을 배운다.

해당 학교는 이러한 리더의 자질을 지속적으로 강화하고, 이를 실천하기 위한 아이디어를 생각해내는 영구적인 마법극장이다. 콤즈 초등학교를 방문하면 복도에 "자기 삶을 주도하라" "승-승하라" "시너지를 발휘하라" 등 일곱 가지 습관을 새긴 포스터가 걸려 있다. 학생들은 일곱 가지 습관을 담은 노래를 부르고 리더십에 관한 역할극에 참여한다. 곳곳에 토킹 스틱이 눈에 띈다. 위대한 리더들의 사진을 볼 수 있고 그들에 얽힌 이야기를 들을 수 있다. 학생들은 주지사를 비롯해서 여러 지역사회 지도자들을 인터뷰하여 리더가 되려면 어떻게 해야 하는지 듣는다.

교사가 리더의 본보기를 설정하면 학생은 신속하게 그 사례를 흡수한다. 행실이 거칠기로 소문난 콤즈 초등학교 학생 한 명이 교사들에게 "내 눈 앞에서 당장 꺼져!"라며 욕을 하자 교사들은 차분하게 이렇게 응수했다. "이곳에서는 다른 종류의 단어를 사용하니까 그런 단어는 쓰지 말거라. 그래도 네가 학교에 와서 우리는 기쁘단다." 교사들은 날마다 사랑한다고 말했지만 그 학생은 끊임없이 욕설을 내뱉었다. 그러다가 곧 교사들에게 자신도 사랑한다고 말하기 시작했다. 그 학생은 삶의 태도를 바꾸었고 나중에는 우등생 명단에까지 올랐다. 옆에서 조심스럽게 지켜보던 학생들은 교사들이 이 문제 학생을 온화하고 참을성 있게 대응하는 것에 감명을 받아 덩달아 그를 따뜻하게 대했다.

또한 학생들은 악수하는 법, 회의를 이끄는 법, 서서 연설하는 법 등 리더의 태도를 배운다. 교실에 들어가면서 교사와 학급 친구에게 인사하고, 교실에서 나오면서 교사에게 감사의 마음을 표현한다. 숙제로 제출한 보고서를 돌려받을 때는 교사에게 존칭을 붙이고 감사하다고 인사한다. '승-승하는' 사고방식을 갖추고 관계를 형성하는 법을 배운다.

서머스는 "이곳이 리더십 학교라면 학생들이 학교를 운영해야 하지 않을까?"라고 자문했다. 그래서 학교 전체에 걸쳐 리더 역할을 다양하게 개발했다. A.B. 콤즈 초등학교 학생은 교내에서 음악·미술·과학·시청각 분야의 리더가 될 수 있다. 인사를 담당하거나 간식을 모니터링하거나 운동장을 관장하는 리더가 될 수도 있다. 학생들은 여러 종류의 리더 자리에 지원할 수 있고 매우 진지하게 그 역할을 수행한다. 학교는 역할을 계속 순환시켜 어떤 종류이든 리더가 될 수도 있는 기회를 전교생에게 부여한다. 서머스는 학생들이 학교 운영에 참여하는 정도도 최대한 허용한다. 학생들은 조회를 이끌고 아침 발표문을 낭독하고 학교를 찾은 방문객을 안내한다. 콤즈 초등학교가 벌이는 활동을 동영상으로 담을 수 있겠느냐고 내가 묻자, 서머스는 "물론이죠. 학생 중에 시청각 담당 리더를 배정해드리겠습니다"[13]라고 대답했다.

아마도 콤즈 초등학교가 거둔 가장 흐뭇한 결과는 이렇게 어린 학생들에게 시너지 사고방식을 보급한 일일 것이다. 이제 학생들은 외부에 대한 반응을 스스로 선택할 수 있다는 사실과 갈등을 극복하는 방법을 안다. 콤즈 초등학교에 세 자녀를 보내는 헤일 곤살레스Gayle Gonzalez와 에릭 존슨Eric Johnson 부부가 말했듯, 학생들은 힘을 합해 좀 더 바람직한 방식을 발견하는 방법을 깨달았다.

우리 딸이 공부하는 교실에 전학 온 남학생이 분노를 참지 못하고 쏟아내는 습성을 보였다. 이 학생을 다루는 담임교사의 태도가 인상적이었다. 그 남학생이 결석한 날 담임교사는 다른 학생들에게 "우리 교실에서 최근에 분노가 폭발했던 사건은 유감이었다"라고 솔직히 말을 꺼냈다. 담임교사는 해결책을 강구하기로 하고 여기에 학급 전체를 참여시켰다. 학생들은 문제의 상당 부분이 새로 전학 온 학생 때문에 발생했다고 이해하고 자발적으로 지원 팀을 꾸려 그를 돕기로 했다. 그 남학생은 학급 친구들이 뻗은 도움의 손길을 받아들였고 난생처음 학업 성적이 향상되었다. 나중에 그가 다른 지역으로 이사 가자 반 친구들은 서운해서 울음을 터뜨렸다. 모두 그 남학생을 사랑하는 법을 배웠던 것이다.

이 아이들은 모두 제3의 대안을 생각해냈다. 자신을 괴롭히는 불량배에 맞서 싸우거나 그를 회피하지 않고 나름대로 제3의 대안을 고안해 문제를 해결하고 전원이 승리할 수 있게 되었다. 콤즈 초등학교 학생들은 무엇이 진짜 중요한 승리인지 알고 있었던 것이다.

그렇다면 학업 성적은 어떻게 되었을까?

콤즈 초등학교 학생의 학업 성적은 해당 교육구에서 최저였지만 프로그램을 실시한 첫 해에 각 학년 기준을 충족한 학생이 전교생의 97%에 달했다. 행동에 문제를 보여 훈육실에 보내진 학생의 수가 즉시 감소했고 교사의 참여와 협력이 늘어났다. 학부모를 상대로 실시한 조사에서 학교에 대한 학부모의 만족도는 100%였다. 학생들은 삶을 주도하고 자기 행동에 책임을 지는 방법을 배우면서 학업에 최선을 다하는 제2의 천성을 길렀다. 평균 점수는 달랐지만 몇 년에 걸쳐 전반적으로 매우 긍정적인 결과가 나타났다.

콤즈 초등학교에서 중요하게 생각하는 문제는 전교생이 우수한 학업 성적을 거둘 수 있도록 어떻게 돕는가이다. 이를 둘러싼 이론은 분분하다. 우수성 개념이 문화적으로 엘리트주의라고 주장하는 사람이 있는가 하면 학생이 높은 우수성 기준을 충족하지 못하면 평범해지고 만다고 강조하는 사람도 있다. 두 가지 주장 모두 일리가 있다.

콤즈 초등학교는 뮤리엘 서머스가 "거대한 패러다임의 전환"이라고 일컬은 제3의 대안을 생각해냈다. 성취 기준 자체에 초점을 맞추지 않고 높은 성취도를 나타내는 리더십 원칙을 가르치는 데 초점을 맞추는 것이다. 솔직히 학업 우수성은 부차적 목표로서 주요 성공을 강조한 데 따르는 부산물이다. "패러다임을 가르치면 행동은 따라온다"는 학교의 가르침이 상당한 효과를 거두고 있다. 변화를 시도하던 초기에 직원들은 각 학년의 기준을 충족하는 학생이 전교생의 90%만 되어도 좋겠다고 생각했다. 서머스는 이렇게 언급했다. "하지만 지금은 95%에 도달했어요. 100%에 도달할 때까지는 멈추지 않을 겁니다."

콤즈 초등학교가 놀라운 성과를 거두고 있다는 소문이 퍼지자 다른 교육자들이 열렬히 그 비결을 배우고 싶어 했다. 콤즈 초등학교가 1년에 두 번 개최하는 '리더십의 날Leadership Day'에 전 세계 수백 명이 참석해 자신이 속한 학교에 같은 방법을 적용할 방안을 모색하고 배운다. 챔피언십 코치스 네트워크Championship Coaches Network 소속 제프 잔센Jeff Janssen은 보고서에 이렇게 썼다.

정문에 들어서자마자 이 학교가 특별하다는 사실을 알 수 있었다. 누가 시키지 않았는데도 유치원생이 내게 다가와 눈을 똑바로 마주치며 악수를 청하고 반갑고 명쾌한 목소리로 말했다. "안녕하세요, 제 이름은 마이클입니다. 선생님이 우리 학교에 오셔서 기쁩니다." 내가 사무실로 걸어가는 동안 다양한 연령층의 다른 학생에게도 이렇게 따뜻하고 진심 어리고 능숙한 인사를 받았다.[14]

콤즈 초등학교는 예전에 정원 미달로 학교 문을 닫아야 할 위기에 처했었지만 지금은 정원이 넘친다. 학생 수는 350명에서 860명으로 불어났고 일반적으로 500명 이상이 대기자 명단에 올라 있다. 인근 지역의 주택 가격이 치솟았고 일부 부모들은 한 시간 동안 운전해 자녀를 통학시킨다. 교사 자리가 비면 교장 책상에 수백 건의 지원서가 쌓인다. (교사 후보를 면접하는 자리에는 5학년 학생들도 참여한다.) 이 '리더십 학교'는 미국 전역에서 다음과 같은 명성을 얻었다.

- 전국 우수 블루 리본 학교National Blue Ribbon School of Excellence
- 2006년 전국 우수 마그넷 학교National Magnet School of Excellence
- 노스캐롤라이나 주지사가 수여하는 기업가 상과 우수학교 상
- 전국 최우수 학교 상
- 미국 최고 마그넷 학교
- 2003년 전국 인성교육 학교

무엇보다도 중요한 것은 A.B. 콤즈 초등학교에서 학생들의 생활 태도가 바뀌었다는 사실이다. 몇 가지 예를 들어보자.

- 네이선 베이커Nathan Baker(장애인): "자신이 할 수 있는 최고의 일에 초점을 맞추는 방법을 배우십시오. 다른 사람을 탓하지 말고요."
- 릴리아나Liliana(학생): "지난해 말, 상담 교사를 찾아가 지난 3년 동안 성

적 학대를 당했다고 털어놓았다. 나는 앞으로 어떤 태도를 취할지 스스로 선택할 수 있다. 학대 사실을 계속 숨기고 살아간다는 것은 곧 말하지 않기로 선택한 것이다. 하지만 나는 삶이 더 나아지기를 바라고 그러려면 상담 교사의 도움이 필요하다."

- 존 래플 주니어John Rapple Jr.(웨스트포인트 사관학교 생도): "내가 웨스트포인트에 진학할 수 있었던 것은 콤즈 초등학교를 다닌 덕택이다."
- 팸 올맨Pam Allman(교사): "경찰관인 남편이 미간에 총을 맞았다. 나는 콤즈 초등학교에서 배운 교훈 덕택에 우리 삶에서 가장 힘들었던 시기를 무사히 넘길 수 있었다."
- 프리네고 샤케르Preenegoe Shaker(인도 출신 학생): "콤즈 초등학교에서 배운 교훈이 밑거름이 되어 자신감 있게 살아갈 수 있게 되었다. 관심의 원 Circle of Concern이 아니라 영향력의 원Circle of Influence에 초점을 맞추는 법을 배웠다."

콤즈 초등학교에서 리더십 훈련을 시작하고 한참 시간이 지나서 뮤리엘 서머스는 약속한 대로 내게 연락해 경과를 말해주었다. 나는 이 사례를 들으면서 세상에 소개해야 한다고 생각했으므로《리더 인 미The Leader in Me》를 출간하면서 A.B. 콤즈 초등학교와 해당 모델을 실천한 다른 학교들에게 찾아온 변화를 상세히 기술했다. 책 전체를 꿰뚫는 개념은, 학생을 교육 수용체가 아닌 리더로 보는 것이다.

A.B. 콤즈를 방문하는 동안 내 아들 숀은 서머스에게 큰 감명을 받았다. "나는 날마다 여러 지역의 교장들에게 리더십 모델을 실천하고 싶다는 내용의 전화를 받습니다. 하지만 나는 소리조차 지를 겨를도 없이 학교를 운영하려고 애쓰고 있을 뿐, 이 모델을 세상에 알릴 시간도 노하우도 없어요. 이러한 상황에서 무언가 해야 되겠다고 느낀다면 전적으로

당신 내면의 윤리적 의무감이 긴박하게 호소하는 것이겠지요!" 숀은 서머스의 주장을 진지하게 받아들여 모델을 연구하고 체계적으로 정리해서 어떤 학교라도 실천할 수 있는 과정을 만들어냈다. 책이 출간되고 리더십 모델의 실행 과정이 발표되자 '리더 인 미' 학교는 과테말라 · 일본 · 필리핀 · 오스트레일리아 · 인도네시아 · 싱가포르 · 타일랜드 · 인도 · 브라질 · 영국 · 미국 전역으로 퍼져나갔고, 지금 이 책을 쓸 무렵에는 500군데가 넘었다. 결과는 변화 자체였다. 학생의 자신감이 증가하고 시험점수가 향상되고 교사의 참여도가 늘어나고 있다. 긍정적 결과를 서술한 보고서가 속속들이 들어오고 있다. 학부모들은 '리더 인 미' 학교가 더욱 많이 생겨야 한다고 요구한다. 책을 읽고 난 어떤 콜롬비아 대학교 교수는 자녀들이 콤즈 초등학교에 다닐 수 있도록 뉴욕을 떠나 노스캐롤라이나로 이사했다.

나는 '리더 인 미' 학교가 달성한 변화에 깜짝 놀랐고, 다른 많은 개혁안이 실패하는데도 이 리더십 모델이 강력한 효과를 발휘하는 까닭이 궁금했다. 나는 그 까닭을 탐색하고 네 가지로 분류했다. 첫째, 해당 리더십 모델은 시작부터 패러다임이 달랐다. 똑똑한 아이도 있고 그렇지 못한 아이도 있다는 정상 분포 곡선의 렌즈를 통하지 않고 학생을 모두 똑똑한 리더로 보는 패러다임이 상황을 반전시켰다.

둘째, 해당 리더십 모델은 내부에서 외부로 뻗어나가며 작용한다. 서머스는 해당 모델을 학생들에게 소개하기 전에 무엇보다 먼저 교사들을 합심시켜 분위기를 개선했다. 훌륭한 교육자 롤런드 바스Roland S. Barth는 이렇게 적었다. "학교에서 성인이 맺는 관계의 본질은 무엇보다 학교의 질과 특징, 학생의 성취와 관계가 많다."[15] 학생만큼이나 성인도 리더십 모델의 대상이므로 내부에서 외부로, 즉 교사에서 시작해서 학생으로 다음에는 학부모 순서로 변화를 추구한다.

셋째, 해당 리더십 모델은 공통 언어를 사용한다. 교사·학생·부모가 동일한 언어를 사용하기 시작할 때 진정으로 놀라운 '복리複利 효과'를 거두는 법이다. 일곱 가지 습관을 지키다 보면 공통 언어가 생겨난다. 예를 들어 "소중한 일을 먼저 하라" "먼저 이해하라" "자신의 삶을 주도하라" 등의 의미를 전원이 파악할 때 변화가 일어난다. '리더 인 미' 학교 학생들은 자기끼리 있을 때와 부모와 있을 때 자주 공통 언어를 사용한다. "중요한 일을 먼저 해야 하므로 놀기 전에 숙제부터 해야겠어." "승-승하는 방향으로 생각해야 해." "아빠가 반응을 보이는군요."

끝으로, 해당 리더십 모델은 장소를 가리지 않고 어느 곳에서나 늘 적용할 수 있다. 서머스와 팀은 날짜와 시간을 정해 리더십을 가르치는 것이 아니라 통합적 접근방법을 사용하여 자신들이 실행하는 활동 전체에 리더십 교육을 포함시킨다. 따라서 리더십 모델은 학교의 전통·행사·조직·문화·교수 방법·교육 과정 등에 영향을 미친다. 교사들이 말하듯 "한 가지 활동을 추가한 것이 아니라 이미 실행하고 있는 활동을 좀 더 바람직한 방식으로 발전시키는 것이다."[16]

교육 문제를 놓고 대논쟁을 벌이는 사람들이 끊임없이 서로 비난하고, 이런저런 구조적 개혁을 큰 소리로 요구하고, 아이들의 코가 막히는 증세부터 문명의 붕괴까지 모든 것의 원인이 상대방에게 있다고 탓하는 동안, 뮤리엘 서머스와 리처드 에스파르사 같은 사람은 '리더 인 미' 모델을 실행하며 아이들의 삶을 조용히 변화시키고 있다. 그들은 대논쟁을 벌이는 양쪽 주장에 대해 진정한 제3의 대안을 제시한다. 서로 비난하지 않고, 지역사회 전체의 의견을 구하고 그들에게 협력을 요청한다. 지역 사업체 리더들은 학교를 돕기 위해 발 벗고 나서고, 부모들은 열정적으로 참여한다. 교사도 학생과 똑같이 혜택을 입는다. 교사들은 서로 비교하는 등 원시적 방법으로 보이는 제2차 대안적 논쟁을 뛰어넘어 발전하고 있다.

얼마 전 나는 펜실베이니아 대학교에서 대규모 청중을 대상으로 교육에 관해 강연해달라는 요청을 받았다. 그곳에서 A.B. 콤즈 초등학교에서 온 어린 학생 몇 명을 만났다. 나는 강연을 시작하기 전에 그 학생들에게 자기 학교와 그곳에서 배운 원칙을 소개해달라고 요청했다. 그들은 학자·교수·행정가 등 천 명이 넘는 청중 앞에서 용기와 자신감이 넘치는 태도로 자기 내면에서 리더를 발견하는 방법을 발표했다. 이것은 듣기만 해도 감탄사가 나오는 놀라운 경험이었고 그 앞에서는 대논쟁도 무력해지는 것 같았다.

나는 교육 제도를 재구성해야 한다는 주장에 반대하지 않을뿐더러 교육 제도 전체를 불길에 던지고 싶어 하는 사람들 편에 서지도 않는다. 하지만 논쟁을 끝내고 서로 협력해 교육에 정말 필요한 작업을 시작하는 광경을 간절히 보고 싶다. 모든 청소년의 내면에 잠재해 있는 리더십을 계발하고 각자에게서 자신의 삶, 가족의 삶, 세계를 변화시킬 수 있는 무한한 잠재력이 터져 나오는 장면을 보고 싶다.

아이들은 무한한 잠재력을 지닌 별이다. 과학자들은 각 원자에 중량의 약 350억 배에 상당하는 에너지가 묻혀 있다고 말한다. 원자는 별 안에서 이 엄청난 에너지를 빛과 열기로 융합하고 발산한다. 아이들은 별과 마찬가지로 어떤 무대에서 활약하든 미래를 재형성하는 무한한 능력을 지니고 있다. 두 경우 모두 세계에 미치는 영향이 영구적으로 지속할 것이므로 노벨상 수상자를 길러내는 만큼이나 어머니를 길러내는 것도 중요하다. 진정으로 위대한 교육자라면 인간 정신을 통제하는 산업화 시대 패러다임을 버리고 새로운 자유 시대 패러다임을 교육에 적용하려고 노력해야 한다.

트림탭(Trim Tab, 보조 방향타) 역할을 하는 대학교

요사이 대학교는 존재 목적에 의구심을 제기하는 정체성 위기를 겪고 있다. 어떤 사람들은 학생을 직업 시장에 진입하도록 준비시키는 것이 대학교가 존재하는 목적이라고 주장한다. 그들이 생각하는 대학교는 연약한 지식인들의 상아탑으로 부적절한 교육에 4년을 허비시키고 '아무 짝에도 쓸모없는 학위'를 안긴 채 청년들을 대학교 밖으로 밀어낸다. 그러므로 대학교는 영리 목적으로 전환해서 직업 기술 연마에 교육의 초점을 맞춰야 한다고 강조한다.

이러한 편협한 사고방식은 대부분의 대학교 교수들에게 영향을 미친다. 교육학과 교수 윌리엄 데이먼William Damon은 이렇게 설명했다. 전형적인 대학교 교실을 찾아가 학생들이 수업을 들어야 하는 이유를 물으면 교수들은 "해당 과목에서 좋은 성적을 거두고 낙제를 피하는 등 편협하고 도구적인 목표만을 늘어놓고 그나마 학생에게 운이 따르면 특정 기술을 배우는 가치를 운운할 것이다."[17]

부차적 성공에 집중하는 태도는 두말할 나위도 없이 요즘 대학생의 정신을 물들인다. 저명한 교육학 교수인 아서 레빈Arthur Levine의 보고에 따르면 학생들은 대학교를 시장의 소모품으로 여긴다. "이러한 새로운 종류의 학생들에게 대학교와 어떤 관계를 맺고 싶은지 물었다. 그들은 대학교가 편리성·서비스·품질·구입 능력을 중요하게 생각하는 유틸리티 회사나 슈퍼마켓이나 은행 같아야 한다고 대답했다."

한 기업가는 레빈에게 이렇게 말했다. "당신은 가치가 수천억 달러에 이르는 산업에 종사하고 있습니다. 그 산업은 낮은 생산성, 높은 비용, 열악한 경영으로 유명하고 기술을 사용할 필요가 없어요. 경영이 부실한 비영리산업으로 이윤 추구 분야에 추월당하고 있다는 점에서 의료 서비스 부문을 바싹 뒤쫓고 있죠."[18] (물론 이윤을 추구하는 고등교육이 부상한 다고 해서 이윤을 추구하는 의료 서비스와 마찬가지로 비용과 접근성 문제를 정확하 게 해결하지는 못한다.) 이러한 경향은 고등교육계에 종사하는 많은 사람에 게 경종을 울린다. 대학교를 학문의 보호지역으로 여기는 사람들은 이 러한 개념을 전혀 달가워하지 않고 다음과 같이 불평한다.

지식을 발전시키고 전달하는 것이 대학의 핵심 사명이라는, 과거부터 친숙 한 가치체계는, 즉각적인 만족을 추구하는 시장의 가치가 대세를 이루면서 거의 한 세대 만에 밀려났다. 학자의 공동체와 지적인 도시를 유지하기 위 해 헌신하는 태도 또한 사라지고 있다.[19]

과거 '시장 대 대학교'의 갈등이 오늘날 반복해 나타나는 것은 잘못된 불행한 딜레마이다. 양쪽이 주장하는 진실의 조각이 얇기는 하지만 탁 월한 점이 있으므로 제2의 대안적 사고를 초월할 수 있다면 서로에게 유익하다. 양쪽이 협력해 시너지에 도달하면 기적이 일어나지만 반대로 시너지를 발휘하지 못하면 오늘날 예술과 과학 분야에서 무수히 성취를 거두며 우리가 즐기는 세련된 최첨단 문명을 누리지 못할 것이다.

나는 앞서 언급한 논쟁에서 어느 쪽도 진실을 파악하지 못하고 있다 고 생각한다. 한쪽 입장은 비즈니스 측면에서만 직업을 파악한다. 어떤 대가를 치르더라도 돈을 버는 것에만 관심을 기울인다. 인류가 축적해 온 지혜를 생각하더라도 이러한 물질적 추구는 정신을 공허하게 만들 뿐이다. 어떤 테러 공격보다 인구 수백만 명의 생계에 훨씬 큰 해를 입 혔던 2008년 세계 금융 재앙은 이러한 종류의 사고방식과 교육이 초래 한 결과였다. 역사가 로버트 부치Robert Butche의 말을 인용해보자.

두 가지 대안

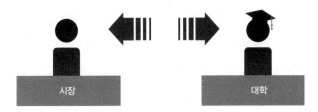

금융 재앙이 전 세계를 강타한 원인은 대부분 알려졌다. 많은 사람과 조직에게 농락당하면 시스템은 거짓말 · 도둑질 · 사기 · 탐욕 등에 눌려 실패하기 마련이다.

MBA들이 교육 받은 방식, 문제에 접근하는 방식, 문제를 인식하는 방식, 단일화한 쟁점 관리 방식 등이 사회적 · 윤리적으로 마비된 경영 계급을 만들어내고 있다. MBA 자체가 나쁜 의도를 지니지는 않지만 어떤 대가를 치르더라도 승리하고, 단기 목표를 달성하면서 무슨 수를 쓰더라도 이익을 획득하는 데 급급한 사고방식을 지니고 있으므로 부도덕한 결과를 초래한다.[20]

그렇다고 해서 논쟁의 반대편 입장이 더 나은 것도 아니다. 학계는 오래전에 이상형에서 멀어졌고 이제 그 자리를 되찾기에는 시기적으로 조금 늦었다. 종신 교수직과 자기 홍보의 정치학에 지나치게 몰두해 있는 관계로 학생은 방해가 될 뿐이다. 과거에 누군가가 대학교는 학생에게 흥미를 잃은 학교라고 정의했다. 한 사려 깊은 관찰자가 서술했듯 오늘날 대학교는 "이상주의와 지역 공동체 의식을 상실한 교수진이 포진한 사적이고 정신적 불안에 젖은 장소이다." 대학교는 "고립된 추구와 분열

된 삶으로 내몰린 낙담과 좌절이 증가하는" 세계이다.[21]

시장이나 대학교의 입장에서 부차적 성공을 지나치게 강조하면 고등교육의 진정한 목적을 왜곡한다. 물론 누구나 생계유지 방법을 배워야 하지만, 대학의 진정한 사명은 학생이 능력을 발휘해 사회에 기여하게 만드는 것이다. 주요 성공에 초점을 맞추고 노력하면 부차적인 보상은 자연스럽게 흘러들어올 때가 많다.

나는 거의 30년 동안 대학교에서 교수와 행정가로 일하면서 늘 정신적 압박감에 허덕였다. 그래서 대학교가 경력 준비에 중점을 두는 '학위공장'으로 서서히 변모해가는 모습을 잘 알고 있다. 가정에서는 자녀들에게 대학교에 진학하는 주요 목적은 학습 방법을 배우는 것이고 직업을 얻는 것은 부수적 목적일 뿐이라는 철학을 가르치려고 노력했다. 자녀 아홉 명 모두 역사 · 국어 · 국제관계 · 정치학 · 미국 연구 등 다양한 전공으로 대학교를 졸업했고, 그중 여섯 명은 대학원까지 졸업했다. 자녀들이 하나같이 대학교 교육을 소중하게 생각하고 있어서 매우 감사하다. 무엇보다도 그들은 대학교 교육을 받고 나서 자신의 생각을 따져보는 능력을 갖추었고 이 능력은 살아가며 제3의 대안을 추구하는 데 결정적으로 중요하다.

나는 대학교의 역할이 제3의 대안을 창조해 변화를 일으키는 것이라 생각한다. 제3의 대안에서 새 지식이 탄생하는 법이다. 토머스 쿤Thomas Kuhn이 말했듯 지식이 진보하려면 "혁신적 변화의 과정을 거쳐야 한다. 코페르니쿠스 · 뉴턴 · 다윈의 이름으로 연상할 수 있듯 일부 혁신은 거대하다." 물론 이 정도로 영향력이 크지 않은 혁신도 있다. 하지만 어떤 경우이든 지식을 혁신하려면 "서로 다른 종류의 사고를 해야 한다", 즉 시너지의 사고방식을 갖춰야 하는 것이다.

따라서 기초교육과 마찬가지로 고등교육도 자신의 능력을 발휘하여 사회에 특유하게 기여하는 리더를 길러내야 한다.

얼마 전 캐나다에 있는 대형 대학교의 행정가가 앞으로 어떤 방향으로 대학교를 이끌어가야 할지 모르겠다며 내게 자문을 구했다. 한마디로 앞서 서술했던 정체성 위기를 겪고 있었던 것이다. "우리 대학교가 지향하는 목표는 무엇인가? 우리는 시장에 진입시킬 숙련된 근로자를 교육시키는 사업을 하고 있는가? 아니면 순수 지식을 추구해서 '진짜 사회'로부터 자신을 계속 고립시켜야 하는가?"

나는 대형 선박을 조종하는 조타수가 항로를 발견해가는 방법을 설명하면서 제3의 대안을 찾으라고 제안했다. 모든 선박의 대형 방향타에는 트림탭이라는 소형 보조 방향타가 붙어 있다. 트림탭이 한쪽으로 움직이면 물에 진공이 형성되어서 대형 선박이 진공 쪽으로 쉽게 움직인다. 따라서 조타수는 선박의 전체 부피에 비해 소형인 트림탭을 조작해 무게가 50만 톤에 달하는 유조선을 크게 힘들이지 않고 조종할 수 있다.

나는 해당 대학교의 리더들에게 자신이 근무하는 대학교를 지역사회를 포함한 캐나다 전역에 혁신적 변화를 일으킬 트림탭으로 만든다는 새로운 목표를 제시했다. 그러면서 자신을 뛰어넘고, 자신이 속한 터전과 기관을 훨씬 크게 발전시키는 것으로 사명을 갱신하라고 촉구했다.

해당 집단을 도와 제3의 대안을 도출해내는 것은 결코 간단하지 않았다. 그들은 텃세·내분·부서 사이의 저항에 휩싸여 있었고 너나없이 정치와 논쟁의 진창에 빠져 자기 이익을 추구하며 자기 세력권을 보호하려 했기 때문이다. 그들이 각자 추구하는 목표는 서로 모순되었다. 게다가 직업상 시기심이 팽배했으므로 나는 과연 그들이 제3의 대안에 도달할 수 있을지 확신할 수 없었다. 하지만 그들이 강력하게 원했으므로 나는 시도해보기로 결정했다. 우선 대학교 관계자들에게 변화 과정에 적극적으로 참여하고 토킹 스틱 대화법을 활용해 상대방의 관점을 진정으로 이해하라고 강조했다. 그러자 그들은 점차 자신의 입장과 원칙, 자신이 속한 부서와 정치에서 벗어나 트림탭으로서의 사명을 깨닫기 시작했다. 과거의 유산을 벗겠다고 진지하게 생각하자 영혼의 편협한 모습이 줄어들면서 관대한 성품이 피어났다. 오늘날 해당 대학교는 비범하고 명쾌한 사명을 띤 위대한 교육기관으로 거듭나서 전국에 산재한 대학교에 자문과 본보기를 제시하는 등 사회에 중대한 영향을 미치고 있다.

해당 대학교는 지역사회에 봉사하고 그 과정에서 학생들이 트림탭이 될 수 있도록 돕는 과정을 통해 '진짜 세상'에 온전히 참여하는 방향타가 되었다. 대학교는 제3의 대안을 생각해내는 풍부한 원천이 되어 주변

제3의 대안

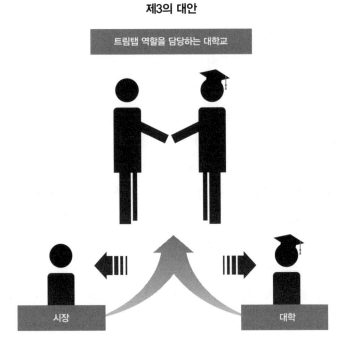

세상을 변화시킬 수 있다. 그리고 앞으로 살펴보겠지만 일부 대학교가 현재 그러한 과정을 밟고 있다.

일어서서 직접 실행하자!

네덜란드의 레이우아르던 소재 스텐든 대학교는 대표적인 트림탭 대학교이다. 그곳의 교수와 학생은 자기 정체성에 대해 손 놓고 한탄하기보다는 학문과 서비스를 결합해 경력 추구를 준비한다. 실제로 두 영역을 구별하기는 쉽지 않다. 이사회 의장을 역임했던 로버트 빈스트라Robert Veenstra는 이렇게 주장했다. "대학교가 리더십 계발에 초점을 맞추기를 바란다. 리더십은 학생에게서 최상의 모습을 이끌어내는 방법이기 때문이다. 우리에게는 트림탭의 역할을 담당할 리더가 필요하다. 그리고 누구나 '트림탭'이 되어야 한다. 대학교에는 자리를 박차고 일어나 선의를 이루기 위해 행동하려는 사람이 필요하다."

빈스트라가 생각하기에, 대학이 수행해야 하는 진정한 과제는 각 학생에게서 리더의 자질을 이끌어내는 것이다. 네덜란드와 남부 아시아에 흩어져 있는 여러 캠퍼스에 1만 1,000명이 재학하는 스텐든 대학교는 '리더십 대학교'로 자부하면서 리더를 "보편적 원칙에 따라 행동하고 책임을 지고 사람의 차이를 소중하게 생각하며, 시너지를 발휘하고 자신을 성장시키는 사람"이라고 정의한다.

현실에서는 이러한 사명을 어떻게 해석할 수 있을까? 2003년 스텐든 대학교는 남아프리카공화국 남부에 있는 아름다운 해변도시 포트 알프레드에 캠퍼스를 세웠다. 신생 대학교의 목표는 호텔·음식점·관광업을 포함한 서비스 산업에서 활동할 인재를 배출하는 것이다. 쾌적한 기후와 아름다운 해안선을 갖춘 포트 알프레드는 휴양지이자 부유한 은퇴자들의 정착지로 유명하다. 하지만 이웃 지역은 완전히 다른 세상이다. 그곳은 넬슨 만델라가 거주하던 네마토 지역으로 여전히 높은 실업률·문맹률·범죄율로 고통을 겪고 있다. 영세 상점은 거의 버텨내지 못하고, 거리에 넘쳐나는 길거리 아이들은 갈 곳이 없고 할 일이 없어 구걸하면서 휘발유를 흡입하거나 마리화나를 피운다.

로버트 빈스트라와 동료들은 자신들이 마음속에 그렸던 제3의 대안적 대학교를 세우기에 네마토가 완벽한 지역이라 생각하고 서비스학 교육기관 EISS(Educational Institute of Service Studies)를 세웠다. 이 대학교 명칭에는 이중의 의미가 있다. 강의실에서 학생들은 서비스 산업에 종사하는 동시에 궁핍한 지역 사회에 서비스를 제공하도록 교육을 받았다. 강의실 학습과 현장 학습 사이에는 전혀 경계가 없었다. EISS의 초대 총장에는 교육 목표에 맞게 아파르트헤이트 저항운동의 영웅이자 로벤섬에서 넬슨 만델라와 함께 수감되어 있던 레이먼드 음흘라바Raymond Mhlaba가 추대되었다. 음흘라바는 사망하기 전 아주 잠깐 총장 자리에 있었지만 네마토가 직면한 난제를 누구보다 잘 파악했다.

제3의 대안을 추구하는 실험이 으레 그렇듯 EISS는 빈스트라가 말한 대로 "커다란 모험의 일환으로 시작했다." "관계자들은 EISS가 추진하는 계획이 어떤 결과를 낳을지 몰랐다. 다만 남아프리카공화국에서 가장 빈곤한 지역에 고등교육을 보급하고 지역사회를 발달시키고 싶어 했으며, 청년들이 보다 나은 삶을 누릴 수 있도록 대학교가 다리 역할을 할 수 있겠다는 커다란 잠재력을 보았다." 따라서 학생들이 서비스 직업에 종사할 수 있는 기술뿐 아니라 지역사회에 봉사하는 사고방식을 습득하기를 원했다.

EISS와 네마토 주민이 힘을 합하자 기적처럼 시너지 효과가 나타났다. 대학교는 교육 과정에 베이킹을 포함시키고 네마토에 제과점을 세워 학생에게 베이킹을 가르치는 동시에 마을 주민에게 일자리를 제공하고 자활 의지를 북돋웠다. 제과점에서는 "발전이 우리의 생활방식이다!"라는 표어를 내걸었다. 그 밖에도 텃밭 재배, 다목적 활동 센터, 에이즈 예방 프로그램, 장애인 학교 교사 활동 등의 프로그램을 학생 주도로 실시했다.

또한 학생들은 EISS가 사업가를 대상으로 실시하는 "일어서서 직접 실행하자" 프로젝트에 참여하는 소사업주들과 나란히 학습했다. EISS는 사업 계획 수립, 회계, 마케팅 등을 사업주에게 가르치고 사업주는 자신이 운영하는 매장에 학생을 채용했다. 이렇게 이룩한 시너지는 모두에게 혜택을 안겼다. 사업주는 새 기술을 습득했고 학생은 학습 내용을 확실히 터득할 수 있었기 때문이다. 젊은 여성 조이스Joyce는 바느질 수선집을 개업하려 했지만 손님을 끄는 방법을 몰랐다. 그러자 EISS 학생들은 조이스에게 예산 수립 방법과 기본 마케팅 방법을 가르쳤다. 심피위 흘랜게인Simphiwe Hlangane은 목공소를 차렸지만 사업 운영에 관해 거의 몰랐다. 인정이 많아서 손님이 지불할 수 있는 만큼만 비용을 청구할 뿐 아니라 심지어 물건을 무료로 만들어주기도 했다. EISS 학생들은 흘랜게인에게 회계 · 마케팅 · 사업 감각을 지도했다.

EISS는 이처럼 기관 차원에서 주민을 지원하는 동시에 학생들을 조직해 졸라니Xolani와 난치니Noncini 같은 길거리 아이들의 삶을 개선했다. 열 세 살짜리 졸라니는 초등학교 2학년 때 학교를 그만두었다. 어머니는 마을 쓰레기장에서 살다시피 하면서 값싼 술에 찌들어 살았고, 할머니는 연로하여 졸라니를 보살펴줄 수 없었다. 졸라니는 학교에 가고 싶었지만 검지 끝을 잃어 글씨를 쓸 수 없다고 생각하고 감히 시도해볼 생각조차 하지 못했다. 십 대인 난치니는 이따금 할머니와 살기도 했지만 대개는 쓰레기장 주변을 맴돌며 지냈다. 난치니는 학교에 가보려고도 했으나 금세 의기소침해져서 이내 쓰레기장으로 돌아갔다. 끔찍했던 어느 날, 난치니는 휘발유를 흡입하고 몽롱한 상태에서 사내아이들 무리에게 강간당했다.

네마토 지역에는 이러한 종류의 사연이 널려 있다. EISS는 졸라니와 난치니 같은 아이들을 돕기로 결정하고 그들과 행동 계약을 맺었다. 졸라니는 쓰레기장을 떠나겠다고 약속하고 매일 활동 센터에 와서 마약을 남용하는 아이들을 대상으로 하는 특별 프로그램에 출석했다. 처음에 졸라니가 지키겠다고 약속한 행동 계약은 "나는 이번 주말에 술을 마시지 않겠다"처럼 짧고 간단했다. 나중에 EISS 인턴들은 졸라니의 어머니에게 양육 기술을 가르쳤고, 졸라니에게는 몸을 단정하고 위생적으로 관리하는 법을 훈련시켰다. 또한 졸라니의 학교 출석 여부를 매우 면밀하게 관찰했다. 난치니의 경우에는 학교에 잘 적응하고 성폭행 때문에 생긴 외상을 극복할 수 있도록 지원했다. 난치니가 상처를 치유하기까지는 할머니의 역할이 컸다. 훈련을 받으면서 난치니와 할머니는 다시 가족이 되었다. EISS는 학생들에게 주도권을 주고 영원히 마약과 실의에 빠져 살았을지도 모를 아이들을 구조했다.

이제 EISS는 활동 범위를 넓혀 '자유기업 학생들Students in Free Enterprise' 을 후원한다. 비영리 단체인 '자유기업 학생들'은 40개국 이상의 신흥 국가 출신 학생 4만 2,000명이 기업 활동을 벌여 생활고로 허덕이는 지역사회를 자립시킨다. 그들은 오지 마을에 컴퓨터 센터를 세우고 농부들을 위해 학교를 수리하거나 물품을 제공한다. 이는 과외 활동이 아니라 교과 과정의 핵심이다. 해당 대학교 학생들은 소사업체와 농부가 자립하고, 아이들이 중독에서 벗어나고, 스스로 연민과 봉사의 가치를 상기하고 증진하면서 가는 곳마다 엄청난 트림탭 효과를 발휘한다.

EISS(지금은 '스텐든 사우스 아프리카'로 알려져 있다)는 학생에게 서비스 기술과 서비스 윤리를 동시에 가르칠 수 있다. 강의실과 지역사회를 가로

막는 벽이 무너지고 학생이 강의실에서 배운 내용을 실생활에 매일 적용하면서 학구적인 내용이 풍부해진다. 학생은 이성뿐 아니라 감성에 대해서도 교육 받는다. 사회에 기여하는 것이 어떤 의미인지 깨닫는다. 로버트 빈스트라는 스텐든 대학교가 특이한 고등교육 기관이라고 말했다. 그는 스텐든 대학교의 활동에 의구심을 표시하는 사람이 있다고 언급하면서 이렇게 강조했다. "나는 저항을 달고 삽니다. 사람들은 지역사회를 위한 이러한 활동과 리더십 활동이 좋다는 사실을 알지 못합니다. 아니 알고 싶어 하지도 않습니다."[22]

나는 이것이 미래의 교육 모델이라 생각한다. 대학교가 지역사회와 학생에게서 계속 멀어지면 애석할 것이다. 학생들이 대개는 컴퓨터 앞에 앉아 누구와도 대화하지 않고 객관식 시험을 치르며 대학 생활을 보낸다면 비극일 것이다. 이와는 대조적으로 스텐든 대학교는 학생을 리더로 양성한다는 높은 목표를 지향하는 제3의 대안이다. 순수하게 학문을 추구하는 대학이나 미래 일자리에 맞춰 프로그램을 짜놓은 직업학교보다 바람직하다.

학생을 사회 리더로 키우겠다는 목표를 달성하기 위해 스텐든 대학교가 사용하는 혁신적인 방법은 참여 학습과 봉사 학습이다. 미국 교육국장을 역임한 어니스트 보이어Ernest Boyer 박사는 선견지명을 갖춘 리더로서 초기에 대학교와 지역사회를 아울러 시너지를 달성한 대가였다. 그는 다음과 같이 기록했다.

참여의 학문은 대학교의 풍부한 자원을 매우 긴급한 사회·시민·윤리의 문제에 연결하고, 아동·학교·교사·도시에 연결하는 것이다. ……더욱 깊이 파고들었을 때 우리에게 필요한 것은 단순히 프로그램의 수를 늘리는 것이 아니라 국민의 삶을 향상시키기 위해 더욱 큰 목표와 방향을 설정하

고 사명감을 갖는 것이다.[23]

앞에서 언급한 더욱 큰 목표는 다른 대학을 격려해 전공을 불문하고 학생 전체가 봉사 활동을 하면서 학습하도록 돕는 것이다. 예를 들어, 어느 대학교의 회계학과 학생들은 대도시에 있는 노숙자 보호소를 선택하여 체류자들에게 은행업무와 예산책정 기술을 가르친다. 노숙자들이 자기 집을 소유하고 싶다는 희망을 품으려면 저축하는 방법부터 배워야 하기 때문이다. 지역 은행은 훈련의 일환으로 1달러만 있어도 저축 계좌를 열어준다. 빈곤층을 가르치는 활동은 학생에게 깊게 영향을 미친다. 한 학생은 이렇게 썼다. "이곳 사람들은 내가 스스로 가능하다고 생각했던 것보다 훨씬 많은 것을 가르쳐줬다. 지난 몇 주 동안 현실을 경험하면서 무엇보다 감정이 크게 영향을 받았다." 고전적인 역할 반전이 일어나면서 학생은 자신이 가르친 노숙자들에게 도리어 공감과 개인의 가치를 배웠다. 이것이 바로 시너지를 발휘하는 학습이다.

어느 법과 대학교 학생들은 지역사회 법률 센터에서 저소득 고객 편에 서서 무료로 일한다. 일부 학생은 멕시코에서 이민 와서 제과점에서 일하다가 부당하게 해고당한 라파엘을 변호했다. 법률 센터는 라파엘 사건을 법정에서 해결하려고 힘쓰는 동시에 라파엘이 제과점을 창업할 수 있도록 도우려고 금융과 회계를 전공하는 학생들에게 연락했다. 그들은 사업 계획서를 작성하고 소액 대출을 받도록 도와주었다. 언어를 전공하는 학생들은 자원해서 통역 서비스를 제공했다. 졸업생까지 나서서 법적 계약서와 사업 계약서를 검토했다. 곧 라파엘은 예전 일자리로 돌아갈 필요 없이 자립할 준비를 갖췄다. 제3의 대안을 강구하다 보니 법률적인 문제도 자연히 해결됐다. 여러 전공을 동원해 진정한 시너지를 발휘하자 사방에 가로막힌 벽이 허물어진 것이다.[24]

이러한 종류의 시너지에 도달해보면 교육을 새로 정의하기 마련이다. 교육은 텅 빈 정신에 정보를 전달하고 시험을 치르게 해서 결과를 측정하는 경우가 지나치게 많다. 이는 "자판기" 모델로서(교사가 기계에 동전을 떨구면 초코바가 나온다) 산업화 시대의 산물이다. 해당 모델은 시너지를 추구하는 교육 모델에 비해 상당히 제한적이다. 시너지 교육 모델은 교사·학생·지역사회 등 전원이 지식 형성에 기여하고, 그 결과 생각해낸 제3의 대안들이 우리의 이해를 바꾸고 새로운 패러다임에 따른 열매를 맺는다. 그 탁월한 예로 캐나다 원주민 공동체와 빅토리아 대학교의 협동을 들 수 있다.

독수리 깃털의 양면

캐나다에는 인디언 부족 600개 이상이 모여 원주민 공동체를 형성한다. 이 공동체에 속한 많은 사람은 주류에 진입해서 학교 교육을 받아 좋은 직업에 종사하는 동시에 부족의 고대 방식도 유지하고 싶어 한다. 정부는 여러 해 동안 인디언들에게 서구 방식을 교육시켜 고유 문화에서 벗어나게 하려고 노력했다. 하지만 캐나다 원주민 공동체에서 고등학교 이후 교육은 미미하다. 교사들의 보고에 따르면 원주민 학생은 수업에 적극적으로 참여하지 않아서 바닥에 시선을 고정하고 발표도 거의 하지 않는다. 대학교 학위를 취득하는 학생은 극소수에 불과하다. 따라서 원주민 학생은 현대 문명의 복잡한 요구에 대처할 수 없는 미개하거나 시대에 뒤처진 사람으로 여겨진다.

이러한 딜레마는 학교에서 흔히 발생하는 성취도 격차를 이해하는 데 유용하다. 소수집단 학생은 성취도 평가에서 만성적으로 뒤처져 있지만 누구 못지않게 학습 능력을 갖추고 있다. 하지만 당신이 거주하는 마을을 외부인이 점령하고 자신들이 다니는 학교에 당신을 억지로 집어넣고 나서 자신들의 문화적 지혜와 지식을 습득한 정도를 시험한다면 당신은 어떻게 반응하겠는가? 더 나아가 외부인이 자신들의 문화는 소중하고 당신의 문화는 가치가 없다고 치부한다면 어떻겠는가? 공감 부족이 성취도 격차를 부분적으로 설명할 수 있겠는가?

서스캐처원 주 메도우 레이크Meadow Lake의 부족회의 대의원들은 두 세계의 문화 충돌에 발목을 잡혔지만 발전을 포기하고 싶지 않았다. 그래서 빅토리아 대학교의 제시카 볼Jessica Ball 교수와 앨런 펜스Allen Pence 교수를 찾아가 9개 부족의 가정에서 성장하는 아동을 대상으로 아동발달 과정 과목을 개발하도록 도와달라고 요청했다. 대의원들은 원주민 공동체 청년이 경험하는 실업과 폭발적으로 증가하는 마약 중독과 알코올 중독을 깊이 우려하고 부모가 자녀를 새로운 방식으로 양육할 수 있도록 돕고 싶어 했다.

캐나다 교육 제도에서 원주민 공동체가 겪은 경험이 순탄하지 못했으므로 아동발달 전문가들인 볼과 펜스는 일방적으로 해결책을 제시하지 않고 우선 원주민의 말을 들어보기로 했다. 우선 각자의 관심사를 들어보려고 부족 연장자와 부모를 포함한 공동체 구성원을 불러 모았다. 그들은 마침내 자기 의견을 말할 기회를 얻었는데, 그중 일부에게는 난생처음 얻은 기회였다. 두 교수를 포함해 전원이 자기 입장을 밝혔고 이러한 단계를 거쳐 새롭고 독특한 아동 및 청소년 양육 전공이 생겨났다. 이는 원주민 '연장자의 말'과 유럽 아메리카인의 '서구의 말'에 담긴 지혜를 통합한 제3의 대안적 교과 과정이었다.[25] 학생들은 크리Cree족과 디네Diné족의 양육 전통을 습득하고 주류 과학과 함께 교육 받았다. 자기 부족의 전통이 존중 받는다는 사실을 깨달은 학생들은 자신감을 얻고 의견을 발표하기 시작했다. 더욱이 교과 과정을 구체적으로 미리 확정하지 않고 학생들의 통찰을 통합했다. 한 교수는 이를 "살아 있는 교과 과정"으로 불렀다. 원주민 공동체 문화에서 아이디어가 쏟아져 나오자 교수들은 "교과 과정을 설정하는 여정이 어느 방향으로 나아갈지 미리 정하지 않"기로 동의했다.[26]

이러한 환경에서는 교수도 학생만큼 배울 수 있다. 예를 들어 짜증내는 행동에 대한 교과서적 치료법은 아이를 고립시키고 '타임아웃'을 실시해 마음을 가라앉히는 것이다. 이와 정반대로 크리족은 아이를 가족에게 데려가 자신이 느끼는 좌절감을 '털어놓게' 한다. 학급은 어떤 생각도 거부하지 않고 여러 가능성을 탐구하고 공감하며 고려했다.

학생을 '통제하는 교수 방법'에 익숙했던 교사들은 처음으로 이러한 교과 과정을 경험하고 혼란스러워했다. 교육계에서 학생과 지역사회의 손에 교육 결정권을 맡기는 것은 대부분 역발상이었기 때문이다. 한 교사는 "마치 책상을 등지고 벽을 마주한 것 같았어요"라고 토로했다. 하지만 교사들은 곧 깨달았다. "모든 가정에는 힘이 있을 뿐 아니라 유용하고 타당한 아이 양육 지식의 상당량은 지역사회 자체, 즉 여러 세대에 걸친 인맥과 인종적·문화적 전통에 있다."[27]

해당 대학교 교수들은 학생이 동료가 되는 새로운 교수 패러다임을 습득했다. 이 패러다임은 지식의 일부만 가치 있다는 결핍의 사고방식에 반대되고, 누구나 학생 교육에 소중한 교훈을 줄 수 있다는 풍요의 사고방식을 북돋운다. 교실에는 공감을 불러일으키고 이렇게 생겨난 공감은 전원의 이해 정도를 크게 증가시키는 엄청난 혜택을 안긴다. 위대한 교사 칼 로저스는 이렇게 주장했다. "학생의 입장에 서고, 학생의 눈으로 세상을 보는 태도는 교실에서 말로는 거의 드러나지 않는다. 하지만 학생들이 판단이나 평가당했다고 느끼지 않고 이해 받았다고 느끼도록 교사가 반응했을 때에는 엄청난 효과를 발휘한다."[28]

메도우 레이크 지역 실험에서 발생한 시너지는 인상적인 열매를 맺었다. 고등학교 졸업률이 20%에서 78%로 치솟았다. 대학교 졸업생의 두뇌 유출로 골머리를 앓던 지역사회는 졸업생들이 조상의 가치를 훨씬 깊이 이해하기 시작하면서 그중 95%를 보유했다. 부모 5명 중 4명은 자신의 양육 기술이 극적으로 발전했다고 보고했다.[29] 지역사회에 미치는 트림탭 효과는 눈에 띄게 탁월해서 젊은 가정은 더욱 큰 자신감과 자존감으로 자녀를 키웠다. 원주민 공동체의 한 연장자는 이렇게 감사했다.

우리가 사는 지역의 청소년들이 겪는 재앙, 자살, 가스 흡입, 금융 부실 관리, 알코올 중독, 돈 관리 실패, 폭력 등에 관한 온갖 기사를 뉴스로 접한다. 그러면서 '우리에게는 좋은 점이 없는가?'라고 생각하기 시작한다. 하지만 따지고 보면 우리에게는 지혜가 많고, 원주민 공동체에는 사랑이 풍성하다. 그러므로 원주민에게서 사랑을 이끌어내고 협력하도록 도와줄 프로그램이 필요하다.

한 부족회의 의원은 "이 프로그램 덕택에 모두의 자부심이 훨씬 커졌다"고 언급했다. 어떤 장로는 전통 지식과 주류 지식을 통합하여 시너지에 도달했다고 언급하면서 해당 프로그램을 "두 가지 모두 비행하는 데 필요한 ……독수리 날개의 양면"이라고 묘사했다.[30]

앞서 소개한 사례는 더욱 고차원의 고등교육으로, 대학교의 지극히 제한적인 자기 출세지상주의와 지적 고립에 대한 제3의 대안이다. 스텐든 사우스 아프리카와 메도우 레이크 같은 대학교의 학생은 정신뿐 아니라 감정과 손으로 사람을 이끄는 방법을 배운다. 위대한 가톨릭 교육자 페터 한스 콜벤바흐Peter hans Kolvenbach는 이렇게 말했다. "직접적인 경험으로 감정이 영향을 받으면 정신이 변하려고 꿈틀거릴 수 있다. 무고한 사람이 겪는 고통과 타인이 당하는 부당한 처사를 개인적으로 경험하면 지적 탐구와 도덕적 반성이 촉구된다."[31]

내가 교편을 잡았던 대학교의 정문 현판에는 "세계가 우리의 캠퍼스이다"라는 표어가 새겨져 있다. 출근하면서 그 현판을 지날 때마다 좋은 표현이라고 자주 생각했다. 이제 이 표현은 모든 고등교육 기관의 현실이 되어야 한다. 교육기관에게는 교수법을 혁신하고, 성공적인 리더십의 열쇠로서 주변 세계에 봉사하는 태도가 중요하다는 사실을 청년들에게 인식시켜야 한다. 봉사 학습을 거쳐 청년은 부차적 성공보다 중요한 성공에 가치를 두어 타인을 섬기는 리더가 될 수 있다. 교육계는 새로운 리더 세대를 키워내는 방향타가 될 수 있고 청년들은 세상을 긍정적으로 변화시키는 방향타가 될 수 있다.

이 책에서 교훈을 얻는 최상의 방법은 타인에게 가르치는 것이다. 교사가 학생보다 훨씬 많이 배운다는 사실은 누구나 안다. 그러므로 동료나 친구나 가족을 골라 이 책에서 배운 통찰을 가르쳐라. 다음에 열거한 도발적인 질문을 하거나 스스로 질문을 만든다.

- 교육에 관한 대논쟁에 가려진 제2의 대안적 사고는 무엇인가? 논쟁의 양쪽 입장을 따랐을 때 직면할 수 있는 위험은 무엇인가?
- 학교는 어떤 방식으로 여전히 산업화 시대 사고방식에 얽매여 있는가?
- 현재 교육 문제의 근본 원인이 학생을 제품으로 보는 견해인 까닭은 무엇인가?
- 교육에서 제3의 대안은 리더가 되는 것이다. 학생들 모두 국가의 대통령이 되거나 기업의 CEO가 될 수는 없다. 그렇다면 학생은 어떤 방식으로 누구나 리더가 될 수 있는가?
- 누구나 자녀가 성공하기를 바란다. 하지만 '성공'이 어떤 의미인지 분명히 밝혀야 한다. 중요한 성공과 부차적 성공의 차이는 무엇인가? 중요한 성공이 대개 부차적 성공을 유발하는 까닭은 무엇인가? 우리는 어떤 방식으로 중요한 성공을 희생시키고 부차적 성공을 추구하는가?
- 리처드 에스파르사와 뮤리엘 서머스는 어떤 방식으로 기존 교육 제도 안에서 보충 자원 없이 학교를 변화시켰는가?
- 뮤리엘 서머스가 A.B. 콤즈 초등학교에 설정한 사명은 각 학생이 '리더 인 미'를 계발할 수 있도록 돕는 것이다. 사명 선언문은 무슨 뜻인가?
- 대학의 목적은 트림탭이 되는 것이다. 트림탭은 무엇인가? 학교나 대학교는 어떻게 주변 지역사회에 트림탭이 될 수 있는가? 당신은 자신이 속

한 영향의 원에서 어떻게 트림탭이 될 수 있는가?

- 메도우 레이크 실험은 어떤 방식으로 생산적 시너지를 발휘한 사례가 되었는가? '독수리 깃털의 양면'은 무엇인가?

- 학생들이 직면한 문제를 해결하는 데 제3의 대안을 추구하는 사고는 어떻게 유용한가?

- 자녀가 학교에 다니고 있다면 제3의 대안적 사고로 어떤 종류의 문제를 해결할 수 있는가?

- 캐나다 소재 대학교의 행정가들이 던졌던 질문을 생각해보고 자신에게 적용해보자. "나의 목적은 무엇인가? 나는 시장에 진입하기 위해 포장된 일련의 기술에 불과한가? 살면서 맡은 가장 중요한 역할에서 나는 타인에게 어떻게 기여하는가?"

시도하라

자신의 가족·학교·지역사회가 직면한 교육 문제나 기회를 선택하고 제3의 대안을 구상해보라. 다른 사람에게 이 과정에 기여해달라고 요청하라. '시너지에 도달하는 4단계' 도구를 사용하라.

시너지에 도달하는 4단계

① 제3의 대안을 찾는 질문을 한다.

"우리가 지금껏 생각해낸 것보다 좋은 해결책을 찾을 의향이 있는가?" 그렇다고 대답
하면 2단계로 넘어간다.

② 성공 기준을 정의한다.

다음 칸에 모두가 반가워할 해결책의 특징을 나열한다. 성공은 어떤 모습일까? 어떤
일을 해야 할까? 이해당사자 모두 '승—승'하는 방법은 무엇일까?

③ 제3의 대안을 창조한다.

다음 칸에 모델을 만들거나 그림을 그리거나 아이디어를 빌려오거나 사고의 관점을 전
환한다. 신속하고 창의적으로 움직인다. 시너지에 도달했다는 사실을 알고 흥분하는 순
간이 찾아올 때까지 모든 판단을 미룬다.

(((④))) **시너지에 도달한다.**

다음 칸에는 제3의 대안을 서술하고 원한다면 어떻게 실천할지 쓴다.

시너지에 도달하기 위한 4단계 도구의 사용지침

시너지에 도달하는 4단계: 이 과정은 시너지 원칙을 적용하는 데 유용하다. (1) 제3의 대안을 기꺼이 찾겠다는 의향을 보인다. (2) 모두에게 성공이 어떤 모습인지 정의한다. (3) 해결책을 실험한다. (4) 시너지에 도달한다. 과정 내내 타인의 말을 공감하며 경청한다.

❶ 제3의 대안을 찾는 질문을 한다.

갈등을 빚거나 창의적인 상황에서 제3의 대안을 찾는 질문을 하는 것은 자신의 확고한 입장이나 선입견을 넘어서서 제3의 입장을 발달시키기에 유용하다.

---

❷ 성공 기준을 정의한다.

모두에게 성공적인 결과가 어떤 모습일지 묘사하는 문단을 쓰거나 그 특징을 나열한다. 다음 질문에 대답한다.

- 기준을 정하는 작업에 전원이 참여했는가? 가능한 한 많은 사람에게 많은 아이디어를 얻고 있는가?
- 자신이 정말 원하는 결과는 무엇인가? 어떤 일을 해야 하는가?
- 모두가 승—승하는 결과는 무엇인가?
- 기존의 요구를 초월해 좀 더 바람직한 요구로 바꾸려 하는가?

❸ 제3의 대안을 창조한다.

다음 지침을 따른다.

- 그냥 논다. 진짜가 아니라 놀이이다.
- 폐쇄를 피한다. 어설프게 동의하거나 합의하지 않는다.
- 타인이나 자신의 아이디어를 판단하지 않는다.
- 모델을 만든다. 화이트보드에 그림을 그리고, 도표를 스케치하고, 실물 크기의 모형을 세우고, 초안을 작성한다.
- 머릿속으로 아이디어를 돌린다. 인습적인 지혜를 뒤집어본다.
- 빠른 속도로 일한다. 시간 제한을 두어서 에너지와 아이디어가 급속하게 흐르게 한다.
- 많은 아이디어를 생각해낸다. 어떤 즉흥적 통찰이 제3의 대안을 이끌어낼지 예측할 수 없다.

---

❹ 시너지에 도달한다.

흥분과 영감이 방을 가득 채우면 제3의 대안을 찾은 것이다. 오랜 갈등이 사라진다. 새 대안이 성공 기준을 충족한다. 이때 주의할 점이 있다. 타협을 시너지로 착각해서는 안 된다. 타협은 만족을 낳지만 기쁨을 안기지는 않는다. 타협하면 모두 무언가를 잃지만 시너지에 도달하면 모두 승리한다.

법에서 추구하는
제3의 대안

6

— 스티븐 R. 코비 & 래리 M. 보일 공동 저술[1]

가장 성공률이 높은 소송은 경찰관이 제기한 소송이다.

— 로버트 프로스트

자그마한 영국 마을인 브리던온더힐Breedon-on-the-Hill에서는 매년 무언극이 공연되어 우스꽝스러운 노래와 무도회복으로 마을 사람에게 즐거움을 선사했다. 몇 주에 걸쳐 공연을 준비하고, 마을 사람은 이웃들이 공연하는 모습을 지켜보며 즐거워했다. 공연은 주로 마을 사람들의 기부로 수십 년 전에 건립한 학교 강당에서 열렸다.

하지만 새 교장이 학교에 부임해 새로운 안전규율을 들먹이며 강당을 공연 장소로 제공할 수 없다고 버티는 바람에 공연 전통이 갑자기 끊길 위기에 처했다. 마을 사람들이 눈도 꿈쩍하지 않자 교장은 강당 사용료를 800파운드로 인상했다. 누구도 그 정도 액수를 지불할 여력이 없었다. 마을 사람들이 강당을 무료로 사용하게 해달라고 지방 의회에 요청했다가 거절당하면서 브리던에서는 반세기 만에 처음으로 무언극을 공연하지 못했다.

싸움은 곧 법정으로 번졌다. 마을 사람은 사용료 부과에 항의하는 시위를 벌였고, 범죄기록국은 학교 건물에 진입한 사람 전원을 대상으로 범죄 신원조회를 실시했다. 여러 해 전에 마을 사람들은 한 푼 두 푼 돈을 모아 강당 건립비로 3천 파운드를 기부했으니, 학교 수업 시간을 방해하지 않았다면 범죄자처럼 조사 받지 않고 강당을 무료로 사용할 자격이 있다고 여겼다.

학교 관리들은 강당 유지비용이 상승했고 마을 사람들이 강당에서 무언극을 공연하겠다는 요구가 "부당할 뿐 아니라 실행 불가능"하다고 주장했다. 그래서 강당에 들어오는 모든 마을 주민들은 반드시 서류를 작성해야 했고, 학교는 방대한 서류 처리 작업을 도저히 감당할 수 없었다.

해당 소송은 7년을 끌고 670만 달러의 비용이 들어가면서 고등법원까지 올라갔다. 결국 수석 재판관이 브리던 마을 사람들에게 패소 판결을 내리면서 상대방 법률비용도 배상하라고 명령했다. 교장과 교구 목사는 소송에 따른 스트레스를 견디지 못하고 오래전에 사임했다. 오랜 친구들은 서로 반목하며 대화를 중단했다. 마을과 협의회의 관계는 돌이킬 수 없을 지경으로 악화되었다. 마을 사람에게 즐거움을 안겼던 무언극은 영원히 사라졌다.[2]

우리는 주위에서 종종 이러한 사례를 보아왔다. 브리던온더힐의 이야기는 법정에서 서로 으르렁거리는 소모적이고 파괴적인 전쟁의 일부에 불과하다. 이해관계가 첨예하게 대립하는 사법 제도는 제2의 대안적 사고를 고착화한다.

오늘날 법정은 경솔하고 무의미한 것부터 나라 전체의 운명을 좌우하는 것까지 소송으로 넘쳐난다. 가치가 있는 사건이라 하더라도 비용이 워낙 많이 들고 인간관계가 깨지기 때문에 결국 어느 쪽도 진정으로 이기지는 못한다. 에이브러햄 링컨이 입버릇처럼 권고했듯 "소송을 막아라. ⋯⋯승자는 명목뿐으로 비용·수수료·낭비한 시간을 따져볼 때 실제로 패자일 때가 많다."

이러한 사례들은 무수히 많다. 티치 포 아메리카 소속의 젊은 자원봉사자가 버릇없이 행동한 열두 살 학생을 교실에서 내쫓자 학부모가 학교를 상대로 2,000만 달러를 배상하라며 소송을 걸었다. 어떤 남성은 바지를 잃어버렸다는 이유로 세탁소를 상대로 6,700만 달러짜리 소송을 제기했다. 매년 판결로 지불되는 액수는 정확히 알 수 없지만 미국에서만도 변호사에게 들어가는 비용이 710억 달러에 달한다. 현재 미국에는 변호사가 100만 명, 브라질에는 50만 명, 영국에는 15만 명이 넘는다.

두 가지 대안

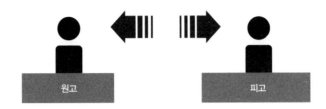

원고　　　　　　　　　　피고

중재자의 탁월한 역할

숭고한 법조계에 몸담고 있는 사람들은 대중에게 깊은 존경을 받는다. 그들은 불화와 분쟁, 다루기 힘든 문제가 넘쳐나는 세계에서 개인의 고민을 덜어주고, 창의적 해결책을 제시하고, 평화와 치유를 안기는 최고의 기회를 손에 쥐고 있기 때문이다. 신약성서는 "화평하게 하는 자는 복이 있나니 저희가 하나님의 아들이라 일컬음을 받을 것이요"라고 가르친다. 현대는 중재가 필요한 세상이고 변호사는 중재자 역할을 맡도록 위임을 받는다. 링컨은 중재자로 활동할 수 있는 중요한 기회를 변호사가 쥐고 있다고 말했다.

이 장의 주요 목표는 법조계 사람뿐 아니라 변호사를 상대하는 사람을 도와 이 위대한 기회의 중요성을 이해시키는 것이다. 래리는 변호사들에게 이렇게 말했다.

우선 내게 편견이 있음을 인정하고 다음 사실을 밝히려 한다. 나는 변호사들을 좋아하고 그들과 40년 이상 즐겁게 일해왔다. 주 사법부와 연방 사법부에서 근무하기 수년 전에는 파트너들과 함께 개인을 비롯하여 〈포춘〉 선정 500대 기업을 대표하는 변호사로 활약해 큰 성과를 거두었다. 그러므로 나는 변호사에게 부과되는 요구와 변호사가 직업 세계에서 겪는 엄청난 중압감을 이해한다. 여러 해 동안 나는 변호사를 포함한 법조계 인사를 존경해왔다. 대다수 변호사는 고객에게 제시간에 정당한 비용으로 양질의 서비스를 제공하는, 정직하고 유능하며 위엄을 갖춘 인물들이다. 법조계에서 활동하는 것에는 긍정적 측면이 많지만 관계자 전체의 건강과 행복에 영향을 미치는 법적 절차에는 심각한 문제가 있다. 이 장에서는 그러한 문제의 일부를 공개적으로 솔직하게 다루려 한다.

변호사들은 대부분 정의와 법을 사랑하고 고귀한 이상을 가슴에 품고, 자신과 가족이 기회를 누리고 어느 정도 생활수준을 보장받는 동시에 더 나아가 인류에 봉사한다는 진정한 사명을 느끼고 법조계에 들어온다. 많은 변호사가 이 같은 이상에 뿌리를 내리고 수많은 고객에게 안도감과 창의적 해결책을 안겨주며 괄목할 만한 경력을 쌓고 있다. 하지만 젊은 변호사들은 "법무 기업" "파트너 트랙" "상대방과의 싸움"으로 대표되는 소용돌이에 휩쓸리면서 예전에 품었던 이상에서 멀어진다. 그래서 업무와 사생활을 분리시키고 자주 감정적·정신적·영적으로 공허를 느낀다.[3]

결국 많은 변호사가 자신은 결코 중재자가 아니라고 생각한다. 법학과 교수이자 학장을 역임하고 현재 미네소타 주 연방법원 판사로 재직하고 있는 패트릭 쉴츠Patrick J. Schiltz는 법대 졸업생에게 이렇게 경고했다. "좋은 소식과 나쁜 소식을 동시에 전달하려 한다. 나쁜 소식은 여러분이 진출하려는 직업이 지구상에서 가장 불행하고 건강에 좋지 않다는 것이다. 게다가 많은 사람이 가장 비윤리적인 직업이라 생각한다. 좋은 소식은 여러분이 이 직업을 선택하고도 여전히 행복하고 건강하고 윤리적일 수 있다는 사실이다."

이 말대로라면 변호사는 미국에서 가장 우울한 직업군에 속할 것이다. 한 연구 결과에 따르면 법대 학생과 변호사 사이에 불안·적대감·피해망상이 증가하고 있다.

쉴츠는 한 주에서 활동하는 변호사의 3분의 1이 알코올 중독이나 마약 중독에 걸려 있다는 연구 결과를 인용하면서 변호사는 폭음하는 경향이 있고, 이혼과 자살을 고려하는 빈도도 다른 전문가 집단보다 높다고 주장했다.

그는 랜드 연구소가 캘리포니아 주 변호사 집단을 상대로 연구한 결과를 인용하면서 "다시 직업을 선택해도 변호사를 하겠다는 사람은 절반에 불과했다"고 보고했다. 또한 노스캐롤라이나 주 변호사의 40%는 자녀나 유자격자에게 법조계에 들어가라고 권하지 않겠다고 응답했다.

쉴츠는 이렇게 덧붙였다. "변호사들은 우울증, 불안, 알코올 중독, 마약 중독, 이혼, 자살 등으로 고통을 겪고 있어 불행하다. 그들이 정말 불행하다는 사실은 의외가 아니며 그들이 느끼는 불행의 원천은 변호사라는 직업 자체이다."[4]

업무를 수행하면서 그토록 많은 변호사가 조용히 비참한 상황에 몰리는 까닭은 무엇인가? 우리는 과거 세대에게 적대적 사고방식을 물려받았고, 제2의 대안적 사고가 체계화하고 제도화했기 때문이라 생각한다. 제도 자체도 문제지만 결정을 좌우하는 단호한 고객도 부담이 될 수 있고 변호사에 가해지는 압박도 무거울 수 있다.

적대적 법률 제도에는 고대부터 이어 내려온 뚜렷한 역사가 있다. 특히 유럽 국가들과 미국을 포함한 대부분의 국가에는 일부 변형된 형태가 존재한다. 적대적 법률 제도는 두말할 필요도 없이 결투로 심판했던 시대에 시작했지만 오늘날 들어서는 원고와 피고의 의무와 권리를 세밀하게 규정하는 정교한 형태를 띤다. 이러한 제도는 적절하게 사용하면 정의를 구현할 수 있지만 앞에서 설명했듯 제3의 대안을 생각하는 사람은 정의와 공정성을 뛰어넘어 시너지에 도달하는 방법을 항상 추구한다. 쉴츠가 지적했듯 "변호사는 게임을 하고 있다. 그리고 그 게임에서 얻은 점수는 돈으로 쌓인다."[5]

미국 대법원 대법관으로 유명한 샌드라 데이 오코너Sandra Day O'Conner 는 갈등을 해소하기는커녕 오히려 고조시키는 수단으로 법을 휘두르는 경향을 향해 이렇듯 경고했다.

> 국가의 법은 국민의 최고 이상을 표현한다고들 말한다. 유감스럽게도 미국 변호사의 행위는 최저 수준을 드러내기도 한다. ……변호사가 활동하는 환경에는 적대감과 이기심, 어떤 대가를 치르더라도 승리하고야 말겠다는 사고방식이 만연해 있다. 최근 활동을 접은 한 변호사는 법조계를 떠나기로 결심한 이유를 암울하게 설명했다. "속이는 데 지쳤어요. 교묘한 속임수를 쓰는 데 신물이 납니다. 하지만 무엇보다도 내 직업이 타인에게 비참한 상황을 초래한다고 생각하니 진저리가 쳐져요."
>
> 우리는 변호사를 상대하는 일을 전쟁에 비유하고 변호사에게 전쟁하듯 행동할 때가 너무나 많다. 변호사가 자신의 일과를 묘사할 때 사용하는 단어를 머릿속에 떠올려보라.

> "나는 그들의 논쟁에서 약점을 모조리 잡아내 공격했다."
> "그녀의 비판은 제대로 적중했다."
> "나는 그의 주장을 제대로 밟아주었다."

"우리가 그 전략을 사용하면 그녀가 우리를 완전히 박살낼 것이다."

"나는 그의 주장을 하나하나 저격했다."

변호사가 경력에 불만을 품는 까닭은 단지 근무 시간이 길고 업무량이 많기 때문이 아니다. ……많은 수가 하루 업무를 끝내고 나서 과연 자기가 사회에 가치 있는 일을 했는지 고민한다.[6]

제2의 대안적 사고가 흔히 도달하는 종착점은 법정이다. 대단한 역설이기는 하지만 법정은 제3의 대안을 찾는 최고의 현장인 동시에 변호사는 시너지를 성취하는 탁월한 전문가가 될 수 있다. 적대적 제도는 "승리냐 패배냐" "내 방식이냐 네 방식이냐"라는 관점에서 생각하라고 부추긴다. 하지만 자신의 마음에서, 개인과 개인 사이에서, 세상에서 평화로 향하는 경로는 바로 제3의 대안이다.

제3의 대안을 추구하는 법조계

고객이 막강한 힘을 휘둘러 상대하기 힘든 상황에서도 법조계가 제3의 대안을 추구할 수 있을까? 그렇다. 어느 정도는 현실에서 이미 일어나고 있는 현상이기도 하다. 한 가지 긍정적 신호는 여러 관할 구역, 정부기관, 기업이 사건을 법정에서 다투기 전에 조정관이나 중재자를 만나는 '대안적 분쟁 해결기구(alternative dispute resolution, ADR)'가 급속도로 증가하고 있는 것이다. 저명한 전문 조정관 피터 아들러Peter Adler가 말했듯 "이제 중재는 법률과 온전히 결합해 사법 제도에 스며들었다."

ADR은 법정에서 다툴 때 동반하는 스트레스와 부담을 없애는 훌륭한

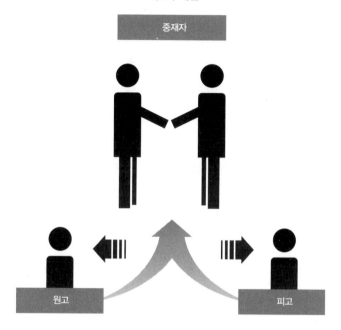

제3의 대안

중재자

원고

피고

방법일 수 있다. 소송과 대조적인 방식으로 갈등을 해소하려는 ADR 접
근법은 소송보다 피로도가 적고 훨씬 바람직하면서 해결 속도가 신속하
고 비용이 적게 든다. ADR 접근법 가운데 시너지에 가장 가까운 과정은
중재이다. 중재자는 대부분 승자와 패자를 가르기보다는 문제를 해결하
는 데 관심을 쏟는다.

또한 논쟁 당사자의 관계를 호전시키려고 부단히 노력한다. 노련한 중
재자는 치열한 이혼 사건을 해결 가능한 문제로 전환해 각자 사생활을
지키면서도 서로 협력해 자녀 양육권과 재산 분할 등의 문제를 조정해
나가도록 돕는다. 이러한 중재 노력은 칭찬 받을 만하고 중재자가 미치
는 긍정적 영향은 헤아릴 수 없이 크다!

ADR을 초기에 지지한 변호사이자 조정관인 토머스 보일은 중재를 이렇게 설명했다. "중재는 싸움터에 세운 평화 텐트처럼 합의라는 공동 목표로 이해당사자를 하나로 결합한다."[7]

하지만 제3의 대안적 사고에 속하는 세 가지 패러다임을 갖추지 않으면 ADR도 변장한 소송에 지나지 않는다. ADR 자체만으로는 무례하고 방어적인 패러다임에 대항하기 힘들다. 공정하고 정당하고 공평한 해결책을 달성하는 데 기여하지만 반드시 시너지를 발휘하는 것은 아니다. 아들러는 ADR의 한계를 통감하고 이렇게 설명했다. "우리를 하나로 연결할 것처럼 보이는 공통 가치와 기술은 진정한 공통 기반이라기보다 표면적인 열망으로 밝혀진다."[8]

시너지는 '진정한 공통 기반'에 도달하는 것으로 패러다임을 근본적으로 바꾸어야 가능하다. 곧 경쟁과 타협의 사고방식에서 벗어나 제3의 대안을 추구하는 사고방식을 채택해야 한다.

간디는 제1의 대안과 제2의 대안이 지닌 한계를 정신적으로 부수면서 세상을 깊이 감동시켰다. 그는 런던에서 교육 받은 변호사로서 적대적인 사법 제도에 정통했다. 하지만 남아프리카공화국 소재 법률 기업에 입사하면서 인도인이라는 이유로 백인 권력 구조 안에서 계속 차별을 당했다. 일등석 표를 돈 주고 구입하고도 감히 일등석을 넘봤다는 이유로 기차에서 쫓겨났고 호텔과 음식점에서도 문전박대당했다.

물론 간디는 인종차별의 유일한 피해자는 아니다. 남아프리카공화국의 트란스발 주에서는 많은 소수 인종이 백인에게 억압당했다. 비백인은 정부에 등록하고 지문을 찍어야 한다고 규정한 아시아인 등록법 Asiatic Registration Act이 제정되자 인도인 주민들은 분노하면서 여기에 대응하기로 결정하고 1906년 9월 11일 대규모 집회를 열었다. 군중은 법에 복종할지 맞서 싸울지 논쟁을 벌였다. 군중의 존경을 받은 간디는 대응 방식을 놓고 고뇌했다. 누구 못지않게 차별대우에 분노했지만 폭력은 폭력을 불러온다는 사실을 매우 잘 알았기 때문이다. 하지만 압제를 당하며 살 수도 없었다. 결국 간디는 무엇보다 중요한 두 원칙을 통합한 제3의 대안을 해답으로 찾았다. 한 가지 원칙은 정의였고, 나머지 원칙은 살아 있는 생명체에 해를 입히지 말라는 힌두교의 아힘사ahimsa 전통이었다.

군중 연설에서 간디는 자신이 생각해낸 제3의 대안인 비폭력 저항을 제안했다. 부당한 법률에 복종해 인간의 권리와 존엄을 포기하지 말라고 했다. 이는 원칙을 위배하는 행위이기 때문이다. 하지만 폭력으로 맞서지 말고 순순히 체포당하라고 군중에게 촉구했다. 따라서 인도인은 비폭력으로 폭력에 맞섰다. 1만 명 넘게 자기 권리를 포기하지 않고 평화롭게 감옥행을 선택하면서 비폭력 저항의 장엄한 물결이 세상의 주목을 끌었다. 간디 자신도 복역하면서 샌들을 만들어 트란스발의 대통령 얀 크리스티앙 스머츠Jan Christiaan Smuts에게 선물했다. 이 사건으로 알 수 있듯 간디가 선택한 제3의 대안은 정말 독특했다. 간디는 불의에 저항하는 것에 그치지 않고 적을 친구로 삼고자 했다. 스머츠 대통령이 자신을 세 번이나 투옥시켰지만 결코 절망하지 않고 그의 마음을 바꾸려 했고 결국 뜻을 이루었다. 이른바 '흑인법Black Act'이 폐지된 것이다. 몇 년이 흐르고 나서 스머츠는 간디의 생일 축하연에 참석해 "나는 이토록 위대한 인물이 만든 샌들을 감히 신을 가치가 없는 사람입니다"라고 했다.

고향에서 간디는 영국의 통치에서 인도를 해방시켜야 한다고 주장했다. 그래야 인도뿐 아니라 영국에도 바람직하다고 생각했다. "국민 전체를 노예로 만든 행위의 의미를 조용히 생각한다면 영국은 철수하는 것으로 엄청난 정신적 부담을 덜 수 있을 것이다."9 간디는 차별대우와 투옥을 당할 때에도 영국인을 사랑하는 친구로 대했고, 다른 사람에게도 그렇게 하라고 권고했다. 동포에게는 이렇게 말했다. "내 형제들이여, 우리는 영국인과 더불어 먼 길을 걸어왔습니다. 그들이 친구가 되어 떠나기를 바랍니다. 진심으로 현재 상황을 바꾸고 싶다면 기차를 공격하거나 칼로 사람을 죽이는 것보다 나은 방법이 있습니다. 나는 영국인을 죽이지 않고 그들의 마음을 바꾸고 싶습니다."

비폭력 저항운동의 물길이 거세게 일어나서 인도가 마침내 독립할 수 있었던 것은 가히 전설적이다. 게다가 리더인 간디는 공직에 올라본 적도 없고 어떤 종류의 공식적인 권한도 쥐어본 적이 없었다. 노련한 변호사였던 그는 적의 역할이 아니라 중재자의 역할을 맡겠다고 스스로 선택했다. 그가 수억 인구에게 자유를 안길 수 있었던 것은 오로지 제3의 대안을 찾는 사고방식 덕택이었다. 1947년 영국은 우정을 제의하며 평화롭게 인도에서 물러났다.

적을 친구로 만든 비결은 제3의 대안적 사고방식이 발휘하는 강력한 힘이었다. 간디는 "적이 진정한 사랑을 표현하는 태도를 취하면 가장 냉혹한 인간의 마음도 바뀔 수 있다"는 믿음을 결코 잃지 않았다.[10] 이러한 태도 덕택에 체구가 자그마한 인도인 변호사는 세상을 바꿀 수 있었다.

물론 간디는 무엇보다 자신의 정신과 감정을 먼저 바꿨다. "인간은 세상을 개조할 수 있어서가 아니라 자신을 개조할 수 있어서 위대하다."

에이브러햄 링컨과 나란히 미국 법률에 커다란 영향을 미친 인물로서 굿 마셜Thurgood Marshall을 꼽는다. 그는 진실하고 영예로운 인물로 제3의 대안을 추구했다. 분노하고, 비판을 비판으로 받아치고, 모욕을 모욕으로 갚아줄 충분한 근거가 있는 상황에서도 자신이 추구하는 목적이 충돌이나 다툼이 아니라 평등이라는 사실을 인식하고 고결한 길을 선택했다. 아프리카계 미국인 동료가 반대편 인종차별주의 변호사와 함께 점심식사를 했다는 이유로 비난하자 마셜은 이렇게 반박했다. "우리는 둘 다 변호사이고 시민이네. 시민의 자격으로 적과 관계를 형성시켜내는 게 매우 중요하다고 생각하네."

마셜이 역사적인 브라운 대 교육위원회 사건을 맡아 대법원 법정에 제출하기 위해 변론 취지서를 마지막으로 정리하는 과정에서 보인 행동은 다음과 같다. "마셜은 변론 취지서를 몇 번이고 검토하면서 인종차별을 지지하는 상대편 백인 변호사들을 '헐뜯는' 문구를 사소한 표현이라도 세심하게 지웠다. 가장 전문적인 수준에서 꾸준히 투쟁하는 것이 마셜의 전형적인 모습이었다."

마셜은 논쟁을 벌이며 상대방을 공격하거나 현상에 굴복하지 않고 성공적으로 제3의 대안을 생각해냈다. 마셜이 취한 사고와 접근법은 척도로 사용되어 미국 소수집단을 법적으로 보호하는 데 기여했다.[11]

자신의 역할이 무엇보다 중재라고 생각하는 변호사들은 재능과 학식을 갖춘 커뮤니케이터로서 다툼이 아닌 화합을 이끌어내고 사건을 반대편을 무너뜨리려는 기회로 보지 않고 제3의 대안에 도달할 수 있는 훨씬 훌륭하고 만족스러운 도전이라 생각한다.

소송 당사자가 자신과 상대방을 결함은 있지만 여전히 존중받을 가치가 있는 인간으로 생각하면 서로 더욱 깊이 이해할 수 있다. 흑인이든 백인이든 상관없이 누구나 나름대로 진실의 조각을 갖고 있으며, 자신의 분노가 자신을 포함해 이해관계자 모두에게 재앙을 안길 수 있다는 현실을 직시할 수 있다.

법과 토킹 스틱

소송은 상대방의 "약점을 샅샅이 찾아 적을 파괴하는" 전쟁이 될 수 있다. 이와는 대조적으로 중재자의 첫째 요건은 반대편을 공감하면서 탐구하고 진정으로 이해하려는 결단이다. 래리는 다음 사례를 인용했다.

중재를 맡았던 양쪽 변호사가 내게 "양쪽의 사이가 너무 벌어져서 그 격차를 줄일 수 없습니다"라고 말했던 사건이 기억난다. 법조계에 40년 동안 몸담으면서 목격한 장면 가운데서도 그 사건 당사자들의 굳게 다문 입과 심각한 얼굴 표정은 단연 두드러졌다. 그들이 입보다 더욱 굳게 닫은 것은 유일하게 지갑뿐이었다.

해당 사건 당사자들의 주장은 주변에서 익히 들어왔던 종류였다. 한때 사이좋은 친구였던 두 사업 동료가 지금은 상대방에게 막대한 손해를 입히려는 완강한 적으로 바뀌었다. 나는 두 사람이 시간과 에너지를 허비하며 서로 싸우느라 얼마나 많은 사업거리를 놓치고 기회를 날려버리고 돈을 손해 보았을지 생각했다.

양쪽은 상당히 많은 사실과 논쟁으로 무장한 상태로 다투어서 전세의 우열을 가리기 힘들었으므로 소송은 어느 쪽에도 이롭지 않았다. 양쪽 모두 상대방의 입장을 진정으로 이해하지 못하는 것만은 확실했다. 자기 입장에서 사실을 진술하는 데 급급한 나머지 서로 상대방의 주장을 이해하려 하지 않았다. 나는 양쪽 변호사에게 "두 사람은 상대방의 입장을 파악하고 있습니까?"라고 물었다.

"예." 한 변호사가 자신만만하게 대답했다.

하지만 상대편 변호사는 잠시 생각에 잠기더니 "원고와 피고가 논쟁을 벌이고 있지만 나는 그들의 논지를 이해하지 못하겠습니다"라고 말

토킹 스틱

발언자　　　　　　　　　　　　청취자

했다. 나는 이 말을 듣고 두 변호사에게 비유적으로 토킹 스틱을 주었다.

다음 단계로 두 변호사에게 예전에 경험하지 못한 조건을 제시했다. 두 변호사는 말할 기회를 얻되 예전에는 자신의 입장을 지지하는 발언을 했다면 지금은 상대방이 만족할 수준으로 상대방의 입장을 진술해야 했다. 본질적으로는 상대방을 변론하는 것이다.

피고 쪽 변호사는 세 차례 시도한 끝에 원고가 만족할 만한 수준으로 원고의 입장을 진술할 수 있었다. 원고 쪽 변호사는 두 차례 시도 끝에 성공했다.

그러자 매우 흥미 있는 현상이 벌어졌다. 피고가 더 이상 팔짱을 끼지 않고 심각한 얼굴 표정을 풀더니 원고를 보며 이렇게 말했다. "이봐, 브래드, 그것이 자네 생각인가?"

"그렇다네, 거의 그렇다고 봐야지."

"내가 생각했던 것은……"

두 변호사는 소송이 진행된 2년 동안 대화가 막혀 있던 소송 당사자 사이에 오가는 대화 장면을 한 발 물러서서 지켜보았다. 결국 두 사람은 양쪽에 이롭고 만족스러운 조건에 합의했다. 게다가 더욱 중요한 변화는 한때 사라졌던 상호존중의 분위기가 살아났다는 것이다.

해당 소송이 재판까지 갔다면 한 사람이 승소하고 나머지 사람은 아무 소득 없이 막대한 비용만 날렸을 것이다. 사법 제도가 작용하는 방식이 그렇기 때문이다. 원고도 피고도 재판 과정에서 돈을 많이 쓰므로 결국 승자도 패자나 마찬가지이다. 하지만 해당 사건의 당사자들은 막다른 최후까지 다투지 않고 예전에는 생각지도 못했던 평화롭고 자발적인 합의에 도달했다. 토킹 스틱 정신이 화해로 향하는 길을 열어주었기 때문에 가능했다.

소송을 진행하는 과정에서 서로 공감하는 혁신적 의사소통이 어느 정도까지 가능한지는 단정할 수는 없다. 서구의 사법 제도가 적대적이기는 하지만 그렇다고 해서 적대적인 정신으로 무장하고 사법 제도를 이용하라는 뜻은 아니다. "약점을 샅샅이 찾아 적을 파괴하는" 사고방식을 시너지와 공감을 발휘하는 사고방식으로 대체하지 못할 하등의 이유가 없다.

많은 사법 제도가 적대적 사고방식보다 공감에 의존한다. 많은 국가가 승-패적 사고방식을 버리고 논쟁을 해결한다. 일본은 조정調整 제도를 마련해 보복보다 '평화와 냉정'을 회복하려고 노력하는 덕택에 아마도 지구상에서 가장 소송이 적을 것이다.

유대인은 법을 존중하는 고대 전통을 계승하는 동시에 공감과 화해를 높이 평가한다. 라비가 주재하는 법정이 달성하려는 목표는 '승소'가 아니다. 유대인 변호사와 판사는 입법자 모세의 형으로 성서에 등장하는 아론Aaron을 본보기로 삼는다. 이스라엘의 제사장이자 심판관이었던 아론은 인간관계를 법의 중심에 두고 "평화를 사랑하고 추구하며 백성 사이에 평화를 이룩했다." 위대한 유대인 학자인 라비 나단Nathan은 아론의 역할 수행 방식을 이렇게 묘사했다.

두 사람이 싸우자 아론이 그중 한 사람을 찾아가 말했다. "자네 친구가 어떻게 지내는지 보게. 마음 아파하고 옷을 찢으며 이렇게 말하고 있다네. '내게 화가 미치기를 바라오. 내가 무슨 낯으로 고개를 들어 친구를 보겠소? 내가 잘못했으므로 친구를 보기가 부끄럽소.'" 그러고 나서 아론은 그 사람의 마음에서 시기심이 사라질 때까지 함께 있었다.

그리고 나머지 한 사람을 찾아가 말했다. "자네 친구가 어떻게 지내는지 보게. 마음 아파하고 옷을 찢으며 이렇게 말하고 있다네. '내게 화가 미치기를 바라오. 내가 무슨 낯으로 고개를 들어 친구를 보겠소? 내가 잘못했으므로 친구를 보기가 부끄럽소.'" 그러고 나서 그 사람의 마음에서 시기심이 사라질 때까지 함께 있었다. 그런 다음에 두 적수가 만나면 서로 포옹하고 입을 맞췄다.[12]

전해지는 이야기에 따르면 아론은 다툼이 법정까지 가기 전에 당사자들에게 달려갔다. 그리고 문제 자체는 전혀 언급하지 않고 다음과 같은 질문을 던져 그들이 상처 입은 마음을 비우고 관계를 회복하도록 도왔다. "무슨 일인가?" "왜 이렇게 화가 났는가? 두 사람 모두 같은 감정을 느끼고 있네. 둘 다 모멸감을 느끼고 있지." 서로 싸우던 부부는 아론의 말을 경청하고 상대방의 말에 귀를 기울였고 자녀를 낳으면 아론의 이름을 붙였다. 위대한 대제사장 아론은 법률에 따라 결정을 내려 두 사람

중 한 사람의 손을 들어준 것이 아니라 평화로운 제3의 대안을 제시하고 양쪽의 관계를 더욱 돈독하게 굳혔다.[13]

적대적 사고방식에서는 '승자가 모조리 독차지'하지만, 전통적으로 유대인 법정에서 채택하는 사고방식에 의하면 다투는 사람 모두가 승리할 수 있도록 돕는다. 이스라엘 근로자 한 명이 기업이 제공한 총으로 살인을 저질렀다. 희생자 가족은 기업이 직원의 불안한 정신 상태를 사전에 파악하고 무기를 어떻게 사용할지 예측했어야 마땅하다는 근거를 들어 고용주를 고소했다. 해당 사건은 이스라엘 대법원까지 올라갔고 메나헴 엘론Menachem Elon 대법관은 기업의 손을 들어주었다. 하지만 승소한 기업에 이렇게 말했다. "여기 미망인과 아이들이 남겨져 있습니다. 법적으로 전혀 의무가 없더라도 원고 가족을 위해 피고가 해줄 수 있는 일을 해야 합니다. ……옳고 적절한 경우라면 의무를 수행하도록 부유한 사람을 강제하는 것이 유대인 법정의 관행입니다." 법관이 기업에 전달한 말을 쉽게 바꾸어보면 이렇다. "법은 당신의 손을 들어주었지만 당신은 법을 넘어서서 옳고 선한 일을 해야 합니다."[14] 유대인 변호사와 판사가 승-승하는 이상적인 해결책을 추구하므로 전 세계 비유대인까지도 갈등을 해결하려고 유대인 법정에 종종 호소한다.

이슬람법도 보복보다 화해에 가치를 둔다. 이슬람법은 술흐sulh를 주요 도구로 사용하여, 분쟁 중인 양쪽의 대표를 불러 대화하게 한다. 먼저 양쪽 대표는 피해자 가족을 존중하는 뜻에서 일시적으로 휴회를 요청하고 나서 발언한다. 술흐는 대화를 지향하고 분쟁 중인 양쪽이 함께 모여 상대방의 말을 경청하는 협의회로서 "상대방이 무슨 말을 하고 있다고 생각하나요? 그 말에 어떻게 대답하겠습니까?"라고 묻는다. 합의가 이루어지면 참석자들은 결과에 만족하며 집으로 돌아간다. 술흐는 정식 법정 재판보다 효과적이다. "사람들의 절반은 판사의 적이다"라는 옛 이슬람 속담처럼, 판결이 내려진다고 해서 문제가 전부 해결되지는 않는다. 하지만 술흐는 더욱 실용적이고 비용을 줄이면서 양쪽의 합의를 이끌어낸다.[15]

적대적 사고방식을 추구하는 경우에는 진정한 의미에서 승자가 없다. 오랜 전쟁이 끝나면 모든 국가가 그렇듯 소송을 치른 당사자도 피폐해지기 마련이다. 양쪽 모두 심신이 지치고 패배감에 젖고 경제적으로 타격을 입는다. 법정에 가면 자신에게 감정적으로 아무 관심이 없는 독립된 존재에 운명을 맡겨야 한다. 재판을 진행하는 동안 상황은 순식간에 바뀔 수 있다. 법정에서 증언하도록 증인을 설득하지 못할 수 있다. 증거물이 증거로 채택되지 않을 수 있다. 이러한 상황이 발생하면 예측하지 못했던 결과가 빚어질 가능성이 있다. 이때 소송 당사자들이 제3의 대안을 찾지 못하면 불행한 사태가 벌어진다. 래리의 아들로 노련하고 성공적인 변호사인 브라이언 보일Brian Boyle은 갈등과 소송이 고객에게 미치는 영향에 대해 이런 말을 남겼다.

법정에 가는 것은 재정에 부담 되는 이상으로 감정과 심리 상태에 타격을 입힌다. 소송 당사자는 사건에 얽매여 삶의 다른 영역에서도 생산성을 발휘하지 못한다. 법률상의 시간은 속도에서 지질학적 시간 다음으로 늦다. 사람들은 밤잠을 설치고 변호사 사무실을 찾아가서는 감정이 복받치고 분노하여 자기 입장을 해명하려고만 한다.

예를 들어 이혼 소송 중인 부부는 크나큰 고통에 시달린다. 재정적 문제는 고통의 원인 가운데 5위에 불과하다. 아내는 자기 생각대로 판사가 남편을 멍청한 얼간이라고 말해주기를 바라고 남편의 심정도 마찬가지다. 이혼소송은 삶의 다른 영역에서 자신을 위축시키고 정신을 분산시킨다.

사법 제도는 중재의 부상에 영향을 받아 시너지를 발휘하는 방향으로 발전해나갈 것이다. 이제 많은 영역에서 의무 사항으로 실시하고 있는 중재를 거친다면 재판을 할 때보다 비용도 상처도 훨씬 적지만 적대적 사고방식을 공감으로 대체하지 않는 상태에서는 제3의 대안을 이끌어 낼 수 없다.

탁월한 중재자인 윌리엄 셰필드William Sheffield는 캘리포니아 주에서 "최후의 중재자"라고 칭해진다. 누구도 교착 상태를 와해시킬 수 없는 최악의 상황에 투입되기 때문이다. 셰필드가 교착 상태를 부수려고 기본적으로 사용하는 방법은 공감적 경청이다. 보통 중재자 몇 명이 불쑥 들어와 자료를 검토하면서 아침나절을 보내고 제안을 던진 후에 저녁식사 시간에 맞춰 퇴근하는 반면, 셰필드는 웃옷을 벗고 양쪽 당사자들과 소통한다. 그러면서 양쪽에게 자기 생각을 상대방에게 완전히 이해시켰다고 느낄 때까지 말하라고 권고한다. "이러한 종류의 작업을 단 10분 만에 처리할 수는 없어요. 상대방은 그가 하는 말을 우리에게 다 이해시켰다고 확신해야만 비로소 우리를 신뢰합니다." 다른 많은 중재자와 달리 셰필드는 양쪽이 합의하지 않더라도 인내심을 발휘하여 기다린다.

셰필드는 현실을 직시하도록 양쪽을 설득하는 데 목표를 둔다. "당사자가 합의하지 않고 법정까지 사건을 끌고 가면 대체 무엇을 얻겠는가?" 전형적으로 법률 분쟁 당사자들은 상대방을 혼내주고 말겠다는 마음가짐으로 소송을 시작한다. 이때 셰필드가 하는 일은 이렇게 틀린 생각을 바로잡는 것이다.

셰필드가 교착 상태를 무너뜨릴 때 사용하는 다음 방법은 무엇일까? 상대방의 말을 더욱 공감하며 경청하는 것이다.

상황이 해결될 조짐이 보이지 않으면 양쪽을 훨씬 잘 알아야 한다. 휠체어를 타고 생활하는 한 완고한 원고가 시에서 땅을 빌려 토마토를 재배했다. 그는 시가 자신의 신체장애를 적절하게 배려해주지 않는다고 주장했고 피고도 전혀 합의할 의사가 없었다. 얼마 후 나는 원고가 일하는 밭에 가서 그와 함께 토마토를 먹기 시작했고 결국 그가 재배하는 온갖 농작물을 맛보았다. 원고가 걸어온 인생 이야기, 그가 처한 곤경, 휠체어 올림픽 팀에서 활약했던 이야기를 들었다. 우리 둘 사이는 매우 가까워졌다. 내가 자기를 이해한다고 느낄수록 원고는 나를 가깝게 생각했고 자신이 무시당하지 않고 있다고 느끼기 시작했다. 바로 그 점이 가장 중요하다. 사람들은 "내가 원하는 것은 십만 달러와 상대방의 진심 어린 사과입니다"라고 자주 말하지만, 진정으로 바라는 것은 자신이 중요한 사람이고, 남에게 무시당하지 않고 이해 받고 있다고 느끼는 것일 때가 많다.

따라서 상대방에게 자신의 감정과 생각을 쏟아낼 시간을 주고 자신이 진심으로 이해 받고 있다고 느끼게 해주어야 한다. 그러면 값비싼 소송을 벌이느라 시간을 허송할 필요 없이 문제를 해결할 수 있다. 단 하루만 시간을 내서 상대방의 말을 경청하더라도 몇 년을 끌어온 분쟁을 잠재울 수 있을 때가 많다.[16]

변호사도 소송 당사자도 적대적 사고방식으로 분쟁에 접근해서는 안 된다. 지나치게 비용이 많이 들고 혜택이 돌아올지조차도 의심스럽기 때문이다. 분쟁을 오해라고 여기면서 상대방에게 공감하고 시너지를 발휘하겠다는 생각으로 상대방에게 접근해야 한다. 그렇게 하겠다고 스스로 선택할 수 있으며 법원의 허가를 받을 이유도 없다. 스티븐이 소개한 예를 살펴보자.

어느 날 한 기업 사장이 전화를 걸어 막중한 이해관계가 얽힌 소송을 해결하도록 도와달라고 했다. 오랫동안 알고 지내온 친구인 그는 나와 함께 제3의 대안을 추구하는 사고방식에 대해 몇 년 동안 대화했었다. 매우 유능한 그도 나와 토론했던 사항을 실제로 적용할 때가 되자 자신감을 잃었고, 해당 소송이 자신과 사업에 큰 위협이었으므로 내게 중재를 요청했던 것이다. 하지만 나는 친구에게 "자네에게는 내가 필요 없네. 스스로 해결할 수 있어"라고 말해주었다.

그래서 친구는 역시 기업 사장인 소송 상대방에게 전화를 걸어 만나서 상황을 의논하고 싶다고 제의했다. 상대방이 주저하자 친구는 만나서 무엇을 할 생각인지 그 이유가 무엇인지 설명했다. "나는 변호사를 데려가지 않을 겁니다. 당신은 데려와도 좋습니다. 변호사가 당신에게 아무 말도 하지 말라고 조언하면 한마디도 하지 마세요."

상대편 사장은 그 조건이라면 만나겠다고 승낙했다. 나중에 친구는 당시에 둘이 만났을 때 상황을 내게 전해주었다.

상대방은 변호사를 데리고 나타났고 세 사람은 회의실에 자리를 잡았다. 내 친구가 메모장을 꺼내며 말했다. "우선 이 소송에서 주장하는 당신의 입장을 내가 제대로 이해했는지 알고 싶습니다."

상대방은 잠시 망설이다가 자기 입장을 설명하기 시작했다. 제품 소유권 분쟁과 얼마간 관계가 있는 문제에 관해서였다.

내 친구는 그저 귀를 기울이며 메모만 하다가 마침내 "내가 제대로 이해했는지 봅시다"라고 운을 떼면서 상대방이 한 말을 그대로 다시 말했다. "이것이 당신의 입장입니까?"

상대방은 메모를 꼼꼼히 검토하고 대답했다. "그렇습니다. 하지만 좀 더 명확하게 짚어야 할 점이 두 가지 있습니다."

이때 상대방의 변호사가 끼어들었다. "여기서부터는 자세히 이야기하지 않는 것이 좋겠습니다."

예상과 달리 상대방은 자기 변호사에게 이렇게 말했다. "제프리, 내가 자네에게 이곳에 함께 와달라고 부탁하기는 했지만 이 방법을 시도해보고 싶어요." 변호사는 양쪽이 제3의 대안을 모색하려는 의도를 감지했다. 상대방은 나머지 두 가지 사항을 조심스럽게 설명했다.

내 친구는 그 말을 받아 적고 상대방에게 다시 읽어주고 나서 "이제 내가 당신의 입장을 제대로 공정하게 이해했나요?"라고 물었다.

"그렇습니다."

"내가 이해해야 할 사항이 더 있습니까?"

"아뇨, 그것이 전부입니다."

"좋습니다. 그렇다면 내가 당신 입장을 경청한 대로 내 입장도 들을 의향이 있나요?"

잠시 잠자코 있던 상대방이 "말씀하시죠"라고 말했다.

이렇게 양방향 대화가 이루어졌다. 서로 이해하면서 두 사람은 겸손한 태도를 보였고 둘 사이를 가로막았던 벽이 무너졌다. 두 사람은 제3의 대안을 도출할 수 있겠다고 믿기 시작했다.

몇 시간이 지나자 두 사람은 제3의 대안에 합의하고 회의실을 나왔다. 둘의 관계를 유지하는 동시에 소송비용을 절약할 뿐만 아니라 앞으로 좀 더 바람직하게 협력할 토대를 쌓았다. 상황 전체가 완전히 바뀐 것이다.[17]

시너지와 법

상대방에게 상처를 받았을 때 공통적으로 보이는 반응은 되갚아주겠다는 것이다. "그들이 나한테 이렇게 하면 안 되지. 대체 정신이 있는 거야? 고소할 테야!" 누구나 정의와 공정성에 관심이 있고 자신이 입은 상처를 정당하게 보상받고 싶어 한다. 변호사와 판사와 법정이 존재하는 이유도 이 때문이다.

하지만 시너지를 추구하는 사고방식을 갖추면 공정성을 이루는 데 만족하지 않고 그 이상을 찾는다. 관계가 약해지지 않고 오히려 강해지기를 원한다. 보복보다는 화해에 관심을 쏟는다. 되갚아주는 것보다 바람직하면서 모두가 예전보다 만족해할 해결책을 찾는다.

이에 덧붙여 시너지를 추구하는 사람은 타협할 생각이 별로 없다. 타협은 흔한 법률적 도구지만 당사자가 무언가를 포기해야 하기 때문이다. 제3의 대안을 탐구하기도 전에 지레 타협할 필요는 없지 않을까? 게다가 타협은 각자 소중하게 생각하는 원칙에서 물러서는 것을 뜻할 때가 많으므로 도덕적으로 위험할 수 있다. 나이지리아 작가 치누아 아체베Chinua Achebe의 통찰이 인상적이다. "진정성이 있는지를 가장 진솔하게 시험하는 방법 중 하나는 타협을 단호하게 거절하느냐이다."

갈등을 빚을 때 우리는 '눈에는 눈' 방식으로 해결하는 것은 물론 임시방편으로 타협하는 것도 원하지 않는다. 그보다는 좀 더 상상력을 풍부하게 발휘하고 싶다. 스티븐이 알려준 사례를 살펴보자.

내 친구는 오랫동안 열심히 일하고 저축한 끝에 드디어 꿈에 그리던 집을 지었다. 친구가 꿈을 이루기 위해 마을에서 최고 시공업체를 고용해 건축한 집은 대성당처럼 천장이 높고 정성스럽게 조각한 몰딩을 둘러 예술작품 같았다.

페인트공이 마지막 손질을 하고 떠나고 나서 밤에 집에 들른 친구는 거의 털썩 주저앉을 뻔했다. 페인트 작업이 엉망이었던 것이다. 벽이며 방이며 몰딩이며 페인트칠한 곳마다 얼룩이 지고 표면이 울퉁불퉁했다.

문과 타일에도 페인트 얼룩이 그대로 남아 있었다. 주문제작을 해서 자체로 예술품인 아치형 창문에도 여기저기 페인트가 튀었다. 마치 어린 아이가 집 전체를 스프레이 페인트로 칠한 것 같았다.

친구는 당장 시공업자와 변호사에게 연락했다. 다행히 시공업자가 현장에 먼저 도착했다. 그는 강단 있고 활력이 넘치는 사람으로 성실하고 제대로 일을 한다는 평판이 나 있었다. 시공업자는 집을 둘러보고 경악하면서 페인트공에게 즉시 전화를 걸어 현장으로 오라고 말했다.

내 친구는 그 후에 일어난 일을 지켜보고 깜짝 놀랐다. 늦은 저녁 시간인 데다 시공업자도 하루 종일 일하느라 가뜩 지쳐 있을 테니 페인트공을 몹시 나무라면서 해고하고 미리 지불한 임금을 돌려받고 손해배상하라고 말하리라 예상했다. 하지만 시공업자는 문까지 마중 나가 페인트공을 만나고 악수까지 했다.

갓 십 대 넘긴 듯한 페인트공은 긴장한 기색이 역력하면서도 밝게 웃으며 작업이 마음에 드느냐고 물었다. 시공업자는 청년에게 팔을 두르고 차분하게 집 전체를 천천히 돌아다니며 문제점을 지적했고, 세 사람은 자리에 앉아 문제에 관해 의논했다. 그 과정에서 페인트공이 입찰할 때 자신의 자질을 과대 포장했다는 사실이 드러났다. 예전에 소규모 작업을 몇 번 맡기는 했지만 집을 칠해본 것은 처음이라고 털어놓았다.

시공업자는 거기서 멈추지 않았다. 페인트공에게 가족이 있는지, 어느 학교를 다녔는지, 생활은 어떤지 물었다. 내 친구는 상황에 맞는 질문이 아니라는 생각이 들었지만 페인트공이 학교생활에 적응하지 못해 학교를 중퇴했고 어린 나이에 결혼해 아내와 아기를 부양해야 한다는 사실을 이내 알 수 있었다. 페인트공은 스스로 생각할 수 있는 유일한 방식으로 생계를 해결하려 했던 것이다.

시공업자는 의논을 마치고 좀 더 철저하게 조사하지 않고 페인트공을

6. 법에서 추구하는 제3의 대안

고용한 것에 대해 사과하고, 페인트공에게는 페인트 도구를 챙겨오라고 말했다. 그러면서 차분하게 "일을 제대로 하는 방법을 가르쳐주겠네"라고 말했다.

친구는 페인트공이 실수를 제대로 바로잡을 수 있을지 의심스러웠지만 여하튼 집으로 돌아왔다. 그리고 작업 진행 상황을 살펴보려고 다음 며칠 동안 현장에 들렀다. 시공업자는 페인트공과 함께 있었다. 두 사람은 웃고 이야기를 나누며 창문을 닦고, 페인트 얼룩을 지우고, 벽을 사포로 밀고 다시 페인트를 칠했다. 시공업자의 감독을 받으며 실시한 페인트 작업은 정말 훌륭했다. 청년은 그 후 몇 달 동안 시공업자 밑에서 일을 배워 점차 실력이 향상된 덕택에 시공업자가 지시하는 대로 작업을 할 수 있었다. 그래서 시공업자가 가장 선호하는 페인트공이 되어 혼자 소화할 수 없을 정도로 많은 작업 의뢰를 받게 되었다.

제3의 대안을 추구하는 패러다임을 사용한 시공업자는 시너지 정신으로 무장하면 놀라운 성과를 거둔다는 사실을 입증해 보였다. 화를 내면서 페인트공을 해고하거나 더욱 심하게는 손해를 배상하라고 요구하며 궁지로 몰지 않고 오히려 생계를 유지하게 도우면서 그 과정에서 자기 사업에 소중한 자원으로 성장하게 도와주었다.

변호사는 시공업자가 상황을 순조롭게 잘 처리했다고 내 친구에게 알렸다. 친구는 이 일로 인해 소송을 걸지도 법정 싸움을 벌이지도 않았고, 경제적 기반이 약한 젊은 가정을 파괴하지도 않았다. 제1의 대안과 제2의 대안이 충돌하지 않았고 공정성이나 정의나 평등을 요구하지도 않았다.

사법 제도 전체에서 이러한 종류의 시너지와 중재를 실천할 수 있다. 그러려면 엄청난 패러다임 전환이 이루어져야 한다. 주변을 둘러보면 이미 패러다임을 바꾼 사람이 있고, 자국의 사법 제도에 제3의 대안을 실현한 문화도 있다. 예를 들어 유대교의 자블라Zabla 법정에서는 소송 당사자가 판사를 한 명씩 선택하고, 제3의 독립적인 판사를 두어 제3의 대안을 구체적으로 모색한다. 하지만 바꿔야 하는 것은 서구의 법률이 아니라 그 뒤에 숨은 사고방식이다. 사고방식이 바뀌면 관례가 바뀌기 때문이다. 래리는 그 과정을 이렇게 설명했다.

나는 연방법원 동료들의 요청을 받아 그들이 담당한 사건에 대해 사법상 중재를 실시한다. 합의를 도출하기 위해 소송 당사자들을 대상으로 정기적으로 회의를 열면서, 기회가 생길 때마다 토킹 스틱 대화법을 소개한다. 소송 당사자의 마음을 적개심에서 공감과 이해로 바꾸는 과정은 체계적으로 실행해야 한다.

분쟁 중인 사람 모두가 자기 의견을 충분히 말했다고 느끼면 나는 종이 한가운데 세로로 줄을 긋고 성공 기준과 실패 기준을 나름대로 열거하라고 요청한다. "왼쪽 칸에는 배심원들이 당신의 손을 들어주리라 생각하는 이유를 적고, 오른쪽 칸에는 배심원들이 당신의 손을 들어주지 않으리라 생각하는 이유를 적으세요." 그런 다음 구체적인 용어를 사용하지 않더라도 제3의 대안을 구상해 기록하라고 말한다. 종이의 맨 위에 '합의 계획'이라 적고 자신의 계획을 각자 적으라고 요청한다. 서너 번 초안을 잡아야 할 때도 있다. 내가 이 방법을 사용한 사건은 대부분 합의에 도달한다. 사건 당사자들과 변호사들이 장단점을 깊이 분석하고 창의성을 발휘해 합리적인 합의 계획을 생각해내기 때문이다. 나는 이렇게 제3의 대안을 도출하는 방법을 사용하여, 여태껏 다뤘던 사건 중에서 가장 복잡했던 '블랙버드 광산Blackbird Mine' 사건을 해결할 수 있었다.

아이다호 산맥에 있는 오래된 블랙버드 광산은 냉전 시대에 전략적으로 매우 중요한 금속인 코발트를 미국에서 유일하게 생산했다. 광부들은 1950년대와 1960년대에 맹렬하게 일했다. 하지만 1970년대 들어 광산이 버려지고 산과 금속에서 뿜어져 나오는 끔찍한 독성이 아름다운 새먼 강Salmon River으로 흘러드는 바람에 땅과 물이 황폐해지고 야생동물이 죽어갔다. 그러자 일련의 도미노처럼 주정부, 민간 환경단체, 연방기관 등이 정화를 책임지라면서 서로 고소하고 광산 소유주를 상대로 소송을 걸었고, 고소와 맞고소가 줄을 이었다.

내가 중재하러 개입했을 당시에 사건은 이미 10년 이상 법정에 계류 중이었다. 정화 비용은 6,000만 달러 이상으로 추산되었고 어느 누구도 책임을 지려 하지 않았다. 소송 당사자들이 심하게 분열되어 있었으므로 합의를 이끌어내려는 시도는 모조리 실패했다. 판결을 기다리는 동안 이의 신청 수십 건이 접수되어 사건 파일은 수천 페이지로 불어났다. 증거서류 수백 건을 검토하고 목격자 수십 명의 진술을 들으려면 실제로 재판을 할 때까지 몇 달이 걸릴 것이고, 그 후 당사자들이 항소하면 판결이 날 때까지 몇 년이 걸릴 터였다. 법적 절차는 얽히고설킨 채 정체되어 있었다.

이렇게 복잡한 사건을 눈앞에 두고 내 동료는 내게 사건을 해결하려고 지나치게 애쓰지 말라고 조언했다. "해결할 수 있는 사건이 아니네. 재판하기에 편하도록 지엽적인 문제 몇 가지에 대해 합의를 끌어낼 수 있으면 선방하는 거야." 하지만 나는 제3의 대안을 찾는 방법을 써보기로 했다.

법정은 방청석도 심지어 배심원석도 만원이었다. 나는 법정에서 소송 당사자들을 모두 만나고 난 후에 법정을 폐쇄하기로 결정하고 각 이익집단을 회의실에 모아놓고 대표 변호사들을 집무실로 불렀다. 그리고 모인 사람들에게 이렇게 말했다. "여러분 각자 나름대로 사건의 사실을 파악하고 자기 입장의 강점과 약점을 알고 있습니다. 지금부터 두 시간 후에 여러분에게 직원을 보낼 테니 그때까지 각자 이 사건을 해결할 계획을 보고해주시기 바랍니다."

예상하지 못했던 요청을 받은 변호사들은 각자 방으로 돌아가 해결방안을 구상하기 시작했다. 나는 변호사들이 회의하고 있는 현장을 순회했다. 어떤 계획을 세우고 있는지 알려는 의도가 아니었다. 제3의 대안적 사고방식을 소유한 리더를 찾기 위해서였다. 당시 내가 지목한 인물은 존 코플랜드 네이글John Copeland Nagle인데 나중에 노트르담 법과대학원 연구 부학장이 되었다. 저명한 변호사이자 법학 교수인 그는 미국 환경법을 다룬 책을 쓰기도 했다.[18] 하지만 무엇보다 위압적이지도 냉담하지도 않으면서 능력과 직감이 뛰어나 보였다. 나는 양쪽 집단과 나 사이를 오가며 연락하는 역할을 맡아달라고 부탁했지만 실제로는 해결책을 강구하는 그의 타고난 리더십에 의지했다. 네이글은 팀의 상황을 살피고 나서 내게 보고했고, 우리는 팀이 시너지를 발휘해 좀 더 나은 해결책을 생각해낼 때까지 기다렸다. 각 집단은 나름대로 해결책을 강구하면서 원래 우리가 예상한 대로 주인의식을 보여주었다. 해결책을 강요받는 사람들은 제3의 대안을 스스로 생각해냈을 때와 달리 문제 해결에 열정적으로 매달리지 않는다.

우리는 그 후 소송 당사자들과 담당 변호사들을 모아 두 차례 더 회의를 했다. 참석자들은 회의를 거칠수록 해결책에 더욱 근접했다. 단순히 문제의 범위를 축소한 것이 아니라 제3의 대안적 사고를 하면서 힘을 합해 해결책을 강구하는 분위기가 형성되었기 때문이다.

10년 이상을 끌어왔던 분쟁이 불과 몇 달 만에 종지부를 찍었으므로 더 이상 극적인 재판이 열리지도, 법정이 방청객으로 꽉 차지도, 언론이 숨 가쁜 극적 상황을 만들어내지도 않았다. 양쪽은 책임을 함께 지기로 하고 정화 활동을 시작했다. 이 블랙버드 광산 사건은 빠르고 효율적으로 복구에 나서는 데 총력을 기울일 목표를 두고, 환경 문제에 관련된 중대한 소송을 합의로 마무리하는 데 성공한 최초의 사례였다. 엑슨 발데즈Exxon Valdez 원유 유출 사고가 발생하기 전까지, 역사상 최대의 정화 작업을 추진하자 블랙버드 광산 때문에 오염되었던 강으로 연어가 돌아올 수 있었다.

양쪽이 합의에 도달하지 못했다면 연방법원 판사는 다음 해나 그다음 해에도 법정에서 재판을 주재하며 양쪽의 이의 신청을 듣고, 재판 과정과 법률상의 문제를 처리하고, 상대방이 악행을 저질렀다는 주장을 들어야 했을 것이다. 그랬다면 비용과 수수료만도 수백만 달러가 들었을 것이다. 판사는 재판을 오랫동안 힘들게 진행했을 것이고, 판결이 내려진 후에도 항소법정에서 같은 과정이 되풀이되는 동안 오염은 방치되었을 것이다. 이러한 상황의 확산을 막기 위해 나는 제3의 대안을 만들어

시너지에 도달하는 4단계

시너지에 도달하는 4단계: (1) 법률 분쟁에서 제3의 대안을 찾겠다고 단호하게 마음먹는다. 보일 판사는 소송 당사자들에게 다음 사항을 요청했다. (2) 성공의 기준을 정의한다. (3) 대안을 생각해낸다. (4) 시너지를 발휘하는 해결책에 도달한다.

내고 원칙의 힘을 가동시키면서 최선을 다했다. 결과가 발휘하는 영향력의 원천은 내가 아니라 제3의 대안을 창출하는 과정과 우수한 변호사들에게 내재한 창의적 천재성에 있었다.

제3의 대안을 추구하는 사람은 보복이 아니라 개선에 목표를 둔다. 물론 직접 경험하기 전까지 이렇게 말하기는 쉽다. 하지만 정작 누군가가 우리 마음을 할퀴면 어떡할까? 정말 치명적으로 공격해오면 어떡할까? 무능하거나 부주의하거나 악의를 품은 사람이 심각한 상처를 입히면 어떡할까? 그들이 책임져야 하지 않을까? 자신이 저지른 행위에 따른 대가를 치러야 하지 않을까?

물론 그래야 마땅하다. 우리에게는 악의가 있거나 범죄행위에 가담한 사람에게서 사회를 보호해야 할 의무가 있다. 하지만 미국 법정이 다루는 전체 소송 중 형사소송은 5분의 1에 불과하고 나머지는 민사소송이다.[19] 그만큼 민사는 법률 세계에서 분쟁과 갈등이 사람과 사람 사이에 가장 흔하게 발생하고, 제3의 대안이라는 불변의 원칙이 매우 효과적이고 이롭게 작용하는 영역이다.

민사 사건에서 시너지를 추구하는 사람은 "우리는 어떤 일을 해야 할까? 우리는 어떤 결과를 좇고 있는가?"라고 묻는다. 물론 대답은 사건마다 다르다. 시공업자는 부정직하고 솜씨가 서투른 페인트공을 상대로 소송을 제기하고 그를 파멸시켜 다시는 그 바닥에서 활동하지 못하게 만들 수 있었다. 아이다호 주민과 미국 정부는 블랙버드 광산의 운영자를 상대로 손해를 배상하라고 주장하면서 소송을 걸 수 있었다. 하지만 정부는 최대한 신속하게 코발트를 생산하라고 맹렬하게 밀어붙이지 않았던가? 환경규제 기관은 피해를 방지하는 임무가 있는데도 오히려 정반대로 행동하지 않았는가? 아이다호 주민은 광산 덕택에 주정부의 수입이 늘어난다고 좋아하지 않았는가? 각 사례에서 제3의 대안은 항상 그렇듯 분명히 최고의 대안이다.

남아프리카공화국 국민이 나라를 마비시키는 인종 갈등을 해결하려고 제3의 대안을 추구했던 사례를 생각해보자. 수세기에 걸쳐 자행되어온 분리정책·억압·학대는 1994년 넬슨 만델라가 대통령에 당선되고 아파르트헤이트가 폐지되면서 이론상으로는 막을 내렸다. 하지만 위대한 상징적 사건들이 일어났다고 해서 인종차별정책이 기승을 부리며 초래했던 끔찍한 감정적 상처가 말끔히 치유될 수는 없었다. 과거 정권은 국민을 무더기로 고립 거주지로 내몰고 학대를 일삼고 재판도 치르지 않은 상태로 투옥시켰으며 심지어 납치도 서슴지 않았다.

나라는 거대한 법률적 폭풍에 휩싸일 위기에 빠졌다. 새로 권력을 잡은 사람의 일부는 뉘른베르크 재판을 포함해 나치 전범을 법정에 세운 유명한 재판들을 본보기로 삼아 과거에 인종차별정책을 실시했던 책임자들을 법정으로 끌어내고 싶어 했다. 그런가 하면 한편에서는 과거를 잊자며 대사면을 제안하는 사람들도 있었다.

남아프리카공화국 국민을 생각하면 어떤 대안도 받아들일 수 없었다. 데스몬드 투투 대주교는 "우리는 응보적 정의를 실현할 수도 있었습니

두 가지 대안

뉘른베르크 재판　　　　과거는 잊자

다. 그랬다면 남아프리카공화국은 잿더미가 되었겠죠"라고 언급했다. 뉘른베르크 재판 방식으로 문제에 접근하면 내전이 발발할 가능성이 컸다. 이 방법도 바람직하지 않다고 생각한 투투 대주교는 이렇게 말했다. "하지만 피해자들은 그냥 용서하고 잊어버릴 수가 없습니다. ……대사면amnesty은 결국 기억상실amnesia을 뜻합니다. 과거는 결코 사라지거나 숨어 있거나 침묵하는 법이 없으므로 적절하게 해결하지 않으면 당혹스럽고 끈질기게 반복해서 나타납니다."

현명한 남아프리카공화국 리더들은 제2의 대안적 사고를 극복하기 위해서 자신들이 진정으로 원하는 결과가 무엇인지, 미래를 위해 어떤 종류의 국가를 만들고 싶은지 자문했다. 자기 성찰을 많이 거친 끝에 투투 대주교가 제안한 제3의 길을 선택했다. "사면을 구하는 범죄행위를 철저하게 고백하는 사람에게 사면을 베푼다." 다시 말해 가해자가 자신이 저지른 범죄를 공개적으로 낱낱이 털어놓으면 처벌하지 않겠다는 뜻이다.

이러한 결정에 따라 '진실과 화해 위원회(Truth and Reconciliation Commission, TRC)'가 창설되었다. 자신이 저지른 범죄를 사면 받고 싶으면 해당 위원회에 출두해 진술한다. 피해자가 진술을 듣고 자신의 사연을 말한다. 양쪽이 서로 진실을 듣고 말했다고 동의하면 위원회가 사면을 승인한다.

TRC가 선택한 방식은 비아프리카인이 생각하기에는 상당히 이상하겠지만 아프리카 전통인 우분투 정신에 깊이 뿌리내리고 있다. 투투 대주교에 따르면 "제3의 사면 승인 방식은 아프리카 세계관의 중심 특징인 우분투와 같다." 우분투는 상대방의 인간성을 온전히 보고 소중하게 여기지 않으면 스스로 진정한 인간이 될 수 없다는 뜻이다. 상대방을 인간이 아닌 악마로 만들고서 자신이 인간으로 남을 수는 없기 때문이다.[20]

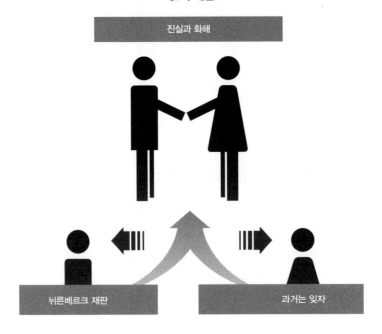

제3의 대안

진실과 화해

뉘른베르크 재판

과거는 잊자

물론 TRC를 향한 비판은 끊이지 않는다. 가해자가 자신이 저지른 범죄에 대해 대가를 치르지 않는다면 대체 정의는 어디 있는가? 제3의 대안이 어째서 이 모양인가?

우리는 TRC가 제3의 대안이 될 수 있는 기준을 충족한다고 생각한다. TRC 개념은 기발하고 타협의 수준을 넘어선다. 하지만 무엇보다 국민의 편에 서서 작용한다. 마크 고핀Marc Gopin이 지적했듯 "피해자는 그저 자신이 겪은 이야기를 하고 싶어 한다. 가해자가 교수형당하는 장면을 반드시 보려는 것은 아니다. 누구나 자기가 하고 싶은 이야기를 털어놓을 수 있어야 하는데 TRC는 합법적으로 그렇게 할 수 있는 절차이다. 법을 지켜야 하지만 동시에 피해자의 고통을 참작해야 한다."[21] 흥미롭게도 TRC가 낳은 결과에 가장 만족한 집단은 아파르트헤이트로 가장 크게 억압을 받은 호사족과 기타 부족이었다. 주요 연구에 따르면 "TRC의 결과를 수용하는 비율은 유럽계 자손보다 아프리카계 자손이 훨씬 컸다. ……다른 부족보다 훨씬 높은 비율로 호사족은 TRC가 진실을 규명했고 화해를 달성했다고 인정했다."[22]

TRC를 비판하는 사람들에게 투투 대주교는 이렇게 대응했다.

> 정의 구현에 실패하는 경우는 처벌이 주요 목표인 응보적 정의를 믿을 때뿐이다. ……이와 다른 종류의 정의가 있다. 바로 회복적 정의다. ……우분투 정신에서 중심 관심사는 단절을 치유하고 불균형을 바로잡고 깨진 관계를 회복하며 피해자와 가해자를 모두 사회에 복귀시키려 노력하는 것이다. 가해자에게는 범죄 행위를 저질러 상처를 입힌 공동체에 다시 통합할 기회를 주어야 한다. ……치유하고 용서하고 화해하려고 노력할 때 회복적 정의가 구현된다.[23]

학대 받은 사람들이 자신에게 중대 범죄를 저지른 사람들과 화해하는 장면을 보면 아주 사소하게 화가 나기만 해도 서로 물고 늘어져 법정까지 가는 요즘 세태를 더욱 깊이 반성하게 된다.

손을 내밀어 평화를 제의한다

1924년 미국 대통령 선거에 출마했던 저명한 변호사 존 데이비스John W. Davis는 법은 중재가 지배하는 분야라고 언급했다. "그렇다. 법조인은 다리를 건설하지 않는다. 탑을 세우지도 엔진을 만들지도 그림을 그리지도 않는다. ……사람들이 눈으로 볼 수 있는 온갖 물건 가운데 법조인

6. 법에서 추구하는 제3의 대안

의 손으로 만든 것은 거의 없다. 하지만 법조인은 곤경을 경감시키고 스트레스를 줄여주고 실수를 바로잡는다. 타인의 부담을 덜어주고 평화로운 상태로 평온한 삶을 살 수 있게 노력한다."[24]

많은 변호사는 중재자의 삶을 살아야 한다는 철학에 마음 깊숙이 이끌리면서도 머릿속에 한 가지 질문이 떠나지 않는다. "중재자 역할을 해서 과연 먹고살 수 있을까?" 우리가 경험한 바로는 중재자 역할을 하는 변호사는 경제적으로 성공할 뿐 아니라 동료와 고객과 의미 있는 관계를 형성하고 건강하고 행복하게 생활하며 가정에서도 사생활에서도 성공할 수 있다고 확신한다. 주요하고 진정한 성공은 언제나 지속가능한 동시에 삶 전체를 아우르기 때문이다.

역사상 가장 소송이 많은 사회에 살고 있는 현대인은 자신만을 생각하지 않는다면 온갖 갈등을 해결하기 위해 제3의 대안을 찾아야 한다. 브리던온더힐 마을 주민이 차 한 잔을 앞에 놓고 앉아 자신들이 처한 교착상태를 타개할 방법을 강구하지 못할 이유는 전혀 없었다. 주민은 상대방의 입장에 진심으로 귀를 기울여서 관심사를 이해할 수도 있었다. 몇 개가 되었던 제3의 대안을 생각해내어 시너지를 달성할 수도 있었다. 대관료를 지불하는 대신에 학교에서 봉사활동을 하면 어땠을까? 자원해서 보안 활동을 맡았으면 어땠을까? 학생들에게 무대를 꾸미거나 음악을 연주하거나 소도구를 만들게 해서 무언극을 계기로 마을과 학교가 손을 잡고 학생들에게 학습 기회를 제공했다면 어땠을까? 부정적 시너지가 아닌 긍정적 시너지를 선택하고, 지역사회를 더욱 탄탄하고 바람직하게 발전시킬 수 있었을 것이다. 하지만 그들은 스스로 격을 떨어뜨리고 소중한 우정과 전통을 파괴하는 길을 선택했다.

심각한 분쟁에 휘말려 있는 사람에게는 그만큼 강력한 선택권이 있다. 긍정적 시너지이든 부정적 시너지이든 어쨌거나 반드시 선택해야 한다. 제3의 대안을 거부하면 그 대신 비극을 선택하는 것이다. 그러면 결국 법정에 서게 되고 마치 제어할 수 없는 기차에 몸을 싣고 파멸을 맞을 수밖에 없는 철로 끝을 향해 달리는 심정이 될 것이다. 그렇다고 사법 제도를 이용하지 말라는 뜻이 아니다. 사법 제도가 절대적으로 필요한 경우도 있다. 다만 소송을 첫 도구가 아니라 마지막 도구로 생각해야 한다. 결국 제3의 대안을 찾지 않으면 법정에 발을 딛는 순간, 분쟁의 해결수단에 대한 통제권을 잃는다.

"다른 사람이 나를 공격하는데 어떻게 긍정적 시너지를 선택할 수 있는가?"라는 의구심이 생길 수 있다. 우리는 타인의 패러다임을 통제할 수는 없지만 매우 적대적인 상황의 한복판에서도 내면에서 시너지에 도달할 수 있다. 분노하지 않겠다고 선택할 수 있다. 적을 탐구하고 공감하는 마음으로 적의 말에 귀를 기울일 수 있다. 그러다 보면 자신의 관점이 넓어지고 공감하는 마음만 품어도 갈등을 완화할 수 있다는 사실을 깨달을지 모른다. 따라서 자신에게 제3의 대안을 찾는 질문을 던져라. "우리가 지금껏 생각해낸 것보다 좋은 해결책을 찾을 의향이 있는가?"

많은 사람이 상대에게 분노한 나머지 법정에 나아가 자기 입장을 변호하지만 법적 절차를 밟을수록 문제만 악화시킨다. 우리는 그들에게 제3의 대안을 찾는 질문을 던지고 거의 모든 사례에서 놀라운 결과를 거뒀다. 몇 달이나 몇 년 동안 법적으로 심리적으로 분쟁을 일으켰던 문제들이 몇 시간이나 며칠 만에 종결되었고 믿기 힘들 정도로 창의적인 에너지가 분출되었다.

이 밖에도 '되갚아주려는' 본성을 뛰어넘어 제3의 대안을 추구할 때 자존감이 강해진다는 사실도 배웠다. 아마도 직관에 거스르는 말이겠지만 타인에게 손을 내밀어 평화를 제의할 때 비로소 자기 마음에도 평화를 느낄 수 있다. 마틴 루터 킹 목사가 말했듯 "눈에는 눈이라고 주장했던 옛날 법은 모든 사람의 눈을 멀게 만들었다. 바르게 행동할 시기는 언제라도 적절하다."

개인도 변호사도 법정도 한 번에 한 단계씩 제2의 대안적 사고방식에서 제3의 대안적 사고방식으로 전환할 수 있다. 그 과정은 언제 시작해야 할까? 지금 당장 시작해야 한다. 존 F. 케네디는 이렇게 주장했다. "순간뿐 아니라 현 시대를 위해 생각하고 행동해야 한다. 위대한 프랑스 총독 마르셀 리요테Marshal Lyautey가 정원사에게 나무를 심으라고 부탁했던 일화가 떠오른다. 정원사는 나무가 천천히 자라므로 100년이 되어도 성숙한 단계에 이르지 못한다며 반대했다. 그러자 총독은 이렇게 대답했다. '그렇다면 더더욱 머뭇거릴 시간이 없겠군. 오후에 당장 심게나!'"[25]

가르치며 배워라

이 책에서 교훈을 얻는 최상의 방법은 타인에게 가르치는 것이다. 교사가 학생보다 훨씬 많이 배운다는 사실은 누구나 안다. 그러므로 동료나 친구나 가족을 골라 이 책에서 배운 통찰을 가르쳐라. 다음에 열거한 도발적인 질문을 하거나 스스로 질문을 만든다.

- 갈등을 해결하기는커녕 오히려 확대시키는 현대 사법 제도의 경향을 어떻게 설명할 것인가? 이러한 경향은 변호사와 고객에게 어떤 결과를 초래하는가?

- 에이브러햄 링컨은 "변호사는 중재자의 역할을 담당할 중요한 기회를 손에 쥐고 있다"고 말했다. 여기서 기회란 무엇인가? 더욱 많은 변호사가 이러한 기회를 활용하지 않는 이유는 무엇인가?

- 제3의 대안적 사고로 법조계의 관행을 바꿀 수 있는가? 법조계의 관행을 어떤 방식으로 바꿔야 하는가?

- 중재자가 되겠다고 간디를 다짐하게 만든 커다란 변화는 무엇인가? 간디의 삶과 다른 사람의 삶에 찾아온 변화는 어떤 결실을 맺었는가?

- 보일 판사가 문제의 해결책으로 제3의 대안을 생각해낼 때 사용한 시너지 과정을 묘사한다. 이 과정에서 통상적인 사법 절차의 역발상은 무엇인가?

- 처참한 소송에 대처하려고 애쓴 기업 사장의 사례에서 사장은 갈등을 해결하기 위해 어떤 단계를 밟았는가? 그 접근방법은 현실적이었는가? 현실적이라 생각하는 근거는 무엇인가? 현실적이 아니라 생각하는 근거는 무엇인가?

- 당신에게 부숴야 하는 벽으로 가로막힌 관계가 있는가?

- 시공업자와 페인트공의 이야기는 자칫 부정적으로 흐를 수 있었던 긍정적 시너지의 사례이다. 그 까닭은 무엇인가?
- 아파르트헤이트 정책이 무너졌을 때 남아프리카공화국 리더들이 직면한 예측불허의 두 가지 대안은 무엇인가? 그들이 생각해낸 제3의 대안을 어떻게 생각하는가? 제3의 대안이 지닌 장단점은 무엇인가?
- 다른 사람이 공격할 때 우리는 어떻게 긍정적 시너지를 선택할 수 있는가?

시도하라

법적으로 문제가 될 수 있는 분쟁에 휘말려 있는가? 제3의 대안을 구상해보라. 다른 사람에게 이 과정에 기여해달라고 요청하라. '시너지에 도달하는 4단계' 도구를 사용하라.

시너지에 도달하는 4단계

① 제3의 대안을 찾는 질문을 한다.

"우리가 지금껏 생각해낸 것보다 좋은 해결책을 찾을 의향이 있는가?" 그렇다고 대답하면 2단계로 넘어간다.

② 성공 기준을 정의한다.

다음 칸에 모두가 반가워할 해결책의 특징을 나열한다. 성공은 어떤 모습일까? 어떤 일을 해야 할까? 이해당사자 모두 '승—승'하는 방법은 무엇일까?

③ 제3의 대안을 창조한다.

다음 칸에 모델을 만들거나 그림을 그리거나 아이디어를 빌려오거나 사고의 관점을 전환한다. 신속하고 창의적으로 움직인다. 시너지에 도달했다는 사실을 알고 흥분하는 순간이 찾아올 때까지 모든 판단을 미룬다.

(4) 시너지에 도달한다.

다음 칸에는 제3의 대안을 서술하고 원한다면 어떻게 실천할지 쓴다.

시너지에 도달하기 위한 4단계 도구의 사용지침

시너지에 도달하는 4단계: 이 과정은 시너지 원칙을 적용하는 데 유용하다. (1) 제3의 대안을 기꺼이 찾겠다는 의향을 보인다. (2) 모두에게 성공이 어떤 모습인지 정의한다. (3) 해결책을 실험한다. (4) 시너지에 도달한다. 과정 내내 타인의 말을 공감하며 경청한다.

시너지에 도달하는 방법

① 제3의 대안을 찾는 질문을 한다.

갈등을 빚거나 창의적인 상황에서 제3의 대안을 찾는 질문을 하는 것은 자신의 확고한 입장이나 선입견을 넘어서서 제3의 입장을 발달시키기에 유용하다.

② 성공 기준을 정의한다.

모두에게 성공적인 결과가 어떤 모습일지 묘사하는 문단을 쓰거나 그 특징을 나열한다. 다음 질문에 대답한다.

- 기준을 정하는 작업에 전원이 참여했는가? 가능한 한 많은 사람에게 많은 아이디어를 얻고 있는가?
- 자신이 정말 원하는 결과는 무엇인가? 어떤 일을 해야 하는가?
- 모두가 승一승하는 결과는 무엇인가?
- 기존의 요구를 초월해 좀 더 바람직한 요구로 바꾸려 하는가?

③ 제3의 대안을 창조한다.

다음 지침을 따른다.

- 그냥 논다. 진짜가 아니라 놀이이다.
- 폐쇄를 피한다. 어설프게 동의하거나 합의하지 않는다.
- 타인이나 자신의 아이디어를 판단하지 않는다.
- 모델을 만든다. 화이트보드에 그림을 그리고, 도표를 스케치하고, 실물 크기의 모형을 세우고, 초안을 작성한다.
- 머릿속으로 아이디어를 돌린다. 인습적인 지혜를 뒤집어본다.
- 빠른 속도로 일한다. 시간 제한을 두어서 에너지와 아이디어가 급속하게 흐르게 한다.
- 많은 아이디어를 생각해낸다. 어떤 즉흥적 통찰이 제3의 대안을 이끌어낼지 예측할 수 없다.

④ 시너지에 도달한다.

흥분과 영감이 방을 가득 채우면 제3의 대안을 찾은 것이다. 오랜 갈등이 사라진다. 새 대안이 성공 기준을 충족한다. 이때 주의할 점이 있다. 타협을 시너지로 착각해서는 안 된다. 타협은 만족을 낳지만 기쁨을 안기지는 않는다. 타협하면 모두 무언가를 잃지만 시너지에 도달하면 모두 승리한다.

STEPHEN R. COVEY

사회에서 추구하는
제3의 대안

7

실제로 선택할 여지가 없고,
진정한 대안이 아직 없다는 사실을 받아들일 때 해결책이 떠오르곤 한다.
진정한 변화를 달성하려면 틀에서 벗어나 제3의 대안을 찾아야 한다.

― 폴 바츨라비크

범죄 · 질병 · 빈곤 · 전쟁 그리고 이를 유발하는 정신오염과 환경오염을 비롯해 사회가 직면한 난제는 사회 자체만큼이나 오래되었다. 이렇게 인류가 오랜 재난에 맞서며 이룩한 발전은 고무적이기는 하지만 공정하지 않다.

개인은 자신의 능력으로는 사회 문제를 어찌할 수 없다고 치부하며 묵살할지 모른다. 사회 문제를 해결하기 위해 개인이 할 수 있는 일이 많지 않다고 거듭 강조하더라도 여전히 사회 문제는 개인에게 더군다나 깊숙이 영향을 미친다. 정작 개인은 그 영향이 얼마나 심각한지 인식하지 못할 수도 있다. 오늘날 과학 이론에 따르면 우리는 물리적 거리와 상관없이 타인의 고통 때문에 아플 수 있다. "사회적 고통은 신체가 고통을 느낄 때와 동일한 뇌 부위를 활성화시킨다! 뇌는 매우 사회적이다. 개인에게는 방대한 양의 사회 회로망이 있다."[1] 우리는 스스로 행복하기 위해서라도 고개를 푹 숙이고 세상의 고통을 모른 척할 수 없다. 찰스 디킨스Charles Dickens는 "인류는 내 임무이다. 공공복지도 내 임무이다. 자선 · 자비 · 관용 · 선행 등도 모두 내가 책임져야 할 임무이다"[2]라고 선언했다.

제3의 대안적 사고가 사회 문제에 적용되는 방식을 지켜보면서 개인은 자신의 문제에 제3의 대안적 사고를 적용하는 방법을 배울 수 있다. 세계에서 가장 불안정한 지역에 평화를 정착시킬 목적으로 활동해온 랍비 마크 고핀은 사회적 갈등과 개인적 갈등은 규모가 다를 뿐 성격은 같다고 말했다.

경쟁국 사이에 존재해 세상에 엄청난 갈등을 초래하는 불화와 개인에게 깊은 영향을 미치는 개인과 가족의 파괴적 다툼은 근본적으로 성격이 같다. 규모와 이해관계는 분명히 매우 다르지만 근본적인 과정은 동일하다.[3]

개인이 직면한 가장 해결하기 힘든 문제가 개인에 국한된 문제라고 생각할 수도 있지만 대개는 개인적인 동시에 전체적이다.

우리가 전 세계 사람들을 대상으로 심각한 문제에 관한 설문조사를 했을 때 응답자들은 현재 가장 중요한 사회 문제로 전쟁의 재앙 다음으로 "빈곤과 실업의 제거" "토지·물·공기를 비롯한 환경의 관리"를 꼽았다. 또한 응답자들은 범죄와 의료 서비스에 대해서도 우려했다. 그 대답을 몇 가지 인용해보자.

- 아시아의 중간 관리자: "우리나라 인구의 대부분은 빈곤 계층이다. 일자리와 교육 기회가 부족하고 사회기반 시설이 거의 없다. 부채가 많고 국가경영은 형편없으며 부패가 만연해 있다."
- 북아메리카의 기업 중역: "빈곤은 전쟁·테러·실직의 이면에서 분노·증오·탐욕·질투를 유발하는 기폭제이다. 따라서 빈곤 문제를 해결하는 것이 최대 관건이다."
- 라틴아메리카의 금융 매니저: "세상에서 빈곤을 타파하는 것이 매우 중요하다. 때때로 기아는 살아남기 위해 추악한 일을 하게 만든다."
- 유럽의 정보통신기술 관리자: "부자들이 꽉 잡고 있는 세상에서는 가난한 사람이 비집고 들어갈 자리가 없다."
- 아시아의 회사원: "사람들은 이제 타인에게 더 이상 신경을 쓰지 않는 것 같다. 사회 분위기는 점점 딱딱해지고 있다. 머릿속이 온통 자신에 대한 생각으로 가득 차 있어서 타인은 아랑곳하지 않을 것이다."

- 유럽의 회사원: "천연자원은 유한한데 인류는 과하게 욕심을 부린다. 이 대로 가면 미래 세대가 사용할 수 있는 자원이 남지 않을 것이다. 아름다운 풍경을 자랑하던 나라도 더 이상 그 모습을 유지하지 못할 것이다."
- 북아메리카의 변호사: "건강을 잃으면 그 무엇도 의미가 없다."
- 유럽의 관리자: "인터넷에서 아동 포르노물이 돌아다니지 못하게 해야 한다. ……아동 포르노물의 보급은 현재 유럽이 직면한 가장 심각한 문제이다."
- 동남아시아의 중간 관리자: "세상은 환경도 생명체도 건강하지 않다. 인류가 환경을 오염시켜서 지구에 내일이 없어졌다."

누구나 폭력·기아·질병·노숙·오염 등을 없애고 싶어 한다. 누구나 평화롭고 번영하고 건강한 세상을 자녀에게 물려주고 싶어 한다. 그러므로 어떤 일을 해야 할지는 상당히 분명하지만 방법을 둘러싸고 사회는 절망적으로 갈라져 있다. 근본적으로 정반대인 좌파 철학과 우파 철학이 세계를 무대로 세력을 확보하기 위해 다툰다. 선진국은 어느 방향으로 날아야 할지 갈피를 잡지 못하는 새처럼 좌파와 우파 사이를 변덕스럽게 오간다. 게다가 이러한 분리 현상은 줄어들지 않고 점점 더 확대일로에 있다.

대분리

미국 연방준비제도이사회 의장이었던 앨런 그린스펀Allen Greenspan이 말한 대로 "어느 때보다 파괴적 경향을 띠는 요즘 사회의 일반적 분리현상"을 놓고 사려 깊은 다수가 우려하고 있다.

실제 사례로 알 수 있듯 좌파와 우파의 주장은 나날이 독해지고 있다. 우파는 이렇게 주장한다.

두 가지 대안

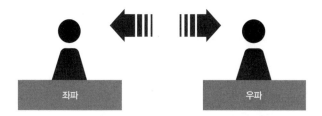

- 진보주의자여! 그대들과 함께 살 수도 없고 그렇다고 쏘아 죽일 수도 없다.
- 진보주의자는 버릇없고 성난 아이처럼 어른이 마땅히 져야 하는 정상적인 책임을 거부하고, 부모가 하듯 요람에서 무덤까지 자신들의 필요를 채워달라고 정부에 요구한다.
- 진보주의자가 자선을 베풀기는 한다. 다른 사람의 돈으로 말이다.
- 진보주의는 완전히 파괴적이어서 국민에게서 세금을 뜯어가고 기업에 규제를 가해 파산하게 만들며 나태하고 아무 짝에도 쓸모없는 복지 사기를 남용해 표를 얻는다.

그리고 좌파는 이렇게 주장한다.

- 보수주의자는 비열하고 이기적이며 탐욕스럽다.
- 파렴치하게 직원을 착취해 더러운 부를 쌓는 탐욕스러운 상사가 있는 곳을 보면, 상사와 그의 자유 시장을 향해 이른바 신성한 천재성을 숭배하는 보수주의자 무리가 눈에 띈다.
- 보수주의자는 국민이 아프고 스트레스에 시달리고 무기력하게 절망에

빠지기를 바란다. 그래야 자신의 막대한 재산을 거대 제약회사와 거대 보험회사에 투자해 혐오스러운 살인을 계속 저지를 수 있기 때문이다.

- 보수주의자는 사회적으로 무책임하고 편견이 심하고 우유부단하며 위선적이어서 인류에 나쁜 본보기이다.

좌파와 우파가 서로 독설을 퍼붓고 목소리를 높이는 동안 그들이 다투는 사회 문제는 계속 악화된다. 범죄와 부패가 만연하고 의료비용이 치솟고 실업 문제가 훨씬 심각해지고 오염이 하늘을 덮는다. 무엇을 믿어야 할지 확신하지 못하고 별다른 희망도 없는 다수의 중도는 이번만큼은 상황이 달라지리라 생각하며 몇 년을 주기로 좌파나 우파에 기댄다. 하지만 이념은 문제를 직시하기보다 권력을 획득하고 유지하는 데 더욱 집중하는 것 같다. 좌파와 우파가 지향하는 주요 목표는 실체가 부족하거나 피상적이라 하더라도 표를 얻기 위해 호소력 있는 이미지를 구축하는 것이다. 그래서 그들이 사람들의 열정을 불러일으키려고 사용하는 이념은 자기 이익만 챙긴다는 인상을 준다.

물론 대부분 세상을 바꾸고 싶다는 진정한 열망을 가슴에 품고 정계에 입문하고 좋은 활동을 많이 하기도 한다. 하지만 꼭대기에 머물러 있기 위해 정적을 악마로 둔갑시키는 사람들이 너무나 많다. 그들이 수사적 속임수를 써서 복잡한 문제를 단순하게 '우리 대 그들'의 문제로 축소시키려 한다는 것은 누구나 알 수 있다.

그러한 어리석은 행태를 꿰뚫어보면 두 입장이 지향하는 철학은 근본적으로 다르다.

우파의 기본 원칙은 개인의 자유이다. 개인의 책임을 강조하고 행동의 자유를 제한하는 어떤 수단도 불신한다. 따라서 사회적 행동을 의심하고 자유 시장이 자동적으로 사회적 병폐를 제거하리라 믿는다. 저명한 영국 보수주의 지도자 마거릿 대처Margaret Thatcher는 이렇게 말했다.

자신에게 발생한 문제를 해결하는 것이 정부가 할 일이라고 생각하는 사람
이 너무 많다. "내게 문제가 생겼으니 정부 보조금을 타겠죠." "나는 노숙
자이니 정부가 집을 제공해주어야 합니다." 이들은 자기 문제를 사회에 내
던지고 있다. 이들에게는 개인과 가족이 있을 뿐, 사회는 없다.

이와는 대조적으로 좌파의 기본 원칙은 사회적 책임이다. 좌파는 사회
병폐를 경감하고 삶의 부담을 나눠 지기 위해 공동체를 이루어 함께 노
력하자고 강조한다. 대개 자신보다 경제적으로 부유한 보수주의자들의
동기를 의심하면서 그들이 자유를 옹호하기보다는 자신의 특권을 지키
는 데 더욱 관심을 쏟는다고 생각한다. 미국 국무장관이었던 힐러리 클
린턴은 유명한 진보주의자이다.

우리는 개인에 대해 생각하는 것을 중단하고 사회에 무엇이 최선인지 생각
하기 시작해야 한다. ……우리는 모두 한가족이다. 행복하고 건강하고 희
망을 품은 아이를 키워내려면 모두 노력해야 한다. 그렇다, 마을 전체가 힘
을 모아야 한다.

대처와 클린턴의 자극적 주장을 들으면 반대편에서 항의가 빗발치기
마련이다. 누구나 깨달을 수 있듯 보수주의 철학과 진보주의 철학에는
각기 감탄할 점과 동의할 점이 많다. 나는 사람들을 가르치면서 자신이
막강한 힘을 소유했고 재주와 진취적 기상을 갖추었으며 사회에 위대하
게 기여할 수 있다는 사실을 상기시켰다. 이와 동시에 자아의 고삐가 풀
리고 개인의 목적을 추구하느라 사회의 안녕을 거의 고려하지 않는 행

제3의 대안

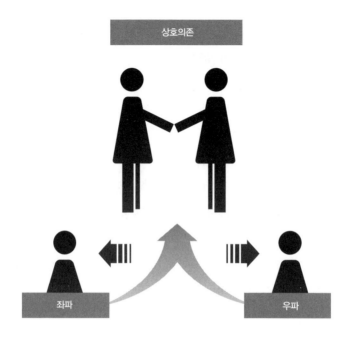

태를 우려했다.

　상황에 따라 좌파에 기울 때도 우파에 기울 때도 있지만 나는 양쪽의 패러다임 모두 결함이 있다고 생각한다. 진보주의가 강조하는 공동체 개념은 의존성을 낳을 우려가 있다. 타인의 보살핌을 받기 시작한 사람은 주도권을 잃고 개인적 성장을 멈추고 사회에 기여할 잠재력을 잃는다. 다른 한편으로 보수주의가 주장하는 개인주의 개념은 자체만으로도 귀중한 독자성을 북돋운다. 하지만 독자성은 궁극적 가치가 아니다. 누구도 홀로 시너지에 도달할 수 없고, 타인과 협력하면 개인이 독자적으로 행동할 때보다 훨씬 큰 성과를 거두기 때문이다.

　좌파와 우파로 나뉘는 현상에 대한 제3의 대안은 상호의존성이다.

서로 의존하는 사람들은 온전히 자립적인 동시에 서로 책임을 진다. 진보주의자와 보수주의자는 상대방의 희생을 전제로 자기 가치를 밀어붙이는 반면에 제3의 대안을 추구하는 사람은 사회 병폐를 해결할 상호의존적 방법을 모색한다. 제2의 대안적 사고에 갇혀 상대방에게 대책 없이 소리를 지르는 사람이 있는가 하면 시너지를 향해 전진하는 사람도 있다.

상호의존성의 황제

2,000년 이상 전에, 인도의 아소카Ashoka 황제는 평화로운 칼링가 왕국을 공격해 짓밟았다. 그런데 피비린내 나는 참상 한가운데 서자 그는 자신이 저지른 행동의 결과에 간담이 서늘해졌다. 그 후 황제는 자신의 죗값을 치르는 데 여생을 보냈다. 우선 땅을 정복해 영토를 늘리려는 탐심을 버리고 경제적 빈곤과 정신적 빈곤을 타개하고 폭력을 근절하는 데 전념했다. 수백 가지에 이르는 칙령을 돌에 새겨 제국 구석까지 실시하게 했으며 정중하고 본분을 지키고 순수한 마음을 지니라고 백성에게 호소하면서 평화와 관용을 지향하라고 촉구했다.

아소카는 황실의 복장을 벗고 자신이 통치한 나머지 28년 동안 페르시아부터 타일랜드까지 왕국을 순회하며 백성이 겪고 있는 문제가 무엇인지 직접 듣고 자립과 자비를 가르치는 데 최선을 다했다. 아소카가 통치한 황금시대는 인도 역사상 가장 번영하고 평화로운 시기였다고 전해진다. H. G. 웰스는 아소카 황제를 이렇게 묘사했다. "기나긴 역사의 장을 채우고 위엄·자비·평온·고결함 등을 자랑했던 수많은 군주 가운데서도 아소카의 이름은 별처럼 거의 홀로 빛을 발한다."[4] 아소카는 역사상 최초로 사회 문제를 탐욕과 잔인한 행동으로 악화시키지 않고 해결하려고 노력했던 위대한 군주인지도 모른다. 그는 자신과 타인을 사랑하는 의무를 뜻하는 다르마dharma를 가르치는 동시에 스스로 실천하며 생활하려 노력했다.

아소카가 실천한 다르마는 내가 주장하는 상호의존과 뜻이 비슷하다. 다르마의 주요 특징은 자기수양과 자비로서 상호의존적 사고방식의 근본을 이룬다. 다르마로 자신을 수양하는 사람은 문제를 일으키지 않고 해결책을 제시한다. 진취성과 내적 자원을 사회에 베푸는 매우 유능한 존재로 자신을 생각한다. 다르마의 자비를 마음에 품은 사람은 타인의 마음을 들여다보므로 타인의 아픔이 자신의 아픔이 되고, 타인의 행복이 자신의 행복이 된다. 위대한 아소카 황제는 다음과 같은 신조를 인도 전역의 기둥에 새기게 했다.

나는 자녀가 현세와 내세에서 행복하기를 바란다. 그리고 자녀를 향한 내 소망이 누구에게나 이루어지기를 바란다. 이 소망의 정도는 아무도 이해하지 못한다. 설사 이해하는 사람이 있더라도 그 소망을 온전히 전부 이해하지는 못한다.

위대한 아소카 황제는 이러한 원칙을 실천함으로써, 극단적 사고로써 반대 세력을 마구잡이로 공격하고 학살하는 최악의 군주에서 벗어나 시너지를 구현하는 군주로 변모했다. 백성과 더불어 열정적으로 사회를 혁신했고, 도로 · 여관 · 대학교 · 관개시설 · 사원 · 병원 등을 건설했다. 범죄자에게 끔찍한 처벌을 내리는 법을 금지시켰다. 다르마의 정신으로 갈등을 해결하고 다시는 전쟁을 일으키지 않았다. 최초로 소수민족을 보호하고 모든 종교를 수용하는 법을 제정했다. 심지어 모든 종교의 진리를 포함해 시너지를 추구하는 종교를 만들려고 했다. 그리스와 페르시아를 통치하는 왕들에게도 사자를 보내 인류를 사랑하는 일에 합류하자고 권고했다.

아소카는 "먼저 좋은 일을 시작하는 사람은 실행하기 힘든 일을 하고 있는 것이다"라고 말했다. 제2의 대안적 사고인 '우리 대 그들' 패러다임에서 벗어나 급진적 변화를 시도하려면, 아소카처럼 영웅적으로 행동해야 한다. 우선 너나없이 진보주의나 보수주의 편에 서서 주도권을 차지하려 다투면서 제3의 대안을 찾는 데 동조하지 않기 때문이다. 진보주의자와 보수주의자는 믿을 가치가 없는 거대 세력인 정부와 시장을 신봉하고 날씨만큼이나 변덕을 부린다. 하지만 거대하고 예측할 수 없고 비인간적인 세력에 휘둘려서는 안 된다. 시너지를 추구하는 사람이 다툼에 참여하는 이유는 승부를 겨루기 위해서가 아니라 다툼의 성격을 바꾸기 위해서이다. 자원이 풍부하고 지적인 사람들과 시너지를 발휘한다면, 온갖 가식적 언어로 장식된 이념을 믿는 사람은 꿈도 꿀 수 없는 새로운 미래를 창조할 수 있다.

건강한 사회를 이뤄내는 비결은 사회의 목적과 가치 체계를 시너지 원칙에 맞추는 것이다. 하여 나는 진보주의와 보수주의가 벌이는 논쟁에 관심이 없다. 오히려 시너지를 통해 기적적인 힘을 발휘하여 제3의 대안을 찾고 사회가 직면한 병폐를 치유하는 데 훨씬 관심이 많다. 이 장에서는 현재 그렇게 활동하고 있는 훌륭한 사람들을 소개할 것이다. 그들은 범죄를 없애고 사람을 치유하고 파괴된 환경을 되살리는 데 힘쓴다. 만성적 위기에 처한 의료 서비스를 개선하고, 가난한 사람들에게 자부심과 자립심을 심어준다.

황제는 아니더라도 우리에게는 먼저 자기 영향력의 원 안에서 좋은 활동을 벌일 힘이 있다. 아소카 황제가 광대한 왕국을 둘러본 계기도 시너지의 정신이었다. 그는 불의 · 빈곤 · 질병 · 영적 암흑에 정면으로 맞섰고 백성과 의논했다. 사회 문제를 해결하기 위해 어떤 대책을 강구해야 할지 처음부터 분명히 안 것은 아니겠지만 결국 어느 누구도 생각해내지 못한 해결책을 내놨다. 그래서 역사가들은 아소카 황제의 통치를 "불안정한 인류 역사에서 가장 밝게 빛나는 사건의 하나"라고 정의한다.[5] 2000년 이상 지나 역시 시너지를 추구하는 위대한 모한다스 간디가 등장해 인도에 새 미래를 제시했고, 새로 제정된 인도 국기의 한복판에는 아소카 황제의 상징인 다르마 물레가 새겨졌다.

도시에 찾아온 르네상스

뉴욕 시에서 브로드웨이와 42번가가 만나는 곳은 '세상의 중심'이라고 불릴 만하다. 이곳 타임스 스퀘어는 승전 퍼레이드가 펼쳐지고, 거대한 전광판은 최근 뉴스를 보도하며, 새해 전야가 되면 엄청난 인파가 몰리는 미국 최대 도시의 심장부이다. 100년 전 연예산업의 중심지였던 인근은 유명했던 브로드웨이 극장들로 붐볐다. 아름다운 아스토르 호텔이 보석 같은 화강암 요새처럼 당당하게 시류를 주도했다. 이 '불야성의 거리'에 세계 청중의 관심이 쏠렸다.

하지만 린 새갈린Lynne Sagalyn의 말대로 대규모 극장 지역을 뜻했던 '연예산업의 중심지'가 1970년대 들어서면서 "불야성의 거리가 아닌 타락의 도시로 바뀌었고 부적격자 · 성도착자 · 알코올 중독자 · 마약 중독자 · 도망자 · 걸인 · 매춘 알선업자 등이 득시글대는 극심한 사회 타락의 현장"이 되었다.[6] 유서 깊은 극장은 대부분 문을 닫았고 명맥을 유지하는 극장은 밤낮으로 외설물을 공연했다. 도시 심장부의 타락은 국가 문제로 부상했다. '도시에서 최악의 지역'은 안팎으로 죽어가며 재정적으로나 윤리적으로 파산한 도시의 상징이 되었다. 냉혹한 도시의 위험 천만한 구멍으로 문명 전체가 빨려 들어갈까 걱정하는 사람이 속속 생겨났다.

하지만 요즘 들어 상황은 급격히 달라졌다. 한때 최악의 사회적 병폐를 상징했던 타임스 스퀘어는 이제 매우 다른 상징으로 다시 빛을 발하고 있다. 훌륭한 사람들이 시너지의 영향력을 발휘하면서 함께 달성해 낸 성취의 상징이 되었다. "타임스 스퀘어가 정신적이고 물리적인 르네상스"를 맞이한 사례를 보면서, 제2의 대안적 사고방식의 고리를 끊고 제3의 대안을 찾기로 선택하면 사회를 변화시킬 수 있다는 교훈을 얻을 수 있다.

타임스 스퀘어 부활에 기여한 사람은 많지만 주요 동력이었던 인물로는 그때까지 거의 무명이었고 겸손한 성품을 지닌 지역사회 운동가 허브 스터츠Herb Sturz가 있다. 뉴저지 주 출신의 이상주의자인 스터츠는 작가로 사회생활을 시작했지만 종국에는 성장기에 고민했던 사회적 대의명분의 한복판에 섰다. 보이스카우트를 사랑했던 그는 대학을 졸업하자마자 보이스카우트가 운영하는 잡지 〈보이스 라이프Boys Life〉에 글을 기고하는 직업을 구했다. 그곳에서 일하면서 존 F. 케네디 대통령 후보에게 편지를 써서 전국 청년 봉사단을 조직하자고 제안했다.

1960년대 초반 젊은 저널리스트였던 스터츠는 너무 가난해서 보석금을 낼 수 없는 '비행 청소년' 수백 명이 뉴욕 시 교도소에 갇혀 고통을 겪고 있다는 사실을 알게 되었다. 미국 헌법을 조사한 결과 어느 누구에게도 과도한 보석금을 지불할 의무가 없다는 사실을 깨달은 스터츠는 수감 청소년을 돕는 운동을 시작했지만 이내 두 이념의 틈새에 갇히고 말았다. '강경한' 입장에 서 있는 사람들은 스터츠의 활동을 '동정심이 과도하게 많은 진보주의'이면서 열정은 있지만 기여할 시간도 돈도 없는 이상주의로 치부했다.

그래도 스터츠는 묵묵히 전진하며 십 대 수감자들이 권리를 행사할 수 있도록 돕는 아이디어를 고안해 실험했다. 우선 뉴욕 소재 법학대학원 재학생들을 조언자로 모집했다. 대학원생들은 십 대 수감자에 관한 자료를 수집하고 당시 유행했던 발명품인 컴퓨터 펀치 카드를 사용해 각 수감자에 관한 자료를 처리했다. 그리고 도주할 우려가 있는 십 대 수감자는 거의 없다는 사실을 입증하는 보고서를 판사에게 제출했다. 스터츠는 반대자들에게 맨해튼 보석 프로젝트Manhattan Bail Project를 가동하면 세금을 절약할 수 있다는 것을 증명해 보였고 결국 프로젝트는 크게 성공을 거두었다.

맨해튼 보석 프로젝트는 스터츠에게 시작에 불과했다. 그는 오랫동안 마약 중독자, 실업청년, 방과 후 프로그램 아동들을 돕기 위해 제3의 대안을 찾아가는 과정에서 천재성을 발휘하여 시민의 진정한 의무를 정의하고 그 의무를 수행하기 위한 혁신적 제도를 수립했다. 스터츠의 위대한 장점은 양극단으로 갈라진 세상에서 언제나 제3의 대안을 찾아내는 것이었다. 전기 작가에 따르면 스터츠는 진보주의자와 보수주의자가 권력 분산이나 강력한 규제를 주장하고 예산을 증액하거나 감액하자고 주장하는 '안이하고 반사적인 반응에서 벗어나' 실행 가능한 전략을 수립해서 사회 문제를 해결하려 했다. 반정부 보수주의에 대해서는 이렇게 언급했다. "정부가 움직이고 싶지 않아서 일하지 않는다고 덮어놓고 주장하는 사람들이 있다." 그러면서 정부가 혼자 힘으로 진정한 사회변화를 이룰 수는 없다고 믿었다.

1979년 스터츠는 뉴욕 시 부시장으로 행정부에 처음 합류했다. 그 무렵 타임스 스퀘어는 무시무시한 곳으로 치달아 "이대로 놔두어서는 안 된다"는 말이 공공연하게 돌았다. 그래서 스터츠는 앞으로 해야 할 일을 정했다. "우리는 타임스 스퀘어에 꿈을 부활시켜 암울한 현실을 대체하고 싶다."[7]

다루기 힘든 혼란

뉴욕 시가 타임스 스퀘어를 재건하는 청사진을 발표하자 많은 사람이 깜짝 놀랐다. 정부는 해당 지역을 부수고 도로를 건설하고 "획일적이고 단순하고…… 지나치게 크고 개성이 없고 감동을 주지 못하며 맥 빠져서 타임스 스퀘어에 전혀 어울리지 않는…… 거대한 잿빛 건물 유령들…… 타임스 스퀘어를 바닥으로 추락시킬"[8] 고층건물 네 개를 건설하겠다고 했다. 동시에 이러한 계획은 좋은 발상의 요건을 갖추기도 하여 일종의 충격요법으로 사용되면서 사람들을 행동하게 자극했다.

부동산 소유주 수십 명이 도시를 상대로 즉각 소송을 제기했다. 토지를 수용당할 위험에 처한 사업체들은 시위를 벌였다. 지금 돈을 잘 벌고 있는데 강제로 사업에서 손을 떼야 하다니 어이가 없지 않은가? 환경운동가와 도시운동가도 타임스 스퀘어를 정체불명의 사업 지역으로 만든다며 계획에 반기를 들었다. 역시 반대 입장에 섰던 스터츠는 "타임스 스퀘어의 불빛과 에너지를 현실로" 그대로 유지하는 계획이 세워지기를 희망했다.

사방에서 논쟁이 끓어오르는 가운데 반대의 목소리를 가장 크게 냈던 시모어 더스트Seymour Durst 가문은 타임스 스퀘어 근처에 부동산을 다량 소유하고 있었다. 더스트 가문은 원칙적으로 민간 개발 사업에 정부가 보조금을 지급하는 계획에 반대했다. 정부의 예산 지출 방식에 불만이 많았던 시모어 더스트는 6번가에 있는 개인 소유 건물에 거대한 전자시계를 세우고 시곗바늘을 움직여 미국 국가부채 증가액을 표시했다. 뉴욕 시는 개발업자들의 자발적 투자를 유치할 심산으로 공적 자금 수백만 달러를 제공하겠다고 제의했고 많은 부동산 소유주들이 가능한 한 보상금을 많이 받아내려 애를 쓰는 와중에 더스트 가문은 원칙에 따라 해당 계획을 수용하지 않겠다고 거절했다.

이렇듯 처리하기 힘든 곤란한 상황에서 유능한 도시 개발업자 레베카 로버트슨Rebecca Robertson이 투입되었다. 뉴욕 시 정부는 허브 스터츠가 영입한 로버트슨을 재개발 프로젝트 담당자로 임명했다. 로버트슨은 타임스 스퀘어가 '뉴욕의 혐오스러운 장소'로 전락했다는 사실을 인식했다.9 그와 동시에 시너지를 발휘할 수 있는 멋진 기회를 쥐었다는 사실에 흥분했다. "어떻게 하면 의견이 분분한 도시 리더와 선거 구민을 하나로 통합해 앞으로 새롭게 뉴욕을 건설할 계획을 수립할 수 있을까?"

로버트슨은 뉴욕 시가 세웠던 원래 계획을 버리고 본질적으로 모든 이해관계자에게 의견을 물었다. "누가 자발적으로 앞장서서 지금껏 어느 누가 생각해낸 것보다 좋은 계획을 세울 의향이 있는가?" 이 질문은 제3의 대안을 세울 때 절대적으로 충족해야 하는 전제조건이다.

로버트슨은 뉴욕 시 전체에 걸쳐 토론회, 즉 마법극장을 소집해 시에 새롭게 건설할 극장이 어떤 모습이여야 할지 의논했다. 도시 계획가와 민간 개발업자는 물론, 환경운동가, 역사가, 예술가 등의 다양한 목소리가 환영을 받았고 여기에는 저명한 개발업자 칼 와이스브로드Carl Weisbrod, 42번가에 자리한 이국적 레스토랑 체즈 조세핀Chez Josephine의 소유주 장 클로드 베이커Jean-Claude Baker, 엄청난 영향력을 소유한 더스트 가문, 42번가에 아동전용 극장을 건립하려는 공연 기획자 코라 카한Cora Cahan 등도 합류했다.

결국 다양한 견해를 타진한 끝에 전원이 동의할 수 있는 계획이 도출되었다. 로버트슨은 "도시를 위대하게 만드는 것은 도시의 신화이다"라고 말했다. 타임스 스퀘어의 신화는 '외설적이고 야하고 화려한 42번가', 웅장한 브로드웨이 극장, 〈브로드웨이 멜로디Broadway Melody〉와 〈지그펠드 폴리스Ziegfeld Follies〉 같은 웅대한 영화에서 시작했다. 그녀는 이렇게 주장했다. "나는 42번가의 혼란과 인기에 종지부를 찍고 싶지 않았다. 물론 범죄는 없애고 싶지만 그곳의 신화는 혼돈과 소음에 있다고 생각했다."[10] "미적인 것을 최우선 순위에 두어야 한다. ……사람들이 타임스 스퀘어에 오는 이유는 그러한 것들을 보기 위해서이다." 그래서 새 계획은 "누구나 쉽게 접근해서 동등하게 보행로를 차지할 수 있는 민주주의, 흥분, 자연스러운 부조화를 보존하고 ……우울하고 일자리가 없고 마약에 찌든 동물원이 아니라 잘 관리된 동물원이어야 했다."[11]

로버트슨의 비전이 반영되면서 프로젝트의 실행에 에너지가 생겨났다. 사람들의 인식에 제3의 대안적 패러다임이 형체를 잡아가기 시작했다. 제임스 트라웁James Traub의 말처럼 이와 같은 사실을 깨달았다. "42번가는 단순히 도시 병폐의 사례가 아니라 심각하게 황폐한 연예산업의 거대한 중심지였다."[12] 성공의 기준을 명확하게 세우고 널리 공유했다. 이제는 발상 단계로 넘어갈 단계였다.

고층 건물 네 개를 짓지 말고 타임스 스퀘어의 연예 역사를 부각시키자는 발상이 새로이 등장했다. 원래 계획을 들으면 "누구나 소송 · 지체 · 사무실 건물 등을 연상했으므로 연예 기업들은 그다지 구미가 당겨하지 않았다." 하지만 새로운 발상으로는 "디즈니Disney와 비아콤Viacom 같은 기업에 이미지를 홍보할 수 있었다." 해당 지역은 "뉴욕에서 보행자들이 많은 최고의 관광 시장으로 ……연간 2,000만 명의 관광객이 모여들고, 750만 명에 이르는 관객의 발길을 모으는 브로드웨이 극장 39군데가 밀집해 있고, ……하루 20만 명이 통근하기" 때문이다.[13] 해당 발상의 가장 혁신적 특징은 타임스 스퀘어를 개발하는 업체가 자신이 건설하는 건물에 극장을 복원시키면 거액의 세금을 감면시켜주는 것이었다. 이렇게 해서 가장 먼저 '뉴 빅토리New Victory' 극장이 재건되어 "19세기 말의 영광을 회복하는 데 기여했다." 그 후 포드 자동차 사가 비용을 지원해서 아폴로 극장과 리릭Lyric 극장을 재건했다.[14] 가장 중요한 변화로 디즈니가 브로드웨이 극장 중에서 가장 유명한 '뉴 암스테르담New Amsterdam'을 개조해 인기 높은 디즈니 영화를 토대로 하여 생방송 쇼를 공연했다.

타임스 스퀘어의 재탄생

더스트 기업은 정부가 지원하는 모든 프로젝트에 참여하지 않겠다고 계속 버텼다. 기업의 관리자인 더글러스 더스트는 과거의 이념을 돌아보기 시작했다. 한때 그는 로버트슨의 계획에 가장 강력하게 반대해서 소송을 제기했고, 그 과정을 밟으며 해당 프로젝트를 더욱 면밀하게 파악할 수 있었다. 그러면서 뉴욕 시가 제시한 세금우대 조치를 활용해 개발하면 투자금액의 몇 배에 달하는 이익을 거둘 수 있다는 사실을 깨닫자 소송을 철회하고 자기 소유 부동산에 혁신적인 형태의 사무실 건물인 4 타임스 스퀘어를 건설하자고 제안했다. 그는 레베카 로버트슨에 대해 이렇게 언급했다. "우리는 정말 오랜 세월 동안 그녀에 대항해 소송을 진행하며 힘겹게 싸웠다. 하지만 이제 그녀와 함께 작업하며 멋진 경험을 하고 있다."[15]

오늘날 새롭게 태어난 타임스 스퀘어에는 흥분과 에너지가 솟아난다. 매일 보행자들이 지역을 활보하고 거대한 디지털 광고판이 환하게 밤을 밝힌다. 복구되어 불빛을 환하게 발산하는 극장은 최고의 생방송 쇼를 공연한다. 1980년 새해전야에는 5만여 명이 모여들었지만 지금은 볼

드롭ball drop 행사에 100만 명이 운집해 크리스털 조명 500개와 회전하는 피라미드 거울로 만든 거대한 공이 떨어지며 새해가 시작하는 정확한 시간을 알리는 광경을 지켜본다. 레고 사는 레고용 타임스 스퀘어 모델을 판매한다. 레베카 로버트슨은 이렇게 말했다. "타임스 스퀘어는 다시 태어났다. 사람들은 그곳을 가고 싶은 장소로 느낀다. 완전히 멋진 장소로!"

타임스 스퀘어에 찾아온 르네상스에서 배울 수 있는 시너지 과정과 교훈을 곰곰이 생각해보자.

타임스 스퀘어 재개발 프로젝트가 성공할 수 있었던 것은, 다분히 복잡한 다툼을 허브 스터츠가 차분하고 끈질기게 극복했기 때문이다. 시장은 "그의 열정과 리더십이 없었다면 해당 프로젝트는 결코 출범할 수 없었다"[16]고 언급했다. 제3의 대안을 찾으려는 스터츠의 개방적 태도는 주위에 퍼져나갔다. 뉴욕 시 정부 리더들은 타임스 스퀘어를 비즈니스 센터로 만들려고 많은 노력을 기울였지만 제3의 대안을 실행하기 위해 멈추었다. 서로 오랫동안 다투었던 레베카 로버트슨과 더글러스 더스트가 손을 잡고 어느 한 사람이 생각해낸 것보다 바람직한 해결책을 강구하기까지는 감정적으로 상당한 노력을 기울여야 했다. 다행히도 두 사람은 각자 편견과 상한 감정을 선뜻 제쳐놓고 완전히 새로운 비전을 꿈꾸며 흥분했다.[17]

성공 기준을 결정하자 타임스 스퀘어 재개발에 참여하는 모든 관계자는 미래를 향한 강한 욕구와 비전을 표현할 수 있었다. 기준의 일부를 소개하면 다음과 같다.

- 새 타임스 스퀘어는 과거 타임스 스퀘어의 극장 신화, 즉 "외설적이고 화려한" 도시 연예산업의 중심지라는 신화를 계속 이어가야 한다. 따라

서 코라 카한이 획기적인 아동용 극장 빅토리를 세운 것을 시발로 극장 39군데를 건립한다.

- 도시에서 언론의 펄떡이는 심장을 부활시켜야 한다. 따라서 타임스 스퀘어 스튜디오에서 ABC 뉴스를 제작하고 특대형 비디오를 통해 밤낮으로 번쩍이며 뉴스와 광고를 내보낸다. 이곳에 MTV와 콩데 나스트Condé-Nast의 본사가 들어서고, 〈보그〉 〈뉴요커〉 〈GQ〉 〈베니티 페어〉 같은 잡지를 출간하는 화려한 출판사가 자리 잡아야 한다.

- 방문객 수백만 명이 자유롭게 접근할 수 있고 무료로 개방되어야 한다. 따라서 활기찬 지하철역과 보행자용 공원을 새로 건설한다.

- 건축물은 상업 지구에 자리하긴 해도, 진지하게 숙고하는 한에서 멋있고 전위적이어야 한다.

새로운 타임스 스퀘어를 가본 사람이라면 이러한 희망이 현실화됐다고 증언할 수 있다.

제3의 대안을 구현한 건물

4 타임스 스퀘어를 건립하려는 계획을 세웠을 당시 더글러스 더스트는 48층짜리 고층건물을 짓자는 제안에 크게 실망한 지역사회를 상대해야 했다. 정체불명의 평범한 건물이 또 하나 늘어나는 것은 아닐까? 타임스 스퀘어의 특이한 분위기를 파괴하지는 않을까?

부동산 거물 더스트는 영향력이 막강했으므로 지역사회의 우려에 그냥 귀를 닫아버리면 그만이었다. 하지만 그는 그러지 않았다. 우선 창의적이고 환경친화적 설계로 유명한 폭스 앤드 파울Fox and Fowle과 계약을 맺었다. 건축가들은 타임스 스퀘어에 이해관계가 있는 다수의 이야기를 신중하게 경청하고 나서 나름대로 도전적인 성공 기준을 마련했다. 새 건물은 비즈니스 세계의 필요와 미국 연예 사업의 중심지가 되기를 기대하듯 상충하는 문화적 요구를 모두 충족하면서 시너지를 구현할 수 있어야 했다. 그러려면 건물은 다음 조건을 충족해야 했다.

- 맨해튼 중간지대와 브라이언트 공원을 아우르는 상업 지구에 걸맞은 '세련된 개성'을 보여야 한다.[18]
- 생기발랄한 극장, 번쩍거리는 간판, 관광객 무리 등으로 타임스 스퀘어의 화려하고 역동적 분위기를 반영해야 한다.
- 환경적으로 민감하고, 가능한 한 환경친화적으로 건설하며, 사회적 책임이라는 새로운 윤리를 통합시켜야 한다.
- 새로운 타임스 스퀘어의 고객친화적 분위기를 유지하기 위해 저층에 소매점을 유치한다.

코끼리를 정의하려고 애쓰는 장님에 대한 속담을 들어본 적이 있을 것이다. 그처럼 이해관계자마다 다른 목적을 마음에 품고 있었다. 그리고 그 목적은 저마다 존재 가치가 있었다. 실제로 코끼리를 구현하는 작업은 건축가의 손에 의존했다. 건축가들은 어떻게 모든 기준을 충족할까? 화려하면서도 차분한 분위기를 어떻게 건물에 구현할 수 있을까?

건축가들이 제시한 해답은 다양한 스타일을 통합하고 시너지를 구현하는 것이었다. 화려한 타임스 스퀘어를 마주한 건물은 전체적으로 플래티늄을 소재로 사용하고 곡선형 유리로 전면을 장식해 거대한 비디오 화면을 띄웠다. 입구의 통로는 과거 뉴욕에서 유행했던 아르 데코(Art Deco, 1920~1930년대 파리 중심의 장식미술의 한 형태로 기하학적 무늬와 강렬한 색채가 특징이다―옮긴이) 스타일을 본떴다. 기업들이 입주해 있는 미드타

운을 마주한 쪽은 무늬가 새겨진 잿빛 석조를 입혀 은행 같은 분위기를 부여했다. 건물 전체가 제3의 대안인 셈이었다.

밖으로 드러나지 않지만 건물이 지닌 가장 매력적인 특징은 미국 최초의 '청정' 고층건물이라는 것이다. 48층짜리 건물은 연소하지 않고 전기를 생산하는 거대한 연료전지를 사용해 부분적으로 동력을 만들어낸다. 일반 사무실 건물의 먼지 제거율은 35%인 데 반해 특별 설계한 공기 정화 시스템을 사용하는 이 건물은 85%를 기록한다. 전기 집약적인 냉각기 대신에 천연가스를 사용한 냉각기로 건물을 냉방해서 에너지를 20% 절감한다. 또한 꼭대기 19개 층을 둘러싼 태양전지판에서 다량의 전기를 만들어낸다. 4 타임스 스퀘어의 전력 소비량은 원래 희망했던 것보다 많기는 하지만 그럼에도 여전히 뉴욕 시 사무실 건물의 3분의 1 이하이다. 건물 정면을 장식하는 전광판이 전력을 많이 소모하면서 밤을 환하게 밝히고 있는 점을 고려하면 전력 절감 효과는 더욱 놀랍

시너지에 도달하는 4단계

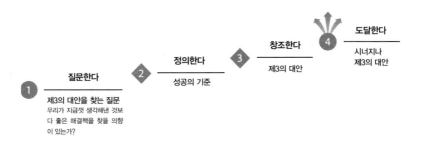

시너지에 도달하는 4단계: 타임스 스퀘어를 방치하거나 또 하나의 상업 지구로 전환하려는 계획의 틈새에서 제3의 대안을 찾을 목적으로 광범위한 시민 집단이 성공 기준을 규정하고, 새 대안을 생각해내고, 그곳을 방문하는 사람 모두에게 기쁨을 안기는 해결책을 도출하는 시너지를 발휘했다.

다.[19] 전광판 중 가장 밝은 것은 원통형 비디오 화면인 나스닥 마켓사이트NASDAQ MarketSite로 빛의 삼각지대인 타임스 스퀘어의 정점에 7층 높이로 빛을 발한다.

수십 년에 걸친 재개발 작업 끝에 타임스 스퀘어는 미국에서 관광객이 가장 많이 찾는 명소로 꾸준히 사랑을 받고 있다. 비즈니스도 번창해 뉴욕 시에 2만 4,000개의 일자리를 창출하고 4억 달러에 달하는 수익을 안겼다.[20] 뉴욕에서 중범죄율이 가장 높은 지역이었지만 지금은 가장 낮다. 1984년 2,300건(하루에 6건 이상)이었던 흉악 범죄 발생 건수는 1995년에 이르러 60건 이하로 감소했다. 전반적인 범죄 발생율도 2000년과 2010년 사이에 50% 이상 줄어들었다.[21]

타임스 스퀘어에 찾아온 르네상스는 실제로 사회를 변화시키는 데 필요한 의지와 절제와 기개로 무장한 사람들에 관한 이야기이다. 그들은 "최악의 지역을 정상에 우뚝 서는 지역"으로 만들려는 의무를 결국 수행해냈다. 상당히 보수적인 기업가, 진보주의 운동가, 환경운동가, 공연기획자, 레스토랑 경영자, 공무원, 개인 사업가 등 놀라울 정도로 다양한 사람들이 합세했다. 개중에는 정부에 반대하는 세력도 있고 찬성하는 세력도 있었다. 하지만 진보주의와 보수주의의 이념은 사실상 아무 기여도 하지 못했다. 매우 다양한 의견이 도출되어 하나의 바람직한 비전으로 통합하면서 모두에게 시너지의 정신이 스며들었다.

범죄의 종말

범죄는 우리가 사는 세계를 장악하고 있는 충격적이고 지독한 현실이다. 범죄의 영향은 매우 적나라하게 드러나고 사적이며 생생하다. 최근 통계자료는 숨이 막힐 것처럼 심각한 현실을 반영한다.

- 범죄로 생명을 잃는 인구는 세계적으로 매년 160만 명 이상이다. 폭력은 15~44세 인구가 사망하는 주요 원인이고, 남성 사망자의 14%와 여성 사망자의 7%를 차지한다. 폭력으로 생명을 잃는 사람보다 훨씬 많은 수가 상해를 입고 다양한 신체적 정신적 문제로 고통을 겪는다. 더욱이 폭력은 의료 진료, 법률 집행, 생산성 상실 등으로 전 세계에 수십억 달러의 손실을 유발해 국가 경제에 엄청난 부담을 준다.[22]
- 전 세계적으로 유괴 · 상해 · 살인을 포함해 매년 1만 건 이상의 정치 테러가 발생한다. 테러로 살해당하는 사람은 연간 6만 명에 달한다.[23]
- FBI에 따르면 매년 미국에서는 강력범죄 130만 건, 재산범죄 900만 건이 발생해 재산상 손실만도 150억 달러가 넘는다.[24] 범죄에 관한 통계자료를 살펴보면 한 건을 기준으로 살인은 32분, 성폭행은 2분, 강도는 55초, 가중 폭행은 7초, 절도는 2초마다 발생한다.[25]
- 유엔의 발표에 따르면 세계 15~64세 인구의 약 5%, 즉 2억 명가량이 마약을 남용한다. 전 세계적으로 마약 중독자의 수는 3,800만 정도로 추산된다.[26]
- 라틴아메리카에서 폭력은 5대 사망 원인의 하나로 부상했다. 폭력은 브라질, 콜롬비아, 베네수엘라, 엘살바도르, 멕시코에서 주요 사망 원인이다.[27]
- 세계적 보안 전문기업 맥아피McAfee의 CEO인 데이비드 드왈트David DeWalt는 사이버 범죄가 연매출 1,050억 달러짜리 사업으로 성장하면서 현재 세계 불법 마약 연간 거래액을 넘어섰다고 보고했다.[28]
- 금융계에서 자행되는 화이트칼라 범죄는 다른 계층의 범죄 행위를 상대적으로 축소시킨다. 화이트칼라 범죄가 초래하는 실제 손실액이 얼마인

지 누구도 모르지만 FBI는 연간 3,000억~6,000억 달러로 추산하고 있다.[29]

- 20세기 말 미국에서 범죄에 따른 순수 부담액은 연간 1조 7,000억 달러를 초과했다.[30] 현재 그 금액이 얼마일지 누가 알 수 있겠는가?

물론 이러한 통계를 들여다보면 측정할 수 없으리만치 깊은 감정적 고통이 동반하리라는 사실을 짐작할 수 있다. 통계 수치는 매년 약간씩 오르내리지만 범죄가 발생하는 것은 피할 수 없으며, 실의에 빠지거나 생명과 관계를 상실하는 데 따르는 비용을 온전히 계산할 길도 없다. 감정적 고통은 예리하고 만성적이기 마련이다. 우리는 고통을 통계로 측정하고 이에 익숙해지며 더불어 사는 법을 배운다. 그러면서 범죄가 언제나 주위를 맴돌리라는 사실을 알고 있다.

우리는 범죄의 근본 원인을 파헤칠 엄두를 내지 못하고 증상만을 바로잡으려 애쓴다. 예를 들어 과거에는 강경한 입장을 고수하면서 간단하고 쉽게 미봉책을 취하는 데 치중해왔다. 1980년대 이후 미국에서는 전국적으로 법률을 엄격하게 시행하고 의무적인 장기 복역을 선고하면서 교도소 수감자가 약 33만 명에서 200만 명 이상으로 급증했다. 이제 형벌 제도를 시행하는 비용이 국가가 감당하기 힘들 지경에 도달했지만 근본적인 문제는 여전히 그대로 남아 있다.

과연 강경한 입장을 취하면 실제로 범죄를 줄일 수 있을까? 아메리칸 대학교의 윌리엄 사볼William J. Sabol 교수와 제임스 린치James P. Lynch 교수의 주장에 따르면 "수감자를 급증시키더라도 강력범죄가 크게 감소하리라 추정할 수 없다."[31] 많은 전문가는 범죄에 강경하게 대처할수록 범죄 발생률은 오히려 높아진다고 믿는다. 범죄자에게 수치심을 안기고 낙인을 찍는 결과를 초래하므로, 범죄자는 자신이 사회에서 완전히 소외당

7. 사회에서 추구하는 제3의 대안

한다고 느끼고 변할 수 있는 잠재력을 빼앗기기 때문이다. 결국 범죄자는 희망을 잃고 만다.[32]

강경한 접근법의 반대는 이른바 온건한 접근법이다. "범죄에 온건하다"라는 꼬리표를 달가워하는 사람은 없겠지만 온건한 접근법이 지향하는 목표는 범죄를 일으키는 조건을 치고 들어가 범죄를 예방하는 것이다. 물론 근거가 있는 방법이기는 하지만 온건한 접근법을 지지하는 사람은 해당 조건을 파괴하지 않고, 지나치게 개입하거나 지나치게 방관한다. 온건주의자는 총을 되사는 등의 정책을 펼치지만 연구 결과를 보더라도 범죄 발생률은 조금도 나아지지 않는다.[33] 또한 그들은 전체 사회 구조가 바뀌어 빈곤, 문맹, 경제적 불평등을 제거하기 전까지는 범죄를 예방하기 위해 할 수 있는 일이 전혀 없다고 불평한다. 하지만 문제는 현재 범죄가 발생하고 있으며 이에 따라 생명이 파괴되고 있다는 점이다.

대개 강경한 접근법은 보수주의자가, 온건한 접근법은 진보주의자가 채택한다고 알고들 있지만 이러한 이념적 접근법은 옳지 않다. 문제에 대해 인습적으로 사고하는 제2의 대안적 사고방식을 뛰어넘어야 한다. 범죄학자 로런스 셔먼Lawrence W. Sherman은 이렇게 설명했다. "범죄를 둘러싼 논쟁은 자주 '예방'과 '처벌'을 상호배타적 개념으로 다루고, 범죄를 대하는 입장을 '온건한' 반응 대 '강경한' 반응으로 나눈다. 하지만 이러한 이분법은 존재하지 않는다. ……이분법을 적용하면 결과적으로 명백한 증거보다 감정적 호소를 바탕으로 정책을 선택할 때가 많다."[34]

이렇게 제2의 대안적 사고에서 벗어나지 못하면 범죄에 찌든 사회가 겪는 격렬한 고통은 사그라지지 않고 영구화할 뿐이고 역효과만 생겨날 따름이다. 따라서 반드시 제3의 대안을 강구해야 한다.

두 가지 대안

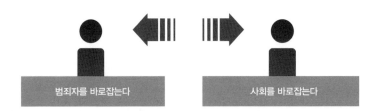

범죄자를 바로잡는다   사회를 바로잡는다

제3의 대안을 추구하는 경찰

1985년 6월 23일 토론토를 출발해 뉴델리로 향하던 인도항공 182편이 아일랜드해 상공에서 폭발하여 300명 넘게 사망했다. 밴쿠버 국제공항에서 탁송한 수하물 가운데 폭탄이 들어 있었던 것이다. 조사관들은 밴쿠버 교외의 리치먼드 근방에 거주하는 시크교 분리주의자 무리를 집중적으로 조사했다. 이 폭탄 테러는 조상의 땅인 펀자브 지방의 독립을 원하는 시크교 극단주의자가 인도 정부를 상대로 지속적으로 벌이는 전쟁의 일환으로 발생한 것이었다.

태평양 해안에 자리한 보석 같은 도시의 지도자들은 참혹한 범죄의 뿌리가 지구 반 바퀴나 떨어진 나라의 내전이라는 사실을 파악하고 경악했다. 밴쿠버에 거주하는 시크교도는 10만 명이 넘는다. 후에 분석가들이 내린 결론에 따르면, 밴쿠버 경찰이 평소에 시크교도 공동체와 신뢰를 쌓았더라면 테러를 방지하는 데 필요한 기밀을 얻을 수도 있었다.[35]

캐나다만이 아니라 전 지역에서 범죄를 예방하는 방법은 단순히 법률을 집행하거나 범인을 구속하는 것 이상이다. 무엇보다 존중과 공감을 토대로 강력한 관계를 형성하는 시민 사회를 구축해야 한다. 그러려면 워드 클래펌Ward Clapham처럼 제3의 대안을 추구하는 창의적 사고를 해야 한다. 클래펌은 지금은 은퇴했지만 캐나다 기마경찰대에서 30년 동안 근무한 노장이었다. 붉은색 코트에 티 하나 없이 깨끗하고 반듯한 모자를 눌러쓴 클래펌은 '기마경찰관' 직업에 자부심을 지녔다. 내가 아는 범위에서 캐나다 기마경찰대는 경찰대로는 유일하게 비전 선언문에 "주도적인"이라는 단어를 사용했다. 그들의 사명은 단순한 법률 집행보다 훨씬 개념이 큰 '평화 수호'이다.

캐나다 북부에서 일반 경찰로 경력을 시작한 클래펌은 어느 날 몇몇 원주민 아이들과 이야기를 나누게 되었다. 경찰관이 어떤 일을 한다고 생각하느냐고 묻자 아이들은 "경찰관은 사냥꾼이에요. 수풀 속에 숨어 있다가 우리 엄마와 아빠를 감옥에 데려가요"라고 답했다.[36] 이 말을 들은 워드는 아이들이 경찰을 두려워한다는 사실을 깨닫고는 괴로웠다.

클래펌은 비행청소년에 대한 파일을 정리하는 임무도 맡았었다. 파일을 읽을수록 클래펌은 좌절감에 휩싸여갔다. 파일에 기록되어 있는 많은 아이들이 결국 감옥에 가거나 더욱 좋지 않은 상황에 빠지고 마는데 그 현상을 멈출 방법을 아는 사람이 아무도 없다는 사실이 더욱 그를 괴롭게 했다. 사회가 안고 있는 엄청난 난제였다. 강경한 대처는 해법이 될 수 없었다. 대책을 둘러싸고 학교·교회·정부가 논쟁을 벌이는 동안 클래펌은 두 손 놓고 방관할 수 없었다. "사람들이 물에서 서로 싸우는 모습을 폭포 상류에서 지켜보는 것 같은 심정이었습니다. 어떤 일이 일어나고 있는지 알지만 무기력감을 느꼈죠."

앨버타 주에 있는 한 작은 도시에 배치되었을 때, 클래펌은 통제가 불가능한 아이들에게 시민들이 분노하고 있다는 사실을 깨달았다. 어느 날, 아이들이 거리 한복판에서 하키 경기를 해서 교통을 방해하고 있다는 성난 목소리의 제보 전화가 걸려왔다. 클래펌은 사이렌을 울리며 순찰차를 몰고 가서 아이들 한가운데 섰다. 아이들이 경고를 들은 것은 이

번만이 아니었다. 클래펌은 아이들이 매우 두려워하고 있다는 사실을 알고 있었다.

그때 '평화 수호'라는 사명이 머릿속에 떠올랐다. 이러한 상황에서 어떻게 평화를 지킬 수 있을까? 다루기 힘든 아이들을 사람들의 눈에 보이지 않게 가두는 것으로 일시적인 가짜 평화를 이루는 것 말고 지속적인 평화를 이끌어내야 했다.

그래서 클래펌은 이렇게 물었다. "너희들에게 선택권을 주마. 위반 딱지를 받겠니, 아니면 나와 하키 경기를 하겠니?"

아이들은 어리둥절했다. 경찰관이 손에 곤봉을 쥐고 도로 한가운데 자신들과 나란히 서서 환하게 미소 지으며 농담을 던졌기 때문이다. 클래펌의 멋진 경찰 모자가 바람에 날아갔다. 교통체증에 막혀 빼도 박도 못하는 운전자들은 화가 치밀었다. 그 후 며칠 동안 클래펌은 단기간 불편을 겪었던 운전자들에게 거친 항의를 들었지만 아이들과의 관계는 달라졌다.

경찰관으로 복무하는 동안 클래펌은 제3의 대안을 주도적으로 생각해내 시민과 상사를 계속 놀라게 했다. 다른 도시에서 가게를 운영하는 주인들은 미성년자에게 담배를 판매한다는 이유로 계속 무거운 벌금형을 받았다. 클래펌은 새로운 방법을 시도할 수 있는 기회를 달라고 치안판사에게 요청했다. 그러면서 가게 주인이 자기 가게에서 금연교실을 열면 벌금을 면제해주자고 제안했다. 터무니없는 소리처럼 들렸지만, 주인들은 흔쾌히 시도하고 싶어 했으므로 직원과 이웃 청소년은 흡연의 위험성에 대해 배울 수 있었다. 그러자 미성년자에게 담배를 판매해서 적발된 건수가 급격하게 줄었다. 더욱 중요하게는 많은 청소년이 담배를 끊었다.

워드 클래펌은 문제의 증상뿐 아니라 그 뿌리를 주시했다. "폭포의 밑

바닥에서 만신창이 시체를 수습하든지, 애당초 폭포를 타지 않도록 상류에서 중단시킬 수 있습니다." 그러려면 제3의 대안을 생각해내야 한다. "부끄럽지만 범죄와 폭력이 우리의 삶과 아이들의 삶에 계속 난무하리라고 인정할 수밖에 없습니다. 하지만 좀 더 나은 방법은 언제나 존재한다고 생각합니다."

클래펌은 브리티시 콜롬비아 주 리치먼드 시에서 캐나다 기마경찰대 파견 대장으로 승진했다. 당시 리치먼드 시의 인구는 약 17만 5,000명으로 출신 문화가 엄청 다양했다. 인구의 절반 이상은 남아시아인과 동인도인이었고, 청년들은 가뜩이나 냉혹한 환경에 억압당하는 데다가 인종적·경제적 스트레스에도 시달려야 했다. 리치먼드 시 경찰은 전형적으로 "긴급전화를 받으면 출동하고 사건이 발생하면 대응했다." 또한 나쁜 사람을 잡아들이고 아이들을 거리에서 쫓아냈다. 범죄를 미연에 방지할 수 있도록 사람들과 관계를 형성하는 일 따위는 하지 않았다. 클래펌은 이러한 사고방식을 바꾸고 동료 경찰관의 도움을 받아 새 경찰 문화를 형성하겠다고 마음먹었다.

경찰관은 신병 훈련소에서 훈련을 받고, 법률 집행을 유일한 도구로 사용한다. "우리는 법률을 집행한다." 하지만 나는 동료들에게 생각의 지평을 넓히라고 강조하면서 '평화 경찰관'이 되자고 촉구했다. 우리는 150년 전 최초로 런던에 경찰 제도를 창설한 로버트 필Robert Peel 경에 대한 이야기를 나누었다. 그는 경찰의 임무가 평화 수호라고 말했지만 지금 우리는 법률 집행에 치중하고 있다. 하지만 경찰의 임무를 평화 수호로 되돌리고 지속가능한 시민사회에 도달해 범죄를 끝장내버릴 기회는 아직 있다.

'범죄의 종말'이라는 개념은 진정한 제3의 대안이다. 범죄와 끊임없이

제3의 대안

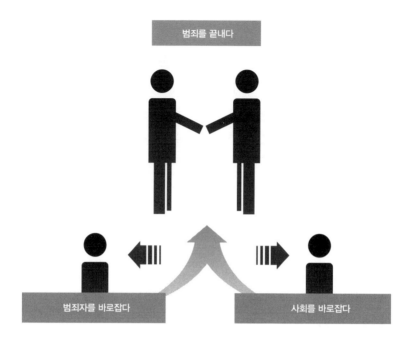

전쟁을 일삼는 대신에 범죄를 끝낼 수 있다! 범죄를 예방할 수 있다! 과연 그럴 수 있을까? 워드 클래펌처럼 범죄 예방이 부차적 임무라는 생각을 초월하여 임무의 전부라고 깨닫는다면 아마 가능할 것이다.

예방이라는 단어는 평판이 썩 좋지 않다. 사람들이 대부분 생각하는 예방은 범죄를 금지시키는 사전 행동이다. 예방하려면 막대한 사회 변화, 빈곤퇴치, 양육 태도의 개선, 좋은 학교가 필요하다. 뒤처지는 아이가 있어서는 안 된다. 정말 좋은 말 아닌가? 하지만 예방은 지나치게 광범위한 개념이라 경찰의 임무는 말썽꾼을 체포하는 정도에 멈추고 만다. 애당초 말썽꾼을 문제에서 끌어내는 것이 경찰의 임무는 경찰의 임무가 아니다.

매우 중요하기는 하지만 폭포의 상류에서 하는 일만이 경찰의 임무는 아니다. 예방은 폭포의 상류 · 중류 · 하류를 모두 아우른다.

이처럼 제3의 대안을 추구하는 놀라운 통찰이 상황을 완전히 바꾼다. 문제가 발생하기 전에, 문제가 발생했을 때, 문제가 발생하고 나서 우리가 할 수 있는 일이 있다. 워드 클래펌은 리치먼드에 통용되는 법률 집행의 개념을 획기적으로 바꿨다. 조사와 법률 집행을 게을리하지 않는 동시에 범죄가 발생하기 전에 예방하고, 범죄가 발생하고 나서는 더 많은 범죄가 뒤따르지 않도록 예방할 목적으로 새 아이디어를 생각해내려 부단히 노력한다.

자신이 속한 기마경찰대의 패러다임을 바꾸는 일은 대단히 어려웠다. 클래펌은 2001년 9월 11일 테러가 발생하고 며칠 후에 리치먼드 파견대를 맡았다. 리치먼드에 부임하면서 인도항공 182편 사건에 대한 기억이 되살아났다. "위기를 맞자 어느 때보다 치안 유지의 전문 모델을 세워야 한다는 생각이 들었습니다. 분노한 사람들은 응급책, 강경한 법률 집행, 공격적 전술을 모색했고 심지어 시민의 일부 권리까지도 포기하려 했습니다. '우리 대 그들'이라는 전투적 사고방식으로 회귀한 거죠."

하지만 클래펌의 생각은 확고했다. 경찰, 시 지도자, 회교도, 시크교도, 동남아시아인, 캐나다 원주민 등 다양한 공동체 구성원을 신속하게 소집해 토킹 스틱 토론회를 열었다. 참석자 전원에게 발언권을 주었고 참석자들은 각자 의견을 말했다. "경찰은 대체 무엇을 하고 있습니까? 사람들은 우리에게 테러리스트라며 손가락질합니다. 우리는 개인이 아니라 인종별로 한덩어리로 취급을 받습니다. 우리들은 분노하고 공포에 떨고 있습니다. 피부색이 다르다는 우리를 이유만으로 테러리스트 취급해서는 안 됩니다." 밴쿠버 국제공항에서 일하는 아시아계 택시 운전수들은 자신이 모는 택시를 승객들이 타지 않으려 한다고 말했다. 가게 주인들은 손님들에게 해를 당할까 봐 두려워했다. 클래펌은 이렇게 회상했다. "우리는 그저 참석자들이 각자 생각을 말하고 감정을 분출하고 타인에게 자기 심정을 이해시켰다고 느낄 자리를 마련했습니다. 이 토론회는 처음으로 모든 인식을 깨뜨릴 수 있는 기회가 되었습니다. 이때 내가 배운 최대 교훈은, 토킹 스틱을 작동시켜야 한다는 것이었습니다. 그 후에 상황을 바꾸는 작업을 시작했습니다."

토킹 스틱 대화는 클래펌이 이끄는 팀의 사고를 다시 형성하는 주요 도구였다. 대부분의 경찰서와 마찬가지로 리치먼드 파견대도 매일 아침 상관 앞에서 업무 내용을 보고하고 지시를 기다렸다. 하지만 클래펌은 일과의 성격을 바꿨다. 일일 브리핑을 마법극장으로 바꾼 것이다. 그러

토킹 스틱

발언자   청취자

면서 경찰관들에게 "우리가 무엇을 다르게 할 수 있는가? 우리가 시도해보지 않은 방법은 무엇인가?"라고 물었다. "참석자들이 자기 의견을 편안하게 말하기까지 6개월이 걸렸습니다. 우리는 누구나 자기 말을 타인에게 이해시켰다고 느끼는 동시에 타인의 의견을 경청하라고 강조했습니다. 일일 브리핑의 형식도 바꿨어요. 나부터 날마다 앉는 자리를 바꾸면서 다른 경찰관들이 주도해서 브리핑을 진행하게 했습니다. 그러면서 늘 '먼저 이해하라'는 원칙을 강조했죠. 나는 언제나 정답은 하나 이상이라 믿었고 이 점을 항상 강조했습니다. 그러면 의사소통하고 마음을 여는 데 유용했어요."

이렇듯 새 아이디어를 찾는 시도는 경찰서를 넘어 공동체까지 퍼져나갔다. 캐나다 기마경찰대가 추구하는 중요 목표는 시민 집단과 연합해 지역 치안을 유지하는 것이었다. 어느 날 기마경찰대 감사가 리치먼드에 와서 공동체와 연합한 활동을 기록으로 남기라고 요청했다. 그러자 클래펌은 웃으면서 이렇게 대답했다. "그것은 내가 숨 쉬고 눈을 깜빡이는 것을 남김없이 기록하라는 말과 같습니다. 내가 통솔하는 경찰관들도 마찬가지고요. 공동체와 연합하는 것이 우리가 수행하는 업무 자체니까요." 그때부터 경찰관들은 일지를 기록하면서 자신들이 공동체와 매일 30회에서 40회, 혹은 80회까지도 접촉하고 있다는 사실을 파악했다.

제3의 대안적 사고방식으로 무장하고 누구도 전에 생각해내지 못했던 좀 더 나은 방식을 늘 추구하는 클래펌은 제2의 대안에 갇혀 사고하는 사람들의 강력한 저항에 부딪혔다. 그는 "범죄에 강경하지 않은 태도는 곧 범죄에 온건한 것이다"라는 반대에 시달려야 했다.

나는 현상유지자들과 노골적으로 갈등을 빚었다. 그들의 주장은 명쾌하고 요란했다. 사고가 발생하면 잘못을 바로잡고, 명령하고 통제하는 모델을 따르기를 기대했고 그래야 보상했다. 따라서 부하 직원을 리더로 키우고 공통된 리더십을 소개하고 예방을 주요 목표로 삼는 사람은 반대를 일삼는 무리의 공격 표적이 된다.

나는 하루의 반나절에서 반의반 나절을 내 행동을 해명하느라 보냈다. 반대하는 이들이 끊임없이 찾아와 내 생각과 행동이 잘못되었다고 지적하면서 현상에 순응하게 만들려 했다. 또한 규정집을 펼치면서 내가 위반하고 있는 사항들을 지적했다.

하지만 '강경 대 온건'의 대립구조는 워드 클래펌의 안중에 없었다. 변화를 실제로 이끌어낼 수 있는 제3의 대안을 찾고 있었기 때문이다. "나는 연간 1만 3,000건의 범죄를 그만큼의 실패로 생각합니다. 그 숫자를 줄이기 위해 무슨 일이든 하는 것이 곧 성공입니다."

긍정적인 딱지 발부하기

제3의 대안을 추구하는 클래펌의 노력은 뜻밖의 결실을 거두었다. 세미나에 참석했던 클래펌의 머릿속에 퍼뜩 한 가지 생각이 떠올랐던 것이다. 세미나 리더가 이렇게 질문을 던졌다. "올바르게 행동하는 아이들을 체포하면 어떨까요?" 클래펌이 경찰로 여태껏 해온 일은 대부분 부정적 행동을 하는 청소년에게 딱지를 떼는 것이었다. 하지만 반대로 행동하면 어떨까? 아이들이 올바르게 행동할 때 관심을 두면 어떨까? 그는 이렇게 말했다. "경찰관은 아이들이 법을 어겼을 때 딱지를 뗍니다. 하지만 법을 지켰을 때 딱지를 떼면 어떨까요? 유익한 행동을 했을 때 딱지를 뗀다면 말입니다." 이렇게 해서 진정한 역발상인 '긍정적인 딱지 발부하기'가 생겨났다. 이 계획을 구체화시키려고 클래펌은 많은 공동체에 도움을 청했고 지역 사업체 수십 군데에서 패스트푸드 쿠폰, 무료

아이스크림, 댄스 클럽과 스포츠 경기의 할인권 등을 기부 받았다. 리치 먼드 시에서는 커뮤니티 센터에서 수영과 스케이팅을 즐길 수 있는 무료 입장권을 제공 받았다. 긍정적인 딱지에는 "좋은 일을 해서 체포된 사람에게 드립니다"라고 적었다. 딱지는 피자 한 조각부터 휴대용 음악 플레이어까지 다양한 물품으로 교환할 수 있었다.

리치먼드에 거주하는 십 대인 존은 어느 날 밤 집으로 걸어가다가 어린아이가 도로로 뛰어드는 것을 보고, 본능적으로 아이를 낚아채 인도에 안전하게 내려놓았다. 근처를 순찰하던 경찰관이 이 장면을 보고 발길을 멈췄다. 긍정적인 딱지에 대해 들어본 적이 없는 존은 경찰관이 다가오자 대부분의 십 대처럼 반응했다. 큰일 났다고 생각하자 속이 울렁거리고 식은땀이 흐르고 심장이 두근거렸다.

나중에 존의 어머니는 이렇게 전했다. "집으로 돌아온 아들이 경찰관에게 걸려 딱지를 뗐다고 말하더군요. 내가 즉각적으로 보인 반응은 당연히 부정적이었어요. 그러자 아들이 긍정 딱지를 받았다고 말했습니다. 무슨 말이냐고 물었죠." 존은 어머니에게 이렇게 설명했다. "꼬마가 길로 뛰어드는 것을 보고 쫓아가서 붙잡다 인도에 데려다 놓았어요. 그때 경찰관이 오더니 내 이름을 묻던걸요. 처음에는 겁이 났어요. 내가 꼬마를 다치게 했다고 생각하고 경찰관이 나한테 화를 내려는 것인가 생각했거든요. 하지만 경찰관이 내가 장한 일을 해서 자랑스럽다고 말하면서 수영·스케이트·골프 무료 이용 딱지를 주었어요."

존의 어머니는 눈물을 글썽이며, 아들이 긍정 딱지를 방 벽에 붙여놓았다고 말했다. 어째서 딱지를 쓰지 않느냐고 얼마 전에 묻자 존은 이렇게 대답했다고 한다. "그 딱지는 절대 쓰지 않을 거예요. 그 경찰이 내가 좋은 아이라고 말하면서, 내가 원하는 대로 어떤 사람이든 될 수 있다고 말했어요. 그 딱지를 그대로 간직하고 싶어요."

매년 평균 4만 장의 긍정 딱지가 좋은 일을 하는 청소년들에게 발부된다. 클래펌은 웃으면서 이렇게 말했다. "우리는 사냥꾼이에요. 긍정적인 행동을 하는 사람들을 찾아다니니까요." 한 경찰관은 안전모를 쓰고 자전거를 타는 아이에게 긍정적인 딱지를 뗀다. 거리에서 담배를 피우지 않고 욕을 하지 않는 여자아이들에게도 발부한다. 벼랑 끝에 서 있는 아이들에게는 아주 작은 긍정적 보상도 큰 효과를 안길 수 있어서 차도가 아닌 인도로 걷게 하고, 도서관에 가서 책을 빌리게 하고, 쓰레기를 거리가 아닌 쓰레기통에 버리게 한다.

딱지를 떼면서 경찰관은 자신을 설명하는 카드를 건넨다. 카드는 명함과 달라 경찰관의 사진이 있고, "스키 · 행글라이더 · 하키 · 음악" 등 개인적인 취미와 인생관이 적혀 있다. 클래펌의 카드에는 "인생에서 황홀을 맛보는 데 마약은 필요 없다"라고 적혀 있다. 경찰관의 카드는 청소년이 그들을 일개 경찰관이 아닌 개인으로 생각하게 하는 데 유용하다.

지역 사회는 청소년에게 일어나는 변화를 목격하고 있다. 브리티시 콜롬비아 소년소녀 클럽의 담당자 키스 패틴슨Keith Pattinson은 이렇게 말했다. "경찰이 청소년의 강점에 초점을 맞추면서 둘의 관계가 바뀌고 있다. 청소년들은 경찰관이 지나갈 때 더 이상 욕을 하지 않고 오히려 경찰관을 불러 '오늘 밤 저 아래 구역에서 무슨 일이 일어날 거예요. 누군가 다칠 것 같으니 한 번 살펴보세요'라고 귀띔한다."[37]

클래펌도 같은 현상을 목격했다. "대부분의 청소년은 경찰을 피합니다. 하지만 좋은 행동을 보상하기 위해 긍정 딱지를 발부하자 청소년들은 우리를 멀리하지 않고 다가섰습니다." 이렇게 경찰과 청소년의 관계가 개선되었다. 청소년은 더 이상 무서워하지 않고 경찰관에게 다가선다. 경찰은 청소년의 삶에 긍정적인 일부가 되었다. 또한 경찰은 법률을 집행하는 인간미 없는 사람이 아니라 성장기의 위태로운 급류를 헤치고 안전하게 항해할 수 있도록 도와주는 친구가 되었다.

나는 부하 경찰관에게도 긍정 딱지와 같은 성격의 작은 선물 카드를 주어 리치먼드의 경찰 문화를 바꾸는 데 기여한 공을 치하했다. 이러한 행동은 "직원의 좋은 행동을 인정할 목적으로 선물 카드를 구매하는 용도로 세금을 사용해서는 안 된다"는 규정과 충돌했다. 시 정부는 내게서 법인카드를 빼앗고 네 시간짜리 교육을 들으라고 지시했지만 나는 출석을 거부했다. 내가 이 이야기를 하자 리치먼드 시 지도자들은 "지금 벌이고 있는 활동을 계속하려면 예산이 얼마나 필요한가요?"라고 물었다. 그들은 내 활동의 가치가 비용에 비해 이익이 엄청나게 크다는 사실을 깨닫고 내게 신용카드를 주었다. 규정은 현실을 제대로 반영하지 못한다. 과거에 나는 문화를 변혁시키는 도구가 아니라 권총과 후추 분무기에 의존해 경찰 임무를 수행했다.

지역사회는 경찰관들이 변화한 모습을 좋아했다. 변화가 성공을 거두기 시작하자 주민은 그 방법을 다른 지역으로 확대 실시하고 싶어 했다. 나는 도시에서 범죄를 단절시킨다는 목표를 세우고 이를 달성하려는 열정에 이끌렸다.

긍정적인 딱지 발부 외에도, 워드 클래펌과 휘하 경찰관들은 시너지를 발휘할 수 있는 아이디어를 수두룩하게 생각해냈고 이러한 발상을 통해 개인적 관계를 형성함으로써 미연에 갈등을 방지했다. 경찰관 한 명이 "한 학교와 자매결연"을 맺어 재학생과 친하게 지내는 방법을 실행하려 했지만 예산을 책정 받을 수 없었다. 그때 클래펌과 연합한 지역사회가 활동 자금을 지원했다. 또한 온사이드OnSide 프로그램을 출범시켜 경찰관들이 아이들을 프로 스포츠 경기에 데려갈 수 있는 기금을 마련했다. 한 경찰관은 고등학교 중퇴생 몇 명을 이끌고 여름 내내 암벽 등산을 다닌 끝에 그들이 학교에 돌아오도록 설득할 수 있었다.

공공 공원과 상업 지역에 아이들이 자전거를 타고 돌아다니는 것을 막아달라는 민원이 많이 들어왔다. 우리는 아이들에게 그냥 딱지를 떼고 마는 대신에 팀을 짜서 제3의 대안을 생각해냈다. 도시가 얼마간의 공간을 기증하고 우리가 아이들과 함께 자전거 공원을 손수 꾸며서 요즘은 그곳에서 아이들과 함께 자전거를 타고 경주를 벌인다. 우리가 아이들과 형성한 관계는 값을 매길 수 없을 정도로 소중하다. 게다가 민원도 사라졌다.

고속의 자동차 도로 경주는 리치먼드 경찰의 생명을 위협하는 요인이었다. 도로 경주를 중단시키려다가 경찰관이 사망하는 사고가 발생하자, 클래펌조차도 강경하게 법률을 집행하는 방향으로 선회하고 싶었다. "하지만 그렇다 한들 무슨 소득이 있겠습니까? 경찰은 경주를 막으려고 여러 해 동안 노력했지만 여전히 도로 경주 때문에 매년 평균 청소년 네 명이 사망하고 급기야 경찰관까지 생명을 잃었습니다." 그래서 리치먼드 파견대는 시너지를 추구하는 회의를 열어서 거리 경주를 펼치는 청소년들을 설득할 방법을 강구하기로 했다. 한 경찰관이 진정한 역발상을 제시했다. "청소년에게 우리의 관점을 관철시킬 수 없다면 그들의 관점으로 문제에 접근합시다. 미니 쿠퍼를 한 대 장만해 합법적인 선에서 자동차에 액세서리를 최대로 장착하고 자동차 쇼에 출품하는 겁니다. 경찰차라고 버젓이 써 붙이고요. 청소년이 여태껏 보아온 자동차 중에서 가장 멋진 모습으로 둔갑시키는 거죠."

도로 경주자들은 자동차에 액세서리를 장착하는 것을 좋아한다. 그래서 불법인 대형 헤더, 가속 페달, 배기관 등 자동차의 힘을 자랑할 수 있는 부품을 이것저것 장착하고 자동차 쇼에 출품해 과시한다. 경찰관들은 미니 쿠퍼를 기증 받아 경찰차로 바꾸고 치장해서 자동차 쇼에 출품함으로써 관람객들의 눈길을 가장 많이 끌었다. 경찰관들은 순식간에 전시장에 몰려든 도로 경주자들과 유대관계를 형성하고 서로 신뢰를 쌓고 공공 도로에서 경주하는 것에 따르는 위험성에 대해 대화했다.

물론 클래펌의 활동은 이번에도 제동이 걸렸다. "상관이 소식을 듣고 전시장에 와서는 당장 자동차를 치우라고 명령하더군요. 우리는 명령에 불복종하든지, 아니면 도로 경주자들을 접촉할 수 있는 유일한 도구를 포기해야 했어요." 이때 경찰관들이 제3의 대안을 생각해냈다. 미니 쿠퍼를 새로 도색하고, 언제든 순찰차로 둔갑시킬 수 있도록 자석 경찰 방패와 휴대용 경고등을 만들었다. 그러고는 자동차 쇼에 계속 출품했다. 클래펌은 "2003년 이후 도로 경주로 인한 사망 사건이 사라졌습니다"라고 보고했다.

농구팀 이자트

클래펌 휘하 경찰관 20여 명은 밴쿠버에 거주하는 시크교도 청소년에 대한 언론의 고정관념을 깰 목적으로 농구팀 이자트Izzat를 결성했다. 이자트는 펀자브어로 '존중'을 뜻한다. 농구팀에는 누구나 가입할 수 있었고 팀원은 젊은 남부 아시아인이 대다수였다. 남부 아시아인이자 팀을 창설한 제트 서너Jet Sunner 경사는 이렇게 설명했다. "범죄단과 마약 등 남부 아시아인에 대한 부정적 인식이 사회에 퍼져 있었으므로 그것이 우리의 진짜 모습이 아니라는 사실을 외부에 알리고 싶었습니다. 지역 사회에 거주하는 남부 아시아인의 99%는 선량한 사람들이에요."

서너는 농구가 청소년의 삶에 막대한 영향을 미친다는 사실을 알고 놀랐다. 창설한 지 3년이 지나지 않아 농구팀 이자트는 30개로 늘어났고, 대개 젊은 기마경찰대 경찰관과 대학생 자원봉사자가 코치를 맡았다. 서너가 대학생을 코치로 물색한 까닭은 청소년에게 롤모델을 만들어주기 위해서였다. 그래서 성적이 우수한 대학생 50명을 데려다가 진정으로 성공하려면 어떻게 행동해야 하는지에 관해 농구팀 청소년에게 들려주게 했다.

농구팀 이자트의 활동은 농구만이 아니다. 지역사회 전체에 걸쳐 마약 · 성폭력 · 학업 성취 등을 주제로 청소년 토론회를 후원한다. 캐나다 공공 안전부 장관도 이자트 팀을 공식적으로 인정했다. "청소년이 지역사회를 변화시키는 데 필요한 도구를 갖출 수 있도록 도와준 뛰어난 공로를 들어 이자트 팀을 치하한다. 이자트 팀 청소년 토론회Team Izzat Youth Forum 같은 행사를 통해 젊은 리더들은 아동 착취와 마약 사용 같은 현행 사회 문제를 꿰뚫어볼 수 있는 통찰을 얻는다. 또한 이웃들이 범죄에 저항할 수 있도록 강하고 건전하게 되는 데 힘쓰도록 자극한다."[38] 이쯤 되면 인도항공 182편 폭파 사건 같은 비극을 유발한 소외감과 분노를 이자트 농구팀이 어떻게 누그러뜨릴 수 있었는지 궁금할 것이다.

청소년을 도우려는 열정을 품은 워드 클래펌은 자신이 이끄는 팀을 구조적으로 변화시키고 탁월한 능력을 발휘하는 경찰관에게 보상했다. "처음에는 최고의 자질을 소유한 경찰관이 청소년 담당으로 배정되지 않았다. 경찰관에게 큰 보상은 수사관으로 승진하는 것이었다. 그래서 나는 청소년 담당으로 가장 똑똑한 최고의 경찰관을 투입해야 한다고 주장했다." 클래펌이 승진 제도를 바꾼 덕택에, 요즘은 훈련을 많이 받고 힘든 지원 과정을 거친 후에 받는 특급 보상이 청소년 담당으로 선발되는 것이다.

클래펌은 이미 곤경에 빠져 있는 청소년, 즉 그의 말대로 '하류'에 있는 사람들을 잊지 않았다. 그래서 범죄자를 사회에 다시 통합시키고 더이상 범죄를 저지르지 않게 예방하는 데 주력했다. 그가 기마경찰대의 도움을 받아 창설한 리치먼드 회복적 정의 프로그램Richmond Restorative Justice Program은 자신이 저지른 범죄에 대항하도록 청소년 범죄자를 돕되 처벌하지 않는다. 프로그램에서는 청소년 범죄자를 교도소에 보내는 대신 피해자·증인·경찰관을 만나고 조력자를 배정해 자신이 해를 끼쳤다는 사실을 인정하게 돕는다. 이때 강력한 공감적 경청이 사용해서 청소년 범죄자를 도와 자신이 타인에게 어떤 행위를 저질렀는지 이해하는 동시에 자신을 타인에게 이해시키게 한다.

인도 출신의 젊은 이민자는 백인 청년 갱에게 공격을 받아 수염이 깎였다고 거짓말했다. 나중에 고발 내용이 거짓으로 밝혀지면서 이 이민자는 회복적 정의 프로그램에 보내졌다. 그곳에서 그는 고발당한 사람들이 자신의 거짓말 때문에 얼마나 깊은 상처를 입었는지 깨달았다. 동시에 주위 사람들에게 느꼈던 싸늘한 편견·냉대·외로움 때문에 생겨나 오랫동안 억눌려 있던 좌절감을 배출할 수 있었다. 쉬운 일은 아니었지만 이해관계자 모두 '심리적 공기'를 마실 수 있었고, 그 이민자는 지역사회에서 봉사 활동하는 것으로 죗값을 치렀다.

사회에 어떤 변화를 일으키는가?

워드 클래펌은 혁신적인 활약을 펼쳤지만 그에 못지않게 비판도 받았다. 사람들은 리치먼드 경찰관들이 어리석기 짝이 없게도 긍정적인 딱지를 떼면서 아이들과 '빈둥거리고' 공놀이나 하고 있다고 생각했다. 그래서 "어째서 나쁜 녀석들을 체포하지 않는 거죠? 이렇게 한다고 무엇이 달라지나요?"라고 물었다. 클래펌은 이런 말에 화가 치밀었다.

우리는 엄청난 변화를 일으키고 있다. 청소년과 유대관계를 형성하고 긍정적 메시지를 전달함으로써 의사결정에 영향을 미쳐 그들이 범죄와 비극의 구렁텅이로 빠져들지 않게 막는다. 선량한 청소년과 경계에 있는 청소년을 구분하여 양지에 머물도록 격려한다. 경찰과 많은 문제를 일으켜온 아이들의 삶이 바뀌는 것을 실제로 목격하고 있다. 지금부터 10년이 지나면 이 청소년들은 성인이 될 것이다. 그때가 되면 우리가 지금 그들과 그 자녀를 위해 벌이고 싶어 하는 활동을 지지할 것이다.

리치먼드 경찰관들이 훌륭한 성과를 거두고 있다는 사실을 입증하는 자료는 무수히 많다.

- 워드 클래펌이 재임한 첫 3년 동안 청소년 범죄율이 41% 감소했다.
- 청소년 범죄자 한 명을 관리하는 비용은 10년에 걸쳐 2,200캐나다달러에서 약 250캐나다달러로 거의 90%나 감소했다.
- 회복적 정의 프로그램 소속 청소년 범죄자의 재범률은 그렇지 않은 청소년 범죄자가 61%인 데 반해 12%까지 떨어졌다.[39]
- 리치먼드 파견대의 사기는 캐나다 기마경찰대에서 지속적으로 가장 높았다.

2010년 올림픽 경기가 열리기 몇 달 전 밴쿠버 일대에 폭력 사건이 난무했다. 경찰이 마약 거래를 단속하자 마약 값이 치솟았고 그 결과 갱들이 거리에서 싸움을 벌였다.[40] 하지만 리치먼드는 이 소동에 거의 휩쓸리지 않고 조용했다. 기마경찰대의 리치먼드 파견대가 10년 동안 변화를 일으킨 덕택이었다.

여러 해 동안 워드 클래펌은 리치먼드 시의 성공 사례를 강연해달라

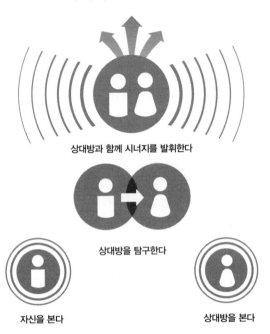

제3의 대안을 추구하는 사고

상대방과 함께 시너지를 발휘한다

상대방을 탐구한다

자신을 본다   상대방을 본다

는 요청을 많이 받고 53개국을 순회하며 긍정적인 딱지 발부 사례에 대해 강연했다. 책과 잡지에도 활약상이 소개되었다. 나는 클래펌이 런던 경찰국 등 영국에서 강연할 때 함께 여행하는 특권을 누렸다.[41]

내가 워드 클래펌에게 배운 교훈을 여기에 소개하려 한다.

클래펌은 '자신을 본다' 패러다임을 구현한다. 경력 초기에 클래펌은 자신이 명령을 받고 경찰 업무를 관례대로 수행하는 기계가 아니라고 생각했다. 사회에 위대한 기여를 하려는 창의적 열정이 내면에서 꿈틀 거렸다. 자신을 단순히 '사냥꾼'이나 '법률 집행자'가 아니라 '평화 수호자'로 보았다. 그러면서 양심에 주의 깊게 귀를 기울이고, 범죄와 생명파괴로 향하는 미래를 거부했다.

클래펌은 '상대방을 본다' 패러다임대로 살아간다. 이 패러다임에서 청소년 범죄자는 일간 체포일지에 기록하는 통계 따위가 아니라 자신이 알고 싶고 친구로 삼고 싶어 하는 개인이다. 동료 경찰관은 부하가 아니라 독특한 재능으로 경찰 업무를 수행하는 유능한 사람들이다. 그가 생각하는 범죄 해결책은 사람끼리 깊이 신뢰를 쌓아가는 것이다.

클래펌은 '상대방을 탐구한다' 패러다임을 실천한다. 그는 가능한 한 다양하고 많은 출처에서 아이디어를 얻으려 갈구한다. 자신을 책상에 앉아 부하에게 명령을 내리는 높은 사람이 아니라 부하와 동급인 동료라고 생각한다. 회의 시간에는 매일 자리를 바꿔 앉으면서 부하 경찰관에게 부탁하고 질문을 던지고 아이디어를 짜낸다. 지역사회를 꾸준히 순찰하면서 지역 사람들의 생각을 묻는다. 최고의 인물에게 배우기 위해 쉬지 않고 독서하며 여행한다. 이렇게 꾸준히 공부하는 습관을 키웠으므로 긍정적인 딱지 발부 등의 아이디어를 떠올릴 수 있었다.

클래펌은 '상대방과 함께 시너지를 발휘한다' 패러다임의 가치를 믿는다. 자신이 이끄는 팀과 도시와 시너지를 발휘하여 치안 유지라는 지속적인 문제를 해결하는 참신한 방법을 생각해낸다. 클래펌이 주최하는 마법극장 회의에서는 긍정적인 딱지 발부, 도로를 경주하는 미니 쿠퍼, 농구팀 이자트 창설처럼 기묘하고 통찰이 뛰어난 제3의 대안이 쏟아진다. 평화로운 미래를 맞이할 가망이 거의 없이 분열되어 있던 지역사회는 그의 노력으로 평화를 누릴 수 있었다. 클래펌은 청소년과 유대관계를 쌓으면서 폭력적인 범죄를 종결시켰다. 그는 "나는 경찰 국장이었지만, 희망의 국장으로 불리고 싶었습니다"라고 말했다.

스스로 인정하듯 클래펌은 합리적인 규정은 존중하되 그렇지 않으면 강력하게 배척하는 '규정 파괴자'였다. 규정집에 따르기도 했지만 인습적인 지혜에 굴복하지 않고 자기 소신을 그대로 실천했다.

나는 헨리 데이비드 소로Henry David Thoreau의 다음 말을 좋아한다. "세상에 도끼로 악의 뿌리를 내려치는 사람이 한 명이라면 악의 가지를 치는 사람은 천 명이다."[42] 이러한 통찰력의 소유자였던 소로는 제2의 대안적 사고가 초래한 결과를 설명했다. '범죄에 강경하게 대응하는' 사람은 도끼로 가지를 치는 것에 만족한다. '범죄에 온건하게 대응하는' 사람은 가지를 무시한 것에 자주 죄책감을 느끼면서, 근본 원인을 찾아 범죄를 유발하는 커다란 사회 문제를 해결하기 전까지는 어떤 조치도 소용없다고 주장한다. 하지만 나는 소로에게 더 집요하게 묻는다면 가지에도 관심이 필요하다는 점에 동의했으리라 생각한다.

내가 워드 클래펌에게 그토록 감동하는 이유도 이 때문이다. 그는 사회 병폐가 범죄를 낳는다는 사실을 알고 있지만 그러한 병폐가 사라질 때까지 범죄에 대처하는 정도에 그치지 않는다. 또한 문제 청소년을 먼지 취급하면서 자기 태도가 강경하다고 입증할 필요도 느끼지 않는다. 클래펌은 문제의 뿌리와 가지를 모두 공격하며 제3의 대안을 추구한다.

범죄를 예방하는 제3의 대안: 사랑의 고리

루와나 마츠Luwana Marts는 범죄의 뿌리를 효과적으로 공격한다. 이 훌륭한 여성은 자신을 '전문 양육자'라고 부르면서 루이지애나 주의 늪지대를 돌아다니며 가난한 젊은 여성이 출산하고 건강하게 아기를 양육할 수 있도록 돕고 범죄가 뿌리 내리지 못하게 예방한다.

범죄는 매우 어린 시절부터 이미 뿌리 내릴 수 있다. 연구자들은 임신한 여성의 건강과 자녀가 성장해 범죄를 저지를 확률 사이에 분명하고 상당한 관계가 있다고 주장한다. 흡연하고 술을 마시고 마약을 남용하는 산모는 자기 건강을 돌보는 산모와 비교해서 미래의 범죄자를 출산할 가능성이 훨씬 크다.[43] 공인 간호사 마츠는 이러한 문제를 안고 있는 산모에게서 전체 신생아의 3분의 1이 출생하는 지역에서 일하므로 궁극적으로 범죄를 예방하는 역할을 하고 있다. "마츠는 산모의 가정을 방문해 일과와 모유수유에 대해 조언하고, 총을 손이 닿지 않는 곳에 보관하도록 지도한다."[44] 생후 첫 2년 동안 잘 자란 아이는 성장해서 교도소에 갈 확률이 반으로 줄어든다.

마츠는 루이지애나 주가 운영하는 '간호사와 가족 파트너십(Nurse-Family Partnership, NFP)' 프로젝트에서 여러 간호사와 함께 일한다. 해당 프로젝트를 조직한 사람은 제3의 대안을 추구하는 데이비드 올즈David Olds 교수이다. 올즈는 1970년 대학교를 졸업하고 볼티모어 소재 탁아 센터에서 저소득층 아동을 가르치기 시작하면서 깊은 좌절감에 빠졌다. 많은 아이들이 학대, 태아 알코올 증후군, 부모의 행동 등으로 고통을 겪었다. 네 살짜리 '성격이 부드럽고 연약한 아이'는 어머니가 임신 중에 마약과 알코올을 사용했던 영향으로 계속 울거나 앓는 소리를 냈다. 어떤 아이는 밤에 침대에 오줌을 쌌다는 이유로 부모에게 구타를 당해 낮잠 시간에 잠드는 것조차 무서워했다.[45]

탁아 센터가 좋은 조기 아동 교육을 실시하기는 했지만 올즈는 자신이 하는 많은 활동이 헛되다고 생각했다. 역기능 부모 밑에서 성장하는 아이들에 관해 비관적인 견해가 지배적이었고 문제는 해결하기 어려워 보였기 때문이다. 당시에는 전면적으로 사회를 개혁해야만 범죄를 막을 수 있다고 믿는 사람과 우선 법과 질서를 엄격하게 지켜야 한다고 주장하는 사람 사이에 전국적으로 논쟁이 벌어졌다. 교육과 빈곤을 해결하기 위해 생겨난 프로그램에 엄청난 자원이 투입되었지만 올즈가 목격하는 상처 입은 아동들이 혜택을 받으려면 시기적으로 너무 멀고 멀었다. 그래서 올즈는 제3의 대안을 강구하기로 결심했다.

올즈는 탁월한 통찰을 떠올릴 수 있었다. 이미 태어난 아이에서 아직 태어나지 않은 아이로 활동의 초점을 옮기는 것이었다. 범죄와 절망의 뿌리가 자궁에 있다는 사실을 깨달았기 때문이다. 수감자 3분의 1 이상의 어머니는 약물 남용자이고 빈곤과 의료 서비스 부족으로 고통을 받는다. 출산 예정인 산모가 알코올과 기타 약물에 중독되면 태아 알코올 증후군 등이 발생할 수 있으므로 자녀가 역기능의 삶을 살아갈 확률이 극적으로 증가한다.⁴⁶ 따라서 산전관리를 제대로 실시하면 범죄 발생을 억제할 수 있을지 모른다. 저소득층 임산부가 대상인 프로그램이 있기는 하지만 위험군 임산부가 직접 도움을 청할 가능성은 매우 낮다. 그러므로 데이비드 올즈는 임산부가 찾아오지 않으면 자신이 직접 찾아 나서야겠다고 결심했다.

올즈는 뉴욕 주에서 경제적으로 낙후된 지역을 대상으로 자신이 세운 모델을 실험하기 시작했다. 공인 간호사가 처음 임신한 젊은 여성의 가정을 방문한다. 흡연 · 알코올 · 마약을 중단하도록 임산부를 돕고, 상황에 대처하는 기술을 가르치고, 아기가 21개월이 될 때까지 정기적으로 방문한다. 올즈는 초기에 장래성 있어 보이는 결과가 산출되기는 했지만 자신이 만든 모델이 효과가 있는지 확인하고 싶었다. 그래서 프로그램에 참가한 가정과 참가하지 않은 가정을 15년 동안 추적해서 결국 효과를 입증해냈다. "15세에 유죄선고를 받는 비율을 따져보면 간호사가 방문한 자녀가 그렇지 않은 자녀보다 75% 낮았다."⁴⁷ 올즈의 모델은 범죄 예방에 커다란 성과를 기록했다.

이런 과정을 거쳐서 '간호사와 가족 파트너십' 프로그램이 출범했다. 처음으로 모델을 실험하고 나서 주의 깊게 무작위로 모델을 실행하자 놀라운 결과가 나타났다. 전 세계 10만 가정 이상에서 모자의 삶이 개선되었다. 모델의 성공에 따른 경제적 이익은 의료 서비스와 법률 집행 분야에서 절약한 비용을 합해 투자액의 약 5배에 달한다!

물론 '간호사와 가족 파트너십' 프로그램에 속한 여성은 빈곤·질병·중독·학대·교육 부족 등의 문제를 겪고 있으며 불신이 몸에 배었다. 방문 간호사들은 매일 대부분의 사람들이 상상조차 할 수 없는 난관에 부딪힌다. 타인을 좀처럼 믿지 않는 보니Bonnie는 흙바닥에 바퀴벌레가 들끓는 지하실에서 생활했다. 간호사는 좀처럼 보니에게 가까이 다가갈 수 없었다. 보니는 금연을 권하는 간호사를 때리겠다고 위협했다. 술을 마시고 담배를 피우는 보니는 어린 시절 괴롭힘을 당했고, 최근에는 베이비시터로 일했던 가정의 아이들을 학대했다는 죄목으로 유죄를 선고받았다. 포기하지 않고 자신을 몇 번 찾아온 간호사에게 보니는 "(내가) 내 아기에게도 나쁜 짓을 할까 봐 겁이 나요"라고 털어놓았다.[48]

간호사는 보니의 말을 잠자코 들었다. '간호사와 가족 파트너십'에서 사용하는 주요 접근법은 '반영적 경청reflective listening', 즉 공감적 경청으로 간호사는 초보 어머니에게도 이 기술을 가르친다. 한 연구자는 이렇게 주장했다. "어머니는 자기 삶에 대해 누구보다 잘 알고 있다. 간호사는 어머니에게 무엇을 하라고 지시하지 않고 어머니를 존중하고 스스로 결정을 내릴 수 있도록 격려한다."[49] 보니가 '간호사와 가족 파트너십' 간호사를 신뢰하기 시작하자 두 사람은 함께 미래 계획을 세웠다. 간호사는 아기가 손을 쓸 수 없을 정도로 울 때 어떻게 해야 할지 가르치고, 앞으로 보니가 생활할 장소를 물색했다. 아기가 미숙아로 태어났으므로 보니와 함께 아기의 특별한 필요를 채워야 했다. 아이는 성장하면서 과거에 보니가 빠졌던 함정을 피하고 무사히 고등학교를 졸업할 수 있었다.[50]

무엇보다 중요하게 루와나 마츠 같은 훌륭한 '간호사와 가족 파트너십' 간호사는 사랑의 진정한 의미조차 모르고 살았던 젊은 엄마가 아기에게 사랑을 베풀 수 있도록 돕는다. 젊은 엄마들은 사랑이 염려 이상으로 아이에게 먹이고 입히고 교육시키고 필요한 것을 제공하는 행동이라는 사실을 배운다. 삶의 초기에 아이에게 사랑을 주면 미래에 범죄를 저지르지 않도록 예방할 수 있다. 마츠는 이렇게 설명했다. "사랑은 고리이고 순환이다. 아기의 기본 필요를 충족시켜주지 못하고, 배고픔을 채워주지 못하고, 해로운 길에 접어들지 않게 지켜주지 못하면, 즉 아기에게 안전한 기반을 마련해주지 못하면, 신뢰를 쌓을 수 없고 사랑받을 수 있는 기반도 구축하지 못한다. 그래서 도끼 살인마 같은 자가 생겨나는 것인지도 모른다."[51]

대부분의 범죄는 사회에서 사랑과 존중을 받지 못한 사람들이 절망하면서 발생한다. 그렇다고 해서 법률을 위반하는 행위가 정당한 것은 아니지만, 엄연한 사실이다. 이를 예방하려면 서로 진정한 모습을 보고 이해하고 절망을 해소하는 제3의 대안을 찾아야 한다. 단순히 범인을 체포해 처벌하는 데 그치지 말고 경찰·의료 서비스·부모·학교·청소년, 특히 소외된 청소년이 협력하는 패러다임을 새로 갖춰 문화를 변화시켜야 한다.

워드 클래펌, 제트 서너 경사, 데이비드 올즈, '간호사와 가족 파트너십' 소속 루와나 마츠는 범죄자를 교도소에 가두고 그 열쇠를 멀리 던져버리고 싶어 하는 사람들과 정말 다르지 않은가! 범죄를 막으려고 사회가 실천하는 일이 효과가 없다는 사실을 알면서도 제2의 대안적 사고라는 족쇄를 벗어던지지 못하는 사람들과 정말로 다르지 않은가! 범죄는 변함없이 우리 주위를 맴돌 것이다. 앞서 소개한 사람들은 이렇게 묻는다. "제3의 대안을 시도하면 어떨까요? 범죄를 중단시키면 어떨까요?"

전인적 건강

선진국은 의료비용이 폭발적으로 증가하는 악몽에 시달리고 있다. 미국의 의료 제도는 기술적으로 복잡해지고 고도로 전문화하여 비용을 증가시킨다. 북아메리카 국가, 유럽 국가, 일본에서는 노령 인구가 증가하는 반면에 건강보험료를 납부하는 생산 연령 인구는 급격하게 감소하는 추세이다. 2050년이면 일본인의 40%, 유럽인과 미국인의 35%가 65세를 넘어선다. 결과적으로 노령 인구의 의료비용은 늘어나고 건강보험 납부액은 줄어들어서 사회 부담은 더욱 무거워질 것이다.

내 친한 친구로 국제병원연맹International Hospital Federation 회장을 역임한 스콧 파커Scott Parker가 의료 서비스에 관한 오래된 농담을 들려주었다. "접근이 쉽거나 품질이 높거나 비용이 낮을 수는 있지만 세 가지를 동시에 누릴 수는 없다." 역설적으로 의료 지식이 발달할수록 그 지식이 필요한 모든 사람에게 적용하기가 어느 때보다 어려워졌다.

이 문제를 어떻게 해결해야 할까? 으레 그렇듯 사람들은 두 입장으로 나뉜다. 진보주의자는 누구나 최고의 의료 서비스를 받을 권리를 타고났으며 그 비용이 얼마이든 사회가 부담해야 한다고 주장한다. 이 주장

두 가지 대안

대로라면 의료비용이 감당할 수 없을 정도로 늘어날 수 있다. 이 때문에 결국 나라가 파산할 것이라고 생각하는 사람이 많다. 보수주의자는 의료 서비스도 다른 서비스와 마찬가지여서 누구나 최고 수준을 누릴 수는 없고, 지불할 수 있는 만큼 얻어야 한다고 주장한다. 짐작하건대 자유시장이 모두의 필요를 수준에 맞게 채워준다는 뜻이다. 이 주장대로라면 건강 문제로 가장 고통을 겪는 노인층·빈곤층·취약계층을 위한 사회안전망이 축소될 수 있다.

지금까지 특징을 과장해 설명했지만 두 입장은 세계적 추세이다. 두 입장이 빚는 갈등으로 전 세계가 혼란스럽다. 미국에서도 경쟁 이념끼리 격렬하게 싸운다. 양쪽 모두 지적이고 원칙을 중요하게 생각하는 사람들이 포진해 있어서 설득력 있는 주장을 펼친다. 하지만 다음과 같이 제3의 대안을 추구하는 중요한 질문은 던지지 않는다. "우리가 지금껏 생각해낸 것보다 좋은 해결책을 찾을 의향이 있는가?" 자신에게 이렇게 질문해보면 다른 질문이 꼬리를 물고 떠오를 것이다. "우리의 가정이 틀리다면 어떡할까? 모두에게 최고의 서비스를 제공하면서도 비용을 절감하는 것이 불가능하다는 것을 어떻게 아는가? 우리가 진정으로 원하는 결과는 무엇인가? 우리는 그 결과를 달성할 수 있는 제도를 구축하고 있는가?"

대논쟁을 구성하는 두 입장이 논쟁을 벌이지 않고 그 대신 시너지에 도달하는 순간을 상상해보라. 서로 한 발 앞서려고 경쟁하는 만큼 정말 필요한 일을 하려고 시간을 쏟아 심사숙고한다면 어떤 현상이 일어날까? 의료 서비스가 위기에 빠지는 것은 해결책이 없기 때문이 아니라 시너지를 추구하지 않기 때문이다.

정말 중요한 일은 질병을 치료하는 것이 아니라 예방하는 것이다. 어느 국가이든 최대 건강 산업은 사실상 '질병 산업'이다. 질병 치료보다

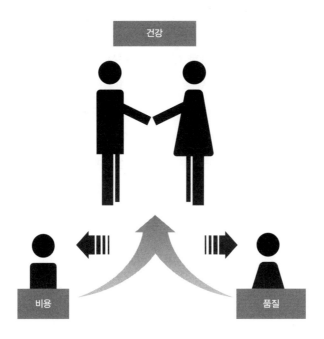

건강 증진에 헌신해온 프랭크 야노비츠Frank Yanowitz 박사는 한 의과대
학생이 지도교수와 강둑을 걷다가 겪은 옛 일화를 즐겨 소개한다. 두 사
람은 물에 빠진 남자가 강 하류에 둥둥 떠 있는 광경을 보았다. 학생이
물에 뛰어들어 그 남자를 강가로 끌어내고 심폐소생술을 실시해 생명을
살렸다. 물론 학생은 자신의 행동을 보고 교수가 감동했기를 바랐다. 그
때 무슨 영문인지 물에 빠진 사람이 또 떠내려왔고 학생은 이번에도 똑
같이 행동했다. 곧 강물은 물에 빠진 사람들로 가득 찼고 학생은 속수무
책이었다. "제가 사람들을 구하는 일에 헌신해야 하는 의사인 것은 확실
하지만 계속 이렇게 행동할 수는 없습니다!" 학생이 외치자 교수는 이렇
게 대답했다. "그렇다면 어째서 이 불운한 사람들을 다리에서 밀어 떨어

지게 한 사람을 찾아가 저지하지 않는가?"

야노비츠처럼 제3의 대안을 추구하는 사람은 이것이 건강 산업의 현실이라 생각한다. 애당초 환자가 강물에 빠지지 않도록 조처하지 않고 환자를 강물에서 끄집어내는 데 몰두한다는 것이다. 저명한 내과 의사이자 병원 임원인 조던 애셔는 이렇게 설명했다.

미국의 의료 서비스는 완전히 퇴보하고 있다. 나쁜 상황이 벌어지고 나서 사후 치료에 급급하기 때문이다. 미국은 심장마비가 일어난 후 치료 받기에는 더할 나위 없이 좋지만 심장마비를 예방하기에는 최악의 나라이다. 물을 멈추기 위해 물이 어디서 흘러드는지 알아볼 생각은 하지 않고 호스를 비틀려고만 한다.[52]

솔직히 다른 나라의 상황도 미국과 크게 다르지 않다. 대논쟁에서 거론하는 여러 문제점은 그만큼 보편적이다. 점차 증가하는 노령 인구의 건강 문제를 관리할 자원이 세계적으로 바닥나고 있다. 그러한 홍수를 멈추거나 최소한 속도를 늦추는 제3의 대안을 찾지 않고 너나없이 홍수를 가장 잘 다룰 수 있는 방식을 놓고 논쟁을 벌이고 있다.

한 세기 전만 해도 사람들은 대부분 전염병으로 사망했으므로 의사가 환자의 치료에 집중하는 것이 합리적 태도였다. 하지만 전염병은 오래전에 정복되어 오늘날 전염병으로 인한 사망자는 전체 인구의 2%에 불과하다. 요즈음 선진국의 문제인 심장질환 · 당뇨병 · 암 등 소위 생활습관병은 많은 생명을 앗아가고 엄청난 비용을 소모시키지만 생활습관만 바꾸어도 상당히 예방할 수 있다.

세계보건기구는 건강을 "단순히 병이 없거나 허약하지 않은 상태가 아니라 신체적 · 정신적 · 사회적으로 온전히 양호한 상태"라고 정의한다.[53] 이는 건강의 진정한 정의로서 전인적 건강을 가리킨다. 현재 미국 의료 서비스의 당면 위기를 타개하려는 제3의 대안은 '질병 산업' 패러다임을 '건강 산업' 패러다임으로 전환하는 것이다.

그렇다면 건강 담당 의사가 있는가? 단순히 교과 과정에 속한 부차적 개념 이상으로 건강을 생각하는 의과대학교가 있는가? 역발상, 즉 제3의 대안을 생각해내 의료 산업을 합리적 방향으로 전환시킬 사람이 있는가?

의료 산업 종사자 중에는 이렇게 항변하는 사람도 있을 수 있다. "하지만 사람들은 실제로 아프기 전에는 건강에 신경을 쓰지 않는다. 정기 검진을 받으려 하지 않는다. 시간과 노력을 들여 운동하려 하지 않을뿐

전인적 패러다임

전인적 패러다임: 의료 서비스를 변화시키려면 '질병 패러다임'에서 벗어나 신체적·영성적·감정적·정신적 건강을 다지는 패러다임으로 바꿔야 한다.

더러 담배를 끊으려고도 하지 않는다. 지나치게 많이 먹고 지나치게 많은 스트레스에 시달린다." 모두 사실이다. 개인 건강은 각자 책임을 져야 하고 여기에는 이견이 없다. 게다가 분별 있게 식사하고 운동을 적당히 하면 생활습관병은 대부분 예방할 수 있다. 하지만 어째서 우리는 이러한 책임을 좀 더 진지하게 받아들이지 않을까?

그 대답으로 우리는 대부분 절제의 부족을 탓한다. 하지만 원인의 뿌리는 더욱 깊다. 나는 두꺼운 산업화 렌즈를 통해 자신을 보기 때문이라 생각한다. 우리는 자기 신체를 잘못된 구석이 있으면 '고칠' 수 있는 기계로 생각한다. 잘 살기 위해서 개선하고 우정을 쌓고 영적으로 성장해야 하는 사회 기여자가 아니라 시종일관 달려야 하는 생산자라고 스스로를 파악한다. 우리는 자신의 심장뿐 아니라 영혼의 건강을 증진하기 위해 활기차게 공원을 걸어야 한다. 사람들은 쉬지 않고 생산할 수 있으려면 일에 몰두해야 한다고 믿지만, 정말 필요한 것은 성서가 말하듯 자신이 "신비스럽고 묘하게 창조된" 재능 있는 사람이라고 진심으로 믿는 것이다. 자신을 신체·정신·감정·영혼을 아우르는 전인으로 보고, 이 모든 소중한 재능에 자양분을 공급하고 육성해야 한다.

운동하고 적합한 영양을 섭취하고 체중을 조절하겠다는 계획을 세웠다가 실천하지 못하면 자주 낙담한다. 나태하고 절제가 부족하다면서 자신을 책망한다. 하지만 내 경험에 따르면 가장 큰 문제는 절제가 부족하기 때문이 아니라 아직 자기 모습을 있는 그대로 보지 않기 때문이다.

하지만 우리가 자기 건강을 돌보지 않는 주요 원인에는 솔직히 의료 산업 자체의 문제도 있다. 의료기관은 질병의 예방이 아닌 치료에 초점을 맞추어 조직되고 훈련을 실시하고 허가를 받는다. 좀 더 긴급한 급성 치료에 자원을 집중적으로 투입해야 하므로 예방에 쏟을 시간도 돈도 충분하지 않다. 이러한 현실에 대해 한 분석가는 이렇게 설명했다. "의료 서비스가 위기에 처한 까닭은 자원이 부족한 데다 그마저도 비용을 지불할 수 있는 사람에게 불공평하게 분배되기 때문이다. ……각자 부족한 자원을 차지하려고 경쟁해야 하는 결핍의 패러다임이 서구의 의료 산업을 지배하면서 위기를 초래한다."[54] 달리 표현하자면 의료 서비스를 부족하게 만들어 값비싼 상품으로 둔갑시키는 것은 바로 우리가 지닌 패러다임이다. 결핍의 사고방식에 얽매인 사람들은 의료 서비스가 구비해야 하는 조건이 많다고 생각하지만, 실제로 의사에게 중요한 것은 시간이다. 질병을 치료하는 것보다 예방하는 것이 더 낫다는 사실은 누구나 알고 있지만 정작 의사들은 예방에 주력할 시간이 없다. 아픈 환자를 치료하는 데 시간을 많이 투입해야 하므로 철저하게 환자를 사전 검진할 수 없다. 파리를 잡느라 여념이 없어서 방충망에 뚫린 구멍을 메울 수 없는 것과 같다.

결핍의 사고방식은 상대적으로 예방을 경시하고 치료를 강조하므로 통증을 증가시키고 생명을 잃는 것은 물론이고 의료비용을 상승시킨다. 의사들은 "예방 치료보다는 환자가 증상을 보일 때 작동하는 사고 과정에 익숙하다."[55] 그 결과 애당초 아프지 않아도 되는 사람들이 치료를 받으려고 병원 응급실에 길게 줄을 선다.

내슈빌에서 의료 서비스 기관의 중역으로 일하는 숀 모리스Shawn Morris는 "의료비가 비싼 까닭도 바로 이 때문"이라고 단언하면서 이렇게 설명한다.

응급실과 병원에 가고 싶어 하는 사람은 없지만 어쨌거나 대부분 가게 마련이다. 우리는 아플 때만 의사를 찾고 6분 정도 진찰을 받을 수 있더라도 운이 좋은 편이다. 기운이 빠지기는 의사도 마찬가지이다. 이는 의사가 '행위별 수가제fee for service'에 따라 보수를 받기 때문이다. 의사는 실제로 환자에게 유익한 일을 많이 하더라도 그만큼 보상을 받지 못하므로 쉴 새 없이 환자를 받는다. 환자가 대장내시경이나 유방암 검진을 받았는지 점검해 볼 여유가 없다. 감기가 걸려 찾아온 환자의 신발을 벗기고 발을 검사해 당뇨병이 악화하지 않았는지 살펴보지 않는다.

모리스는 의료 서비스의 문제를 파악했을 뿐 아니라 동료와 함께 위급한 상태에 초점을 맞춘 치료나 방치를 뛰어넘는 제3의 대안을 생각해 낸다. 그 결과 탄생한 것이 '리빙웰 건강 센터Living Well Health Center'이다.

새로운 종류의 건강 센터

테네시 주 갤러틴 소재 리빙웰 건강 센터는 흔들의자, 석조 벽난로, 장기판 등을 갖추고 있어서 미국 남부 시골의 분위기가 난다. 실제로 사람들은 벽난로 앞을 어슬렁거리거나 체스를 두며 시간을 보낸다. '환자 중심 의료 센터'로 자처하지만 오히려 노인정에 가깝다. 붙임성 있는 '서비스 직원'이 상주하면서 센터가 어떤 서비스를 제공하는지 고객에게 알려주거나 그저 고객과 대화한다. 운동하는 사람들이 눈에 띄고 그림·꽃꽂이·요리 수업이 진행된다.

좀 더 이면을 들여다보면 센터는 고객의 건강 증진에 주력한다. 센터는 항시 노인에게 개방하고 주의 깊게 노인을 추적하여 건강관리 일정을 세우고, 32가지 위험 요인의 체크리스트를 작성해 정기적으로 점검한다. 예를 들어 남성 노인을 대상으로 정기적으로 PSA 테스트를 실시해 조기에 진단 받으면 완치율이 99.7%에 이르는 전립선암을 감지한다. 의사는 전국 평균 진찰 시간인 6분이 훨씬 넘는 시간적 여유를 갖고 체크리스트에 있는 항목을 전부 점검하고 필요한 조치를 취하거나 그냥 환자와 대화한다. 그들은 자칭 '환자 중심 의료 서비스'를 제공하는 일반 의로서 각 환자를 잘 파악하고 신뢰를 구축한다.

리빙웰 건강 센터의 주요 목표는 환자가 불필요하게 병원을 찾지 않게 하는 것이다. 병원의 모든 절차는 질병을 예방하고 만성 상태를 관리하는 데 중점을 둔다. 모니터링과 추적 과정을 세심하게 조직해서 심장마비 · 암 · 뇌졸중 · 당뇨병 · 만성질환 등의 발생률을 지속적으로 떨어뜨린다. 결과적으로 발생한 비용 절감액은 상여금 형태로 의사들에게 분배한다. 숀 모리스는 이렇게 말했다. "우리는 수입 창출 방식의 패러다임을 바꾸어 의사가 환자와 보내는 시간을 늘리도록 노력한다. 만성질환을 치료하려면 시간이 많이 걸리고 예방 관리도 마찬가지이다. 병원은 중대한 급성 상태를 다루는 곳이다. 따라서 천식이나 당뇨병처럼 통원치료가 적합하고, 일상적이고 통제 가능한 상태를 제대로 관리하지 못해 병원에 입원하는 사태가 발생해서는 안 된다." 리빙웰 건강 센터는 상태가 심각한 환자를 전문 의료기관에 보내고, 치료를 마친 환자의 집에 방문해 건강을 점검하고 가정환경을 개선함으로써 다시 입원하지 않게 한다.

전국적으로 의료 서비스의 품질을 측정한 결과에 따르면 리빙웰 건강센터의 서비스 질은 평균보다 55% 높다. 모리스는 "센터의 서비스 질은 90%로 전국 평균 45~50%보다 훨씬 높다"[56]고 설명했다. 이는 고객이 훨씬 건강해졌을 뿐 아니라 의료비용과 사회비용을 상당히 절감했다는 뜻이다.

시너지의 패러다임을 추구하는 사람들이 설립한 리빙웰 건강 센터는 의사와 간호사는 물론 요리사, 개인 트레이너, 꽃꽂이 담당자, 교사, 목사, 사회사업가 등이 협력하여 완성한 작품으로 고객의 신체적 · 정신적 · 영적 · 사회적 필요를 충족시키며 전인적 인간의 건강 증진에 기여한다. 센터는 고객의 신체를 돌보는 데 그치지 않고 고객이 학습하고 친구를 사귀고 즐겁게 생활할 수 있도록 돕는다.

결과적으로 리빙웰 건강 센터는 '건강 센터'라는 용어에 새로운 의미를 부여해주었다. 이곳은 응급실이 아니라 만남의 장소이다. 의사의 이름을 빼곡히 적어 환자에게 위압감을 주는 사무실 건물이 아니라 레크리에이션 센터이다. '기관'이 아니라 보호소이다. 뷔페를 제공하고 놀이판과 대형 텔레비전을 구비하여 유람선 분위기를 풍긴다. 실제로 사람들은 이곳에서 시간을 보내고 싶어 한다. 직원은 정기검진을 받도록 환자를 설득할 필요 없이 환자가 자기 필요를 채우려고 자진해서 찾는 곳으로 센터를 만든다.

또한 센터는 의료 서비스가 직면한 주요 문제인 보상 방식에 대해 독창적인 해결책을 제시한다. 의사가 보상을 받는 방식은 통상적으로 두 가지이다. '행위별 수가제'는 진료 행위마다 일정 금액을 진료비로 지급하므로 의사는 진찰하는 환자 수와 진료 행위 수를 늘리려 한다. 두 번째 방식 '인두제人頭制'는 사전에 정해진 일정액을 환자 수만큼 지급하므로 의사는 진찰하는 환자 수와 진료 행위 수를 줄이려 한다. 두 가지 모두 제2의 대안으로 어떤 대안도 건전한 동기를 제시하지 못한다.

하지만 리빙웰 건강 센터 소속 의사들은 삶의 모든 측면에서 건강을 유지할 수 있도록 환자를 도우면서 보상을 받는다. '협력 의료'라고 불리는 이 제도에서 1차 진료의는 환자의 치료와 검사를 최우선 순위에 두고 진료 계획을 짜고, 환자가 건강을 유지해 병원에 입원하지 않으면 상여금을 받으며 의료 품질 기준을 충족하면 보상 받는다. 두 가지 인습적인 보상 방식에 대해 제3의 대안을 실시하면 진료의 질을 향상시키는 동시에 의료비용을 낮출 수 있다.

리빙웰 건강 센터 등은 의료 제도를 둘러싼 이념 논쟁을 뛰어넘는 제

3의 대안이다. 그곳 사람들은 대논쟁으로 문제가 해결되기를 기다리지 않고 좀 더 질 높고 바람직한 접근법을 생각해내 꼭 필요한 일들을 실천해나간다.

노먼 클리닉: 제3의 사고방식

의료 제도를 둘러싼 논쟁은 별 소득 없이 계속 진행 중이다.

"누구나 최고의 의료 서비스를 받을 권리를 누려야 하지 않나요?"

"하지만 치솟는 의료비용은 어떡합니까? 모두에게 최고의 의료 서비스를 제공하다가는 가정과 나라가 파산하고 말 겁니다."

"그렇다면 돈이 없는 사람은 아프다가 죽도록 방치해도 무방하다는 말입니까?"

"그러면 그 의료비용은 누가 지불할 것입니까? 내가? 당신이?"

조금만 생각해보면 이러한 딜레마가 거짓임을 알 수 있다. 리빙웰 건강 센터가 입증하듯 누구나 진정한 의료 서비스를 받는 동시에 의료비용을 합리적인 선으로 유지할 수 있다. 실제로 서비스의 질을 증가시키면서 비용을 낮출 수 없었던 까닭은 무엇일까? 모두 제3의 대안에 도달하지 못했기 때문이다.

진짜 문제는 의료 서비스의 비용이나 품질이 아니라 약한 패러다임이다. 의료 서비스 기관은 제2의 대안적 사고인 비논리적 사고방식에 젖어 있어 품질을 높이든지 비용을 줄이든지 두 가지 중 하나를 선택해야 하고 다른 대안은 없다고 고집한다.

노먼 클리닉Norman Clinic은 눈부신 성과를 거두면서 이러한 주장을 뒤집었다.

화요일 아침 5시 플로리다 주에 있는 탐파 종합병원 산하 노먼 부갑상선 클리닉의 문이 열렸다. 캐나다 · 인도 · 라틴아메리카 · 미국의 일부 주에서 찾아온 환자 13명이 환하게 미소 지으며 맞이하는 직원에게 다가가 신속하게 등록을 마쳤다. 환자는 각각 진료실로 들어가 의사에게 몸 상태를 알리고 수술 후 관리방법을 배웠다. 의사는 환자에게 수술하고 나서 한동안 칼슘을 복용해야 한다고 설명했다.

정오까지 환자 13명은 거의 알려지지 않았지만 흔한 질병인 부갑상선 기능 항진증을 치료하기 위한 수술을 성공적으로 마쳤다. 사람들은 쌀알 크기만 한 부갑상샘 4개를 갖고 태어난다. 갑상샘의 뒤에 있는 부갑상샘은 혈중 칼슘 농도를 조절한다. 때로 4개 가운데 하나에 이상이 생겨 혈액으로 흘러들어가는 칼슘 양이 증가하면서 뼈 소실, 신체 통증, 우울증, 피로감, 의식 혼탁 등의 증상이 나타난다. 이때 제대로 치료하지 않으면 응급상황이 발생해 뇌졸중이나 암을 유발할 수 있다.

부갑상선 기능 항진증은 인구 1,000명당 약 1명꼴로 발생한다. 원인은 아직 밝혀지지 않았지만 치료법은 간단해서 문제를 일으키는 샘을 제거하면 된다. 수술이 끝나고 몇 시간 안에 정상적인 샘이 기능을 보충하면서 환자의 호르몬 수치는 정상으로 돌아온다.

치료법이 간단하다고 말했지만 수술은 결코 간단하지 않다. 부갑상샘이 목에 있으므로 외과의사는 경동맥 · 후두 · 후두신경 등 복잡하고 예민한 조직을 다치지 않게 심혈을 기울여야 한다. 부갑상샘 절제술이 대수술로 분류되는 까닭도 바로 이 때문이다. 수술은 대개 한쪽 귀에서 반대쪽 귀까지 목을 절개하고 3시간 가까이 걸린다. 수술 받은 환자는 병원에 며칠 입원해야 하고 회복하는 데만도 몇 주가 지나야 한다. 일반적인 치료 절차는 1920년대 이후 바뀌지 않았지만 수술비용이 비싸서 미국에서는 약 3만 달러가 들어간다. 완치율은 88~92%이고 합병증을 호소하는 비율은 5%이다.

하지만 노먼 클리닉 환자들은 평균 16분 동안 수술을 받고 2시간 안에 퇴원한다. 절개 자국도 환자의 목 밑 부분에 2.5센티미터 정도이다. 수술에 따른 합병증 보고가 거의 없고 완치율은 99.4%에 이른다.

짐 노먼 박사는 단순명쾌한 성격의 소유자로 표정 변화 없이 유머를 구사했다. 그는 딱 부러지는 목소리로 "우리는 이 질병을 현상 유지에 급급하지 않고 치료합니다"라고 말했다. 100%에 가까운 완치율도 그가 자부심을 갖는 데 한몫한다. 노먼 부갑상선 클리닉을 설립한 노먼은 부갑상샘 절제술을 1만 4,000건 이상 집도하여 역사상 최다 기록을 세우며 명실상부한 대가가 되었다. 주당 약 42건의 수술을 시행하는데, 이는 미국 내분비 외과 분야에서 수술 건수로 2위를 기록한 의사가 시행하는 연간 수술 건수와 비슷하다. 노먼은 젊은 시절 내분비계를 전공하고 온갖 종류의 수술을 집도했다. 어느 날 자동차 세일즈맨인 아버지에게 부갑상선 절제술을 시행하기가 무척 어렵다고 투덜댔다. "15~20센티미터를 절개한 후에 자그마한 샘 하나를 끄집어내야 합니다. 위험도 크고 배출액도 많고 목에 조직이 많아 합병증이 발생할 위험성도 있고 경동맥과 신경도 건드리면 안 돼요." 아들의 말을 잠자코 듣고 있던 아버지는 "좀 작게 절개를 하지 그러니?"라고 대꾸했다.

아버지의 이 말이 수술법을 개선하는 단서가 되었다. 그 후 몇 년 동안 노먼은 절개 길이를 점차 줄이고, 방사성 추적자 같은 수술도구를 발명하고, 실험을 거듭하여 최종적으로 '미니 부갑상선 절제술'이라는, 완전히 새로운 방법을 개발했다. 정신을 온전히 집중해서 수천 시간을 쏟아 수술을 반복한 끝에 부갑상선 절제술을 세계에서 가장 빠르면서도 침습성을 최소화하며 집도하는 의사가 되었던 것이다.

이와 동시에 노먼은 주목할 만한 사업 모델을 수립했다. 노먼과 함께 일하는 직원들은 모두 해당 분야의 전문가들이다. 방사선 전문의들이 연간 2,000여 건 이상 반복 실시한 덕택에 스캔의 질이 좋아졌다. 간호사들은 매일 동일한 업무를 반복하면서 환자를 파악하는 통찰력을 쌓게 되어 30분에서 1시간 안에 환자의 상태가 호전될지 여부를 즉시 파악한다. 모든 직원은 '환자 편에 서서 치료 과정을 어떻게 개선할 수 있을까?'라고 늘 생각한다.

따라서 노먼 클리닉에는 시너지가 넘친다. 클리닉에 대한 소문이 나자 전 세계에서 환자들이 몰려들었고 자연히 숙소가 필요해졌다. 환자들은 대개 탬파에 도착한 다음 날 수술을 받고 이튿날 집으로 돌아간다. 따라서 클리닉은 근처 호텔과 자동차 서비스 업체를 접촉해 환자들이 큰 폭으로 할인을 받을 수 있도록 주선했다. 또한 공항으로 환자들을 마중 나가 호텔에 데려다준다. 호텔 직원은 클리닉에서 수술 받을 투숙객의 특별한 필요를 잘 파악하고 있다.

클리닉의 사업 담당 관리자 마크 래섬Mark Latham은 이렇게 언급했다. "우리는 환자가 도착해 수술을 받고 다시 집으로 돌아갈 때까지 모든 절차를 관리하려고 애씁니다. 호텔은 클리닉 덕택에 거둔 수익의 일부를 재단에 기부하고요. 우리는 호텔 직원에게 클리닉을 견학시켜서 환자에게 무엇이 필요한지 파악하고 아이스크림과 팝시클 등을 구비해놓을 수 있게 합니다. 환자는 호텔에서 칼슘도 구매할 수 있어요."

노먼 클리닉과 탬파 종합병원은 놀랄 만한 시너지를 발휘한다. 병원 입장에서 수술 건수가 많다는 것은 수입이 늘어날 뿐 아니라 병원을 그만큼 효율적으로 운영한다는 뜻이다. 클리닉에는 수술실이 두 곳밖에 없지만 여기서 거두는 수익은 엄청나게 크다. 회복실이 필요 없고 병원에서 하룻밤을 보내는 환자도 4,000명 중 1명에 불과하다. 예측성도 병원에 이익을 안기는 요소이다. 방사선 전문의와 마취과 전문의는 치료 과정에서 어떤 상황이 벌어질지 정확하게 파악하고 있다. 환자들은 수술 받기 전에 이미 수술비를 지불하고 사무적인 절차를 마친다. 마크 래섬은 이렇게 설명했다. "대부분 우리 병원에 오는 환자들은 탐파까지 오는 교통비를 부담해야 합니다. 하지만 장시간 침습적 수술을 받고 합병증에 시달리면서 병원에 입원할 필요가 없으므로 그만큼 돈을 절약할 수 있습니다. 결론적으로 전문적 기술과 지식을 구비한 병원 한 군데에서 치료를 받는 것이 비용 면에서 훨씬 저렴합니다. 우리 병원에서 청구하는 평균 수술비용은 다른 병원보다 훨씬 적습니다."

노먼 클리닉은 비용 절약 전략의 일환으로 환자들이 수술을 받으러 탐파로 오기 전에 수술에 대해 제대로 교육시킨다. 우선 관리비용이 적게 드는 웹사이트를 활용해 환자와 의사소통하고 교육한다. 웹사이트는 디자인이 현란하지 않고 내용은 명쾌한 영어로 적혀 있다. 환자들은 웹사이트에서 수술 장면을 보고, 수술한 환자들이 쓴 글과 시를 읽고, 심지어 환자들의 거주지를 세계 지도에서 확인할 수 있다. 노먼 클리닉은 인터넷을 사용해 환자를 교육시키고 기록을 처리해 시간과 돈을 절약한다.

정리하자면, 짐 노먼 박사는 다른 병원보다 훨씬 적은 비용으로 환자에게 세계 일류급 의료 서비스를 제공한다. 래섬은 이렇게 설명했다. "의료 서비스 업계가 우리 병원의 활동을 눈여겨본다면 상황을 훨씬 개선할 수 있습니다. 우리 병원이 그토록 유명하다니 놀랍네요. 병원의 활동을 알리는 글과 강연이 많고, 병원이 거둔 성과가 널리 알려져 있기 때문이겠죠. 이러한 의료 서비스를 제공하는 클리닉은 아직까지는 우리뿐입니다. 다른 병원이 시도하지 않는 까닭을 도통 모르겠어요."[57]

물론 "다른 병원에서 시도하지 않은" 이유는 분명하다. 제2의 대안적 이념에 얽매인 상태로 의료 서비스에 관한 논쟁을 벌이느라 환자들이 극적으로 절감된 비용으로 점차 양질의 진료를 받을 수 있는 제3의 대안을 떠올리지 않기 때문이다. 의료계에는 제3의 대안이 절실하게 필요하다. 노먼 클리닉, 탐파 병원, 호텔, 환자들이 힘을 합해 시너지를 발휘하면서 의료비용을 낮추고 품질을 끌어올린 사례를 생각해보라.

하지만 노먼 박사처럼 제3의 대안을 추구하는 인물들은 어마어마한 연합 세력의 공격을 받는다. "우리가 미국 전체에서 차지하는 시장 점유율은 12% 정도에 불과합니다. 그런데도 의사들은 우리 클리닉에 환자를 의뢰하지 않으려 합니다. 의료계에서는 대부분 의사·외과의사·보험회사가 협력해 환자를 서로 의뢰해주죠. 자칭 '관리 의료'는 중세시대에 존재했던 길드와 비슷합니다. 그들은 자신들의 사업에 우리가 끼어드는 것을 원하지 않아요."[58] 대부분의 환자들은 진료를 받으려 여기저기 의료기관을 기웃거리지 않고, 의사와 보험회사에게 들은 대로 선택하는 경향이 있다. 따라서 의사와 보험회사는 환자들에게 의료 제도를 벗어나 플로리다에 가서 수술을 받으라고 말하지 않을 가능성이 크다.

다른 나라에서 오는 환자들의 입장도 그리 다르지 않다. 대부분의 국가는 전국적으로 건강 보험 제도를 실시하므로 시민은 무료로 수술을 받을 수 있어서 굳이 많은 돈을 써가며 플로리다까지 와서 수술을 받을 이유가 없다. 하지만 수술 결과에 대해 교육을 받고 수술비용을 감당할 만큼 경제적으로 넉넉한 사람들은 여전히 이곳을 찾는다.

그러면 비용 대 품질의 잘못된 딜레마에 관해 다시 이야기해보자. 의료 서비스를 둘러싼 대논쟁에서 열성적인 진보주의자는 누구나 노먼 박사에게 치료를 받을 수 있어야 하고, 주 정부는 세금을 인상해서라도 그 비용을 지불해야 한다고 주장할 것이다. 역시 열성적인 보수주의자는 비용을 감당할 수 있는 사람은 누구나 노먼 박사에게 치료를 받을 수 있지만 그렇다고 일부 환자가 플로리다로 가서 치료를 받을 수 있게 하려고 시민이 내는 세금을 인상해서는 안 된다고 주장할 것이다. 두 입장모두 결함이 있기는 마찬가지이다. 두 입장 모두 전제가 잘못되었다는것을 인터마운틴 헬스케어Intermountain Healthcare에서 확인할 수 있다.

세계를 위한 모델

"접근이 용이하거나 품질이 높거나 비용이 낮을 수는 있지만 세 가지를 동시에 누릴 수는 없다." 이는 스콧 파커가 미네소타 대학교에서 병원경영을 공부할 때 배웠던 오랜 철칙이다. 누구나 그렇게 말하고 듣는사람마다 고개를 끄덕이고 모두가 사실이라고 알고 있다. 그런데 파커는 1970년대 미국 최대 비영리 병원 체인의 수장에 취임해 의료 서비스를 삼중으로 제약하는 케케묵은 규칙에 의구심을 품기 시작했다.

병원 15곳을 운영하는 인터마운틴 헬스케어(Intermountain Healthcare, IHC)의 이사들은 '세계적인 의료 서비스 제공 모델'을 수립해 시행해달라고 파커에게 요청했다. 이러한 과제를 부여 받은 병원은 뛸 듯이 기뻐하는 동시에 두려움을 느꼈다. IHC가 진정 독특한 기관으로 거듭나고그러한 사명을 달성하려면 부단히 노력해야 하기 때문이다.

물론 대부분의 병원이 의료비와 의료 서비스 질의 균형을 맞추는 방법을 놓고 고민한다. 하지만 많은 병원은 편협한 범위의 기본 서비스를제공하고 허가를 유지하면서 수익을 거두는 것에 만족한다. 혁신적인방법을 시도하지 않고 몸을 사리면서 외부에서 묵인하는 수준으로만 사망자 수와 감염률을 유지한 상태로 위험을 피하려 노력한다. 또한 일단사용하기 시작한 표준 절차에 대해서는 깊이 생각하지 않는다.

따라서 IHC 리더들은 이렇게 자문했다. "우리는 어떻게 달라질 수 있을까? 어떤 일을 개선할 수 있을까? 본보기가 되는 제도를 수립하려면 무엇을 바꿔야 할까?" 그들은 가격 대비 품질에 관련한 문제를 낙관적으로 생각하지 않았으므로 처음에는 삼중 제약의 하나인 접근 문제를 집중적으로 공략하기로 했다.

일반적으로 병원은 문을 열고 들어오는 사람은 누구나 치료하려 한다. 따라서 환자가 의료비를 지불할 능력이 있는지 상관없이 응급실에는 환자가 넘쳐나고, IHC는 병원을 찾아오는 사람에게 의료 서비스를 제공해야 한다는 특별한 의무감을 느꼈다. 하지만 파커가 이끄는 팀은 병원을 찾아오지 않는 사람들, 너무 가난하거나 거주지역이 너무 멀어 도움을 청할 수 없는 사람들을 어떻게 해야 할지 고민했다. 미국 서부의 방대한 지역에 의료 서비스를 제공하고 있던 IHC는, 규모가 작고 외져서 의사가 한 명도 없는 마을을 직접 찾아가기로 결정했다. 당시 경제적 여건으로는 타당하지 않은 일이었지만 소형 IHC 병원과 클리닉 여러 군데가 서부 전역에 새로 들어서기 시작한 터였다. 의사들이 가는 곳에 환자들이 모여 들었다. 이 시설들이 경제적으로 자립하기까지는 시간이 오래 걸렸지만 그 덕택에 주민 수천 명이 진료를 받을 수 있었다.

하버드에서 수학한 생물 통계학자이자 외과의사 브렌트 제임스Brent James가 1980년대 말 스콧 파커를 찾아왔다. 그는 환자들에게 제공하는 의료 서비스의 질을 획기적으로 높이는 동시에 의료비용을 급격하게 낮추는 방법이 있다고 말했다. 파커는 자신이 알고 있다고 생각하는 사실에 완전히 위배되었으므로 제임스의 말을 믿지 않았다. 아울러 의료 서비스에 약간의 변화만 주려 해도 막대한 금액의 투자가 필요하리라 생각했다. 이미 환자의 90%가 상태가 호전되어 퇴원하고 있는데, 그 비율을 조금만 높이려 시도하더라도 엄청나게 큰돈이 들어가리라 추측했기 때문이다.

하지만 브렌트 제임스는 자신과 며칠을 보내면서 과학적으로 의료 서비스의 질을 높이고 비용을 낮추는 과정을 배워보라며 IHC 리더 팀을 설득했다. 파커는 호기심이 생겼다. "IHC가 가격 대 품질이라는 오랜 이분법을 뛰어넘어 제3의 대안이 될 수 있을까? 어떤 병원도 시도하지 못한 방식으로 탁월한 성과를 거둘 수 있을까?" 그래서 파커는 제임스에게 실험을 하라고 승인했고 IHC의 수술 팀이 실험 대상이 되었다. 통계학 지식으로 무장한 제임스는 입원 수속·수술 준비·마취·수술·간호·회복·음식·약물·퇴원·추적 등 해당 팀의 책임 아래 환자에게 발생하는 전체 과정을 측정했다. 그러고 나서 관련 부서를 만나 자료를 제시하고 이렇게 물었다. "여기서 당신 부서의 역할은 무엇인가요? 과거에는 시도해보지 못했지만 어떻게 하면 이 절차를 향상시킬 수 있을까요?"

회의실은 곧 마법극장으로 바뀌었다. 부서마다 아이디어가 쏟아져 나왔다. 간호사는 수술 준비 절차를 향상시킬 수 있는 방법을 찾았고, 외과의사는 작업을 조율해 더욱 효율적으로 수술할 수 있는 길을 모색했다. 또한 수술이 끝나고 나서 환자에게 항생제가 무계획적으로 투여되고 있다는 사실이 드러났다. 영양사는 환자에게 적절한 영양분을 공급하는 방법을 제안했다. 참석자들은 이렇게 회의시간에 도출된 아이디어를 취합해 현장에 적용하기 시작했다.

브렌트 제임스는 매주 팀과 만나 지난 주 결과를 분포곡선으로 보여주었다. 부서들이 결과를 향상시키려고 서로 경쟁하기 시작했으므로 치료 절차는 꾸준히 개선되었다. 이러한 움직임에 감명을 받은 파커는 종전의 태도를 바꾸어 제임스에게 '과학 프로젝트'를 의료 서비스 관리 시스템으로 전환해달라고 요청했다. 결국 50가지가 넘는 중요한 임상 절차가 동일한 시험을 거쳤다.

시험 과정을 살펴보면 다음과 같다. 팀은 기존에 실시하고 있던 절차를 평가하고, 일관성을 증가시키거나 시간을 절약하거나 자원을 더욱 효율적으로 활용할 수 있도록 체크리스트와 지침 등의 도구를 만들었다. 그러고 나서 향상된 결과가 나올 때까지 아이디어를 거듭 시험했다.

결과는 눈에 띄게 좋아졌다. 오늘날 병원의 골칫거리인 병원 감염이 상당히 줄어들었다. 과다복용·과소복용·알레르기 반응 등 약물 부작용도 절반으로 감소했다. 미국에서 폐렴으로 입원하는 환자는 매년 1,700만 명에 이르고 그중 14%가 사망하는데 IHC는 그 비율을 40%까지 떨어뜨렸다. 심장수술 환자의 사망률은 전국 평균 3%에서 1.5%로 감소시켰다. 다른 병원과 비교했을 때 재입원율도 현저히 낮아졌다. 이는 IHC가 매년 수천 명의 생명을 살렸다는 뜻이다.

또한, 보다 덜 중요하긴 하지만 비용 면에서도 수억 달러를 절감했다는 뜻이기도 하다. 브렌트 제임스는 이렇게 회상했다. "임상시험에 덧붙여 비용이 산출되면서 몇 달 안에 절감효과가 입증되었습니다." 하지만 얄궂게도 보험회사가 병원에 의료비를 상환하는 방식 때문에 실제로 절차의 가짓수를 줄이고서도 비용을 지출해야 했다. 뜻밖의 상황에 당황한 제임스는 IHC의 중역 팀에게 사과했지만 뜻밖의 반응이 돌아왔다. IHC의 재무담당 최고책임자 빌 넬슨Bill Nelson은 이렇게 말했다. "치료결과를 개선했는데 사과해서는 안 되죠. 병원의 재정 운영은 우리가 담당해야 할 몫입니다."[59] 그럼에도 IHC 병원이 환자에게 청구한 진료비는 전국 평균 병원보다 30% 적었다.

재정만 문제는 아니었다. 실천하기 가장 힘든 과정은 의료진의 사고방식을 바꾸는 것이었다. 브렌트 제임스는 그 이유를 이렇게 설명했다.

어떤 의미에서든 의사가 제공하는 진료의 품질에 도전하는 것은 의사의 역량과 전문적 기능뿐 아니라 개인에게도 도전하는 것이다. ……따라서 진료의 품질을 운운하는 것은 많은 의사와 간호사에게 대단한 위협이다.

사고방식을 바꾸려면 의사는 자신에 대한 생각을 전면적으로 바꿔야 한다. 과거에 나는 오직 신과 나 자신에게만 해명할 책임이 있는 자율적인 개인이었다. 당시에는 자신이 환자를 얼마나 잘 치료했는지 기억해내고 나서 스스로 유능하게 치료했다고 결론을 내렸다. 하지만 요즈음 사회에서는 진료의 결과를 측정한다. 환자가 받은 진료의 결과에 비추어 의사는 생각만큼 자신이 유능하지 않다는 사실을 깨닫는다. 물론 그렇기 때문에 중대한 향상을 이룰 수 있는 가능성이 열리기는 한다.[60]

물론 의사들은 천성이 경쟁적이기 때문에 이러한 문제가 오래가지는 않는다. 진료의 품질을 높이기 위한 경쟁에서 결코 뒤처지고 싶어 하지 않기 때문이다.

지금은 은퇴했지만 스콧 파커는 진료의 질적 향상에 노력을 기울여 결실을 거뒀다. 참신한 아이디어를 매우 소중하게 생각했던 파커는 좋은 사례를 본받기 위해 다른 병원들을 찾아다녔다. 많은 병원 중역과 친하게 지냈고 이를 바탕으로 협동조합을 결성해 필수품과 보험을 대폭 할인된 가격으로 구매하는 기발한 아이디어를 생각해내어 의료비용을 절감할 수 있었다. 의료 산업계는 파커의 공을 높이 사서 그를 미국 병원 협회American Hospital Association와 국제 병원 연맹International Hospital Federation의 회장으로 추대했다.[61]

파커의 사고방식으로 생각하면 높은 품질과 낮은 비용을 동시에 충족할 수 없다는 이야기는 순전히 잘못이다. IHC가 제공하는 진료의 품질은 어떤 기준으로도 미국 국내 평균을 넘는 반면에 의료비용은 거의 3분의 1 미만이다. 이러한 성과는 바람직한 의료 서비스 모델을 제시하려는 IHC의 사명에 부합한다. 다트머스 대학교의 존 웬버그John Wennberg

박사는 여러 해 동안 IHC의 제도를 연구하고 "실제로 의료 서비스 제도를 바꿀 수 있는 최상의 모델"[62]이라고 언급했다. 〈월스트리트 저널〉은 "다른 병원이 인터마운틴 헬스케어처럼 고품질 저비용의 의료 서비스를 제공할 수 있다면 미국 의료계의 문제를 해결 할 수 있다"[63]라고 보도했다.

짐 노먼이 소규모로 진행해온 활동을 IHC는 대규모로 실행하려고 노력한다. 병원 23군데와 고객 50만 명을 보유한 조직으로 성장한 IHC는 진료의 품질을 제한하지 않으면 비용이 치솟으리라는 진부한 가정을 뛰어넘는 제3의 대안을 추구한다. 노먼도 파커도 의료 서비스를 둘러싼 대논쟁에는 흥미가 없다. 두 사람 모두 의료계의 임무가 무엇인지 알기 때문에, 즉 비용을 꾸준히 줄이는 동시에 환자 편에 서서 진료의 품질을 높여야 하므로 이념을 초월하려고 노력한다.

현대 의학은 실패작이 아니라 기적이다. 환자와 의료계 전문가가 화합하여 시너지를 발휘하므로 다가오는 미래는 희망적이다. 브렌트 제임스가 말했듯 "우리 모습은 현재보다 미래가 훨씬 낫다."

지구의 건강

인근 도시에서 시시각각으로 쓰레기가 흘러들어 레바논의 아름다운 사이다 해안에 방대한 유독성 폐기물이 쌓인 적이 있었다. 4층 높이에 부피가 50만 평방미터에 달하는 폐기물 산에서 쓰레기 더미가 마치 빙하에서 빙산이 떨어져나가듯 바닷속으로 휩쓸려 들어가 지중해를 오염시키고, 주변 바다거북을 질식시키고, 머나먼 시리아와 터키의 해변까지 덮었다.

이웃 국가도 시민도 너나없이 쓰레기 더미를 치우고 싶어 한다.

시 당국은 이 문제를 중앙 정부가 해결해야 한다고 주장한다. 중앙 정부는 시가 책임져야 한다고 미룬다. 두 입장에는 논리적으로 방어할 수 있는 논점이 있어서 정치로는 풀어나가기 힘들다. 하지만 두 입장이 팽팽하게 맞서는 동안 쓰레기 산은 점점 커지고 그곳에서 흘러나오는 유독물질이 물과 공기로 흘러 들어가 물고기를 죽이고 지역 주민 특히 천식으로 고통을 겪는 어린아이들을 질식시킨다.[64]

사이다 해안의 '쓰레기 산'은 세계적 문제인 환경 파괴를 일으키는 제2의 대안적 사고가 발현된 사례이다. 지구에서 환경오염으로 몸살을 앓지 않는 곳은 없다. 따라서 환경오염은 '진보주의자 대 보수주의자'의 문제가 아닌데도 양쪽은 격렬하게 싸운다. 어느 사회이든 지구의 건강을 유지하는 것은 가장 실천하기 어려운 과제에 속한다. 우리가 실시한 '심각한 문제에 관한 조사'에서 응답자들은 세계에 대한 최대 관심사 세 가지를 열거하면서 '환경 관리'를 그 하나로 꼽았다. 세계 전역에서 수집한 대표적인 의견은 이렇다.

- 칠레: "세계가 앓고 있는 문제는 대개 지속가능한 삶을 살지 않는 사람들 때문에 생긴다."
- 인도: "환경을 보호해야 한다. 우리는 상상하기 힘든 방식으로 환경을 남용하고 있다."
- 네덜란드: "인류가 환경에 미치는 불안정한 영향 때문에 저지대 국가들에 심각한 폐해가 닥칠 수 있다."
- 미국: "삶의 방식을 극적으로 바꾸지 않으면 심각한 의미에서 이러한 방식으로 계속 살아가는 것은 불가능하다. 천연자원은 유한한데 인류는 지나치게 탐욕스럽다. 미래 세대가 사용할 자원이 하나도 남지 않을 것

이다."

물론, 논의할 여지가 있는 주장들이기는 하지만 전반적으로 세계인의 두려움을 반영하고 있다. '어스 아워Earth Hour' 운동을 향한 엄청난 반응으로도 알 수 있듯 환경오염 문제를 둘러싼 인류의 관심은 뜨겁다. '어스 아워'는 매년 정해진 시간에 전 세계 가정과 기업이 소등하여 에너지를 절약하자는 환경보호 운동의 일환이다. 파리의 에펠탑과 시드니의 오페라하우스 같은 상징적 건물이 전기를 절약하기 위해 수백만 가정과 더불어 한 시간 동안 소등한다. 하지만 많은 도시에서 '어스 아워'를 축하하는 횃불 행렬은 검은 그을음을 만들어내 얄궂게도 공기를 오염시킨다. 이처럼 자연환경을 보호하려는 최고의 의도를 지녔더라도 상황은 복잡해질 수 있다.

환경을 둘러싼 논쟁은 사회를 구석구석까지 양극화하면서 우리 이웃까지 매우 빠른 속도로 확산될 수 있다. 내가 살고 있는 아름다운 유타 주에서는 주 정부가 서부까지 이어지는 도로를 건설하기 위해 야생동물이 많이 서식하는 민감한 늪지대가 아니라 자기가 거주하는 집을 부수기로 결정했다는 소식을 듣고 주민들이 분개하고 있다. 그들은 "누가 더 중요한가? 내 가족인가 아니면 희귀한 개구리인가?"라고 부르짖는다. 또 어떤 사람은 "집은 언제든 구할 수 있지 않은가? 하지만 개구리는 그럴 수 없다!"라고 반박한다.

우리가 직면한 문제는 작가인 데이비드 페퍼David Pepper가 던진 도발적 질문으로 정리할 수 있다. "우리는 개발과 환경 보호의 갈등에 대해 '제로섬'이 아니라 '상생'하는 해결책을 강구할 수 있을까? ……우리가 자신을 풍요롭게 만들듯 세계적인 기술 사회로 발전해나가는 동시에 환경을 풍요롭게 만들 수 있을까?"[65]

전 세계인들은 과학자 집단이 제시하는 증거를 접하고 나서 인간의 활동 때문에 기후가 악화될지 모른다고 잔뜩 긴장한다. 대부분의 과학자는 자신들이 발견한 사실을 가능한 한 객관적으로 입증하려고 진심으로 노력하면서도 자신들이 내린 결정에 대해 그다지 단호한 입장을 취하지 않을 때가 많다. 이는 과학이 작용하는 방식이기는 하지만 결정을 내려야 하는 위치에 있는 사람에게는 문제가 된다.

대부분의 과학자는 현대의 산업 기술이 비정상적으로 지구 온난화를 초래하고 있다는 방향으로 생각하고 있으며 일부 과학자는 그렇다고 확신한다. 항공우주국 산하 우주연구소에서 활동하는 물리학자 제임스 핸슨James Hansen은 이렇게 언급했다. "우리의 손자들은 고달픈 삶을 살 것이다. 그만큼 지구는 긴박한 위험에 빠져 있다." 핸슨은 인류가 화석연료를 대량으로 연소해 지구 온도를 상승시키는 바람에 "얼음과 빙하가 녹아 북극해의 해빙"이 사라지고, 기후변화로 대혼란이 도래하여 "지구에 서식하는 수백만 종의 생물은 물론 인류의 생존조차도 위협받으리라"고 예측했다.[66]

저명한 과학자들 중에는 이러한 위협이 과장이라고 믿는 사람도 있다. MIT 소속 기상학자인 리처드 린젠Richard Lindzen은 이렇게 결론을 내

두 가지 대안

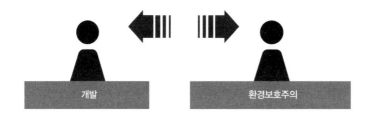

개발 환경보호주의

렸다. "이산화탄소, 메탄, 프레온 가스 등 사소한 온실가스가 눈에 띄게 증가했다고 해서 지구 온난화가 상당히 진행되고 있다고 예측할 실질적 근거는 없다."[67]

환경문제가 사회에 미치는 영향이 크지 않다면 가볍고 흥미진진한 학문적 토론에 그칠 것이다. 하지만 인류가 지구에서 살 수 없을 정도로 기후가 변할 가능성이 있다면 누군가는 문제를 해결하기 위해 대책을 세워야 한다. 수수방관하겠다는 자세는 대책을 강구하겠다는 다짐만큼이나 일종의 결정이다. 불행하게도 환경문제가 정치에 깊이 스며들었고 제2의 대안에 매달리는 사람들은 대중의 관심을 분산시키면서 서로 헐뜯느라 분주하다. 한쪽은 기후 변화에 대처해야 한다는 주장에 반대한다.

환경운동가들은 인류가 크기가 작고 불편하고 비용이 많이 들고 재미도 희망도 적은 세상에서 살아가기를 원한다. 그들이 가하는 윤리적 위협은 시작에 불과하다. 환경운동가들은 성급한 열정을 발산하면서 법의 힘을 빌려 인류의 이동성, 식습관, 가정에서의 에너지 사용, 주택 크기, 여행 거리, 가족계획까지도 지시하기 시작했다. ……환경을 보호하는 삶은 아주 사소한 일까지 타인의 규제를 받거나, 자신의 꿈을 축소하거나, 완전히 새로운 사회 질서에 편입되는 것이다. ……환경에 지배당하며 살아가는 것이다.[68]

그리고 반대편은 회의론자의 생각이 틀렸다고 주장한다.

기후 변화를 부정하는 태도가 전염병처럼 번지고 있다. 이러한 태도는 증거나 합리적인 논쟁이 닿을 수 없는 영역에 존재한다. 과학적 발견에 관심을 집중시키려는 어떤 시도도 맹렬하게 비난받기 마련이다. 이러한 영역이 엄청난 속도로 팽창하고 있다. ……여기에 속하는 책과 웹사이트는 평균

이하의 지능을 소유한 사람을 대상으로 보급되는 새로운 문학 시장에 영합한다. ……나는 스스로 회의론자라고 선언하는 사람들이 자신의 견해에 부합하는 오랜 허풍이라면 무엇이든 믿으리라 생각한다.[69]

물론 모욕적 언사를 주고받으면 대중의 관심을 끌 수 있으리라 생각하는 것은 제2의 대안적 흑백논리를 고집하는 사람들의 목소리이다. 반대편을 제정신이 아니라거나 악하다거나 어리석다고 낙인찍기는 매우 쉽다. 갤럽에 따르면 세계 여론은 이러한 의문을 둘러싸고 갈라지는 경향이 있다.[70]

우리는 어떤 존재인가?

환경을 둘러싼 논쟁은 매우 강력한 감정의 소유자들에게 미묘한 의미가 있는 분야이다. 양극단의 견해를 주장하는 사람이 있기는 하지만 대부분은 문명의 이익을 희생시키지 않는 범위에서 그저 깨끗한 공기와 물, 생산적인 땅을 원한다. 이는 서로 경쟁적이면서 아마도 상반되는 목표지만 시너지를 추구하는 사람은 환경문제에 제2의 대안만 존재한다는 주장이 잘못되었다고 생각하고 기꺼이 제3의 대안을 향해 나아간다. 또한 제3의 대안을 찾기 위한 전제 조건을 파악하고 있다.

자기 자신을 어느 한 가지 관점을 대변하는 사람으로 생각하지 말고 학습자이자 문제해결자로 생각해야 한다. 상대방을 존중하고 공감하는 마음으로 대해야 한다. 사람을 지치게 만들고 원점을 돌고 도는 논쟁을 벌이기 위해서가 아니라 이해하려는 의도로 상대방을 탐구해야 한다. 마지막으로 대지 · 공기 · 물 · 야생동물 · 인간 · 가족을 포함한 세계에 승리를 안길 수 있는 제3의 대안을 강구하고 시너지에 도달한다는 목표를 공유해야 한다.

이러한 시너지 원칙을 가르치면서 나는 종종 이렇게 질문했다. "여기 모인 사람 중에서 환경과 물과 공기를 보호하는 문제에 가장 순수하게 접근해야 한다고 강력하게 주장하는 사람은 얼마나 되나요?" 그러면 대개 참석자의 절반 정도가 손을 든다. 그러면 재차 이렇게 묻는다. "그 순수한 접근법이 정도가 지나쳐 사회가 발달해야 하는 필요성을 제대로 고려하지 않는다고 생각하는 사람은 얼마나 되나요?" 대개 나머지 절반 정도가 손을 든다. 끝으로 각 집단에서 한 사람씩 불러 세워 이렇게 묻는다. "지금 여러분이 머릿속에 떠오르는 것보다 좋은 해결책을 찾을 의향이 있나요?"

그렇다는 대답이 나오면 나는 양쪽이 현재 생각보다 나은 해결책을 발견하는 것, 즉 시너지에 도달하는 것을 공동 목표로 삼아야 한다고 강조한다. 토론으로 시너지라는 결실을 거두어야 한다. 자기 속에 충분히 뿌리내리지 않거나, 자신의 진실성을 확신하지 못하거나, 상대방을 존중하지 못하면 양쪽 모두 시너지에 도달할 수 없다. 자신의 강한 신념을 잣대로 상대방을 판단해서는 안 된다. 양쪽은 제3의 대안을 찾기로 뜻을 모았으므로 승-승하려는 태도를 잠정적으로 취해야 하지만 최종적으로 어떤 현상이 벌어질지 아직은 알 수 없다. 앞으로 과정을 밟아가며 제3의 사고가 떠올라야 한다.

나는 양쪽에 그냥 자기 의견을 말하라고 요청한다. 내가 이끌었던 세미나에서 남성과 여성 사이에 오간 토론을 여기에 옮겨보았다.

여성: 인류는 지구를 쓰레기장으로 만들고 있어요. 이런 일을 중단하지 않으면 우리는 회복할 수 없을 지경으로 고통을 겪을 겁니다. 우리가 자연에 무슨 짓을 저지르고 있는지 우림을 보세요. 협곡은 어떻고요? 숲과 계곡은 원시 상태로 보존해야 해요. 그래야 자연을 그대로

누릴 수 있죠. 원시 상태를 파괴하면서까지 사회를 발전시킬 필요는 없다고 생각합니다.

남성: 무슨 말인지 이해합니다만, 인류가 살아가려면 일정 수준 이상으로 기술과 사회를 발달시켜야 합니다.

여성: 어째서요? 사람들은 애초부터 그렇게 주장해왔지만 대체 지구에 무슨 일을 했는지 돌아보세요!

남성: 잘 알고 있습니다. 하지만 내 말을 한 번 들어보시죠. 당신은 합성섬유로 만든 옷을 입고 있지 않나요?

여성: 아뇨, 이 옷은 누에에서 뽑은 실로 만든 거예요.

남성: 신발은 어때요? 죽은 동물의 가죽이 아닌가요? 몸에 가죽을 전혀 걸치고 있지 않나요?

여성: 글쎄요.

남성: 나는 가죽 신발을 좋아합니다.

여성: 예, 하지만 소의 입장도 생각해야죠.

남성: 이것은 기술 발전의 결과이거나 휘발유로 만든 제품이 아니지 않습니까?

여성: 맞아요, 목화에서 나오죠. 이것은 그냥 실이에요.

남성: 환경을 보존하는 동시에 합리적인 정도로 발전도 해야 한다고 생각하지 않나요?

여성: 발전이 정도를 지나쳤다고는 생각하지 않나요?

남성: 당신은 그렇게 생각하는군요. 우리는 제품을 일정량 생산해야 합니다. 어떤 사람들은 제품 생산이 도를 지나쳐서 환경을 망가뜨리고 있다고 말하죠. 물론 환경을 오염시키지 않도록 조심해야 합니다. 그러면서도 합리적으로 생각해야 해요. 그렇지 않나요?

여성: 환경을 오염시키는 사람들은 늘상 그렇게 말하더군요.

두 사람의 대화에는 서로 이해하려는 의지가 보이지 않는다. 토론을 하다 보면 쉽게 언성이 높아지고 내용은 아무 진전 없이 제자리를 맴돈다. 그래서 나는 두 사람에게 토킹 스틱 대화법, 공감적 경청 기술과 사고방식을 가르쳤다. 기본 규칙을 설명하면 이렇다. 상대방이 말하는 요점을 상대방이 만족할 수 있을 정도로 반복할 수 있어야 비로소 자기주장을 펼칠 수 있다. 상대방이 자기 입장을 이해받았다고 느껴야 한다.

내게 배운 방법을 여성이 먼저 시도했다. 머뭇거리다가 상대방을 보며 이렇게 말했다. "당신은 주의하기만 한다면 발전을 하면서도 환경을 보존할 수 있다고 믿는군요. 제품을 생산해야 한다는 요구가 높고 환경 규제가 낮을 때는 경제적 이익을 획득해야 한다는 논리가 지배하기 쉽습니다. 당신이 말한 대로라면, 우리가 적절하게 균형을 맞추어 지혜롭게 처신하면 발전을 추구하더라도 환경에 영향을 미치지 않아 생물을 죽이지 않을 거란 뜻이네요."

이렇게 말했다고 해서 여성의 남성의 의견에 동의한 것은 아니다. 여성은 남성의 입장을 취하지 않고 단지 이해하는 방법을 탐구했을 뿐이다. 하지만 남성은 여성이 자신의 입장을 이해했다기보다 자신의 말을 흉내 냈을 뿐이라고 느꼈다. 여성은 남성의 준거 틀에 들어가 그가 상황을 보는 방식을 이해해야 했다. 하지만 두 사람의 사고는 조금씩 바뀌기 시작해서 대립관계는 예전보다 훨씬 완화되었다.

나는 남성에게 물었다. "1~10점 중에서 그녀가 당신을 이해한 정도는 몇 점인가요?" 남성은 여성에게 10점 만점에서 5점을 매겼다. 여성은 자신에게 1점을 매겼는데 예상 밖은 아니었다. 서로 전혀 이해하지 못했던 사람들이라도 토킹 스틱 대화법을 시도하기만 해도 상대방이 자신을 이해했다고 느낄 수 있다. 상대방을 이해하려고 노력하는 것은 실제로는 자신을 이해하려는 시도이다. 우리는 자신에게 이렇게 말한다. "나는 상

토킹 스틱

발언자   청취자

대방을 판단하지 않으려고 꾸준히 노력할 것이다. 상대방의 입장에 서서 상대방이 어떻게 느끼는지 생각할 것이다."

이제 남성이 여성을 이해하려 시도할 차례이다. 여성의 주장을 이해하고 같은 깊이로 신념을 전달해서 8~10점을 맞아보라고 요청하자 남성은 이렇게 대답했다. "환경의 질이 점점 떨어지고 있어요. 동물은 고통을 겪고 있고 자연은 몸살을 앓고 있죠. 환경이 악화하고 있어서 사람들이 누리는 삶의 질은 점점 나빠질 겁니다. 아이들은 현재 우리 세대보다 질이 낮은 자연환경을 물려받겠죠. 우리는 쓰레기를 버림으로써 동물과 식물이 누리는 삶의 질을 파괴하고 있어요."

여성은 남성에게 7점을 주었다. 남성은 자신에게 더 낮은 점수를 주었다. 나는 남성의 어조와 감정이 여성에게 상당히 관대하다고 생각했다. 두 사람은 공감을 향해 나아가고 있었던 것이다.

나는 두 사람에게 이렇게 물었다. "이제 자기주장을 펼칠 순서라고 생각하나요? 아니면 상대방을 진정으로 이해하고 싶은가요? 진솔한 의도를 지니고 완전히 개방적인 태도를 취하면 어떨까요?"

두 사람은 자신들이 옳은 방향으로 나아가고 있다는 데 동의했지만 남성은 이렇게 물었다. "그렇다면 이 과정을 밟으면 우리는 어떻게 되나요? 이 과정이 목적하는 바는 무엇인가요?"

남성은 우리가 설정한 목표를 이해하지 못한 것이 분명했다. 나는 이렇게 대답했다. "처음부터 당신의 목표는 무엇이었나요? 바로 시너지에 도달하는 것입니다. 예전에 생각했던 것보다 바람직한 해결책을 찾는 것이죠. 당신, 당신의 가족, 인류 전체, 모든 생명체는 상호 의존합니다." 남성은 우리가 함께 달성하려는 목표가 무엇인지 처음 이해했다는 듯 고개를 끄덕였다.

시간이 제한되어 있어서 더 이상 과정을 진행하지 못했지만 두 사람은 시너지에 도달하는 데 필수적인 공감을 보여주기 시작했다. 종국에 두 사람은 서로 존중하는 것 같았고, 시간만 주어진다면 결국 문제를 해결할 수 있을 것이다.

궁극적으로 자연 환경은 우리와 분리할 수 없다. 자신과 타인을 존중하고 공감하는 태도는 모든 생명체를 존중하고 공감하는 태도와 다르지 않다. 우리와 환경의 관계를 따져볼 때는 마음 깊숙이 자리한 동기를 찾는 것이 중요하다. 우리는 환경을 낭비하는가? 환경보호에 무관심한가? 우리는 폐쇄적인가? 편협한가? 탐욕스러운가? 광신적인가? 생각이 깊은 몇몇 학자의 말을 빌리자면 "무슨 일을 해야 할까?"라는 질문에 대답하기 전에 먼저 이렇게 물어야 한다. "우리는 어떤 종류의 존재인가?"[71]

환경보호를 하기 위해 진정 해야 할 일

이상적으로 시너지를 추구하는 출발점은 환경을 보호하기 위한 진정한 임무가 무엇인지 서로 이해하는 것이다. 성공 기준이 없으면 성공이 어떤 모습인지 알 수 없어서 자신의 해결책이 바람직한지 판단하기 힘들 것이다. 우리가 다양한 관점에 공감해야 하는 데는 중요한 이유가 있다. 상대방을 비웃거나 모욕해서는 제3의 대안에 도달할 수 없기 때문이다. 자신의 임무를 모든 관점에서 주의 깊게 파악하면 제3의 대안을 찾을 가능성이 훨씬 커진다.

열성적인 사람들이 발전소 가동으로 발생하는 오염을 줄일 목적으로 소등하고 연기 나는 횃불을 손에 들고 거리를 행진하는 광경을 지켜보면서 좀 더 생각이 깊은 사람들은 '환경을 보호하려면 무슨 일을 해야 하는지 알고는 있는가?'라고 의아해한다. 그러한 이해가 뒷받침되지 않으면 우리의 행동은 비효과적이고 우리가 제시하는 해결책은 무력하거나 심지어 역효과를 낳는다.

예를 들어 수십 년 전 미국 북서부에서 엔지니어들이 퓨젯 사운드Puget Sound로 흘러들어가는 강의 바닥에 오래전부터 쌓여 있던 거대한 통나무 더미를 건져 올렸다. 원래는 선박의 교통을 원활하게 하고 산란기에 접어든 연어가 상류로 돌아오기 쉽게 길을 터주려는 목적이었다. 그 지역에서 북미 원주민들이 수백 년 동안 물고기를 잡으며 생활해왔지만 엔지니어들은 그들이 무지하고 '비과학적'이라 생각하여 의견을 묻지 않았다. 그런데 작업이 끝나자 강에 풍부했던 왕연어가 수수께끼처럼 사라지기 시작했다.

하지만 실제로는 전혀 수수께끼가 아니었다. 스카짓Skagit이나 스노퀄미Snoqualmie의 주민에게 물어보았다면 왕연어가 좋아하는 서식지는 수백 년에 걸쳐 강바닥에 쌓아온 통나무 더미 주변의 깊은 웅덩이라는 사실을 알 수 있었을 것이다. 웅덩이가 없으면 왕연어는 서식할 수 없었다. 하지만 이것은 퓨젯 사운드에서 연어가 줄어드는 서막에 불과했다. 수십 년 동안 시애틀 지역에 방대한 개발 사업이 진행되면서 수중 산소가 줄어들고 물고기가 죽어갔다. 댐의 건설과 남획으로 인해 물고기는 더욱 줄어들었다. 오늘날 태평양 연어는 멸종 위기에 처해 있다. 지난 150년 동안 연어는 40% 감소했고 이러한 경향은 가속화하여 예전 서식지의 3분의 1에서 완전히 자취를 감췄다. 이와 관련해 과학자들은 매년 영양소 50만 톤이 사라지면서 퓨젯 사운드 근방의 숲과 야생 동물이 굶주리고 있다고 발표했다. 결과적으로는 해당 지역 전체에 재앙이 발생할 가능성이 있다. 시애틀에서 활동하는 과학자 존 롬바르드John Lombard는 아름다운 퓨젯 사운드 지역에 대해 "그곳이 쓸쓸하고 메마르고 황량한 곳으로 전락하는 광경을 보면 우리는 영혼을 잃고 말 것이다"[72]라고 말했다.

물론 이러한 상황을 맞으면 모두 불행할 것이고 앞뒤 가리지 않고 서로 비난할 것이다. 어부는 벌목꾼을 비난하고, 벌목꾼은 개발업자를 비난하고, 모두 일제히 정부를 비난한다. 연어가 사라지는 것은 사회가 발전하는 과정에서 치르는 대가라고 주장하는 사람도 있다. 이러한 주장에 충격을 받고 자신들의 편견에 의존하여 벌목이나 남획을 중단하고 새 건물을 더 이상 짓지 말자고 말하는 사람도 있다. 물고기와 사람 중하나는 패배해야 한다는 것이다. 하지만 환경에 '승-패'나 '패-승' 사고방식을 적용해서는 안 된다. 우리에게는 '승-승' 사고방식이 필요하고 그렇지 않으면 결국 모두 패배할 수 있다.

그렇다면 우리의 진정한 임무는 무엇일까? '생태계'는 기본적으로 모든 것이 서로 연결되어 있다는 자연의 시너지를 뜻하는 단어이다. 모든 요소가 상호 관계를 맺을 때 창의적인 부분이 최대화하기 마련이다. 우리는 부분의 합이 전체보다 훨씬 큰 상호의존적 세상을 살고 있다. 따라서 우리는 부분을 분리해내거나 중요하지 않다고 무시할 수 없다. 팀으로 일할 때 각 팀원이 승리해야 팀이 승리할 수 있는 것과 같은 논리이다. 피터 코닝 박사는 시너지를 추구하는 패러다임으로 세상을 보아야 한다고 경고했다.

우리는 모든 부분이 우리 체제 안에 있다는 사실을 이해하고, 체제가 만든 상호의존성에 대처하도록 끊임없이 도전을 받는다. 근시안적 사고가 불쾌하거나 치명적인 뜻밖의 현상을 낳을 위험성이 항상 존재하기 때문이다. 같은 이유로 자기 행동이 체제에 미치는 영향을 이해하는 방식을 더욱 정교하게 개발해야 한다.[73]

사회에 시너지를 발휘하는 기적이 일어나려면 사회 전체가 건강해야 한다. 우리는 환경이 아플 때라야 비로소 조치를 취하려고 움직인다. 앞에서 살펴보았듯 우리는 자신의 몸도 같은 방식으로 다룬다. 자신을 산업화 시대의 산물로 보기 때문에 문제가 생기면 고칠 수 있는 기계처럼 생각한다. 환경도 기계로 보기는 마찬가지이다. 의료 서비스를 건강 산업이 아니라 질병 산업으로 생각하는 것도 이러한 사고방식에서 비롯된다.

하지만 코닝이 말했듯 "생물학적 과정의 결정론적이고 기계 같은 모델은 근본적으로 결함이 있다."[74] 세상은 죽은 기계가 아니라 생명체이고, 각 부분의 건강이 전체의 전반적 건강과 연결되어 있는 상호의존적 실체이다. 예를 들어 아프리카의 꿀잡이 새는 밀랍을 먹고 살지만 밀랍을 얻으려고 벌집을 부수지는 못한다. 벌집을 발견하고 신호를 보내면 오소리과 동물인 라텔ratel이 벌집을 긁어 꿀을 먹는 동안 밀랍을 먹는다. 꿀잡이 새가 밀랍을 소화할 수 있는 것은 소화관에 있는 박테리아가 영양분을 부숴주기 때문이다. 케냐의 보라나족은 꿀잡이 새를 따라가 꿀잔치에 합류한다. 유목민인 보라나족은 목초지에 가축을 방목하고 가축이 지나가면서 풀을 휘저어 땅을 비옥하게 만든다. 벌은 목초 꽃가루와 즙을 모아 꿀을 만든다.[75]

이처럼 공생하는 순환에서 박테리아나 보라나족 등 한 부분이 사라지면 전체가 붕괴할 위기에 빠진다. 예를 들어 다른 방식으로 풀을 뜯는 유럽 가축을 도입하는 등 한 부분을 첨가하면 목초지가 사막으로 바뀔 위험성이 있다. 전체의 건강은 극도로 예민하며 전체를 제대로 보려면 폭넓고 깊게 실체를 이해해야 한다.

그러려면 실체에 대해 각자 알고 있는 이야기를 들어야 한다. 시너지를 불러오는 주문, 즉 "되도록 일찍, 되도록 많은 사람에게, 되도록 많은 아이디어를 듣자"를 기억해야 한다. 퓨젯 사운드에서 통나무 더미를 제거하기 전에 스캐짓 사람들의 말에 귀를 기울여야 한다. 아프리카 동부의 목초지를 건강하게 유지하려면 보라나족과 더불어 살고 일하고 조언을 구해야 한다. 사람에게 공감하는 것이, 곧 땅에 공감하는 것이다.

모든 생명체의 상호의존성도 이해해야 한다. 전투적 성향의 환경운동가는 식량을 재배하는 농부와 자연에서 생계를 꾸려나가는 가정을 무시할 위험성이 있다. 그래서 그들에게 고립한 상태로 행동을 밀어붙여 결국 소등하는 대신에 연기 나는 횃불을 밝히는 것처럼 효과가 없거나 더욱 악화된 결과를 초래할지 모른다. 이렇듯 대립을 일삼으며 왕연어를 구하려는 운동의 이면에는 전체를 보지 못하고 근시안적인 사고방식이 숨어 있다.

그렇다고 환경운동가의 의견을 존중하지 않는 것은 환경보호에 기여할 수 있는 최대 지식과 에너지를 소유한 사람을 해결책에서 배제시키는 것이다. 경제 성장과 재산권 형성에 기여하면서도 여전히 희귀 개구리의 생존에 관심이 있는 사람들과 깊이 공감할 수 있어야 한다. 제3의 대안을 추구하는 사람은 단순하게 흑백논리로 생각하지 않는다.

존 롬바르드에 따르면 퓨젯 사운드 등 여러 민감한 환경에 필요한 것은 "단지 바다나 연어가 아니라 퓨젯 사운드로 물이 흘러들어가는 영역 전체의 모든 자연 유산 즉 전체 풍경을 위한 비전이다. ……퓨젯 사운드의 복원은 상상에나 가능할 법한 백일몽이 아니다."[76] 롬바르드가 제3의 대안으로 특히나 강조하는 '저충격 개발'에서는 오염된 빗물을 바다에 흘려보내지 않고 정수해 재활용한다. 그러면 사람들은 자연을 개발할 수 있고 연어는 번성할 수 있다. 그러려면 우리에게는 제3의 대안이 있다고 믿고, 시너지의 가능성을 부인하지 않으며, 진정한 임무에 대해 비전을 품도록 도와줄 수 있는 사람이 있어야 한다.

그렇다면 성공은 어떤 모습일까? 앞서 살펴보았듯 대답은 분분하지만 퓨젯 사운드를 비롯한 전 세계에서 성공의 모습은 전체론을 기반으로 결정해야 한다. 그래야 사람과 자연이 승-승할 수 있다. 늑대와 사슴이 뛰어다니는 거대한 소나무 산을 상상해보라. 사슴을 살리겠다고 끼어들어 늑대를 모두 죽이면 산은 통제할 수 없을 정도로 번식하는 사슴을 두려워할 것이다. 사슴은 풀을 모조리 뜯어먹어 산을 사막으로 만들고 결국 바람과 물에 침식하게 만들 것이다. 위대한 생태학자 알도 레오폴드 Aldo Leopold는 이렇게 말했다. "우리는 산처럼 생각하는 법을 배우지 않았다. 따라서 우리에게는 모래바람이 있고, 미래를 바다로 씻겨 보내는 강이 있다."[77]

환경을 보호하기 위한 진정한 임무는 '산처럼 생각해서' 인간과 자연이 시너지를 발휘하게 하는 것이다. 레오폴드는 '보호'라는 용어를 사용해 시너지를 묘사하면서 파렴치한 착취와 '파괴적인 인간'의 손아귀에서 자연을 구한다는 개념에 대한 '진정한 제3의 대안'을 강구해야 한다

제3의 대안

고 촉구했다.[78]

제3의 대안으로 보는 풍경

시너지를 추구하는 사고방식의 소유자는 안이한 제2의 대안을 뛰어 넘어 생각한다. 또한 피터 코닝이 주장했듯 시너지에 도달하려면 "엄격 하고 질서정연하고 심지어 지루한 과정을 거쳐야 한다. 시너지는 기술 적인 혁신에 중독된 충동적이고 저질의 문화에 거스른다."[79] 제3의 대안 을 찾으려면 그만큼 대가를 치러야 한다.

충동적인 사람들은 서로 공격하는 데 급급하다. 뉴욕 시에서 활동하는 급진적 환경운동가들은 '거금을 손에 쥔 자본주의'에 격분하면서 탐욕에 눈이 어두워 도시를 미친 듯 팽창시키는 바람에 뉴욕 항이 바다 사막으로 변질되고 있다고 주장한다. 둔감한 사업가들은 환경운동가들의 주장에 놀라며 이렇게 묻는다. "대체 우리가 어떻게 행동하기를 기대하는가? 맨해튼을 무너뜨렸으면 좋겠는가? 북미 원주민에게 땅을 되돌려주기를 바라는가?" 어느 집단도 상대 집단을 존중하지 않고 공감하지 않으며 시너지에 도달하려고 전진하는 노력도 기울이지 않는다.

하지만 환경을 보호하려는 열정을 품고 사업가의 노하우를 활용한다면 놀라운 제3의 대안을 생각해낼 수 있다. 나탈리 제레미젠코Natalie Jeremijenko는 시너지의 걸어 다니는 본보기이다. 오스트레일리아 환경운동가인 그녀는 뉴욕 시를 생태 천국으로 만들고 싶어 한다. 그래서 자신이 공부한 항공우주공학 · 생화학 · 신경과학 · 물리학에서 얻은 통찰을 통합해 커다란 변화를 이룩할 수 있도록 작은 프로젝트들을 설계했다.

여러 해 동안 뉴욕 항은 대도시 때문에 발생한 오염으로 황폐해지고 있다. 항구에서 하수도를 분리해내는 작업이 많이 진척되었지만 비가 내리면 거리에서 방대한 양의 카드뮴, 휘발유와 디젤 연료 같은 신경독소, 자동차 수백만 대의 브레이크에서 발생하는 먼지가 바다로 휩쓸려 들어간다. 뉴욕에서 아스팔트를 모조리 뜯어내지 않고서는 이러한 파괴 현상을 멈출 방법이 없었다. 이때 나탈리 제레미젠코가 아이디어를 떠올렸다.

도시에 설치된 소화전 주위에 작은 정원을 꾸미자고 했다. 식물을 심으면 배수로로 유입되는 빗물에서 독성을 걸러주고 도시를 군데군데 아름답게 가꿔줄 수 있다. 비상 차량이 주차하더라도 식물 몇 개만 눌릴 뿐이고 그나마 다시 살아날 것이다. 이 아이디어를 실행한다고 해서 환경보호에 크게 이로울까? 뉴욕에 설치된 소화전이 약 25만 개라는 사실을 고려하면 도시의 블록마다 꾸며놓은 자그마한 정원은 도시가 내뿜는 독소를 걸러내는 데 크게 기여할 수 있다.

안타깝게도 바다 어귀에 서식하는 해양 생물은 많은 산업 공장에서 배출하는 폴리염화바이페닐에 오염되어 있다. 제레미젠코는 정교하게 제작한 형광색 부표를 해안을 따라 띄워서 물고기가 주변을 헤엄칠 때 깜박이게 만들었다. 그러면 독성을 해독하도록 특별히 처리한 식량을 물고기에게 던져줄 수 있다.

또한 건물에서 따뜻한 공기를 배출시키는 태양광 굴뚝을 설계하여, 공기가 필터를 통과하는 동안 이산화탄소에서 탄소를 제거하게 만들었다. 태양광 굴뚝을 설치하자 뉴욕에 있는 수많은 건물에서 쏟아져 나오는 이산화탄소의 80~90%를 제거할 수 있었다. 게다가 이때 분리되어 나오는 카본 블랙으로는 연필을 만들 수 있다!

제레미젠코가 사회에 크게 영향을 미친 프로젝트는 도시 농업이다. 식량을 도시에서 재배할 수 있으면 영양분의 손실을 줄이는 동시에 농장에서 도시로 식량을 운송하는 비용을 피할 수 있다. 건물의 옥상은 텃밭을 가꾸기에 이상적인 장소가 될 수 있지만 대부분 수톤의 토양 무게를 건물이 견디지 못한다. 그래서 제레미젠코는 가벼운 강철과 고분자로 제작해 다리 달린 우주선처럼 건물 꼭대기에 앉힐 수 있는 독창적인 유선형 구조물을 설계했다. 수경 텃밭을 담은 구조물은 다리로 받쳐 건물의 골격에 하중을 싣는다. 또한 기발한 배관시설을 설치하여 건물 자체의 온방과 냉방을 돕고 중수도 용수를 식물에게 공급한다. 이처럼 애벌레처럼 생긴 은색 구조물이 고층건물 옥상에 들어서면서 뉴욕에 신선한 공기와 채소를 공급하고 엄청난 양의 에너지를 절감시켰다.

창의적인 엔지니어이자 '대안 예술 세계의 스타'인 제레미젠코는 예술과 기술, 자연 창조와 인간 창조를 가르는 인습적인 경계를 쉽사리 넘나든다. 그녀가 생각하는 자연은 "우리가 서식하는 곳이자 우리와 상호

작용하는 곳"이고 "도시도 자연의 일부로서 자체적인 자연 체제로 행동한다." 제레미젠코는 환경 문제에 대해 해답을 제시하는 것이 아니라 도발적인 질문을 던지는 것이 자기 임무라 생각한다. "물속에 있는 튜브는 무엇인가? 지붕마다 반짝거리는 유선형 구조물은 무엇인가? 도시의 소화전 마다 제라늄이 자라는 까닭은 무엇인가?" 그래서 사람들이 스스로 무엇을 만들어낼 수 있을지 골똘하게 생각하게 만들고 싶어 한다. 시너지를 실천하는 제레미젠코는 제3의 대안으로 도시 풍경을 채워나가고 있다.[80]

뉴욕에서 지구 반 바퀴 너머에 있는 인도의 델리에서는 공기 오염으로 연간 1만 명이 사망한다. 정부 관료들이 이 문제를 해결하려고 분투하고 있지만 델리의 공기는 세계에서 손꼽힐 정도로 나쁘다. 복합 상업 단지의 소유주인 카말 미틀Kamal Meattle은 숨 쉬는 것만으로도 수명이 단축된다는 사실을 깨닫고 공기 오염에 대항하는 싸움을 더 이상 지체할 수 없었다. 직접 연구한 결과 실내에 신선한 공기를 공급하는 특정 식물을 알아냈다. 그래서 공기의 독소를 정화시키고 산소를 다량 생산해내는 아레카 야자와 동전 식물을 사무실에 빼곡히 들여놓았다. 밤에 건물의 공기를 정화하기 위해 "장모님의 혀(잎에 뾰족해서 붙은 이름이다)"로 잘 알려진 산세비에리아를 비치했다. 이 식물은 다른 식물과 달리 햇빛이 없어도 이산화탄소를 흡수하고 산소를 만들어낸다.

미틀은 흔한 식물 3종만 충분히 있으면 "마개를 닫은 병 속에 있어도 신선한 공기를 마실 수 있다"고 설명했다. 식물의 영향을 조사하자 눈 자극성은 절반, 호흡 과민성은 3분의 1, 두통은 4분의 1 줄어들었다. "우리가 경험한 것으로는 인간의 생산성은 20% 증가하고, 건물의 에너지 요구량은 15% 감소했다." 세계 에너지의 거의 절반은 건물의 환기와 냉난방으로 소모되므로 공기 정화 식물을 사용해 절약하는 에너지 양은

믿기지 않을 정도로 많다.[81]

인도 서부에서 도공으로 일하는 만수크 프라자파티Mansukh Prajapati는 물·과일·채소, 심지어 우유를 며칠 동안 차갑게 보관하기 위해 점토를 원료로 사용해 저가 냉장고 미티 쿨Mitti Cool을 발명했다. 미티 쿨은 가격이 60달러 미만인 데다가 전기가 필요 없어서 가난한 사람들에게 인기를 끌었다. 냉장하려면 화석 연료를 연소시켜 생성되는 전력을 다량 소비해야 하므로 미티 쿨 같은 해결책을 사용하면 수백만 톤에 달하는 석탄뿐 아니라 가스와 석유를 절감할 수 있다.[82]

토지의 건강

우리 삶을 심각하게 위협하는 요인은 토지의 상실이다. 한 학자의 주장에 따르면 "서서히 흙이 고갈되어간다. ……미국에서는 한 가정당 픽업트럭 한 대 분량의 흙을 매년 농장에 쏟아붓는다. 굉장히 많은 양이다. ……세계적으로 연간 240억 톤의 흙이 사라지고 있다. 이는 세계 인구 한 명당 몇 톤에 해당하는 양이다. 미시시피 강은 매초 한 트럭 분량의 표토를 카리브 해로 흘려보낸다." 곡식을 경작할 수 있는 세계 농토의 상당 면적이 현대 농업 기술 발달, 인구압, 과도 방목 등으로 사막화하고 있다. 미국 토지의 약 40%는 건조하며 사막이 점점 확대되고 생물의 다양성은 축소되고 있다. 표토층 2.5센티미터(1인치)가 생성되는 데 약 500년이 걸리므로 땅을 소생시키는 것은 힘에 버거운 과제이다. "우리가 생성하는 것보다 빠른 속도로 자원을 소비하는 문제는 기술만으로는 풀 수 없다. 언젠가는 자원이 고갈되고 말 것이다."[83] 그렇다면 세계 인구에 식량을 공급하는 농업 혁명을 포기할 것인가, 아니면 미래 세대에게 불모의 굶주린 토지를 물려줄 것인가?

제3의 대안을 추구하는 사상가인 짐바브웨 생물학자 앨런 세이버리

Allan Savory는 잘못된 딜레마를 거부한 공로로 '벅민스터 풀러 도전 상Buckminster Fuller Challenge Award'을 수상했다. 이 상은 매년 시너지를 달성한 위대한 챔피언에게 수여해서 "겉보기에 결코 해결하기 쉽지 않은 문제에 중대하고 포괄적인 해결책"을 생각해낸 공을 치하한다.[84] 토지를 재생시키기 위해 세이버리가 생각해낸 중대한 해결책은 매우 간단하다. 고밀도 가축 떼를 방목해 발굽으로 토양을 이리저리 부수어 비옥하게 만들어서 몇 세기가 아닌 몇 년 안에 새 표토와 초목을 자라게 한다. 정부는 방목을 불법으로 규정해 토양을 보호하려 했지만 세이버리는 정반대 방법을 선택해 수만 에이커의 토양을 재생시켰다.

세이버리는 이러한 역발상을 토지의 '전체론적 경영'이라 부른다. 가축이 풀을 전부 뜯어 먹는 광경을 보면 본능적으로 가축을 내몰고 토지를 쉬게 하기 쉽다. 하지만 이는 건강 본위 사고방식이 아니라 근시안적 사고방식이다. 세이버리에 따르면 우리는 성급하고 근시안적으로 문제를 해결하려고 덤벼들어 환경을 파괴하지 않는 동시에 직관에 거슬러 자연을 경영하고 보호해야 한다.

유해식물의 침범을 예로 들어보자. 이 문제를 독립된 문제로 다루면 해결에 실패하기 마련이다. 몬태나 주는 수레국화를 죽이기 위해 5,000만 달러 이상을 소비했지만 지금은 과거 어느 때보다 무성해 주를 상징하는 꽃으로 선언해야 할 판이다. 애초에 수레국화의 쇄도는 결코 문제가 아니었고, 생물의 다양성이 사라진 증상에 불과했다. 텍사스 주는 2억 달러를 쏟아부으면서 메스키트mesquite 나무를 쇠사슬로 묶고 제초제를 뿌리고 뿌리를 뽑았지만 지금은 과거 어느 때보다 무성하다. 이 또한 애초부터 문제가 아니었고 생물의 다양성이 사라진 증상이었을 뿐이다.[85]

생물이 다양하다는 것은 토양이 건강하다는 증거이다. 좋은 토양을 삽으로 파보면 왕성한 박테리아·곰팡이·지렁이, 무성한 초목, 생명과 부패의 균형을 눈으로 보고 코로 냄새 맡을 수 있다. 인간의 미래는 토지의 건강에 달려 있으며 그러한 토지가 생명력을 잃어가는 것은 우리가 직면한 엄숙한 현실이다. 공기와 비료가 없으면 토양은 죽고 생물의 다양성도 사라진다. 아프리카 초원을 30년 동안 관찰했던 앨런 세이버리는 이러한 원칙을 거스르지 않고 살리며 활동한다.

물론 반대하는 사람이 있고 지역에 따라 방법이 거두는 효과가 다르기는 하지만 세이버리는 본능적으로 시너지를 발휘하는 인물로서 역발상을 추구하고 단순하고 흥미진진한 제3의 대안을 탐구하는 동시에 인습적인 제2의 대안을 거부한다. 그러면서 야생동물, 토지, 물, 지구 전체의 건강과 인간 문화의 광범위한 관련성을 파악한다.

가축과 기타 방목 동물을 전체론의 입장으로 경영하면 농업이 망쳐놓은 지역에서 사라진 표토를 매우 신속하게 재생시킬 수 있다. 이렇게 살아난 표토는 방대한 양의 탄소를 대기에서 끌어들임으로써 화석연료를 연소할 때 발생하는 온실가스를 감소시켜 대기를 산업화 이전의 균형 상태로 되돌릴 수 있다.[86]

나는 세이버리가 제안한 제3의 대안이 실제로 현실에서 입증되었는지는 알지 못한다. 하지만 세이버리처럼 제2의 대안적 사고와 진부한 대논쟁에서 벗어나려는 사람들을 존경한다. 생각이 깊은 관찰자들의 주장대로 그들은 "인간의 야망·열망·힘을 해방시키고 방향을 제시하기보다는 속박하려는" 환경보호주의에서도 벗어나 있다.[87] 다른 한편으로는 사업상 이익을 거두기 위해 수단과 방법을 가리지 않는 태도가 지구를 위협한다고 생각하지 않는 사람들의 비뚤어진 무지에서도 벗어나 있다. 또한 대논쟁에 거의 희망을 걸지 않는 방대한 중도 세력에도 갇혀 있지 않는다.

지구의 파괴를 막는 제3의 대안을 찾거나 지금껏 유지해온 삶의 방식을 과감하게 버리지 못하게 하는 것은 우리의 사고방식이다. 에너지를 탐욕스럽게 소비하는 방식을 뒤집을 수 있는 역발상은 많다. 앞에서 살펴보았듯 사소한 제3의 대안처럼 보이더라도 환경에 막대한 영향을 미칠 수 있다. 시너지의 힘을 발휘하면 인류가 함께 살아가는 세상에 영광과 아름다움을 되살릴 수 있다.

빈곤 없는 세계

현대 사회가 직면한 최대 난제는 아마도 빈곤일 것이다. 빈곤은 수많은 범죄·폭력·학대를 포함하여 대부분의 사회 병폐를 유발하는 뿌리이다. 우리는 고통스러운 심정으로 빈곤층을 바라보다가 두 손을 들어 포기할 때가 너무 많다. 물론 빈곤은 문화에 상대되는 개념이라서 나라에 따라 빈곤층이나 엄청난 부유층으로 여겨질 수 있다. 가난한 사람은 도처에서 고통을 겪고 선의를 품은 사람은 그 고통을 함께 경험한다. 우리가 실시한 '심각한 문제에 관한 조사'에서 전 세계 응답자들은 경제적으로 엄청나게 불평등한 사회에 가난이 미치는 영향을 깊이 우려했다.

- "빈곤은 전쟁·테러·실직에 숨어 있는 분노·증오·탐욕·질투를 유발하는 촉매이다. 따라서 우리는 빈곤 문제를 해결하기 위해 총력을 기울여야 한다."

- "많은 사람이 당연하게 누리는 기본적인 것조차 소유하지 못한 사람이 여전히 많다."
- "어느 누구도 빈곤하게 살아가서는 안 된다. 빈곤은 불량한 교육과 환경 문제 같은 여러 세계 문제를 유발하는 근본 원인이다."
- "빈곤은 세계에 퍼져 있을 뿐 아니라 테러를 일으키는 주요 원인이다. ……가난하고 교육 받지 못한 사람들이 쉽게 세뇌당하기 때문이다."
- "최근 돈을 쏟아부었지만 빈곤·마약·실직을 타파하기 위한 전쟁은 전혀 전쟁이 아니었다. 우리는 계속 속았고 소수의 이익을 위해 끊임없이 돈을 지불했으며 일부는 목숨으로 대가를 치렀다."
- "실업률이 통제할 수 없을 정도로 치솟고 있다. ……많은 실업자가 장래성이 거의 없거나 전혀 없다."
- "우리나라는 아시아에서 최빈국으로 대다수 인구가 빈곤층이다. 일자리가 부족하고, 교육의 질은 떨어지며, 사회 기반 시설도 제대로 갖춰져 있지 않다. 빚은 엄청나게 많고 국가 경영은 형편없으며 부패가 만연해 있다."
- "세상이 더욱 바람직해지려면 빈곤이 없어져야 한다."

좌파와 우파는 자신들의 처방을 따르기만 하면 빈곤 없는 세상을 쉽게 달성할 수 있다고 주장한다. 그러나 일부 문제에 관해서는 확고한 이념을 내세우면서도 빈곤을 타파하기 위한 대책에 관해서는 의견이 분분하다.

일부 연구자는 영국에서 겨울마다 대부분 노인층과 취약계층인 2만 5,000~3만 명 정도가 추위로 사망한다고 보고했다. 세계 최고 선진국의 한 곳에서 벌어지고 현상이라 더욱 기가 막히다. 이러한 보고를 듣고 분개한 좌파는 시베리아보다 기후가 온화한 영국에 추위로 인한 사망자가 많다는 데 우려를 나타내며 "타인을 괴롭히는 병폐에 무관심하고 냉담한 경제적 엘리트"들을 비난한다. 에너지 회사가 비싼 연료비를 받아 배를 불리는 동안 빈곤층은 고통을 겪는다. 이것은 근본적으로 공정하지 못한 현상으로서 이를 해결하려면 가격을 통제하고 "돈을 부유한 소비자에서 가난한 소비자로 이전해야 한다."[88]

반대파인 우파는 자신의 필요를 채워줄 것을 국가에 의존하지 말라고 빈곤층에 충고한다. 영국 보수주의자들은 실업 가정을 구성하는 생산연령 인구가 500만 명에 이른다고 밝히면서 대대로 복지에 의존하는 '악순환'을 끊어야 한다고 주장한다. 그러면서 "원래는 사회에서 가장 빈곤한 계층을 도울 목적으로 설계된 사회복지 제도가 오히려 해당 계층을 빈곤 상태에 가두고 있다. 집이나 음식이나 의료 서비스를 제공할수록 빈곤층은 의존성의 늪으로 더욱 깊이 빠져 들어간다"고 강조한다.[89]

개인의 책임이 따라야 한다는 주장에 반대하는 사람은 없다. 사회의 한쪽에는 매우 안락하게 생활하는 사람들이 있는 반면에 가난하고 취약한 사람들이 고통을 겪고 있다는 사실에 모두가 괴로워한다. 제2의 대안에 갇힌 사람들은 딜레마에 빠져 둘 중 어느 한편을 들어야 한다고 느낀다. '위대한 중도'로 분류되는 사람들은 해답을 알지 못하고 무엇 하나

두 가지 대안

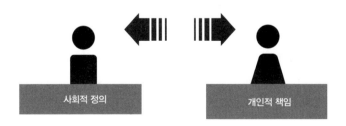

기대하지 않으면서 "가난한 사람은 주위에 늘 있다"고 한숨짓는다.

물론 좌파와 우파를 하찮은 사람으로 치부하고 싶지 않다. 그들은 개인적 책임과 사회적 책임의 원칙을 따르고 서로 균형을 유지해온 것만으로도 경제적 번영에 상당히 기여해왔다. 하지만 이념을 두고 벌이는 단순화된 줄다리기는 빈곤의 고리를 끊는 데 전혀 유용하지 않다. 실업수당은 일부 사람들에게 의존성을 키우므로 "기운을 내서 일자리를 얻으라는" 권고도 그다지 도움이 되지 않는다. 시너지를 추구하는 사람들은 제2의 대안에 얽매인 사람들과 실랑이를 벌이느라 지친다. 그들이 편협하게 극단으로 치달아 생각하지 말고 좀 더 차원이 높고 바람직하게 생각해주기를 바란다. 우리가 달성하려는 위대한 상위 목표는 빈곤 없는 세상을 만드는 것이다.

일차적인 부와 이차적인 부

자신부터 좀 더 차원이 높고 바람직한 길을 걷기 시작해야 한다. 나는 독선적 시선으로 가난한 사람을 보는가? 가난한 사람들이 나처럼 고결하고 재주가 있다면 가난하지 않으리라 생각하는가? 스스로 바라는 만큼 잘 살고 있지 않다면 자신이 피해자라 생각되는가? 나보다 행운이 따른 사람에게 무언가를 받을 자격이 있다고 느끼는가? 자신이 믿는 이념은 좌파 성향과 우파 성향 중 어느 쪽인가? 정당이 내 정체성을 가로채는가?

가해자도 피해자도 해결책을 내놓는 데 기여하지 못한다.

자초했든 유전으로 물려받았든 단순히 운이 나빴든 신체적·정신적·감정적 장애가 있는 사람은 사회의 나머지 구성원에게 의존하기 마련이다. 근위축증을 앓는 젊은 남성 프랭크는 키보드를 치는 정도의 일만 겨우 할 수 있어서 삯일로 매주 몇 달러를 버는 것이 고작이다. 다른 사람이 아기처럼 음식을 먹여주고 보살펴주어야 한다. 가족도 없고 아무 자산도 없으며 심지어 휠체어도 국가 소유이다. 하지만 나는 프랭크를 가난하다고 말하지 않는다. 친구가 많고 지력이 풍부하며 성품이 온화하기 때문이다. 내가 뜻하는 '빈곤 없는 세상'은, 프랭크가 누리는 종류의 풍부한 부가 존재하는 세상이다. 이때 부는 일반적인 부와 종류가 다르다.

돈은 이차적 성공의 표시로서 부의 한 가지 종류에 지나지 않는다. 일차적 성공은 성품에서 비롯되고 사회에 기여하는 정도로 측정된다. 성실·정직·노동·타인을 향한 연민 등을 간직하며 살아간다면 일차적 부는 결코 결핍되지 않는다. 이러한 세상에서는 취약한 사람도 장애가 있는 사람도 가난하지 않다. 이러한 종류의 정신적 부가 바로 일차적 부이다. 단언할 수는 없지만 이차적 부가 자연스럽게 따라오는 경우가 많다. 성격·교육·기술·관계·인내 등 시간을 두고 발달하면서 대개 물질적 번영을 안기는 자산은 결코 바뀌지 않는다. 여기에는 자연 법칙이 작용하고 이를 소중하게 여기며 사는 사람은 겸손한 동시에 자신만만할 수 있다. 이러한 자산을 갖추지 않고도 출생·행운·음해를 등에 업고 부자가 되기도 하는데 이때는 재산 때문에 고통을 겪기 쉽다. 이때 자신이 피해자라고 생각하면, 번영을 가져오는 일차적 자산을 발달시키기보다 사회가 '공정'해지기를 기다린다. 다른 한편으로 가난한 사람을 나태한 기생충 같은 존재로 생각하면 그들을 물질적으로 도와주는 행동이 오히려 그들과 사회에 윤리적으로 위험하다고 믿는다. 더욱이 가난한 사람들이 아무것도 하지 않고 물질을 차지하는 것은 공정하지 않다고 생각한다.

하지만 시너지를 추구하는 사람은 공정한지 여부에 그다지 관심이 없고 공정성을 뛰어넘어 제3의 대안을 찾고 싶어 한다. 물질적 부보다 일차적 성공을 우선적으로 추구해야 하고, 무엇보다도 자신과 사회의 일차적 성공을 달성하는 것을 최우선 목표로 삼아야 한다. 이와 동시에 시너지를 추구하는 사람은 가난한 사람들이 타인의 비용으로 무임승차할 기회를 호시탐탐 엿보는 비정상적인 인물이라고 생각하지 않는다. 가난한 사람에게는 무엇보다도 타인의 존중과 공감이 필요하다. 가난한 사람을 우분투 정신으로 대하고 무엇으로도 대체할 수 없는 독특하게 재능을 갖춘 개인으로 생각해야 한다. 그들의 시야를 넓혀주어 자신의 가치와 잠재성을 깨달을 수 있게 도와주어야 한다. 그렇게 시야를 갖추고 나면 빈민층은 물질적 부를 안겨줄 정신적 부를 쌓기 시작할 것이다.

사회적으로 혜택 받지 못한 다른 많은 사람처럼 젊은 웰던 롱Weldon Long은 집도 돈도 없었다. 열다섯 살에 고등학교를 중퇴하고 생계를 해결할 기술조차 없었으므로 돈이 몇 푼 생길 때마다 술과 마약으로 위안을 받았다. 롱은 자부심이 조금도 없었다. 스물두 살까지 강도 행위로 교도소에 세 차례 다녀왔고 돈도 희망도 미래도 없었다. "그는 어디서나 흔히 볼 수 있는 패배자였다. 꾸준하게 직장에 다녀본 적도 없었다. 세 살짜리 자기 아들을 버렸고, 집도 소유해본 적이 없다. 그렇게 절망하며 성인기 전체를 보냈다."[90] 웰던 롱은 더할 나위 없이 가난했다.

롱은 수감 생활을 하는 동안 도서관을 기웃거리다가 에머슨의 글을 읽고 나서 위대한 철학자의 통찰에 정신이 번쩍 들었다. "우리는 자신이 온종일 생각하는 바로 그 사람이 된다." 롱은 그 글에 정신을 집중하고 마음속으로 끊임없이 반복하면서 감방 안에 있는 거울에 비친 자기 형상을 들여다보았다.

자신이 처한 비참한 현실을 직시하면서 에머슨의 말을 곰곰이 생각했다. 내 삶에 미래가 있을까? 그것을 찾으려면 어떻게 해야 할까? '온종일' 생각하는 것을 바꾸면 겉으로 보기에 이미 정해져 있는 것 같은 운명을 조금이라도 바꿀 수 있을까?

그럴 가능성이 없어보였지만 롱은 일단 시도해보기로 결심했다.

우선 삶을 완전히 바꾸는 여정을 시작했다. 롱은 필사적으로 노력했다. 필사적인 사람은 필사적으로 행동하기 마련이다. 그는 자기 운명을 바꾸기로 마음먹었다.

롱은 사랑받는 아버지이자 남편, 교육 받은 사람, 정직한 사업가, 사회에 기여하는 '새' 웰던 롱을 머릿속에 그리기 시작했다. 이러한 역할을 맡은 모습을 상상하며 자신에게 이야기를 들려주었다. 매일 하루 종일 일차적 성공을 이루는 꿈으로 마음을 채웠다. 생각이 변하자 행동이 바뀌기 시작했다. 롱은 에머슨의 글, 성서, 자기계발서 등 희망을 북돋워주는 글을 눈에 띄는 대로 읽었다. 어린 아들에게는 매주 편지를 썼다. 롱은 교도소에서 제공하는 수업을 전부 듣고 결국 학사학위와 MBA를 최우등으로 취득했다.

자신을 바꾸는 여정은 온전히 나 스스로 책임지고 완수해야 한다고 믿게 되었다. 주위 사람이나 사물을 움직일 수 없었으므로 책임을 진다는 것은 우는소리를 하거나 변명하지 않는다는 뜻이었다. 시각화한 꿈을 실현시킬 수 있으리라는 보장은 없었다. 그렇지만 나는 책임을 져야 했다. ……괜찮은 인간이 되기 위해 최선을 다해야 했다.

2003년 세 번째로 교도소에서 풀려나왔을 때 상황은 바뀌었다. 나는 변했다. 술을 마시고 마약을 하고 범죄를 저지르는 등 그동안 습관처럼 해왔던 행동을 끊고 정신을 차렸다. 열심히 일하고 성실하고 개인적으로 책임을 지고 성공을 달성하는 데 전념했다.[91]

자유의 몸이 된 롱은 최대의 시험대에 섰다. 오랜 삶의 방식으로 돌아갈까 아니면 두려움을 극복하고 새 삶을 구축할까? 다행히도 현재 롱은 새롭고 생산적인 역할을 맡은 모습을 꿈꾸는 습관을 유지하고 있다. 전과자에게 기회를 주려는 고용주가 별로 없었으므로 일자리를 찾기가 힘들었다. 마침내 난방 기구와 환기 기구를 판매하는 직업을 구해 첫 달에 회사의 판매 기록을 깼다. 롱은 난생처음으로 정직하게 생계를 꾸려가고 있다. 그는 이내 사업을 시작해서 열심히 일한 덕택에 성공했고, 지금은 콜로라도와 마우이에 멋진 집을 사서 아내와 아들과 함께 살고 있다.

나는 웰던 롱을 개인적으로 알고 있으며 그를 존경한다. 그가 자신의 진정한 모습을 발견하지 못했다면, 다시 말해 자신이 강력한 힘을 지닌 사람이고 그 잠재력을 제한하는 것은 자기뿐이라는 사실을 깨닫지 못했다면 변화는 일어나지 않았을 것이다. 정신적 의도가 지각을 이끌고 행동을 추진해 결국 결과를 이끌어내는 법이다. 실제로 기여의 관점으로 생각하게 만들면 사람들은 즉시 정신적 틀을 형성한다. 가난한 사람들의 정신을 고양시켜 자신을 무한한 가치를 지닌 존재로 보도록 돕는다면 그들은 스스로 빈곤에서 벗어나는 길로 접어들 것이다. 이것이 바로 우리가 달성해야 하는 임무이다.

누구나 웰던 롱처럼 할 수 있다. 하지만 '흔해빠진 패배자'에서 사회에 기여하는 재능 있고 유능하고 성공적인 사람으로 패러다임을 바꾸는 것은 엄청난 도약이 필요한 도전이다. 이때 최대 방해물은 두려움이다. "내가 겪은 모든 실패의 원인은 두려움이었다. ……두려움에 쫓기는 생각이 실패의 씨가 되었다."[92] 가난한 사람은 자신을 의기소침하게 만드는 딜레마에 빠지기 쉽다. 많은 사람이 건강하지 못한 상태로 역기능 가정에서 삶을 시작한다. 교육을 받지 않고서는 좋은 일자리를 구할 수 없는 현실에서 교육을 제대로 받지 못한다. 이렇게 몇 년이 지나고 나면 가난한 사람들 앞에 놓인 틈이 점점 벌어져 이를 건너려면 비상한 힘과 용기가 필요하다. 그래서 그토록 많은 사람이 두려워서 시도할 엄두조차 내지 못하는 것이다. 그들은 고작해야 도약해서 거듭 실패하든지 빈곤에 깊이 빠져 헤어 나오지 못하리라 생각한다.

어째서 그냥 일자리를 구하지 않는가?

물론 대부분 그렇듯 이 딜레마도 거짓이다. 웰던 롱의 사연을 읽어보면 제3의 대안은 확실히 존재한다. 가난의 굴레를 벗으려면 문화의 냉혹한 힘에 맞서야 한다. 사회는 불만스러운 목소리로 "빈곤층은 어째서 그냥 일자리를 구하지 않는가?"라고 묻는 사람과 친절을 베푼답시고 실업수당을 제공해 일할 사기를 꺾어서 빈곤을 영속화하는 사람 사이에 끼어 옴짝달싹 못한다. 현대에 "그냥 일자리를 구하는 것"은 건강·학벌·인맥이 약한 사람에게는 달성하기 힘든 도전일 수 있다. 노력하지 않더라도 생계를 책임져해주는 친절을 빈곤층에 베푸는 정책에 관해 C. S. 루이스는 현명한 언급을 한 바 있다. "사랑은 단순히 친절을 베푸는 것을 넘어서는 엄격하고 훌륭한 행위이다."[93] 사회가 빈곤층을 위해 해야 할 일은 단순히 푸드 스탬프를 배포하고 충고하는 이상으로 많다.

회계 대기업에서 32년 동안 근무한 데이브 필립스Dave Phillips는 은퇴하고 나서 골프나 치면서 소일할 생각이 없었다. 몇 년 동안 시간 날 때마다 아내 리안Liane과 함께 여러 비영리 단체를 찾아다니며 자원봉사를 했고 은퇴하고 나서는 오하이오 주 신시내티의 지역사회를 위한 활동을 늘리고 싶었다. 신시내티의 빈곤율이 지난 10년 동안 12%에서 24%로 치솟았다는 사실을 알고 깜짝 놀란 필립스 부부는 빈곤층을 가난에서 끌어내는 데 여생을 바치기로 결심했다.

처음에는 어떻게 시작해야 할지 막막했지만 데이브는 사업적 배경이 탄탄했고 부부 모두 공감하는 능력이 뛰어났으므로 빈곤 문제를 해결하고 빈곤층을 돕는 방법을 금세 배워나갈 수 있었다. 두 사람은 전국에서 진행되는 여러 취업 프로그램을 면밀하게 연구하고 나서 여기에 자신들의 아이디어를 통합해 비영리 단체인 신시내티 워크스Cincinnati Works를 설립했다. 현재 이 조직은 "자질 있는 말단 근로자를 채용하는 사업체와 가난에 허덕이는 사람이 승-승하는 해결책을 도출해내는 최고 중의 최고 기관"이라는 찬사를 들으며 자체 모델을 미국 전역의 도시로 보급시키고 있다.

신시내티 워크스는 빈곤층을 위한 진정한 제3의 대안이다. 빈곤층은 강력한 지원망이 부족하므로 대개 공공 고용 서비스에 의존하는데, 대부분의 서비스는 빈민층을 취업 기회에 연결시켜주고 이력서 작성을 도와주고 면접 시간을 잡아주는 데 초점을 맞춘다. 그리고 구직자가 일단 취직하면 임무를 마쳤다고 생각한다. 이러한 접근방법은 범위가 지나치게 좁아 빈민층을 제대로 돕는다고 볼 수 없다. 만성 실직자는 일자리를 얻더라도 유지하기가 힘들어서 3개월이 지났을 때 일반 유지율이 최저 15~20%에 불과하다. 리안 필립스의 말을 빌리자면 사회는 "구직자에게 전체론에 입각한 접근 방법을 적용해야 한다." 빈곤층을 물질뿐 아니라 감정적·정신적·영적 지원이 필요한 전인으로 생각한다는 것이다.

신시내티 워크스에서 만성 실직자는 '고객'이 아니라 평생 관계를 형성해 경력을 발달시키는 것을 목표로 세운 상호 지원 클럽의 '회원'이다. 회원은 대부분 아프리카계 미국인 여성이고 일하는 동시에 자녀를 돌보느라 허덕이는 미혼모들이다. 신시내티 워크스 소속 전문가 셜리 스미스Shirley Smith는 이렇게 언급했다. "회원들이 직면한 난관은 정말 많습니다. 아이들을 베이비시터에게 데려다주고 버스를 타고 출퇴근하면서 수중에 있는 돈을 한 푼이라도 아끼려고 버둥거립니다. ……그들에게는 몇 번이고 반복해서 '당신은 할 수 있어요'라고 말해서 용기를 북돋워주어야 합니다. 다른 사람에게서 격려의 말을 듣지 못하기 때문이죠. 회원들은 빈곤에서 벗어나는 여정의 모든 단계를 우리와 함께 걸으며 헌신적인 보살핌을 받을 수 있으리라 느껴야 합니다."

빈곤층에게는 신뢰를 주고 감정적으로 지원하는 것이 중요하다. 필립스 부부의 연구에 따르면, 회원의 60%가 만성적 우울증에 시달리고 있는데 이는 신시내티는 물론 다른 지역에 거주하는 만성 빈곤층에게도 해당한다. 우울증 증상은 외부에 나태로 인식되는 경우가 많다. 리안 필립스는 이렇게 설명했다.

우리는 그러한 인식이 잘못되었다는 사실을 깨달았다. 우리가 만났던 빈곤층은 대부분 결코 나태하지 않았다. 살기 위해 매일 허덕였고 쉬지 않고 문제를 해결해야 했다. 자동차 없이 출퇴근하기, 식료품 구입하기, 은행 계좌 없이 급여 수표를 현금으로 바꾸기 등, 우리에게는 저절로 단순하게 성사되는 일들을, 그들은 많은 수고를 들여 해야 했다. ……무엇보다 충격이었던 사실은, 빈곤층이 일자리를 구하려고 노력하다가 계속 실패하면서 얼마나 깊은 절망과 좌절을 느끼는지 깨달은 것이었다.

현장에서 활동하는 정신 건강 전문가들은 회원들이 빈곤의 상처를 의학적으로나 감정적으로 대처하도록 돕는다. 빈곤층은 평생 실패와 거절을 경험했으므로 두려움에 휩싸여 있다. 한 회원은 이렇게 말했다. "일자리를 구하기가 매우 두렵습니다. 거절당하면 자신에게 실망합니다. 나의 어디가 어떻게 잘못되었는지 모르겠어요." 어떤 회원은 "집을 나서는 것, 밖에 나가 취직하는 것, 타인에게 거절당하거나 외면당하는 것, 구인자에게 연락이 오지 않는 것이 두렵다"고 털어놓았다. 그들은 고립된 상황, 자신에게 무언가 잘못되었다는 사회의 강력한 메시지를 받으며 괴로워한다. 많은 빈곤층은 삶이 얼마나 비참하든 이를 견디기가 너무 고통스러워 더 이상 실패를 감수하지 못한다.

민감한 감정적 상처를 안고 있는 빈곤층이 직면한 진짜 문제는 일자리를 구하는 것보다 일자리를 유지하는 것이다. 이는 필립스 부부가 연구 결과에서 얻은 주요 깨달음이었다. 많은 빈곤층이 취직을 했다가도 직장에서 무례한 대우를 받거나, 출근길에 버스를 놓치거나, 자녀가 아프면 직장을 그만두고 만다. 이러한 상황이 반복되면 의기소침해지면서 일자리 얻기는 더욱 힘들어지기 마련이다. "현실이든 상상이든 문제에 부딪히거나 화가 나면 빈곤층은 즉시 직장을 그만둡니다. 직업을 유지하는 것이 자기 미래에 얼마나 중요한지 깨닫지 못하죠." 회계학 지식을 갖춘 데이브는 이 문제를 연구하고 나서 일반적인 회원이 한 직장에서 안정적으로 일하기까지 평균 1년이 걸리고, 실직할 가능성이 첫 3개월 동안 가장 크다는 사실을 밝혀냈다. 따라서 신시내티 워크스는 회원이 취직하고 첫 3개월 동안 엄격한 규칙을 가동해 의사소통과 후속 조치를 강화한다. 그러면서 "그만두기 전에 전화하라"는 말을 되뇌게 하고, 회원이 스트레스에 시달려 문제에 직면하면 신시내티 워크스의 직통 전화에 연락해 도움을 구하게 한다.

일자리를 1년 이상 유지했다는 것은 대개 물질적으로나 감정적으로 안정이 되었다는 뜻이다. 한 회원은 이렇게 말했다. "직업이 없어서 고립감과 부당함을 느끼고 우울증이 심해졌다고 생각합니다. 하지만 일할 때는 기분이 좋아요. 목적의식이 있거든요. 내가 사회에서 분리되지 않고 소속해 있다는 느낌이 듭니다."

신시내티 워크스는 회원의 정신적 삶을 풍부하게 해주기 위해서도 노력한다. 워크숍을 열어서 연락 없이 직장을 덜컥 그만두지 말라고 강조하면서 직장의 '숨은 규칙', 동료와 끈끈한 관계를 형성하는 방법, 까다로운 상사를 다루는 방법 등을 가르친다. 회원들은 시장성 있는 기술, 자격증이나 학위, 운전면허증 등 빈곤에서 벗어나는 '다음 수순'을 밟는 법을 배운다.

이곳 소속 회원을 채용하고 멘토 역할을 담당하는 사업체는 직원 보유율이 훨씬 상승하는 이익을 누린다. "신시내티 워크스는 근로빈곤층과 만성 실업자를 합해 4,000명에게 일자리를 주선하고 그들이 직업을 유지하도록 지원하는 서비스를 제공하면서 많은 기업의 이직률을 상당히 감소시켰다.(일부 기업에서는 절반 이상) ……피프스 서드 은행Fifth Third Bank의 경우 연간 직원 보유율은 평균 50%인 데 반해 해당 프로그램을 통해 채용한 직원은 90%에 달한다."[94] 신시내티 워크스 전체 연간 직원 보유율은 80%이다.

신시내티 워크스가 사회에 미친 영향력은 가히 혁신적이다. 신시내티 시의 정부 기관이 빈곤층 지원 서비스에 가구당 연간 3만 달러를 소비하는 반면, 신시내티 워크스는 1인당 1회 1,200달러의 경비로 직업을 구해주고 유지하게 지원한다. 결과적으로 지역사회가 10년에 걸쳐 1억 달러 이상을 절감하는 데 기여했다. 리안 필립스는 이렇게 언급했다. "그들은 어째서 그냥 일자리를 구하지 않는가?" 대상이 만성적 실업자라면 이것은 수백만 달러가 걸린 질문이다. 게다가 그 어마어마한 금액은 미국 사회가 전체 빈곤층 가정에 쏟아붓는 최소 비용이다.[95]

만성적 실업자들은 공공 고용 서비스를 지나치게 자주 포기하거나 반대로 의존한다. 이에 반해 신시내티 워크스의 전체론적 접근법은 진정한 제3의 대안이다. 웰던 롱처럼 소수 빈곤층은 가난에서 벗어나려고 스스로 고민하고 노력하지만 미국에서 3,700만 명에 이르는 다수 빈곤층에게는 필립스 부부처럼 제3의 대안을 추구하는 사람이 베푸는 "엄격하고 훌륭한" 사랑이 자급자족의 시작과 빈곤의 종말을 뜻할 수 있다.

내부에서 시작해 빈곤을 끝낸다

빈곤이 없는 세상은 상상도 할 수 없다. 세계적으로 8억 7,800만 명이 기본적인 의식주를 해결하지 못한다. 이중에는 길거리 아이 수천만 명이 포함되어 있다. 빈곤층 아동 1,100만 명 이상이 다섯 번째 생일을 맞이하지 못하고 죽는다. 선의를 품은 사람에게는 이러한 곤경을 경감시켜야 하는 과제가 엄청나게 무겁다.

하지만 반가운 소식이 있다. 신흥국가의 경제가 성장한 덕택에 2005~2010년 빈곤층 인구가 5억 명 가까이 줄었다. 브루킹스 연구소 Brookings Institution 소속 로런스 챈디Laurence Chandy는 이렇게 주장했다. "대량의 빈곤 감소는 역사상 전례를 찾아보기 힘들다. 이토록 짧은 시간에 이렇게 많은 사람이 빈곤에서 벗어났던 적은 없었다." 마침내 개발도상국이 발전하고 있으며 아마도 절대적 빈곤의 종말이 가시화하는 것 같다.[96]

웰던 롱이 실천한 방법을 따라 수천만 명이 빈곤에서 벗어나 시장으로 진출하고 있다. 물론 아시아·아프리카·라틴아메리카에 걸친 국제 시장의 성장이 촉매 역할을 톡톡히 하고 있지만 그토록 많은 인구가 자신에게 주어진 기회를 주도적으로 잡고 있다는 사실이 고무적이다.

과거 빈곤층이 누군가 나타나 구원해주기를 기다리거나 무기력하게 가난에 빠져 살지 않고 제3의 대안을 내부에서 찾고 있다. 정부와 자선단체가 엄청난 금액을 지원하고 있지만 빈곤을 가장 효과적으로 줄이는 방법은 빈곤층 내부에서 발견해야 한다. 돈과 자원을 제공하는 등 외부 사회가 좋은 의도로 노력하더라도 빈곤층 내부가 바뀌지 않으면 효과가 없기 때문이다. 이때 필요한 변화는 바로 자신을 존중하는 태도이다.

외부 사회는 이러한 변화를 촉진하도록 도울 수 있다. 몇 해 전 제리 스터닌Jerry Sternin과 모니크 스터닌Monique Sternin은 자선 재단에서 일하면서 베트남 아동의 영양섭취를 향상시키기 위해 심혈을 기울였다. 수천 개에 이르는 시골 마을에 거주하는 건강한 아기들이 적절한 영양을 섭취하지 못해 야위어갔다. 베트남 정부는 스터닌 부부를 초청해 영양실조 아동들을 위해 대책을 세워달라고 요청했다. 그러한 요청을 받은 것은 스터닌 부부가 처음이 아니었다. 많은 단체가 우유와 고단백질 비스킷을 들고 찾아왔다가 돕겠다는 의지와 보급품이 바닥나면 포기했다. 제리 스터닌은 이렇게 언급했다. "그들은 왔다가 식량을 주고 다시 떠났다. 문제는 고스란히 남았다."

그리고 다음과 같이 덧붙였다. "실패의 원인을 알아내기는 어렵지 않다. 마을 사람들은 프로그램의 수동적 수혜자였으므로 자녀를 영양실조에 걸리게 만든 숨은 습관을 고치라는 격려도 요청도 받지 않았다." 보충 식량을 들여오되 스터닌 부부는 노력하지 않아도 받을 수 있도록 하늘에서 식량을 투하하는 방법은 쓰지 않기로 결정했다. 대신에 공감을 유지하며 마을 사람 사이에서 해답을 찾기 시작했다.[97]

우선 마을 네 곳의 지도자들을 만나본 결과 정작 그곳 아동들의 건강 문제에 관해 마을 사람의 의견을 구한 사람이 전혀 없었다는 사실이 드러났다. 마을 사람들은 문제를 해결하기 위해 힘껏 노력하겠다고 말했다. 자원봉사자가 아이들의 체중을 재고 가족 수입과 비교해 도표를 작성했다. 마을 사람들은 영양 상태가 가장 좋은 아동 중 일부가 최빈곤층 가정에서 나왔다는 사실을 깨닫고 깜짝 놀랐다. 원인을 이해하기 힘들었던 사람들은 그 가정에서 아이들에게 무엇을 먹이는지 알기 위해 공감적 경청 방법을 활용해 그들의 이야기를 듣기 시작했다.

최빈곤층은 아이들에게 논에서 주운 고구마 잎과 작은 새우를 밥에

섞여 먹이고 있었다. 마을 사람들이 대부분 '쓰레기 음식'으로 치부하면서 아이들에게 적합하지 않다고 생각했던 먹거리는 단백질과 비타민을 함유하고 있었고 스터닌의 연구를 계기로 순식간에 주목을 받았다. 결국 아동 수천 명을 영양실조에서 건진 방법은 처음부터 지역사회에 내내 있었던 것이다. 부모들이 자신을 존중하지 못했기 때문에 자신에게 어떤 힘이 있는지 몰라서 생긴 일이었다. 부모들은 습관처럼 이렇게 말했다. "우리 마을은 가난합니다. 우리에게는 답이 없어요. 부유한 사람과 교육받은 사람들이 와서 도와주면 모를까 그냥 고통을 겪을 수밖에 없습니다."

제3의 대안을 추구하는 스터닌 부부는 패러다임을 바꾸지 않는다면 마을 아이들이 그토록 많은 빈곤층을 괴롭히는 제2의 대안적 사고, 즉 "타인은 우리를 도와주지 않을 것이고 우리는 스스로 도울 수 없다"는 사고방식의 피해자가 되리라는 사실을 알았다. 그리고 베트남에서 "사회 변화와 조직 변화의 전통 모델은 효과가 없다. 과거에도 그랬다. 외부에서는 영구적인 해결책을 제시할 수 없다"[98]는 교훈을 얻었다. 그래서 빈곤에 대한 해결책을 내부에서 찾도록 자율권을 주고 자신을 재능 있고 유능한 사람으로 여기도록 돕자, 빈곤 계층 사람들은 문제를 탁월하게 해결할 수 있었다.

또한 스터닌 부부는 역발상, 즉 인습적인 지혜를 반전시켜 시너지를 달성했다. 서구에서 높은 수준의 교육을 받고 세련된 기술을 구사하는 전문가인 두 사람은 '원시적인' 마을 사람을 도와달라며 베트남 정부의 초청을 받았다. 하지만 부부는 통상적인 생각을 뒤집었다. 마을에 도착하고 나서 마을 사람을 가르치지 않고 그들에게 배웠던 것이다. 자기 생각을 밀어붙이지 않고 마을 사람의 말을 경청했다. 지시하기보다는 마을 사람과 함께 시너지를 발휘했다. 그래서 가장 가난한 사람에게서 가장 부유한 대답을 찾아냈다.

　빈곤을 극복하는 제3의 대안을 찾는 마법극장에는 계급에도 교육에도 경계가 없다. 생존하려고만 해도 가장 창의적으로 문제를 해결해야 할 때가 많은 빈민층에게도 혁신은 곳곳에 존재한다. 흔히 혁신이라면 애플과 구글을 비롯해 방대한 예산과 연구실을 갖춘 세련된 기업이 발휘하는 것이라 생각하기 쉽지만, 오늘날 가장 크게 세상의 이목을 끄는 혁신은 창의적인 빈곤층이 일하는 분야와 가게에서 만개한다.

　아메다바드Ahmedabad 소재 인도 경영대학원 학생은 연간 두 차례씩 8~10일에 걸쳐 시골을 순례한다. 학생 순례자들은 도보로 여행하면서 인도의 외진 마을에서 필요에 따라 생겨난 새로운 창조품이나 색다른 아이디어를 포함한 제3의 대안을 찾고, 마을에서 누리는 자그마한 긍정적 일탈에 매료된다. 학생이 농부나 가게 근로자가 창안한 색다른 방법이나 기구를 발견하면 이에 대한 정보를 하니 비 네트워크Honey Bee Network를 통해 다른 사람과 공유한다.

　아닐 굽타Anil A. Gupta 교수가 설립한 하니 비 네트워크는 새로운 지식을 활용하는 데 전력을 기울이는 전국적 조직으로, 벌이 꽃과 꿀과 공생하는 것처럼 민간 혁신가, 벤처 자본가, 학자가 힘을 합해 시너지를 발휘하는 수단이다. 고전적인 역발상을 대표하는 이 조직은 인도에서 가장 위대한 지식 자원은 대학이 아니라 시골이라는 전제를 바탕으로 운영된다. 굽타는 이렇게 주장했다. "인도의 지식 경제에 대해 논할 때 시골 사람은 결코 지식의 제공자가 아니며 부가가치가 최저인 활동에만 채용된다고들 말한다. 하지만 이는 어리석은 생각이다."

　일반적으로 국가나 시민사회의 역할은 기술·자원·고용에서 이익을 획득하도록 빈민층에게 물질적 자원이나 기회를 제공하는 것이라고 생각했다.

적어도 지난 반세기 동안 이러한 사고가 발달 관련 패러다임을 지배해왔다. 해당 패러다임은 빈곤층이 풍부한 지식을 소유한 경우가 많다는 사실을 경시했다.

경제적으로 빈곤하다 해서 지식도 빈곤한 것은 아니다. 하지만 경제 피라미드의 최하층을 구성하는 빈곤층을 지식 피라미드에서도 최하층이라고 생각하는 경향이 있다. 이것은 진실과 거리가 멀어도 한참 멀다.[99]

전국 혁신 재단National Innovation Foundation은 하니 비 네트워크에서 인도 전역을 순례하여 수집한 혁신안 5만 건 이상을 분류해 투자가들과 시골 사람 등 해당 정보를 자본화할 수 있는 사람에게 배포한다. 학생 순례자들은 약초 치료와 소형 모터의 색다른 사용(구형 소니 워크맨을 선풍기를 작동시키는 동력원으로 사용하는 등)은 물론 심지어 커리 조리법 등도 성실하게 기록한다. 또한 300종이 넘는 지역 식물의 이름과 사용법을 암기하는 아이처럼 신기하거나 기적적인 현상도 기록한다.[100] 빈곤층의 삶을 바꿀 수 있는 매우 혁신적인 아이디어를 발견하는 경우도 많다. 만수크 프라자파티가 제작한 '미티 쿨' 냉장고가 성공적인 예이다. 이 냉장고는 진흙을 사용해 직사각형 형태로 만들고 전기가 필요 없는 창의적인 제품으로 현재 수천 대가 사용되고 있다. 또한 프라자파티는 오토바이가 끄는 쟁기, 가격은 1달러에 불과하면서도 눌어붙지 않아 성능이 테플론Teflon 못지않다는 평을 받는 진흙 프라이팬 등을 발명했다.

방앗간이 소농의 주문을 받지 않자 한 발명가는 바퀴가 두 개 달린 이동형 밀 분쇄기를 만들어 농부의 추수를 도왔다. 빨래를 하려면 이 기계에 세탁 기능을 덧붙이면 된다. 어떤 발명가는 코코넛 나무에 기어오르는 기구를 발명해 해외에 판매한다. 농촌에서 생산하는 습진용 허벌 크림은 세계적으로 인기를 끌고 있다. 강을 건너 여자친구를 보러 가려고 수륙 양용 자전거를 발명한 사람은 이렇게 설명했다. "보트가 올 때까지 기다릴 수가 없었어요. 애인을 만나야 했거든요. 간절한 소원이 생기니까 자연스럽게 혁신가가 되었습니다. 사랑도 기술의 도움을 받아야 하더군요." 투자가들은 수륙 양용 자전거를 홍수 지역에서 구조 활동을 벌일 때 활용하는 방법을 모색하고 있다.[101]

굽타 교수와 그가 설립한 하니 비 네트워크에게는 인도 전역이 인습에 대한 제3의 대안을 추구하는 마법극장이다. 네트워크는 자체가 거대한 역발상으로 대기업 연구실이 아닌 시골 빈곤층의 머리에서 나온 변혁적이고 수익성이 좋은 아이디어를 활용한다. 굽타는 하니 비 네트워크에서 혁신가 수천 명의 지적재산을 보호하려는 노력을 기울이고 있다. "사람들에게 배운 것이 있다면 그들과 공유해야 한다." 경제적 이익도 마찬가지다.

하지만 굽타가 벌이는 활동은 경제적 이익보다는 정신적 가치가 중요하다. 자신의 지식이 존중을 받고, 자신이 기울이는 기여가 가치를 인정받으면 빈곤층은 마음으로 반응할 것이다. 오랫동안 누구도 눈여겨보지 않았던 시골 할머니가 지역사회에서 서식하는 허브에 대한 지식의 보고가 된다. 마을 아이들은 서로 경쟁하듯 자신의 발명품을 보여주고 자신이 이룬 성취에 자부심을 느낀다.

대단한 시너지

노벨 수상자인 무함마드 유누스Muhammad Yunus는 "빈곤은 인간 문명 사회에 속하지 않고 박물관에 있어야 마땅하다. 앞으로 그렇게 될 것이다"라고 예측했다. 탁월한 제3의 대안으로 무담보 소액대출 산업을 창안한 유누스는 빈곤은 근본적으로 정신적 도전이라 생각한다. 이 도전에는 개인의 전인적 모습이 개입한다. 물질적 빈곤은 정신·감정·영혼에서 분리시킬 수 없다. 빈곤을 타파하려면 개인의 본질 전체가 긍정적인 내적 시너지를 발휘해야 한다. 쇠약하고 굶주린 신체, 우울하고 제대로 평가받지 못하는 감정, 교육받지 못한 정신, 절망한 영혼은 빈곤으로 불리는 부정적 시너지를 형성할 뿐이다.

유누스는 빈곤층이 내재적 능력을 발산해 자신을 고양시킬 수 있다고 믿는다. 1970년대 방글라데시에서 경제학 교수로 활동할 당시에 물질적 빈곤은 대개 제2의 대안에 갇혀 생각한 결과라는 결론을 내렸다. 빈곤층이 소규모로 사업을 하려 해도 신용이 필요한데 은행은 가난하다는 이유로 돈을 빌려주지 않으려 하고, 대출 규모가 워낙 작아서 대출을 해주더라도 별로 이익이 없고 원금을 회수하지 못할 위험성이 크다는 것이다. 결과적으로 빈곤층은 감당하기 힘든 이자를 요구하는 고리대금업자에 의존할 수밖에 없었다. 그래서 빈곤층이 거두는 이익은 고리대금업자에게 고스란히 돌아가므로 악순환은 사라지지 않았다.

그래서 유누스는 제3의 대안을 생각해냈다. 무담보 소액대출 은행을 설립해 가난한 수공업자와 농부에게 소액의 자금을 빌려줌으로써 그들이 고리대금업자의 손아귀에서 벗어나 서서히 자립할 수 있게 도와주자는 취지였다. 유누스는 자신이 도우려는 빈곤층이 성실하고 정직하다는 사실을 익히 파악하고 있었고, 그들의 부채 상환율은 대부분의 큰손 은행 고객보다 높았다. 오늘날에는 1억 명이 넘는 인구가 무담보 소액대출 은행의 도움을 받아 가난에서 벗어나고 있다. 일부 부정직한 사람들이 훼손하려 시도하기도 했지만 무담보 소액대출 개념은 여전히 수백만 명에게 희망을 안기고 있다. 유누스는 나와 저녁 식사를 하는 자리에서 빈곤의 종말을 두 눈으로 목도하는 것이 자기 삶의 목표라고 강조했다.

유누스는 빈곤에 대한 정치권의 논쟁은 "인간적인 측면이 없이 돌처럼 단단하고 메마른" 정치적 경제학에 국한되어 표면조차 건드리지 못한다고 믿는다. 또한 단순히 돈을 주는 것으로 빈곤을 해결하고 싶어 하는 극좌파가 보내는 다음과 같은 메시지가 빈곤층의 사기를 저하시킨다고 강조했다. "당신들은 아무것도 할 수 없고 무력하므로 정부의 보살핌을 받아야 한다. 따라서 의존적이 될 수밖에 없다." 또한 자유방임주의를 주장하면서 자유 시장에 의존하는 극우파에게는 다음과 같은 사실을 상기시키기도 했다. "규제가 없는 시장은 사회 문제를 해결하지 못하고 실제로는 빈곤·질병·오염·부패·범죄·불평등을 악화시킨다."[102] 유누스는 빈곤층의 인간적 존엄성을 고양시키는 진정한 임무를 좌파도 우파도 분명하게 깨닫지 못하고 있다고 강조했다.

유누스는 기업과 빈곤층이 위대한 시너지에 도달하기를 바라며 자칭

제3의 대안

'소셜 비즈니스'라는 제3의 대안을 추구하는 열망과 자본의 힘을 연결시키고 싶어 한다. 소셜 비즈니스의 목적은 주주에게 이익을 안기는 것이 아니라 '사회 문제를 끝내는 것'이다. 프랑스 거대 식품기업 다농그룹GroupeDanone은 유누스와 협력해 비영리 기업 그라민-다농 사Grameen-Danone Company를 세우고 방글라데시에서 빈민층 근로자 수천 명을 고용해 방글라데시 빈곤층 아동이 마실 수 있는 칼슘 보강 요구르트를 생산한다. 소셜 비즈니스 모델은 아동의 건강을 향상시키고, 지역에서 생산하는 우유를 다량으로 구입하며, 자존감을 북돋울 수 있는 일자리를 제공함으로써 부분의 합보다 훨씬 큰 가치를 달성한다. 이것이야말로 국가를 변화시킬 수 있는 시너지이다.[103]

유누스는 제3의 대안인 소셜 비즈니스가 단기간에 빈곤 없는 세상을 만들 수 있는 영향력을 지녔다고 믿는다. 다농의 투자자들은 자신에게 돌아오는 유일한 이익이 '세계 반대편에 있는 빈곤층을 돕는다는 심리적이고 정신적인 보상'이라는 사실을 알고 있다. 아마도 일차적 부를 거둘 수 있다는 희망이 그러한 변화를 일구어낼 만큼 충분한 자본을 끌어들일 것이다. 유누스는 이렇게 말했다. "사업가는 상황을 불문하고 무조건 이익을 최대로 거두고 싶어 하는 사람이 아니다. 기업은 사회에 기여한다는 다른 목표를 세울 수 있다. 우리에게는 돈이 아니라 사회에 기여하려는 열망으로 일을 추진하는 사업가가 필요하다."[104]

유누스의 꿈이 실현되는지 여부와 관계없이, 나는 그가 보여준 제3의 대안적 사고방식에 깊은 감명을 받았다. 이미 유누스의 사고방식에 감동한 빈곤층 수백만 명이 자신의 자원과 추진력을 활용해 좀 더 나은 미래를 맞이하려고 노력하고 있다. 유누스는 사업과 정부가 맡아야 하는 중대한 역할도 강조했다. 조직이 사회 정의를 부추기고 여기에 개인적 책임을 결합하면 빈곤층의 인간적 권위를 높이고 빈곤이 초래하는 고통을 끝낼 수 있다. 나는 이 책에서 우리 사회에 제3의 대안을 추구하는 사람들을 소개하고 있다. 암흑을 점점이 밝히는 야영 모닥불처럼 그들은 사방에 존재한다. 이러한 불빛은 어디서 누군가가 공격과 방어의 패러다임을 버리고 시너지의 패러다임을 채택한 결과이다.

자신을 본다. 빈곤층 중에서도 가장 가난했던 웰던 롱은 거울로 자기 형상을 깊숙이 들여다보고 나서 윤리 · 물질 · 감정의 빈곤이 자신의 선택인 동시에 자신에게는 다른 선택을 할 힘이 있다는 사실을 깨달았다.

상대방을 본다. 도시 관리학 교수인 아닐 굽타는 빈곤한 남부 아시아 마을 사람을 무력하고 무지하다고 생각하지 않고 오히려 세상을 풍요롭게 만드는 지식을 소유했다고 생각한다. 그래서 이렇게 강조한다. "그들은 경제적으로는 빈곤할지 모르지만 정신은 결코 빈곤하지 않다. 경제적으로 주변인이라 해서 정신까지 그렇지는 않다."

상대방을 탐구한다. 캐나다 기마경찰대 소속의 대담한 경찰관 워드 클래펌이 십대 청소년들을 찾아다니는 이유는 체포하기 위해서가 아니라 선행을 칭찬하고 그들에게 배우고 함께 문제를 해결하기 위해서다. 클래펌은 이들을 '비행 청소년'이 아니라 미래의 사회 기여자이자 부모로 생각하고, 미래 세대에 물려줄 시민 사회를 구축하는 사명을 달성할 목적으로 함께 시너지를 발휘하는 협력자로 생각한다.

상대방과 함께 시너지를 발휘한다. 나탈리 제레미젠코는 예술가 · 엔지니어 · 정원사 · 해양생물학자 등 마법극장의 사고방식을 소유한 사람이라면 누구나 합세하여 시너지를 발휘하는 작은 기적들을 달성함으로써 대도시의 생태계를 변화시킨다.

앞에서 설명했듯 시너지를 추구하는 사람은 사회 병폐를 보면서 사회 변화를 꾀할 기회로 여기고, 사회의 판도를 바꾸어 자신이 꿈꾸는 것보다 훨씬 바람직한 미래를 구축할 계기로 삼는다. 시너지를 발휘하는 사람들 사이에 아무리 커다란 틈이 놓여 있더라고 의미가 없다. 우리가 취하는 행동의 결과는 시간과 더불어 확대되기 마련이므로 영향력의 원이 작든 크든, 소규모 가정이든 사회 전체이든 차이가 없다. 잘못된 딜레마 때문에 무기력해질 이유가 없다. 사회가 변하기를 기다릴 필요가 없다. 의식해서 스스로 변화를 일구어낼 수 있기 때문이다.

가르치며 배워라

이 책에서 교훈을 얻는 최상의 방법은 타인에게 가르치는 것이다. 교사가 학생보다 훨씬 많이 배운다는 사실은 누구나 안다. 그러므로 동료나 친구나 가족을 골라 이 책에서 배운 통찰을 가르쳐라. 다음에 열거한 도발적인 질문을 하거나 스스로 질문을 만든다.

- 앨런 그린스펀은 "사회의 일반적인 갈등이 어느 때보다 커다란 파괴력을 행사하고 있다"고 언급했다. 갈등을 빚고 있는 양쪽은 사회에 대해 어떤 가정을 내리는가? 양쪽의 한계는 무엇인가?
- '상호의존성'은 무엇인가? 제3의 대안을 추구하는 사람이 사회 문제를 해결하는 데 상호의존성이 중요하다고 생각하는 까닭은 무엇인가? 다르마의 개념은 어떤 방식으로 주변 문제에 대항하도록 돕는가?
- 타임스 스퀘어의 르네상스에서 이웃과 지역사회의 갈등을 다루는 방법을 지켜보면서 무엇을 배웠는가? 다양한 집단을 참여시키는 방식에서 무엇을 배웠는가? 제3의 대안에 도달하는 발상 과정을 어떻게 사용했는가?
- 범죄에 대항하는 '강경한' 사고방식과 '온건한' 사고방식의 한계는 무엇인가? 워드 클래펌이 경찰에서 시너지를 형성한 방식과 이유는 무엇인가? '긍정적 딱지 발부'와 미니 쿠퍼 거리 경주는 어떻게 역발상으로 작용했는가? 역발상의 가치는 무엇인가?
- 의료 서비스에 대한 대논쟁에서 두 가지 입장은 무엇인가? 이것이 잘못된 딜레마를 둘러싼 논쟁인 까닭은 무엇인가?
- 자신의 건강을 돌보는 개인의 의무는 무엇인가? "전인적인 사람을 돌보는 것"은 무슨 뜻인가?
- "건강 산업은 실제로 '질병 산업'이다." 이 말은 무슨 뜻인가? 리빙웰 헬

스 센터, 노먼 클리닉, IHC의 사례를 읽으며 의료 서비스 분야에서 추구한 제3의 대안에 대해 무엇을 배웠는가?

- 환경에 대해 토론하는 두 사람의 주장에서 공감적 경청에 대해 무엇을 배웠는가?

- 대규모 영향에 대한 제3의 소규모 대안이 발휘하는 잠재력에 대해 무엇을 배웠는가?

- 일차적 부와 이차적 부의 차이는 무엇인가? 행복하려면 근본적으로 일차적 부가 이차적 부보다 더욱 필요한 까닭은 무엇인가?

- 웰던 롱은 빈곤에서 빠져나오려 애쓰는 사람을 방해하는 최대 장애물은 두려움이라고 주장했다. 두려움의 출처는 무엇인가? 웰던 롱의 사례는 두려움을 극복하는 문제에 대해 어떤 교훈을 주는가?

- 빈곤의 종말은 '내부에서' 시작해야 한다는 말은 무슨 뜻인가? 제리 스터닌과 모니크 스터닌, 하니 비 네트워크의 사례에서는 해당 원칙을 어떻게 설명하는가?

시도하라

자신이 속한 지역사회를 둘러보면 어떤 사회 문제나 어떤 기회가 보이는가? 제3의 대안을 구상해보라. 다른 사람에게 이 과정에 기여해달라고 요청하라. '시너지에 도달하는 4단계' 도구를 사용하라.

시너지에 도달하는 4단계

❶ 제3의 대안을 찾는 질문을 한다.

"우리가 지금껏 생각해낸 것보다 좋은 해결책을 찾을 의향이 있는가?" 그렇다고 대답하면 2단계로 넘어간다.

❷ 성공 기준을 정의한다.

다음 칸에 모두가 반가워할 해결책의 특징을 나열한다. 성공은 어떤 모습일까? 어떤 일을 해야 할까? 이해당사자 모두 '승—승'하는 방법은 무엇일까?

❸ 제3의 대안을 창조한다.

다음 칸에 모델을 만들거나 그림을 그리거나 아이디어를 빌려오거나 사고의 관점을 전환한다. 신속하고 창의적으로 움직인다. 시너지에 도달했다는 사실을 알고 흥분하는 순간이 찾아올 때까지 모든 판단을 미룬다.

(((④))) 시너지에 도달한다.

다음 칸에는 제3의 대안을 서술하고 원한다면 어떻게 실천할지 쓴다.

시너지에 도달하기 위한 4단계 도구의 사용지침

❶ 질문한다
제3의 대안을 찾는 질문

❷ 정의한다
성공 기준

❸ 창조한다
제3의 대안

❹ 도달한다
시너지나 제3의 대안

시너지에 도달하는 4단계: 이 과정은 시너지 원칙을 적용하는 데 유용하다. (1) 제3의 대안을 기꺼이 찾겠다는 의향을 보인다. (2) 모두에게 성공이 어떤 모습인지 정의한다. (3) 해결책을 실험한다. (4) 시너지에 도달한다. 과정 내내 타인의 말을 공감하며 경청한다.

시너지에 도달하는 방법

❶ 제3의 대안을 찾는 질문을 한다.

갈등을 빚거나 창의적인 상황에서 제3의 대안을 찾는 질문을 하는 것은 자신의 확고한 입장이나 선입견을 넘어서서 제3의 입장을 발달시키기에 유용하다.

❷ 성공 기준을 정의한다.

모두에게 성공적인 결과가 어떤 모습일지 묘사하는 문단을 쓰거나 그 특징을 나열한다. 다음 질문에 대답한다.

- 기준을 정하는 작업에 전원이 참여했는가? 가능한 한 많은 사람에게 많은 아이디어를 얻고 있는가?
- 자신이 정말 원하는 결과는 무엇인가? 어떤 일을 해야 하는가?
- 모두가 승─승하는 결과는 무엇인가?
- 기존의 요구를 초월해 좀 더 바람직한 요구로 바꾸려 하는가?

❸ 제3의 대안을 창조한다.

다음 지침을 따른다.

- 그냥 논다. 진짜가 아니라 놀이이다.
- 폐쇄를 피한다. 어설프게 동의하거나 합의하지 않는다.
- 타인이나 자신의 아이디어를 판단하지 않는다.
- 모델을 만든다. 화이트보드에 그림을 그리고, 도표를 스케치하고, 실물 크기의 모형을 세우고, 초안을 작성한다.
- 머릿속으로 아이디어를 돌린다. 인습적인 지혜를 뒤집어본다.
- 빠른 속도로 일한다. 시간 제한을 두어서 에너지와 아이디어가 급속하게 흐르게 한다.
- 많은 아이디어를 생각해낸다. 어떤 즉흥적 통찰이 제3의 대안을 이끌어낼지 예측할 수 없다.

❹ 시너지에 도달한다.

흥분과 영감이 방을 가득 채우면 제3의 대안을 찾은 것이다. 오랜 갈등이 사라진다. 새 대안이 성공 기준을 충족한다. 이때 주의할 점이 있다. 타협을 시너지로 착각해서는 안 된다. 타협은 만족을 낳지만 기쁨을 안기지는 않는다. 타협하면 모두 무언가를 잃지만 시너지에 도달하면 모두 승리한다.

STEPHEN R. COVEY

세계에서 추구하는 제3의 대안

8

주먹을 꽉 쥐면 악수할 수 없다.
— 인디라 간디

텔아비브 근처 해변으로 휴가를 떠난 모하메드 다자니Mohammed Dajani
와 그의 가족은 이스라엘 방위군이 지키는 검문소를 통과하려고 줄을
길게 늘어선 자동차 행렬에 다가갔다. 천식을 앓는 연로한 어머니는 긴
장한 나머지 숨을 가빠했고 깜빡 잊고 흡입기도 가져오지 않았다. 어머
니는 심장마비를 일으키며 갑자기 쓰러졌다. 다자니는 침착하려고 애쓰
면서 마음을 단단하게 먹고 이스라엘 군인들에게 다가가 어머니를 병원
으로 데려가야 하니 검문소를 빨리 통과시켜달라고 간청했다.

이 순간 다자니의 생명은 위태로웠다. 그는 여러 해 동안 이 검문소
를 통과해왔다. 이스라엘 땅에 조상의 뿌리가 있는 팔레스타인 다자니
는 자신을 이방인이라고 간주하는 무장 군인에게 저지당하고 수색당하
면서 굴욕을 느꼈다. 다자니 가문은 수백 년 동안 팔레스타인에 살았다.
수세기 전에 술탄에게 예루살렘에 있는 다윗 왕의 무덤을 지키는 임무
를 부여받고 대대로 임무를 수행했던 것이다. 하지만 1948년 이스라엘
이 건국되자 다자니 가문을 비롯해 팔레스타인에 뿌리를 내린 많은 아
랍 가문은 뿌리째 근본이 뽑히면서 부당하게 외국 정부와 외국 문화를
강요당한다고 느꼈다.

다자니는 "그 후 오랫동안 내 꿈은 이스라엘을 우리 땅에서 내쫓는 것
이었습니다"라고 말했다. 베이루트에서 대학을 다니는 동안에는 앞으로
자신이 믿는 대의명분을 외부에 알리는 일을 해야겠다고 다짐했다. 지
금 그의 사무실 벽에는 1970년대 팔레스타인 해방에 대해 많은 군중에
게 연설하여 뉴스에 등장했던 사진이 붙어 있다. 다자니는 곧 야세르 아

라파트Yasser Arafat의 부관으로 이스라엘에 맞서는 저항군 지도자가 되었다. "나는 오랫동안 힘만이 해결책이라고 믿었습니다."

이스라엘과 팔레스타인의 갈등에 관해서는 대부분의 사람들이 잘 알고 있다. 갈등이 시작한 것은 19세기로 유대인이 조상의 땅인 팔레스타인, 즉 에레츠 이스라엘eretz Israel에 나라를 건설하려는 시오니즘이 부상하면서였다. 홀로코스트(Holocaust, 제2차 세계대전 중 나치 독일이 자행한 유대인 대학살—옮긴이)가 몰고 온 공포와 함께 반유대주의가 막을 내리면서 많은 세계 지도자가 지지하는 가운데 1948년 5월 14일 유엔이 이스라엘의 건국을 선포했다. 하지만 대부분 이슬람 교도였던 팔레스타인의 아랍인들은 시오니즘이 조상의 조국을 도둑질한 파렴치하고 부단한 처사라고 생각했다. 그래서 새로 부상한 이스라엘의 권력에 즉시 대항했다. 그때부터 오랫동안 양쪽은 자살폭탄, 로켓 공격, 격렬한 시위, 암살 등으로 격동의 시기를 겪었다.

이스라엘과 팔레스타인의 갈등은 이슬람 세계와 서구가 다투는 빌미가 되었다. 국가들 사이에 대연합이 형성되어 전쟁이 발생할 조짐을 보였다. 갈등을 해결하려는 외교적 노력이 거듭 실패하면서 평화적 해결은 요원해 보였다.

이 피비린내 나는 논쟁은 오래되고 복잡한 만큼 제2의 대안적 사고에 뿌리를 내리고 있다. 양쪽이 상대방에게 하는 주장은 근본적으로 이렇다. "땅에 대한 우리 권리가 너희 권리보다 우세하다. 우리 종교가 너희 종교보다 우월하다. 따라서 너희가 물러나야 한다." 이러한 결핍의 사고방식이 양쪽을 지배했다. 이는 한쪽이 이기려면 다른 쪽이 반드시 패배해야 하는 제로섬 게임이다.

이 장에서는 우리가 살고 있는 세계, 즉 파멸을 몰고 오는 전쟁의 위험성이 실재하는 논쟁적인 세계에 제3의 대안을 적용하는 방법을 제시한다. 우리가 실시한 심각한 문제에 관한 조사에서 응답자들은 오늘날 세계가 직면한 가장 중요한 과제로 '전쟁과 테러 행위의 중단'을 꼽았다. 응답자들의 대답을 몇 가지 살펴보자.

- "테러는 여전히 세계가 직면한 가장 중요한 과제이다. 테러는 민주 국가가 세계 시민에게 제공하고 싶어 하는 발전과 자유를 위협한다."
- "시민이 치러야 하는 전쟁과 테러리즘의 피해는 잔인하다. 건물이 파괴되고 생명이 죽고 파괴를 뒷받침하려고 엄청난 자금이 소비된다. 대체 무엇을 위해 이래야 하는가?"
- "끊임없이 늘어만 가는 대량살상 무기가 난무하는 전쟁에 세계가 짓밟히고 있다."
- "전쟁과 테러리즘으로 위협을 받지 않는다면 우리는 경제를 향상시키고 빈곤을 감소시키는 데 더욱 집중할 수 있다."
- "전쟁과 테러리즘은 안전한 삶을 살고 자신과 자녀의 생계를 꾸리고 견실한 교육을 받는 능력을 파괴한다."

이스라엘과 팔레스타인의 문제는 세계가 안고 있는 고통스러운 문제의 하나일 뿐이다. 우리에게는 제3의 대안적 사고에 따라 지역사회와 국가의 문제를 창의적으로 해결해야 하는 과제가 있다. 논쟁을 벌이고 외교를 수행하는 방식을 혁신해야 한다. 중동에는 제3의 대안에 도달하려고 노력하는 훌륭한 사람이 많고, 그들이 기울이는 노력을 지켜보면서 우리는 자신의 영향력의 원 안에서 발휘할 수 있는 시너지에 대해 많이 배울 수 있다.

평화구축: 내적 외교를 개혁한다

모하메드 다자니도 그러한 사람의 하나이다. 어머니가 검문소에서 쓰러져 죽어가던 절망적인 순간, 다자니는 자기 삶을 바꾸는 계기를 맞았다. 그때까지 다자니가 접촉했던 이스라엘인은 기관총으로 무장하고 검문소를 지키는 젊은 군인들이 전부였다. 그런데 아파서 쓰러진 자기 어머니를 바로 그 이스라엘 군인들이 도와주기 시작했다. 군인들은 즉시 구급차 두 대를 불러 어머니를 근처 이스라엘 군병원으로 이송했다. "그날 오후 나는 적들이 어머니의 생명을 구하려고 애쓰는 장면을 보았습니다. 그것은 내 삶에 매우 중요한 사건이었어요. '우리 대 그들'에서 '우리와 그들'로 사고방식이 바뀌는 전환점이 되었죠."[1]

알 쿠드스 대학교에서 교수로 활동하고 있는 모하메드 다자니는 현재 팔레스타인에서 제3의 대안인 '우리와 그들' 패러다임을 주창하는 대표적 인물이다. 마음이 전환하는 놀라운 경험을 겪은 다자니는 와사티아 Wasatia를 설립해 특히 제2의 대안적 사고를 중단하도록 팔레스타인 청년들을 교육한다. 조직의 명칭은 이슬람교 경전 쿠란에 실린 구절 "우리는 너희를 와사티아 공동체로 만들었다"에서 따왔다. 와사티아는 여러 단어로 번역되는데 "두 극단 사이에 존재하는 중간 지점"을 뜻한다. 와사티아는 극단을 뛰어넘어 더욱 고양되고 균형 잡힌 삶을 향해 전진하는 태도이다.

다자니는 이렇게 말했다. "팔레스타인 청년이 다음 두 가지 교훈을 배우며 성장하는 것이 문제의 근본원인이다. 갈등이나 차이를 해결하는 유일한 방법은 승-패 공식이다. 그리고 이슬람 교도 · 그리스도교도 · 유대인은 함께 번성하기는커녕 공존조차 할 수 없다."[2] 물론 이것은 전형적으로 제2의 대안에 갇힌 사고이다.

나는 이슬람교에서 사용하는 와사티아의 개념이 제3의 대안을 나타
내는 개념과 매우 흡사하다고 생각한다. 이 개념은 다자니가 주장하듯
"열광적인 당파 근성, 종족의 결속, 광신, 인종차별, 민족우월주의, 심한
편견, 불관용 등 ……인간의 치명적인 적으로 인간을 몰아가는 경향"에
사람들을 가두는 제2의 대안적 사고를 배척한다.[3] 와사티아를 수용하는
사람은 공존하겠다고 단순히 타협하는 선을 넘어서서 같은 땅에서 함께
번성하는 제3의 대안을 향하는 좀 더 바람직한 방법을 찾는다.

　다자니가 팔레스타인 동포에게 이토록 영향력이 큰 운동을 시작한 계
기는 무엇이었을까? 최대 계기는 이스라엘 군인들이 공감을 보여준 일
이었다. 그때 받은 인상은 다자니의 아버지가 암에 걸려 이스라엘 병원
에서 치료를 받을 때 더욱 강해졌다. "직원들이 아버지를 아랍인으로 대

제3의 대안

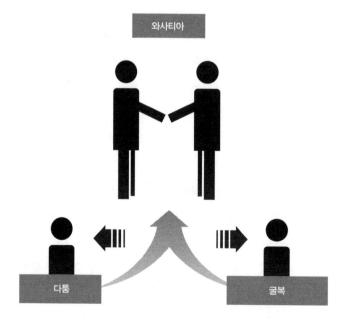

우하지 않을 뿐 아니라 웃으며 농담을 건넸어요. 그것도 내게는 이스라엘에 대해 눈을 뜨는 계기가 되었습니다."

이스라엘의 종교간 통합 회의(Interreligious Coordinating Council in Israel, ICCI) 이사인 론 크로니시Ron Kronish 랍비는 이스라엘과 팔레스타인이 공감하며 서로 상대방의 말을 경청할 기회를 제공하는 데 삶을 헌신했다. 공감적 경청은 어느 곳에서도 마찬가지이지만 특히 분쟁이 있는 나라에서 평화롭게 제3의 대안을 찾기 위한 절대적 전제조건이다.

크로니시 랍비는 이렇게 말했다. "팔레스타인인과 이스라엘인은 일상생활을 하면서 서로 만날 일이 거의 없다. 게다가 상대방에 대한 끔찍한 고정관념으로 가득한 언론의 세례를 받는다. 팔레스타인인은 주로 검문소에서 점령 군대의 군인인 유대인을 만난다. 반면에 유대인은 팔레스타인인을 테러리스트로 인식하고, 이슬람교는 자살폭탄범을 부추기는 죽음의 종교라고 생각한다." 크로니시 랍비는 체계적이고 현실적인 만남의 자리를 정기적으로 마련해서 여성 · 청소년 · 젊은 성인 · 교육가 · 종교 지도자 등을 서로 만나게 하고 자신이 속한 공동체와 사회로 돌아가 상대방에 관한 이해의 폭을 넓히도록 돕는다. "ICCI가 무슨 활동을 하느냐고요? 사람들을 대화의 장으로 끌어내고, 지금 당장 그리고 장기적으로는 미래에 평화롭게 공존할 수 있도록 사람들의 마음과 생각을 바꿉니다."

적과 진지하게 대화한 사람들은 상대방도 실제로 인간이고, 각자 고유한 사연이 있으며, 그 사연이 더욱 규모가 큰 종교적 정치적 갈등과 대부분 관계가 있다는 사실을 깨닫고는 깜짝 놀란다. 게다가 상대방의 종교를 조금이라도 공부해보면 핵심을 차지하는 인도주의적 가치가 비슷하다는 사실을 인식한다. 대화 집단에 있는 유대인은 한 번도 쿠란을 읽어본 적이 없고 상대방도 마찬가지여서 팔레스타인 이슬람 교도와 기독교도는 유대교에 대해 거의 알지 못한다. 한 집단에 속한 이슬람교 지도자는 탈무드에 있는 "한 인간의 생명을 구하는 것은 전 세계를 구하는 것과 같다"는 구절을 처음 듣고 "쿠란에도 같은 구절이 있네요!"라고 외쳤다. 유대교인·기독교인·이슬람교인은 상대방의 성서를 공부하면서 교훈을 얻고 배우고 신뢰를 쌓아간다.

ICCI는 이러한 갈등에 휘말린 개인이 의도적으로 서로 탐구하고 상대방의 말을 경청하는 환경을 조성한다. 크로니시 박사는 이렇게 보고했다. "그들은 서로 문제에 대한 자신의 감정을 토로한다. 이따금 상황이 과열되어 대화를 중단시켜야겠다고 생각할 때도 있는데 오히려 참석자들이 계속 진행하기를 원한다." 대화하기 매우 어려운 경우가 자주 발생하지만 공감적 경청이 필요하다는 점을 깊이 이해하고 나면 참석자는 대부분 대화를 포기하지 않는다. 그들은 서로 이해하고 함께 살아갈 수 있는 방법을 모색하고 싶어 한다. 최근에 한 유대인 참석자는 이렇게 말했다. "신문에서 혼란스러운 기사를 읽었습니다. 그래서 대화 집단에 가서 다른 종교를 믿는 친구들이 어떻게 느끼고 생각하는지 듣고 싶어요. 그들은 어떻게 생각할까요?" 대화 집단은 거대한 국가 문제를 개인적인 방식으로 토론한다.

ICCI는 젊은이들에게 다가가려고 뉴욕 소재 어번 신학대학원과 국제협력관계를 맺고 남아프리카·북아일랜드·미국의 일부 지역 출신 고등학생, 팔레스타인 학생, 이스라엘 학생을 대상으로 여름 캠프를 포함해 1년 동안 대화 프로그램을 가동한다. 여름마다 뉴욕 주 북부에서 열리는 '얼굴을 맞대고·종교를 맞대고Face to Face·Faith to Faith' 캠프에 참가한 학생들은 각 종교의 전통에 따라 코셔kosher, 할랄halal, 채식주의 음식

을 먹고 합숙하면서 논쟁한다. 그들도 다른 캠프에서 그렇듯 헤어질 때 눈물을 흘린다.[4]

ICCI에서 크로니시 랍비와 나란히 일하는 마거릿 카람Margaret Karram 은 팔레스타인 아랍인이다. 그녀는 "내 정체성은 복잡해요. 나는 이스라엘 가톨릭교도이자 기독교도이며 아랍인 팔레스타인인입니다"라고 말했다. 어렸을 때 카멜 산기슭에 사는 이웃 유대인 아이들과 부딪혔다가 괴롭힘을 당한 적이 있다고 했다. 유대인 아이들은 어른의 행동을 본뜨듯 돌을 던지고 욕설을 퍼부었다. 카람은 자신이 늘 울고 다녔다고 회상했다. 여느 날과 다름없이 유대인 아이들과 다투었던 어느 날 다리를 절룩거리며 집으로 돌아왔다. 보통 어머니와 조금 달랐던 카람의 어머니는 빵을 굽고 있다가 유대인 아이들을 부엌으로 부르더니 아랍식 빵을 나눠주면서 가족에게 가져다주라고 했다. 유대인들이 고맙다는 인사를 하려고 카람의 어머니를 찾아왔고 곧 서로 잔치에 초대했다. 이렇게 해서 자그마한 하이파Haifa 마을에는 성숙하고 깊은 관계가 싹트기 시작했다.

카람은 열다섯 살 때 포콜라레 운동Focolare Movement을 접했다. 이는 사람과 종교의 차이를 초월해 온갖 종류의 사람 사이에 대화를 증진하는 것이 목표인 세계적 가톨릭 운동이다. 카람은 어머니의 본을 받고 포콜라레 운동의 정신적 가치를 흡수하면서 유대인 친구들을 좋아하게 되었고 기독교도 입장에서 그들에 대해 더욱 많이 배우고 싶었다. 그래서 로스앤젤레스에 있는 유대인 대학교에 입학해 유대교를 공부하기 시작했다. "나는 6개월 동안 입을 꾹 다물었어요." 다른 학생들은 처음에 카람이 유대인이리라 추측했으나 결국 그렇지 않다는 사실을 알아차렸다. 그러면서 그동안 팔레스타인 아랍인과 나란히 앉아 토라Torah와 탈무드를 공부해왔다는 사실에 아연실색했다. 카람은 유대인과 자기 민족 사이에 벌어진 틈을 메우는 데 일조하고 싶어서 학교에 다닌다고 설명했다. "그러려면 내가 너희들을 알아야 해." 5년 동안 공감적 경청에 힘쓴 카람은 아랍인 신분으로 유대인을 이해하는 학문으로 학사학위를 받고 고국으로 돌아왔다.

현재 마거릿 카람은 유대인·기독교인·아랍인의 관계에 대해 강의하면서 그들을 연결하려고 노력한다. 카람은 대화와 공감을 장려하는 데 전력을 기울이고 있다. "내가 큰 변화를 일굴 수는 없습니다. 그저 조금씩 전진할 뿐입니다."[5]

나는 카람이 자신의 영향력을 과소평가하고 있다고 생각한다. 함께 이야기해보면 마거릿 카람 같은 인물이나 ICCI와 와사티아 같은 집단의 구성원들은 서로 신뢰하며 상대방에 진정한 애정을 느낀다. 그들은 자체만으로는 부족하지만 대화가 새로운 관계를 맺을 가능성을 여는 데 반드시 밟아야 하는 첫 단계라는 것을 안다. 그렇기 때문에 중동에서 그렇듯 공식적인 외교 노력을 많이 기울여도 갈등을 해소하지 못하는 것이다. 관례적인 외교 활동은 공감으로 사람들을 한데 묶을 기회를 경시하므로 양쪽에 '심리적인 공기'를 불어넣지 못한다.

평화를 구축하기 위한 인습적 접근법은 합리적 타협으로 위대한 정치과학자 새뮤얼 헌팅턴Samuel P. Huntington은 이를 가리켜 '다보스 문화Davos culture'라고 불렀다. 매년 세계 정상급 정부 및 재계 지도자들이 스위스 호화로운 환경의 다보스에 모여 정상회담을 한다. 참석자들은 서로 잘 알고 있으며 일종의 "제트족(jet-set, 여행을 많이 다니는 부자들—옮긴이)이라는 초국가적 교감을 형성하면서, 실질적으로 모든 국제기관과 다수의 정부를 통제하고 세계 경제와 군사력의 상당량을 좌지우지한다."[6] 하지만 보통 사람들과 동떨어져 있는 다보스 문화의 분위기는 실제로 고통을 받고 있는 수많은 사람에게 전혀 심리적 공기를 공급하지 못한다.

예를 들어 1993년 모든 상황을 전환시키는 '다보스 유형'의 획기적 해결책으로 오슬로 협정이 회원들의 열렬한 지지를 받으며 체결되었다. 이스라엘과 팔레스타인의 대표가 상대방의 '민족자결권'을 인정하고 영토를 분배하는 데 동의했다. 대표단은 환한 표정을 지으며 갈등을 끝냈고 모든 상황이 원칙대로 풀렸으며 자세한 사항은 변호사가 맡아서 해결할 예정이라고 발표했다.

그토록 강경한 적수들이 어떻게 획기적인 해결책에 도달할 수 있었을까? 전형적으로 외교관이 공식적으로 만나는 자리에서 협상이 진행되지 않았기 때문이다. 다보스 회의 참석자들은 '이면 경로'로 토론했고 언론을 멀리하면서 비밀을 유지했다. 대표단은 오슬로 근처에 있는 저택에서 몇 주 동안 함께 생활하며 같은 식탁에서 식사하고 오랫동안 노르웨이의 숲속을 함께 걸었다. 그러는 사이에 참석자들은 서로 잘 알게 되었고 토킹 스틱 대화를 많이 했다. 공식 외교관들의 예상과 달리 두 입장은 모두가 지지할 수 있는 합의에 도달했다.

하지만 애석하게도 합의를 실제로 실행하는 단계에서는 합의할 때와 달리 공감하는 과정이 뒤따르지 않았다. 합의 내용을 현장에서 실행하는 사람들은 심리적 공기를 얻지 못했다. 오슬로 협정은 공식 문서에 정식으로 서명까지 받아냈지만 아무런 진전 없이 많은 세월이 흘렀다.

저명한 학자이자 중동에서 평화를 달성하려고 노력하고 있는 마크 고핀 박사는 갈등을 창의적으로 해결하려면 감정적·개인적 합의가 중요하다고 강조했다. 공식 합의만으로는 충분하지 않다는 뜻이다. 그러면서 이렇게 주장했다. "갈등해결은 매우 원시적인 단계의 발달이다. 갈등해결을 연구하는 이론가들은 자신의 감정과 무능에 직면하는 데 그다지 능숙해 보이지 않는다. 외교관들은 앞으로 발생할 정신적 외상을 전혀 감지하지 못하고 도망친다." 협상자는 합리주의에만 지나치게 의존해 진정으로 상대를 탐구할 여지를 남기지 않는다.

오슬로 협정이 달성한 탁월한 성과는 이스라엘 지도자들과 팔레스타인 자치정부 수반 야세르 아라파트Yasser Arafat가 1999년 참석한 캠프 데이비드 회의에서 무산되었다. 아라파트는 조국의 국민에게는 칭송을 받았지만 많은 이스라엘인에게는 사악한 테러리스트로 인식되었다. 이스라엘 대표단은 믿기지 않을 정도로 무례하게 아라파트를 대우했다. 그를 몇 시간이고 기다리게 만들고, 미리 생각해둔 계획안을 써서 회의실에 들어가서는 책상 위에 던지거나, 아라파트에게 무슨 말을 할지 지시하고 그 말에 대해 자신들은 어떻게 답변할지 일방적으로 밝혔다. 아라파트는 의자를 박차고 회의실을 떠나 그 후로는 이스라엘인을 만나지 않았다. 캠프 데이비드 회의는 이렇게 실패로 끝났다. 아라파트는 팔레스타인에 유대인의 역사적 뿌리가 있다는 주장을 부정하면서 유대인은 '이른바 성지'에 아무런 권리도 없다고 못 박았다.

얄궂게도 20년 전 캠프 데이비드에서 이스라엘 국무총리 메나헴 베긴Menachem Begin과 이집트 대통령 안와르 사다트Anwar Sadat는 회의실 탁자를 사이에 두고 마주 앉았고 평화협정은 교착 상태에 빠졌었다. 제3자인 미국의 지미 카터 대통령은 두 사람의 관계를 완화시키려고 노력했다. 사다트는 최종 합의문에 서명하려 했지만 베긴은 받아들이려 하지 않았다. 13일째 되던 날 회의가 실패할 기색이 보이자 카터 대통령은 비서들에게 베긴의 손주들의 이름을 모두 알아오라고 지시했다. 그런 다음 세 지도자의 사진을 찍고 손주들에게 손수 글을 쓰고 사인을 해서 베긴에게 전달했다. 사진을 전달하는 현장에 있던 사람들은 이렇게 전했다. "베긴은 사진에 적힌 손주들의 이름을 보며 눈에 띄게 감동했다. 얼마 후 베긴은 평화협정에서 마지막 장애물을 제거하는 데 동의했다."[7]

카터의 공감적 행동은 이스라엘과 이집트에 평화를 안기는 전환점이 되었을까? 베긴 국무총리는 사진에 적힌 손주들의 이름을 읽을 때, 손주들의 얼굴을 하나씩 머릿속에 떠올리며 그들을 위해 어떤 종류의 세상을 만들지 고심했을까? 정확한 내용은 누구도 알 수 없다. 다만 두 사람의 관계를 돈독하게 굳히려고 카터가 노력했다는 사실만은 안다. 두 지도자는 오랫동안 사적인 이야기를 나누었다. 카터 대통령 부부는 개인적으로 식사를 하면서 나치가 자행한 홀로코스트로 베긴이 부모와 형제를 잃은 사연을 들었다. 카터는 베긴에게 심리적 공기를 주었던 것이다. 손주들의 이름을 보며 감격했을 때, 사진을 보며 손주들의 이름을 하나씩 조용히 되뇌었을 때 베긴의 심경에는 분명히 변화가 찾아왔다.

마크 고핀은 이러한 공감적 행동이 제3의 대안을 추구하는 데 필수라고 믿는다. 이스라엘과 팔레스타인의 갈등이 최악으로 치닫는 와중에 아라파트를 직접 만나 공감을 발휘할 기회가 고핀에게도 찾아왔다.

메울 수 없을 만큼 큰 간격을 메운다

2002년 봄, 이스라엘 군과 팔레스타인 군은 웨스트 뱅크West Bank의 거리에서 끔찍한 전투를 벌였다. 무고한 민간인들이 표적이 되어 죽어갔다. 이스라엘 군은 아라파트를 가택에 연금했다. 사람이 죽어가는 광경을 보고 놀란 마크 고핀은 홀로 봉쇄를 뚫고 아라파트를 직접 만나 대화해보기로 마음먹었다. 불안과 두려움으로 떨었던 고핀은 고민했다. '그를 만나면 포옹해야 할까? 선물을 줄까?' 고핀은 편견과 두려움을 넘어설 수 있을지, 자기 민족의 치명적인 적과 마주 앉을 수 있을지 판단해야 했다.

나는 아라파트와 마주 앉았다. 많은 유대인을 죽였고 지금도 여전히 유대인을 죽이라는 명령을 내리는 사람과 살이 닿은 것은 처음이었다. 하지만 나는 이런 생각이 들었다. '이렇게 해서 한 사람의 생명이라도 살릴 수 있다면 충분히 가치가 있는 거야.' 그것이 바로 우리가 직면한 현실이다. 매일 사람들이 죽어나가고 이렇듯 끝이 보이지 않는 폭력의 순환에서 아라파트는 주요한 역할을 차지하고 있었다. 아라파트가 상황을 진정시키는 말을 몇 마디라도 해줄 수 있으면 좋을 것이다.

그래서 나는 마음씨 좋은 노인을 바라보듯 그의 눈을 들여다보며, 생명을 잃은 모든 팔레스타인 어린아이들을 위해 진심으로 슬퍼했다. 그리고 상을 당한 사람을 애도하라는 구절이 유대교의 계율에도 있다고 말했다. 유대교와 이슬람교의 전통에서 성서를 공유하는 것은 성스러운 행동이라고도 말했다. 탈무드는 세상을 지탱하는 원리가 진실·평화·정의라고 말한다. 랍비 무나Muna는 정의가 없으면 평화도 있을 수 없다고 말했다.

나는 아라파트의 국민이 정의를 요구한다는 점은 인정하지만 정의를 달성하려고 아라파트가 사용하는 방법은 비판했다. 아라파트는 침묵을 지켰다. 그러다가 나를 뚫어져라 쳐다보며 이렇게 말했다. "어린 시절 나는 성벽에서 기도했습니다. 노인들과 함께 말이죠. 노인들은 자신들의 기도를 드리고, 나는 내 기도를 드렸어요."

나는 망연자실했다. 그의 동료들도 마찬가지였다. 그가 한 말의 미묘한 뜻을 파악해야 한다. 아라파트는 내게 무슨 말을 한 것일까? 그는 예루살렘에 있는 서쪽 성벽은 유대인의 성소이고, 유대교도와 이슬람 교도가 나란히 예배드릴 수 있다고 인정한 것이다. 지금은 이렇게 말했지만 아라파트는 과거에 캠프 데이비드에서는 예루살렘에 유대인이 존재하지 않았다고 부정하면서 이를 근거로 캠프 데이비드 회의를 무산시켰다.

고핀이 방문한 다음 날, 아라파트는 이스라엘 민간인을 향한 공격을 중단하라고 군대에 공식 명령을 내렸다.

고핀은 이렇게 주장했다. "아라파트는 음흉했다. 부패해서 수백만 달러를 은닉했고 테러를 조장했다. 하지만 나는 존경의 몸짓이 영향력을 발휘한다는 점을 말하고 싶다. 존경의 몸짓이 무엇보다 중요할 때가 있다. 카터·베긴·사다트가 만났을 때, 카터가 베긴의 손주들을 배려해 감동을 주었을 때, 국제적 관계 이론이 다 무슨 소용인가?"[8]

외교적 합리주의자들과 협상가들은 시도할 준비조차 하지 못했지만 이러한 몸짓은 어떤 갈등도 지속가능하게 해결할 수 있는 첫 단계이다.

2003년 팔레스타인에 분쟁이 지속하는 동안 예루살렘 거리에는 인적이 끊겼다. 관광객도 자취를 감추었고 사업가들도 거의 사라졌다. 고핀은 예루살렘에 있는 큰 호텔에 묵었던 몇 안 되는 투숙객이었다. 그는 저녁 때 택시를 타려고 밖으로 걸어 나왔다. 거리 한편으로 빈 택시 다섯 대가 줄지어 세워져 있고 반대편에는 한 대만 덩그러니 있었다. 택시 운전사 다섯 명이 고핀에게 다가와 이렇게 말했다. "건너편에 서 있는 택시는 타지 마쇼. 그 사람은 아랍인이거든요." 조정하는 것이 몸에 뱄던 고핀은 거리를 가로질러 아랍인이 모는 택시를 탔다.

길 건너편에 홀로 차를 세우고 있던 아랍인 택시 운전사는 심경이 복잡했다. 그는 내가 유대인이라는 것을 알고 있었다. 내가 자기에게 의도적으로 다가왔다는 것도 알았다. 하지만 그는 아무 말도 하지 않았다. 그에게 몇 마디 던졌다. "요즘 시국이 이래서 당신하고 가족이 견디기가 무척 힘들겠군요." 물론 일거리가 없어서 모든 택시 운전사들이 굶고 있었다. 아랍인 택시 운전사는 놀랍게도 일부 팔레스타인인이 들으면 심각하게 문제가 될 수도 있는 말을 쏟아내기 시작했다. "아라파트라는 인간이 사람을 닥치는 대로 죽이고 있어요. 우리는 얼마 전까지 잘 지내고 있었는데 그가 나타나서 문제를 일으키고 있어요." 그의 고민을 들을 수 있었던 것은 내게 놀라운 선물이었고, 그에게 약간의 공감을 나타내기만 했는데 그런 선물을 받았다. 내가 같은 민족의 뜻을 거스르고 자기가 모는 택시를 탔다는 사실을 그가 알았기 때문이다.

이러한 선물은 우리가 기꺼이 밖으로 나가고자 할 때 받을 수 있다. 존중과 공감의 몸짓은 분노가 그렇듯 전염성이 매우 강하다. 그날 밤 나는 그 택시 운전사와 솔직하게 대화할 수 있었다. 그리고 자리 하나를 차지하고 앉아 아무 말도 하지 않는 어리석은 외교석상에서보다 훨씬 많은 내용이 오갔다. 진정한 갈등해결은 개인적인 관계에서 시작한다.[9]

시너지의 교향곡

어느 날 런던 소재 호텔에서, 이스라엘인과 팔레스타인이 의기투합했다. 고핀이 언급한 개인적인 관계의 사례였다. 위대한 이스라엘 피아니스트이자 지휘자인 다니엘 바렌보임Daniel Barenboim은 호텔 로비에서 옆 의자에 앉아 있는 사람에게 인사를 건넸다. 상대방은 자신이 에드워드 사이드Edward Said라고 소개했다. 저명한 콜롬비아 대학교 영문학과 교수였다. 정치적 입장이 다른 두 사람은 그날 밤 이야기를 나눈 것을 계기로 여러 해에 걸쳐 우정을 쌓았다.

바렌보임과 사이드는 친한 친구가 되었다. 2003년 사이드가 사망하고 나서 바렌보임은 이렇게 말했다. "에드워드 사이드는 어떤 단일 범주에도 맞지 않았다. 그만큼 그는 인간 본성이 지닌 모순을 이해했다. ……그는 유대인의 고통을 이해하는 동시에 팔레스타인인의 권리를 지키기 위해 싸웠고 이러한 자신의 입장이 모순이라 생각하지 않았다." 이 책에서 사용하는 관점에서 사이드는 제3의 대안을 추구하는 인물이었다. "그는 언제나 더욱 바람직한 아이디어를 모색했고 눈으로 보지 못하고 귀로 듣지 못하는 것을 찾았다."

사이드는 바렌보임에 대해 이렇게 언급했다. "그는 복잡한 인물이다. ……대개는 유순한 다수에 도전하고 심지어 그들의 마음에 상처를 준다." 역사상 가장 위대한 음악가의 반열에 오른 바렌보임은 시카고 교향악단과 베를린 오페라를 지휘했고, 어떤 개인 공연자보다 많은 고전음악을 녹음했으며, 중동 평화를 열렬하게 지지했다. 팔레스타인 웨스트뱅크에 초청을 받아(사이드가 주선했다) 이스라엘인으로는 최초로 공연했고 이스라엘과 팔레스타인을 향한 그의 공감은 오랫동안 대중에게 감동을 안겼다.

중동의 위기에 대해 여러 해에 걸쳐 많은 이야기가 오갔지만, 바렌보임도 사이드도 정부 차원의 경직되고 공식적인 접촉으로는 평화를 이룰 수 없다고 생각했다. 두 사람은 이스라엘과 팔레스타인이 상대방을 철저하게 모르는 데서 갈등이 시작했다고 결론을 내렸다. 사이드는 "무지는 민족이 취하기에 적절한 정치 전략이 아니다. 각 민족은 나름대로 금기 상대를 알고 이해해야 한다"고 주장했다.

서로 알고 싶은 마음이 없을 때는 상대방을 지나치게 단순화해 생각하기 마련이다. 이는 내가 "자기 입장만을 본다"고 명칭을 붙인 패러다임을 적용한 결과이다. 우리는 자신이 속한 집단, 즉 우리 정당·국가·성별·종교·인종의 틀에서만 자신을 바라본다. 자신의 복잡하고 풍부한 정체성을 분명하게 보지 않고, 반대편 사람들의 정체성도 들여다보지 않는다. 사이드는 아랍인의 입장에서 이렇게 결론을 내렸다.

팔레스타인이 자기 민족에게 재앙을 안겼으므로 이스라엘의 존재를 거부해야 마땅하다고 생각해서, 그토록 오랜 세월 동안 이스라엘을 이해하지도 분석하지도 않은 것은 어리석고 비경제적인 정책이었다. 역사는 역동적이다. 이스라엘이 팔레스타인 민족의 권리를 끔찍하게 짓밟는 행동을 정당화하려고 홀로코스트를 이용하지 않기를 바란다면, 우리도 홀로코스트는 결코 일어난 적이 없고 이스라엘인은 남녀노소를 불문하고 우리의 영원한 적이자 증오의 대상이라는 어리석은 생각을 뛰어넘어야 한다.

퇴색해가는 평화 시도에 환멸을 느낀 바렌보임과 사이드는 두 민족이 서로 이해하도록 돕기 위한 제3의 대안을 궁리했다. 마침내 팔레스타인과 이스라엘의 젊은 음악가를 모아 오케스트라를 결성하자는 아이디어를 떠올렸다. 사이드는 이렇게 회상했다. "양쪽의 청년들을 한데 모아 오케스트라를 결성해 연주하면 어떤 상황이 벌어질지 보고 싶었습니다." 바렌보임과 사이드는 자신들의 뜻에 호응하는 사람이 있을지 미심쩍어하면서 독일 바이마르에서 워크숍을 열기로 하고 초대장을 보냈다. 예상 밖으로 지원자가 넘쳐났다. 대부분 제3의 대안이 그렇듯 이러한 종류의 실험은 흥미진진하고 모험적이며 결과를 예측할 수 없었다. 이내 오케스트라 결성 프로젝트는 바렌보임과 사이드의 삶에 "가장 중요한 활동"이 되었다.

바렌보임은 매일 리허설을 주도했고 사이드는 저녁마다 "음악·문화·정치를 주제로 토론을 이끌었다. ……어느 누구도 말을 가려야 한다는 심적 압박감을 느끼지 않았다." 유대인 학생들이 이스라엘·러시아·알바니아 등에서 왔고, 아랍인 학생들은 시리아·레바논·팔레스타인 등에서 왔다. 사이드는 "사람들이 이 행사에 대해 어떻게 느끼나요?"라는 질문을 던지며 토론을 시작했다. 한 유대인 음악가가 워크숍에서 자신이 차별을 받는다고 불평했다. 함께 몇 시간 동안 연주를 하고 난 후 잼 세션(jam session, 재즈 연주자들이 악보 없이 하는 즉흥적인 연주―옮긴이)에서 아랍 음악가들이 자신에게 아랍 음악을 가르쳐주지 않는다고 했다. "그들은 내게 '자네는 아랍 음악을 연주할 수 없어. 아랍 음악은 아랍인만 연주할 수 있거든'이라고 하더군요."

바렌보임은 워크숍에 참가하는 목적은 감정을 억누르지 않고 자기 의견을 표현하기 위한 것이라고 강조하면서 연주가들에게 이렇게 말했다. "우리가 모두 음악가이고 음악을 연주하면 다른 일은 모두 잊을 수 있으니 정말 좋지 않으냐는 의도가 아닙니다. 오히려 이 행사에서는 모두 자기 의견을 정확하게 표현할 권리가 있으며 실제로 그럴 의무가 있습니다."[10]

몇 주 동안 긴장이 지속되고 불만이 터져 나오는 과정을 거치고 나자 상황이 바뀌기 시작했다. "아랍인만 아랍 음악을 연주할 수 있다고 주장했던 청년이 요요마Yo-Yo Ma에게 첼로로 아랍 선율에 맞춰 연주하는 법을 가르쳐주었습니다. 중국인도 아랍 음악을 연주할 수 있다고 생각한 거죠. 합류하는 연주자가 점차 늘어나면서 모두 함께 베토벤 7번 교향곡을 연주했습니다. 정말 근래 보기 드문 대단한 행사였어요."[11]

이 워크숍을 거치면서 이집트·이란·이스라엘·요르단·팔레스타인·시리아 출신 청년 음악가로 '서동시집 오케스트라West Eastern Divan'가 결성되었다. 오케스트라의 이름은 괴테가 동양 문화와 서양 문화의 아름다운 연결을 찬양한 시집에서 따왔다. 1999년 이후 중동 지방의 재능 있는 청년 음악가 수백 명이 이러한 방식으로 교류하고 있다. 해당 오케스트라는 수십 개국을 포함해 이스라엘과 팔레스타인의 영토에서도 연주했다. 오케스트라 활동에는 위험도 따랐으므로 뉴욕의 카네기홀에서 연주할 때는 금속 탐지기를 설치해야 했다.[12] 다니엘 바렌보임은 이렇게 말했다.

'서동시집 오케스트라'는 무지에 대항하는 프로젝트로 인식되었다. ……사람들이 상대방을 파악하고, 반드시 동의하지는 않더라도 그들의 생각과 감정을 이해하는 것이 절대적으로 필요하다. 나는 오케스트라의 아랍인 단원에게 이스라엘의 관점을 심어주려 하지 않는다. 또한 이스라엘인 단원에게 아랍의 관점을 설득하지도 않는다. 양쪽이 의견은 다를 수 있지만 칼에 의존하지 않는 무대를 꾸미고 싶다.[13]

아침에 눈을 떴을 때 팔레스타인 사람들이 모두 사라지고 없다면 좋겠다고 생각하며 잠자리에 드는 이스라엘 사람이 여전히 많다. 팔레스타인 사람도 마찬가지이다. ……그들은 상대방에 대해 철저하게 무지하면서 서로 괴물로 본다. 하지만 양쪽은 며칠 몇 주 동안 같은 악보를 보고 같이 표현하려고 노력하면서 베토벤 교향곡을 함께 연주했다. 그렇다고 정치적 문제를 해결할 수는 없지만 단원들이 상대방을 보는 방식에는 영향을 미쳤으리라 생각한다.[14]

그렇다면 서동시집 오케스트라는 단원들에게 영향을 미쳤을까? 한 이스라엘인 단원은 자신의 경험을 이렇게 표현했다.

주요한 문제는 모두 자기 세상에 둘러싸여 있다는 것이다. 우리는 상대방에 대해 전혀 모르고, 상대방도 우리에 대해 알지 못한다. 우리는 좋든 싫든 영원히 나란히 살아갈 것이다. ……그렇다면 함께 살아갈 수 있는 방법을 터득해야 하고, 마음에 있는 장벽을 허물어야 한다. 서로 이해하기 시작해야 한다.[15]

이스라엘 첼리스트 노아 초린Noa Chorin은 이렇게 언급했다. "나는 시리아에서 온 다나 옆에서 연주하지만 다나를 시리아인으로 인식하지 않고 친구로 생각합니다." 팔레스타인 마을에서 연주하고 난 후에 초린은 이렇게 회상했다. "한 여자아이가 군인이 아닌 이스라엘 사람은 처음 본다고 말했어요. 작별인사를 하고 길을 떠날 때 주민들이 섭섭하다며 눈물을 보였습니다."[16]

이스라엘 출신 샤이 워스너Shai Wosner와 팔레스타인 출신 살림 아부드 애시카Saleem Abboud Ashkar는 서동시집 오케스트라에서 함께 피아노를 연주하며 절친한 친구가 되었다. 바렌보임은 이렇게 회상했다. "두 사람은 나와 함께 개인 연습을 하기보다는 둘이 함께 연주하고 싶다면서 모차르트의 피아노 이중주를 연습하기 시작했다. 두 사람이 함께 연주할 때 만들어내는 선율은 믿기지 않을 정도로 세련되었다. 그들의 음악에는 상대방의 연주에 대한 이해와 감정이 가득 담겨 있었다. ……또한 이는 매우 상징적인 활동이기도 했고 우리 모두에게 놀랄 만한 사건이었다."[17] 바렌보임은 다음과 같은 광경에 흐뭇해했다. "요르단 출신 팔레스타인인 카림이 피아노 앞에 앉고, 이스라엘 출신 인발Inbal이 첼로 앞에 앉아 있는 광경을 보았을 때 가슴속에서 억누를 수 없는 기쁨이 솟아났다."

바렌보임은 이 같은 기적이 일어나는 데 자신이 담당했던 역할을 낮추어 말했다. 하지만 그는 재능을 갖춘 많은 중동 출신 청년들을 한데 모아 서동시집 오케스트라를 결성함으로써 제3의 대안을 추구하는 생각의 문턱까지 성공적으로 이끌었다. 칼 로저스가 말한 대로 바렌보임은 "서로 다른 집단이 상대방의 관점에서 상대방을 이해하는 분위기를 조성했다. 이러한 분위기는 서로 관점을 공감하면서 기꺼이 이해하려는 사람들의 마음이 모여 성취되었다."[18]

제3의 대안을 추구하는 용기 있는 사람이 으레 그렇듯 바렌보임도 비판에 맞닥뜨렸다. 팔레스타인을 지지하는 운동가들은 바렌보임이 이스라엘의 침략에 '이상적인 구실'을 제공하고 부당한 현상을 유지시킨다고 비판한다.[19] 게다가 다수의 동료 이스라엘인들은 바렌보임이 '이스라엘의 적'인 아랍인에 동조하고 영합한다고 불신한다.

정작 바렌보임은 서동시집 오케스트라에 대해 아무 환상도 품고 있지 않다. 오케스트라 자체만으로는 분쟁 지역에 평화를 가져올 수 없다는 사실을 알고 있을 뿐 아니라 현재 상황에 대해 이스라엘과 팔레스타인이 똑같은 비중으로 비난을 받고 있다고 생각하지 않는다. 그래서 자기 조국의 정부도 공공연하게 비판한다. 하지만 오케스트라는 양쪽 사람들에게 서로 알고 최소한 서로 이해하기 시작할 수 있는 기회를 제공한다.

2004년 다니엘 바렌보임은 예술 분야에서 탁월한 업적을 성취한 공로로 울프 상Wolf Prize을 수상했다. 이스라엘 의회에서 열린 시상식에서 그는 조국에 평화를 촉진할 수 있는 제3의 대안을 이렇게 제시했다.

해결책을 찾아야 한다. 나는 '어째서 해결책이 나타날 때까지 기다려야 할까?'라고 자문한다. 이것이 애석하게 고인이 된 친구 에드워드 사이드와 내가 유대인과 아랍인을 아울러 중동 여러 나라의 젊은 음악가가 참가하는 음악 워크숍을 결성한 이유이다. 음악은 본질적으로 이스라엘인과 팔레스타인인의 감정과 상상력을 생각조차 할 수 없는 새로운 영역으로 끌어올릴 수 있다.[20]

2008년 팔레스타인 자치정부의 행정 중심지인 라말라Ramallah에서 바렌보임은 팔레스타인 여권을 받았다. 세계 최초로 아마도 유일하게 이스라엘 여권과 팔레스타인 여권을 동시에 소지한 사람이 되었던 것이다. 그는 기뻐하면서 자신의 여권이 "이스라엘 민족과 팔레스타인 민족의 영원한 유대관계를 상징한다"고 언급했다.[21]

다니엘 바렌보임은 이중 여권을 획득함으로써 제3의 대안을 호흡하고 그대로 살아갈 수 있다. 이러한 면에서 그는 특출한 인물이다. 제2의 대안적 사고가 해당 지역의 많은 사람을 비인간적으로 만드는 곳에서 어느 쪽도 자신을 정의하도록 허용하지 않기 때문이다.

윤리적 소명을 절감하고 있는 까닭에 양쪽의 입장을 넘어서서 풍부한 제3의 가능성, 즉 위대한 두 문화를 숨 쉬는 시민으로 살아가는 가능성을 추구한다.

평화구축 패러다임

이렇게 본보기를 보이는 사람들의 활동을 지켜보면서 중동의 치명적인 다툼을 뛰어넘어 평화를 안기는 제3의 대안이 나오리라 예상할 수 있을까? 누구도 그럴 수 없다. 예상할 수 있다면 이미 시너지가 아니기 때문이다. 다만 시너지가 효과적이라는 사실을 알 뿐이다. 시너지는 올바른 원칙이다. 이 책에서 인용한 제3의 대안을 추구하는 사람들은 타인의 패러다임은 통제할 수 없더라도 나름대로 영향력의 원 안에서 시너지를 창출하는 방법을 찾았다.

모하메드 다자니 같은 이슬람 교도, 마거릿 카람 같은 기독교도, 다니엘 바렌보임 같은 유대인이 도달한 강력한 긍정적 시너지는 숭고한 해결책을 내놓는 데 기여할 것이다. 그만큼 공감의 토대를 쌓기 때문이다. 그들은 '자신을 본다'와 '상대방을 본다'는 근본적 패러다임을 많은 사람의 정신과 마음에 각인시켰다. 서로 이해하는 환경을 조성하기 위해 반대자들을 도와서 '상대방을 탐구한다' 패러다임을 채택하게 했다. 역사를 살펴봐도 알 수 있듯 이러한 패러다임을 구축하지 않으면 세계 모든 외교 회의와 휴전 문서는 아무 효력도 발휘하지 못할 것이다.

중동에 평화를 이룩하려고 애쓰는 선구자들의 사례를 살펴보면서 무엇을 배우는가? 그들이 겪은 경험들을 딛고서 현재 우리가 사는 세상에 무엇을 적용할 수 있을까?

첫째, '자신을 본다' 패러다임이 절대적으로 필요하다. 선구자들은 제각기 제3의 대안을 진정으로 추구하는 사람이라면 반드시 갖춰야 하는 자기반성을 거쳤다. 같은 종교를 믿는 많은 신자를 따라 편협한 자기 인식을 경솔하게 수용하지 않고 의문을 제기했다. 자신이 믿는 종교에 담

제3의 대안을 추구하는 사고

상대방과 함께 시너지를 발휘한다

상대방을 탐구한다

자신을 본다   상대방을 본다

긴 관대하고 사랑이 넘치는 개념을 위협하는 극단적이고 주변적인 목소리를 거부했다.

평화를 이루려고 노력하는 동료들의 두드러진 특징을 살펴보고 나서 마크 고핀은 이렇게 설명했다. "우리는 내면에 깊이 초점을 맞춘다. 평화를 구축하려고 노력하는 사람들과 함께 일하면서 그들이 매우 특별한 집단이라는 사실을 깨닫는다. 그들은 한결같이 자발적으로 일하면서 '왜 이 일을 시작했는가? 다음에는 무엇을 할 것인가?'라고 항상 자문한다."

고핀이 지적했듯, 어떤 종교의 역사를 살펴보더라도 사랑 · 자비 · 정의를 비롯한 무형의 개념은 언제나 가장 중요하지만 매우 일반적이기도 해서 무시되는 경향이 있다. 음식이나 복장에 관한 규칙, 의식, 일정 등 특정 사항은 준수하기가 상대적으로 매우 수월하다. 하지만 적을 사랑하라고? 어떻게 그럴 수 있을까? 그래서 우리는 속담처럼 하루살이는 걸러내고 낙타를 삼킨다. 즉, 작은 일에 목을 매느라 큰일을 소홀히 한다. 따라서 의식을 지키면서 자신에 대해 만족해하기가 훨씬 쉽다.

"이웃 사랑하기를 네 몸같이 하여라"는 유대교에서는 율법의 전부이고 기독교에서는 위대한 계명이다. 하지만 어떻게 이웃을 사랑할까? 심지어 도끼를 들고 달려드는 이웃을 어떻게 사랑할 수 있을까? 일반적인 규칙은 분명하지만 그대로 지키며 살아가려면 자신을 엄격하게 성찰해야 한다.

엄격한 자기 성찰은 중동에서 서로 충돌하고 있는 종교를 포함해 실제로 모든 위대한 종교가 주장하는 기본이다. 유대교는 영혼의 성찰을 헤시본 하네페시cheshbon ha-nefesh라고 부른다. '헤시본cheshbon'은 '계산'을 뜻하는 단어이다. 초조 · 두려움 · 분노 등이 엄습할 때는 멈춰 서서 계산해야 한다. 지금 무슨 일이 벌어지고 있는가? 나는 어떻게 반응해야 하는가? 결과는 무엇인가? 나는 어떻게 하고 있는가? 내게 옳은 일과 옳지 않은 일은 무엇인가?

이슬람교에서 자기 성찰을 뜻하는 단어는 '무사하바musahabah'로 '자신을 평가하고 판단을 내린다'는 뜻이다. "무사하바는 자기 행동을 전적으로 정직하게 평가하는 것이고 그러려면 진정으로 자주 명상해야 한다."22

고핀은 이렇게 언급했다. "자기 자신을 파악하려고 하는 순간에 우리의 정신이 구원을 받습니다. 분노가 밀려와 정신이 없을 때 '나는 여기 앉아 내 분노에 대해 생각할 것이다'라고 말하면서 그렇게 행동하면 뇌가 바뀌죠. 달라이 라마에게도 위대한 이슬람 교도와 유대교도에게도 이것은 근본적인 진리입니다."23

자극과 우리가 보이는 반응 사이에는 정신적 공간이 있다. 그러기에 우리가 인간인 것이다. 우리는 본능대로 움직이는 동물이 아니다. 우리에게는 어떤 상황·사람·생각·사건에 어떻게 반응할지 선택할 힘이 있다. 자신이 진정으로 누구인지, 행동하기 전에 양심은 무엇이라 말하는지 생각하고 이때 사용할 수 있는 정지버튼을 내장하고 있다. 이것이야말로 성공하는 사람들의 가장 근본적이고 중요한 습관이다. 또한 평화구축의 토대이기도 하다.

둘째, '상대방을 본다' 패러다임이 절대적으로 필요하다. 단순한 고정관념을 넘어서서 타인과 진정으로 관계를 맺으려면 그렇다.

1990년 어느 봄날 새벽 5시, 아랍인 형제 다섯 명이 동부 예루살렘의 집에서 잠을 자고 있었다. 이스라엘 군인들이 문을 부수고 들이닥치더니 형제들에게 총구를 겨누며 "너희들이 돌을 던졌나?"라고 소리 질렀다. 그러더니 장남인 열여덟 살 타이시어Tayseer를 침대 밖으로 끌어냈다. 이때 형제의 어머니가 잠에서 깨 애원했지만 군인들은 타이시어를

제3의 대안을 추구하는 사고

상대방과 함께 시너지를 발휘한다

상대방을 탐구한다

자신을 본다   상대방을 본다

끌고 갔다. 타이시어는 2주 동안 고문을 견디다 못해 결국 이스라엘인의 자동차에 돌을 던졌다고 시인하고 말았다. 그 후 재판도 받지 못하고 거의 1년간 투옥되었는데, 심하게 병을 앓는 데다가 피까지 토하는 바람에 겨우 풀려났다. 하지만 석방된 지 3주 만에 사망했다.

타이시어의 동생으로 당시 열 살이었던 아지즈 아부 사라Aziz Abu Sarah는 이렇게 회상했다. "참을 수 없을 정도로 괴롭고 화가 났습니다. …… 가슴속에 끓어오르는 분노를 품고 성장했어요. 나는 정의를 원했고 그들에게 복수하고 싶었습니다." 아지즈는 언론인이 되어 '증오를 퍼뜨리는' 기사를 계속 쏟아냈다. "하지만 증오 가득한 기사를 쓰면 쓸수록 마음이 더욱 공허해지고 화가 났습니다." 아지즈는 예루살렘에서 좋은 직업을 얻으려면 히브리어를 배워야 했지만 '적의 언어'를 배우고 싶지 않다면서 거절했다. 하지만 지금은 히브리어 학교에 다니고 있다.

난생처음 나와 별반 다를 것이 없는 유대인들과 함께 교실에 앉았다. 검문소를 지키는 군인들 외에 유대인 얼굴을 본 것도 처음이었다. 유대인 군인들은 내 형을 잡아갔지만 이 학생들은 나와 다른 점이 없었다. 머릿속이 혼란스러웠다. '저들이 어찌 나와 똑같은 정상적 인간일 수 있을까?' 나는 유대인 학생들과 우정을 쌓고 그들의 고민을 함께 느낄 수 있다는 것에 놀랐다. 우리는 함께 커피를 마시러 나가고 함께 공부했다. 이러한 경험은 내 삶이 전환하는 계기가 되었다. 스스로 통제할 수 없는 불행한 사건이 우리 삶에 일어난 것이라는 사실을 이해하게 되었다. 열 살짜리 꼬마인 나는 형을 데려가지 못하도록 군인들을 막을 수 없었다. 하지만 이제 성인으로 성장한 나는 이러한 상처에 대한 반응을 통제할 수 있다. 군인들은 형을 부당하게 대우하고 결국 살해했지만 내게는 그들과 같은 방향을 갈지 말지를 선택할 권리가 있다.[24]

오늘날 아지즈는 존경 받는 언론인인 동시에 조지 메이슨 대학교에서 중동 프로젝트를 담당하는 책임자로 활동한다. 유럽의회와 유엔에서 이스라엘과 팔레스타인의 화해를 주제로 연설했으며 '분쟁 분석 및 해결 연구소Institute for Conflict Analysis and Resolution'에서 마크 고핀과 일하고 있다.

아지즈는 '적'과 관계를 맺기 시작하면서 '상대방을 본다' 패러다임을 채택했다. '상대방'이 정상적 인간이라는 사실을 깨닫고 그들의 고통과 희망에 눈을 떴기 때문에 가능했다. 우리가 일상생활에서 이 패러다임을 고수하기는 쉽지 않다. 하지만 아지즈와 모하메드 다자니 같은 사람들이 고통스러운 도전을 어떻게 맞아들였는지 생각해보면, 우리는 상대방을 진정으로 보고 어느 한 입장으로 축소시켜 생각하지 않겠다고 의식적으로 결정해야 한다.

이러한 개인적인 관계의 중요성은 아무리 강조해도 지나치지 않는다. 마크 고펀은 이렇게 말했다. "나라가 하나이든 둘이든 셋이든 상관없습니다. 아지즈와 나는 더 이상 숫자에는 관심이 없어요. 우리에게는 관계가 전부입니다. 합리적인 토론은 나중에 따라올 수 있거든요. 누구도 정치적 상황을 통제할 수는 없습니다. 다만 개인적인 관계를 통제할 수 있을 뿐이죠."

적개심을 품는 구실로 종교를 이용하는 사람이 있는 반면 고펀과 아지즈 같은 사람은 신념이 다르더라도 그 안에서 '상대방을 본다' 패러다임의 특징인 사랑·관용·포용을 품을 수 있는 강력한 토대를 발견한다.

고펀은 유대교의 불가항력적인 가르침으로 "너희 중에 나그네를 사랑하라"를 꼽는다. 고펀이 지적한 대로 이 계명이 성서에 37번이나 기록되어 있기는 하지만, 많은 유대인은 바깥세상의 적대감이 쏟아지자 '나그네'를 동포 유대인만을 포함하는 개념으로 다시 정의한다. 이는 패러다임의 비극적 전환이지만 전쟁과 학대를 거치면서 발생했다는 점을 참작해야 한다.[25]

이와 마찬가지로 팔레스타인 아랍인은 이스라엘을 향해 분노할 만한 충분한 역사적 이유가 있다. 예루살렘에서 많은 사랑을 받고 있는 이슬람 교도 평화 운동가 쉬크 압둘 아지즈 부카리Sheikh Abdul Aziz Bukhari는 "모두를 향한 사랑을 마음에 품지 않고서는 누구도 이슬람 교도가 될 수 없다"고 강조한다. 부카리는 이슬람교의 지하드(성전聖戰) 개념을 인간이 분노를 극복하려고 매일 벌이는 싸움으로 해석한 것으로 유명하다. 그는 유대인과 동포 이슬람 교도에게 "두 종교가 성서에서 공통으로 믿는 97%를 무시하고 다른 3%를 놓고" 싸우는 것을 중단하라고 호소했다.[26]

부카리의 말을 다시 풀어쓴다면, 우리가 수행해야 할 임무는 자신이 비인간적으로 만든 사람들의 인간성을 다시 회복시키는 것이다.

예루살렘에서 활동하는 평화 운동가들에게 종교는 사람 사이를 가로막는 장벽이 아니라 서로 이해하기 위한 가교이다. 그들은 자신이 믿는 종교 전통에 거스르지도 이를 거부하지도 않고 전통의 테두리 안에서 "상대방을 본다" 패러다임을 발견한다. 즉, 상대방을 존중하고 포용하며, 그 차이에서 가치를 발견한다.

셋째, '상대방을 탐구한다' 패러다임이 절대적으로 필요하다. 이 사고 방식의 의미는 "내 의견에 반대한다고요? 당신의 의견이 무엇인지 들어보아야겠습니다"이다. 그리고 나서 정말 귀를 기울여야 한다.

제3의 대안을 추구하는 사고

상대방과 함께 시너지를 발휘한다

상대방을 탐구한다

자신을 본다   상대방을 본다

이 책에서 소개한 평화 선구자들은 대부분 이러한 사고방식을 구축하기 위해 노력해왔다. 종교가 다른 이스라엘과 팔레스타인의 대화를 증진할 목적으로 300군데 이상의 조직이 힘쓰고 있다. 활동이 단편적이면서 자금이 부족한 데다 외부의 인정도 거의 받지 못하지만 학생, 지역사회 지도자, 이슬람교 성직자, 어머니 등, 원하는 사람은 누구든 대화에 적극적으로 끌어들이고 있다.

뒤따르는 감정상 어려움을 과소평가해서는 안 되지만 대화는 사람들의 패러다임을 전환시키는 데 놀랍도록 생산적이다. 마크 고핀은 이렇게 주장했다.

타인의 감정이 뿌리내리고 있는 패러다임을 전환하고 싶다면 그 사람의 말에 귀를 기울이는 노력을 보여 그를 혼란스럽게 만들어야 한다. 나는 상대방이 던지는 말을 모두 수용할 것이다. 상대방이 자신의 죄를 피하려고 내뱉는 매우 충격적인 말도, 진실한 말도, 우스꽝스러운 말도 경청할 것이다. 나와 내 민족의 인간성을 짓밟는 말에도 귀를 기울일 것이다. 그 말을 그들에게 되돌려주기를 간절히 바란다.

하지만 고핀은 되돌려주지 않는다. 그는 되레 자신을 단련시켜 먼저 상대방을 이해하려고 노력했다. 그렇게 행동했을 때 엄청나게 커다란 보상이 따른다는 사실을 배웠다. "놀랍게도 중동인은 마음이 매우 따뜻하고 굉장히 열정적이다. 그들을 존중하고 배려한다면 적절한 순간이 찾아왔을 때 중동의 상황을 완전히 바꿀 수 있다."[27]

이슬람 교도의 입장에서 부카리도 상대방의 성숙한 열정과 에너지를 이해하는 것이 가치 있다는 사실을 배웠다. "상대방의 폭력과 분노를 흡수해서 사랑과 이해로 대체할 수 있는 사람이 더욱 강한 법이다. 그러기는 결코 쉽지 않고 많이 노력해야 한다. ……하지만 이것이 진정한 지하드다."[28]

넷째, '상대방과 함께 시너지를 발휘한다' 패러다임이 절대적으로 필요하다. 이 패러다임에서는 "제3의 대안을 찾을 의향이 있나요?"라고 질문한다. 다니엘 바렌보임과 에드워드 사이드처럼 해당 패러다임에 따라 생각하고 행동하는 사람은 이러한 질문을 서로 던지고 도전하면서 제3의 대안을 향해 전진한다. 이스라엘인과 아랍인의 결정적 다수가 상호 존중과 공감의 필요성을 서로 인정해야 비로소 제3의 대안이 출현할 가능성이 크다.

모하메드 다자니와 론 크로니시 등이 더 이상 '평화생성peacemaking' 운운하지 않는 이유도 이 때문이다. 그들은 중동 지역의 숨 막힐 것 같은 정치에 염증을 느껴서 이제는 '평화구축peacebuilding'을 부르짖는다. 평화구축은 상황을 막다른 골목으로 몰고 가는 제2의 대안적 사고를 초월하는 제3의 대안이다. 인습적인 평화생성 방법은 조건을 협상하는 것이다. 하지만 평화구축은 무엇도 협상하지 않는다. 이는 시너지를 발휘하는 단계로서 개인적인 관계를 확산시켜 지역사회를 유기적으로 성장시킨다. 그래서 다자니와 크로니시는 자기 자신을 '평화구축자'라고 부른다.

평화구축을 추구하는 사고방식은 분쟁으로 생겨난 열정보다 문서를 우위에 두는 조약을 초월한다. 마크 고핀은 이렇게 주장했다. "나는 사람들이 진지하게 생각하는 명예와 존중의 문제를 다루지 않아서 조약이 완전히 실패하는 현상을 27년 동안 지켜보았습니다."

폭력적인 몸짓에는 맹점이 있다. 예를 들어 이스라엘의 검문소가 그렇다. 적의 움직임을 철저하게 봉쇄하기 위한 검문소는 기관총으로 무장한 십 대

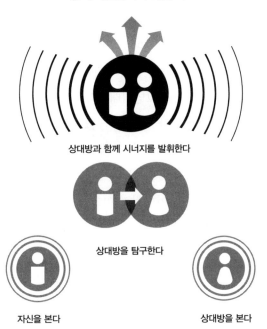

제3의 대안을 추구하는 사고

상대방과 함께 시너지를 발휘한다

상대방을 탐구한다

자신을 본다　　　　　　　　상대방을 본다

가 지킨다. 하지만 그들은 팔레스타인에게 끔찍한 기억을 안긴다. 어째서 상대를 존중하고 환영하는 군대를 검문소에 배치하지 않을까? 어째서 군인들은 "환영합니다. 당신의 소지품을 검사하게 해주십시오"라고 정중하게 말하지 않을까? 그들은 상황을 진정시킬 수 있는 말이나 행동보다는 협상 계약을 계속 맹목적으로 우상화하는 경향이 있다.

'환영하는 군대' 개념은 이스라엘과 팔레스타인의 지도자들이 실천해야 하는 제3의 대안이다. 하지만 두 나라 지도자들은 제2의 대안에 급급하여 국민을 전쟁의 부정적 시너지로 몰아넣는다.

부정적 시너지는 이렇게 작용한다. 첫째, 상대방을 비인간적으로 만들

　　　　　　　　　　　　　　　　　8. 세계에서 추구하는 제3의 대안

고 적으로 설정한다. 역사학자 헌팅턴이 주장했듯 "사람은 언제나 우리 대 그들, 내집단 대 외집단, 우리의 문명 대 그들의 야만성으로 분리하려는 충동을 느낀다. 학자는 동양과 서양으로 세상을 분석한다. ……전통적으로 이슬람 교도는 세상을 '평화의 집Dar al-Islam'과 '전쟁의 집Dar al-Harb'으로 나눈다."[29] 이러한 사고방식대로라면 야만인은 통제를 받아야 한다. 자기 집단이 상대 집단을 통제할 수 없으면 새로운 시너지를 도입하기 위해 상대방을 공격해야 한다. 그래야 상대방의 인간성을 말살하고 존엄성을 거부하는 비뚤어지고 부정적인 제3의 대안을 이끌어낼 수 있기 때문이다. 그래서 많은 아랍인과 이슬람인이 아침에 잠을 깼을 때 '상대방'이 사라지고 없기를 꿈꾼다. 이 파괴적인 제3의 대안이 현상보다 바람직하리라고 자신을 기만하는 것이다.

이렇듯 반발이 꼬리에 꼬리를 물고 일어나 결국 전쟁을 부추긴다. 고대 그리스 역사가 투키디데스Thucydides는 당시 발생했던 펠레폰네소스 전쟁을 묘사하면서 전쟁이 전쟁을 불러 그리스의 영광스러운 황금기에 종지부를 찍은 일종의 주기적 질병이라고 했다. 이와 마찬가지로 무모한 상황, 즉 오스트리아·독일·영국·러시아가 반발적 결정을 내려 제1차 세계대전을 일으키는 바람에 세계가 황폐해졌다. 제1차 세계대전은 끝내 제2차 세계대전을 유발했다. 승전국이 패전국에 굴욕을 안겨 복수심에 불을 지피는 바람에 패전국이 광기 어린 분노를 쏟아내며 반격했던 것이다. 상대방이 공격하면 우리도 되받아 공격한다. 이때 상대방을 격렬하게 공격해 완전히 패배시키면 상황은 나아질 것이다. 이처럼 전쟁은 제로섬 사고방식의 궁극적 표현이다.

이와는 대조적으로 긍정적 시너지 개념은 전쟁에 반대된다. 반동적이 아니라 상황 주도적이다. 결핍의 사고방식이 아니라 풍요의 사고방식이 지배한다. 의도적으로 제3의 대안을 추구한다는 뜻이다. "평화를 유지하려면 적극적으로 창의성이 풍부한 외교를 펼쳐야 한다. ……좀 더 나은 해결책이 있으리라 희망하면서 군사적 행동을 일으켜서도, 절망에 몸부림쳐서도 안 된다. 조금 더 나은 방법을 좇아가다 보면 거의 예외 없이 상황을 악화시키고 만다."[30] 물론 창의성 풍부한 외교를 펼치는 일은 일반적인 외교를 펼치는 일보다 어렵다.

역사상 가장 창의성 풍부한 외교 정책의 예로는 계속되는 유럽전쟁에 대해 진정한 제3의 대안이 되어주었던 마셜 플랜Marshall Plan을 꼽을 수 있다. 유럽 대륙의 주요 도시가 폐허로 바뀌고 인구 수백만 명이 추위와 굶주림에 떨자 미국 의회는 130억 달러를 원조해서 과거 적국에 식량과 집을 공급하고 사회기반 시설을 재건설하는 안건을 투표에 부쳤다. (원조 액수가 그다지 크지 않다고 생각할지 모르나 1948년 당시 미국 국내총생산의 20분의 1에 해당하는 엄청난 거액이었다.) 마셜 플랜은 적을 돕고 적과 공유하고 적과 함께 풍요로운 미래를 건설하자는 풍요의 사고방식에서 출발한 대안이었다. 미국의 원조로 경제적 부흥을 달성한 덕택에 수세기에 걸쳐 유럽에서 반복되었던 폭력의 주기가 깨졌다.

여기에서는 미국과 '이슬람 교도의 교류에 관한 리더십 자문단Leadership Group on U.S.-Muslim Engagement'에서 내가 겪은 경험을 서술하려 한다. 해당 집단은 기독교도 · 유대교도 · 이슬람 교도가 모여서 미국과 세계 이슬람 공동체의 관계 개선을 목표로 토의했다. 회의실에 미국 국무장관이었던 매들린 올브라이트Madeleine Albright, 이슬람교 발전을 위한 미국 협의회American Society for Muslim Advancement 수장 파이살 압둘 라우프Faisal Abdul Rauf, 마크 고핀 박사를 포함해 세계의 저명한 학자 · 외교관 · 평화운동가 등이 모였다. 참석자들은 회의 개최 일에 내게 토킹 스틱 대화법을 배우고 나서 이틀 동안 토킹 스틱 없을 때는 발언하지 않았다.

저명한 인물들이 참석한 해당 리더십 자문단은 회합의 후반부에 이르

토킹 스틱

발언자   청취자

자 완전히 달라졌다. 문화·사회·종교 등 거의 모든 문제에서 입장이 다른 참석자들이 서로 이해하고 존중하고 사랑하게 되었던 것이다. 나는 이러한 현상을 직접 목격했고, 매들린 올브라이트는 이토록 강력한 광경을 예전에 한 번도 본 적이 없고 이러한 방식을 활용하면 국제 외교를 혁신할 수 있겠다고 말했다. 그러면서 대부분 외교는 누가 권력을 쥐고 있는지, 권력자와 어떻게 타협할 수 있는지를 궁리하는 것이라고 설명했다. 이처럼 대부분의 사람이 생각하는 유일한 대안은 타협하는 것이다. 창의성을 발휘해 제3의 대안을 생각하기보다는 상호 필요를 절반가량 충족하는 것이 외교진이 최대로 바라는 희망사항이다.

나는 이슬람교의 쿠란을 읽었고 기독교의 구약성서와 신약성서를 읽었다. 경전은 모두 감동적이면서도 희망을 전달하는 메시지를 담고 있다. 나는 중동의 이슬람교·유대교·기독교가 자신의 신앙 전통을 따르면서도 전쟁을 극복하는 풍부한 제3의 대안을 발견할 수 있으리라 믿는다.

이 리더십 자문단에 해줄 수 있는 주요한 조언은 종교를 초월해서 활발하게 대화하는 과정을 거쳐서 사람들이 서로 이해하고, 공통된 믿음을 바탕으로 미래를 향해 함께 나아가는 가교를 발견하라는 것이다. 무엇보다 서로를 분리시키는 선을 넘어 깊은 개인적 관계를 형성하고, 수천 명으로 망을 형성해 서로 이해하고 신뢰하는 것이 중요하다. 이러한 교류가 다보스 유형의 회의보다 훨씬 효과적일 수 있다. 사람들은 상대방이 공감하면서 자신을 이해한다고 느끼면 마음이 흡족해지면서 그 문을 열게 마련이다. 이러한 변화가 충분히 일어나면 제3의 대안이 봇물 터지듯 흐를 것이다. 그러다보면 전환의 정점에 도달하고, 받아들일 수 없는 것은 더 이상 수용하지 않고 풍요로운 미래를 향해 함께 전진할 수 있을 것이다.

문제는 마음이다. 생각과 이념에 그치지 않고 마음을 이해해야 비로소 변화가 일어날 수 있다. 정신과 감정과 영성으로 상대방의 말을 경청하는 기회를 만들어내는 과정이 절대적으로 필요하다. 그래야만 과거의 파괴적인 방식을 벗어나 '더욱 바람직한 방식'으로 나아갈 수 있다.

데스몬드 투투 대주교는 '더욱 바람직한 방식'인 제3의 대안이 발휘하는 힘을 이해했다.

이따금 우리는 더욱 바람직한 방식을 얼핏 목격할 때가 있다. ……따뜻한 공감과 놀라운 관용이 세상에 쏟아져 흐를 때, 남을 배려하는 인간성, 즉 우분투 정신으로 우리가 잠시 하나 될 때, 승전한 강대국이 황폐해진 과거의 적국을 재건하려고 마셜 플랜 같은 계획을 세울 때 그렇다.
세계 분쟁의 주역들이 평화를 이루려는 상징적 몸짓을 보이고, 스스로 적을 묘사하는 방식을 바꾸고 적에게 말을 걸기 시작한다면 적의 행동도 바

뛸 것이다.

평화의 왕자가 다스리는 땅에, '평화'를 외치는 사람들의 땅에 진정한 평화가 찾아온다면 특히 새 천년을 맞이한 세상에 얼마나 놀랍고 멋진 선물이 되겠는가![31]

거대한 난관을 극복하고 위대한 국가로 거듭나다

제3의 대안에 관한 내 철학을 설명해달라는 질문을 받으면 나는 '스위스'라는 한 단어로 대답할 수 있다. 그렇게 말하면 듣는 사람들은 대체로 어떤 의미인지 이해한다.

대부분 스위스를 산이 아름다운 산과 맛있는 초콜릿이 풍부한 평화로운 국가로 생각한다. 하지만 700만 명이 살고 있는 스위스는 그 이상으로, 제3의 대안을 추구하는 사고가 국가 단위로 확산되어 있는 놀라운 사례이다.

시너지는 스위스인의 생각을 대표하는 특징이다. 바젤Basel에 자리하고 창문으로 라인 강이 굽어보이는 대형 제약회사의 카페테리아에 걸어 들어가면 전 세계인이 어우러져 점심식사를 하는 장면이 눈에 들어온다. 여기저기서 100여 개에 이르는 언어가 들린다. 귀를 살짝 기울이면 과학·의학·예술·치유사업 등에 관한 열정적인 토론을 엿들을 수 있다. 이 제약회사에서는 질병 치유가 목적인 혁신적인 신제품이 쏟아져 나온다. 잠시 머물다 보면 세상에서 가장 똑똑한 인재들이 이곳에 밀집해 있다는 느낌이 든다.

인재들을 이곳에 한데 모을 수 있는 동력은 무엇일까?

스위스는 국가로서 의심할 여지없이 성공했다. 스위스 근로자는 효율면에서 세계를 선도한다. 1인당 국민소득은 세계 최고 수준이다. 정부는 "세계에서 가장 효과적이고 투명하다." 세계 경제 포럼World Economic Forum의 보고에 따르면 스위스는 지구상에서 가장 국제적으로 경쟁력이 뛰어난 국가로 자리매김했다. "탁월한 혁신 능력을 자랑하고 ……세계 최고의 과학 연구 기관들을 보유하고 있다. 학계와 재계의 협력관계가 공고하고, 연구와 개발에 막대한 자금을 투자하는 동시에 그 성과를 시장성 있는 제품과 과정으로 발전시킨다."[32] "행복 프로젝트의 세계적 데이터베이스The World Database of Happiness Project"는 세계에서 가장 행복한 국가 순위에서 스위스가 간발의 차이로 덴마크에 이어 2위를 차지했다고 발표했다.[33]

그러나 본디 스위스는 국가로 존립하기 힘들었다.

스위스가 가진 속성 중에 어떤 것도 국가가 되기에는 유리하지 않다. 지리적인 위치만 해도 그렇다. 스위스인은 거대한 알프스 산맥의 여러 다른 줄기에 흩어져 거주하는 데다가 천연자원이 거의 없으며 바다를 접하고 있지도 않다. 언어도 국가로 자리 잡기에 장애가 되기는 마찬가지이다. 서쪽은 프랑스어, 북쪽과 동쪽은 독일어, 남쪽은 이탈리어를 사용한다. 종교도 신교와 구교가 분리된 상태로 오랫동안 존속했다. 역사가들은 스위스가 어떻게 국가로 존립할 수 있었는지 불가사의하게 생각한다. "매우 독립적인 농부와 상인으로 구성된 독특한 공동체를 하나로 묶는다고 상상해보라. 특히 종교·언어·힘을 매개로 단결해 외부로 눈길을 돌리려는 충동을 느낀다고 생각해보라."[34]

스위스의 역사는 외부에서 생각하는 만큼 행복하지 않다. 다른 나라에 예속당하고 독립하려고 싸우고 여러 차례 분단을 겪으면서 연방 주 22개가 천 년 동안 서로 무자비하게 충돌했다. 연방 주마다 각자 권리와 경계를 지키려고 전전긍긍했다. 수세기에 걸쳐 상업의 물결이 나라를 우회해 지나갔다. "나라를 거쳐 지나가는 옷, 치즈, 기타 물품 등 ……상품의 운송에 400가지의 세금이 붙었다." 화폐도 엉망이었다. 연방 주마다 자체적으로 화폐를 발행했으므로 동전의 종류만도 700가지가 넘었다.[35]

가장 심각한 문제는 종교였다. '중세시대에 일었던 가톨릭 내부의 다툼부터 종교개혁으로 인한 분쟁에 이르기까지' 스위스는 유럽을 분열시켰던 종교적 회오리를 피하지 못했다. 1845년까지 연방 주들은 신교 연대와 구교 연대를 형성했고 1847년 연대 사이에 내전이 발생했다. 스위스가 완전히 붕괴하리라 예측한 오스트리아 · 프랑스 · 독일은 이리저리 분열된 스위스를 분할할 준비를 갖췄다.

그런데 스위스 정부군에게는 기욤 앙리 뒤푸르Guillaume-Henri Dufour 장군을 지휘관으로 두는 행운이 따랐다. 다방면에 재주가 뛰어난 군인이자 엔지니어였던 뒤푸르는 나폴레옹 치하에서 복무했고 제네바에 세계 최초로 영구적 현수교를 설계했다. 하지만 전쟁 때문에 괴로워하며 평화를 지향하는 인물이기도 했다. 그에 관해서는 다음과 같은 이야기가 돌았다. "뒤푸르는 군인이다. 하지만 군인에게서 인간 존재를 이끌어낸다. 전쟁에 참전하지만 전쟁을 평화의 서곡으로 바꾼다."[36]

스위스 군대의 지휘권을 잡은 뒤푸르는 "숭고한 인도주의적 어조로 기억되기에 마땅한" 잊기 어려운 명령을 군대에 내렸다. "경계를 건널 때는 분노를 떠나보내고, 조국이 자신에게 부여한 임무를 수행하는 것만 생각하라. ……아군의 승리가 확실해지면 곧 모든 복수심을 잊고 관대한 군인으로 행동하라. 그래야 자신의 진정한 용기를 입증할 수 있다. ……방어력이 없는 사람을 보호하라. 그들이 모욕을 당하거나 부당한 대우를 받지 않게 하라. 무엇이든 불필요하게 파괴하지 말고, 아무것도 낭비하지 마라. 한마디로, 존경 받을 수 있도록 처신하라."[37] 연방군대는 전쟁을 치르며 '위대한 관용'을 베풀었고 역사가들은 이것이 뒤푸르의 공로라고 믿는다.

뒤푸르는 대부분 협상과 휴전을 이용하여 26일 만에 전쟁을 말끔하게 끝냈다. 실질적인 전투는 거의 벌이지 않았고 전사자도 128명에 불과했다. (이와는 대조적으로 8년 후 미국에서 발생한 남북전쟁에서는 61만 8,000명이 목숨을 잃었다.) 뒤푸르는 부상당한 적군을 보살피고 그들에게 관대한 태도를 보여 반대자들의 존경을 받고 스위스의 재통합에 기여했다.[38] 뒤푸르의 공로는 여기서 끝나지 않았다. 1863년 최초의 제네바 협약을 주관해 국제적십자사가 창설되는 기초를 닦았다.

1847년 내전이 터지면서 산업 중심의 진보적 신교도와 농업 중심의 보수적 구교도가 맞붙었으나 오늘날 스위스는 정치적·경제적·종교적 갈등에 대한 제3의 대안이다. 작가인 마이클 포터Michael Porter는 이렇게 언급했다. "19세기 말 가난한 나라였던 스위스의 주요 수출품은 시민을 다른 나라로 이주시키는 것이었다. 하지만 20세기 초반에 이르자 국토가 좁은 단점을 극복하고 중요한 산업 국가로 부상했다."[39]

어떻게 이러한 일이 가능했을까? 어떻게 파멸 직전에 이르도록 분열했던 스위스가 세계에서 가장 성공한 국가의 반열에 오를 수 있었을까?

뒤푸르의 리더십과 그가 적에게 보여준 용서·관용·자비에 상당한 공을 돌려야 한다. 구교와 신교의 갈등은 종교개혁 이후에도 끊이지 않았고 양쪽은 서로 악행을 저지르며 보복했다. 미국 시인 오든W. H. Auden이 노래했듯 "우리는 아이들이 학교에서 무엇을 배우는지 안다네. 악행을 당한 아이들은 악행으로 보답하지."[40]

하지만 내전이 끝나고 변화가 찾아왔다. 스위스는 세계 다른 나라에서 볼 수 없는 색다른 정부를 만들었다. 전쟁을 유발했던 대립의 고리를 끊기 위해 1848년 헌법을 제정하고 직접민주주의 제도를 채택했다. 법을 제정한 주체는 입법부였지만 시민이라면 누구라도 청원 과정을 밟아 어떤 법에도 이의를 제기할 수 있다. 그러면 해당 주제를 놓고 전체 유권자가 투표한다. 오늘날 스위스는 이러한 종류의 선거를 연간 네 차례 정도 치른다. "투표가 끝나면 '주권자가 말했다'라고 선언하는 것이 관례이다." 분석가에 따르면 스위스는 제도를 통해 대중을 교육하고, 소수 집단을 존중하고 권력을 공유하라고 권면하며, 정책 수립자에게 중도를 걷고 합의를 이끌어내는 데 힘쓰라고 촉구한다.[41] 어쩌다 실수가 발생해서 인권을 보장하지 못하면 연방대법원이 법을 폐기할 수 있다.

어쨌거나 이러한 제3의 대안적 정부 형태는 스위스 연방 주 사이에 벌어졌던 다툼에 종지부를 찍는 데 유용했다. 스위스 국민 전체가 자신의 목소리를 외부에 전달했다고 느끼자 놀라운 변혁이 전국을 휩쓸었다. 다양한 종류의 동전과 통행료 제도, 거미줄처럼 얽힌 법이 자취를 감췄으며 평화가 국가 전체를 아우르는 원칙이 되었다. 20세기에 들어서면서 스위스는 두 세계 대전의 참화를 완전히 피했다.

스위스의 특징인 '다양성 속의 통합'은 민주주의 제도만으로는 충분히 설명할 수 없다. 여기에 기여하는 교육 제도는 학생의 창의적 통합을 적극적으로 강조하면서 오랜 원한을 없애려고 노력한다. 이에 덧붙여 법은 어떤 인종 집단의 정체성도 인정하지 않고 개인만을 인정한다. 캐럴 슈미드Carol L. Schmid 교수에 따르면 "이러한 태도는 소수 집단을 존중한다는 뜻이며, 그 구성원이라는 이유만으로 개인이 불리한 위치에 놓이거나 집단의 수가 결정권을 장악해서는 안 된다는 의미이다." 스위스가 성공할 수 있었던 원인은 '존중의 윤리'라고 나는 생각한다. 인종으로 분리된 국가를 연구하는 슈미드는 이렇게 주장했다. "여러 인종이 성공적으로 공존할 수 있으려면 집단 사이에 상당한 정도의 평등이 존재해야 한다. ……여기서 상당한 정도의 불평등을 인식하면 긴장이 악화할 가능성이 크기 때문이다." 구성원이 불평등을 인식하는 것은 시너지에 도달하지 못하게 막는 커다란 장애물이다. 슈미드에 따르면 인종적 갈등은 거의 예외 없이 엘리트 집단의 오만 때문에 불거진다. "폭력 성향의 사회에서는 경제적·정치적 불평등이 두드러지게 나타난다."[42]

여러 종교와 많은 언어가 공존하고 다양하면서도 통합되어 있는 스위스는 제3의 대안적 문화를 구축하는 방법을 세계에 보여준다. 스위스는 연방 주를 중심으로 형성되었던 고대 문화를 바꿨다. 모든 개인·종교·언어가 존중 받고 법 앞에 평등하므로 독일인·프랑스인·이탈리아인 모두 지위가 동일하다. 스위스는 국민 전체를 포용하고 존중하면서 "개인을 경쟁상대로, 적으로, 결국은 노예로 삼는 야만적 편견을 무너뜨렸다." 헌법을 작성하는 데 참여했던 프레데릭 라아르프Frédéric La Harpe는 "독일의 깊이, 프랑스의 기품, 이탈리아의 풍미가 결합하여" 시너지를 발휘했다고 썼다.[43] 존중의 윤리를 소중하게 생각하는 사람, 주위의 풍부한 다양성에서 혜택을 입는 방법을 의도적으로 모색하는 사람은 결코 시너지에서 멀어질 수 없다.

이스라엘과 팔레스타인 사이에서 찢겨진 땅이 스위스처럼 될 수 있을까? 그들이 제3의 대안적 사고방식을 선택하여 서로 존중하고 차이를 소중하게 생각하겠다고 결단해야 가능하다. 일부 사람이 말하듯 양쪽의 갈등은 해결할 수 있다. 스위스는 우연히 어쩌다 성공한 게 아니다. 국가를 구성하는 독일인·프랑스인·이탈리아인이 몇 세대에 걸쳐 인종과 종교의 차이로 피를 흘리다가 비로소 변화하기로 선택했다. 학자들에 따르면 "인간은 결정적으로 중요한 시기에 도달하면 독창성을 발휘해 거대한 난관을 극복할 수 있으므로 스위스도 생겨날 수 있었다."[44] 달리 표현하자면, 스위스의 현재 모습은 선택에 따른 결과이다.

다른 국가가 같은 선택을 하지 못할 하등의 이유가 없다. 많은 사람이 성지로 부르는 지역도 제2의 스위스가 될 수 있다. 아랍의 에너지와 이스라엘의 독창성이 결합하여 어떤 제3의 대안을 만들어낼지 상상해보라! 이것은 순진하고 고지식한 꿈이 아니다. 세계 정책 연구소World Policy Institute 소속 앤드루 레딩Andrew Reding은 이스라엘과 팔레스타인 연방의 모델로 스위스를 제안했다.[45] 2010년 활력이 넘치는 라틴아메리카인 저술가 바르가스요사Alvaro Vargas Llosa는 중동 지역의 가정, 기업, 거리 시장을 여기저기 둘러보고 목격한 광경에 고무되었다. "이스라엘의 경제는 활기가 넘쳤고 팔레스타인의 웨스트 뱅크 지역에는 자유시장이 번창하고 있었다. ……팔레스타인 영토의 경제적 약진과 이스라엘의 매혹적인 사업가 정신을 목격하면서 두 사회가 힘을 합하면 대체 어떤 저력을 발휘할지 호기심이 일었다. 현실이 너무나 동떨어져 있어서가 아니라 그 저력이 매우 쉽게 상상되기에 도리어 슬펐다."[46]

나는 세계가 전반적으로 평화를 향해 전진하고 있다고 여전히 낙관한다. 분쟁이 발생하는 지역이 있기는 하지만 점차 줄어들고 있다. 가공할 괴물 같은 수단을 휘두를 가능성이 있는 폭력 성향의 이상심리 소유자가 있기는 하지만 그들은 더욱더 고립되고 있다. 나는 국제 상업과 민주화가 계속 진행하리라 믿는다. 모로코에서 인도네시아에 이르는 신흥국가에서 젊고 교육받은 국민이 과거의 족쇄를 벗고 자신의 미래를 스스로 지배하려 노력할 것이다.

저널리스트 로버트 라이트Robert Wright는 인간 갈등의 역사에서 제3의 대안적 사고가 담당하는 매력적인 역할을 언급했다. 그는 세상에서 현대인이 영위하는 삶은 많은 제로섬 단계를 거치면서 결핍의 법칙에 영향을 받고 항상 승자와 패자가 존재한다고 지적했다. 정복자가 나타나 사람들을 노예로 만들고 그 또한 결국 타인에게 정복당한다. 하지만 라이트의 주장에 따르면 역사는 늘 '비제로섬' 단계를 향해 흘러가므로 종국에는 풍요의 법칙에 영향을 받아 모두가 승리한다. "자동차를 구입할 때, 서로 다른 대륙에서 얼마나 많은 사람이 그 자동차를 생산하는 데 기여했을지 생각해보았는가? 실제로 우리는 그들과 비제로섬 게임을 하고 있는 것이다." 사람과 국가는 미래를 창조하는 데 서로 깊이 연결 되어 있으므로 시너지에 도달하면 사람과 국가가 겪는 갈등에도 종지부 를 찍을 수 있다. 우리가 국제 사회에 기여하는 방향으로 관심을 바꾸면 오랜 증오는 쇠퇴하기 마련이다. 라이트가 내린 다음 결론에도 그러한 지혜가 담겨 있다.

모든 상황을 고려해볼 때, 역사는 비제로섬 게임이어서 순이익을 거둔다. 이러한 신념을 입증하는 증거를 확인할 때마다 나는 매우 놀라고, 깊은 감 동을 받고, 정신이 고양된다. 다시 말하자면, 역사에는 윤리적 차원과 윤리 적 화살이 있다. 그래서 시간이 흐르면서 윤리가 발전하는 광경을 목도한 다.[47]

이 책에서 교훈을 얻는 최상의 방법은 타인에게 가르치는 것이다. 교사가 학생보다 훨씬 많이 배운다는 사실은 누구나 안다. 그러므로 동료나 친구나 가족을 골라 이 책에서 배운 통찰을 가르쳐라. 다음에 열거한 도발적인 질문을 하거나 스스로 질문을 만든다.

- 모하메드 다자니의 사례를 읽고 제3의 대안적 사고가 발휘하는 도덕적 힘에 대해 무엇을 배웠는가?
- 마거릿 카람은 유대계 대학교에 재학한 경험에 대해 "나는 6개월 동안 입을 꾹 다물었어요"라고 말했다. 카람은 어째서 침묵을 지켰을까? 그녀의 사례에서 공감의 가치에 대해 무엇을 배웠는가?
- 1993년 체결된 오슬로 협정은 어떻게 생겨났는가? 이 사례에서 시너지 과정에 대해 무엇을 배웠는가?
- 지미 카터 대통령은 어떻게 캠프 데이비드 협정을 이끌어냈는가? 이 사례를 볼 때 상대방에게 '심리적 공기'를 주는 것이 어째서 중요한가?
- 마크 고핀의 주장에 따르면 갈등을 해소하는 데 '공감적 몸짓'은 어떤 역할을 하는가?
- 다니엘 바렌보임은 어떤 점에서 "걸어 다니는 제3의 대안인가?"
- 중동에서 평화를 추구하는 문제에서 '서동시집 오케스트라'는 어떤 역할을 하는가? 오케스트라에서 활동하는 음악가를 보면서 어떤 통찰을 얻었는가?
- 평화를 추구할 때 시너지 패러다임이 어째서 중요한가?
- 유대교 전통과 이슬람교 전통에 따르면 갈등을 해소할 때 자기 자각과 자기 성찰은 어떤 역할을 하는가?

- 마크 고핀은 "자신을 파악하는 순간 우리의 정신이 구원을 받는다"고 말했다. 이 말은 무슨 뜻인가? 갈등을 해소하는 데 그 순간이 그토록 중요한 이유는 무엇인가?
- "타인의 감정이 뿌리 내리고 있는 패러다임을 전환하고 싶다면 그 사람의 말에 귀를 기울이도록 노력을 보여 그를 혼란스럽게 만들어야 한다." 평화를 추구할 때 공감적 경청은 어떤 역할을 하는가?
- 평화생성과 평화구축의 차이는 무엇인가? "평화구축은 시너지를 발휘하는 것이다"라는 말의 뜻은 무엇인가?
- 긍정적인 시너지가 전쟁에 상반되는 이유는 무엇인가?
- 학자들이 스위스가 어떻게 국가로 존립할 수 있었는지 불가사의하다고 생각하는 이유는 무엇인가? 이스라엘과 팔레스타인의 분쟁을 스위스의 사례와 비교해보면 어떤 교훈을 얻을 수 있는가?
- 역사의 방향을 생각할 때 미래를 긍정적으로 생각할 수 있는 근거는 무엇인가?

시도하라

자신이 맺는 관계, 자신의 이웃이나 지역사회를 고려할 때 자신이 해결하는 데 도움을 줄 수 있는 심각한 갈등이 있는가? 제3의 대안을 구상해보라. 다른 사람에게 이 과정에 기여해달라고 요청하라. '시너지에 도달하는 4단계' 도구를 사용하라.

❶ **제3의 대안을 찾는 질문을 한다.**

"우리가 지금껏 생각해낸 것보다 좋은 해결책을 찾을 의향이 있는가?" 그렇다고 대답하면 2단계로 넘어간다.

❷ **성공 기준을 정의한다.**

다음 칸에 모두가 반가워할 해결책의 특징을 나열한다. 성공은 어떤 모습일까? 어떤 일을 해야 할까? 이해당사자 모두 '승—승'하는 방법은 무엇일까?

❸ **제3의 대안을 창조한다.**

다음 칸에 모델을 만들거나 그림을 그리거나 아이디어를 빌려오거나 사고의 관점을 전환한다. 신속하고 창의적으로 움직인다. 시너지에 도달했다는 사실을 알고 흥분하는 순간이 찾아올 때까지 모든 판단을 미룬다.

((④)) 시너지에 도달한다.

다음 칸에는 제3의 대안을 서술하고 원한다면 어떻게 실천할지 쓴다.

시너지에 도달하기 위한 4단계 도구의 사용지침

시너지에 도달하는 4단계: 이 과정은 시너지 원칙을 적용하는 데 유용하다. (1) 제3의 대안을 기꺼이 찾겠다는 의향을 보인다. (2) 모두에게 성공이 어떤 모습인지 정의한다. (3) 해결책을 실험한다. (4) 시너지에 도달한다. 과정 내내 타인의 말을 공감하며 경청한다.

시너지에 도달하는 방법

① 제3의 대안을 찾는 질문을 한다.

갈등을 빚거나 창의적인 상황에서 제3의 대안을 찾는 질문을 하는 것은 자신의 확고한 입장이나 선입견을 넘어서서 제3의 입장을 발달시키기에 유용하다.

② 성공 기준을 정의한다.

모두에게 성공적인 결과가 어떤 모습일지 묘사하는 문단을 쓰거나 그 특징을 나열한다. 다음 질문에 대답한다.

- 기준을 정하는 작업에 전원이 참여했는가? 가능한 한 많은 사람에게 많은 아이디어를 얻고 있는가?
- 자신이 정말 원하는 결과는 무엇인가? 어떤 일을 해야 하는가?
- 모두가 승—승하는 결과는 무엇인가?
- 기존의 요구를 초월해 좀 더 바람직한 요구로 바꾸려 하는가?

③ 제3의 대안을 창조한다.

다음 지침을 따른다.

- 그냥 논다. 진짜가 아니라 놀이이다.
- 폐쇄를 피한다. 어설프게 동의하거나 합의하지 않는다.
- 타인이나 자신의 아이디어를 판단하지 않는다.
- 모델을 만든다. 화이트보드에 그림을 그리고, 도표를 스케치하고, 실물 크기의 모형을 세우고, 초안을 작성한다.
- 머릿속으로 아이디어를 돌린다. 인습적인 지혜를 뒤집어본다.
- 빠른 속도로 일한다. 시간 제한을 두어서 에너지와 아이디어가 급속하게 흐르게 한다.
- 많은 아이디어를 생각해낸다. 어떤 즉흥적 통찰이 제3의 대안을 이끌어낼지 예측할 수 없다.

④ 시너지에 도달한다.

흥분과 영감이 방을 가득 채우면 제3의 대안을 찾은 것이다. 오랜 갈등이 사라진다. 새 대안이 성공 기준을 충족한다. 이때 주의할 점이 있다. 타협을 시너지로 착각해서는 안 된다. 타협은 만족을 낳지만 기쁨을 안기지는 않는다. 타협하면 모두 무언가를 잃지만 시너지에 도달하면 모두 승리한다.

삶에서 추구하는
제3의 대안

9

우리가 늘려야 하는 것은
휴가vacation가 아니라 일vocation이다.
— 엘리너 루스벨트

푸에르토리코의 세이바 마을에는 '메인저(The Manger, 구유)'라고 알려진 집이 있다. 위대한 첼리스트 파블로 카잘스가 1973년 사망할 때까지 마지막 20년을 보낸 곳이다. 거의 한 세기 전 카잘스는 조국 스페인에서 난생처음 첼로 소리를 듣고 첼로를 정복하기도 전에 마음을 빼앗겼다. 어린 시절에는 어머니가 준 낡은 악보에서 바흐의 첼로 모음곡을 보고 온종일 연습했다. 저명한 작곡가가 그의 연주를 듣고 스페인 왕족 앞에서 연주하도록 초청하면서 카잘스의 연주 경력은 빛을 발하기 시작했다. 그 후 23세 때 빅토리아 여왕 앞에서 연주했고, 85세 때는 백악관의 초청을 받아 존 F. 케네디 대통령 앞에서 연주했다.

그사이 60년 동안 카잘스는 음악계에서 오랜 시간 꾸준히 활약했다. 위대한 오케스트라와 협연했고 온갖 명예를 얻었으며 역사상 가장 위대한 첼리스트라는 찬사도 받았다. 스페인에서 워낙 사랑을 받았으므로 카잘스가 국왕 앞에서 연주했을 때 청중은 귀빈석을 가리키며 이렇게 외쳤다. "저기 우리의 국왕이 있다. 하지만 우리의 황제는 파블로다!"

이 위대한 사람의 말년에 세이바의 한 이웃이 메인저의 창문에서 흘러나오는 바흐의 첼로 모음곡을 듣고 어느 날 93세인 카잘스에게 매일 3시간씩 첼로를 꾸준히 연습하는 이유를 물었다. 이때 카잘스는 "실력이 향상되는 것을 느끼기 시작했어요. ……내 실력이 나아지고 있기 때문이죠"라고 대답했다.

점점 상승하는 삶

파블로 카잘스는 97세에 마지막으로 활을 내려놓을 때까지 결코 연주를 멈추지 않았다. 연주 기술을 익히고 능력을 향상시켰고 숨을 거둘 때까지 자기 내면에 있는 최고의 재능을 연주에 쏟아부었다. 생의 마지막 순간까지도 연습을 게을리하지 않는 이유를 묻는 사람에게는 "은퇴하는 날이 곧 죽는 날이다"라고 대답했다. 음악에서 소리가 차츰 약해지는 것은 "디미누엔도diminuendo"이고, 소리가 부풀어 오르며 점점 커지는 것은 "크레센도crescendo"이다. 카잘스는 자기 삶이 디미누엔도로 빠져들게 하지 않겠다고 결심하고 평생 크레센도의 삶을 살았다.

내가 활동하면서 강연했던 온갖 아이디어 중에서도 타인에게 사기를 북돋워주고 힘을 실어주기에 이 좌우명만 한 것이 없다. "크렌센도의 삶을 살아라! 내게 가장 중요한 일은 언제나 내 앞에 있다."

언젠가 나는 대형 전문가 집단을 대상으로 이 개념을 가르쳤다. 강연이 끝나고 한 판사가 눈빛을 반짝이며 다가왔다. 나이도 나이라서 곧 은퇴할 계획을 세웠지만 크레센도의 삶을 살라는 강연을 듣고 생각해보니 활동하고 싶은 열망이 여전히 강하다는 사실을 깨달았다고 털어놓았다. 그래서 자신이 거주하는 도시가 고민하는 문제를 해결하는 데 기여하고 싶다고 덧붙이면서 은퇴를 무기한 연기하기로 마음먹었다고 했다.

자신에게 가장 중요한 일은 뒤가 아니라 앞에 있다는 사실을 늘 기억해야 한다. 그렇게 생각하며 살아가는 태도가 중요하다. 과거의 성패와 상관없이 앞으로 기여해야 할 중요한 과제가 남아 있기 때문이다. 앞으로 수행할 과제가 과거와 다른 일일 수도 있고, 다른 방식으로 중요할 수도 있다. 그래도 중요한 일인 것만큼은 틀림없고 타인의 삶에 긍정적으로 영향을 미치는 일이면 특히 중요하다. 어깨 너머로 백미러를 계속

들여다보면서 과거의 행동에 연연하려는 유혹을 떨치고 긍정적 사고와 태도로 무장하고 앞을 보아야 한다.

제3의 대안을 추구하는 사람답게 나이나 지위와 상관없이 부단하게 타인의 삶에 기여해야 한다. 살아가면서 항상 더욱 높고 바람직한 길을 찾으려 노력하는 것이야말로 제3의 대안적 사고방식의 본질이다. 과거에 거둔 성과에 만족할 수는 있지만 앞으로 사회에 기여해야 하는 임무가 우리를 기다리고 있다. 이 책에서 주장하듯 세상에는 시너지를 추구하는 사람의 창의적인 영향력을 요구하는 도전이 산재해 있다. 따라서 우리에게는 관계를 형성하고, 지역사회에 봉사하고, 가족관계를 강화하고, 문제를 해결하고, 지식을 획득할 임무가 있다.

나는 일반적인 은퇴 연령을 훌쩍 넘겼지만 여전히 활발하게 글을 쓰고 강단에 서고 자문 활동을 하며 출장도 다닌다. 자녀들과 손주들의 행복과 개인적인 성장이 내게는 활력을 불어넣어주는 요소이다. 이렇듯 흥미진진한 도전을 눈앞에 두고 있기에 나는 어느 때보다 힘차게 제3의 대안을 추구한다. 코미디언 조지 번스George Burns가 99세에 말했듯 "나는 지금 은퇴할 수 없다. 스케줄이 꽉 차 있기 때문이다."

딸이 《성공하는 사람들의 7가지 습관》만큼 세상에 영향을 줄 수 있는 책을 다시 쓸 생각이냐고 내게 물었다. 그 질문에 나는 이렇게 대답했다. "당연하지 않니? 내 최고의 작품은 앞으로 나올 거야! 지금 내 머릿속에는 책 열 권이 들어가 있거든!" 과장이 아니라 나는 내 생애 최고의 작품이 앞으로 나올 것이라고 진심으로 믿는다. 그렇게 생각하지 않을 이유가 없지 않은가? 자신이 이미 전력을 기울여 살았고 앞으로 추구할 가치가 전혀 남아 있지 않다고 생각한다면 아침마다 잠자리에서 일어날 동기가 없지 않을까? 그러한 의미에서 나는 어네스트 트리그Ernest T. Trigg의 말에 공감한다. "스스로 가치 있다고 생각하는 일을 모두 달성한 사람은 이미 죽기 시작했다." 이때는 나이가 몇이든 상관없다.

일하거나 놀거나 한 가지를 선택하겠다며 제2의 대안에 갇혀 살아가는 사람이 너무 많다. 많은 사람들이 놀기 위해 일한다. 특정 목표를 세우지 않고 가능한 한 신속하고 귀찮지 않게 업무를 처리하고 나서 휴식을 취할 심산으로 하루하루를 버티며 오랜 세월을 일하느라 보낸다. 그러면서 다음과 같은 말을 입에 달고 산다.

"다시 월요일이군."
"이번 주가 빨리 끝나면 좋겠어."
"오늘만 잘 넘기면 ……"
"주말이 코앞이네."
"금요일이라 다행이야."

우리는 이렇게 하루가 가고, 한 주가 가고, 1년이 가며 삶이 흐르기를 바란다. 뇌를 활성화시켰다가 비활성화시키는 '브레인 온brain on'과 '브레인 오프brain off'의 이분법이 일상을 지배한다. 더 이상 필요 없을 때까지 특정 기능을 실행하는 기계처럼 산업화의 렌즈를 통해 자신을 본다.

두 가지 대안

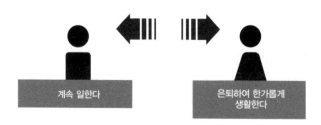

밤이면 스위치를 껐다가 다음 날 아침이면 다시 켠다. 그러다가 마침내 스위치를 계속 꺼두는 날이 찾아온다. 그다음은 무엇일까?

우리는 서서히 활동을 줄이면서 여생을 즐기고 한가롭게 생활할 심산으로 은퇴한다. 이것은 많은 사람이 원하는 삶이기도 하다. 제2의 대안에 따라 자기 삶을 보도록 세뇌당해왔기 때문이다.

하지만 이는 사회가 산업화 시대의 사고방식에 따라 우리에게 부과한 잘못된 이분법이다. 우리는 계속 일하든지 은퇴하든지 하나를 선택해야 한다고 배웠다. 그래서 자신이 더 이상 '기계'가 아닌 날이 되면 삶에 의미가 생기고 행복하리라 짐작한다. 하지만 시인인 윌리엄 버틀러 예이츠William Butler Yeats가 썼듯 많은 사람에게 "삶은 결코 일어나지 않을 무언가를 오래 대비하는 과정이다." 우리 삶은 디미누엔도로 빠져들고 그 쇠퇴의 길은 길고도 헛될 수 있다.

나는 제3의 대안이 단연코 최선이라 믿는다. 무엇에든 기여하라. 이 말은 다음 두 가지 대안을 포함한다. '황금기'인 65세를 훨씬 넘겨서도 평생의 경력을 계속 수행하면서 지속적으로 사회에 기여할 수 있다. 아니면 경력에서 은퇴한 후에 주위의 필요에 부응해서 가족과 사회에 의미 있게 기여할 수 있는 제2의 경력을 시작할 수 있다.

물론 기여의 패러다임을 갖추면 경력을 쌓아가는 시간과 은퇴해서 보내는 시간 모두 의미가 있을 것이다.

경력과 은퇴를 생각하는 패러다임을 과감하게 전환해야 한다. 선진국의 인구 통계자료에 따르면, 55세 이상 남성의 33~40%가 더 이상 생업에 종사하지 않는다. 한두 세대 앞선 조상들은 이 나이에 이미 육체가 소진해 사망했지만 현대인은 말년에 대부분 온전한 '제2의 성인기'를 맞이할 수 있다. 65세 이상 인구가 25%이상 증가할 것이므로 사람들은 앞으로 수십 년 동안 제2의 성인기를 어떻게 보낼지 고민할 것이다. 앞

제3의 대안

으로 평균 수명은 유럽인이나 미국인의 경우 약 79세, 일본인은 약 82세 까지 늘어날 것이다. 20세기에 들어서면서 미국인의 평균 수명은 매일 7시간씩 늘어났다. 계산해보면 인구 한 명당 수명이 25년 이상 늘어났 다는 뜻이다! 하지만 이렇게 늘어난 시간으로 무엇을 해야 할지 모르고, 타인의 삶을 변화시킬 수 있는 소중한 기회를 놓치는 사람들이 있다.

늘어난 수명으로 얻은 시간을 별일하지 않으며 허비할 것인가, 아니면 의미 있는 활동으로 채울 것인가?

기여의 패러다임을 채택하면 실제로 자신의 삶을 구할 수 있다. 내가 관찰한 것에 따르면 여유롭게 생활하려고 은퇴하지만 바쁘게 활동하며 사회에 기여하지 않는 사람은 몸과 마음이 거의 동시에 쇠퇴할 가능성이 크다. 저명한 스트레스 연구 전문가 한스 셀리에Hans Selye 박사는 이렇게 주장했다.

세월이 흐를수록 대부분 휴식시간을 차츰 늘려야 한다. 하지만 노화 과정은 모두에게 같은 속도로 진행되지 않는다. 자질과 활동 능력이 뛰어나 앞으로 몇 년 동안 사회에 유용한 활동을 할 수 있는데 강제로 은퇴한 사람은 몸이 아프고 일찍 노망이 들기도 한다. 이러한 정신 신체적 질환은 매우 흔하게 나타나서 은퇴병이라고도 불린다.[1]

저자인 척 블레이크먼Chuck Blakeman은 은퇴병을 이렇게 묘사했다. "의미 있는 삶을 살기 위해 65세까지 기다릴 거야. 65년 동안 꾸역꾸역 일하다 보면 드디어 65세가 되겠지. 그때까지는 그저 시간을 때우는 거지."[2]

하지만 사명을 추구하는 삶은 정반대로 활기가 넘친다. 사회에 의미 있게 기여하면 면역 체계가 강해지고 신체의 힘이 재생된다. 사명감이 줄어들기는커녕 내면에서 솟아나서 하루하루를 마음 설레며 새롭게 맞이한다. 자신이 그저 나이 먹어간다고 생각하지 않고, 칼 로저스가 말했듯 "나이 들면서 성장해간다고 느낀다."[3]

삶의 특정 시기에 의미 있는 활동을 중단한다는 것은 상대적으로 낯선 개념이다. 과거를 돌아보면 역사상 위대한 남녀는 삶의 여정을 걷는 동안 새 길을 발견하려는 욕구를 결코 접지 않았다. 나는 은퇴라는 개념 자체가 잘못되었을 뿐 아니라 현대 문화에도 거스르는 산업화 시대의 유물이라 생각한다.

주위를 돌아보면 나이가 들었지만 여전히 엔지니어 · CEO · 코치 · 변호사 · 사업가 · 발명가 · 성직자 · 과학자 · 사업주 · 의사 등으로 활동하는 사람이 많다. 그들은 사회가 부여한 은퇴 개념을 받아들이지 않고 끊임없이 의미 있는 활동에 기여한다. 또한 자신의 역할을 철저하게 재정의하고 예기치 않게 기여하며 살아가기도 한다. 그들은 모두 크레센도의 삶을 살고 있는 것이다.

제3의 대안을 추구하는 삶을 사는 사람들

1981년 조지아 주 플레인스Plains에 있는 집으로 돌아온 지미 카터 대통령 부부는 백악관을 떠난 후에 자신들의 삶이 어떻게 될지 자문했다. 카터는 주 상원의원과 주지사를 역임했고 마침내 미국 최고의 자리에 올라 정신없이 달려왔으므로 퇴임 후에 무슨 일을 해야 할지 막막했다. 부득이하게 은퇴하고 의기소침해진 카터 부부는 공허함을 느꼈고 디미누엔도의 삶으로 빠져들까 봐 두려웠다.

물론 예전과 달리 가족과 친구를 가까이하며 함께 시간을 보내고 교회에 다니는 일상을 즐겼지만 삶에서 중요한 요소가 빠져 있었다. 카터 부부는 수시로 골프장을 드나들며 시간을 보내고 싶지 않았다. 회고록을 쓰고 자신의 이름을 내건 기념 도서관을 건설하는 것처럼 전임 대통령이 통상적으로 하는 활동을 하며 소일하고 싶지도 않았다. 책과 건물 이상의 기념물을 남기고 싶었다. 그러던 어느 날, 카터는 제3의 대안을 추구하는 삶을 살겠다는 꿈을 꾸기 시작했다. 백악관에 있을 때는 결코 할 수 없었던 활동을 이제 자유롭게 할 수 있다는 사실을 깨달았기 때문이다. 미국의 전임 대통령이라는 지위를 이용해 세계가 안고 있는 냉혹한 문제들이 해결되도록 도와야겠다고 생각했다.

카터는 변화를 일으키는 촉매 역할을 하고 싶었고 평화와 치유를 불

9. 삶에서 추구하는 제3의 대안

러오는 대리인이 되고 싶었다. 이러한 비전을 품고 열정적으로 활동에 몰두하면서 카터 센터를 설립해 전 세계인이 모여 토론하고 문제에 대한 창의적 대안을 모색하는 자리를 마련했다. 그제야 카터 부부는 은퇴하고 나서 맞이한 삶에 누락돼 있었던 것은, 바로 예전보다 훨씬 크고 의미 있는 기여를 할 수 있는 기회라는 사실을 깨달았다.

미국 대통령을 역임했으므로 인간이 성취할 수 있는 성과의 정점을 찍기는 했지만 카터는 오히려 은퇴한 후에 훨씬 큰 성과를 거둘 수 있다고 생각했다. 그래서 이렇게 자문했다. "목표를 높이 세우면 1980년 선거에서 승리한 것보다 훨씬 큰일을 이룰 수도 있지 않을까?" 이렇게 깨닫자 활력이 솟아났다. 백악관의 한계를 넘어서는 일은 무엇일까? 카터 부부는 이 질문에 대한 대답을 찾았다.

부부는 과거 어느 때보다 바쁘게 생활하면서 크레센도의 삶을 살고 있다. 카터 센터를 무대로 활동하면서 갈등을 해소하고 세계 곳곳에서 민주주의와 인권을 발전시킨다. 70개국이 형성한 연합에 속해 과거에 아프리카 인구 수백만 명을 불구로 만들었던 기니벌레 병을 제거하는 등 공중보건 계획을 후원한다. 또한 자원해서 빈곤층에게 집을 지어주는 '사랑의 집짓기 운동Habitat for Humanity'에 참여하는 동시에 손에 망치와 못을 들고 다른 사람과 나란히 집을 짓는 모습을 담은 낯익은 사진을 유포하여 이 운동을 장려한다. 이렇게 해서 지미 카터는 세계 역사상 가장 생산적으로 활동하는 전임 대통령으로 꼽히고 있다.

카터 부부는 백악관을 떠나고 나서 자신들이 수행해야 하는 가장 중요한 임무가 여전히 기다리고 있다는 사실을 어떻게 알 수 있었을까? 부부는 삶에서 은퇴하지 않았고 인류의 필요를 충족할 목적으로 타인과 협력해 시너지에 함께 도달하자고 촉구했다.

타인을 위해 선행을 베풀면 현대인의 삶을 엄청나게 변화시킬 수 있다. 굶주리거나, 집이 없거나, 눈이 멀거나, 다리를 절룩이거나, 마약이나 알코올에 중독되었거나, 문맹이거나, 정신질환을 앓거나, 연로하거나, 수감되었거나, 아니면 그저 친구가 없고 외로운 사람들을 도우려는 자원봉사자가 세상 곳곳에 절실히 필요하다. 우리에게는 여전히 해야 할 일이 많고 무슨 일을 하더라도 묵묵하고 성실하게 실천해야 한다.[4]

선행을 '묵묵하고 성실하게 실천하는' 사람의 예로 플로리다 주 올랜도에서 호텔리어로 일하는 해리스 로젠Harris Rosen을 들 수 있다. 뉴욕 시에 있는 헬스 키친Health's Kitchen에서 가난하게 성장한 로젠은 어린 시절 내내 부모에게 "교육을 잘 받으면 가난에서 벗어날 수 있다"는 소리를 들었다. 부모의 조언을 귀담아 들었던 로젠은 가족 중에서 유일하게 대학을 졸업했다. 호텔 사업에 뛰어들어 바닥부터 고군분투한 덕택에 한창 발전하는 올랜도 지역에 호텔 7개를 소유하기에 이르렀다. 그쯤이면 로젠은 편안하게 앉아 그동안 힘들여 일해 수확한 열매를 즐길 수 있었다.

하지만 로젠은 근처에 있는 탄젤로 파크Tangelo Park를 외면할 수 없었다. 그곳은 인터내셔널 드라이브에 그가 소유한 호화 호텔에서 그리 멀지 않았지만 두려움과 빈곤에 찌들어 범죄·마약·실직 등의 문제가 끊임없이 발생했고 고등학교 중퇴율은 무려 25%에 이르렀다. 탄젤로 파크에 사는 아이들에게 양질의 교육을 제공하고 싶었던 로젠은 학교 회의 시간에 불쑥 일어나, 의아한 눈초리로 바라보는 군중을 향해 "탄젤로 파크에 거주하는 고등학생 전원의 대학교 학비를 전액 지원하겠습니다!"라고 선언했다. 사람들은 믿지 못했지만 로젠은 솔선해서 약속을 지켰다. 그의 선행은 여기서 그치지 않았다. 유아원에 자금을 지원해 꼬마들이 학업 능력의 결핍 없이 초등학교에 입학할 수 있게 도왔고, 가족

자원 센터를 설립해 부모가 상담을 받고 기술을 익혀 가정을 견고하게 지킬 수 있게 했다.

사우스 플로리다 대학교 교수이자 탄젤로 파크 프로그램 자문위원 찰스 지우번Charles Dziuban 교수는 프로그램이 정말 훌륭하다고 칭찬했다. 이렇게 지역사회에 희망을 불어넣은 결과는 즉시 나타났다. 범죄율이 66% 감소하고 고등학교 중퇴율은 25%에서 6%로 떨어졌다. 지금은 대학 진학률이 무려 75%에 달한다.[5]

그러던 어느 날, 로젠은 더할 나위 없는 보람을 느꼈다. 처방한 약을 받는 데 젊은 약사가 그를 알아보고 이렇게 말했던 것이다. "로젠 선생님, 저는 선생님이 만드신 탄젤로 파크 프로그램을 거쳐 대학교를 졸업했습니다. 선생님 덕택에 약사가 되었어요." 같은 프로그램을 거친 어느 졸업생은 오렌지카운티에서 '올해의 교사'로 선정되었다. 이 훌륭한 교사는 자신이 원하는 곳 어디에서든 살 수 있었지만 탄젤로 파크를 거주지로 선택하고 자신이 영향을 주고 싶은 학생들 가까이서 가족과 함께 생활하기로 결정했다.

70대가 된 해리스 로젠은 플로리다에서 호화스러운 은퇴생활을 누릴 수도 있었고, 계속 사업에 신경을 쓰면서 건너편 지역에서 사람들이 겪는 고통을 외면할 수도 있었다. 하지만 로젠은 두 가지 대안을 모두 거부하고 제3의 대안을 열정적으로 실천하여 문제와 가난에 찌든 이웃을 되살리기 위해 노력했다. 자신의 방식을 따르면 사회를 변화시킬 수 있다고 믿으면서 다른 부자들에게도 자신의 방식을 따르라고 촉구했다.

지금쯤이면 마음속으로 '나는 전임 대통령도 아니고 부자도 아니야'라고 투덜댈 수도 있겠다. 하지만 자신이 어떤 상황에 처했는지는 중요하지 않다. 우리는 영향력의 원 안에서 카터 부부나 해리스 로젠과 같은 정도로 영향력을 미칠 수 있다.

유명인사 중에 앞서 언급한 카터 부부나 해리스 로젠과 매우 다른 성향을 보인 인물로 '재키'를 들 수 있다. 나는 그녀의 본명을 모를 뿐 아니라 미국 남부에 있는 방 한 개짜리 소형 주택에 살고 있다는 사실을 제외하고는 주소도 모른다. (또한 이 책을 읽은 독자들이 재키를 찾아 나서는 일도 없기를 바란다.)

나는 뉴욕 출신 환경 저널리스트 윌리엄 파워스의 훌륭한 기사를 읽고 재키를 알게 되었다. 파워스는 지속가능한 생활양식을 갖추고 사는 방법을 세상에 알리는 것이 유익하다고 판단하고 재키를 찾아내 그녀의 이야기를 글로 쓸 수 있도록 허락을 받았다.

이웃은 아메리카 원주민의 전통에 따라 재키를 '지혜수호자wisdomkeeper'라고 부른다. "삶을 더욱 깊이 파고들라고 일깨워주었던 사람은 할머니들이에요." 재키가 거주하는 소형 주택은 집이 아니라 창고에 가깝고 가스·전기·상수도·하수도·전화가 없다. 파워스는 재키가 관료주의 세계에서 투명인간이라고 언급했다.

의사인 재키는 도시 생활의 빠른 속도와 혼란에 제대로 적응하지 못하고 좀 더 조용한 세계가 자신에게 맞다고 느꼈다. 자녀를 다 키우고 인생 후반기에 접어들자 일의 양을 줄였고, 야생의 땅을 물색해서 여생을 땅과 조화를 이루며 살아가는 '영속농부permaculture farmer'로 자기 삶을 재정립했다. 영속농업에서는 투입량과 산출량이 같다. 다시 말해서 외부에 속한 것은 무엇 하나 시스템 안으로 들여오지 않고, 모든 부산물은 재사용하므로 무엇 하나 시스템 밖으로 내보내지 않는다.

그렇게 사는 재키의 삶이 척박할 것 같지만 실제로는 목가적이다. 파워스는 재키를 처음 만났을 때 받은 인상을 이렇게 술회했다.

재키의 모습이 관목에 가려 일부만 보였다. 멀리 얼굴의 일부와 하나로 묶은 반백의 머리카락이 시야에 들어왔다.

재키는 내 손을 살며시 잡아당기며 관목 때문에 빗물이 고인 웅덩이로 데려갔다. 우리가 웅덩이 옆에 웅크리고 앉자 벌 한 마리가 내 팔을 스치듯 날아가 빗물 고인 웅덩이에 내려앉았다. 우리 머리 위에는 꿀벌 상자가 있었다. 재키는 손수 키우는 이탈리아산 벌이 매년 40파운드씩 꿀을 만들어 내기 때문에 친구들에게 넉넉히 나누어줄 수 있다고 말했다. "벌이 얼마나 조용한지 한 번 들어보세요."

……벌이 나지막하게 윙윙대는 소리가 졸졸 흐르는 계곡물 소리와 뒤섞였다. 채진목, 무화과, 자작나무, 철쭉이 우리를 빙 둘러쌌다. 아까 내 팔을 스쳤던 벌이 관목에 고인 물을 빨고 있었다. 재키가 손을 뻗어 벌의 날개를 톡 쳤다. "아침에 일어나면 가끔 이곳에 와서 가만히 자연의 소리에 귀를 기울이다 보면 나도 모르게 기쁨의 눈물이 흐릅니다."

재키는 영속농업에 대해 "조부모 세대는 알았지만 부모 세대는 망각했다"고 설명했다. 다소 복잡하게 들릴 수 있지만 그녀는 자신이 돌보는 삼림지대를 몇 개 지역으로 나누고, 일부는 야생 사슴과 토끼가 들어오지 못하게 산울타리를 쳤다. 채소밭을 가꾸는 일 말고도 딸기·호두·사과·파파야 등을 재배하고 숲에서 표고버섯을 채취한다. 그녀가 사는 자그마한 집은 향나무 향을 풍기고 "의외로 널찍하다. ……그녀는 인간이 차지하는 면적을 최소로 줄이고 자연에 폭 싸여 있다. 집 실내에는 전선도 없고 하수구도 없다."

하지만 재키는 은둔자가 아니다. 환자를 돌보고 가족과 시간을 보내고 검소하게나마 여행도 하면서 평화옹호 집단과 환경보호 집단과 손잡고 활동한다. 재키의 생활양식은 그녀 세대가 앓고 있는 두 가지 병, 즉 열렬한 물질주의와 어리석은 목적 상실을 극복하려는 제3의 대안이다. 파워스는 한 지인의 삶과 재키의 삶을 극명하게 대비시켰다. 지인은 "금융 계획 분야에서 일하다가 48세에 은퇴하고 바다가 내다보이는 집을 사서 세 번째 남편과 생활한다. 지난 몇 년 동안 그 집에서 살면서 행복하지도 그렇다고 불행하지도 않다. ……그냥 그렇게 매일 칵테일을 마시고 석양을 바라보며 '영구적인 휴가'를 보낸다."[6]

영구적 휴가인가, 영구적 사명인가?

영구적으로 휴가를 보내고 싶어 하는 사람이 많다. 어떤 사람은 일하는 세월 내내 영구적인 휴가를 꿈꾼다. 우리는 산업화 시대의 직업에 종사하면서 경쟁에 지치고 패배감에 젖은 나머지 일을 그만두고 유람선에 몸을 싣고 열대지방을 돌아다니거나 골프장 잔디를 밟으며 소일하고 싶어 한다. 물론 필요할 때 긴장을 풀 수 있어야 하고, 골프장이나 이국적인 장소를 여행하는 아름다운 날을 꿈꾸는 것도 좋다. 하지만 직업에서 도피하면 행복해지리라 생각하는 것은 자연의 법칙을 거스르는 자기기만이다. 우리는 삶의 어느 단계에서든 부산물에 중독될 수 있다. 텔레비전을 멍하게 시청하거나, 소셜 미디어에서 눈을 떼지 못하거나, 쉬지 않고 게임에 몰두하거나, 이리저리 클럽을 기웃거린다. 우스꽝스러운 소설을 파고들거나, 약 복용에 집착하거나, 잠자느라 시간을 허비한다. 이러한 행동은 누구라도 소진시키지만 특히나 은퇴한 사람들의 삶은 조각날 위험성이 크다.

내 할아버지 리처즈는 "삶은 경력이 아니라 사명이다"라고 나를 가르쳤다. 여태껏 생존해 있다면 여기에 "휴가도 아니다"라는 말을 덧붙였을지 모르겠다. 영구적으로 휴가를 보내는 사람과 영구적으로 사명을 실천하는 사람의 삶을 비교해보자.

제임스 김은 영구적인 사명을 실천하는 사람이다. 열다섯 살 때 그는 끔찍한 한국전쟁에 남한 군인으로 참전해서 부상을 입고 죽어가고 있었다. 성품이 겸손하고 독실한 신자였으므로 북한군과 중국군인 '적에게 사랑을 베풀 수 있도록' 자신의 목숨을 살려달라고 신에게 기도했다.

전쟁에서 살아남자 그때부터 북한에 있는 동포들의 '생명을 살리겠다는' 맹세를 지키기 위해 전력을 기울였다. 교육도 많이 받지 못했고 돈도 없는 평범한 젊은이는 단단히 빗장을 잠그고 있는 과거의 적을 어떻게 도울 수 있을지 막막했다. 우선 자원이 필요하다는 생각이 들자 돈을 벌기 위해 미국으로 건너갔다.

제임스는 미국 시민이 되었고 한국산 가발을 수입하는 사업을 시작해 얼마간 재산을 모았다. 그렇게 모은 재산은 마음에 내내 품고 있던 목적을 달성하기 위한 수단일 뿐이었다. 그는 폐쇄적인 북한 사회와 중국 사회에 들어가려면 미국 여권이 유용하다는 사실을 알았다. 1980년대 들어서면서 자신의 사명을 실천할 준비를 갖춘 제임스는 젊은이를 교육시키고 학습에 마음을 열도록 돕는 것이 자신의 임무이고, 과거의 적에게 베풀 수 있는 최고의 선물이라 생각했다.

베이징에서 열리는 한 사업 회의에서 강연해달라는 초청을 받은 제임스는 이때가 기회다 싶어 북한 국경 근처 연길 소재의 작은 대학교를 재정적으로 지원하겠다고 발표했다. 다소 의심스러웠지만 솔깃해진 중국 관리들은 서구에 문호를 개방하려는 중국의 전략을 펼칠 수 있는 계기가 되리라 판단했다. 몇 년이 지나자 제임스와 그의 아내 그레이스는 자신들의 지원으로 설립한 연변과학기술대학교의 기숙사로 들어가 학생들과 함께 생활하기 시작했다. 학생들은 제임스의 지원에 보답하기 위해 공부하는 틈틈이 지역 학교와 병원에서 자원봉사를 했다. 대학교는 발전을 거듭하면서 전 세계에서 실력 있는 교사들을 영입했다.

1998년 북한에 식량이 부족하다는 소식을 들은 제임스는 보급품을 들고 국경을 넘었다가 북한군에게 즉시 체포되었다. 북한에서 첩자 활동을 했다는 죄목으로 투옥되어 한 달 반 동안 매일 심문을 받았다.

"그곳에 억류당했을 당시 내 마음은 평온했다. 더욱 좋은 곳으로 가리라는 것을 알고 있었으므로 죽는 것이 두렵지 않다고 진술서에 썼다. 그리고 내가 죽으면 북한에 있는 의학 연구 기관에 장기를 기증하겠다고 썼다. 그들에게 내 마음이 평화롭다고 말했다." 그러한 정신에 수령이 감동했다는 말을 나중에 전해 들었다고 제임스는 말했다.[7]

마침내 석방된 제임스는 북한에 대학교를 설립하게 허락해달라고 북한 정부에 계속 청원했다. 2001년 정부를 설득하는 데 성공하자 평양과학기술대학교를 설립하기 위해 자금을 지원하고 기부자를 모았다. 공사를 시작한 지 9년 만인 2010년 10월 25일 대학교가 문을 열었고 북한에서 가장 똑똑한 학생 160명을 신입생으로 받았다. 제임스는 대학교 설립을 계기로 북한이 정보기술 세계에 눈을 뜨고 궁극적으로는 장벽이 무너질 수 있으리라 믿고 있다.[8]

많은 수혜자는 제임스의 관대한 태도를 대하면 당황한다. "동기가 무엇이냐고 물으면 제임스는 늘 '사랑'이라고 대답한다. 이 쾌활한 교수는 사랑이 국경을 넘어 뻗어가는 힘이라 생각하고 그 사랑을 실천하는 도구가 교육이라 믿는다." 북한과 중국의 지인들이 자신에게 자본주의자인지 공산주의자인지 묻자 제임스는 "나는 그저 사랑주의자라고 말해주었다"라고 회상했다.[9]

나는 제임스 김을 '걸어 다니는 역발상'이라 생각한다. 전쟁의 상처로 평생 괴로워하는 사람도 있지만 제임스는 적에게 온화한 마음을 품었다. 적의 최후를 보고 싶어 하는 사람이 많지만 제임스는 적을 실질적으로 돕기 위해 문을 두드렸다. 삶의 말년에 접어들어서 디미누엔도의 삶을 사는 사람이 실로 많은 반면에 제임스는 여전히 크레센도의 삶을 살고 있다. 그는 바닷가에서 휴식을 취하며 편하게 살 수도 있고, 젊은 시절에 했던 비현실적인 맹세를 잊고 플로리다에서 계속 사업을 운영할 수도 있었다. 어떤 대안을 선택했더라도 타당했을 것이다.

하지만 제임스는 제3의 대안을 선택했다. 영구적인 휴가와 영구적인 사명 중 어느 것이 더욱 차원 높고 바람직한 선택일까? 이것은 누구든지 자신에게 물어야 하는 질문이다.

이 책을 읽으면서 다음과 같은 의문이 들 수도 있다. "하지만 오랫동안 힘들여 일했으니까 이제는 일의 속도를 늦추고 좀 더 느긋하게 생활해도 괜찮지 않을까? 그러다가 기운이 쭉 빠지면 어떡할까? 건강이 무너지면 어떡할까?"

나는 그러한 심정에 공감하고 충분히 이해한다. 나 또한 과거보다 몸이 빨리 지치고 따라서 수면 시간을 늘려야 하고 여행하기도 훨씬 힘들어졌지만 그래도 건강한 편이어서 감사하다. 하지만 아내인 샌드라는 척추 수술을 몇 차례 받으면서 삶이 완전히 달라졌다. 휠체어에 의존해야 하고 간단한 일을 처리하려 해도 반드시 다른 사람의 도움을 받아야 한다. 우리 부부는 새 생활양식에 적응하기 힘들었고 아내가 고통을 겪으면서 가족 전체가 괴로워했다.

물론 아내는 다시 걷고 아무 제약 없이 자신이 원하는 활동을 하고 싶어 하지만 현재로서는 불가능하다. 하지만 곤경을 겪는 와중에도 아내의 태도는 의연해서 놀랍고 감동적이다. "현재에 충실하라!"는 좌우명을 평생 지켜온 아내는 현재 조건으로 할 수 있는 일을 찾아 실천한다.

가족과 친구와 친하게 지내고 자신이 중요하다고 생각하는 명분을 지킨다. 끊임없이 난관에 부딪히면서도 자기 영향력의 원 안에서 행동하며 반경을 넓혀간다. 독서 모임에 나가고, 친구와 점심식사를 하고, 교회에서 수업을 맡아 가르치고, 대학교 이사회에 소속해 활동하고, 성 패트릭 데이에 이웃에게 나눠줄 과자를 포장하고, 만우절에는 감쪽같이 가족을 속인다. 손주들에게 카드를 쓰고 전화하고 그들을 찾아간다. 왕성하게 독서하고, 적극적으로 정치활동을 펼치며, 아트 센터를 후원하기 위해 기금을 모은다. 휠체어를 타는 사람의 활동치고는 괜찮지 않은가!

삶이 급격히 바뀌기는 했지만 아내는 힘닿는 데까지 사회에 기여함으로써 크레센도의 삶을 살고 있다. 철학자 프리드리히 니체Friedrich Nietzsche는 "살아갈 이유가 있는 사람은 어떤 어려움도 견딜 수 있다"고 했다.

우리에게는 크레센도의 삶을 살도록 타인을 도와야 할 책임이 있다. 연령이나 건강과 상관없이 누구나 의미 있는 일에 기여할 능력이 있다. 내 친구는 직장에서 엄청난 압박을 받으면서 빡빡한 일정을 소화해야 한다. 최근 연로한 어머니가 더 이상 혼자 살 수 없는 지경에 이르자 가족들은 어머니가 집에 그대로 있으면서 도우미를 고용할지, 실버타운에 들어가게 할지, 아들이 모시고 살지 등을 의논했다. 내 친구는 신경 쓸 일이 워낙 많았으므로 자신에게 어머니를 돌볼 만한 여유가 있을지 확신하지 못했다. 다행히도 마음이 넓고 유능한 아내가 그다지 주저하지 않고 어머니를 집으로 선뜻 모셔왔다. 체구가 자그맣고 몸이 약하고 시력도 청력도 시원치 않은 노인은 낯선 환경에서 갈피를 잡지 못했다. 친구 부부는 마치 아이를 키우는 것 같았다. 씻기고 먹이고 아침에 일으키고 밤에 잠자리에 눕히는 등 어머니를 하나에서 열까지 돌봐야 했다. 짜증이 나면서도 죄책감을 떨칠 수 없었던 친구는 어머니를 집에 모시고 사는 것이 가능한 일인지 고민했다.

어느 날, 세 식구가 함께 저녁식사를 하고 있을 때 맞은편에 앉은 어머니와 아내의 모습이 언뜻 눈에 들어왔다. 어머니는 옆에 앉은 며느리에게 가족 농장에서 자랐던 자신의 어린 시절 이야기를 들려주고 있었다. 겨울에 먹으려고 콩을 추수해 병에 담아 저장했다고 했다. 텔레비전이 꺼져 있어 집은 조용했고 저물어가는 석양을 받은 어머니의 얼굴은 꽤 젊어 보였다. 내 친구는 어머니에게 오랫동안 느껴보지 못했던 유대감을 느끼면서 이상하게 마음이 따뜻해졌다. 놀랍게도 시간을 들여 어머니를 진정으로 '보고' 어머니의 말에 귀를 기울이면서 어머니의 차분한 영향력을 느꼈던 것이다. 어머니는 매사에 감사했으며 성품이 온화하고 인정이 많아 다른 세계와 시대에서 온 사람 같았다. 아내는 손으로 턱을 고이고 미소를 지으며 저녁 내내 그런 자세로 있을 것처럼 시어머니의 이야기를 열심히 경청했다.

그 후로 친구의 삶에는 점차 변화가 찾아왔다. 친구 부부는 어머니를 모시고 아주 느리고도 짧은 산책을 나갔다. 함께 음악을 듣고 어머니가 살아온 이야기를 녹음했다. 어머니는 아들 부부에게 빵 굽는 오랜 비결을 가르쳐주었고, 부부는 어머니의 감독을 받으며 옛날에 집에서 먹었던 빵을 서툰 솜씨로 만들었다. 저녁에는 어머니의 기억에도 가물가물한 대개 1930년대 코미디물인 흑백 영화를 보고, 어머니가 듣지 못하는 재미있는 대사를 어머니의 귀에 대고 또박또박 들려주었다.

그러면서 내 친구는 자신이 살아왔던 삶이 매우 무미건조하고 생경했다는 사실을 깨달았다. 어머니는 90세가 넘었고 일반적인 의미로 앞을 보거나 소리를 들을 수 없고 일도 할 수 없지만 아들의 삶에 기여함으로써 예전에는 전혀 예측할 수 없었던 방식으로 아들의 삶을 풍요롭게 해주었다. 빠른 걸음으로 살아가는 데 익숙했던 친구는 좀 더 천천히 걷고,

대화하며 여유롭게 식사하고, 어머니의 손을 잡고 그 옆에 앉아 있는 법을 배웠다. 그렇게 어머니는 마지막 순간까지 여유 있는 크레센도의 삶을 살았다.

나는 그 어머니가 아들 부부의 삶에 기여하며 말년을 보낼 수 있는 것은 친구가 세심하게 배려했기 때문이라 생각한다. 하지만 친구는 이렇게 말했다. "오히려 어머니가 은혜를 베풀어서 우리와 함께 살아주는 거라네. 혜택을 입는 것은 바로 우리 부부야." 친구는 어머니를 양로시설에 보낼 수도 있었고, 그랬다면 어머니는 그곳에서 친구를 사귀고 보살핌을 잘 받았을지도 모른다. 하지만 친구는 자기 삶이 변화하는 계기를 맞을 수 없었을 것이다. 그래서 사랑하고 섬길 때 찾아오는 고요한 보상을 누릴 수 없었을 것이다.

우리는 돈과 사회적 지위로 대표되는 이차적 성공을 무턱대고 좇아가느라 일차적 성공, 즉 사랑과 신뢰에서 느끼고 자신이 섬기는 사람이 행복한 데서 느끼는 훨씬 심오한 만족을 놓쳐버리는 심각한 위기에 빠진다.

신은 우리가 이웃을 도와주기를 기대하고, 우리가 세상에 태어난 이유도 이웃에게 봉사하기 위해서라고 나는 개인적으로 믿는다. 이웃이 신에게 기도하며 도와달라고 매달릴 때, 우리가 그 기도의 응답일 수 있다. 신은 양심의 은사를 우리에게 불어넣어 물질적으로나 정신적으로 자기 자녀를 축복한다. 봉사는 끊임없이 행복을 느끼게 해주는 원천이고 이생에서 진정한 성공을 측정하는 기준이다.

몇몇 사람은 마치 기계인 듯 죽음이 찾아와 스위치를 끌 때까지 이러한 종류의 성공을 제대로 누리지 못하고 매일 무미건조하고 괴롭게 살아간다. 사람에 따라서는 단조로운 삶에서 벗어나 죽을 때까지 즐기며 살아간다. 그런가 하면 제3의 대안을 선택해 여생 동안 이웃의 행복에 기여하려고 더욱 열심히 노력하는 사람도 있다. 이것이야말로 우리가

9. 삶에서 추구하는 제3의 대안

궁극적으로 실천해야 하는 '진정한 임무'이다.

그렇다면 제3의 대안을 선택해 의미 있는 일에 기여하며 크레센도의 삶을 살겠는가? 아니면 나이가 들어가며 점점 축소되는 삶을 살겠는가? 세상에 어떤 유산을 남기려는가? 과거를 돌아보지 말라. 앞으로 무엇에 기여해야 하는가? 어떤 흥미진진한 모험이 기다리고 있는가? 어떤 영원한 성취를 달성할 것인가? 주위에 나누어줄 시간과 지식과 경험이 있다면 무엇을 할 것인가? 어떤 관계를 새로 형성하고 치유할 것인가? 스스로 수행할 최대 임무가 여전히 눈앞에 놓여 있는가? 주위 사람들은 세상을 살아가며 감당해야 하는 위압적 도전에 우리가 응답하기를 기다리고 바랄 것이다. 정신과 마음을 다해 시너지에 도달하는 것으로 응답한다면 의미가 있고 목적이 있는 삶을 축복으로 누릴 것이다.

영국 시인 앨프리드 테니슨Alfred Tennyson은 자신의 걸작 〈율리시스 Ulysses〉에서 트로이 영웅이 용맹한 모험을 끝내고 고국으로 돌아오고 나서 '나태한 왕'이 되어 연회와 지루한 놀이에 파묻혀 방탕하게 늙어가는 광경을 노래한다. 율리시스는 과거를 되돌아보고, 폭풍과 거인과 씨름했던 시절을 회상하고, 엄청난 곤경에 맞붙어 싸워 결국 극복했던 경험을 떠올린다. 그러면서 지금처럼 나태하게 살다가 죽을 수는 없다고 생각한다.

더 이상 젊은 영웅은 아니었지만 여전히 더욱 고귀하고 바람직한 목표를 달성하려는 의욕에 불타오른 율리시스는, 의자를 박차고 일어나 출항할 준비를 하라고 명령한다. 율리시스의 오랜 친구들도 그와 같은 심정이어서 함께 항해를 떠나며 가장 위대한 모험이 여전히 앞에 놓여 있다고 생각한다.

나는 항해를 그만둘 수 없다. 나는 취하리라.

삶의 고초를 남김없이 겪으리라.

나는 삶을 몹시 즐겼고, 크나큰 고통을 맛보았다.

나를 사랑했던 사람들과 함께 그리고 나 홀로……

얼마나 멍청한 짓인가! 멈추는 것은, 끝내는 것은,

녹스는 것은, 사용하지 않아 광을 내지 못하는 것은!

숨 쉬는 것이 삶의 전부이기나 한 것처럼

삶에 삶을 포개는 것은 하등의 가치가 없도다…….

……비록

옛 시절 하늘과 땅을 움직였던 힘은

지금 사라졌을지언정 지금 여기 우리가 존재하노니

시간과 운명이 한결같은 영웅의 기백을

퇴색시켰지만 여전히 의지는 강하다.

분투하고, 추구하고, 찾으라 그리고 결코 굴하지 말라.

이 책에서 교훈을 얻는 최상의 방법은 타인에게 가르치는 것이다. 교사가 학생보다 훨씬 많이 배운다는 사실은 누구나 안다. 그러므로 동료나 친구나 가족을 골라 이 책에서 배운 통찰을 가르쳐라. 다음에 열거한 도발적인 질문을 하거나 스스로 질문을 만든다.

- 크레센도의 삶을 산다는 것은 무슨 뜻인가? 디미누엔도의 삶은 산다는 것은 무슨 뜻인가?
- 제2의 대안에 얽매여 살아가는 사람이 너무나 많다. 그러한 제2의 대안을 어떻게 설명할 것인가? 온전한 삶을 살려는 사람에게 각 대안의 한계는 무엇인가? 제3의 대안은 무엇인가?
- 기여의 패러다임을 갖추면 실제로 자기 삶을 구할 수 있다. 이때 자연스럽게 거치는 과정은 무엇인가?
- 지미 카터 부부가 백악관을 떠나고 직면했던 제2의 대안들은 무엇이었는가? 그 부부는 어떤 방식으로 제3의 대안을 추구하기 시작했는가?
- 해리스 로젠과 '재키'가 추구하는 제3의 대안적 삶은 영향력의 원이 차지하는 크기로 따지면 실제로 정반대이지만 둘 다 의미 있는 일에 기여한다. 두 사람이 기여한 규모를 보며 무엇을 배웠는가?
- 행복이 '영구적인 휴가'라고 생각하는 사람은 자신을 기만하는 것이다. 이것이 어째서 만물의 원칙에 어긋나는가?
- '영구적인 사명'을 달성하겠다고 생각할 때 해방감을 느끼는 이유는 무엇인가? 이 질문과 관련지어 제임스 김의 사례에서 무엇을 배웠는가? 제임스 김의 삶이 역발상인 까닭은 무엇인가?
- 니체는 "살아갈 이유가 있는 사람은 어떤 어려움도 견딜 수 있다"고 주

장했다. 샌드라 코비의 사례는 이러한 종류의 통찰을 어떻게 설명하는가? 자신의 한계를 고려할 때 이러한 통찰은 어떤 방식으로 유용한가?

• 내 친구와 어머니의 사례를 읽고 크레센도의 삶에 대해 무엇을 배웠는가? 우리에게는 크레센도의 삶을 살도록 타인을 도울 책임이 있다. 그 까닭은 무엇인가? 당신은 크레센도의 삶을 살도록 누구를 도울 것인가?

• 테니슨이 노래한 시 〈율리시스〉의 다음 구절이 어떤 의미로 들리는가? "얼마나 멍청한 짓인가! 멈추는 것은, 끝내는 것은, …… 녹스는 것은, 사용하지 않아 광을 내지 못하는 것은!"

시도하라

당신은 어떻게 크레센도의 삶을 살 것인가? 자신의 성공 기준은 무엇인가? 어떤 제3의 대안이 당신 삶을 바꿀 것인가? 제3의 대안을 구상해보라. 다른 사람에게 이 과정에 기여해달라고 요청하라. '시너지에 도달하는 4단계' 도구를 사용하라.

❶ 제3의 대안을 찾는 질문을 한다.

"우리가 지금껏 생각해낸 것보다 좋은 해결책을 찾을 의향이 있는가?" 그렇다고 대답하면 2단계로 넘어간다.

❷ 성공 기준을 정의한다.

다음 칸에 모두가 반가워할 해결책의 특징을 나열한다. 성공은 어떤 모습일까? 어떤 일을 해야 할까? 이해당사자 모두 '승―승'하는 방법은 무엇일까?

❸ 제3의 대안을 창조한다.

다음 칸에 모델을 만들거나 그림을 그리거나 아이디어를 빌려오거나 사고의 관점을 전환한다. 신속하고 창의적으로 움직인다. 시너지에 도달했다는 사실을 알고 흥분하는 순간이 찾아올 때까지 모든 판단을 미룬다.

(((④))) 시너지에 도달한다.

다음 칸에는 제3의 대안을 서술하고 원한다면 어떻게 실천할지 쓴다.

시너지에 도달하기 위한 4단계 도구의 사용지침

❶ **질문한다**
제3의 대안을 찾는 질문

❷ **정의한다**
성공 기준

❸ **창조한다**
제3의 대안

❹ **도달한다**
시너지나 제3의 대안

시너지에 도달하는 4단계: 이 과정은 시너지 원칙을 적용하는 데 유용하다. (1) 제3의 대안을 기꺼이 찾겠다는 의향을 보인다. (2) 모두에게 성공이 어떤 모습인지 정의한다. (3) 해결책을 실험한다. (4) 시너지에 도달한다. 과정 내내 타인의 말을 공감하며 경청한다.

1 제3의 대안을 찾는 질문을 한다.

갈등을 빚거나 창의적인 상황에서 제3의 대안을 찾는 질문을 하는 것은 자신의 확고한
입장이나 선입견을 넘어서서 제3의 입장을 발달시키기에 유용하다.

---

2 성공 기준을 정의한다.

모두에게 성공적인 결과가 어떤 모
습일지 묘사하는 문단을 쓰거나 그
특징을 나열한다. 다음 질문에 대답
한다.

- 기준을 정하는 작업에 전원이 참여했
  는가? 가능한 한 많은 사람에게 많은
  아이디어를 얻고 있는가?
- 자신이 정말 원하는 결과는 무엇인가?
  어떤 일을 해야 하는가?
- 모두가 승―승하는 결과는 무엇인가?
- 기존의 요구를 초월해 좀 더 바람직한
  요구로 바꾸려 하는가?

3 제3의 대안을 창조한다.

다음 지침을 따른다.

- 그냥 논다. 진짜가 아니라 놀이이다.
- 폐쇄를 피한다. 어설프게 동의하거나
  합의하지 않는다.
- 타인이나 자신의 아이디어를 판단하지
  않는다.
- 모델을 만든다. 화이트보드에 그림을
  그리고, 도표를 스케치하고, 실물 크기
  의 모형을 세우고, 초안을 작성한다.
- 머릿속으로 아이디어를 돌린다. 인습적
  인 지혜를 뒤집어본다.
- 빠른 속도로 일한다. 시간 제한을 두어
  서 에너지와 아이디어가 급속하게 흐
  르게 한다.
- 많은 아이디어를 생각해낸다. 어떤 즉
  흥적 통찰이 제3의 대안을 이끌어낼지
  예측할 수 없다.

---

4 시너지에 도달한다.

흥분과 영감이 방을 가득 채우면 제3의 대안을 찾은 것이다. 오랜 갈등이 사라진다. 새
대안이 성공 기준을 충족한다. 이때 주의할 점이 있다. 타협을 시너지로 착각해서는 안
된다. 타협은 만족을 낳지만 기쁨을 안기지는 않는다. 타협하면 모두 무언가를 잃지만
시너지에 도달하면 모두 승리한다.

내면에서 시작하는 변화

10

아주 오래전 어느 여름날이었다. 야외 서바이벌 캠프에서 청소년 집단을 이끌고 있었다. 목표는 최소한의 식량만으로, 게다가 대부분 땅에서 나는 것을 먹으며 황무지에서 살아남는 방법을 가르치는 것이었다. 캠프가 거의 끝날 무렵 청소년들에게 강 양쪽에 서 있는 커다란 나무에 튼튼한 밧줄을 단단히 매달고 강을 건너는 방법을 보여주었다. 나는 손과 다리로 밧줄을 단단하게 붙잡고 손의 힘으로 강 반대편까지 몸을 움직이는 방법을 시연했다. 강을 반쯤 건넜을 때 청소년들을 재밌게 해줄 요량으로 밧줄에 대롱대롱 매달렸다. 강은 수심이 깊었지만 물살이 세지 않았으므로 설사 떨어지더라도 별로 위험하지 않았다. 아이들은 신나 했다. 나는 껄껄 웃으면서 아이들을 협박했다. "너희들이 건널 때도 그렇게 신나 할 수 있나 보자!" 하지만 밧줄에 매달려 있느라 힘을 많이 쓴 탓인지 다시 강을 건너기 시작하자 근육에 경련이 일면서 온몸에 힘이 빠졌다. 나는 의지를 총동원해서 강을 마저 건너야겠다고 독하게 마음먹었다. 하지만 이내 몸을 전혀 움직일 수 없어서 잠시 그대로 매달려 있어야 했다. 그러다가 근육에 힘이 빠지면서 아래 있는 강물로 텀벙 빠졌다. 나는 허우적거리며 겨우 뭍에 도착해 홀딱 젖은 상태로 땅으로 기어 올라왔고 캠프가 끝날 때까지 내내 놀림을 당해야 했다!

그때 경험으로 나는 평생 잊지 못할 위대한 교훈을 얻었다. 자연에 속한 대부분이 그렇듯 몸은 추수의 법칙을 가르친다. 누구나 뿌린 대로 거두기 마련이다. 자연에는 법칙이 있고 궁극적으로 그 법칙이 삶 전체를 지배한다. 내가 강을 마저 건너려고 아무리 힘을 내고 의지를 발휘하려고 애를 쓰더라도 결국 근육의 조건 · 힘 · 지구력의 지배를 받기 마련이다. 내면에 힘이 없으면 외부에서 성공하리라 기대할 수 없다.

매우 어려운 문제와 도전을 맞아 제3의 대안을 생각해내려 할 때도 마찬가지이다. 좋은 의도를 품고 아무리 노력하더라도, 친구 · 동료 · 가족과 빚는 불화를 해결하지 못해 스스로 부족하고 실패자라고 느낄 뿐 아니라 상황은 희망하는 대로 전개되지 않을 것이다. 심지어 상황이 악화되는 것처럼 느낄 수 있다.

나는 항상 이러한 한계에 부딪힌다. 인내심을 잃고 과잉반응을 보인다. 이따금 타인의 말에 귀를 기울이기가 정말 힘들다. 내가 옳다는 것을 알 때는 더더욱 그렇다! 지금은 장성했지만 내게 이 원칙을 배운 자녀들은 내가 자신들의 이야기를 제대로 듣지 않고 있을 때면 여지없이 지적한다. 그러면 나는 얼굴에 미소를 짓고 심호흡을 하고 재빨리 미안하다고 말하면서 "이제 내가 이해할 수 있도록 도와주렴"이라고 말한다. 솔직히 그렇게 말할 때까지 꽤 시간이 걸리기도 한다.

좋은 의도로 대화를 시작하더라도 결국 방어 태세를 취하거나 마음이 상하거나 반발하거나 "투쟁하거나 피한다." 그렇다고 대화에 실패한 것은 아니지만 우리는 내면의 영혼을 살찌워야 하고 성품의 '근육'을 강화해야 한다.

커다란 도전과 기회를 맞아 제3의 대안을 추구하면서 살아가려 노력할수록 내면의 힘이 더욱 필요하다. 크고 중요한 문제에 도전하려는 욕구가 솟을 때도 그렇다. 문제가 심각하거나 관계가 중요할수록 자존감과 승-승 사고방식을 갖춰야 하고, 인내 · 사랑 · 존중 · 용기 · 공감 · 창의성 · 끈질긴 투지가 더욱 필요하다. 넓은 강일수록 건너려면 내면의 힘이 커야 한다.

그렇다면 내면의 힘은 어떻게 키울 수 있을까? 이것은 살아가며 자신에게 던져야 하는 중대한 질문인 동시에 내가 《성공하는 사람들의 7가지 습관》에서 강조했던 핵심이다. 이 책의 부제목은 원래 "성품 윤리 회복하기Restoring the Character Ethic"였다. 《성공하는 사람들의 7가지 습관》을 다시 읽어보라고 독자에게 권하고 싶다. 인간 효율성에 관한 무한하고 보편적이면서 명백한 원칙을 소개하기 때문이다. 7가지 습관은 문화·사회·종교·가족·조직을 포함해 지속적으로 번영하는 곳이면 어디에든 존재한다. 내가 7가지 습관을 만든 것이 아니라 그저 독자들이 활용할 수 있도록 순서를 정하고 체계화하여 하나의 틀로 짰을 뿐이다. 나는 이 보편적인 원칙이 신에게서 왔고, 인간을 향한 신의 사랑과 바람을 표현한 것이라 믿는다. 또한 이러한 신념이 없더라도 나름대로 원칙을 정해 봉사하고 사회에 기여하며 위대한 삶을 사는 사람들을 존경하고 그 노고를 높이 평가한다.

제3의 대안을 추구하는 사람의 성공은 내면에서 시작한다. 문제를 해결하기 위해 내면의 힘을 발달시켜 제3의 대안을 생각해내는 데 매우 유용한 방법 20가지를 살펴보자.

1. 자존심을 조심한다. 언제나 "옳아야 한다"는 생각을 버린다. 자신의 현실감각은 어찌되었든 부분적일 수밖에 없다. 관계에서 중요한 돌파구를 마련하고 창의적인 해결책을 생각해낸다. 이때 '옳음'을 고집한다면 결코 그렇게 하지 못할 것이다.

2. "미안합니다"라고 말하는 법을 배운다. 생각이 짧았거나 타인에게 상처를 입혔다는 사실을 알게 되면 그 즉시 사과한다. 진솔한 태도를 취하고 사과를 주저하지 않는다. 어정쩡하게 사과하지 않는다. 온전히 사과하는 동시에 실수에 대해 책임을 지고 상대방을 이해하고 싶다는 뜻을 표현한다.

3. 타인의 무례를 신속하게 용서한다. 마음에 상처를 입는지의 여부는 우리가 스스로 선택하는 것이다. 기분이 상하면 빨리 잊어라.

4. 자신과 타인에게 매우 작은 약속을 하고 지킨다. 그렇게 약속을 지키는 습관을 들여가면서 더욱 큰 약속을 하고 지킨다. 성실은 안정과 힘을 안겨주는 가장 큰 원천이다.

5. 자연에서 시간을 보낸다. 오래 산책한다. 주변 세상의 시너지에 대해 매일 깊이 있게 사고할 수 있는 장소를 마련한다.

6. 폭넓게 독서한다. 제3의 대안에 도달할 수 있는 영감과 정신적 연결을 얻을 최선의 방법이다.

7. 자주, 가능하다면 매일 운동한다. 건강에 좋은 음식을 영양의 균형을 맞추면서 절제하여 섭취한다. 육체는 정신과 영혼을 살찌우는 도구이다.

8. 최소한 하루에 7~8시간씩 충분한 수면을 취한다. 과학적 사실에 따르면 뇌는 잠을 자는 동안 새로운 신경 연결을 만들어낸다. 그래서 잠에서 깼을 때 반짝이는 아이디어가 떠오르는 것이다. 충분한 수면을 취하면 제3의 대안을 생각해내는 데 필요한 감정적·정신적·영적 에너지를 더욱 풍부하게 얻을 수 있다.

9. 영감을 주거나 신성한 내용의 글을 연구한다. 깊이 생각하거나 명상하거나 기도한다. 그러면 영감이 떠오를 것이다.

10. 조용한 시간을 마련해 자신이 직면한 난관을 해결할 창의적인 제3의 대안을 생각해본다.

11. 자신이 상대하는 사람들에게 사랑과 감사의 마음을 표현한다. 그들의 말을 공감하면서 경청한다. 시간을 들여 그들의 사람 됨됨이와 사연, 그들이 중요하게 생각하는 것을 파악한다.

12. 우리에게는 귀 두 개와 입 한 개가 있다. 그러니까 개수에 비례하여 사용한다.

13. 타인에게 너그럽게 행동하고 시간 · 마음 · 용서 · 지지를 후하게 베푸는 법을 훈련한다. 필요한 사람에게 자신의 자원을 현명하고 후하게 나누어준다. 자신에게 너그럽고 자신을 용서한다. 사람은 누구나 약점도 있고 강점도 있다. 미래를 바라보고 전진한다. 그러면 내면에서 풍요의 정신이 살아날 것이다.

14. 자신을 타인과 비교하지 않는다. 그냥 비교하지 않는다. 각자 특유한 존재이기 때문이다. 우리에게는 무한한 가치와 크나큰 잠재력이 있다. 자신만의 각별한 삶의 사명을 정한다. 그리고 그 사명에 충실하고 자기다워지고 타인과 세상을 소탈하고 당당하게 섬긴다.

15. 감사한 마음을 품고 표현한다.

16. 타인에게 위대한 승리를 안겨 행복 · 평화 · 번영을 증진하는 방법을 열정적으로 끈질기게 찾는다. 이러한 태도는 전염되므로 타인도 우리와

같은 태도를 취할 것이다. 이는 놀라운 시너지를 만들어내는 핵심 요소이다.

17. 상황이 순조롭지 않을 때는 휴식을 취하고 집 주변을 산책하고 밤에 충분히 수면을 취해 신선한 관점으로 새날을 맞이한다.

18. 진정으로 상생에 도달할 수 없으면 일부 경우에는 '거래 거절'이 최고 대안이라는 사실을 기억한다.

19. 타인의 반응·약점·특이사항을 대할 때는 그저 환하게 미소를 짓는다. 십 대 자녀를 대할 때는 "이 또한 지나가리라"고 되뇐다.

20. 제3의 대안이 있을 수 있다는 믿음을 품는다.

이렇게 사적인 싸움에서 승리하면 공적인 승리도 따라올 것이다.

나는 이 책을 끝맺으면서 당신을 사랑하고, 당신의 성품과 잠재력을 믿는다고 말하고 싶다. 당신이 제3의 대안을 추구하는 삶을 살겠노라 선택할 때 세상에 커다란 유익을 안기리라 믿는다. 세상은 당신의 도움이 절실히 필요하다. 신의 은총이 당신과 함께하기를 기도한다.

감사의 글

이 책을 출간하는 데 도움의 손길을 주었던 여러 훌륭한 사람들에게 감사한다. 제3의 대안을 몸소 보여주며 내게 영감을 주었던 전 세계 '트림탭' 친구·동료·고객 들에게 깊이 감사한다. 그들은 자신의 사연과 살아가는 이야기를 기쁜 마음으로 들려주었다.

프랭클린코비FranklinCovey에서 함께 일하는 동료에게 감사한다. 샘 브랙큰Sam Bracken은 열정적이고 헌신적인 태도로 주위를 감화시키며 출간 과정을 노련하게 지휘했다. 딘 콜린우드Dean Collinwood 박사는 세계적으로 "심각한 문제에 관한 조사"를 실시했다. 조디 카Jody Karr는 재능 있는 인재들을 이끌면서 그래픽을 디자인했다. 테리 리옹Terry Lyon은 수백 건에 달하는 허가를 얻어냈다. 데브라 런드Debra Lund는 홍보 담당으로 충성심과 헌신을 발휘하여 내 작품이 미치는 영향력에 여러 방식으로 기여했다. 재니타 앤더슨Janita Andersen 역시 세계를 무대로 이러한 역할을 훌륭하게 수행했다. 애니 오즈월드Annie Oswald, 마이클 옥키Michael Ockey, 내 아들 숀 코비Sean Covey 등이 내용을 검토하고 귀중한 통찰을 제공해줌으로써 원고의 질이 눈에 띄게 향상되었다.

사업 파트너인 보이드 크레이그Boyd Craig에게 특별히 감사한다. 그는 친구이자 동료로 20년 넘게 내 곁에 있으면서 이 책을 구성하는 아이디어와 틀을 제안했고, 우리가 여러 해 동안 힘을 합해 달성해온 시너지에 관한 내용을 책에 담는 데 기여했다. 보이드는 제3의 대안을 추구하는 매우 특별한 리더로서, 제3의 대안을 생각해내고 다른 사람을 가르치며 문제를 해결하는 용기 있고 현명한 본보기이다. 보이드가 맺는 업무와 성품의 열매는 이 책에도, 내가 달성한 많은 업적에도 그대로 드러난다.

내 조수 줄리 길먼Julie Gillman과 달라 샐린Darla Salin, 보이드의 조수 빅토리아 매롯Victoria Marrott, 이 밖에도 여러 해 동안 매우 중요한 역할을 수행했고 내 저술 작업을 도와주었던 조수들과 동료들에게 감사한다. 그들의 지칠 줄 모르는 헌신은 미처 다 헤아릴 수 없을 만큼 내게 커다란 축복이었다.

사람들의 사기를 북돋우는 리더십과 헌신적인 봉사 정신을 실천하는 프랭클린코비 회장이자 CEO 밥 휘트먼Bob Whitman, 이사회 동료, 중역, 전 세계 직원에게 사랑의 마음을 담아 감사한다.

캐럴린 리디Carolyn Reidy, 마사 레빈Martha Levin, 도미니크 안푸소Dominick Anfuso, 모라 오브라이언Maura O'Brien, 수잰 도나휴Suzanne Donahue, 카리사 헤이스Carisa Hays를 비롯하여 이 책의 디자인 · 생산 · 마케팅 · 출간을 진행한 사이먼 앤드 슈스터/프리 프레스Simon & Schuster/Free Press에 근무하는 친구들의 멋진 작업에 감사한다. 대행 서비스를 탁월하게 수행해준 친한 친구 잰 밀러Jan Miller와 그녀의 동료 섀넌 마이저 마븐Shannon Miser-Marven에게도 감사한다.

아내 샌드라, 자녀들인 신시아 · 마리아Maria · 스티븐Stephen · 숀 · 데이비드 · 캐서린Catherine · 콜린Colleen · 제니 · 조슈아Joshua 그리고 그들의 멋진 배우자들에게 사랑과 감사를 표현하고 싶다. 그들이 내게 안겨준 많은 경험으로 이 책의 내용이 더욱 풍부해질 수 있었다. 우리 자녀·손주·증손주 그리고 미래에 태어날 자손은 우리 삶을 반짝이게 해주는 빛이고 희망이며, 궁극적으로는 '크레센도의 삶을 살려는' 희망의 자각이고 표현이다. 특히 '제3의 대안을 추구하는 삶'을 저술하는 데 기여한 내 딸 신시아 코비 할러Cynthia Covey Haller에게도 감사한다.

부모님과 조부모님께 존경의 마음을 바친다. 그들은 나를 사랑하고 내게 자존감과 에너지를 심어주었으며 제3의 대안적 사고를 가능케 하는 토대인 풍요의 사고방식으로 양육했다. 또한 사랑하는 누이들과 특히 남동생 존에게 감사한다. 존은 내 평생에 걸쳐 가장 충실하고 진정한 친구이면서 '가정에서 추구하는 제3의 대안'의 내용에 폭넓게 기여했다. 프랭클린코비의 '결혼, 가정, 가족' 분야에서 존이 발휘하는 리더십은 후대에까지 유산으로 전해질 것이다.

내 오랜 친구이자 미국 지방법원 판사인 래리 보일에게 특히 은혜를 입었다. 그는 이 책의 '법에서 추구하는 제3의 대안'을 나와 함께 저술했다. 법조계 최고 자리에서 제3의 대안을 추구하는 본보기를 보이면서, 첨예하게 대립하는 분쟁을 맞아 시너지를 발휘하는 방식으로 문제를 해결하는 자신의 독특한 경험을 책에 담았다. 제3의 대안을 추구하는 정신의 소유자로 유능한 변호사인 브라이언 보일에게도 감사의 마음을 전하고 싶다. 그의 예리한 통찰력 덕택에 법조인의 관점을 원고에 반영할 수 있었다. 또한 법률 분야 담당 연구 조수인 브랜든 카펜Brandon Karpen, 크리스틴 포틴 룬스Kristin Fortin Lewnes, 마이클 마일스Michael Miles, 마크 섀퍼 Mark Shaffer, 레베카 심브로브스키Rebecca Symbrowski에게 감사한다.

워드 클래펌에게 특별히 감사한다. 워드는 자신의 삶과 경찰 세계에서 원칙에 입각한 리더십을 발휘하여 범죄를 끝내는 데 기여하고 있으며 청소년을 강하게 만들면서 가는 곳마다 시민 사회의 씨를 뿌리고 있다. '사회에서 추구하는 제3의 대안'의 내용이 충실해질 수 있도록 크게 기여해준 것에 감사한다.

마지막으로 프랭클린코비의 수석 저자 브렉 잉글랜드Breck England에게 특별히 감사한다. 연구와 저술에 수많은 시간을 쏟아 넣은 그의 노력 덕택에 이 책이 세상의 빛을 볼 수 있었다. 브렉은 시너지에 관한 최고의 아이디어를 찾기 위해 세계를 샅샅이 뒤지며 열정적으로 일했다. 내 동료 모두가 그랬듯 브렉은 모든 사람·조직·사회에 위대한 속성을 부여한다는 프랭클린코비의 사명을 실천하고 있다.

감수의 글

이 책(원제: The Third Alternative, 제3의 대안)의 한국어판이 나와서 감개무량하고 기대가 크다. 12년 전, 코비 박사님에게 이 책을 준비한다는 얘기를 듣는 순간부터 제3의 대안적 사고와 해결책이 우리 한국 사회에 큰 도움을 줄 것이라고 확신했기 때문이다.

나는 22년 전에 코비 박사님에게 이 제3의 해결책, 즉 시너지를 내라(《성공하는 사람들의 7가지 습관》 중 6번째 습관)에 관한 교육을 받고 우등생과 모델 수혜자가 되었다. 가장, 회장, 교수, 코치로 활동하면서 상대방의 간청이나 의견 충돌, 논쟁이 있을 때마다 "제3의 대안적 해결책이 무엇일까?"를 생각하면서 제3의 대안을 찾아왔다.

6남매 집안의 장남인 나에게도 제3의 대안 문제가 생겼다. 어머님이 돌아가셨는데 장례 절차 문제로 형제들의 의견이 달랐고, 3파전 양상으로 자기들 방식을 주장했다. 생전에 어머님은 불교에 가까웠지만 형제간의 화합을 위해서 중립을 지켜왔고 무교라고 말씀해오셨다. 나와 동생은 기독교 의식, 둘째 누나와 막내 남동생은 불교 의식, 큰 누나와 막내 여동생은 천주교식을 주장했다. 제3의 대안적 해결책 덕분에 모두의 의견을 경청한 결과, 6남매 모두 천주교, 기독교, 불교 의식을 융합시킨 장례식에 동의했고 TV와 신문에 보도될 정도로 대성공이었다.

우리 회사는 평생직장을 강조하기에, 3년 이상 근무하고 회사를 그만두면 퇴직 대신 파송을 시킨다. 옮겨간 회사가 마음에 안 들거나 창업한 회사가 잘 안되면 다시 돌아와서 근무할 수 있도록 하기 위함이다. 그런

데 근로기준법은 법적으로 퇴직을 해야 되기 때문에 파송 직원과 대화를 하여 회사에도 도움 되고 그에게도 도움 되는 제3의 방법을 선택한다.

나는 이 방법을 정치인들 코칭에도 사용하고 있는데 몇몇 국회의원들이 수혜자이다. 비밀 보장 때문에 이름을 밝힐 수는 없지만 상대방의 주장을 경청하고 공감한 다음, 자신의 주장을 하고 함께 제3의 대안을 찾아보자고 하여 성공한 사례가 여러 건 있다. 모 의원은 상대 의견을 경청할 때 반박 의도를 갖고 듣는 것과 대안 창출 의도를 갖고 듣는 것의 차이가 엄청나다는 사실을 발견했다면서 나를 당원 전략 특강에 초청하기도 했다.

코비 박사님은 나에게 "이 방법이 미국 법원에 활용되었고, 민사 소송 건수가 현저하게 줄어들었다"라고 하면서 한국 법원의 중재 제도에 관해서 물었다. 나는 "중재 제도가 일부 사용되고 있으며 책이 나오면 더 크게 확대될 수 있을 것"이라고 답했다. 나는 대학생 리더십 강의에도 제3의 대안 찾기 실습을 해오고 있다. 예를 들어 "졸업 후 취업이 되지 않았다면서 대학등록금 반환 소송을 한 원고 학생과 피고 대학총장이 모두 만족할 수 있게 제3의 대안으로 중재해보라"는 문제를 내면 "학생이 취업 될 때까지 수강할 수 있게 허용한다"는 등의 제3의 대안이 나온다.

나는 가끔 CEO들을 코칭하면서 남북한 정치 지도자들이 제3의 대안 창출 방법을 사용하여 통일 담판을 하는 꿈도 꾼다. 북한의 소망이 "북한의 경제 발전, 체제 유지, 홍보 과시"이고 우리의 소원이 "평화 통일,

인력 활용, 시장 창출"임을 솔직한 대화를 통해서 상호 공감하면 해결의
실마리가 풀릴 것이고, 정치 이외의 다른 분야에서도 제3의 대안이 나올
수 있다고 확신한다. 과거 독일도 제3의 방법을 많이 활용해서 통일을
이루어냈다.

나는 이 책을 감수하면서 지식인 독자들, 특히 "성공하는 사람들의
7가지 습관"이나 "성공하는 대학생들의 7가지 습관"을 교육받은 청년
들이 제3의 대안적 접근 방식을 현장에서 활용하는 우리 사회를 상상해
본다.

한국의 가정, 조직, 국회, 법원, 학교, 정부기관은 물론 사회 전체에 홍
익인간 정신과 새마음 운동이 전개될 것임을 확신한다.

김경섭

(한국리더십센터 회장)

미주

1. 전환점

1) 조사 보고서 전체를 보려면 다음을 참조하라. "The 3rd Alternative: The Most Serious Challenges," at http://www.The3rdAlternative.com.

2) Elizabeth Lesser, "Take the 'Other' to Lunch," dotsub.com, no date, http://dotsub.com/view/6581098e-8c0d-4ec0-23a6cb9500eb/viewTranscript/eng.

2. 제3의 대안: 원칙, 패러다임, 시너지 효과

1) 이 예는 다음 글에서 인용했다. R. Buckminster Fuller, *Synergetics–Explorations in the Geometry of Thinking* (New York: Macmillan, 1975), p.6.

2) 다음 글에서 인용했다. Stephen R. Covey, "The Mission Statement That Changed the World," The Stephen R. Covey Community, http://www.stevencovey.com/blog/?=14.

3) 성장하고 창의적인 관계를 증진시키는 조건에 대해 더 많은 내용을 보려면 다음을 참조하라. Carl Rogers, *On Becoming a Person* (New York: Houghton Mifflin Harcourt, 1995), pp.61–63.

4) Henry Mintzberg, "A Crisis of Management, Not Economics," *Globe and Mail* (Toronto), March 31, 2009.

5) Owen J. Flanagan, *The Problem of the Soul* (New York: Basic Books, 2002), p.30.

6) Lee H. Hamilton, "We Can Reconcile Polarized Politics," JournalStar.com, December 3, 2010, http://journalstar.com/news/opinion/editorial/columnists/article_bf62ba78-9073-5d13-b19e-ef5a66ea2465.html.

7) David Brooks, "The Rush to Therapy," *New York Times*, November 9, 2009.

8) Michael Battle and Desmond Tutu, *Ubuntu: I in You and You in Me* (New York: Church Publishing, 2009), p.3.

9) Orland Bishop, "Sawubona," http://www.youtube.com/watch?v=2IjUkVZRP K8&feature=related. Accessed November 22, 2010.

10) David J. Schneider, *The Psychology of Stereotyping* (New York: Guilford Press, 2004), p.145.

11) Martin Buber, *I and Thou* (New York: Simon & Schuster, 2000), pp.23, 28, 54.

12) Carl Rogers, *A Way of Being* (New York: Houghton Mifflin Harcourt, 1995), p.22.

13) Nelson Mandela, *In His Own Words* (New York: Hachette Digital, 2003), p.xxxii.

14) "Christo Brand," The Forgiveness Project, http://theforgivenessproject.com/stories/christo-brand-vusumzi-mcongo-south-africa/. Accessed November 23, 2010.

15) Andrew Meldrum, "The Guard Who Really Was Mandela's Friend," *Observer* (London), May 20, 2007, http://www.guardian.co.uk/world/2007/may/20/nelsonmandela. Accessed November 23, 2010.

16) Nelson Mandela, *Long Walk to Freedom* (New York: Holt, Rinehart and Winston, 2000), p.544.

17) Desmond Tutu, *No Future Without Forgiveness* (New York: Doubleday, 1999), p.265.

18) Jonathan Swift, *Gulliver's Travels* (London: Bibliolis Books, 2010), p.186.

19) Ronald C. Arnett, *Communication and Community: Implications of Martin Buber's Dialogue* (Carbondale: Southern Illinois University Press, 1986), p.34.

20) Seth Godin, "The Tribes We Lead," http://www.ted.com/talks/seth_godin_on_the_tribes_we_lead.html. Accessed November 20, 2010.

21) Carol Locust, "The Talking Stick," Acacia Artisans: Stories and Facts, http://www.acaciart.com/stories/archive6.html. Accessed October 10, 2010.

22) William Nelson Fenton, *The Great Law and the Longhouse: A Political History of the Iroquois Confederacy* (Norman, OK: University of Oklahoma Press, 1998), pp.90-91.

23) *Encyclopedia of the Haudenosaunee* (Iroquois Confederacy), ed. Bruce Elliott Johansen and Barbara Alice Mann (Westport, CT: Greenwood Publishing Group), p.246.

24) Susan Kalter, *Benjamin Franklin, Pennsylvania, and the First Nations* (Champaign: University of Illinois Press, 2006), p.28.

25) Khen Lampert, *Traditions of Compassion* (New York: Palgrave-Macmillan, 2006), p.157.

26) Rogers, *A Way of Being*, p.10.

27) 이 정보는 유타 대학교 소아학과의 조지프 크레이머Joseph G. Cramer 박사에게 서 얻게 되었다.

28) Suzann Keen, *Empathy and the Novel* (Oxford: Oxford University Press, 2007), p.151.

29) Carl Rogers, "Communication: Its Blocking and Its Facilitation," http://www.redwoods.edu/instruct/jjohnston/English1A/readings/rhetoricandthinking/communicationitsblockingitsfacilitation.htm. Accessed

October 23, 2010.

30) Hannah Arendt and Ronald Beiner, *Lectures on Kant's Political Philosophy* (Chicago: University of Chicago Press, 1989), p.43.

31) Marc Gopin, *Healing the Heart of Conflict* (Emmaus, PA: Rodale, 2004), p.237.

32) Rogers, *A Way of Being*, p.102.

33) John Stuart Mill, *On Liberty and Other Essays* (Lawrence, KS: Digireads.com, 2010), p.35.

34) Rogers, *A Way of Being*, p.105.

35) David G. Ullman, *Making Robust Decisions* (Bloomington, IN: Trafford, 2006), p.35.

36) Marianne M. Jennings, *Business Ethics: Case Studies and Selected Readings* (Florence, KY: Cengage Learning, 2008), pp.216 – 217.

37) Mill, *On Liberty and Other Essays*, p.31.

38) Horacio Falcao, "Negotiating to Win," *INSEAD Knowledge*, April 16, 2010, http://knowledge.insead.edu/strategy-value-negotiation-100419.cfm?vid=404.

39) Cited in Lisa Schirch, *Ritual and Symbol in Peacebuilding* (Sterling, VA: Kumarian Press, 2005), p.91.

40) "Beyond Beaches and Palm Trees," *Economist*, October 2008; Joseph Stiglitz, "The Mauritius Miracle, or How to Make a Big Success of a Small Economy," *Guardian* (Manchester), March 7, 2011, http://www.guardian.co.uk/commentisfree/2011/mar/07/mauritius-healthcare-education.

41) A. G. Lafley and Ram Charan, *The Game Changer* (New York: Random House, 2008), pp.240 – 241.

42) Charles H. Green, "Get Beyond Fairness," http://trustedadvisor.com/trustmatters/91/Trust-Tip-16-Get-Beyond-Fairness.

43) Amy Tan, "Creativity," TED.com, April 2008, http://www.ted.com/talks/
lang/eng/amy_tan_on_creativity.html.

44) Arendt and Beiner, *Lectures on Kant's Political Philosophy*, p.42. Emphasis
mine.

45) David J. Garrow, *Bearing the Cross: Martin Luther King, Jr, and the Southern
Christian Leadership Conference* (New York: Harper Collins, 2004), pp.46, 464.

46) Lisa Zyga, "Scientists Build Anti-Mosquito Laser," physorg.com, March 16,
2009, http://www.physorg.com/news156423566.html; Jennifer 8 Lee, "Using
Lasers to Zap Mosquitoes," *New York Times*, February 12, 2010, http://bits.blogs.
nytimes.com/2010/02/12/using-lasers-to-zap-mosquitoes/.

47) Hermann Hesse, *Steppenwolf* (New York: Macmillan, 2002), pp.59, 164-165,
205.

48) Carl Rogers, *On Becoming a Person* (New York: Houghton Mifflin, 1995), p.23.

49) Austin Carr, "The Most Important Leadership Competency for CEOs?
Creativity," *Fast Company*, May 18, 2010, http://www.fastcompany.com/
1648943/creativity-the-most-important-leadership-quality-for-ceos-study.

50) Edward de Bono, *Lateral Thinking: Creativity Step by Step* (New York:
HarperCollins, 1973), p.7.

51) Rogers, *A Way of Being*, p.43.

52) Bolivar J. Bueno, *Why We Talk* (Kingston, NY: Creative Crayon Publishers,
2007), p.109.

3. 직장에서 추구하는 제3의 대안

1) Patrick Hosking, "Hubris to Nemesis: How Sir Fred Goodwin Became the

'World's Worst Banker," *Times* (London), January 20, 2009, http://business.
timesonline.co.uk/tol/business/economics/articl e5549510.ece.

2) Sydney Finkelstein, *Why Smart Executives Fail* (New York: Penguin, 2004),
p.268.

3) Christopher Kenton, "When Sales Meets Marketing," *Business Week*, February
19, 2004, http://www.businessweek.com/smallbiz/content/feb2004/sb20040219
_0464.htm.

4) Benson P. Shapiro, "Want a Happy Customer? Coordinate Sales and
Marketing," *Harvard Business School Working Knowledge*, October 28, 2002.
http://hbswk.hbs.edu/item/3154 .html.

5) 2010년 10월 7일 그레그 닐을 인터뷰했다.

6) James Ledbetter, "The Death of a Salesman: Of Lots of Them, Actually,"
Slate, September 21, 2010.

7) 《성공하는 사람들의 7가지 습관》 중에서 네 번째 습관, '승-승을 생각하라' 항목을
참조하라.

8) Falcao, "Negotiating to Win," *INSEAD Knowledge*, April 16, 2010. http://
knowledge.insead.edu/strategy-value-negotiation-100419.cfm?vid=404.

9) Grande Lum, *The Negotiation Fieldbook: Simple Strategies to Help Negotiate
Everything* (New York: McGraw-Hill Professional, 2004), p.90.

10) Mahan Khalsa, *Let's Get Real or Let's Not Play* (Salt Lake City: White Water
Press, 1999), p.5.

11) Khalsa, *Let's Get Real*, p.29.

12) Khalsa , *Let's Get Real*, p.97.

13) 2010년 8월 3일 테네시 주 네슈빌에서 짐 유즈리를 인터뷰했다.

14) 2010년 10월 15일 조던 아셔를 인터뷰했다.

15) 2010년 10월 18일 짐 푸쿠아를 인터뷰했다.

16) Deepak Malhotra and Max H. Bazerman, *Negotiation Genius: How to Overcome Obstacles and Achieve Brilliant Results* (New York: Random House, 2008), p.64.

17) William F. Joyce, Nitin Nohria, and Bruce Roberson, *What Really Works* (New York: HarperCollins, 2003), pp.219 – 220.

18) 그가 쓴 다음 책을 참조하라. *The Innovator's Dilemma* (Cambridge: Harvard Business Press, 1997; *The Innovator's Solution* (Cambridge: Harvard Business Press, 2003).

19) Edward de Bono, "Creativity Only for the Successful?" November 12, 2001. http://www.edwdebono.com/msg09i.htm.

20) Ann F. Budd and John M. Pandolfi, "Evolutionary Novelty Is Concentrated at the Edge of Coral Species Distributions," *Science*, June 10, 2010, 1558.

21) Steven Johnson, "Where Good Ideas Come From," TED.com, July 2010, http://www.ted.com/talks/steven_johnson_where_good_ideas_come_from.html.

22) Nathan Myhrvold, "On Delivering Vaccines," Seedmagazine.com, December 30, 2010, http://seedmagazine.com/content/article/on_delivering_vaccines/.

23) Tan, "Creativity," Ted.com.

24) The World's Most Trusted Company, FranklinCovey video, 2008.

25) "Charles Leadbeater on Innovation," TED.com, July 2007, http://www.ted.com/talks/charles_leadbeater_on_innovation.html.

26) D. R. King et al., "Meta-analyses of Post-acquisition Performance: Indications of Unidentified Moderators," *Strategic Management Journal*, February 2004, abstract; "KPMG Identifies Six Key Factors," Riskworld.com, November 29, 1999, http://www.riskworld.com/pressrel/1999/PR99a214.htm.

27) Anand Sanwal, "M & A's Losing Hand," *Business Finance*, November 18, 2008.

28) Jeffrey F. Rayport, "Idea Fest," *Fast Company*, December 31, 2002, http://www.fastcompany.com/magazine/66/ideafest.html?page=0%2C5.

29) Patrick A. Gaughan, *Mergers, Acquisitions, and Corporate Restructurings* (New York: Wiley, 2007), p.159.

30) Sydney Finkelstein, *Why Smart Executives Fail* (New York: Penguin, 2004), pp.92, 94.

31) Gretchen Morgenson, "No Wonder CEOs Love Those Mergers," *The New York Times*, July 18, 2004.

32) Peter A. Corning, "The Synergism Hypothesis,"1998, http://www.complexsystems.org/publications/synhypo.html.

33) "The New Business Conversation Starts Here," *Fast Company*, December 31, 2002, http://www.fastcompany.com/magazine/66/ideafest.html?page=0%2C5.

34) Rogers, *A Way of Being*, p.43.

35) Edward de Bono, "Positive Gangs," March 2, 2009, http://sixthinkinghats.blogspot.com/2009/03/edward-de-bonos-weekly-message-positive.html. "Property Market," November 4, 2008, http://www.makinginnovationhappen.blogspot.com.

36) Jim H. Taylor et al., *DVD Demystified* (New York: McGraw-Hill Professional, 2006).

37) William Powers, *Twelve by Twelve* (Novato, CA: New World Library, 2010), pp.74-75.

38) David Womack, "An Interview with Ivy Ross," *Business Week*, July 19, 2005.

39) Barry Nalebuff and Ian Ayres, "Why Not?," Forbes.com, October 27, 2003.

40) Pervez K. Achmed et al., *Learning through Knowledge Management* (Maryland Heights, MO: Butterworth-Heinemann, 2002), p.283.

41) Siva Govindasamy, "Interview: Singapore CEO Chew Choon Seng," *FlightGlobal*, January 21, 2010, http://www.flightglobal.com/articles/2010/01/21/337362/interview-singapore-ceo-chew-choon-seng.html.

42) "Panera Bread Foundation Opens Third Panera Cares Community Café in Portland, OR," *Marketwire*, January 16, 2011; Bruce Horovitz, 'Non-Profit Panera Café,' *USA Today*, May 18, 2010; "Panera's Pick-What-You-Pay Café Holds Its Own," Reuters, July 28, 2010, http://blogs.reuters.com/shop-talk/2010/07/28/paneras-pick-what-you-pay-cafe-holds-its-own/.

43) "What American Entrepreneurs Can Learn from Their Foreign Counterparts," *MIT Entrepreneurship Review*, December 6, 2010.

44) Vijay Govindarajan, "Reverse Innovation at Davos," *HBR Blogs*, February 4, 2011, http://blogs.hbr.org/govindarajan/2011/02/reverse-innovation-at-davos.html#.

45) Colin Hall, "Mergers and Acquisitions," *Learning to Lead*, November 2004, http://www.ltl.co.za/public-library/mergers-and-acquisitions.

4. 가정에서 추구하는 제3의 대안

1) Zainab Salbi, "Women, Wartime, and the Dream of Peace," TED.com, July 2010.

2) Alison Clarke-Stewart and Cornelia Brentano, *Divorce: Causes and Consequences* (New Haven, CT: Yale University Press, 2007), p.108.

3) Mark Sichel, *Healing from Family Rifts* (New York: McGraw-Hill

Professional, 2004), p.83.

4) Elif Shafak, "The Politics of Fiction," TED.com, July 16, 2010, http://www.ted.com/talks/elif_shafak_the_politics_of_fict ion.html.

5) 경험 많은 가정 문제 변호사이자 조정관인 캐슬린 맥콘키 콜린우드Kathleen McConkie Collinwood가 자료를 수집하고 내가 이해할 수 있게 도와주었다.

6) Hara Estroff Marano, "The Key to End Domestic Violence," *Psychology Today*, February 18, 2003.

7) Patricia Love and Steven Stosny, *How to Improve Your Marriage Without Talking About It* (New York: Broadway Books, 2007), n.p.

8) Steven Stosny, *You Don't Have to Take It Anymore* (New York: Simon & Schuster, 2005), p.63.

9) David Rock, "Your Brain at Work," *Google Tech Talks*, November 12, 2009, http://www.youtube.com/watch?v=XeJSXfXep4M.

10) Maria Colenso, "Rage: Q&A with Dr. Steven Stosny," *Discovery Health*, n.d., http://health.discovery.com/tv/psych-week/articles/rage-q-a-sto sny.html.

11) Stella Chess and Alexander Thomas, *Goodness of Fit: Clinical Applications from Infancy through Adult Life* (London: Psychology Press, 1999), pp.8, 100 – 108.

12) Eric J. Mash, *Child Psychopathology* (New York: Guilford Press, 2003), p.77.

13) Jonathan Swift, "A Treatise on Good Manners and Good Breeding," in *The English Essayists*, ed. Robert Cochrane (Edinburgh: W.P. Nimmo, 1887), Google e-book, p.196.

14) Pablo Casals, *Joys and Sorrows* (New York: Simon & Schuster, 1974), p.295.

15) Stosny, *You Don't Have to Take It Anymore*, p.208.

16) Haim Ginott, *Between Parent and Child* (New York: Random House Digital,

2009), n.p.

17) Sichel, *Healing from Family Rifts*, p.166.

18) Elif Shafak, "The Politics of Fiction," July 16, 2010, TED.com.

19) H. Wallace Goddard and James P. Marshall, *The Marriage Garden: Cultivating Your Relationship So It Grows and Flourishes* (New York: Wiley, 2010), p.80.

20) William L. Ury, "Conflict Resolution among the Bushmen: Lessons in Dispute Sys-tems Design," *Negotiation Journal*, October 1995, 379 – 389.

21) Jessica Ball and Onowa McIvor, "Learning About Teaching as if Communities Mattered," paper presented at World Indigenous People's Conference on Education, Hamilton, NZ, November 27, 2005, 6, http://www.ecdip.org/docs/pdf/WIPCE%20FNPP%20Learning% 20Points.pdf.

22) Karel Čapek, "The Final Judgment," in *Tales from Two Pockets*, trans. Norma Comrada (North Haven, CT: Catbird Press, 1994), pp.155 – 159.

23) 2011년 2월 18일 존 코비와의 인터뷰에서 인용했다.

24) Shafak, "Politics of Fiction," TED.com.

25) J. D. Trout, *The Empathy Gap: Building Bridges to the Good Life and the Good Society* (New York: Penguin, 2009), n.p.

26) Isaura Barrera, Robert M. Corso, and Dianne Macpherson, *Skilled Dialogue: Strategies for Responding to Cultural Diversity in Early Childhood* (Baltimore: P.H. Brookes, 2003), n.p.

27) Gerardo M. González, "The Challenge of Latino Education: A Personal Story," *Indiana University*, October 23, 2008, 9, http://education.indiana.edu/LinkClick.aspx?fileticket =8JJOYwMZ3wc; pc3D&tabid=6282.

28) "The BACCHUS Network Organizational History," http://www.

bacchusgamma.org/history.asp.

29) Judith A. Tindall et al., *Peer Programs: An In-Depth Look* (Oxford: Taylor & Francis, 2008), p.55.

30) Alan Schwartz, "Recession and Marriage, What Is the Impact?," MentalHealth.net, January 14, 2010, http://www.mentalhelp.net/poc/view_doc. php?type=doc&id=35065& cn=51.

31) Beth A. LePoire, *Family Communication: Nurturing and Control in a Changing World* (Thousand Oaks, CA: SAGE Publications, 2005), p.116.

32) Larry M. Boyle, "A Peacemaker in Family Court"에서 인용했다. 이는 저자가 소유한 미출간 원고로 저자의 승낙을 받고 인용했다.

33) *Families First: Final Report of the National Commission on America's Urban Families*, Washington, D.C., January 1993.

5. 학교에서 추구하는 제3의 대안

1) "Johnny Can't Read, and He's in College," *Globe and Mail* (Toronto), September 26, 2005; Andrew Hough, "Tesco Director: British School Leavers "Can't Read or Write and Have Attitude Problems," *Telegraph* (London), March 10, 2010; Nick Anderson, "Most Schools Could Face Failing Label Under No Child Left Behind, Duncan Says," *Washington Post*, March 9, 2011, http://www. washingtonpost.com/local/education/duncan-most-schools-could-face- failing-label/2011/03/09/AB7L2hP_story.html.

2) U. S. Chamber of Commerce, *Leaders and Laggards: A State-by-State Report Card on Educational Innovation*, November 9, 2009.

3) "The School Executive," *American Educational Digest* 47 (1927): p.205.

4) Sue Dathe-Douglass, "Interview with Clayton Christensen," *FranklinCovey Facilitator Academy*, March 2011.

5) "Ory Okolloh on Becoming an Activist," TED.com, June 2007, http://www.ted.com/index.php/talks/ory_okolloh_on_becoming_an_activist.html.

6) 라일리의 사연을 다룬 감동적인 비디오를 보려면 다음을 참조하라. http://www.The3rdAlternative.com.

7) Clayton M. Christensen et al., *Disrupting Class: How Disruptive Innovation Will Change the Way the World Learns* (New York: McGraw-Hill Professional, 2010), n.p.

8) 다음 기사에서 인용했다. George F. Will, "Teach for America' Transforming Education," *Washington Post*, February 26, 2011.

9) "A Second Set of Parents: Advisory Groups and Student Achievement at Granger High," LearningFirst.org, February 2008, http://www.learningfirst.org/second-set-parents-advisory-groups-and-s tudent-achievement-granger-high.

10) Claus von Zastrow, "Taking Things Personally: Principal Paul Chartrand Speaks about His School's Turnaround," LearningFirst.org, August 31, 2009, http://www.learningfirst.org/visionaries/PaulChartrand.

11) Linda Shaw, "WASL Is Inspiration, Frustration," *Seattle Times*, May 8, 2006.

12) 2007년 11월 20일 리처드 에스파르사와 실시한 인터뷰에서 인용했다; Karin Chenoweth, "Granger High School: Se Puede (It Can Be Done)," in *The Power to Change: High Schools That Help All Students Achieve* (Washington, DC: The Education Trust, November 2005), pp.17-23.

13) A.B. 콤즈 초등학교의 변화를 담은 이 멋진 동영상을 보려면 The3rdAlternative.com.을 방문하라.

14) Jeff Janssen, "Leadership Lessons from the Nation's Best Principal," Championship Coaches Network, http://www.championshipcoachesnetwork. com/public/404.cfm.

15) Roland S. Barth, "Sandboxes and Honeybees," in Louis B. Barnes et al., *Teaching and the Case Method* (Cambridge, MA: Harvard Business Press, 1994), p.151.

16) '리더 인 미' 과정과 인근 학교에서 실행하고 있는 방식에 대해 좀 더 자세히 알고 싶다면 다음을 참조하라. www.TheLeaderInMe.org.

17) Susannah Tully, "Helping Students Find a Sense of Purpose," *Chronicle of Higher Education,* March 13, 2009.

18) Arthur E. Levine, "The Soul of a New University," *New York Times,* March 13, 2000.

19) David L. Kirp, "The New University," *The Nation,* April 17, 2000.

20) Robert Butche, "The MBA Mentality: Enabler of Catastrophe," *Newsroom Magazine,* April 8, 2009, http://newsroom-magazine.com/2009/business-fi nance/mba-thinking-enabler-of-castastrophe/.

21) John Saltmarsh and Edward Zlotkowski, *Higher Education and Democracy: Essays on Service-Learning and Civic Engagement* (Philadelphia: Temple University Press, 2011), p.21.

22) 스텐든 사우스 아프리카에 관한 정보는 2007년 로버트 빈스트라를 몇 차례 인터 뷰한 자리에서 수집했다.

23) 다음 글에서 인용했다. Saltmarsh and Zlotkowski, *Higher Education and Democracy,* p.22.

24) Curtis L. Deberg, Lynn M. Pringle, and Edward Zlotkowski, "Service-Learning: The Trim-Tab of Undergraduate Accounting Education Reform," n.d.,

www.csuchico.edu/sife/deberg/CHANGE4A.DOC.

25) Alan R. Pence, "It Takes a Village… and New Roads to Get There," in *Developmental Health and the Wealth of Nations*, ed. D.P. Keating and C. Hertzman (New York: Guilford, 1999), p.326.

26) Jessica Ball, "A Generative Curriculum Model of Child and Youth Care Training through First Nations – University Partnerships," *Native Social Work Journal* 4, no. 1 (2003): p.95.

27) Alan Pence and Jessica Ball, "Two Sides of an Eagle's Feather: Co-Constructing ECCD Training Curricula in University Partnerships with Canadian First Nations Communities," n.d., 9 – 10, http://web.uvic.ca/fnpp/fnpp6.pdf.

28) Carl Rogers, *A Way of Being* (New York: Houghton Mifflin, 1995), p.273.

29) "First Nations Partnership Program," http://www.fnpp.org/home.htm.

30) Ball, "A Generative Curriculum," pp.93 –94; Pence and Ball, "Two Sides of an Eagle"s Feather," p.12.

31) Peter Hans Kolvenbach, "The Service of Faith and the Promotion of Justice in American Jesuit Higher Education," *Company Magazine*, October 6, 2000, http://www.company magazine.org/v184/asiseeit.htm.

6. 법에서 추구하는 제3의 대안

1) 래리 M. 보일은 아이디호 주 대법원의 판사, 미국 치안판사장, 주 지방법원 판사를 역임했다. 중재 기술이 탁월하고 경험이 풍부하며 경험이 풍부하고 깊은 존경을 받는 법률가인 보일은 변호사와 고객을 상대하는 자신의 업무를 싸움터로 보지 않고 논쟁을 상대방을 이해하기 위한 경청으로 바꾸는 '싸움터에 설치한 평화 텐트'라고 여긴다. 보일 판사와 나는 시너지와 법에 관한 책인《화평하게 하는 자는 복이 있다*Blessed*

Are the Peacemakers)를 함께 쓰고 있다.

2) Robert Hardman, "A Very Uncivil War," *Daily Mail Online*, June 21, 2010, http://www.dailymail.co.uk/news/article-1288182/A-uncivil-war-How-spat-village-hall-divided-community-turned-neighbours-sworn-enemies. html#ixzz1HlBZYBdj; "Breedon-on-the-Hill Villagers Lose Hall Court Appeal," BBC News, January 18, 2011, http://news.bbc.co.uk/local/leicester/hi/people_ and_places; shnewsid_9365000/9365108.stm.

3) "In the Interests of Justice: Reforming the Legal Profession," *Stanford Law Review* 54 (June 2002): p.6.

4) Patrick J. Schiltz, "On Being a Happy, Healthy, and Ethical Member of an Unhappy, Unhealthy, and Unethical Profession," 52 Vand. L. Rev. (1999).

5) Schiltz, p.905.

6) Sandra Day O'Connor, *The Majesty of the Law* (New York: Random House Digital, 2004), pp.226 – 229.

7) Thomas D. Boyle, "Mediation and the Legal System: New Tricks for an Old Dog," *Federal Bar Journal* 58 (October 1991): p.514.

8) Peter Adler, "The End of Mediation," http://www.mediate.com/articles/ adlerTheEnd.cfm. Accessed July 19, 2010.

9) Mohandas K. Gandhi, "My Appeal to the British," *Harijan*, May 24, 1942.

10) Uma Majmudar, *Gandhi's Pilgrimage of Faith* (Albany, NY: SUNY Press, 2005), pp.144 – 145.

11) Juan Williams, *Thurgood Marshall: An American Revolutionary* (New York: Three Rivers Press, 1998), pp.213, 215.

12) "Avot de Rabbi Nathan," in "Mediation," *Jewish Virtual Library*, http://www. jewish virtuallibrary.org/jsource/judaica/ejud_0002_f0012_0_11960.html.

13) 2011년 1월 11일 예루살렘 소재 히브리 대학교에서 랍비 마크 고핀을 인터뷰하고 발췌했다.

14) 인용한 원칙은 '법의 자의적 해석을 초월하는 원칙'으로 알려져 있다. "Damages" and "Law and Morality," *Jewish Virtual Library*, http://www. jewishvirtual library.org/jsource/judaica/ejud_0002_0012_0_11960.html.

15) 2011년 1월 4일 예루살렘 소재 히브리 대학교에서, 하이파 대학교 법대 교수이자 하이 샤리High shari 상소 법원의 재판장인 카디 아흐메드 나투어Qadi Achmed Natour 를 인터뷰하고 발췌했다.

16) 2010년 10월 21일 윌리엄 셰필드를 인터뷰하고 인용했다.

17) 변화가 일어난 이 이야기를 영상으로 보려면 다음을 참조한다. The3rdAlternative. com.

18) J.B. Ruhl, John Copeland Nagle, and James Salzman, *The Practice and Policy of Environmental Law* (New York: Foundation Press, 2008).

19) "2010 Year-End Report on the Federal Judiciary," http://www.supremecourt.gov/ public info/year-end/2010year-endreport.pdf.

20) Desmond Tutu, *No Future Without Forgiveness* (New York: Doubleday, 1999), pp.19, 23, 28, 30 - 31.

21) 고핀을 인터뷰한 내용이다.

22) Douglas H. M. Carver, "The Xhosa and the Truth and Reconciliation Commission: African Ways," n.d., 17, http://tlj.unm.edu/archives/vol8/8TLJ34-CARVER.pdf. Accessed January 21, 2011.

23) Tutu, *No Future*, pp.54 - 55.

24) John W. Davis, "Address at the 75th Anniversary Proceedings of the Association of the Bar of the City of New York," March 16, 1946.

25) Brian Thomsen, *The Dream That Will Not Die: Inspiring Words of John,*

Robert, and Edward Kennedy (New York: Macmillan, 2010), p.78.

7. 사회에서 추구하는 제3의 대안

1) David Rock, "Your Brain at Work," November 12, 2009, http://www.youtube.com/watch?v=XeJSXfXep4M.

2) Charles Dickens, *The Annotated Christmas Carol* (New York: Norton, 2004), p.13.

3) Marc Gopin, *Healing the Heart of Conflict* (Emmaus, PA: Rodale, 2004), pp.xiii–xiv.

4) H. G. Wells, *The Outline of History*, vol. 1 (New York: Barnes & Noble Publishing, 2004), p.394.

5) Wells, *The Outline of History*, p.163.

6) Lynne B. Sagalyn, *Times Square Roulette* (Cambridge, MA: MIT Press, 2003), pp.6, 7.

7) Sam Roberts, *A Kind of Genius: Herb Sturz and Society's Toughest Problems* (New York: Perseus, 2009), pp.5, 246.

8) Sagalyn, *Times Square Roulette*, p.174.

9) Pranay Gupte, "Her 'To Die For' Projects Include Times Square and the Seventh Regiment Armory," *New York Sun*, March 9, 2006, http://www.nysun.com/new-york/her-to-die-for-projects-includetimes-square/28837/. Accessed June 30, 2010.

10) Gupte, "Her 'To Die For' Projects."

11) Sagalyn, *Times Square Roulette*, p.302.

12) James Traub, *The Devil's Playground* (New York: Random House Digital,

2004), p.162.

13) Sagalyn, *Times Square Roulette*, p.302.

14) Robin Pogrebin, "From Naughty and Bawdy to Stars Reborn," *The New York Times*, December 11, 2000, http://www.nytimes.com/2000/12/11/theater/naughty-bawdy-stars-reborn-once-seedy-theaters-now-restored-lead-development.html?ref=peter_schneider. Accessed Jun. 30, 2010.

15) Roberts, *A Kind of Genius*, p.250.

16) Roberts, *A Kind of Genius*, p.252.

17) Sagalyn, *Times Square Roulette*, p.433.

18) Kira L. Gould, *Fox & Fowle Architects: Designing for the Built Realm* (Victoria, Aust.: Images Publishing, 2005), p.187.

19) Adam Hinge et al., "Moving toward Transparency and Disclosure in the Energy Performance of Green Buildings," *2006 ACEEE Summer Study on Energy Efficiency in Buildings*, http://www.sallan.org/pdf-docs/Energy-Efficiency-HPB-SummerStudy06.pdf.

20) Roberts, *A Kind of Genius*, p.251.

21) "2010 Annual Report," *Times Square Alliance*.

22) World Health Organization, *World Report on Violence and Health*, 2002.

23) U. S. Department of State, *Country Reports on Terrorism 2009*, August 5, 2010, http://www.state.gov/s/ct/rls/crt/2009/140902.htm.

24) "FBI Releases 2009 Crime Statistics," Crime in the United States, September 13, 2010, http://www2.fbi.gov/ucr/cius2009/about/crime_summary.html. Accessed January 12, 2011.

25) Crime Clock, *National Center for Victims of Crime*, http://www.ncvc.org/ncvc/AGP.Net/Components/documentViewer/Download.

aspxnz?DocumentID=33522. Accessed January 12, 2011.

26) *United Nations Office on Drugs and Crime,* "Executive Summary," World Drug Report 2010, 17. http://www.unodc.org/unodc/en/data-and-analysis/ WDR-2010.html. Accessed January 12, 2011.

27) Roberto Briceño-León and Verónica Zubillaga, "Violence and Globalization in Latin America," *Current Sociology,* January 2002, http://csi.sagepub.com/ content/50/1/19.abstract.

28) "Cybercrime Is a US$105 Billion Business Now," *Computer Crime Research Center,* September 26, 2007, http://www.crime-research.org/ news/26.09.2007/2912/.

29) "White Collar Crime: An Overview," Legal Information Institute, Cornell University Law School, August 19, 2010. http://topics.law.cornell.edu/wex/ White-collar_crime.

30) David Anderson, "The Aggregate Burden of Crime," *Journal of Law and Economics* 42, no. 2 (October 1999): 2, http://www.jstor.org/ stable/10.1086/467436.

31) James P. Lynch and William J. Sabol, "Did Getting Tough on Crime Pay?," *Urban Institute Research of Record,* August 1, 1997, http://www.urban.org/ publications/307337 .html. Accessed January 12, 2011.

32) Larry J. Siegel, *Essentials of Criminal Justice* (Florence, KY: Cengage Learning, 2008), p.393.

33) See Lawrence W. Sherman et al., "Preventing Crime," n.d., http://www. ncjrs.gov/works/wholedoc.htm.

34) Lawrence W. Sherman, *Evidence-Based Crime Prevention* (London: Routledge, 2002), p.3.

35) Ken McQueen and John Geddes, "Air India: After 22 Years, Now's the Time for Truth," *Macleans*, May 28, 2007.

36) 워드 클래펌이 인용한 말은 2010년 10월부터 2011년 4월까지 그와 인터뷰하면서 들었다.

37) Robin Roberts, "40 Developmental Assets for Kids," *Mehfil*, September – October 2006, p.37.

38) "Public Safety Minister Toews Commends Important Work of Team Izzat Youth Forum Organizers," *Public Safety Canada*, January 15, 2011, http://www.publicsafety.gc.ca/media/nr/2011/nr20110115-eng.aspx.

39) Christine Lyon, "Restorative Justice Gets $95K City Boost," *Richmond Review*, November 13, 2010, http://issuu.com/richmondreview/docs/11-13-10, accessed January 22, 2011.

40) Jeremy Hainsworth, "Ahead of 2010 Olympics, Violence Stalks Vancouver," *Seattle Times*, March 28, 2009, http://seattletimes.nwsource.com/html/nationworld/2008940523_ap canadavancouvergangs.html.

41) 워드 클래펌의 이룩한 변혁을 다룬 감동적인 비디오를 보려면 The3rdAlternative.com을 참조하라.

42) Henry David Thoreau, *Walden; or, Life in the Woods* (New York: Houghton Mifflin, 2004, p.120.

43) Lee Ellis et al., *Handbook of Crime Correlates* (Maryland Heights, MO: Academic Press, 2009), pp.184 – 189.

44) Katherine Boo, "Swamp Nurse," *New Yorker*, February 6, 2006, p.54.

45) Andy Goodman, "The Story of David Olds and the Nurse Home Visiting Program," Grants Results Special Report, Robert Wood Johnson Foundation, July 2006, p.7.

46) "Behind Bars II: Substance Abuse and America's Prison Population," *National Center on Addiction and Substance Abuse at Columbia University,* February 2010, 23, http://www .casacolumbia.org/articlefiles/575-report2010behindbars2.pdf.

47) "Nurse Family Partnership: Overview," http://www.nursefamilypartnership. org/assets/PDF/Fact-sheets/NFP_Overview. Accessed February 12, 2011.

48) Goodman, "The Story of David Olds and the Nurse Home Visiting Program," p.11.

49) Katy Dawley and Rita Beam, "My Nurse Taught Me How to Have a Healthy Baby and Be a Good Mother," *Nursing Clinics of North America* 40 (2005): p.809.

50) Goodman, "The Story of David Olds and the Nurse Home Visiting Program," p.11.

51) Boo, "Swamp Nurse," p.57.

52) 2011년 2월 9일 조던 애셔를 인터뷰한 내용에서 발췌했다.

53) "Preamble to the Constitution of the World Health Organization as Adopted by the International Health Conference, New York, 19-22 June, 1946," http:// www.who.int/about/definition/en/print.html.

54) Richard Katz and Niti Seth, "Synergy and Healing: A Perspective on Western Health Care," in *Prevention and Health: Directions for Policy and Practice,* ed. Alfred Hyman Katz and Robert E. Hess (New York: The Haworth Press, 1987), p.109.

55) Steven H. Woolf et al., *Health Promotion and Disease Prevention in Clinical Practice* (Hagerstown, MD: Lippincott Williams & Wilkins, 2007), p.9.

56) 2010년 10월 18일 테네시 주 네슈빌에서 숀 모리스를 인터뷰한 내용이다.

57) 2010년 11월 18일 마크 래섬과 인터뷰한 내용에서 발췌했다.

58) 마크 래섬과 인터뷰한 내용에서 발췌했다.

59) Curtis P. McLaughlin and Arnold D. Kaluzny, *Continuous Quality Improvement in Health Care* (Sudbury, MA: Jones & Bartlett Learning, 2006), pp.458, 480.

60) Hedrick Smith, "Interview With Dr. Brent James," *Inside American Medicine*, n.d., http://www.hedricksmith.com/site_criticalcondition/program/brentJames.html.

61) 2011년 4월 5일 스콧 파커를 인터뷰하는 자리에서 들었다.

62) David Leonhardt, "Making Health Care Better," *New York Times Magazine*, November 8, 2009, MM31.

63) Ron Winslow, "A Health Care Dream Team on the Hunt for the Best Treatments," *The Wall Street Journal*, December 15, 2010.

64) "Mountain of Trash Blights Historic City of Saida," News.com, September 24, 2010, http://www.voanews.com/english/news/middle-east/Mountain-of-Trash-Blights-Historic-Lebanese-City-of-Saida-103741374.html; "Lebanon: Political Rivalries Prevent Clean-up of Toxic Rubbish Dump," IRIN, March 21, 2008, http://www.irinnews.org/Report.aspx? ReportId=77399.

65) David Pepper, *Environmentalism: Critical Concepts* (Florence, KY: Taylor & Francis, 2003), p.78.

66) James Hansen, *Storms of My Grandchildren* (New York: Bloomsbury USA, 2009), p.ix.

67) "Is Global Warming a Myth?" *Scientific American*, April 8, 2009.

68) Steven Milloy, *Green Hell: How Environmentalists Plan to Control Your Life* (Washington, DC: Regnery, 2009), pp.2-3.

69) George Monbiot, "Climate Change Deniers Are Not Sceptics—They're

Suckers," *Guardian* (Manchester), November 3, 2009.

70) Anita Pugliese and Julie Ray, "Awareness of Climate Change and Threat Vary by Region," Gallup.com, December 11, 2009; Frank Newport, "Three Key Findings on Americans' Views of the Environment," Gallup.com, March 18, 2011.

71) Michael Shellenberger and Ted Nordhaus, *Break Through: Why We Can't Leave Saving the Planet to Environmentalists* (New York: Houghton-Mifflin, 2007), p.8.

72) David Montgomery, *The King of Fish: The Thousand Year Run of Salmon* (Boulder, CO: Westview Press, 2004); Ted Gresh et al., "Salmon Decline Creates Nutrient Deficit in Northwest Streams," Inforain.org, January 2000.

73) Peter A. Corning, "The Synergism Hypothesis," *Journal of Social and Evolutionary Systems* 21, no. 2 (1998): p.314.

74) Corning, "The Synergism Hypothesis," p.293.

75) Corning, "The Synergism Hypothesis," 54, 60; A.V. Bogdan, "Grass Pollination by Bees in Kenya," July 18, 2008, http://onlinelibrary.wiley.com/ doi/10.1111/j.1095-8312.1962.tb01326.x/abstract.

76) "John Lombard: Saving Puget Sound," *University of Washington Lectures*, January 23, 2007, http://www.seattlechannel.org/videos/watchVideos. asp?program=uwLectures.

77) Aldo Leopold, *A Sand County Almanac* (New York: Random House Digital, 1990), p.140.

78) Pepper, *Environmentalism*, p.78.

79) Corning, "The Synergism Hypothesis," p.314.

80) Kevin Berger, "The Artist as Mad Scientist," Salon.com, June 22, 2006; Natalie Jeremi-jenko, "The Art of the Eco-Mindshift," TED.com, October 2009,

http://www.ted.com/talks/lang/eng/natalie_jeremijenko_the_art_of_the_eco_ mindshift.html; Rob Goodier, "The Future of Urban Agriculture in Rooftop Farms," Popular Mechanics, June 3, 2010, http://www.popularmechanics.com/ technology/engineering/infrastructure/future-urban-rooftop-agriculture.

81) Gigi Marino, "The Mad Hatter of Nehru Place Greens," MIT Technology Review, Sep-tember 8, 2006, http://www.technologyreview.com/read_article. aspx?id=17442; Kemal Meattle, "How to Grow Fresh Air," TED.com, February 2009, http://www.ted.com/talks/kamal_meattle_on_how_to_grow_your_own_ fresh_air.html.

82) Raja Murthy, "India's Rural Inventors Drive Change," Asia Times, January 29, 2010, http://www.atimes.com/atimes/South_Asia/LA29Df03.html; David Owen, "The Efficiency Dilemma," New Yorker, December 20, 2010, http://www. newyorker.com/reporting/2010/12/20/101220fa_fact_owen#ixzz1IxhCPA7H.

83) David Montgomery, Dirt: The Erosion of Civilizations (Berkeley: University of California Press, 2008), pp.4, 6.

84) Cliff Kuang, "Method That Turns Wastelands Green Wins 2010 Buckminster Fuller Challenge," Fast Company, June 2, 2010.

85) C. J. Hadley, "The Wild Life of Allan Savory," Range, Fall 1999, http://www. rangemagazine.com/archives/stories/fall99/allan_savory.htm.

86) Jonathan Teller-Elsberg, "Following up with Allan Savory on Using Cattle to Reverse Desertification and Global Warming," Chelsea Green, February 25, 2010, http://chelsea green.com/blogs/jtellerelsberg/2010/02/25/following-up- with-allan-savory-on-using-cattle-to-revsere-desertification-and-global- warming/.

87) Shellenberger and Nordhaus, Break Through, p.17.

88) George Monbiot, "Cold-Hearted," December 27, 2010, http://www.monbiot.com/2010/12/27/cold-hearted/.

89) "Tories Vow to Tackle National Scandal of Welfare Dependency," Telegraph (London), August 27, 2009, http://www.telegraph.co.uk/news/politics/conservative/6098889/Tories-vow-to-tackle-national-scandal-of-welfare-dependency.html; "Reforms Will Tackle Poverty and Get Britain Working Again," *UK. Department for Work and Pensions,* May 27, 2010, http://www.dwp.gov.uk/newsroom/press-releases/2010/may-2010; shdwp070-10-270510.shtml.

90) Weldon Long, "Emerson Was Right—If You THINK He Was!," *Sources of Insight,* March 30, 2011, http://sourcesofinsight.com/2011/03/30/emerson-was-right-if-you-think-he-was/.

91) Weldon Long, *The Upside of Fear: How One Man Broke the Cycle of Prison, Poverty, and Addiction* (Austin, TX: Greenleaf Books, 2009), p.124.

92) Long, *Upside of Fear,* p.115.

93) C. S. Lewis, *The Problem of Pain* (New York: Harper-Collins, 2001), p.32.

94) Brian Ballou and Dan L. Heitger, "Tapping a Risky Labor Pool," *Harvard Business Review,* December 2006, http://hbr.org/2006/12/tapping-a-risky-labor-pool/ar/1.

95) Liane Phillips and Echo Montgomery Garrett, *Why Don't They Just Get a Job?* (Highlands, TX: aha! Process, 2010), pp.31, 54, 86, 128 - 29, 159.

96) Laurence Chandy and Geoffrey Gertz, "Poverty in Numbers: The Changing State of Global Poverty 2005 - 2015," *Brookings Institution,* January 2011, http://www.brookings.edu/papers/2011/01_global_poverty_chandy.aspx.

97) Jerry Sternin, "Childhood Malnutrition in Vietnam: From Peril to Possibility," in *The Power of Positive Deviance* (Cambridge, MA: Harvard

Business Press, 2010), p.22.

98) David Dorsey, "Positive Deviant," *Fast Company*, November 30, 2000, http://www.fast company.com/magazine/41/sternin.html.

99) Sarah Rich, "Anil Gupta and the Honey Bee Network," WorldChanging. com, March 21, 2007, http://www.worldchanging.com/archives/006333.html; Raja Murthy, "India's Rural Inventors Drive Change," *Asia Times*, January 29, 2010, http://www.atimes.com/atimes/South_Asia/LA29Df03.html.

100) Reports of the semiannual shodhyatras can be found at http://www.sristi. org/cms/shodh_yatra1. Accessed April 2011.

101) Anil Gupta, "India's Hotbeds of Invention," TED.com, November 2009, http://www.ted.com/talks/lang/eng/anil_gupta_india_s_hidden_hotbeds_of_ invention.html.

102) Muhammad Yunus, *Creating a World Without Poverty* (New York: Public Affairs, 2008), p.5.

103) Muhammad Yunus and Karl Weber, *Building Social Business* (New York: Public Affairs, 2010), pp.33 – 61, 95.

104) Marco Visscher, "The World Champ of Poverty Fighters," *Ode Magazine*, July – August 2005, http://www.odemagazine.com/doc/25/the_world_champ_ of_poverty_fighters/.

8. 세계에서 추구하는 제3의 대안

1) 2010년 1월 12일 이스라엘의 베이트-하니나 소재 와사티아 본부에서 모하메드 다자니를 인터뷰하고 인용했다.

2) Mohammed Dajani, "The Wasatia Movement—An Alternative to Radical

Islam," World-press.org, June 21, 2007, http://www.worldpress.org/Mideast/2832.cfm.

3) Mohammed S. Dajani Daoudi, *Wasatia: Centrism and Moderation in Islam*, n.d., p.17, http://www.ptwf.org/Downloads/Wasatia.pdf.

4) 2011년 1월 7일 예수살렘 소재 히브리 대학교 소속 론 크로니시 박사를 인터뷰하고 인용했다.

5) 역시 2010년 1월 12일 이스라엘의 베이트-하니나 소재 와사티아 본부에서 모하메드 다자니를 인터뷰하고 인용했다.

6) Cited in Richard K. Betts, "Conflict or Cooperation? Three Visions Revisited," *Foreign Affairs*, November/December 2010, http://www.foreignaffairs.com/articles/66802/richard-k-betts/conflict-or-cooperation?page=show. Accessed November 30, 2010.

7) Joyce Neu, "Interpersonal Dynamics in International Conflict Mediation," in *Natural Conflict Resolution*, ed. Filippo Aureli (Berkeley: University of California Press, 2000), p.66.

8) 2011년 1월 10일, 예루살렘의 히브리 대학교에서 마크 고핀을 인터뷰했다. 다음을 참조하라. Marc Gopin, *Healing the Heart of Conflict* (Emmaus, PA: Rodale, 2004), pp.187-188.

9) 마크 고핀과 인터뷰한 내용이다.

10) "Barenboim's Music: A Bridge across Palestinian-Israeli Divide." *AFP*, http://www.youtube.com/watch?v=GpGS1gVcU-k&NR=1.

11) Daniel Barenboim and Edward Said, *Parallels and Paradoxes: Explorations in Music and Society*, ed. Ara Guzelimian (New York: Vintage Books, 2002), ix-xi, 8-9, p.181.

12) Anthony Tommasini, "Barenboim Seeks Harmony, and More Than One

Type," *The New York Times*, December 21, 2006.

13) Ed Vulliamy, "Bridging the Gap, Part Two," *Guardian* (Manchester), July 18, 2008, http://www.guardian.co.uk/music/2008/jul/13/classicalmusicandopera. culture. Accessed October 21, 2010.

14) "Palestinian-Israeli Orchestra Marks 10th Anniversary," *Al-Jazeera English*, August 21, 2009, http://www.youtube.com/watch?v=gDJui5-zoeg. Accessed October 20, 2010.

15) *Knowledge Is the Beginning: A Film by Paul Smaczny*, 2005.

16) Vulliamy, "Bridging the Gap, Part Two."

17) Daniel Barenboim, *A Life in Music* (New York: Arcade Publishing, 2003), p.188.

18) Carl Rogers, "Communication: Its Blocking and Its Facilitation," n.d., http://www.red woods.edu/instruct/jjohnston/English1A/readings/ rhetoricandthinking/communication itsblockingitsfacilitation.htm. Accessed October 20, 2010.

19) Raymond Deane, "Utopia as Alibi: Said, Barenboim, and the Divan Orchestra," *Irish Left Review*, December 9, 2009, http://www.irishleftreview. org/2009/12/09/utopia-alibi-barenboim-divan-orchestra/. Accessed October 21, 2010.

20) Daniel Barenboim, in Smaczny, *Knowledge Is the Beginning*.

21) Kate Connolly, "Barenboim Becomes First to Hold Israeli and Palestinian Passports," Guardian (Manchester), January 15, 2008, http://www.guardian. co.uk/world/2008/jan/15/musicnews.classicalmusic. Accessed July 14, 2010.

22) Abdul Aziz Ahmed, "Al-Muhasabah: On Being Honest with Oneself," *Al-Jumuah: Your Guide to an Islamic Life*, n.d., http://www.aljumuah.com/straight-

talk/40-al-muhasabah-on-being-honest-with-oneself. Accessed January 20, 2011.

23) 마크 고핀과의 인터뷰에서 인용했다.

24) Aziz Abu Sarah, "A Conflict Close to Home," Aziz Abu Sarah: A Blog for Peace in Israel-Palestine, May 6, 2009, http://azizabusarah.wordpress. com/2009/05/06/a-conflict-close-to-home/. Accessed January 20, 2011.

25) 마크 고핀과의 인터뷰에서 인용했다.

26) "Sheikh Abdul Aziz Bukhari," Jerusalem Academy, http://www.jerusalem-academy.org/sheikh-aziz-bukhari.html. Accessed January 20, 2011.

27) 마크 고핀과의 인터뷰에서 인용했다.

28) "Abdul Aziz Bukhari, "Two Wrongs Don"t Make a Right," Global Oneness Project, http://www.globalonenessproject.org/interviewee/sheikh-abdul-aziz-bukhari. Accessed January 20, 2011.

29) Samuel P. Huntington, *The Clash of Civilizations and the Remaking of World Order* (New York: Simon & Schuster, 1997), p.32.

30) Robert I. Rotberg, Theodore K. Rabb, and Robert Gilpin, *The Origin and Prevention of Major Wars* (Cambridge, UK: Cambridge University Press, 1989), p.248.

31) Desmond Tutu, *No Future Without Forgiveness* (New York: Doubleday, 1999), pp.264, 280-281.

32) Klaus Schwab, ed., *The Global Competitiveness Report 2010–2011*, World Economic Forum, 14, http://www3.weforum.org/docs/WEF_ GlobalCompetitivenessReport _2010-11.pdf.

33) R. Veenhoven, *Average Happiness in 146 Nations 2000–2009*, World Database of Happiness, Rank report Average Happiness, http://

worlddatabaseofhappiness.eur.nl/hap_nat/findingreports/RankReport_
AverageHappiness.php.

34) George A. Fossedal and Alfred R. Berkeley III, *Direct Democracy in
Switzerland* (Piscat-away, NJ: Transaction Publishers, 2005), p.30.

35) Fossedal and Berkeley, *Direct Democracy in Switzerland*, p.31.

36) "Guillaume-Henri Dufour—A Man of Peace," *International Review of the
Red Cross*, September –October 1987, 107. http://www.loc.gov/rr/frd/Military_
Law/pdf/RC_Sep-Oct-1987.pdf. Accessed February 1, 2012.

37) William D. McCrackan, *The Rise of the Swiss Republic* (Boston: Arena
Publishing Co., 1892), p.330.

38) Fossedal and Berkeley, *Direct Democracy in Switzerland*, pp.18, 33, 37 –38.

39) Michael E. Porter, *The Competitive Advantage of Nations* (New York: Free
Press, 1990), p.20.

40) W.H. Auden, "September 1, 1939," http://www.poemdujour.com/
Sept1.1939.html.

41) Clive H. Church, *The Politics and Government of Switzerland* (Basingstoke,
UK: Palgrave Macmillan, 2004), p.143.

42) Carol L. Schmid, *Conflict and Consensus in Switzerland* (Berkeley:
University of California Press, 1985), pp.155 –156.

43) Schmid, *Conflict and Consensus in Switzerland*, p.3.

44) Fossedal and Berkeley, *Direct Democracy in Switzerland*, p.30.

45) Andrew Reding, "Call It Israel-Palestine: Try a Federal Solution in the
Middle East," *World Policy Institute*, June 25, 2002, http://news.pacificnews.org/
news/view_article .html?article_id=601. Accessed February 1, 2011.

46) Alvaro Vargas Llosa, "Postcard from Hebron," *Washington Post Writers*

Group, June 2, 2010. http://www.postwritersgroup.com/archives/varg100602. htm. Accessed December 12, 2010.

47) "Robert Wright on Optimism," TED.com, February 2006, http://www.ted. com/talks/lang/eng/robert_wright_on_optimism.html.

9. 삶에서 추구하는 제3의 대안

1) Hans Selye, *The Stress of Life* (New York: McGraw-Hill, 1948), p.413.

2) Chuck Blakeman, "Business Diseases of the Industrial Age," http:// chuckblakeman.com/2011/2/texts/business-diseases-of-the-industrial-age.

3) Carl Rogers, *A Way of Being* (New York: Houghton Mifflin, 1995), p.95.

4) Jimmy and Rosalynn Carter, *Everything to Gain: Making the Most of the Rest of Your Life* (Fayetteville: University of Arkansas Press, 1987), p.171.

5) DeWayne Wickham, "An Amazing Story of Giving That Could Change Our World," *USA Today*, March 20, 2007. http://www.usatoday.com/news/ opinion/2007-03-19-opcom_N.htm.

6) William Powers, *Twelve by Twelve: A One-Room Cabin off the Grid and Beyond the American Dream* (Novato, CA: New World Library, 2010), pp.xiv, 15-17, 75.

7) Bill Powell, "The Capitalist Who Loves North Korea," *Fortune*, September 15, 2009, http://money.cnn.com/2009/09/14/magazines/fortune/pyongyang_ university_north_korea.fortune/index.htm.

8) Richard Stone, "PUST Update," *North Korean Economy Watch*, November 1, 2010, http://www.nkeconwatch.com/category/dprk-organizations/state-offices/pyongyang-university-of-science-and-technology/.

9) Geoffrey Cain, "Former Prisoner of North Korea Builds University for His Former Cap-tors," *Christian Science Monitor*, February 16, 2010.

찾아보기

399

프랭크 야노비츠Yanowitz, Frank 433, 434
프레데릭 라아르프La Harpe, Frédéric 547
프리드리히 니체Nietzsche, Friedrich 573,
 578
피터 아들러Adler, Peter 344, 346
피터 코닝Corning, Peter 183, 465, 468

ㅎ

하리시 한데Hande, Harish 202
하워드 휴즈Hughes, Howard 196
한나 아렌트Arendt, Hannah 77
한스 셀리에Selye, Hans 562
해리스 로젠Rosen, Harris 565, 566, 567,
 578
허먼 홀러리스Hollerith, Herman 111
허브 스터츠Sturz, Herb 393, 394, 395, 399

헤라르도 곤살레스González, Gerardo 260,
 261
헤르만 헤세Hesse, Hermann 114
헤일 곤살레스Gonzalez, Gayle 307
헤임 기노트Ginott, Haim 243
헨리 데이비드 소로Thoreau, Henry David
 426
헨리 민츠버그Mintzberg, Henry 44
호레이시오 팔카오Falcao, Horacio 89, 153
《황야의 이리Steppenwolf》 114
힐러리 클린턴Clinton, Hillary 387

기타

C. S. 루이스 Lewis, C. S. 483
D. H. 로런스Lawrence, D. H. 24
H. G. 웰스Wells, H. G. 389

저자에 대하여

〈타임〉이 선정한 '미국에서 가장 영향력 있는 25명' 중 한 사람인 스티븐 코비 박사는 누구나 자기 운명을 지배할 수 있다는 심오하지만 단순한 가르침을 펼치는 데 평생을 바쳤다. 그는 리더십과 가족 분야의 전문가이자 교사였고, 조직 컨설턴트이자 저자였다. 하버드대학교에서 MBA를, 브리검영대학교에서 박사학위를 받은 그는 147개국에 지사를 두고 개인과 조직에 교육과 훈련을 제공하는 프랭클린코비 사를 공동 설립했다. 유타 주립대학교 헌츠먼 경영대학원에서 종신 교수로서 학생들을 가르쳤고, 리더십 분야 총장직에 오르기도 했다. 그의 대표 저서《성공하는 사람들의 7가지 습관》은 '20세기 들어 가장 큰 영향을 미친 비즈니스 서적'으로 선정되었으며, 그 밖의 베스트셀러로《스티븐 코비의 오늘 내 인생 최고의 날》《소중한 것을 먼저 하라》《원칙 중심의 리더십》《성공하는 사람들의 8번째 습관》《성공하는 가족들의 7가지 습관》등이 있다. 그는 2012년 7월 16일 타계했다.

프랭클린코비 사의 수석 저자 브렉 잉글랜드 박사는《예측할 수 없는 시대의 예측할 수 없을 결과》《위대한 일, 위대한 경력》을 포함해 몇 권의 책을 코비 박사와 공동 집필했다. 20년 이상 컨설팅 활동을 해오면서 몇몇 세계 최대 기업, 〈포춘〉 선정 50대 기업, 스위스와 사우디아라비아를 비롯한 여러 국가를 대상으로 리더십과 의사소통 과정을 향상시키기 위한 프로젝트를 지휘했다. 영문학으로 박사학위를 받았고 브리검영대학교 메리어트 경영대학원에서 7년 동안 조직 커뮤니케이션을 가르쳤다.

 FranklinCovey

프랭클린코비 사(FranklinCovey Company)
2200 West Parkway Blvd.
Salt Lake City, UT 84119
Fax: 801-817-8197 / www.franklincovey.com

전 세계가 극찬한 프랭클린코비 프로그램
한국리더십센터와 FranklinCovey Korea에서 만날 수 있습니다

한국리더십센터(KLC: KOREA LEADERSHIP CENTER)는 전 세계에 자기 개혁과 조직 혁신의 새로운 돌풍을 일으키고 있는 미국 프랭클린코비 사의 한국 파트너입니다.

스티븐 코비 박사에게 직접 교육 및 강사 훈련 과정을 이수한 김경섭 박사가 1994년 10월 1일에 설립한 한국리더십센터는 '7가지 습관'의 효과적인 습득과 실생활 적용을 위한 프랭클린코비 사의 독특한 자기계발 프로그램과 교육 노하우를 국내 교육자들에게 소개하고 있습니다. 아울러 우리 실정에 맞는 프로그램을 연구 개발, 21세기 한국 기업과 한국인의 '질 향상'에 효과적인 도움을 주려고 노력하고 있습니다.

교육을 통해 누구나 성숙한 인간으로 성장 발전할 수 있다는 인본주의적 관점에서 출발하는 각종 프로그램들은 체계적이고 논리적인 훈련과 교육 그리고 교육 내용을 구체적으로 실천할 수 있게 해줄 것입니다. 한국리더십센터의 교육 과정을 통해 원칙을 중심으로, 품성에 바탕을 두고, 내면에서부터 외부로 향하는 새로운 차원의 패러다임 전환을 경험해보십시오.

한국리더십센터
서울시 서초구 남부순환로 350길 36 우남양재캐슬 4층
대표전화 (02) 2106-4000 | 팩스 (02) 2106-4001~3
홈페이지 www.eklc.co.kr

성공하는 사람들의 7가지 습관

스티븐 코비 | 김경섭 옮김 | 486쪽 | 17,900원

성공학의 세계 최고 권위자 스티븐 코비의 7가지 성공테제!

평생을 곁에 두고 싶은 책!

인생목표와 비전, 내면의 혁신을 이끈 자기계발의 고전!

300만 한국 독자의 삶을 변화시킨 성공학교과서!

테크닉 위주의 처세술 책을 덮어버리게 한 책!

기업혁신의 핵심을 시스템에서 '사람'으로 돌려놓은 책!

성공하는 대학생들의 7가지 습관

숀 코비 | 한국리더십센터 옮김 | |315쪽 | 29,700원

대학생활과 인생의 성공을 위한 지침서!

《성공하는 사람들의 7가지 습관》을 바탕으로 한 《성공하는 대학생들의 7가지 습관》은 대학생들에게 대학생활과 인생의 성공을 위한 공식을 제시한다. 다양하고 풍부한 사례와 전문가들의 실질적인 조언을 통해 성공하는 대학생들의 7가지 습관을 효과적으로 학습할 수 있다.

The 3rd ALTERNATIVE

STEPHEN R. COVEY